四庫全書

二

清·乾隆钦定
精注精译版
主编◎赖 咏

中国书店

目　录

经　部

论　语

孟　子

第一篇　梁惠王章句上（凡七章）

第一篇　梁惠王章句下（凡十六章）

第二篇　公孙丑章句上（凡九章）

第四篇　离娄章句上（凡廿八章）

第四篇　离娄章句下（凡三十三章）

第五篇　万章章句上（凡九章）

第五篇　万章章句下（凡九章）

第六篇　告子章句上（凡二十章）

第七篇 尽心章句下（凡三十八章）

春秋左传

隐　公

桓　公

庄　公

哀　公

经

部

学而篇第一

子曰①："学而时习②之，不亦说③乎？有朋④自远方来，不亦乐⑤乎？人不知而不愠⑥，不亦君子⑦乎？"

【注释】

①子曰：子，古代男子的通称，对老师也称子。《论语》中"子曰"的子，都是指孔子。②时习：时，有两种解释。一说是"在一定的时候"，一说是"时常"。习，温习和练习。③说：同悦。愉快的意思。④朋：古注说"同门曰朋"，同在一个老师门下学习的叫朋，指志同道合的人。⑤乐：快乐。古注说，悦在内心，乐则见于外。⑥人不知而不愠：知，了解的意思。人不知，是说别人不了解自己。愠，恼怒。⑦君子：《论语》里，君子是孔子理想中具有高尚人格的人，有时也指在位的人。这里是指前者。

【译文】

孔子说："学了又时时温习和练习，不是很愉快吗？有志同道合的人从远方来，不是很快乐吗？别人不了解自己而并不恼怒，不也是一个有德的君子了吗？"

有子①曰："其为人也孝弟②而好犯上者③，鲜④矣；不好犯上而好作乱者，未之有也。君子务本⑤，本立而道⑥生。孝弟也者，其为仁之本⑦与⑧？"

【注释】

①有子：孔子晚年的学生，名若。《论语》里对孔子的学生通常都称字，只有曾参、有若、冉求、闵子骞四人称子。②孝弟：孔子和儒家提倡的两个基本的道德规范。孝规定了子女对父母应有的态度；弟，同悌，规定了弟弟对兄长应有的态度。古注：善事父母曰孝，善事兄长曰弟。③好犯上者：好（hào），喜爱。犯，冒犯，干犯。上指在上位的人。④鲜（xiǎn）：少。⑤务本：务，专心致力。本，根本。⑥道：在中国古代思想里，道有多种不同的含义。这里的道是指孔子所提倡的仁道，即以仁为核心的整个道德思想体系及其在实际生活中的体现。⑦为仁之本：仁，是孔子的最高道德范畴。为仁之本，是说孝悌是仁的根本。另一种解释说：为仁，行仁的意思。前者是从仁的内容讲，后者是从仁的实行上讲。也有人解释，为仁的"仁"字就是"人"字，"为仁之本"就是"做人的根本"。⑧与：同欤。语气辞，表示疑问。古注：谦退不敢质言也。

【译文】

有子说："一个人为人孝悌且又喜欢犯上，这是很少见的。不喜欢犯上却喜欢造反的，从来就没有过。君子专心致力于根本上。根本树立了，道也就由此而生了。孝悌，这是仁的根本吧？"

子曰："巧言令色①，鲜矣仁。"

【注释】

①巧言令色：巧和令都是美好的意思。古注："好其言，善其色，致饰于外，务以说人。"

【译文】

孔子说："花言巧语，装出好看的脸色来讨人喜欢，这样的人，仁心就很少了。"

曾子①曰："吾日三省②吾身。为人谋而不忠③乎？与朋友交而不信④乎？传⑤不习乎？"

【注释】

①曾子：孔子晚年的学生，名参（shēn）。②三省：省（xǐng）。察看、检查。三省有几种解释。一，三次检查；二，从三个方面检查；三，多次检查。③忠：古注：尽己之谓忠。对人尽心竭力的意思。④信：古注：以实之谓信。诚实的意思。⑤传：古注：传，谓受之于师。老师传授给自己的。

【译文】

曾子说："我每天多次反省自己。为别人办事是否尽心竭力了？同朋友交往是否做到诚实可信了？老师传授给我的学业是否复习了？"

子曰："道①千乘之国②，敬③事而信，节用而爱人，使民以时④。"

【注释】

①道：有的本子写作"导"，治理的意思。②千乘之国：有一千辆兵车的国家，指当时的诸侯国。乘（shèng），古时一车四马为一乘，这里指兵车。③敬：谨慎专一的意思。④使民以时：时指农时。役使百姓要按照农时，即在农闲时役使。

【译文】

孔子说："治理一个有一千辆兵车的国家，处事要谨慎专一且有信用，要节约财用而爱人，役使百姓要在农闲时。"

子曰："弟子①入②则孝，出则弟，谨而信，泛③爱众，而亲仁。行有余力，则以学文④。"

【注释】

①弟子：通常有两种含义，一指年纪较小为人弟和为人子的人，一指学生。这里是指前者。②入、出：古时父子住在不同住处，学习则在外舍，入指进到父亲住处，或说在家，出指到外舍就师学习。出则弟，是说要用弟道对待师长，也可泛指年长于自己的人。③泛：广泛的意思。④行有余力，则以学文：文，古代文献。行有余力，指有闲暇时间。"余力犹言暇日"。

【译文】

孔子说："弟子在家要讲孝，出外要讲悌，言行要谨慎，要诚实可信，要博爱，而亲近其中有仁德的人。这样做了还有余力和闲暇，再去学习文献知识。"

子夏①曰：“贤贤易色②，事父母能竭其力，事君能致其身③，与朋友交言而有信。虽曰未学，吾必谓之学矣。”

【注释】

①子夏：孔子晚年弟子，姓卜名商，字子夏。②贤贤易色：第一个贤字作动词用，尊重的意思。贤贤，尊重有才德的贤人。易，有两种解释。一作改变讲，尊重贤者而改变好色之心；一作轻视讲，看重贤德而轻视女色。还有一种解释说，这一句专指夫妇而言，全章四句分指夫妇、父子、君臣、朋友四伦。③致其身：致，尽的意思。把生命奉献给国君。

【译文】

子夏说：“一个人能注重贤德代替重视女色，侍奉父母能竭尽全力，服事国君能奉献生命，与朋友相交说话诚实可信。这样的人，即使他自己说没有学习过，我一定说他是已经学习了。”

子曰：“君子不重则不威，学则不固①。主忠信②。无友不如己者③。过则勿惮④改。”

【注释】

①学则不固：一般有两种解释。一，固作坚固解，与上句相连，不厚重就无威严，所学也不坚固；二，固作固陋讲，见闻浅少的意思。学则不固自成一句，学了就可以不固陋。②主忠信：以忠信为主。③无：通毋，不要。不如己，一般解释为不如自己。另有一解释说：“不如己者，不类乎己，所谓‘道不同不相为谋’也。”把“如”解释为“类似”。这一解释较合孔子原意。④惮（dàn）：怕，畏惧。

【译文】

孔子说：“君子不厚重就没有威严；学习的东西就不稳固；要以忠信为主；没有不如自己的朋友；有了过失不要怕改正。”

曾子曰：“慎终追远①，民德归厚矣。”

【注释】

①慎终追远：终指父母的死，远指祖先。古注：慎终者丧尽其哀，追远者祭尽其敬。

【译文】

曾子说：“谨慎地对待父母的去世，追念久远的祖先，百姓的道德风尚就会日趋忠厚了。”

子禽①问于子贡②曰：“夫子③至于是邦也，必闻其政，求之与？抑与之与？”子贡曰：“夫子温、良、恭、俭、让以得之。夫子之求之也，其诸④异乎人之求之与？”

【注释】

①子禽：陈亢，字子禽，孔子学生。②子贡：孔子学生，姓端木，名赐，字子贡。③夫子：古代对男子的敬称。《论语》中，孔子的学生称孔子为夫子。④其诸：语气词，表示揣度的语气，相当于"或者"、"莫非"。

【译文】

子禽问子贡说："我们夫子每到一个国家，总是预闻这个国家的政事，这是去求得来的呢？还是人家主动告诉他的呢？"子贡说："我们夫子是凭靠温和、善良、庄敬有礼、节俭、谦逊而得来的。我们夫子去求的办法，或许是与别人的求法不同吧。"

子曰："父在，观其志①；父没，观其行，三年无改于父之道②，可谓孝矣。"

【注释】

①观其志，观其行：其，指儿子。父亲在，儿子不能独立处事，所以观其志；父亲死了，儿子独立处事，所以要观其行。②三年无改于父之道：这里的道是指父亲生前的作为，包括其思想和行事。古注：必能三年无改于父之道，乃见其孝，不然，则所行虽善，亦不得为孝矣。

【译文】

孔子说："父亲在，看儿子是观察他的志向；父亲死了，是观察他的行为。在三年之内能不改变他父亲生前的所为，可以说是孝了。"

有子曰："礼之用，和①为贵。先王之道斯为美②，小大由之。有所不行，知和而和，不以礼节之，亦不可行也。"

【注释】

①和：恰到好处。②斯为美：斯，这，此。这里指礼，也指和。

【译文】

有子说："礼的运用，以和谐为贵。先王治国之道的好处正在这里，不论小事、大事都照这样去做。但也有不能这样做的。只知道要和而一意求和谐，不用礼来节制，也是不可行的。"

有子曰："信近于义，言可复①也；恭近于礼，远耻辱也；因②不失其亲，亦可宗③也。"

【注释】

①复：古注：復，践言也。实现诺言的意思。②因：依靠，凭借。③宗：通常有两种解释：一，宗犹主也。二，尊崇，宗敬。

【译文】

　　有子说：“说话有信用而近于义，那么说的话就能兑现；态度恭敬而近于礼，就可以远离耻辱；所依靠的都是可亲的，也就值得崇敬了。”

　　子曰：“君子食无求饱，居无求安，敏于事而慎于言，就有道①而正②焉，可谓好学也已。”

【注释】

　　①有道：指有道德的人。②正：正其是非。

【译文】

　　孔子说：“君子饮食不求饱足，居住不求安逸，对工作勤快敏捷，说话却谨慎，而且到有道的人那里去辨正自己的是非，这样可以说是好学了。”

　　子贡曰：“贫而无谄，富而无骄，何如？”子曰：“可也。未若贫而乐①，富而好礼者也。”子贡曰：“诗云：如切如磋，如琢如磨②，其斯之谓与？”子曰：“赐也！始可与言诗已矣；告诸往而知来者③。”

【注释】

　　①贫而乐：有的本子乐下有道字，作贫而乐道。②如切如磋，如琢如磨：见《诗经·卫风·淇澳》。通常有两种解释：一说切磋琢磨分别指对骨、象牙、玉、石四种不同材料的加工，不加工不能成器；一说加工象牙和骨，切了还要磋，加工玉石，琢了还要磨，含精益求精的意思。③告诸往而知来者：诸，这里同之。往，过去的事，这里指已经告诉他的话。来，未来的事，这里指还没有说出来的话。

【译文】

　　子贡说：“贫穷而不谄媚，富有而不骄傲，怎样呢？”孔子说：“这也算可以了，但不如贫穷而还乐于道，富有而还好礼。”子贡说：“《诗》上说：要像加工牙骨玉石那样切呀、磋呀、琢呀、磨呀，讲的就是这个意思吧？”孔子说：“赐呀，你能从我已经讲的话中领悟到我还没有说到的意思，现在可以和你谈诗了。”

　　子曰：“不患①人之不己知，患不知人也。”

【注释】

　　①患：忧虑。

【译文】

　　孔子说：“不忧虑别人不了解自己，只怕自己不了解别人啊。”

为政篇第二

子曰"为政以德，譬如北辰①，居其所②而众星共③之。"

【注释】

①北辰：指北极星。②所：处所、位置。③共：同拱，环绕。

【译文】

孔子说："以道德来治理政事，就可以像北极星那样，自己安居在自己的位置上，而别的星辰都围绕着它。"

子曰："诗三百①，一言以蔽之曰：思无邪②。"

【注释】

①诗三百：《诗经》实有三百零五篇，三百只是列其整数。②思无邪：《诗经》原文思字是语助词，孔子借用这句话，把思作思想讲。无邪通常有两种解释：一，纯正，没有邪恶；二，直的意思。就是说诗三百都是直接抒发作者的感情，没有虚伪假托。后一解较近孔子本意。

【译文】

孔子说："诗经三百篇，用一句话来概括，就是'思无邪'。"

子曰："道①之以政，齐②之以刑，民免③而无耻④；道之以德，齐之以礼，有耻且格⑤。"

【注释】

①道：一般有两种解释，一，治理；二，引导。这一章两句都是道和齐并提，解释为引导更通顺些。②齐：整齐，这里是统一人们的行动的意思。③免：免于犯罪，免于受罚。④耻：羞耻之心。⑤格：有解释为"至"的，有解释为"正"的，意思相近，都是说百姓能按统治者的要求守规矩、走正道。

【译文】

孔子说："用法制禁令来引导百姓，用刑罚来统一百姓的行动，百姓只是求得免于犯罪受罚，却没有羞耻之心；用道德教化来引导百姓，用礼制来统一百姓的行动，百姓就会有羞耻之心，而且自觉地走上正道了。"

子曰："吾十有①五而志于学，三十而立②，四十而不惑③，五十而知天命④，六十而耳顺⑤，七十而从心所欲不逾矩⑥。"

【注释】

①有：同又。②立：自立的意思。孔子说，立于礼。所以自立就是自己能够自觉地按照周礼的要求来处事。有人把立解释为站得住脚，但这章是讲孔子自己一生学习、修养的不同阶段的不同境界，这样解释与整章文意不合。③不惑：不被外界事物所迷惑。④知天命：孔子把人力所不能支配的事，归之于天命，这是孔子思想中的一个重要方面。要注意把《论语》中讲到天命的各章联系起来，全面分析，以求准确把握孔子天命思想的含义。⑤耳顺：就是听到各种不同的意见，即使错误的和对自己不利的意见，也能正确对待，不感到违逆不顺。⑥从心所欲不逾矩：从，遵从。有的以为从同纵，放纵。但放纵有贬意，与本章文意不合。逾，越过。矩，规矩。

【译文】

孔子说："我十五岁时立志学习，三十岁能自立，四十岁能不被外界事物迷惑，五十岁能知天命，六十岁能正确对待各种言论，不觉得不顺，七十岁能随心所欲也不会越规。"

孟懿子①问孝，子曰："无违"②。樊迟③御④，子告之曰："孟孙⑤问孝于我，我对曰无违。"樊迟曰："何谓也？"子曰："生，事之以礼；死，葬之以礼，祭之以礼。"

【注释】

①孟懿子：鲁国大夫，三家之一，姓仲孙，名何忌，懿是谥号。他的父亲孟僖子临死时叮嘱他向孔子学礼。②无违：不要违背礼的意思。③樊迟：孔子的学生，名须，字子迟，比孔子小四十六岁。④御：驾驶马车。⑤孟孙：指孟懿子。

【译文】

孟懿子问什么是孝，孔子说孝就是不可违背礼。一天，樊迟给孔子驾车，孔子告诉他说："孟孙问我什么是孝，我回答他说不可违背礼。"樊迟问："这是什么意思呢？"孔子说："父母活着的时候，要按礼侍奉他们；父母死了，要按礼来埋葬他们，祭祀他们。"

孟武伯①问孝，子曰："父母唯其疾之忧②。"

【注释】

①孟武伯：孟懿子的儿子，名彘。武是谥号。②父母唯其疾之忧：有几种解释：一，父母爱子，无所不至，唯恐其有疾病，子女能体会父母这种心情，在日常生活中谨慎小心，就是孝；二，做子女的要使父母只为自己的疾病担忧，不必为自己其他方面的事担忧；三，子女只应以父母的疾病为忧，其他不宜过多操心。以第二说为较好。

【译文】

孟武伯问什么是孝？孔子说，"要让你的父母只为你的疾病担忧。"

子游①问孝，子曰："今之孝者，是谓能养。至于犬马，皆能有养②。不敬，何以别乎？"

【注释】

①子游：孔子晚年的学生，姓言，名偃，字子游。②至于犬马，皆能有养：通常有两种解释。一说狗守门、马拉车驮物，也能侍奉人，也就是犬马也能养人；一说狗马也能得到人的饲养。以后一解释为好。

【译文】

子游问什么是孝，孔子说：如今所谓的孝，只是说能赡养父母就行了。就是狗马都能得到饲养，倘若对父母不敬，赡养父母和饲养狗马又怎样区别呢?"

子夏问孝，子曰："色难①。有事，弟子服其劳②；有酒食，先生③馔④，曾是以为孝乎?"

【注释】

①色难：色，脸色。色难有一般两种解释。一说难在顺承父母的脸色，一说难在侍奉父母时要和颜悦色。前说指父母的脸色，后说指孝子的脸色。讲孝，应是从子的方面讲，因此以后一解为好。②服其劳：服，从事，担任。③先生：一说长者，一说指父兄。本章讲孝，似应指父兄。④馔：食用。有的解释为陈列，也可通。不如直接解为食用。

【译文】

子夏问什么是孝，孔子说，"难的是对父母要和颜悦色。仅是有事情子女去做，有酒饭给父兄吃，这样就可以算是孝了吗?"

子曰："吾与回①言，终日不违②如愚。退而省其私③，亦足以发④，回也不愚。"

【注释】

①回：孔子早年学生，姓颜名回，字渊。②不违：不提出不同意见和问题。③退而省其私：一说是考察他与其他学生私下讨论学问时的言论，一说是退回去自己研究。如果是自己研究，应写成自习或自省，而不是省其私。④发：发明、启发。

【译文】

孔子说："我与颜回讲话，他整天都不提不同意见和问题，像是很愚笨。可等他退下去之后，我考察他私下的言论，发现他也能对我讲的有所发挥，颜回其实并不愚笨呀！"

子曰："视其所以①，观其所由②，察其所安③，人焉瘦④哉? 人焉瘦哉?"

【注释】

①所以：以字有几种解释，一种含义为使用，一作作为讲，这两种解释相近。一把所以作相与讲，所以，所结交的朋友；一作动因讲，所以，所抱有的动机。②所由：由，经由。所经由的道路。③所安：安，安定、安乐。所安，是指人对于某事的心情、意志。如有了过失，有的心安理得，有的于心不安，就是所安不同。④瘦（sōu）：隐藏，藏匿。

【译文】

孔子说：“看他言行的动机，观察他所走的道路，考察他安干什么，如此以来，一个人怎样能隐藏得了呢？一个人怎样能隐藏得了呢？”

子曰：“温故而知新①，可以为师矣。”

【注释】

①温故而知新：有不同的解释：一，一般解释是：能在温习旧知识中有新的体会，开发出新知识。二，把温故与知新作两个方面来解释，说“既温寻故者又知新者，则可以为人师矣”。

【译文】

孔子说：“能从温习已知的知识中有新的体会，开发出新知识，就可以当老师了。”

子曰：“君子不器①。”

【注释】

①器：器具。各种器具都有专门的用途。孔子说君子不器，是说君子应该博学多能，不局限于某一专门知识或技能。

【译文】

孔子说：“君子不像器具那样（只有某种特定的用途）。”

子贡问君子。子曰：“先行其言而后从之。”

【译文】

子贡问怎样做一个君子。孔子说：“先实行你所要说的话，然后再说。”

子曰：“君子周而不比，小人比而不周。”

【注释】

周：遍及。比，勾结。周与比对举，是团结众人，不结党营私的意思。另一说，周作忠信讲。

【译文】

孔子说：“君子能团结众人而不结党营私，小人结党营私而不团结众人。”

子曰：“学而不思则罔①，思而不学则殆②。”

【注释】

　　①罔：有几种解释：一，迷惑；二，诬罔、受骗；三，罔然无知。②殆：有几种解释：一，危险；二，疲怠；三，疑惑。

【译文】

　　孔子说："只学习而不思考，就会罔然无知而无收获；只思考而不学习，就会疑惑而不能肯定。"

　　子曰："攻①乎异端②，斯③害也已④。"

【注释】

　　①攻：通常有两种解释：一，治，做某件事，如攻读；二，攻击。②异端：泛指一事必有两头，一线必有两端，从这端看，那端是异端；从那端看，这端是异端。《论语》这一章是告诫人们不要只执一端。③斯：代词，这。④也已：语气词。

【译文】

　　孔子说："专就反对的一端去下工夫，这就有害了。"

　　子曰："由①，诲女②知之乎？知之为知之，不知为不知，是知也。"

【注释】

　　①由：孔子早年学生，姓仲名由，字子路。②女：同汝，你。

【译文】

　　孔子说："由呀，我教你如何求知吧！知道的就是知道，不知道的就是不知道，这就是智慧呀！"

　　子张①学干禄②。子曰："多闻阙③疑④，慎言其余，则寡尤⑤；多见阙殆，慎行其余，则寡悔。言寡尤，行寡悔，禄在其中矣。"

【注释】

　　①子张：孔子晚年学生，姓颛孙，名师。②干禄：干，求。禄，古代官吏的俸禄。干禄就是求官职。③阙：缺。这里作放置一旁讲。④疑、殆：同是怀疑的意思。⑤尤：过失。

【译文】

　　子张要学谋求官职的方法，孔子说："多听，有怀疑的地方先放在一旁不说，余下有把握的，也要谨慎地说，就能减少过失；多看，有怀疑的地方先放在一旁不做，余下有把握的，也谨慎地去做，就能减少后悔。说话少过失，做事少后悔，官职俸禄就在这里了。"

哀公^①问曰："何为则民服?"孔子对曰^②："举直错诸枉^③，则民服；举枉错诸直，则民不服。"

【注释】

　　①哀公：鲁国国君。姓姬，名蒋，哀是谥号。②对曰：《论语》记载对国君及在上位者问话的回答都用对曰，以表示尊敬。③错诸枉：错有两种解释：一，废置；二，放置。诸，相当于"之乎"。错诸枉就是放在邪曲的人之上。如果错字作废置讲，不需诸字，错诸枉不能通。

【译文】

　　鲁哀公问："如何才能使百姓服从?"孔子答道："把正直的人提拔起来放在邪曲的人之上，百姓就服从了；把邪曲的人提拔起来放在正直的人之上，百姓就不服了。"

　　季康子^①问："使民敬忠以^②劝^③，如之何?"子曰："临之以庄，则敬；孝慈^④，则忠；举善而教不能，则劝。"

【注释】

　　①季康子：鲁国大夫，姓季孙，名肥，康是谥号。②以：连词，与而同。③劝：勉励。这里是自勉努力的意思。④孝慈：有两种解释。一说当政者自己实行孝慈，一说当政者引导百姓孝慈。

【译文】

　　季康子问道："要使百姓对当政的人尊敬、忠心，又能加倍努力，该如何去做呢?"孔子说："你用庄严的态度对待百姓，他们就会尊敬你；你对父母孝，对子弟慈，百姓就会忠于你；你提拔善人，又教育能力差的人，百姓就会互相勉励，加倍努力了。"

　　或谓孔子曰："子奚不为政?"子曰："书云^①：'孝乎惟孝，友于兄弟^②。'施于有政^③，是亦为政，奚其为为政?"

【注释】

　　①书云：书指《尚书》。"孝乎惟孝，友于兄弟"两句，见伪古文《尚书·君陈篇》。②孝乎惟孝，友于兄弟：孝乎惟孝，是对孝的赞美之词。友，亲爱，友好。③施于有政：施，一作施行讲，一作延及讲。施于有政，依前解就是施行到政事中，依后解就是影响到政治上去。

【译文】

　　有人对孔子说："你为何不从事政治呢?"孔子说："《尚书》上说，孝啊，孝于父母，友爱兄弟。把这孝悌的道理施行于政事，也就是从事政治了。又要怎样才算是为政呢?"

　　子曰："人而无信，不知其可也。大车无輗^①，小车无軏，其何以行之哉?"

【注释】

①輗（ní）、軏（yuè）：古时候大车是指牛车，小车是指马车。这两种车车辕前面都有一道驾牲口的横木。横木两端和车辕上凿有小孔，用包有铁皮的木销钉插入圆孔，把横木和车辕连接。这两种车的销钉就分别叫做輗和軏。

【译文】

孔子说："一个人不讲信用，是不可以的（直译是：不知怎么可以）。大车小车，没有了连接辕和前面横木的销钉，怎么能走呢？"

子张问："十世可知也①？"子曰："殷因②于夏礼，所损益③可知也；周因于殷礼，所损益可知也。其或继周者，虽百世可知也。"

【注释】

①十世可知也：世，古时称三十年为一世。也有的把世解释为朝代。也，同耶，疑问辞。子张是问十世以后的事能不能预先知道。②因：因袭、继承。③损益：减少和增加，变动的意思。

【译文】

子张问："十世以后的事可以预先知道吗？"孔子说："殷朝继承了夏朝的礼仪制度，所减少的和所增加的是可以知道的；周朝继承了殷朝的礼仪制度，所减少的和所增加的也是可以知道的。将来如有继承周朝的，就是一百世之久，也是可以预先知道的。"

子曰："非其鬼①而祭之，谄②也。见义③不为，无勇也。"

【注释】

①鬼：通常有两种解释：一指死去的祖先；二，泛指鬼神。后解可以包含前解。②谄：谄媚。③义：孔子提出的一个道德范畴。

【译文】

孔子说："不是你应该祭的鬼神，你却去祭它，这就是谄媚。见到应该做的事而不去做，就是没有勇气。"

八佾篇第三

孔子谓季氏①："八佾②舞于庭，是可忍③也，孰不可忍也。"

【注释】

①季氏：鲁国大夫季孙氏。②八佾：佾（yì），行列。古时祭祀时的舞蹈，天子八佾，诸侯六佾，大夫四佾，士二佾。每佾人数有两种说法，一说每佾八人；一说每佾人数与佾数同，即八佾每佾八人，六佾每佾六人，四佾每佾四人，二佾每佾两人。③忍：有两种解释。一作容忍讲，一作忍心讲。

【译文】

孔子讲到季氏在自己家庙的庭中雇用六十四人的舞列的事说："这样的事他都忍心去做，还有什么事他不忍心做呢？"

　　三家①者以雍彻②。子曰："'相维辟公，天子穆穆'③，奚取于三家之堂④？"

【注释】

　　①三家：鲁国大夫孟孙、叔孙、季孙三家。②以雍彻：《雍》，《诗经·周颂》的一篇。彻，同撤。古时祭礼完毕撤去祭品时要奏乐唱诗，《雍》是周天子举行祭礼撤祭品时唱的诗。③相维辟公，天子穆穆：是《雍》诗中的两句。相（xiàng），傧相，助祭者。辟公，指诸侯。穆穆，端庄盛美貌，这里形容天子的仪态。④堂：庙堂。

【译文】

孟孙、叔孙、季孙三家在祭祖完毕撤除祭品时，也命乐工唱《雍》诗。孔子说：《雍》诗唱的是诸侯助祭，天子端庄而美貌。这样的意思，怎么能用在你三家的庙堂里呢？"

　　子曰："人而不仁，如礼何？人而不仁，如乐何？"

【译文】

孔子说："一个人没有仁心，他怎么实行礼呢？一个人没有仁心，他怎么运用乐呢？"

　　林放①问礼之本。子曰："大哉问！礼，与其奢也，宁俭；丧，与其易②也，宁戚。"

【注释】

　　①林放：鲁国人。②易：一般有两种解释：一，谦和、平易；二，治办周到。

【译文】

林放问什么是礼的根本。孔子说："这个问题意义重大呀！对于礼，与其过于奢侈，宁可比较节俭；对于丧礼，与其治办周备，宁可哀伤过些。"

　　子曰："夷狄①之有君，不如诸夏②之亡③也。"

【注释】

　　①夷狄：古代对于异族的贬称。②诸夏：古代汉族自称诸夏，或华夏。③亡：同无。古书无字多写作亡。这一章有两种解释。一说，夷狄即使有国君，也不如诸夏没有国君哩。另一说，夷狄尚且有国君，不像诸夏却僭越作乱，反而没有君臣上下之分。前一说强调了夷狄之不如诸夏，后一说则是强调了尊君的思想。

【译文】

孔子说："夷狄即使有国君，也不如中原诸国没有君主哩。"

季氏旅①于泰山，子谓冉有②曰："女③弗能救④与？"对曰："不能。"子曰："呜呼！曾谓泰山不如林放乎⑤？"

【注释】

①旅：祭名。旅于泰山就是祭祀泰山。按照周礼，只有天子有资格祭祀天下名山大川，诸侯只能祭封地以内的山川。季氏是鲁国大夫，却去祭祀泰山，因此孔子认为他是僭礼。②冉有：孔子的学生，名求。当时是季氏的家臣。③女：同汝，你。④救：这里是谏止的意思。⑤曾谓泰山不如林放乎：泰山，泰山神。这句话的意思是泰山神难道还不如林放知礼吗？它怎会接受这非礼的祭祀呢？是对季氏祭泰山的批评，同时赞美林放知礼，也是对冉有的批评。

【译文】

季孙氏去祭泰山，孔子对冉有说："你不能劝阻他吗？"冉有回答说："不能"。孔子说："唉！难道泰山神还不如林放知礼吗？"

子曰："君子无所争，必也射①乎！揖②让而升，下而饮，其争也君子。"

【注释】

①射：指古代的射礼。大射礼规定两人一组，互相作揖然后登堂，射完再互相作揖退下。各组射完后，再作揖登堂饮酒。②揖：拱手行礼。

【译文】

孔子说："君子没有什么与别人争的事情，如果有的话，那一定是比赛射箭了。比赛时，先互相作揖然后登堂，射完后又互相作揖再退下，然后登堂喝酒。这样的争也是君子的争。"

子夏问曰："'巧笑倩兮，美目盼兮，素以为绚兮①'。何谓也？"子曰："绘事后素②。"曰："礼后乎？"子曰："起予者商也③，始可与言诗已矣。"

【注释】

①巧笑倩兮，美目盼兮，素以为绚兮：倩（qiàn），笑容美好。兮，语辞，相当于啊。盼，眼睛黑白分明。这里是形容眼睛的美丽动人。绚（xuàn），有文采。②绘事后素：有两种解释：一，绘画时先有白底，然后画画；二，古人绘画，先画五采颜色，然后用粉白线条加以钩勒。③起予者商也：起，启发。予，我，孔子自指。商，子夏名商。

【译文】

子夏问道："'笑容是多么美好啊，眼睛是多么动人啊，用素粉来打扮啊。'这几句诗是什么意思呢?"孔子说:"这就好比绘画先画了色彩,再加素色。"子夏说:"是说礼也是后起的事吗?"孔子说:"启发了我的是卜商啊,现在可以和他谈诗了。"

子曰:"夏礼吾能言之,杞①不足徵②也;殷礼吾能言之,宋不足徵也。文献③不足故也。足,则吾能徵之矣。"

【注释】

①杞、宋:春秋时二国名。杞是夏禹的后裔,宋是商汤的后裔。②徵:证明。③文献:文指历史典籍,献指贤人。

【译文】

孔子说:"夏朝的礼,我能说出来,但杞国不足以证明我的话;殷朝的礼,我能说出来,但宋国不足以证明我的话。这是因为历史典籍和贤人不够的缘由。倘若有足够的历史典籍和贤人,我就可以证明了。"

子曰:"禘①自既灌②而往者,吾不欲观之矣③。"

【注释】

①禘:周朝时天子和诸侯祭祖的大祭。祭祖时先祭始祖,第一次献酒后,再依尊卑亲疏的次序祭祀历代祖先。②灌:禘礼中第一次献酒。③吾不欲观之矣:鲁文公时,在禘祭时把其父僖公排在闵公的前面,僖公虽是闵公的哥哥,但他是继承闵公当国君的,因此把僖公放在闵公之前就是违礼的逆祀。孔子不愿再看,表达了他对此的不满。

【译文】

孔子说:"对于禘礼,从第一次献酒以后,我就不想看下去了。"

或问禘之说①,子曰:"不知也。知其说者之于天下也,其如示诸斯②乎!"指其掌。

【注释】

①禘之说:"说"有的解释为理论,有的解释为道理。今译可以说是关于禘祭的规定。②示诸斯:斯,指下文掌字。示有两种解释。一作视讲,示诸斯意思是像看自己掌中物一般,很易明了;一作置讲,示诸斯就是像摆在自己手掌里一样,运用自如。两种解释都通。孔子主张礼治,认为报本追远,意义没有比禘祭更深的了。

【译文】

有人问关于禘祭的规定,孔子说:"我不知道。知道这种规定的人,对治理天下的事,就会像放在这手掌上一样。"孔子一面说,一面指着他的手掌。

祭如在，祭神如神在。子曰："吾不与①祭，如不祭。"

【注释】

①与（yù）：参预。

【译文】

孔子在祭祖先的时候，好像祖先真的在受祭；祭神的时候，也好像真有神在受祭。孔子说："我倘若没有亲自参加祭祀，那就和没有举行祭礼一样。"

王孙贾①问曰："与其媚于奥，宁媚于灶②，何谓也?"子曰："不然。获罪于天③，无所祷也。"

【注释】

①王孙贾：卫国大夫。②与其媚于奥，宁媚于灶：媚，谄媚、奉承。奥，居室的西南角，古时是一家中尊者居住的地方，灶是烹饪做饭的地方。居奥的尊者地位虽高，但不管事，不如灶下做饭的掌握饮食大事。这里用奥喻指内廷的近臣，灶喻指外朝的实际执政者。这两句话是当时俗语，王孙贾问孔子，暗示要孔子奉承自己。③获罪于天：对于天，有不同的解释。有的说天就是理，有的则说天以喻君，都是按各自的思想来解释，后一说更接近于孔子原意。

【译文】

王孙贾问道："俗话说，与其在奥处求媚，不如在灶处求媚。这怎样理解?"孔子说："不是这样。如果得罪了天，那就没有地方可以祷告了。"

子曰："周监于二代①，郁郁②乎文哉，吾从周。"

【注释】

①监于二代：监，通鉴。二代指夏、商二代。②郁郁：文采盛貌。文，指礼乐制度。

【译文】

孔子说："周朝的礼仪制度借鉴于夏商二代，是多么的丰富多采呀，我遵从周朝的制度。"

子入太庙①，每事问。或曰："孰谓鄹人之子②知礼乎? 入太庙，每事问。"子闻之，曰："是礼也③。"

【注释】

①太庙：天子的祖庙。鲁国祭周公的庙也叫太庙。②鄹人之子：鄹（zōu），又作郰，地名，在今山东曲阜东南，孔子在这里出生。孔子的父亲叔梁纥曾做过鄹大夫，《左传》称他鄹人纥。鄹人之子指孔子。③是礼也：一般都作肯定语气解释，说孔子每事问是表示他对礼的谨慎和恭敬的态度，这正是知礼。

【译文】

孔子到了太庙,每件事都要问一问。有人说:"谁说这个鄹大夫的儿子懂得礼呀,他到了太庙里,什么事都要问别人。"孔子听到了说:"这就是礼呀!"

子曰:"射不主皮①,为力不同科②,古之道也。"

【注释】

①射不主皮:古时行射礼时,用布作成箭靶,叫做侯。在布中心贴一兽皮,叫做鹄。这里的皮就是指箭靶。射不主皮,举行射礼时,主要看是否射中,不是以能否射穿靶子为主。②科:等级。

【译文】

孔子说:"比射箭,不是看是不是射穿了靶子,因为各人力气大小不同。这是古时候的规矩。"

子贡欲去告朔之饩羊①。子曰:"赐也,尔爱②其羊,我爱其礼。"

【注释】

①告朔之饩羊:朔,农历每月的初一。周礼,天子在每年冬十二月,向诸侯颁发第二年的历书,告知每个月的初一日。诸侯接受后将历书藏于祖庙。到每月初一,杀一只羊祭于祖庙,并向百姓颁告。这就叫告朔。到子贡的时候,鲁国国君不再亲临祖庙,告朔之礼已废而不行。但每到初一还杀一只羊供奉祖庙。子贡认为这样徒具形式,不如连羊也不杀。②爱:爱惜的意思。

【译文】

子贡想要免去每月初一告祭祖庙用的那只羊。孔子说:"赐呀,你爱惜那只羊,我却是爱惜那种礼呀。"

子曰:"事君尽礼,人以为谄也。"

【译文】

孔子说:"完全按照礼的规定来侍奉君主,世人反而认为这是谄媚。"

定公①问:"君使臣,臣事君,如之何?"孔子对曰:"君使臣以礼,臣事君以忠②。"

【注释】

①定公:鲁国国君,名宋。定是谥号。②君使臣以礼,臣事君以忠:有两种解释。一说"君之使臣以礼,则臣必事君以忠"。一说这两方面都是"理之当然",君应该依礼,臣应该忠心,双方都要尽心从自己方面去做。

【译文】

鲁定公问："君主使唤臣下，臣子服侍君主，应当怎样做呢？"孔子回答说："君主按照礼的要求去使唤臣下，臣子就会忠心服侍君主了。"

子曰："《关雎》①，乐而不淫，哀而不伤。"

【注释】

①《关雎》：《诗经》的第一篇。此篇写一君子追求淑女，思念时辗转反侧，寤寐思之的忧思，以及结婚时钟鼓乐之，琴瑟友之的欢乐。

【译文】

孔子说："《关雎》这篇诗，有欢乐，但不放荡；有悲哀，但不至于伤生。"

哀公问社①于宰我②，宰我对曰："夏后氏以松，殷人以柏，周人以栗，曰：使民战栗③。"子闻之，曰："成事不说，遂事不谏，既往不咎。"

【注释】

①社：土地神，祭土神的庙也称社。古时立国都要建社，选用宜于当地生长的树木做社主（土地神的牌位）。从宰我的回答看，哀公问的就是用什么木头做神主。②宰我：孔子的学生，名予。③使民战栗：战栗，恐惧，发抖。宰我解释周朝用栗木做社主是为了使百姓恐惧。一说这是宰予讽劝哀公用严政；一说，时三桓专政，哀公欲讨之，故以问社相暗示，宰予解释牵强附会，暗示赞成。孔子知哀公无能，不欲其轻率行动，所以说了这些话。

【译文】

鲁哀公问宰我关于做社主的事，宰我答道："夏朝用松木，殷朝用柏木，周朝用栗木，用栗木是要使百姓害怕得发抖。"孔子听说了，说："已经做成的事不用再说了，已经实行的事不用再去劝阻了，已经过去的事也不必再追究了。"

子曰："管仲①之器小哉！"或曰："管仲俭乎？"曰："管氏有三归②，官事不摄③，焉得俭？""然则管仲知礼乎？"曰："邦君树塞门④，管氏亦树塞门；邦君为两君之好有反坫⑤，管氏亦有反坫。管氏而知礼，孰不知礼？"

【注释】

①管仲：名夷吾，齐桓公的宰相，辅助齐桓公成为诸侯的霸主。②三归：有多种解释。一，古时女子出嫁叫归，管仲娶三姓之女，叫三归；二，归通馈，管仲家祭用三牲之献；三，三处采邑；四，藏钱币的府库；五，指从百姓身上收取的市租；六，管仲有三处府第可归。一、二两说是说明管仲僭越违礼；三、四、五是说明管仲富有，都不是不俭的意思。所以采用第六说。③摄：兼任。④树塞门：古礼天子诸侯在门口立小墙遮蔽视线，以别内外。小墙叫屏，亦叫树，今通称照壁。塞：遮蔽的意思。⑤反坫：坫（diàn），古代国君与别国国君友好会面，互相酬酢时放置空酒杯的土台。

【译文】

　　孔子说："管仲的器量可真小呀！"有人说："管仲是俭朴吧？"孔子说："管仲有三处家，各项职事都有专人，从不兼差，如此怎能算是节俭呢？"那人又问："那么管仲是不是知礼呢？"孔子说："国君的宫室门口有照壁，管仲也有；国君为了招待别国君主，有放酒杯的土台，管仲也有。如果说管仲知礼，那么谁才不知礼呢？"

　　子语①鲁大师②乐，曰："乐其可知也：始作，翕③如也；从④之，纯⑤如也，皦⑥如也，绎⑦如也，以成。"

【注释】

　　①语：读（yù）。告诉。②大师：大（tài），太师，乐官名。③翕（xī）：有两种解释。一解为合、聚。一解为盛。④从：同纵，展开。⑤纯：和谐。⑥皦：音节分明。⑦绎：连续不断。

【译文】

　　孔子给鲁国乐官讲奏乐的道理时说："音乐是可以知道的：开始演奏，各种乐器合奏，声音繁美；继续展开下去，和谐，分明，连绵不绝，最后完成。"

　　仪封人①请见，曰："君子之至于斯也，吾未尝不得见也。"从者见之②。出曰："二三子何患于丧③乎？天下之无道也久矣，天将以夫子为木铎④。"

【注释】

　　①仪封人：仪，地名。封人，镇守边疆的官。②从者见之：随行的学生引他见了孔子。③丧（sàng）：失掉官位。④木铎：木舌的铜铃。古代天子发布政教命令时摇木铎来召集百姓。

【译文】

　　仪邑的边防官要求求见孔子，他说，"凡是君子到这里来，我从没有见不到的。"孔子的随行学生引他去见了孔子。见过孔子出来，他说："你们几位，为何为失掉官位发愁呢？天下无道已经很久了，天将把他老先生当作木铎向大家传道呀。"

　　子谓韶①，尽美②矣，又尽善也；谓武，尽美矣，未尽善也。

【注释】

　　①韶武：韶，舜时乐曲名。武，周代乐曲名，也有认为是周武王时乐曲名。②美、善：美指乐曲的音调、舞蹈的形式而言，善指乐舞的思想内容而言。

【译文】

　　孔子说韶乐是美到极点了，又善到极点了；说武乐是美到极点了，但却不够善。

子曰："居上不宽，为礼不敬，临丧不哀，吾何以观之哉?"

【译文】

孔子说："居于当政的地位而不宽厚待人，行礼的时候不严肃恭敬，参加丧礼时不悲痛哀戚，这种情形我怎么看得下去呢?"

里仁篇第四

子曰："里仁为美①，择不处仁②，焉得知③?"

【注释】

①里仁为美：里，住处。这里借作动词用，意思是住在有仁者的地方才好。另一解：里即居，人能居于仁道，这是极美的了。②择不处仁：处（chǔ）。居住。择，从上文看是指选择住处，但也可解释为选择职业、选择朋友等。③知：同智。

【译文】

孔子说："要住在有仁者的地方才好。选择住处而不住在有仁者的地方，那能算是明智呢?"

子曰："不仁者不可以久处约，不可以长处乐。仁者安仁，知者利仁。"

【译文】

孔子说："不仁的人不能长久地处于贫困中，也不能长久地处于安乐中。仁人是安于仁道，智者则是知道仁对自己有利才去行仁。"

子曰："唯仁者能好①人，能恶②人。"

【注释】

①好：去声，音号。喜爱。②恶（wù）：憎恨；讨厌。

【译文】

孔子说："只有仁人才能爱人和恨人。"

子曰："苟志于仁矣，无恶①也。"

【注释】

①恶：有两种解释：一，善恶的恶，与上章恶字不同。二，好恶的恶，与上章恶字同义。

【译文】

　　孔子说："如果立志于仁，就不会做坏事了。"

　　子曰："富与贵是人之所欲也，不以其道得之，不处也；贫与贱是人之所恶也，不以其道得之，不去也。君子去仁，恶乎①成名？君子无终食之间违仁，造次②必于是，颠沛③必于是。"

【注释】

　　①恶乎：如何；怎么。②造次：急遽；仓卒。③颠沛：跌倒，用以形容人心躁动，社会动乱。

【译文】

　　孔子说："富贵是人人都想要的，但是不依据于道而得到富贵，就不去接受它；贫贱是人人都厌恶的，但是不依据于道而摆脱贫贱，就不去摆脱它。君子倘若丢弃了仁德，又怎能叫做君子呢？君子没有一顿饭的时间背离仁德，就是在仓卒匆忙的时候也一定按仁道去做，就是在颠仆困顿的时候也一定按仁道去做。"

　　子曰："我未见好①仁者，恶不仁者。好仁者，无以尚②之；恶不仁者，其为仁矣，不使不仁者加乎其身。有能一日用其力于仁矣乎？我未见力不足者。盖有之矣，我未之见也③。"

【注释】

　　①好、恶：喜爱、讨厌。②尚：通上，用作动词，超过的意思。③盖有之矣，我未之见也：盖，疑词，大概的意思。对"有之"二字有两种解释：一，"有之"是指有肯用力而力不足者，是联系上句未见力不足者来理解；二，"有之"是指有肯一日用力于仁者，是联系上句有能一日用其力于仁矣乎来理解。

【译文】

　　孔子说："我没有看到过爱好仁德的人和厌恶不仁的人。爱好仁德的人，是不能再好的了；厌恶不仁的人，他行仁德，是不让不仁的东西加到自己身上。有人能把他一天的力量都用在仁上吗？我没有见过力量不够的。大概力量不足的人还是有的，只是我没有见过罢了。"

　　子曰："人之过也，各于其党。观过，斯知仁矣①。"

【注释】

　　①观过，斯知仁矣：旧注说，赞同仁道的有三种人：仁者是实行仁道才心安，智者是以实行仁道有利于自己而赞同仁道，畏罪者是勉强按仁道去做。赞同仁道的表现虽同，思想本质却不同。因此只看他按仁道去做的表现还不能判断他是否真有仁心。而过错是人人力求避免的，从一个人的错误最能看出他的内心真情。所以说观过，斯知仁矣。也有的书上引用这一章时写作"斯知人矣"，也通。

【译文】

孔子说："人们犯错误，各有种类。所以，他的错误，就知是哪种人。"

子曰："朝闻道，夕死可矣。"

【译文】

孔子说："早晨体认了道，当天晚上就死去，也可以无恨了。"

子曰："士①志于道，而耻恶衣恶食者，未足与议也。"

【注释】

①士：古时称士农工商为四民，"凡习学文武者为士"，士是四民中读书习武的人，其地位在庶民之上。

【译文】

孔子说："一个士有志于道，而又以自己吃得不好穿得不好为耻辱，这种人，是不值得去与他探讨道的。"

子曰："君子之于天下也，无适①也，无莫也，义②之与比③。"

【注释】

①适、莫：有几种不同的解释：一：厚薄亲疏，无适无莫就是不分亲疏厚薄；二，敌对和爱慕，无适无莫就是没有敌对，也没有爱慕；三，适，专主；莫，不肯。无适无莫就是无可无不可的意思。②义：古人解释：义，宜也。凡是适宜的言行，就是符合于义的。因此不同的人所讲的义，都是不同的。在孔子，义与仁、礼是互相联系不可分的，凡符合于仁、礼的要求的，便是义。③比：通常有两种解释：一，亲近，相近；二，从，听从。

【译文】

孔子说："君子对于天下的事，没有非得这样做不可的，也没有一定不能这样做的，只是按照义去做就行。"

子曰："君子怀①德，小人怀土②；君子怀刑③，小人怀惠。"

【注释】

①怀：有两种解释：一，思念；二，安于。②土：乡土。③刑：法制。

【译文】

孔子说："君子安于道德，小人安于乡土；君子安于法制，小人安于恩惠。"

子曰："放①于利而行，多怨②。"

【注释】

①放：有两种解释。一，放纵；二，依据。②多怨：一般解释为多被别人所怨恨。

【译文】

孔子说："事事都依据个人利益而行动，会招致很多怨恨。"

子曰："能以礼让为国乎？何有①？不能以礼让为国，如礼何②？"

【注释】

①何有：何难之有，不难的意思。②如礼何：把礼怎么办？意思是说纵然有礼的形式，不以礼让治国，这礼也是无用的。

【译文】

孔子说："能够用礼让来治理国家吗？那样还会有什么困难呢？如果不能用礼让来治国，那对于礼又怎么办呢？"

子曰："不患无位，患所以立①；不患莫己知，求为可知也。"

【注释】

①所以立：指立身的才学，或立于其位的才学。

【译文】

孔子说："不愁没有职位，只愁自己没有能够任职的才学本领；不愁没有人知道自己，只求自己有真才实学值得为人们所知道。"

，子曰："参乎，吾道一以贯①之。"曾子曰："唯。"子出，门人问曰："何谓也？"曾子曰："夫子之道，忠恕②而已矣。"

【注释】

①贯：贯穿，贯通，统贯。如以绳穿物。②忠恕：据朱熹注，尽自己的心去待人叫做忠，推己及人叫做恕。

【译文】

孔子说："参呀，我讲的道是由一个基本的思想贯通起来的。"曾子说："是。"孔子出去之后，同学问曾子："这是什么意思？"曾子说："先生的道，忠恕罢了。"

子曰："君子喻①于义，小人喻于利。"

【注释】

①喻：懂得。

【译文】

孔子说："君子懂得的是义，小人懂得的是利。"

子曰："见贤思齐焉，见不贤而内自省也。"

【译文】

孔子说："见到贤人，就渴望向他看齐；见到不贤的人，就自己反省有没有类似的毛病。"

子曰："事父母几①谏，见志不从，又敬不违，劳②而不怨。"

【注释】

①几：轻微，婉转。②劳：忧愁。

【译文】

孔子说："侍奉父母，倘若父母有不对的地方，就很委婉地劝止。自己的意见表达了，父母不听从，还是恭恭敬敬，并不违抗，虽然忧愁，但不怨恨。"

子曰："父母在，不远游①，游必有方②。"

【注释】

①游：指游学、游宦，到外地去求学，做官。②方：一定的地方。

【译文】

孔子说："父母在世，不出远门，倘若不得已要出远门，也必须有一定的去处。"

子曰："三年无改于父之道，可谓孝矣。"

子曰："父母之年，不可不知①也。一则以喜，一则以忧。"

【注释】

①知：常记在心的意思。

【译文】

孔子说："父母的年龄不能不记在心里。一方面为他们的长寿而高兴，另一方面又为他们的衰老而恐惧。"

子曰："古者言之不出，耻躬之不逮①也。"

【注释】

①逮：及；到。

【译文】

孔子说："古人的言论不轻易出口，是以自己的行为跟不上为可耻呀！"

子曰："以约①失之者鲜矣。"

【注释】

①约：约束。

【译文】

孔子说："因为约束自己而犯错误的是非常少的。"

子曰："君子欲讷①于言而敏②于行。"

【注释】

①讷：迟钝。②敏：敏捷。

【译文】

孔子说："君子总想言语要迟钝，而做事要敏捷。"

子曰："德不孤，必有邻。"

【译文】

孔子说："有德的人不会孤立，一定会有与他亲近的人。"

子游曰："事君数①，斯辱矣；朋友数，斯疏矣。"

【注释】

①数（shuò）：屡次，多次。引申为烦琐的意思。

【译文】

子游说："事奉君主太烦琐，就会受辱；对待朋友太烦琐，就会被疏远。"

公冶长篇第五

子谓公冶长①，"可妻也。虽在缧绁②之中，非其罪也。"以其子③妻之。

【注释】

①公冶长：孔子的学生。②缧（léi）绁（xiè），捆绑犯人的绳索，引申为牢狱。③子：古时儿女都称子，这里指女儿。

【译文】

孔子评论公冶长说，"可以把女儿嫁给这样的人。虽然他被关在狱中，但不是他的罪过呀。"孔子把自己的女儿嫁给了他。

子谓南容①，"邦有道，不废；邦无道，免于刑戮。"以其兄之子妻之。

【注释】

①南容：孔子的学生南宫适（kuò），字子容，通称南容。

【译文】

孔子评论南容说，"国家有道时，他不会被废弃不用；国家无道时，他也可以免于刑戮。"于是他自己的侄女嫁给了他。

子谓子贱①，"君子哉若人②，鲁无君子者，斯焉取斯③。"

【注释】

①子贱：孔子的学生宓（fú）不齐，字子贱。②若人：此人。③斯焉取斯：斯，此。上斯字指子贱，下斯字指子贱的品德。

【译文】

孔子评论子贱说："这个人真是个君子呀。假如鲁国没有君子，他从哪里获得这样的好品德呢。"

子贡问曰："赐也何如？"子曰："女器也。"曰："何器也？"曰："瑚琏①也。"

【注释】

①瑚琏：古代宗庙中祭祀用的盛粮食的器皿，竹制，上面用玉装饰，是祭器中贵重而华美的一种。

【译文】

子贡问道："我怎样呢？"孔子说："你是一件有用的器皿。"子贡又问："是什么器皿呢？"

孔子说："是那宗庙中盛粮食的瑚琏。"

或曰："雍①也仁而不佞②。"子曰："焉用佞？御人以口给③，屡憎于人，不知其仁④。焉用佞。"

【注释】

①雍：孔子的学生，冉雍，字仲弓。②佞（nìng）：能言善辩，有口才。③口给：言语便捷。④不知其仁：通常有两种解释：一，指佞人，佞人遭人憎恨，因而不知其（佞人）有仁德；二，指冉雍，不知冉雍是否仁者。今译取前者。

【译文】

有人说："冉雍这个人有仁德但没有口才。"孔子说："何必要口才呢？靠伶牙利齿去和人辩驳，经常招人讨厌，这样的人我不知他有什么仁德。何必要口才呢？"

子使漆雕开①仕。对曰："吾斯之未能信。"子说。

【注释】

①漆雕开：孔子的学生，姓漆雕，名开，字子开。

【译文】

孔子叫漆雕开去做官。漆雕开回答说："我对这事还不自信呀。"孔子听了十分高兴。

子曰："道不行，乘桴①浮于海，从我者其由与！"子路闻之喜。子曰："由也好勇过我，无所取材②。"

【注释】

①桴（fú）：用来在水面浮行的木排或竹排，大的叫筏，小的叫桴。②无所取材：材有三种解释：一，编桴用的材料。孔子并不真想乘桴浮海，见子路没有听懂他的意思，所以这样讲；二，同裁，指子路不知裁度事理；三，同哉，说子路以为孔子只要与他同行，所以孔子说"难道就不取别人吗"？

【译文】

孔子说："我的道倘若行不通，就乘上小木排到海外去，紧跟我的怕只有仲由吧！"子路听了很高兴。孔子说："仲由的好勇超过了我，可是无处去弄到编木排的材料呀！"

孟武伯问子路仁乎？子曰："不知也。"又问。子曰："由也，千乘之国，可使治其赋①也，不知其仁也。""求也何如？"子曰："求也，千室之邑②，百乘之家③，可使为之宰④也，不知其仁也。""赤⑤也何如？"子曰："赤也，束带立于朝⑥，可使与宾客⑦言也，不知其仁也。"

【注释】

①赋：兵赋。②千室之邑：有一千户人家的大邑，指当时卿大夫的领地。③百乘之家：指卿大夫的采地，当时大夫有车百乘，是采地中的大的，称百乘之家。④宰：家臣。⑤赤：孔子的学生公西华，名赤。⑥束带立于朝：指穿着礼服立于朝廷。⑦宾客：古代贵客如国君上卿称宾，国君上卿以下一般客人称客。宾客二字连用，泛指客人。

【译文】

孟武伯问孔子，"子路做到仁了吗？"孔子说："不知道。"孟武伯又问。孔子说："仲由嘛，拥有一千辆兵车的大国，可以让他管理军事，但我不知道他是否做到了仁。"孟武伯问："冉求怎样呢？"孔子说："冉求嘛，有千户人家的封邑，有百辆兵车的大夫的采地，可以让他当总管，但我不知道他是否做到了仁。"孟武伯又问："公西赤又怎样呢？"孔子说："公西赤嘛，可以让他穿着礼服，站在朝廷上接待宾客，但我不知道他是否做到了仁。"

子谓子贡曰："女与回也孰愈①？"对曰："赐也何敢望回？回也闻一以知十②，赐也闻一以知二③。"子曰："弗如也。吾与女弗如也④。"

【注释】

①愈：胜过。②闻一以知十：十指数的全体。③闻一以知二：指可以由此及彼。④吾与女弗如也："与"有两种解释：一，孔子说自己与子贡都不如颜回；二，《论语集注》：与，许也。赞许。孔子赞许子贡自认不如颜回。

【译文】

孔子对子贡说："你和颜回谁强一些？"子贡回答："我那里敢和颜回比？颜回他能'闻一知十'，推知全体，我却只能'闻一知二'，由此及彼。"孔子说："是不如他呀，我和你都不及他呀。"

宰予昼寝，子曰："朽木不可雕也，粪土①之墙不可杇②也，于予与何诛③！"子曰："始吾于人也，听其言而信其行；今吾于人也，听其言而观其行。于予与改是。"

【注释】

①粪土：腐土、脏土。②杇（wū）：抹墙用的抹子；粉刷墙壁也叫杇。③于予与何诛：诛，责备。与，语气辞。

【译文】

宰予白天睡觉，孔子说："烂木头是没法雕刻的，腐土筑的墙是没法粉刷的，对宰予还怎么能责备他呢？"孔子说："以前我对人，听了他讲的就相信他的行为；现在我对人，听了他讲的还要观察一下他的行为。从宰予这件事使我有了这个改变。"

子曰："吾未见刚者。"或对曰："申枨①。"子曰："枨也欲，焉得刚？"

【注释】

①申枨（chéng），孔子的学生。

【译文】

孔子说："我没有见过刚强的人。"有人回答说，"申枨是刚强的。"孔子说："枨这个人欲望太多，哪能算刚强呢？"

子贡曰："我不欲人之加诸我也，吾亦欲无加诸人。"子曰："赐也，非尔所及^①也。"

【注释】

①非尔所及：通常有两种解释：一，非尔所及指前半句，即不能阻止别人把不义加于自己；二，非尔所及指后半句，无加诸人要求自然而然地做到，是仁的要求，是子贡所做不到的。

【译文】

子贡说："我不愿别人强加于我的，我也要不强加于别人。"孔子说："赐啊，这不是你所能做到的啊！"

子贡曰："夫子之文章^①，可得而闻也；夫子之言性^②与天道^③，不可得而闻也。"

【注释】

①文章：指孔子传授的诗书礼乐等等。②性：人性。③天道：古人讲道有天道和人道。

【译文】

子贡说："老师有关《诗》《书》《礼》《乐》等的讲授，能够听得到；老师有关人性和天道的言论，却是没法听得到的。"

子路有闻，未之能行，唯恐有闻。

【译文】

子路在听到一项道理但还没有能亲自实行的时候，唯恐再听到新的道理。

子贡问曰："孔文子^①何以谓之文也？"子曰："敏^②而好学，不耻下问，是以谓之文也。"

【注释】

①孔文子：卫国大夫，名圉，文是他的谥号。②敏：一般解释为敏捷，也可解释为勤勉。这里作勤勉

讲为好。

【译文】

子贡问道："孔文子为什么谥号叫文呢?"孔子说,"他勤勉好学,不以向地位卑下的人请教为耻,所以给他谥号叫文。"

子谓子产①有君子之道四焉:"其行己也恭,其事上也敬,其养民也惠,其使民也义。"

【注释】

①子产:春秋时郑国的大夫,名公孙侨。

【译文】

孔子说子产具备了四项君子之道:"他自己行为谦逊,事奉君上恭敬,养护百姓有恩惠,役使百姓有法度。"

子曰:"晏平仲①善与人交,久而敬之②。"

【注释】

①晏平仲:春秋时齐国大夫,名婴。②久而敬之:之字有两种解释:一,指晏平仲自己,即说相交久了,人们越发对他恭敬;二,指晏平仲所交的人,即说晏平仲与人相交虽久,仍能对人恭敬不改。

【译文】

孔子说:"晏平仲善于和别人交朋友,相交很久还能对人恭敬不改。"

子曰:"臧文仲①居蔡②,山节藻棁③,何如其如也!"

【注释】

①臧文仲:春秋时鲁国大夫,姓臧孙,名辰,文是谥号。当时人认为他智慧。②居蔡:蔡,国君用以占卜的大龟。蔡这个地方产龟,因此把大龟叫蔡。居,作动词用,藏的意思。臧文仲藏了一只大龟。③山节藻棁:节,柱上的斗拱。棁(zhuō),房梁上的短柱。山节藻棁,把斗拱雕成山形,在棁上绘上水草花纹。古时是装饰天子宗庙的做法。

【译文】

孔子说:"臧文仲藏了一只大龟,藏龟的屋子斗拱雕刻成山的形状,短柱上画上水草花纹,他的智慧究竟如何呀?"

子张问曰:"令尹子文①三仕为令尹,无喜色;三已之,无愠色。旧令尹之政,必以告新令尹。何如?"子曰:"忠矣。"曰:"仁矣乎?"曰:"未知。焉得仁?""崔子弑齐君②,陈文子③有马十乘,弃而违之。至于他邦,则曰,犹吾大夫崔子也。违之。之一邦,则又曰,犹吾大夫崔子也。违之。何如?"子曰:"清矣。"曰:"仁矣乎?"曰:"未知。焉得仁。"

【注释】

①令尹子文:令尹,楚国官名,相当于宰相。子文姓斗名縠于菟(gòuwūtù)。②崔子弑齐君:崔子,齐国大夫崔杼。齐君,齐庄公,名光。弑,古代在下的人杀了在上的人叫弑。③陈文子:齐国的大夫,名须无。

【译文】

　　子张问道:"令尹子文三次当令尹,没有露出高兴的样子;三次被免职,没有露出怨恨的样子,他自己当令尹时的政事,一定都告诉来接任的新令尹。这个人怎么样?"孔子说:"可算得忠了"。子张说:"可说是仁了吗?"孔子说:"不知道。怎么算得仁呢?"子张又问:"崔杼杀了齐君,陈文子家有四十匹马,都抛弃不要了,离开了齐国。到了另一个国家,他说,这里的执政者也和我们齐国的大夫崔子差不多,就离开了。又到一个国家,又说,这里的执政者也和我们的大夫崔子差不多,又离开了。这个人怎么样?"孔子说:"可算得清了。"子张说:"可说是仁了吗?"孔子说:"不知道。怎么算得仁呢?"

　　季文子①三思而后行。子闻之,曰:"再,斯可矣。"

【注释】

①季文子:鲁国大夫季孙行父,文是谥号。

【译文】

　　季文子遇事都要考虑三次才行动。孔子听到了,说:"考虑两次也就可以了。"

　　子曰:"甯武子①邦有道则知,邦无道则愚②,其知可及也,其愚不可及也。"

【注释】

①甯武子:卫国大夫宁俞,武是谥号。②愚:这里讲的愚,并不是真愚,而是隐藏自己的智慧装成愚笨的样子。

【译文】

　　孔子说:"甯武子在国家有道时就聪明,国家无道时就像是很愚笨,他的聪明是别人可以做得到的,他的愚笨却是别人做不到的。"

　　子在陈①曰:"归与!归与!吾党之小子②狂简③,斐然④成章,不知所以裁⑤之。"

【注释】

①陈：国名。②吾党之小子：党，乡党。吾党之小子，指孔子在鲁国的学生。③狂简：狂，志大。简，一般有两种解释：一，疏略；二，大。狂简依前一解就是志大才疏，依后一般就是进取有大志。④斐然：有文彩的样子。⑤裁：裁剪，节制。"不知所以裁之"有两种解释：一，指学生们自己不知自己裁制自己；二，指孔子不知如何裁制学生们。

【译文】

孔子在陈国说："回去吧！回去吧！家乡的学生有进取心，有大志，文彩也斐然可观，但还不知道如何节制自己。"

子曰："伯夷叔齐①不念旧恶②，怨是用希③。"

【注释】

①伯夷、叔齐：孤竹君的两个儿子。父亲死后，互相让位，都逃到周文王那里。周武王起兵伐纣，他们以为这是以臣弑君，拦在马前劝阻。周灭商统一天下后，他们以吃周朝的粮食为耻，逃进山中以野草充饥，饿死在首阳山中。②旧恶：有两种解释：一，过去的恶事，只要能改，就不念旧恶；二，恶即怨，旧恶即宿怨。③怨是用希：希，同稀，少。怨是用希也有两种解释：一，指别人对伯夷、叔齐的怨恨很少；二，指伯夷叔齐自己很少有怨恨。

【译文】

孔子说："伯夷、叔齐不记人家过去的恶行，所以别人对他们的怨恨也就很少。"

子曰："孰谓微生高①直？或乞醯②焉，乞诸其邻而与之。"

【注释】

①微生高：鲁国人，姓微生，名高。当时人们认为是直人。②醯（xī）：醋。

【译文】

孔子说："谁说微生高直？有人向他讨点醋，他（不直说没有）却向邻居讨来转给人家。"

子曰："巧言令色足恭①，左丘明②耻之，丘亦耻之。匿怨而友其人，左丘明耻之，丘亦耻之。"

【注释】

①足恭：有几种解释：一，足，过分；二，巧言令色是从言语和脸色上讨好别人，足恭是两脚做出逢迎恭敬的姿势来讨好人；三，足，成也。巧言令色。以成其恭，讨好于人。②左丘明：鲁国人，姓左丘，名明。

【译文】

　　孔子说："花言巧语，装出好看的脸色，摆出逢迎的姿势来阿谀人，左丘明认为可耻，我也觉得可耻。把怨恨藏在心里，表面上却表示友好，左丘明认为可耻，我也认为可耻。"

　　颜渊季路侍①。子曰："盍②各言尔志。"子路曰："愿车马，衣轻裘，与朋友共，敝之而无憾。"颜渊曰："愿无伐③善，无施劳④。"子路曰："愿闻子之志。"子曰："老者安之，朋友信之，少者怀之⑤。"

【注释】

　　①侍：位卑的人在位尊的人身旁叫侍。单用侍字，是站立两旁；坐着叫侍坐。②盍：何不。③伐：夸耀自己。④施劳：有两种解释：一，夸耀自己的功劳；二，把劳苦的事加给别人。⑤老者安之，朋友信之，少者怀之：有两种解释：一，孔子对老者养之以安，对朋友交之以信，对少者怀之以恩；二，使老者安于我的奉养，朋友信我，少者怀我。两种解释强调的角度不同，但有相通之处。只有养之以安，老者才能安我；只有交之以信，朋友才能信我；只有怀之以恩，少者才能怀我。

【译文】

　　颜渊和子路侍立在孔子身边，孔子说："何不各人谈谈自己的志向?"子路说："我愿意把车马衣服拿来与朋友共用，即使坏了也不抱怨。"颜渊说："我愿意不夸耀自己的好处，不宣扬自己的功劳。"子路向孔子说："希望听听老师的志向。"孔子说："使老者安心，使朋友信任我，使年青人怀念我。"

　　子曰："已矣乎! 吾未见能见其过而内自讼者也。"

【译文】

　　"完了! 我没有看见一个能够认识到自己的错误而又能在内心自己责备自己的人呀。"

　　子曰："十室之邑，必有忠信如丘者焉，不如丘之好学也。"

【译文】

　　孔子说："只有十户人家的小邑，一定有像我这样具有忠信品质的人，只是倘不如我这样好学罢了。"

雍也篇第六

　　子曰："雍也可使南面①。"

【注释】

　　①南面：面向南。古时天子、诸侯听政都是南面而坐，可使南面就是可以让他治理国家。

【译文】

孔子说："冉雍这个人，可以让他去治理国家。"

仲弓问子桑伯子①。子曰："可也，简②。"仲弓曰："居敬而行简，以临其民，不亦可乎？居简而行简，无乃③大④简乎？"子曰："雍之言然。"

【注释】

①子桑伯子：人名。②简：不烦琐。行简是指推行政事简而不繁。③无乃：岂不是。④大：同太。

【译文】

仲弓问到子桑伯子这个人。孔子说："这人不错，他行事简要而不烦琐。"仲弓说："居心恭敬严肃而行事简要，如此治理百姓，不是也可以吗？而居心简行事也简，岂不是太简了吗？"孔子说："你说得对。"

哀公问："弟子孰为好学？"孔子对曰："有颜回者好学，不迁怒①，不贰过②，不幸短命死矣③。今也则亡④，未闻好学者也。"

【注释】

①迁怒：迁，转移。迁怒，把对甲的怒气发泄到乙的上面。②贰过：贰，重复的意思。贰过，重复犯错误。③短命死矣：颜回死时年仅三十一岁。④亡：同无。

【译文】

鲁哀公问："你的学生中哪个好学？"孔子回答说："有个颜回好学，他不迁怒于别人，有错误能不再犯，可惜短命死了。现在没有了，没有听说有谁是好学的。"

子华①使于齐，冉子②为其母请粟③。子曰："与之釜④。"请益。曰："与之庾。"冉子与之粟五秉。子曰："赤之适齐也，乘肥马，衣轻裘。吾闻之也：君子周⑤急不济⑥富。"

【注释】

①子华：孔子的学生，姓公西，名赤，字子华。②冉子：即冉有。③粟：古文粟米对用时，粟指带壳的谷粒，去壳以后叫做米。粟字单用时，就是指米。④釜、庾、秉：古代量名。六斗四升为一釜；十六斗为一庾；十斗为一斛，十六斛为一秉。一秉合一百六十斗。⑤周：周济，救济。⑥济：接济。

【译文】

公西子华出使到齐国去，冉有为他的母亲向孔子请求补助一些粮食。孔子说："给他六斗四升。"冉有请求再加一些。孔子说："给他十六斗。"冉有却给了她八十石。孔子说："公西赤这次去齐国，乘坐的车子驾着肥马，身上穿着轻暖的皮衣。我听说过，君子是只周济急需救济的穷人而不接济富人的。"

原思^①为之宰^②，与之粟九百^③。辞。子曰："毋，以与尔邻里乡党^④乎！"

【注释】

①原思：孔子的学生原宪，字子思。②为之宰：之指孔子，做孔子的家宰。③九百：没有指明量名，有说九百斗，有说九百斛，不知是斗是斛。④邻里乡党：古代以五家为邻，二十五家为里，万二千五百家为乡，五百家为党。这里指家乡周围的百姓。

【译文】

原思出任孔子家的总管，孔子给他俸米九百。原思推辞不要。孔子说："不要推辞。有多的，就给你的乡亲们吧。"

子谓仲弓，曰："犁牛^①之子骍且角^②，虽欲勿用^③，山川^④其舍诸^⑤？"

【注释】

①犁牛：耕牛。②骍且角：骍，赤色。周朝以赤色为贵，祭祀用的牛也选用赤色的。角，意思是角长得周正。③用：用于祭祀。④山川：山川之神。⑤其舍诸：其，意义同岂。诸，之乎二字的合音。

【译文】

孔子评论仲弓说："耕牛产下的牛犊通身赤色，角也长得整齐端正，人们虽想不用它来作祭品，但山川之神难道会舍弃它吗？"

子曰："回也其心三月^①不违仁，其余则日月至焉而已矣。"

【注释】

①三月、日月：三月是说其长久，日月是说其短暂。

【译文】

孔子说："颜回的心很久都不背离仁德，余下的人却只是偶而有一时做到了仁而已。"

季康子问："仲由可使从政也与？"子曰："由也果^①，于从政乎何有？"曰："赐也可使从政也与？"曰："赐也达^②，于从政乎何有？"曰："求也可使从政也与？"曰："求也艺^③，于从政乎何有？"

【注释】

①果：有决断。②达：通达事理。③艺：多才能。

【译文】

　　季康子问孔子："仲由这个人，能否让他管理政事？"孔子回答说："仲由做事果断，对于管理政事有什么困难的。"季康子又问："端木赐能否让他管理政事？"孔子说："端木赐通达事理，对于管理政事有什么困难的？"又问："冉求能否让他管理政事？"孔子说："冉求多才多艺，对于管理政事有什么困难的？"

　　季氏使闵子骞①为费②宰，闵子曰："善为我辞焉！如有复我③者，则吾必在汶上④矣。"

【注释】

　　①闵子骞：孔子的学生，名损，字子骞。②费（mì）：季氏的封邑。③复我：再来召我。④汶：水名，在齐南鲁北境上。必在汶上是说要离鲁去齐国。

【译文】

　　季氏要闵子骞出任费邑的长官，闵子骞说："请你好好为我推辞吧，倘若有人再来召我，那我一定已经逃到汶水上了。"

　　伯牛①有疾，子问之，有牖②执其手，曰："亡之③，命矣夫，斯人也而有斯疾也！斯人也而有斯疾也！"

【注释】

　　①伯牛：孔子的学生，姓冉，名耕，字伯牛。②牖（yǒu）：窗户。③亡之：一般有两种解释：一作丧失讲，一作死亡讲，意思相近。

【译文】

　　伯牛病了，孔子去探望他，从窗户外握着他的手说："丧失了这人，这是命呀！这样的人竟生这样的病！这样的人竟生这样的病！"

　　子曰："贤哉回也，一箪①食，一瓢饮，在陋巷②，人不堪其忧，回也不改其乐③。贤哉回也。"

【注释】

　　①箪（dān）：古代盛饭的竹器。②巷：古时巷有两个含义：里中之道叫巷，人的住处也叫巷。这里的陋巷就是陋室的意思。③回也不改其乐：颜回不改变自己的乐趣。

【译文】

　　孔子说："颜回真是贤啊，一箪饭，一瓢水，居住在简陋的小屋里，他人都忍受不了这种穷困的忧愁，颜回却没有改变他自己的乐趣。颜回真是贤啊。"

冉求曰：“非不说子之道，力不足也。”子曰：“力不足者，中道而废。今女画^①。”

【注释】

①今女画：女同汝。画，同划，自己划定界限，不想前进。

【译文】

冉求说：“我并非不喜欢老师的道，是我的力量不够呀。”孔子说：“力量不够只是到半路才停下来，现在你是自己给画地为牢，裹足不前。”

子谓子夏曰：“女为君子儒，无为小人儒。”

【注释】

君子儒、小人儒：君子为儒将以明道，小人为儒则矜其名。

【译文】

孔子对子夏说：“你要做君子儒，不要做小人儒。”

子游为武城^①宰。子曰：“女得人焉尔乎^②？”曰：“有澹台灭明^③者，行不由径^④；非公事，未尝至于偃之室也。”

【注释】

①武城：鲁国地名。②女得人焉尔乎：焉尔乎都是语助词。③澹台灭明：人名，姓澹台，名灭明，字子羽。后来也是孔子的学生。④径：小路，捷径。

【译文】

子游出任武城的长官，孔子说：“你在哪里求得人才了呢？”子游说：“有一个叫澹台灭明的，他不走小路；没有公事从来不到我屋里来。”

子曰：“孟之反^①不伐，奔^②而殿，将入门，策其马，曰：非敢后也，马不进也。”

【注释】

①孟之反：鲁国大夫，名侧。②奔：败走。

【译文】

孔子说：“孟之反不夸耀自己。打仗败退时，他走在最后，快进城门的时候，他鞭打着他的马说，不是我敢于殿后，是马不能跑到前边呀。”

子曰：“不有祝鮀^①之佞，而有宋朝^②之美，难乎免于今之世矣。”

【注释】

①祝鮀：卫国大夫，字子鱼。有口才。②宋朝：宋国公子。有美貌。

【译文】

孔子说："倘若没有祝鮀那样的口才，而仅有宋朝那样的美貌，那在今天的世上就难免受难了。"

子曰："谁能出不由户，何莫由斯道也？"

【译文】

孔子说："谁能不从房门走出屋去呢？为什么就没有人按着道去走呢？"

子曰："质①胜文②则野③，文胜质则史④。文质彬彬⑤，然后君子。"

【注释】

①质：朴实。②文：文采。③野：古时郊外称野。乡村农夫称野人。这里引申为粗鲁、鄙野。④史：掌管法典和记事的官。⑤彬彬：指文和质两方面配合得很恰当。

【译文】

孔子说："质朴多于文采，就像个乡下人，流于粗鲁；文采多于质朴，就像个管文书的官。只有质朴和文采配合恰当，才是个君子。"

子曰："人之生也直，罔①之生也幸而免。"

【注释】

①罔：诬罔不直的人。

【译文】

孔子说："人的生存是靠正直，不正直的人的生存，是他侥幸地免于死亡。"

子曰："知之者不如好之者，好之者不如乐之者。"

【译文】

孔子说："懂得它的人，不如爱好它的人；爱好它的人，又不如以它为乐的人。"

子曰："中人以上，可以语上也；中人以下，不可以语上也。"

【译文】

孔子说："智力处在中等水平以上的人，可以给他讲高深的学问；在中等水平以下的人则不可以给他讲高深的学问。"

　　樊迟问知，子曰："务民之义①，敬鬼神而远之，可谓知矣。"问仁。曰："仁者先难而后获，可谓仁矣。"

【注释】

　　①务民之义：专用力于人道之所宜。务：致力。

【译文】

　　樊迟问如何才算是智，孔子说："专心致力于治理百姓所该做的，对鬼神敬而远之，可以说是智了。"樊迟又问怎样才是仁，孔子说："仁人有难事做在人前，有收获得在人后，可以说是仁了。"

　　子曰："知者乐水，仁者乐山①；知者动，仁者静；知者乐，仁者寿。"

【注释】

　　①知者乐水，仁者乐山：知者乐运其才知以治世，如水流而不知已；仁者乐如山之安固，自然不动而万物生焉。乐（yào），喜爱。

【译文】

　　孔子说："智者喜爱水，仁者喜爱山；智者活动，仁者安静；智者快乐，仁者长寿。"

　　子曰："齐一变，至于鲁；鲁一变，至于道。"

【译文】

　　孔子说："齐国一改变，可以达到鲁国的样子；鲁国一改变，就可以达到理想境界。"

　　子曰："觚①不觚，觚哉！觚哉！"

【注释】

　　①觚：音（gū）。古代酒器，上园下方，有棱，容量二升。觚不觚，有两种解释：一，孔子时觚做成圆形，没有了棱角，孔子慨叹名实不符，讽喻政事；二，觚有少的意思。觚容量小，劝人少饮酒。孔子时人们沉湎于酒，虽然用觚饮酒，但不节制酒量，因此孔子慨叹。

【译文】

　　孔子说："酒杯不像个酒杯，这还叫酒杯呀！这还叫酒杯呀！"

　　宰我问曰："仁者虽告之曰井有仁焉①，其从之也？"子曰："何为其然也？君子可逝②也，不可陷③也；可欺也，不可罔也。"

【注释】

①井有仁焉：一说仁字当作人，又一说是有救人机会在井中。②逝：去救的意思。③陷：陷害。

【译文】

宰我问道："一个仁者，别人告诉他有人掉进井下去了，他会跟着下去吗？"孔子说："为什么要这样呢？君子可以到井边去救，但不会被陷入井中；他可能受骗，但不会被迷惑。"

子曰："君子博学于文，约①之以礼，亦可以弗畔②矣夫。"

【注释】

①约：有两种解释：一，约束；二，简要，使博学的文献知识归于简要。这里前解较合《论语》原意。②畔：同叛。

【译文】

孔子说："君子广泛地学习文献，又以礼来约束自己，也就不致于离经叛道了。"

子见南子①，子路不说。夫子矢②之曰："予所否③者，天厌之！天厌之！"

【注释】

①南子：卫灵公夫人，有淫乱的行为。②矢：通誓。③否：不对，指做了不正当的事。

【译文】

孔子去见了南子，子路不高兴。孔子发誓说："如果我做了不正当的事，让天厌弃我吧！让天厌弃我吧！"

子曰："中庸①之为德也，其至矣乎！民鲜久矣。"

【注释】

①中庸：孔子提出的道德准则。《论语集解》中谓中和，庸常也。《论语集注》朱熹注：中者，无过无不及之名也。庸，平常也。

【译文】

孔子说："中庸作为道德，该是最高的了吧！人们缺少这种道德已经很久了。"

子贡曰："如有博施于民而能济众，何如？可谓仁乎？"子曰："何事于仁？必也圣乎！尧舜①其犹病诸。夫仁者，己欲立而立人，己欲达而达人。能近取譬②，可谓仁之方也已。"

【注释】

①尧舜：传说中上古时代两位天子，是孔子推崇的圣人。②譬：比喻。

【译文】

子贡说："倘若有人能对百姓广施恩惠，周济大众，怎么样呢？能说是做到仁了吗？"孔子说："这哪里是仁呢？一定是圣人了。就连尧舜还怕难于做到呢。至于仁，就是自己想自立，就也帮助别人自立；自己想要通达，就也帮助别人通达。能就近以自己的心作比而推及别人，可以说就是为仁的方法了。"

述而篇第七

子曰："述而①不作，信而好古，窃比于我老彭②。"

【注释】

①述而不作：述，传述。作，创作，创造。②老彭：商代大夫，"好述古事"。

【译文】

孔子说："只传述而不创新，相信和喜爱古代文化，我私下把自己比作老彭。"

子曰："默而识①之，学而不厌，诲人不倦，何有于我哉②？"

【注释】

①识（zhì）：记住。②何有于我哉：有两种解释：一，对我有什么难呢？二，谦虚之词，我有那一点呢？这里前解较好些。

【译文】

孔子说：默默地记住所学的知识，努力学习而不厌烦，教导别人不知疲倦，这在我有什么困难呀？"

子曰："德之不修，学之不讲，闻义不能徙，不善不能改，是吾忧也。"

【译文】

孔子说："对品德不去修养，对学问不去讲习，听到义的道理不能改变自己的想法按义的要求去做，有了不善的事不能改正，这些正是我所忧虑的。"

子之燕居①，申申如也，夭夭如②也。

【注释】

①燕居：闲居。②申申、夭夭：和舒貌。《论语集注》引杨氏曰："申申，其容舒也；夭夭，其色愉也。"另一解释：申申，整敕貌，衣冠整齐。

【译文】

孔子闲居的时候，仪态温和舒畅，脸色愉快。

子曰："甚矣吾衰也！久矣吾不复梦见周公①！"

【注释】

①周公：姓姬，名旦，周文王的儿子，周武王的弟弟，鲁国国君的始祖。是孔子最敬服的古代圣人之一。

【译文】

孔子说："我衰老得很厉害了，很久没有再梦见周公了。"

子曰："志于道，据于德①，依于仁，游于艺②。"

【注释】

①德：古注：德者，得也。能把道贯彻到自己心中而不失掉就叫德。②游于艺：艺指孔子教学生的礼、乐、射、御、书、数六艺。六艺都是日常所用。游，有不同的解释：一，艺不足以据守和依靠，所以说是游；二，游泳，习艺有游泳自如的乐趣；三，闲暇无事的时候就沉浸于六艺之中，游是不匆忙的意思。

【译文】

孔子说："立志于道，据守于德，依靠于仁，游习于六艺之中。"

子曰："自行束脩①以上，吾未尝无诲焉。"

【注释】

①束脩（xiū）：乾肉，又叫脯。束脩就是十条乾肉，是古代一种最菲薄的见面礼。

【译文】

孔子说："只要自己拿着十条乾肉为礼来见我，我从没有不给他教诲的。"

子曰："不愤①不启，不悱②不发。举一隅不以三隅反，则不复也。"

【注释】

①愤：用心思索想弄清楚而还没有想通的意思。②悱（fěi）：口里想说而说不出来的样子。

【译文】

孔子说："不到他努力想弄清楚而又想不通的时候，不去开导他；不到他想说而说不出来的时候，不去启发他。举出一个角落讲给他听而他不能由此推知其他三个角，那就不再教他了。"

子食于有丧者之侧，未尝饱也。

【译文】

孔子在有丧事的人旁边吃饭，从来没有吃饱过。

子于是日哭，则不歌。

【译文】

孔子在这一天为吊丧而哭过，就不再唱歌。

子谓颜渊曰："用之则行，舍之则藏①，惟我与尔有是夫②！"子路曰："子行三军，则谁与？"子曰："暴虎冯河③，死而无悔者，吾不与也。必也临事而惧④，好谋而成者也！"

【注释】

①用之则行，舍之则藏：行和藏都是指道言，意思是：有能用我之道的，我就推行这道；没有用这道的，我就把道隐藏起来。舍同捨，不用的意思。②惟我与尔有是夫：尔，指颜渊。是，指道。即用之则行，舍之则藏的道。③暴虎冯河：暴虎，徒手与虎搏斗；冯河，徒步涉水过河。冯同凭。④临事而惧：惧，这里是警惕和谨慎从事的意思。

【译文】

孔子对颜渊说："有能用我之道的，就去推行它；没有用此道的，就把它隐藏在身，只有我与你能这样吧。"子路说："老师您倘若率领军队，那找谁共事呢？"孔子说："赤手空拳和老虎搏斗，徒步涉水过河，死了也不后悔的人，我是不和他共事的。我要找的，一定要是那种临事小心谨慎，认真谋划而能成功的人。"

子曰："富而可求①也，虽执鞭之士②，吾亦为之。如不可求，从吾所好。"

【注释】

①富而可求：可求是指合于道，可以去求。②执鞭之士：古代天子和诸侯出入时，手执皮鞭开路的人。意思是指地位低下的职事。

【译文】

孔子说："富如果合于道而可以去求，尽管是给人执鞭的下等差事，我也愿意去做。倘若富不合于道而不可去求，那就还是按我的爱好去做。"

子之所慎：齐①、战、疾。

【注释】

①齐：同斋，古人在祭祀前沐浴更衣，不吃荤，不饮酒，不与妻妾同寝，整洁身心，表示虔诚，叫做斋，斋戒。

【译文】

孔子所谨慎对待的是：斋戒、战争和疾病。

子在齐闻韶①，三月不知肉味，曰："不图为乐之至于斯也。"

【注释】

①韶：舜时乐曲名。

【译文】

孔子在齐国听到了韶乐，有三个月尝不出肉味来，说："想不到韶乐的美竟能达到这样的境界。"

冉有曰："夫子为①卫君②乎？"子贡曰："诺，吾将问之。"入，曰："伯夷、叔齐何人也？"曰："古之贤人也。"曰："怨乎？"曰："求仁而得仁，又何怨。"出，曰："夫子不为也。"

【注释】

①为：帮助。②卫君：指卫出公辄，是卫灵公的孙子。卫灵公驱逐了太子蒯聩，灵公死后，辄立为国君。晋国又把其父蒯聩送回卫国，与他争夺君位，蒯辄拒不让位。父子争夺君位，与伯夷叔齐兄弟互相推让的行为正好相反。所以子贡用伯夷叔齐的事试探孔子对卫君的态度。

【译文】

冉有问："老师辅助卫君吗？"子贡说："嗯，我要去问问他。"子贡进去，问孔子说："伯夷叔齐为人怎样？"孔子说："是古代的贤人呀。"子贡又问："他们有没有怨恨后悔呢？"孔子说："他们追求仁而得到了仁，又有什么怨恨后悔呢？"子贡出来说："老师不会辅助卫君的。"

子曰："饭疏食①饮水，曲肱而枕之②，乐亦在其中矣。不义而富且贵，于我如浮云。"

【注释】

①饭疏食：饭，作动词，吃的意思。疏食，粗粮。②曲肱而枕之：枕着胳膊睡觉。肱（gōng），胳膊。枕，作动词用。

【译文】

孔子说："吃粗粮，喝白水，弯起胳膊当枕头，乐在其中。用不正当的手段得来的富贵，在我看来就像浮云一样。"

子曰："加①我数年，五十以学易②，可以无大过矣。"

【注释】

①加：这里同假，给予。②易：指《周易》，古代占卜用的一部书。

【译文】

孔子说："再给我几年，到五十岁时去学《周易》，就可以没有大的过错了。"

子所雅言，《诗》、《书》、执礼，皆雅言①也。

【注释】

①雅言：又称正言，当时把西周京城地方人语言叫雅言。相当于现在的普通话。

【译文】

孔子用雅言的场合，诵读《诗》、《书》，执行礼事，都是用雅言。

叶公①问孔子于子路，子路不对。子曰："女奚不曰，其为人也，发愤忘食，乐以忘忧，不知老之将至云尔②。"

【注释】

①叶公：楚国大夫沈诸梁，字子高。任叶城的地方官，自称叶公。②云尔：云，代词，如此。尔同耳，而已，罢了。

【译文】

叶公向子路问孔子为人怎样，子路没有回答他。孔子说："你为什么不说，他这个人，发愤用功，连吃饭也忘了；快乐得把一切忧虑都忘了，连自己快要老了都不知道，如此而已。"

子曰："我非生而知之者，好古，敏以求之者也。"

【译文】

　　孔子说："我不是生来就知道的，我是喜爱古代文化，勤快地去追求的人。"

　　子不语怪、力、乱、神。

【译文】

　　孔子不讲怪异、强力、叛乱、神道。

　　子曰："三人行，必有我师焉。择其善者①而从之，其不善者而改之。"

【注释】

　　①善者、不善者：指同行人的善与不善的品德。

【译文】

　　孔子说："三个人同行，其中就一定有我的老师。我选择他善的品德向他学习，看到他不善的地方就作为借鉴改掉自己的缺点。"

　　子曰："天生德于予，桓魋①其如予何？"

【注释】

　　①桓魋：宋国司马向魋，是宋桓公后代，因此又称桓魋。《史记》上记载，一次桓魋要害孔子，孔子说了这句话。

【译文】

　　孔子说："上天把德赋予了我，桓魋能把我怎么样？"

　　子曰："二三子①以我为隐乎？吾无隐乎尔。吾无行而不与二三子者，是丘也。"

【注释】

　　①二三子：这里指孔子的学生们。

【译文】

　　孔子说："你们认为我有什么隐瞒你们的吗？我是毫无隐瞒的。我没有什么事不告诉你们的，这就是我孔丘的为人呀。"

　　子以四教：文①、行②、忠③、信。

【注释】

　　①文：文献知识。②行：指德行。③忠、信：尽力竭力、诚实。

【译文】

孔子以文、行、忠、信四项内容教学生。

子曰："圣人吾不得而见之矣！得见君子者，斯可矣。"子曰："善人吾不得而见之矣！得见有恒者，斯可矣。亡而为有，虚而为盈，约而为泰①，难乎有恒矣。"

【注释】

①约而为泰：有两种解释：一，泰，奢侈、豪华。实际穷困，却要表现豪华；二，泰，安泰。内心困约而外表安泰。总之，与亡而为有、虚而为盈一样，都是虚伪矫饰的行为。

【译文】

孔子说："圣人我是看不到了，能见到君子就行了。"孔子说："善人我是看不到了，能见到始终如一保持一定操守的人就可以了。没有却装作有，空虚却装作充实，穷困却装作奢侈富足，这样就难于有恒了。"

子钓而不纲①，弋②不射宿③。

【注释】

①纲：用大绳挂鱼网，横拦在河道中捕鱼，叫做纲。②弋（yì）：用带生丝的箭来射。③宿：歇宿了的鸟。

【译文】

孔子用鱼竿钓鱼，但不用大绳拉网捕鱼；射鸟不射归巢歇宿的鸟。

子曰："盖有不知而作之者，我无是也。多闻，择其善者而从之，多见而识之，知之次也。"

【译文】

孔子说："大概有自己不懂却在那里凭空创造的吧，我没有这种事。多听，选择其中好的，接受和听从它；多看，并且记在心里，这是次一等的智慧了。"

互乡①难与言，童子见，门人惑。子曰："与②其进③也，不与其退也，唯何甚？人洁己④以进，与其洁也，不保其往⑤也。"

【注释】

①互乡：地名。②与：赞许。③进、退：有两种解释：一，进步、退步；二，进，进见请教。退，退出以后的作为。④洁己：洁身自好，努力修养，使自己成为有德的人。这里有改正错误的意思。⑤不保其

往：保有两种解释：一，担保；二，守，抓住不放的意思。往也有两种解释：一，指过去；二，指将来。因此不保其往也有两种解释：一，不担保其将来；二，不抓住过去的错误不放。

【译文】

互乡地方的人难于交谈，一个童子却得到了孔子的接见，学生们都疑惑不解。孔子说："我们赞许他的进步，不赞许他的退步。何必太过份呢？人家改正了错误以求进步，我们赞许他的改正错误，不要死抓住他的过去不放。"

子曰："仁远乎哉？我欲仁，斯仁至矣。"

【译文】

孔子说："仁离我们很远吗？我想要仁，仁就来了。"

陈司败①问："昭公②知礼乎？"孔子曰："知礼。"孔子退，揖巫马期③而进之，曰："吾闻君子不党④。君子亦党乎？君取⑤于吴，为同姓⑥，谓之吴孟子⑦。君而知礼，孰不知礼？"巫马期以告。子曰："丘也幸，苟有过，人必知之。"

【注释】

①陈司败：陈，国名。司败，官名，即司寇。也有人说陈司败是人名。②昭公：鲁国国君，名裯。③巫马期：孔子的学生，姓巫马，名施，字子期。④党：偏私，包庇。⑤取：同娶。⑥为同姓：鲁国和吴国的国君同姓姬。周礼规定同姓不婚，昭公娶同姓女，是违礼的行为。⑦谓之吴孟子：当时称呼国君夫人一般是以她出生的国名加上她的本姓。鲁昭公娶于吴，姓姬，应称吴姬。为了掩盖同姓通婚的事实，所以称吴孟子。

【译文】

陈司败问："鲁昭公懂礼吗？"孔子说："懂礼。"孔子走后，陈司败作揖请巫马期来，对他说，"我闻说君子是没有偏私的，难道君子还包庇别人的过错吗？鲁君在吴国娶了位夫人，是国君的同姓，称她做吴孟子。要是鲁君也算懂得礼，还有谁不懂礼呢？"巫马期把陈司败的话告诉孔子。孔子说："我是幸运的。倘若有错，人家一定会知道。"

子与人歌而善，必使反之，而后和之。

【译文】

孔子与别人一起唱歌，倘若唱得好，一定要请他再唱一遍，然后和他一起唱。

子曰："文莫吾犹人也①。躬行君子，则吾未之有得。"

【注释】

①文：礼仪文献。

【译文】

孔子说："学习礼仪文献，我能和别人相比。做一个身体力行的君子，那我还没有达到。"

子曰："若圣与仁，则吾岂敢？抑①为之②不厌，诲人不倦，则可谓云尔已矣。"公西华曰："正唯弟子不能学也。"

【注释】

①抑：助词。②为之：指前文圣与仁。

【译文】

孔子说："倘若说圣与仁，那我怎么敢当？在这些方面不厌烦地去做，不疲倦地教人，这样说则可以"公西华说："这正是我们所学不到的。"

子疾病①，子路请祷。子曰："有诸②？"子路对曰："有之。诔③曰：祷尔于上下神祇④。"子曰："丘之祷久矣⑤。"

【注释】

①疾病：生病，轻者叫疾，重者叫病。疾病二字连用，是病重的意思。②有诸：诸，之乎的合音。有两种解释：一，有无祷之鬼神之事；二，有无祷之鬼神之理。③诔（lěi）：应作讄。祈祷文，用于生者的称讄，用于死者的称诔。④祷尔于上下神祇：这是子路引用的祈祷文。祇（qí），古代称天神为神，地神为祇。⑤丘之祷久矣：孔子认为自己的言行都合乎神明，所以说自己已经祷告很久了，意思是无须再向神祇祷告。

【译文】

孔子病重，子路请求向鬼神祈祷。孔子说："有这样的事吗？"子路说："有的。祈祷文上说：替你向天地神灵祈祷。"孔子说："我已经祈祷好久了。"

子曰："奢则不孙①，俭则固②，与其不孙也宁固。"

【注释】

①孙：同逊，恭顺。不孙有越礼的意思。②固：鄙陋。这里有达不到礼的要求的意思。

【译文】

孔子说："奢侈了就不恭顺，节俭了就简陋。与其不恭顺，宁可简陋。"

子曰："君子坦荡荡①，小人长戚戚②。"

【注释】

①坦荡荡：坦，平坦；荡荡，宽广的样子。②戚戚：忧愁的样子。

【译文】

孔子说："君子心胸平坦宽广，小人经常局促忧愁。"

子温而厉，威而不猛，恭而安。

【译文】

孔子温和而又严肃，威仪但不凶猛，恭敬而又安详。

泰伯篇第八

子曰："泰伯①其可谓至德也已矣。三以天下让，民无得而称焉②。"

【注释】

①泰伯：周朝始祖古公亶父的长子。传说古公亶父知道三子季历的儿子姬昌有圣德，想传位给季历，泰伯知道后便与二弟仲雍一起避居到吴。古公亶夫死，泰伯不回来奔丧，后来又断发文身，表示终身不返，把君位让给了季历，季历传给姬昌，即周文王。到文王子武王时，便灭了殷商，统一了天下。②民无得而称焉：有两种解释：一，泰伯让君位事迹不明显，"无迹可见"，因此百姓找不到什么事实来称赞他；二，百姓找不出合适的词句来称赞他。

【译文】

孔子说："泰伯可以说是道德最高尚的了。他三次让了天下，百姓却找不到什么实迹来褒扬他。"

子曰："恭而无礼则劳①，慎而无礼则葸②，勇而无礼则乱，直而无礼则绞③。君子④笃⑤于亲，则民兴于仁；故旧不遗，则民不偷⑥。"

【注释】

①劳：劳苦。②葸（xǐ），畏惧。③绞：有二种解释：一，绞刺，尖刻刺人；二，急切。④君子：这里是指在上位的人。⑤笃：笃厚，真诚。⑥偷：淡薄。

【译文】

孔子说："恭敬而不以礼为指导，就会劳苦；谨慎而不以礼为指导，就会畏惧；勇敢而不以礼为指导，就会作乱；正直而不以礼为指导，就会急切刺人。在上位的人厚待与他相处的人，百姓就会兴起仁的风气；不遗弃老朋友，百姓就不会对人冷漠无情。"

曾子有疾，召门弟子曰："启①予足，启予手。诗云②：'战战兢兢，如临深渊，如履薄冰。'而今而后，吾知免③夫！小子！"

【注释】

①启：有两种解释：一，开启，曾子要学生掀开被子看自己的手脚；二，看。②诗云：这三句诗见《诗经·小雅·小旻篇》。③免：免于刑戮毁伤。

【译文】

曾子有病，把学生们召集一起说："看看我的脚，看看我的手，《诗经》上说：'警惕呀，小心呀，像面临着深渊，像行走在薄冰上。'从此以后，我知道可以免于刑戮毁伤了。学生们。"

曾子有疾，孟敬子①问之。曾子言曰："鸟之将死，其鸣也哀；人之将死，其言也善。君子所贵乎道者三：动容貌②，斯远暴慢③矣；正颜色④，斯近信矣；出辞气⑤，斯远鄙倍⑥矣。笾豆⑦之事，则有司⑧存。"

【注释】

①孟敬子：鲁国大夫仲孙捷。②动容貌：把内心的感动显露于面容。这里可解释为真诚热情地待人。③暴慢：粗暴，放肆。④正颜色：使自己的脸色端庄严肃。⑤出辞气：注意出言的言语，声气。⑥鄙倍：鄙，粗野。倍同背，背理。远暴慢、近信，远鄙倍三句：有两种解释：一说三者都指自己；一说三者都指别人，即别人不会以暴慢、不信和鄙倍相待。⑦笾豆：祭器。笾是竹制，豆是木制。⑧有司：管事的小吏。

【译文】

曾子病了，孟敬子去探望他。曾子说："鸟将死的时候的叫声是悲哀的，人将死的时候说的话是善意的。君子所重视的道有三个方面：注重自己的容貌，就可以避免粗暴放肆；端正自己的脸色，就近于诚信；注意自己的言辞语气，就可以避免粗野和背理。至于祭祀和礼仪，自有主管这样的官吏在负责。"

曾子曰："以能问于不能，以多问于寡；有若无，实若虚；犯而不校①，昔者吾友②尝从事于斯矣。"

【注释】

①校（jiào），计较。②吾友：旧注一般都认为是指颜渊。

【译文】

曾子说："自己有才能却向没有才能的人请教，自己知识多却向知识少的人请教；有学问却好像没学问，知识很充实却好像很空虚；被人侵犯也不计较。从前我的朋友就曾这样做过了。"

曾子曰："可以托六尺之孤①，可以寄百里之命②，临大节而不可夺也。君子人与？君子人也。"

【注释】

①托六尺之孤：古人以七尺指成年，六尺指十五岁以下。托孤：受前君之命辅佐幼君。②寄百里之命：指代理国政。百里，大国。

【译文】

曾子说："可以把年幼的君主托付给他，可以委托他代理国家，面临生死存亡的紧急关头也不动摇屈服，这样的人是君子吗？是君子啊。"

曾子曰："士不可以不弘毅①，任重而道远。仁以为己任，不亦重乎？死而后已，不亦远乎？"

【注释】

①弘毅：弘大强毅。

【译文】

曾子说："士不能不弘大刚强而有毅力，因为他任重道远。以实现仁作为自己的责任，岂不是责任很重吗？为此要奋斗终生，到死才终止，岂不是目标很远大吗？"

子曰："兴①于诗，立于礼，成于乐。"

【注释】

①兴：兴起、发动。这里是开始的意思。

【译文】

孔子说："（人的修养）开始于学诗，自立于学礼，完成于美乐。"

子曰："民可使由之，不可使知之。"

【译文】

孔子说："老百姓只能使他们照我们的意思去做，不能使他们懂得为什么要这样做。"

子曰："好勇疾①贫，乱也。人而不仁，疾之已甚，乱也。"

【注释】

①疾：憎恨。

【译文】

　　孔子说："喜好勇力而又恨自己穷困，就会作乱。对于不仁的人痛恨太过分，也会出乱子。"

　　子曰："如有周公之才之美，使骄且吝，其余不足观也已。"

【译文】

　　孔子说："即使有周公那样美好的才能，如果他骄傲而又吝啬，那其他方面就不值得一提了。"

　　子曰："三年学，不至于穀，不易得也。"

【注释】

　　①穀：有两种解释：一，善。全章意思是人学习三年而不至于善的是很少的；二，指俸禄，至字与志同。全章是说学习三年而不求做官的人是难得的。从整个《论语》看，干禄做官是孔子教育的目的之一，这里后一种解释似于孔子思想吻合。

【译文】

　　孔子说："学了三年还没有做官的打算，是很难得的。"

　　子曰："笃信好学，守死善道，危邦不入，乱邦不居。天下有道则见①，无道则隐。邦有道，贫且贱焉，耻也；邦无道，富且贵焉，耻也。"

【注释】

　　①见：同现。

【译文】

　　孔子说："坚定地相信，努力地学习，誓死保卫并且完善为人的大道。不进入危险的国土，不居住在动乱的国家。天下有道就出来做官，天下无道就隐居不出。国家有道，仍是贫贱，是耻辱；国家无道，却能富贵，也是耻辱。"

　　子曰："不在其位，不谋其政。"

【译文】

　　孔子说："不在那个职位上，就不考虑那职位上的事。"

　　子曰："师挚之始①，《关雎》之乱②，洋洋乎盈耳哉！"

【注释】

①师挚：鲁太师之名。始：首。②《关雎》之乱：《关雎》，《诗经·国风》的第一篇，也是全书的第一篇。乱，乐曲的结尾。《关雎》的乐曲用在乐曲结尾，所以说《关雎》之乱。

【译文】

孔子说，"从太师挚演奏的序曲，到最后《关雎》的结尾，丰富而美妙的音乐充满了我的耳朵啊！"

子曰："狂①而不直，侗②而不愿③，悾悾④而不信，吾不知之矣。"

【注释】

①狂：急躁、激进。②侗（tǒng），儿童，引伸为幼稚无知。③愿：谨慎、朴实。④悾悾（kōng），有两种解释：一、诚恳貌，这里指假装诚恳的样子；二，无知貌。本章都是论人的品质，后解似更合原意。

【译文】

孔子说："激进而又不直爽，幼稚而又不朴实，无知而又不守信用，这样的人，我真不知道他是怎么回事了。"

子曰："学如不及，犹恐失之。"

【译文】

孔子说："学习就是像老赶不上那样，也还怕会有所丢失。"

子曰："巍巍①乎，舜禹②之有天下也而不与③焉！"

【注释】

①巍巍：高大貌。②舜、禹：禹是夏朝第一个国君。舜是传说中的圣君，尧禅让帝位给舜，舜又禅让帝位给禹。③与：参与。不与，不相关的意思。有三说：一，舜禹有天下，选贤任能，无为而治；二，舜禹以禅让得天下，非求而得；三、舜禹有天下，处之泰然，好像与己不相关。今从第二说。

【译文】

孔子说："多么崇高啊！舜和禹的得到君位，不是自己去求来的。"

子曰："大哉尧之为君也！巍巍乎，唯天为大，唯尧则①之。荡荡②乎，民无能名③焉。巍巍乎其有成功也，焕④乎其有文章。"

【注释】

①则：有两种解释：一，效法；二，则，准也。只有尧可以与天相平。②荡荡：广大的样子。③名：称说，形容。④焕：光辉。

【译文】

　　孔子说："尧这样的君主真伟大啊。多么崇高啊！只有天最高大，只有尧能效法天的高大。多么广大啊，百姓都无法用言语来表达对他的赞美。他的功绩是多么崇高呀，他制定的礼仪制度是多么光辉呀！"

　　舜有臣五人而天下治。武王曰："予有乱臣①十人。"孔子曰："才难，不其然乎？唐虞之际②，于斯为盛。有妇人焉③，九人而已。三分天下有其二，以服事殷。周之德，其可谓至德也已矣。"

【注释】

　　①乱臣：治国之臣。②唐虞之际，于斯为盛：唐虞，尧称唐尧，舜称虞舜，唐虞即尧舜。这句话有几种解释：一，唐虞之际比周初更盛；二，唐虞之际不如周初；三，唐虞之际与周初两个时期为盛；四，际解释为边际，唐虞之际即唐虞以后。③有妇人焉：武王的能臣十人中有武王的妻子邑姜。

【译文】

　　舜有五位贤臣，就天下太平。周武王说："我有治国之臣十人。"孔子说："人才难得，不正是如此吗？唐尧和虞舜之间和周武王那时候，人才算是最盛了，其中还有一名妇女，只有九人而已。周文王得了天下的三分之二，还服事殷朝，周朝的道德可以说是最高尚的了。"

　　子曰："禹，吾无间①然矣。菲②饮食而致孝乎鬼神，恶衣服而致美乎黻冕③，卑宫室而尽力乎沟洫。禹，吾无间然矣。"

【注释】

　　①间：空隙。这里指就其空隙而进行非难、批评。②菲：菲薄。③黻冕：黻（fú），祭祀时穿的礼服。冕（miǎn）：祭祀时戴的帽子。

【译文】

　　孔子说："对于禹，我没有什么可批评的了。他自己饮食菲薄而尽心孝敬鬼神，自己衣服破旧而尽量把祭服做得华美，自己宫室很低矮而尽力修治农田水利。对于禹，我是没有可什么批评的了。"

子罕篇第九

　　子罕言利，与命与仁。

【注释】

　　这一章有两种解释：一，与，赞许义。孔子很少谈利而赞成命、赞成仁；二，孔子罕言利、命、仁三者，因为谈利会害义，而命与仁则难以理解和达到。从《论语》看，孔子讲仁是最多的，讲命也不少，说他罕言仁和命，与《论语》的实际情况不符。

【译文】

孔子很少谈利而谈命和仁。

达巷党人①曰："大哉孔子！博学而无所成名②。"子闻之，谓门弟子曰："吾何执？执御乎？执射乎？吾执御矣。"

【注释】

①达巷党人：古时五百家为党。达巷，党名。②博学而无所成名：有两种解释：一，学问广博，可惜没有一艺之长以成名；二，学问广博，因此不能以某一方面来称道他。另一说似乎原意不合。

【译文】

达巷地方有人说："孔子真伟大啊！他学问广博，因而不能以某一方面的专长来称道他。"孔子听说了，对他的学生说："我要专于那一方面呢？赶车呢？还是射箭呢？还是赶车吧！"

子曰："麻冕①，礼也；今也纯②，俭③，吾从众。拜下④，礼也；今拜乎上，泰⑤也。虽违众，吾从下。"

【注释】

①麻冕：麻织的帽子。②纯：黑色的丝。③俭：用麻织帽子，比较费工，所以说改用丝织是俭。④拜下：指臣子见君主，要先在堂下跪拜，然后升堂再拜。到孔子时，许多人不再在堂下拜，而直接到堂上拜了。⑤泰：骄纵。

【译文】

孔子说："用麻织帽子，这是礼的规定。现在改用黑丝，这比过去节省了，我也照大家的做法去做。见国君要先在堂下跪拜，这也是礼的规定。现在都到堂上拜，这是骄纵的表现，虽然和大家的做法不一样，我还是主张先在堂下拜。"

子绝四：毋意，毋必，毋固，毋我①。

【注释】

①意，主观猜测；必，期必，对于事物的发展，期望其必定这样或那样。无期必，也就是知命；固，固执己见；我，私心。无私心，是志于道的表现。

【译文】

孔子杜绝了四种毛病：没有主观的臆测，没有定要怎样的期望，没有固执己见，没有自私之心。

子畏于匡^①，曰："文王既没，文不在兹^②乎？天之将丧斯文也，后死者^③不得与于斯文也；天之未丧斯文也，匡人其如予何？"

【注释】

①畏于匡：匡，地名。孔子自卫去陈时经过匡。匡人曾受到鲁国阳虎的掠夺、残杀，孔子相貌与阳虎很像，匡人误以为孔子就是阳虎，将他围困。畏有几种解释：一，有戒心；二，拘囚的意思；三，古人称私斗叫畏，匡人拘孔子是私斗，所以说畏于匡。②文不在兹：文指礼乐制度，或说文化。兹，这里，孔子指自己。③后死者：孔子自称。

【译文】

孔子在匡地被拘，他说："周文王死后，周代的礼乐制度文化遗产不都保存在我这里吗？天如果要消灭这种文化，那我也不能掌握这种文化了；天如果不想消灭这种文化，那匡人又能把我怎么样呢？"

太宰^①问于子贡曰："夫子圣者与？何其多能也？"子贡曰："固天纵之将圣^②，又多能也。"子闻之曰："太宰知我乎！吾少也贱，故多能鄙事。君子多乎哉？不多也。"

【注释】

①太宰：官名。②天纵之将圣：纵，不加限量的意思；将，大的意思。

【译文】

太宰问子贡说："你们先生是个圣人吗？为什么这样多才多艺呢？"子贡说："这本是天让他成为大圣，又多才多艺的。"孔子听说之后说："太宰了解我呀！我因为小时贫贱，所以会许多卑贱的技艺。君子是这样多能的吗？不多的。"

牢^①曰："子云，吾不试^②，故艺。"

【注释】

①牢：孔子的学生子牢。②试：用，指被任用。

【译文】

子牢说："孔子说过，我没有被任用，因此学到了许多技艺。"

子曰："吾有知乎哉？无知也。有鄙夫问于我，空空如也^①。我叩其两端而竭焉^②。"

【注释】

①空空如也：有两种解释：一，指孔子自己心中空空无知；二，指来问的鄙夫心中空空。②叩其两端

而竭焉：叩，叩问。两端，两头，事物都有终始、本末、上下、精粗等正反两个方面。竭：尽量。对这句的意思有两种解释：一，从孔子教人的态度方面解释，即使鄙夫来问，也竭尽所知教给他；二，从孔子教人的方法方面解释，通过叩问两端，竭尽两端而使问题得到解决。两种解释都可行。

【译文】

孔子说："我有知识吗？其实是无知的。有农民来问我，我对他问的内容一无所知，我只是从问题的两端去问，这样来穷尽问题的全部。"

子曰："凤鸟不至，河不出图①，吾已矣夫！"

【注释】

①凤鸟不至，河不出图：凤鸟是传说中的神鸟。河出图，传说伏羲时有龙马从黄河中出，背上有八卦图文。凤鸟至，河出图，是古代传说中圣王将要降世时的祥瑞的征兆。

【译文】

孔子说："凤鸟不来了，黄河里也不出现八卦图了。我这一生也完了吧！"

子见齐衰①者、冕衣裳者②与瞽③者，见之，虽少必作④；过之必趋⑤。

【注释】

①齐衰（zīcuī）：古代麻布做的丧服。②冕：贵族戴的帽子；衣，上衣，裳，下衣。冕衣裳者指贵族。③瞽（gǔ）：眼瞎。④作：站起来。⑤趋：快步走。

【译文】

孔子遇见穿丧服的人、穿贵族服装的人和盲人，相见的时候，尽管他们年轻，孔子一定要站起来；走过他们的身旁，一定要快步走。

颜渊喟①然叹曰："仰之弥②高，钻之弥坚。瞻之在前，忽焉在后。夫子循循然善诱人③，博我以文，约我以礼，欲罢不能。既竭吾才，如有所立卓尔④。虽欲从之，末由也已⑤。"

【注释】

①喟：(kuì)，叹声。②弥：更加。③循循然善诱人：循循，有次序貌。诱，劝导。④卓尔：高大，超群。⑤末由也已：末，没有。由，路径。没有路径，没有办法的意思。

【译文】

颜渊感叹地说："我抬头仰望，越看越感到高；我努力钻研，越钻研越感到不可穷尽。看着它在前面，忽而又到了后面。老师一步步地诱导我，用文献丰富我的知识，用礼来约束我的言行，使我想停止学习都不可能。我用尽了我的才力，像是见到了它高高地矗立在前，我尽管迫切想要追随上去，却没有前进的路径了。"

　　子疾病，子路使门人为臣。病间①，曰："久矣哉，由之行诈也。无臣而为有臣。吾谁欺？欺天乎？且予与其死于臣之手也，无宁②死于二三子之手乎？且予纵不得大葬③，予死于道路乎？"

【注释】
　　①间：病情减轻。②无宁：宁可。③大葬：指大夫的葬礼。

【译文】
　　孔子病重，子路派了孔子的学生做家臣为孔子准备后事。孔子病情减轻一些的时候说："仲由做这种弄虚作假的事已经很久了。没有家臣而要装作有家臣，我骗谁呢？骗天吗？而且我与其在家臣的侍候下死去，不是宁可在你们这些学生的侍候下死去更好些吗？而且即使我不能以大夫的葬礼安葬，难道会被丢在路边没人埋吗？"

　　子贡曰："有美玉于斯，韫匵①而藏诸？求善贾②而沽诸？"子曰："沽③之哉，沽之哉！我待贾者也。"

【注释】
　　①韫匵（yùndù）：韫，收藏；匵，柜子。②贾：有两种解释：一，同价；二，商人。③沽：卖。

【译文】
　　子贡说："这里有一块美玉，是把它放在柜子里收藏起来呢，还是求一个好价钱把它卖掉呢？"孔子说："卖掉，卖掉，我就是等着人家出价钱的。"

　　子欲居九夷①。或曰："陋②，如之何？"子曰："君子居之，何陋之有？"

【注释】
　　①九夷：古代对东方少数民族的通称。②陋：鄙野，文化闭塞。

【译文】
　　孔子想搬到东方去住，有人说，"那地方偏僻闭塞，怎么好住呢？"孔子说："君子住到那里去，还有什么闭塞的呢？"

　　子曰："吾自卫反鲁①，然后乐正②，雅颂各得其所③。"

【注释】
　　①自卫反鲁：孔子从卫国返回鲁国是在鲁哀公十一年冬。②乐正：有的解释为正其乐章，调整乐曲的

篇章。③雅颂各得其所：《雅》和《颂》是《诗经》中两类不同的诗的名称，同时也是两类不同的乐曲的名称。

【译文】

孔子说："我从卫国回到鲁国，乐才得以整理，雅乐和颂乐各自有了它们应有的位置。"

子曰："出则事公卿，入则事父兄，丧事不敢不勉，不为酒困，何有于我哉。"

【译文】

孔子说："出外便奉事公卿，在家便奉事父兄，有丧事不敢不尽心去办，不被酒所困扰，这些在我有什么困难呀？"

子在川上曰："逝者如斯夫，不舍昼夜。"

【译文】

孔子在河边说："消逝的时光就像这河水一样啊，不分昼夜地流去。"

子曰："吾未见好德如好色者也。"

【译文】

孔子说："我没有见过能象爱好女色那样爱好德的人。"

子曰："譬如为山，未成一篑，止，吾止也；譬如平地，虽覆一篑，进，吾往也。"

【注释】

①篑（kuì）：土筐。

【译文】

孔子说："譬如用土堆山，只差一筐土就完工了，这时停下来，是我自己要停的；又譬如在平地上虽然是只倒了一筐土，这时继续前进，也是我自己要前进的。"

子曰："语之而不惰者，其回也与？"

【译文】

孔子说："我讲给他听而能毫不懈怠地去听的，大概就是颜回吧。"

子谓颜渊曰："惜乎！吾见其进也，未见其止也。"

【译文】

孔子评论颜渊说："可惜呀！我仅见他不断前进，没有见他停止过呀。"

子曰："苗而不秀①者有矣夫；秀而不实者有矣夫！"

【注释】

①秀：稻麦等吐穗扬花。

【译文】

孔子说："庄稼长出苗而不能吐穗扬花的情形是有的；吐穗扬花而不灌浆结实的也是有的。"

子曰："后生可畏，焉知来者之不如今也？四十五十而无闻焉，斯亦不足畏也已。"

【译文】

孔子说："年轻人是值得敬畏的，怎么知道后一辈就一定不如现在这一代呢？如果到了四十、五十岁还默默无闻，那就没有什么可敬畏的了。"

子曰："法语之言①，能无从乎？改之为贵。巽与之言②，能无说乎？绎③之为贵。说而不绎，从而不改，吾末如之何也已矣。"

【注释】

①法语之言：以礼法规则正言规劝。②巽与之言：巽，恭顺；与，赞许。恭顺赞许的话。③绎：推究，寻求。

【译文】

孔子说："合于礼法的正言规劝，能不从吗？但要改正错误才是可贵的；恭顺赞许的话，听了能不高兴吗？但要认真推究它的真意才是可贵的。仅是高兴而不去推究其真意，只是表示听从而不改正错误，那我对他就没有办法了。"

子曰："主忠信，毋友不如己者，过则勿惮改。"

【译文】

孔子说："要以忠信为主，不要同与自己不同道的人交朋友；有了过失不要怕改正。"

子曰："三军①可夺帅也，匹夫②不可夺志也"。

【注释】

①三军：一万二千五百人为一军，三军是说其多。②匹夫：平民，普通百姓。

【译文】

孔子说："三军之众，可以夺去它的主帅；匹夫立志，却是谁也夺不去的。"

子曰："衣①敝缊袍②，与衣狐貉③者立而不耻者，其由也与？'不忮不求④，何用不臧'？"子路终身诵之。子曰："是道也，何足以臧？"

【注释】

①衣：动词，当穿字讲。②敝缊袍：敝，坏。缊（yùn），旧絮。③狐貉：用狐和貉的皮做的裘皮衣服，是裘皮中的贵重者。④不忮不求，何用不臧：这两句引自《诗经·邶风·雄雉篇》。忮（zhì），害。臧，善、好。

【译文】

孔子说："穿着破旧的丝棉袍，与穿着狐貉皮袍的人站在一起而不以为耻的，大概只有仲由吧。'不害人，不贪求，这会有什么不好呢'？"从此子路就反复背诵这些话。孔子说："只做到这样，怎么能够算好了呢？"

子曰："岁寒，然后知松柏之后彫①也。"

【注释】

①彫：同凋，凋零。

【译文】

孔子说："寒冷的冬天，才知道松柏是不凋零的。"

子曰："知者不惑，仁者不忧，勇者不惧。"

【译文】

孔子说："智者不迷惑，仁人不忧虑，勇士不畏惧。"

子曰："可与共学，未可与适道①；可与适道，未可与立②；可与立，未可与权③。"

【注释】

①适：往。适道，志于道，追求道的意思。②立：坚持道而不变。③权：秤锤。这里引申为权衡轻重，按照不同情况灵活处理。

【译文】

孔子说："可以在一起学习，但未必能一起走向道；可以一起走向道的，未必能一起坚持道而不变；可以一起坚持不变的，未必能一起权衡轻重，灵活处事。"

"唐棣之华，偏其反而①。岂不尔思，室是远而②"。子曰："未之思也，夫何远之有？"

【注释】

①唐棣之华，偏其反而：唐棣，花名。华，即花字。偏，同翩；反，同翻。都是形容花枝摇动的样子。②岂不尔思，室是远而：诗人从前两句引出，抒发情思：不是不想念你啊，只是住得太远了。这四句是逸诗，不知出处。两个而字都是语助词，无意义。

【译文】

有一首诗说：唐棣的花啊，翩翩地摇摆。我岂是不想念你啊，只是住得太遥远。孔子说："他还是没有想念呀，如果真的想念，还有什么遥远的呢？"

乡党篇第十

孔子于乡党，恂恂①如也，似不能言者。其在宗庙、朝廷，便便②言，唯谨尔。

【注释】

①恂恂：恭顺貌。②便便：辩，善于辞令。

【译文】

孔子在老乡中间显得很温顺，像是不会说话的样子。他在宗庙里朝廷上却很善长言辞，只是很谨慎罢了。

朝，与下大夫言，侃侃①如也；与上大夫言，訚訚②如也。君在，踧踖③如也，与与④如也。

【注释】

①侃侃：温和快乐的样子。②訚訚（yín）：正直、和颜悦色而又能直言净辩。③踧踖（cùjí）：恭敬而不安。④与与：威仪适中。

【译文】

上朝的时候，同下大夫说话，温和而快乐；同上大夫说话，和颜悦色而又直言净辩。君主在的时候，恭敬而不安，但又仪态适中。

君召使摈①，色勃如也②；足躩③如也。揖所与立，左右手，衣前后④，襜⑤如也。趋⑥进，翼如也。宾退，必复命曰："宾不顾矣。"

【注释】

①摈：同傧，接待宾客。②色勃如：脸色庄重。③躩（jué）：盘旋的样子。形容古时一种回旋周转、曲折进退的礼节。④衣前后：衣服随着作揖时身体的俯仰而前后摆动。⑤襜（chān）：整齐。⑥趋：快步走。

【译文】

国君召孔子去接待宾客，孔子总是脸色庄重，脚步盘旋。向和他一起站立迎宾的人作揖，手向左向右，衣服前后摆动，却整齐不乱。快步向前的时候，像鸟儿展开两翅一般。宾客走后，一定向国君回报说："客人已经不回头了。"

入公门，鞠躬如①也，如不容。立不中门，行不履阈②。过位，色勃如也，足躩如也，其言似不足者。摄齐③升堂，鞠躬如也，屏气似不息者。出，降一等④，逞⑤颜色，怡怡如也。没阶⑥，趋进，翼如也。复其位，踧踖如也。

【注释】

①鞠躬如：鞠躬有两种解释：一，作曲身讲；二，是双声字，谨慎恭敬的样子。这里后解似更合原意。②阈（yù）：门槛。③摄齐（zī）：衣服的下摆。摄，提起。④降一等：走下一级台阶。⑤逞：舒展。⑥没阶：走完台阶。

【译文】

孔子进朝廷的门，谨慎而恭敬，似乎没有他的容身之地。不站在门中间，也不踩门槛。经过国君的坐位，就面色庄重，脚步盘旋，说话好像中气不足一样。提起衣服下摆上堂的时候，恭敬谨慎，憋住气像不呼吸一样。退出来，走下一级台阶，脸色便舒展了，怡然自得的样子。下完台阶快步向前的时候，像鸟儿展开翅膀一样。回到自己的位置上，是恭敬和不安的样子。

执圭①，鞠躬如也，如不胜。上如揖，下如授。勃如战色②，足蹜蹜如有循③。享礼④，有容色⑤。私觌⑥，愉愉如也。

【注释】

①圭：一种玉器。②战色：战战兢兢的样子。③蹜蹜如有循：脚步密而小，只举起前趾，脚跟不离地，像是沿着脚下的东西行走。④享礼：使臣向邻国君主献礼的仪式。⑤有容色：满脸和气。⑥觌（dí）：会见。

【译文】

孔子出使别国，拿着圭，恭敬谨慎，像是举不起来的样子。举在上面时像是作揖，放在下面时像是递东西给人。面色战战兢兢，脚步细小，脚跟不离地。到献礼物的时候，满脸和气。和国君私人会见的时候，更轻松愉快了。

君子不以绀緅饰①，红紫不以为亵服②。当暑，袗絺绤③，必表而出之④。缁衣，羔裘⑤；素衣，麑⑥裘；黄衣，狐裘。亵裘长，短右袂⑦。必有寝衣⑧，长一身有半。狐貉之厚以居⑨。去丧，无所不佩。非帷裳⑩，必杀⑪之。羔裘玄冠不以吊⑫。吉月⑬，必朝服而朝。

【注释】

①绀緅饰：绀（gàn），深青中透红的颜色。緅（zōu），黑中透红的颜色。饰是衣服的镶边。绀緅是斋戒和祭祀时礼服用的颜色，所以不用来镶边。②红紫不以为亵服：亵（xiè）服，平常家居穿的衣服，即便服。红紫古时认为不是正色，便服不用红紫，可见更不用于正服。③袗绤绤：袗（zhěn），单衣。绤（chī），细葛布。绤（xì），粗葛布。④表而出之：先穿内衣，把葛衣穿在外面。⑤缁衣羔裘：缁（zī），黑色。羔裘，羔皮衣。古代羔裘都是用黑羊皮，毛皮向外。缁衣羔裘及下面两句，是说罩衣的颜色要与裘皮衣服的颜色相称。⑥麑（ní）：小鹿，白色。⑦短右袂（mèi）：袖子。右袖短一点，是为了便于做事。⑧寝衣：睡衣。一说是小被。⑨居：坐。⑩帷裳：上朝和祭祀时穿的礼服，用整幅布制作，不加裁剪，腰间缝成褶子。⑪杀：裁去。⑫羔裘玄冠不以吊：古代丧事用白色，黑色用于吉服。羔裘玄冠是黑色，因此不用于丧事。⑬吉月：有几种解释：一，每月初一；二，应该作"告月"，每月月底负责历法的官员把下月初一报告给国君；三，正月初一。

【译文】

君子不用深青透红或黑中透红的布做衣服的镶边，不用红色紫色的布做日常穿的便服。夏天着葛布单衣，但一定套在内衣外面。黑色的罩衣配紫羔皮衣，白色的罩衣配着麑衣，黄色的罩衣配狐裘衣。在家穿的皮衣做得长一些，右边的袖子短一些。睡觉一定要有睡衣，有一身半长。用狐貉的厚毛皮做坐垫。除了服丧期间以外，衣带上佩带各种装饰品。不是上朝和祭祀用的帷裳，一定要剪裁。紫羔衣和黑色帽子都不在吊丧时穿戴。大年初一，一定要穿着上朝的礼服去朝见君主。

齐①，必有明衣②，布。齐必变食③，居必迁坐④。

【注释】

①齐：斋。②明衣：斋前沐浴后穿的浴衣。③变食：改变平常的饮食。④迁坐：改换卧室。古时斋戒一定要迁到"外寝"，不与妻妾同房。

【译文】

斋戒的时候，一定要有浴衣，布做的。斋戒时一定要改变饮食，迁移卧室。

食不厌精，脍①不厌细。食馑而餲②，鱼馁而肉败③，不食。色恶不食，臭恶不食，失饪不食，不时④不食，割不正⑤不食，不得其酱⑥不食。肉虽多，不使胜食气⑦。唯酒无量，不及乱⑧。沽酒市脯不食。不撤姜食，不多食。

【注释】

①脍（kuài）：细切的鱼、肉。②馑而餲：馑（yì），餲（ài），食物经久而腐败变味。③馁、败：鱼腐

烂叫馁，肉腐烂叫败。④不时：有两种解释：一，不合时令的食物，五谷不成，果实未熟之类；二，不是吃饭的时候。⑤割不正：有两种解释：一，指宰杀牛羊时没有按规定的方法割截分解；二，肉切得不方正。⑥不得其酱：吃不同的肉用不同的酱，用酱不合适就叫不得其酱。⑦食气：指饭食。⑧乱：指酒醉。

【译文】

　　粮食不嫌舂得精，鱼和肉不嫌切得细。饮食腐败变味了，鱼和肉腐烂了，都不吃。食物颜色变了不吃，气味变了不吃，烹调不当不吃。不合时令的东西不吃，没照正规方法割的肉不吃，没有适当的调味品不吃。肉虽然多，但吃的量不让它超过饭食。只有酒没有限量，但不能喝醉。从市上买的酒和肉干不吃。吃完饭后，不撤掉姜碟，但也不多吃。

　　祭于公，不宿肉①，祭肉②不出三日。出三日，不食之矣。

【注释】

　　①不宿肉：古时大夫助国君祭祀，祭祀完毕后可以得到国君赐的祭肉。但天子诸侯的祭礼要进行两天。这样在得到赐肉时，肉已经放了两三天，不能再过夜了。②祭肉：这是指家中祭祀用的肉。

【译文】

　　参加国君祭祀得到的肉，不留到第二天。自己家里的祭肉，存放不出三天。超过三天，就不吃了。

　　食不语，寝不言。

【译文】

　　吃饭的时候不交谈，睡觉的时候不说话。

　　虽疏食菜羹，瓜祭①，必齐②如也。

【注释】

　　①瓜祭：有的本子作必祭。古人临吃前把席上各种食品拿出少许，放在食具之间，以祭祖先最早发明饮食的人，以示不忘本。②齐：严肃恭敬的样子。

【译文】

　　尽管吃的是粗米饭、菜汤，临吃也要祭一祭，而且表情要严肃恭敬。

　　席①不正，不坐。

【注释】

　　①席：古代没有桌椅，地面上铺席，坐在席子上。

【译文】

席子放得不正，不坐。

乡人饮酒①，杖者②出，斯出矣。

【注释】

①乡人饮酒：指当时的乡饮酒礼。②杖者：指老人。

【译文】

行乡饮酒礼之后，等老年人出去之后，自己这才出去。

乡人傩①，朝服而立于阼阶②。

【注释】

①傩（nuó）：古代一种迎神以驱逐疫鬼的风俗。②阼（zuò）阶：东面的台阶，是主人迎送宾客时站立的地方。

【译文】

乡里人迎神驱鬼，就穿上朝服站在东边的台阶上。

问①人于他邦，再拜而送之②。

【注释】

①问：问候。②再拜而送之：拜送使者。

【译文】

派使者向别国友人问候，向使者拜两次给他送行。

康子馈药，拜而受之。曰："丘未达，不敢尝。"

【译文】

季康子送药给孔子，孔子拜谢之后接受了，说："我还不懂这药的药性，不敢尝。"

厩焚。子退朝，曰："伤人乎?"不问马。

【译文】

马棚失火了。孔子退朝回来，说："伤人了吗?"不问马的情况。

君赐食，必正席先尝之。君赐腥①，必熟而荐②之。君赐生，必畜之。侍食于君，君祭，先饭③。

【注释】

①腥：生肉。②荐：供奉先祖。③先饭：古时君主吃饭要有人先尝一尝，君主才吃。先饭就是先吃，表示自己不敢以客人自居，而是像给君主尝食一样。

【译文】

国君赐给吃的，非得要摆正席子先尝一尝。国君赐给生肉，一定要烧熟了供奉祖先。国君赐给活物，一定要饲养起来。侍奉君主一起吃饭，在国君祭的时候，自己先吃饭。

疾，君视之，东首①，加朝服，拖绅②。

【注释】

①东首：这一章是说卧病在床时的情形，东首就是头朝东。②加朝服拖绅：在身上加盖朝服和大带。绅是束在腰间的大带。

【译文】

孔子病了，国君来探视，他便头朝东躺着，身上盖上朝服，拖着大带。

君命召，不俟驾行矣。

【译文】

国君召唤，不等驾好车就先步行走去。

入太庙，每事问。

【译文】

孔子到了太庙，每件事都要问一问

朋友死，无所归，曰："于我殡。"

【注释】

①殡：停放灵柩和埋葬都可以叫殡。这里泛指丧葬事务。

【译文】

朋友死了，没有亲属负责敛埋，孔子说："丧事由我来办吧。"

朋友之馈，虽车马，非祭肉，不拜。

【译文】

朋友馈赠物品，就算送的是车马，只要不是祭肉，孔子接受的时候都不拜。

寝不尸，居不容①。

【注释】

①居不容：有两种解释：一，居家不必像祭祀或会见宾客时那样注重仪容；二，"容"字应为"客"，居家可以不像会客或作客时一样庄敬。

【译文】

睡觉时不能像死尸那样直挺挺地，平时在家不能像接待宾客或作客时那样严肃庄重。

见齐衰①者，虽狎，必变。见冕者与瞽者，虽亵，必以貌。凶服者式②之。式负版者③。有盛馔，必变色而作。迅雷风烈必变。

【注释】

①齐衰（zīcuī）：丧服。②式：同轼，古代车辆前部的横木。这里作动词用，俯身伏在轼上的意思，是表示敬意的礼节。③负版者：有两种解释：一，背负国家文书的人；二，负版应作负贩，做买卖的人，虽然低贱，也要伏轼以表示敬意。

【译文】

见到穿丧服的人，尽管是很亲近的人，也一定改变表情，表示哀悼。见到戴礼帽的人和盲人，尽管是很熟悉的，也一定有礼貌。在车上遇到穿丧服的人，便俯身伏在车前横木上。遇见背负国家图籍的人，也这样做。有丰盛的菜肴，一定改变神色，站起来致谢。遇见迅雷大风，一定改变神色。

升车，必正立，执绥①。车中不内顾②，不疾言③，不亲指。

【注释】

①绥：拉着它上车的带子。②内顾：回头看。③疾言：有两种解释：一，很快地讲话；二，高声说话。

【译文】

上车时，一定先端正地站好，拉着扶手带上车。在车里不回头看，不很快地说话，不用手指指点点。

色斯举矣①，翔而后集。曰："山梁雌雉，时哉时哉！"子路共②之，三嗅③而作。

【注释】

①色斯举矣：举，起的意思。这句是说鸟看见人颜色不善就飞起来。②共：同拱。③嗅：当是臭字，鸟张开两翅。唐代石经《论语》中作戛字，鸟长叫声。

【译文】

鸟见到颜色不善就起身飞了，盘旋飞翔了一阵又停在一处。孔子说："这些山梁上的雌雉，得其时呀！得其时呀！"子路听了向它们拱拱手，野鸡振振翅膀飞走了。

先进篇第十一

子曰："先进①于礼乐，野人②也；后进①于礼乐，君子也。如用之，则吾从先进。"

【注释】

①先进、后进：有多种解释。这里介绍两种：一，指孔子学生中的前辈后辈。二，指先学习礼乐然后做官的人与先当了官再学习礼乐的人。前者是平民，所以称野人；后者是贵族世家，所以是君子。而孔子则主张在用人时要用前一种人。②野人：乡野平民或朴野粗鲁的人。

【译文】

孔子说："先学习礼乐而后做官的，是原来没有爵禄的平民；先当了官再学习礼乐的，是原来就有爵禄的君子。如果要选用人才，那我主张用先学习礼乐的人。"

子曰："从我于陈蔡①者，皆不及门②也。"

【注释】

①从我于陈、蔡：陈、蔡，国名。孔子曾在从陈去蔡的途中，被陈蔡人围困，以至绝粮。当时有不少学生跟着他。②不及门：有两种解释：一，及门指及仕进之门，即当官；二，不在门，即不在孔子身边。

【译文】

孔子说："在陈蔡之间遭难时跟随我的人，现在都不在我这里了。"

德行：颜渊、闵子骞、冉伯牛、仲弓。言语：宰我、子贡。政事：冉有、季路。文学①：子游、子夏。

【注释】

①德行、言语、政事、文学：言语指善于辞令和外交应对，文学指通晓诗书礼乐等古代文献。这段话

从这四个方面分别说明了十个学生的特长。

【译文】

　　德行好的有颜渊、闵子骞、冉伯牛、仲弓。善于辞令的有宰我、子贡。擅长政事的有冉有、季路。通晓文献知识的有子游、子夏。

　　子曰："回也非助我者也，于吾言无所不说。"

【译文】

　　孔子说："颜回不是对我有帮助的人，他对我说的话没有不心悦诚服的。"

　　子曰："孝哉闵子骞！人不间①其父母昆②弟之言。"

【注释】

　　①间：非难、批评的意思。②昆：兄。

【译文】

　　孔子说："闵子骞真是孝啊！别人对于他父母兄弟称赞他的话从来没有什么异议。"

　　南容三复白圭①，孔子以其兄之子妻之。

【注释】

　　①南容三复白圭：白圭指《诗经·大雅·抑之》的诗句："白圭之玷，尚可磨也；斯言之玷，不可为也。"意思是白玉上的污点还可以磨掉，我们言论中有毛病就没法挽回了，告诫人们言语要谨慎。南容读到这里，再三反覆念这几句话，说明他也慎于言语。

【译文】

　　南容反复诵读"白圭之玷，尚可磨也；斯言之玷，不可为也。"的诗句。孔子把侄女嫁给了他。

　　季康子问："弟子孰为好学？"孔子对曰："有颜回者好学，不幸短命死矣，今也则亡。"

【译文】

　　季康子问："你的学生中哪个好学？"孔子回答说："有个颜回好学，可惜短命死了。现在没有了。"

　　颜渊死，颜路①请子之车以为之椁②。子曰："才不才，亦各言其子也③。鲤④也死，有棺而无椁。吾不徒行以为之椁。以吾从大夫之后，不可徒行也。"

【注释】

①颜路：颜渊的父亲，名无繇。亦孔子的学生。②椁：外棺。③才不才，亦各言其子：才，有才华。不才，无才华。分指颜渊和孔鲤。这句话的意思是，不管颜渊孔鲤有才无才，总还各是你我的儿子。④鲤：孔子的儿子，字伯鱼。

【译文】

颜渊死了，颜路恳求孔子把车子卖掉给颜渊做一个椁。孔子说："不管有无才能，总都是自己的儿子。孔鲤死的时候，也是有棺无椁。我没有卖了车自己步行来给他买椁。因为我还跟随在大夫之后，是不可以步行的。"

颜渊死，子曰："噫！天丧予！天丧予！"

【译文】

颜渊死了，孔子说："唉！是天要我的命呀！是天要我的命呀！"

颜渊死，子哭之恸①。从者曰："子恸矣。"曰："有恸乎？非夫②人之为恸而谁为？"

【注释】

①恸：哀伤过度。②夫：指示代词。夫人指颜渊。

【译文】

颜渊死了，孔子哭得哀伤过度。跟随的人说："你悲痛过度了。"孔子说："我是悲痛过度了吗？我不为他而悲痛过度，又为谁呢？"

颜渊死，门人欲厚葬之。子曰："不可！"门人厚葬之。子曰："回也视予犹父也，予不得视犹子也。非我也，夫①二三子也。"

【注释】

①夫：语助词。

【译文】

颜渊死了，孔子的学生们想要厚葬他。孔子说："不行。"学生们还是厚葬了颜渊。孔子说："颜回看待我就像父亲一样，而我却不能像对儿子那样看待他。这不是我要这样，是那些学生们这样做呀。"

季路问事鬼神。子曰："未能事人，焉能事鬼？"曰："敢问死"。曰："未知生，焉知死。"

【译文】

子路问怎样奉事鬼神。孔子说："还没有能奉事人，怎么能奉事鬼呢？"子路说："请问死是怎么一回事？"孔子说，"对生的道理还不知道，怎么能知道死呢？"

闵子侍侧，訚訚如也；子路，行行①如也；冉有子贡，侃侃②如也。子乐。"若由也，不得其死然。"

【注释】

①行行（hàng）：刚强貌。②訚訚、侃侃：正直、和颜悦色而又能直言诤辩。

【译文】

闵子骞侍立在孔子身旁，一派中正的样子；子路是一派刚强的样子；冉有、子贡是一派温和快乐的样子。孔子高兴了。但孔子说："像仲由这样，怕会不得好死的。"

鲁人为长府①。闵子骞曰："仍旧贯②，如之何？何必改作？"子曰："夫人不言，言必有中。"

【注释】

①长府：国家储藏财物或文书的地方叫府。长府是府名。②贯：事，例。仍旧贯，照旧制的意思。

【译文】

鲁国要改建长府。闵子骞说："还照老样子如何？何必改建呢？"孔子说："这个人不说话则已，一说话一定是中肯的。"

子曰："由之瑟①奚为于丘之门？"门人不敬子路。子曰："由也升堂矣，未入于室②也。"

【注释】

①瑟：古代乐器。这里孔子是不满意子路所弹的音调。②升堂入室：比喻学习程度的深浅。堂是正厅，室是内室。已升堂而未入室，比喻已得大体而还不精深。

【译文】

孔子说："仲由弹瑟的音调，为何出自我的门里呀。"孔子的学生听了因此就不敬子路。孔子说："仲由在学习上是已经升堂了，只是还没有入室罢了。"

子贡问："师与商①也孰贤?"子曰："师也过,商也不及。"曰："然则师愈与?"子曰："过犹不及。"

【注释】

①师与商:师,颛孙师,子张。商,卜商,子夏。

【译文】

子贡问："师与商二人谁好一些?"孔子说:"师常有些过头,商常有些不够。"子贡说:"那么是师好一些了?"孔子说:"过头和不够是一样的。"

季氏富于周公,而求也为之聚敛①而附益之。子曰:"非吾徒也。小子鸣鼓而攻之②可也。"

【注释】

①聚敛:收集。这里指冉有增加赋税为季氏搜括财富。②鸣鼓而攻之:公开宣布其罪行并指责批评。

【译文】

季氏的富有越过了周公,而冉求还帮他搜括来增加他的钱财。孔子说:"他已不是我的学生了,你们可以大张旗鼓去声讨他呀。"

柴①也愚②,参也鲁③,师也辟④,由也喭⑤。

【注释】

①柴:高柴,字子羔,孔子的学生。②愚:《论语集解》注:愚直之愚。指愚而耿直。③鲁:迟钝。④辟:有两种解释:一,偏,邪;二,只注意外表形式而内心不诚实叫辟。⑤喭(yàn),鲁莽,粗鲁。

【译文】

高柴愚直,曾参迟钝,颛孙师偏激,仲由鲁莽。

子曰:"回也其庶①乎,屡空②。赐不受命,而货殖③焉,亿④则屡中。"

【注释】

①庶:庶几,相近。②空:匮乏、穷困。③赐不受命,而货殖:货殖,做买卖。对命字有不同解释:一,天命;二,禄命,不受命就是不做官;三,古代经商都要受命于官,子贡则是没有受命于官而自己去做买卖,所以叫不受命而货殖。④亿:同臆,猜度。

【译文】

孔子说:"颜回已经差不多近道了吧,但他常在穷困中。端木赐不安于命而去做买卖,但他猜测行情却常能猜中。"

子张问善人①之道，子曰："不践迹②，亦不入于室③。"

【注释】

①善人：指本质善而没有学习的人。②践迹：照着别人的脚印走。践，依循。③入于室：比喻学问、修养达到了精深的地步。

【译文】

子张问善人的行为。孔子说："善人不踩着别人的脚印走，但学问、修养也没有到家。"

子曰："论笃是与①，君子者乎？色庄者乎？"

【注释】

①论笃是与：论，言论。笃，笃实。与，赞许。对说话笃实表示赞许。

【译文】

孔子说："听到人议论笃实就表示赞许，那知道他真是君子呢？还是只是装出来的呢？"

子路问："闻斯行诸？"子曰："有父兄在，如之何其闻斯行之？"冉有问："闻斯行诸？"子曰："闻斯行之。"公西华曰："由也问闻斯行诸，子曰有父兄在，求也问闻斯行诸，子曰闻斯行之。赤也惑，敢问。"子曰："求也退①，故进之；由也兼人②，故退之。"

【注释】

①求也退：冉有性懦弱，遇事退缩不前。②由也兼人：子路好勇过人。

【译文】

子路问："听到了就去做吗？"孔子说："父兄还在，怎么能听到就做呢？"冉有问："听到了就去做吗？"孔子说："听到了就要去做。"公西华说："仲由问听到了就去做吗，你回答有父兄健在，冉求问听到了就去做吗，你回答听到了就要去做。我弄糊涂了，敢再问个明白。"孔子说："冉求总是退缩，所以我鼓励他；促由好勇过人，所以我约束他。"

子畏于匡，颜渊后。子曰："吾以女为死矣。"曰："子在，回何敢死？"

【译文】

孔子在匡被围困。颜渊失散了，后来才逃出来。孔子说："我以为你已经死了呢。"颜渊说："夫子还在，我那敢轻易去死呢？"

季子然①问："仲由、冉求可谓大臣与?"子曰："吾以子为异之问,曾②由与求之问。所谓大臣者,以道事君,不可则止。今由与求也,可谓具臣③矣。"曰："然则从之者与?"子曰："弑父与君,亦不从也。"

【注释】

　　①季子然:鲁国大夫季氏的子弟。当时仲由、冉求都是季氏的家臣,季子然自以为得人,所以这样问。②曾:乃。③具臣:只是备位充数的臣子。

【译文】

　　季子然问："仲由和冉求可以称得上大臣吗?"孔子说："我以为你会问别的什么,原来你只是问由和求呀。所谓大臣,应该按照道的要求来事奉君主,如果不是这样就辞职不干。现在仲由和冉求,只能算是充数的臣子罢了。"季子然说："那么他们是一切顺从君主的人吗?"孔子说："如果要杀父弑君,他们也不会听从的。"

　　子路使子羔为费宰。子曰："贼夫人之子①。"子路曰："有民人焉,有社稷②焉,何必读书,然后为学?"子曰："是故恶夫佞者。"

【注释】

　　①贼夫人之子:贼,害。夫人之子指子羔。孔子认为子羔没有经过很好的学习就去从政会害了他自己。②社稷:社,土神。稷,谷神。两神共祀于社稷坛。

【译文】

　　子路让子羔去做费城的长官。孔子说："这是害了这个年青人了。"子路说："那里有老百姓,有社稷,治理百姓和祭祀神灵都是学习,为什么一定要读书才算学习呢?"孔子说："因此我厌恶那种花言巧语狡辩的人。"

　　子路、曾皙①,冉有、公西华侍坐。子曰："以吾一日长乎尔,毋吾以也②。居③则曰不吾知也,如或知尔,则何以哉④?"子路率尔⑤而对曰："千乘之国,摄⑥乎大国之间,加之以师旅,因之以饥馑,由也为之,比及⑦三年,可使有勇,且知方也⑧。"夫子哂⑨之。"求,尔何如?"对曰："方六七十⑩,如⑪五六十,求也为之,比及三年,可使足民。如其礼乐,以俟君子。""赤,尔何如?"对曰："非曰能之,愿学焉。宗庙之事⑫,如会同⑬,端章甫⑭,愿为小相⑮焉。""点,尔何如?"鼓瑟希⑯,铿尔,舍瑟而作⑰,对曰："异乎二三子者之撰。"子曰："何伤乎?亦各言其志也。"曰："莫⑱春者,春服既成,冠者⑲五六人,童子六七人,浴乎沂⑳,风乎舞雩㉑,咏而归。"夫子喟然叹曰："吾与点也!"三子者出,曾皙后。曾皙曰："夫三子者之言何如?"子曰："亦各言其志也已矣。"曰："夫子何哂由也?"曰："为国以礼。其言不让,是故哂之。""唯㉒求则非邦也与?""安见方六七十如五六十而非邦也者?""唯赤则非邦也与?""宗庙会同,非诸侯而何?赤也为之小,孰能为之大?"

【注释】

①曾皙：名点，曾参的父亲，也是孔子的学生。②以吾一日长乎尔，毋吾以也：虽然我年龄比你们稍长一些，不要因为我年长而不敢说话。③居：平日。④则何以哉：何以即何以为用的意思。⑤率尔：轻率、急忙。⑥摄：迫。摄于大国之间是夹在大国之间的意思。⑦比及：比读（bì），等到。⑧且知方也：方，方向。这里指礼义。⑨哂：微笑。⑩方六七十：纵横各六七十里，指小国。⑪如：或者的意思。⑫宗庙之事：指祭祀。⑬会同：诸侯会见，时见叫会，众见叫同。⑭端章甫：端，玄端，衣名；章甫，帽名。都是古代的礼服。⑮相：赞礼的人。⑯希：同稀。⑰作：站起来。⑱莫：同暮。⑲冠者：成年人。古人年二十岁行冠礼，表示已成年。⑳浴乎沂：浴，盥濯，就水边洗头面手足。沂，水名。㉑舞雩（yú）：地名，祭天求雨的地方。㉒唯：语气词，无意义。

【译文】

　　子路、曾皙、冉有、公西华陪孔子坐在一起。孔子说："我年龄比你稍长一点，不要因为我年长而不敢说。你们平时常说别人不了解自己，如果有人了解了你们，你们又怎么去做呢？"子路赶忙答道："一个有兵车一千辆的国家，夹在大国之间，大国军队常来侵犯，加上国内又闹饥荒，让我去治理，三年以后，就可以使百姓勇敢，并且懂得礼义。"孔子微微一笑。问："冉求，你如何？"冉求答道："国土纵横六七十里或五六十里的小国，让我去治理，三年以后，就可以使百姓丰衣足食，至于礼乐教化，就要等君子来施行了。"孔子又问："公西华，你如何？"公西华答道："我不敢说已经能够做到了，只是愿意学习罢了。宗庙祭祀或者诸侯会盟，我愿意穿着礼服，戴着礼帽，做一个赞礼的小相。"孔子又问："曾点，你呢？"曾皙正在弹瑟，他逐渐放慢声调，接着"铿"的一声，放下瑟站起来，回答道："我想的和他们三人讲的不同。"孔子说："那有什么关系呢？也就是各人讲自己的志向而已。"曾皙说："暮春三月，已经穿上春装的时节，约上五六个青年人、六七个少年，一起到沂水边洗洗澡，到舞雩台吹吹风，一路唱着歌走回来。"孔子长叹一声说："我赞成曾点的想法呀！"子路，冉有，公西华出去了，曾皙留在后面，问孔子道"他们三人的话怎么样呢？"孔子说："也就是各人讲自己的志向而已"曾皙说："夫子为什么要笑仲由呢？"孔子说："治国要讲礼，他讲话不谦让，所以我笑他。"曾皙说："那么是不是冉求讲的不是治理国家呢？"孔子说："哪里有纵横六七十里或五六十里的土地还不是一个国家的呢？"曾皙又说："那么是不是公西赤讲的不是治国呢？"孔子说："宗庙祭祀和诸侯会盟，这不是诸侯的事又是什么？像公西华这样的人倘若只能做一个小司仪，那谁又能做大的呢？"

颜渊篇第十二

　　颜渊问仁。子曰："克己复礼①为仁。一日克己复礼，天下归仁焉②。为仁由己，而由人乎哉？"颜渊曰："请问其目③。"子曰："非礼勿视，非礼勿听，非礼勿言，非礼勿动。"颜渊曰："回虽不敏，请事④斯语矣。"

【注释】

　　①克己复礼：有不同的解释：一，克，克制、约束；复，践行。克制和约束自己来践行礼。二，克，

胜；复，返回。战胜自己离开了礼的言行回归到礼的要求上来。②天下归仁焉：有几种解释：一，归是与、赞许的意思，一旦做到了克己复礼，便会得到天下人的赞许。二，专指君主如果能克己复礼，天下人都会归顺这仁德之君。三，一旦做到克己复礼，天下的一切就都归于仁了。程子注："克己复礼，则事事皆仁，故曰天下归仁。"以第三种解释较合理。这里"克己复礼"的主语似不是指个人，而是泛指众人。即如果大家都能做到克己复礼，天下就都归于仁了。③目：条目。④事：从事，实行。

【译文】

颜渊问怎样才算是仁。孔子说："约束自己，一切都照着礼的要求去做，就是仁。倘若能做到了这一点，天下就都归于仁了。实行仁德全在于自己，还能靠别人吗？"颜渊说："请问实行仁德的条目。"孔子说："不合于礼的不要看，不合于礼的不要听，不合于礼的不要说，不合于礼的不要做。"颜渊说："我尽管资质迟钝，让我照这些话去做吧！"

仲弓问仁。子曰："出门如见大宾，使民如承大祭①；己所不欲，勿施于人；在邦无怨，在家无怨②。"仲弓曰："雍虽不敏，请事斯语矣。"

【注释】

①出门如见大宾，使民如承大祭：接见贵宾和进行重大的祭祀，都要求谨慎恭敬。这句话是说出门办事和役使百姓，都要像接见贵宾和进行大祭时那样恭敬谨慎。②在邦无怨，在家无怨：在邦指在诸侯国做官，在家指在卿大夫家做事。无怨有两种解释：一，指仁的效果。做到了前面所说的敬和恕，别人对自己便没有怨恨。二，指自己而言，也是仁的要求。除了做到前面讲的两点，还要不怨天尤人。

【译文】

仲弓问怎样才是仁？孔子说："出门办事像会见贵宾一样，治理百姓像进行重大祭祀一样；自己不愿意的，不要加于别人；在诸侯的邦国里不怨恨，在大夫的家中也不怨恨。"仲弓说："我尽管资质迟钝，请让我按照这些话去做吧。"

司马牛问仁。子曰："仁者其言也讱①。"曰："其言也讱，斯谓之仁已乎？"子曰："为之难，言之得无讱乎？"

【注释】

①讱：难、迟钝。《史记》记载，司马牛多言而躁。孔子的话是针对他的缺点而说的。

【译文】

司马牛问怎样才是仁？孔子说："仁人说话迟钝。"司马牛说："说话迟钝，这就叫做仁了吗？"孔子说："做起来很难，说起来能不迟钝吗？"

司马牛问君子。子曰："君子不忧不惧。"曰："不忧不惧，斯谓之君子已乎？"子曰："内省不疚，夫何忧何惧？"

【译文】

　　司马牛问怎样才是君子。孔子说："君子不忧愁，不畏惧。"司马牛说："不忧愁，不畏惧，这就叫做君子了吗？"孔子说："内心自省而问心无愧，还有什么忧愁和畏惧呢？"

　　司马牛忧曰："人皆有兄弟，我独亡①。"子夏曰："商闻之矣：死生有命，富贵在天。君子敬而无失，与人恭而有礼，四海之内，皆兄弟也。君子何患乎无兄弟也。"

【注释】

　　①人皆有兄弟，我独亡：亡同无。

【译文】

　　司马牛忧愁地说："别人都有兄弟，唯独我没有。"子夏说："我听说过：死生都由命决定，富贵都由天的安排。君子严肃谨慎而没有过失，对人恭敬而有礼，那么天下人就都是兄弟。君子那愁没有兄弟呢？"

　　子张问明。子曰："浸润之谮①，肤受之愬②，不行焉，可谓明也已矣。浸润之谮，肤受之愬，不行焉，可谓远③也已矣。"

【注释】

　　①浸润之谮：谮（zèn），谗言。浸润之谮，像水浸润物件那样开始不易觉察的谗言，即暗中的中伤。②肤受之愬：愬（sù），诬告。肤受之愬，像感受到切肤之痛那样的诬告，即直接的诽谤。③远：明之至也。明智的最高境界。

【译文】

　　子张问如何才算明智。孔子说："像水的浸润那样的谗言和像有切肤之痛那样的诽谤，在他面前都行不通，那就可以说是明智了。像水的浸润那样的谗言和像有切肤之痛的诽谤，在他面前都行不通，那就可以说是极有远见了。"

　　子贡问政。子曰："足食，足兵，民信之矣。"子贡曰："必不得已而去，于斯三者何先？"曰："去兵。"子贡曰："必不得已而去，于斯二者何先？"曰："去食。自古皆有死，民无信不立。"

【译文】

　　子贡问如何治理政事。孔子说："要使粮食充足，军备充足，百姓信任政府。"子贡说："倘若不得不去掉一项，那么在这三项中先去那一项呢？"孔子说："去掉军备。"子贡说："如果不得不再去掉一项，那么在剩下的两项中先去那一项呢？"孔子说："去掉粮食。自古以来人总是要死的，没有了百姓的信任国家就不能存在。"

棘子成①曰："君子质而已矣，何以文为？"子贡曰："惜乎夫子之说君子也，驷不及舌②。文犹质也，质犹文也，虎豹之鞟③犹犬羊之鞟。"

【注释】

①棘子成：卫国大夫。②驷不及舌：话一出口，四匹马也追不回来，即"一言既出，驷马难追"。③鞟（kuò）：去掉毛的皮，即革。

【译文】

棘子成说："君子只要有好的本质就够了，还要那礼节仪式上的文采有什么用？"子贡说："遗憾啊，你是这样理解君子。一言既出，驷马难追。本质就像文采，文采就像本质，同样重要。虎豹的皮革，失去了毛的文采，就和犬羊的皮革一样了。"

哀公问于有若曰："年饥，用不足，如之何？"有若对曰："盍彻乎①？"曰："二②，吾犹不足，如之何其彻也？"对曰："百姓足，君孰与不足？百姓不足，君孰与足？"

【注释】

①盍彻乎：盍，何不。彻，西周的田税制度，从收获中抽取十分之一为田税，"什一而税谓之彻"。②二：指抽取十分之二的赋税。

【译文】

鲁哀公问有若说："遭了饥荒，国家用量不足，怎么办呢？"有若回答说："何不实行彻法，只抽十分之一的田租呢？"哀公说："现在抽十分之二，我还不够，怎么能实行彻法呢？"有若回答说："百姓富足了，国君怎么会不够？百姓贫困，用量不够，国君又怎么会够呢？"

子张问崇德①辨惑，子曰："主忠信，徙义②，崇德也。爱之欲其生，恶之欲其死；既欲其生，又欲其死，是惑也。'诚不以富，亦祗以异。'③"

【注释】

①崇德：提高道德修养。②徙义：徙，迁移。改变自己的思想使之合于义。③诚不以富，亦祗以异：《诗经·小雅·我行其野》诗句。引在这里很费解。有人认为是错简，《论语译注》译作"这样，的确对自己毫无好处，只是使人奇怪罢了。"

【译文】

子张问怎样提高道德修养和辨别迷惑。孔子说："以忠信为主，使自己的思想合于义，这就是提高道德修养。对一个人，爱他的时候就希望他活，厌恶他的时候就巴不得他死；既要他活，又要他死，这就是迷惑。"

齐景公①问政于孔子。孔子对曰："君君、臣臣、父父、子子。"公曰："善哉！信如君不君，臣不臣，父不父，子不子，虽有粟，吾得而食诸？"

【注释】

①齐景公：齐国国君，名杵曰。

【译文】

齐景公向孔子询求治国之道，孔子答道："君要行君道，臣要行臣道，父要行父道，子要行子道。"景公说："说得好！如果君不行君道，臣不行臣道，父不行父道，子不行子道，即使有粮食，我能吃得上吗？"

子曰："片言①可以折狱者，其由也与②？"子路无宿诺。③

【注释】

①片言：诉讼双方中一方的言辞，古时也叫"单辞"。②其由也与：从来断案都要有原告和被告双方的陈述和供辞，为什么子路可以仅凭一方的单辞断狱？有几种解释：一，子路明决，凭单辞就可作出判断；二，子路为人忠信，人们信服他，在他面前不讲假话，因此他可以只听一面之辞来断案；三，子路忠信，所说的话决无虚假，所以只听子路的一面之辞，就可断案。③宿诺：有两种解释：一，宿解释为预，预先的许诺；二，宿解释为留，拖延诺言的实现。

【译文】

孔子说："一两句话就可以断狱的，大概只有仲由吧。"子路履行自己的诺言从不拖延。

子曰："听讼①，吾犹人也。必也使无讼②乎！"

【注释】

①听讼：审理诉讼案件。②使无讼：通过道德教化来消除诉讼案件。

【译文】

孔子说："审理诉讼案件，我同别人也是一样的。重要的是一定要做到没有诉讼案件才好。"

子张问政。子曰："居之无倦，行之以忠。"

【译文】

子张问怎样治理政事。孔子说："身居官位不要懈怠，处理政事要忠心。"

子曰："博学于文，约之以礼，亦可以弗畔矣夫！"

【译文】

孔子说："广泛地学习文献，又以礼来约束自己，也就不致于离经叛道了。"

子曰："君子成人之美^①，不成人之恶。小人反是。"

【注释】

①成：帮助促成。成人之美是助人为善的意思。

【译文】

孔子说："君子促成人家的好事，而不帮助别人做坏事。小人则正相反。"

季康子问政于孔子。孔子对曰："政者正也。子帅^①以正，孰敢不正。"

【注释】

①帅：同率，带头。

【译文】

季康子问孔子怎样治理政事。孔子答道："政就是正的意思。你自己带头走正道，谁敢不走正道呢？"

季康子患盗，问于孔子。孔子对曰："苟子之不欲，虽赏之不窃。"

【译文】

季康子苦于盗贼太多，向孔子求教。孔子答道："如果你自己不贪求财货，即使你奖励偷盗，他们也不会去偷。"

季康子问政于孔子曰："如杀无道以就^①有道，何如？"孔子对曰："子为政，焉用杀？子欲善而民善矣。君子之德风，小人之德草，草上^②之风必偃^③。"

【注释】

①就：成就，成全。②上：一作尚。加。草上之风就是风加之于草。③偃：仆，倒。

【译文】

季康子向孔子问怎样治理政事，说："如果杀掉无道的人来成全有道的人，如何？"孔子答道："你治理政事，那里用得着杀戮的手段呢？只要你想善，百姓就也会善。在位的人的品德好比风，在下的人的品德好比草。风加到草上，草一定会顺风倒下的。"

子张问："士何如斯可谓之达^①矣？"子曰："何哉，尔所谓达者？"子张对曰："在邦必闻，在家必闻。"子曰："是闻也，非达也。夫达也者，质直而好义，察言而观色，虑以下人^②。在邦必达，在家必达。夫闻也者，色取仁而行违，居之不疑。在邦必闻，在家必闻。"

【注释】

①达：通达，显达。②下人：居于人下，指对人谦恭。

【译文】

子张问："士要怎样才可以算是达了呢？"孔子说："你所说的达是指什么？"子张答道："无论在国内还是在卿大夫的家中，都必定有名声。"孔子说："这是闻，不是达呀。所谓达，那是要品质正直，爱好礼义，能分析别人的言论，观察别人的脸色，总是存着谦让之心，居于人下。因此无论在国内或卿大夫家中都能显达。所谓闻，只是外表上装出仁的样子而行动上却正是违背仁，自己还心安理得，不怀疑自己。但他无论在国内或在卿大夫家中都能有名声。"

樊迟从游于舞雩之下，曰："敢问崇德修慝①辨惑。"子曰："善哉问。先事后得②，非崇德与？攻其恶，无攻人之恶，非修慝与？一朝之忿，忘其身，以及其亲，非惑与？"

【注释】

①修慝（tè）：慝，恶。修，治，改正的意思。②先事后得：先致力于事，而把利禄放在后面。

【译文】

樊迟跟随孔子在舞雩台下闲游，说道："请问怎样提高品德修养，改掉邪念，辨别迷惑？"孔子说："问得好。以做事为先，得利为后，不就是提高品德修养吗？检讨自己的过失，而不指责别人的过失，不就是改掉自己的邪念吗？因为一时的气愤，就忘了自身的安危，以至牵连自己的亲人，不就是迷惑吗？"

樊迟问仁。子曰："爱人。"问知。子曰："知人。"樊迟未达。子曰："举直错诸枉，能使枉者直。"樊迟退，见子夏曰："乡①也吾见于夫子而问知，子曰'举直错诸枉，能使枉者直'，何谓也？"子夏曰："富哉言乎！舜有天下，选于众，举皋陶②，不仁者远③矣。汤有天下，选于众，举伊尹，不仁者远矣。"

【注释】

①乡（xiàng）：同向。过去。②皋陶（gāoyáo）：舜的臣子。③远：远去。这里有能使枉者直，不仁者化而为仁的意思。

【译文】

樊迟问什么是仁。孔子说："爱人。"樊迟问什么是智，孔子说："了解人。"樊迟没有理解。孔子说："选拔正直的人，放到邪恶的人的地位之上，能够使邪恶的人归于正直。"樊迟退出来，见到子夏说："刚才我去见老师问他什么叫智，他说'选拔正直的人，放到邪恶的人的地位之上，能使邪恶的人归于正直'，这是什么意思？"子夏说："涵义多么丰富的话呀！舜有了天下，在众人中挑选，把皋陶选拔出来，不仁的人就远去了；汤有了天下，在众人中挑选，把伊尹选拔出来，不仁的人就远去了。"

子贡问友。子曰："忠告而善道之，不可则止，毋自辱也。"

【译文】

子贡问交友之道，孔子说："要忠言直告又要恰当地引导，如果不听也就罢了，不要自取侮辱。"

曾子曰："君子以文会友，以友辅仁。"

【译文】

曾子说："君子用文章学问来聚合朋友，靠朋友来帮助培养仁德。"

子路篇第十三

子路问政。子曰："先之劳之①。"请益。曰："无倦②。"

【注释】

①先之劳之：之，指百姓。先之，做在百姓之先，身先百姓。劳之，使百姓勤劳工作。②无倦：不要倦怠。指照上面所说的去做不要倦怠。

【译文】

子路问怎样管理政事。孔子说："做在百姓之先，然后让百姓勤劳地工作。"子路请求再讲一点。孔子说："不要倦怠。"

仲弓为季氏宰，问政。子曰："先有司①，赦小过，举贤才。"曰："焉知贤才而举之？"曰："举尔所知。尔所不知，人其舍诸？"

【注释】

①先有司：有司，负责管理各种具体事务的官吏。先有司，先让有司各负其责的意思。

【译文】

仲弓出任季氏的总管，问怎样管理政事。孔子说："先责成有司各负其责，赦免他们的小过错，选拔贤才来任职。"仲弓说："如何才能知道谁是贤才而选拔他呢？"孔子说："选拔你所知道的。你所不知道的，别人难道会丢弃他们吗？"

子路曰："卫君①待子为政，子将奚先？"子曰："必也正名②乎！"子路曰："有是哉，子之迂③也！奚其正？"子曰："野哉由也，君子于其所不知，盖阙④如也。名不正则言不顺，言不顺则事不成，事不成则礼乐不兴，礼乐不兴则刑罚不中，刑罚不中则民无所措手足。故君子名之必可言也，言之必可行也。君子于其言，无所苟而已矣。"

【注释】

①卫君：卫出公辄，卫灵公孙。其父蒯聩被卫灵公驱逐出国。卫灵公死后，蒯辄继位。蒯聩要回国争夺君位，遭到蒯辄拒绝。②正名：名，事物的称号。孔子认为卫君与父亲争位，破坏了"君君、臣臣、父父、子子"的等级名分，使君、臣、父、子的名与实不相符，所以提出首先要正名。③迂：迂阔，不切实情。④阙：同缺，存疑的意思。

【译文】

子路对孔子说："卫君等着你去治理政事，你打算如何起步？"孔子说："首先必须正名吧。"子路说："你真是迂阔到这等地步呀，这名怎么正呀！"孔子说："仲由，真粗野啊。君子对于他所不知道的事，总是采取存疑的态度。如果名不正，说话就不顺当合理。说话不顺当合理，事情就办不成。事情办不成，礼乐也就不能兴盛。礼乐不兴盛，刑罚就不会得当。刑罚不得当，老百姓就会手足无措，不知怎样做才好。所以君子定下一个名一定要说得出来，说出来一定要可以实行。君子对于自己的言论，没有一点马虎的地方罢了。"

樊迟请学稼。子曰："吾不如老农。"请学为圃①。曰："吾不如老圃。"樊迟出。子曰："小人哉，樊须也！上好礼，则民莫敢不敬；上好义，则民莫敢不服；上好信，则民莫敢不用情②。夫如是，则四方之民襁负其子而至矣，焉用稼？"

【注释】

①稼、圃：种五谷叫稼，种蔬菜的地叫圃。为圃，种菜。②用情：情，情实。用情，以真心实情来对待。

【译文】

樊迟请求学种庄稼。孔子说："我不如老农。"又请求学种菜。孔子说："我不如老菜农。"樊迟退出之后，孔子说："樊迟真是小人。在上位的人只要重视礼，百姓就不敢不敬；在上位的人重视义，百姓就不敢不服；在上位的人重视信，百姓就不敢不用真心实情来对待你。做到这样，四方的百姓都会背着自己的小孩来投奔，哪里还用得着自己去种庄稼呢？"

子曰："诵诗三百①，授之以政，不达；使于四方，不能专对②。虽多，亦奚以③为？"

【注释】

①诗三百：指《诗经》。②专对：独立对答的意思。③以：用。

【译文】

孔子说:"熟读了《诗经》三百篇,让他处理政务,却办不通;让他出使外国,又不能独立谈判。虽然学了很多,有什么用呢?"

子曰:"其身正①,不令而行;其身不正,虽令不从。"

【注释】

①其身正:这里的其是指在上位的执政者。

【译文】

孔子说:"自身正了,不用发令百姓就会自己去做;自身不正,即使发布命令百姓也不会听从。"

子曰:"鲁卫之政,兄弟也。"

【注释】

鲁国是周公旦的封地,卫国是康叔的封地,周公旦和康叔是兄弟。而且当时两国政治状况也相似。

【译文】

孔子说:"鲁和卫两国的政事,像兄弟一样。"

子谓卫公子荆①:"善居室②。始有,曰:'苟③合④矣'。少有,曰:'苟完矣。'富有,曰:'苟美矣。'"

【注释】

①卫公子荆:卫国大夫。②善居室:善于居家理财过日子。③苟:苟且,将就。④合:足。

【译文】

孔子谈到卫国的公子荆说:"他善于居家理财。刚开始有一点,他说'凑合着也就够了。'稍为多一点时,他说'凑合着就算完备了。'更多一点时,他说'凑合着算是很美了'。"

子适卫,冉有仆①。子曰:"庶矣哉。"冉有曰:"既庶②矣,又何加焉?"曰:"富之。"曰:"既富矣,又何加焉?"曰:"教之。"

【注释】

①仆:驾车。②庶:众多。这里指卫国人口多。

【译文】

孔子去卫国,冉有给他赶车。孔子说:"人口真多呀!"冉有说:"人口已经够多了,还要再做什么呢?"孔子说:"使他们富起来。"冉有说:"富了以后又还要做些什么呢?"孔子说:"对他们进行教化。"

　　子曰:"苟①有用我者,期月②而已可③也,三年有成。"

【注释】

　　①苟:如果。②期月:一周年。③可:仅仅可以而还不足的意思。

【译文】

　　孔子说:"如果有人用我,只要一年就可以干出个样子来,三年就一定会有成效。"

　　子曰:"善人为邦百年,亦可以胜残①去杀②矣。诚哉是言也。"

【注释】

　　①胜残:使残暴的人不再作恶。②去杀:废除刑罚杀戮。

【译文】

　　孔子说:"善人治理国政一百年,也可以消除残暴,废除刑罚杀戮了。这话真对呀。"

　　子曰:"如有王者,必世①而后仁。"

【注释】

　　①世:古代三十年为一世。

【译文】

　　孔子说:"如果有王者兴起,也一定要三十年才能使仁道行于天下。"

　　子曰:"苟正其身矣,于从政乎何有? 不能正其身,如正人何?"

【译文】

　　孔子说:"倘若能使自身正了,对于治理政事还有什么困难呢? 不能正自身,怎么去正人呢?"

　　冉子退朝①。子曰:"何晏也?"对曰:"有政。"子曰:"其事也? 如有政,虽不吾以,吾其与闻之。"

【注释】

　　①朝:朝廷。或指鲁君的朝廷,或指季氏议事的场所。解释不一。

【译文】

　　冉求退朝回来，孔子说："怎么这样晚呀？"冉求回答说："有政务"。孔子说："只是一般事务吧？如果有政务，虽然不用我，我也该知道的。"

　　定公问："一言而可以兴邦，有诸？"孔子对曰："言不可以若是其几也①。人之言曰：'为君难，为臣不易。'如知为君之难也，不几乎一言而兴邦乎？"曰："一言而丧邦，有诸？"孔子对曰"言不可以若是其几也。人之言曰：'予无乐乎为君，唯其言而莫予违也。'如其善而莫之违也，不亦善乎？如不善而莫之违也，不几乎一言而丧邦乎？"

【注释】

　　①言不可以若是其几也：几有两种解释：一，期望，这句话的意思是不能期望言语必然有这样的效果，即说话不能这样绝对的意思。二，近。这句话断作"言不可以若是，其几也。"意思是："说话不可能有这样的作用，只是近似这样吧。"

【译文】

　　鲁定公问："一句话可以振兴国家，有这样的事吗？"孔子回答说："话不可以说得这样绝对。有句话说：'做君难，做臣不易。'倘若了解了做君的难，那不近于是一句话可以使国家兴盛吗？"定公说："一句话可以亡国，有这样的事吗？"孔子回答说："话不可以说得这样绝对。有句话说：'我对做国君不觉得有什么可快乐的，唯一感到快乐的只是我说话没有人敢违抗。'如果说得对而没有人违抗，不也好吗？如果说得不对而没有人违抗，那不近于是一句话可以亡国吗？"

　　叶公问政。子曰："近者说①，远者来。"

【注释】

　　①说：同悦。

【译文】

　　叶公问怎样管理政事。孔子说："使近处的人高兴，远方的人来投奔。"

　　子夏为莒父①宰，问政。子曰："无欲速，无见小利。欲速则不达，见小利则大事不成。"

【注释】

　　①莒父：鲁国邑名。

【译文】

　　子夏出任莒父的长官，问怎样治理政事。孔子说："不要求速成，不要图小利。求速成反而达不到目的，图小利就做不成大事。"

叶公语孔子曰："吾党①有直躬者②，其父攘③羊，而子证④之。"孔子曰："吾党之直者异于是：父为子隐，子为父隐，直在其中矣。"

【注释】

①党：乡党，古代五百户为党。②直躬者：正直的人。③攘：偷窃。④证：告发。

【译文】

叶公对孔子说："我们乡党有一个正直的人，他父亲偷了羊，他告发了父亲。"孔子说："我们乡党的正直的人不是这样。父亲为儿子隐瞒，儿子为父亲隐瞒，正直就在这中间了。"

樊迟问仁。子曰："居处恭，执事敬①，与人忠。虽之②夷狄，不可弃也"。

【注释】

①恭、敬：严肃、谨慎而有礼貌，表现在外叫恭，含于内心叫敬。②之：动词，到。

【译文】

樊迟问怎样才是仁。孔子说："平常在家要恭敬有礼，办事要严肃谨慎，待人要忠心诚意。即使到了夷狄地区，也是不可废弃的。"

子贡问曰："何如斯可谓之士矣?"子曰："行己有耻，使于四方，不辱君命，可谓士矣。"曰："敢问其次。"曰："宗族称孝焉，乡党称弟焉。"曰："敢问其次。"曰："言必信，行必果①，硁硁②然小人哉! 抑亦可以为次矣。"曰："今之从政者何如?"子曰："噫! 斗筲之人③，何足算也。"

【注释】

①果：果断、坚决。②硁硁（kēng）：敲击石头的声音，引申为像小石块那样坚硬，这里有固执的意思。③斗筲之人：一斗十升。筲，竹器，容一斗二升（一说容五升）。斗筲之人是比喻器量狭小之人。

【译文】

子贡问道："怎样才可以算作士?"孔子说："自己为人有知耻之心，出使外国能不辱君主的使命，可以叫做士了。"子贡说："请问次一等的呢?"孔子说："宗族中人称赞他孝，乡党之人称赞他弟。"子贡又说："请问再次一等的呢?"孔子说："说到一定做到，干事一定干到底，不问是非地固执己见，那是小人啊。但也可以说是再次一等的士了。"子贡说："现在执政的那些人怎么样呢?"孔子说："唉! 这些器量狭小的人，那里数得上啊!"

子曰："不得中行而与之①，必也狂狷乎②! 狂者进取，狷者有所不为也。"

【注释】

①中行：指行为合乎中庸的人。②狂狷（juàn）：狂，志大激进而不能完全做到的人；狷，拘谨，有所不为，不与不良现象同流合污。

【译文】

孔子说："得不到行为合乎中庸的人与之相交往，也一定要找狂或狷的人相交往。因为狂者勇于进取，狷者则能不同流合污。"

子曰："南人有言曰：'人而无恒，不可以作巫医①。'善夫！""不恒其德，或承之羞②。"子曰："不占而已矣。"

【注释】

①巫医：用卜筮给人治病的人。②"不恒其德，或承之羞"：《周易》恒卦的爻辞。

【译文】

孔子说："南方人有句话说：'人如果不能始终如一，不可以当巫医。'这话说得好啊。"《周易》上说："不能始终如一地保持自己的道德操守，随之而来的常常是羞辱。"孔子说："这样的人不去占卦就罢了。"

子曰："君子和而不同①，小人同而不和。"

【注释】

①和、同：不同的东西和谐地配合叫做和。比如做汤，要使水、火、酱、醋、盐与鱼、肉等调配得当，才能做出好的滋味；比如奏乐，要有清浊、小大、短长、快慢、哀乐、刚柔、高低等等互相补充，和谐地配合，才能奏出悦耳的声音。这就叫和。同样的东西相加叫做同。比如把水加到水里面，奏乐只有一种乐器、一个声调，这就叫同。

【译文】

孔子说："君子能取长补短，协调各种不同的意见，但不盲从附和；小人只求完全一致（或盲从附和），不讲不同意见的协调。"

子曰："君子易事①而难说②也。说之不以道，不说也；及其使人也，器之③。小人难事而易说也。说之虽不以道，说也；及其使人也，求备焉。"

【注释】

①易事：容易与他共事，或说易于服侍。②说：同悦。③器之：按其材器来用他，量才使用。

【译文】

孔子说："在君子手下工作容易而讨他喜欢却难。不按着正道去讨他欢喜，他是不会喜欢的。但他用人的时候，却能量才使用。在小人手下工作难而讨他喜欢却容易。你只要讨好他，尽管是搞歪门邪道，他也喜欢。但他用人时，却是求全责备。"

子曰："君子泰而不骄，小人骄而不泰。"

【译文】

孔子说："君子安详舒泰而不骄傲，小人骄傲而不安详舒泰。"

子曰："刚、毅、木、讷近仁。"

【译文】

孔子说："刚强、果敢、质朴、言语谨慎，这四种品德近于仁。"

子路问曰："何如斯可谓之士矣？"子曰："切切偲偲①，怡怡如也，可谓士矣，朋友切切偲偲，兄弟怡怡②。"

【注释】

①切切偲偲（sī）：互相恳切批评勉励。②怡怡：和顺貌，和气顺从。

【译文】

子路问道："怎样就可叫做士？"孔子说："互相切磋勉励，又能和顺相处，可算是士了。朋友之间互相切磋勉励，兄弟之间和顺相处。"

子曰："善人教民七年，亦可以即戎①矣。"

【注释】

①即戎：参军作战。即，就，开始从事。戎，兵戎。

【译文】

孔子说："善人教导训练百姓七年时间，也可以派他们去作战了。"

子曰："以不教民战，是谓弃之。"

【译文】

孔子说："用没有经过教导训练的老百姓去打仗，这就叫抛弃他们。"

宪问篇第十四

宪①问耻。子曰："邦有道，穀；邦无道，穀，耻也。""克、伐、怨、欲不行焉，可以为仁矣？②”子曰：“可以为难矣，仁则吾不知也。”

【注释】

①宪：孔子的学生原宪。②克、伐、怨、欲不行焉，可以为仁矣：这句话也是原宪的问话。克，好胜。伐，自夸。怨，怨恨。欲，贪欲。

【译文】

原宪问什么叫可耻的，孔子说：“国家有道，做官拿俸禄，国家无道，还做官拿俸禄，就是可耻。”原宪又问：“好胜、自夸、怨恨、贪欲这四样毛病都没有表现，可以说是仁了吧？”孔子说：“这可说是难能可贵了，至于是否为仁，那我就不知道了。”

子曰：“士而怀居①，不足以为士矣。”

【注释】

①怀居：指留恋家庭的安逸生活。居，家居。

【译文】

孔子说：“士如果怀恋家庭的安逸生活，就不配做士了。”

子曰：“邦有道，危①言危行；邦无道，危行言孙②。”

【注释】

①危：有两种解释：一：高峻；二，正，正直。②孙：同逊。

【译文】

孔子说：“国家有道，要正言正行；国家无道，还要正行，但说话要谦恭。”

子曰：“有德者必有言①，有言者不必有德。仁者必有勇，勇者不必有仁。”

【注释】

①言：言论。有言是说出来，在言论上有所表现的意思。

【译文】

孔子说：“有道德的人一定有言论上的表现，能说的人却不一定有道德。仁人一定勇敢，勇敢的人却不一定仁。”

南宫适①问于孔子曰：“羿②善射，奡③荡舟④，俱不得其死然。禹稷躬稼而有天下。”夫子不答。南宫适出。子曰：“君子哉若人！尚德哉若人！”

【注释】

①南宫适：适字亦作括。即南容。②羿（yì）：传说中夏代有穷国的国君，善射箭。他夺了夏太康的王位，后来被他的臣子寒浞（zhúo）所杀。③奡（ào）：传说中寒浞的儿子，后来为夏少康所杀。④荡舟：用手推船。传说中奡力大，能陆地行。

【译文】

南宫适问孔子说："羿善于射箭，奡力能陆地行舟，都不得好死。禹和稷亲自种植庄稼，却得到了天下。"孔子没有回答。南宫适出去后，孔子说："这个人真是君子呀！这个人真是尊崇道德呀！"

子曰："君子而不仁者①有矣夫，未有小人而仁者也。"

【注释】

①君子而不仁者：有两种解释：一，君子中不仁的人；二，君子而有时不仁。

【译文】

孔子说："君子而有时不仁，这种情形是有的，但没有小人而能仁的。"

子曰："爱之，能勿劳乎？忠焉，能勿诲乎？"

【译文】

孔子说："爱他，能不叫他勤劳吗？忠于他，能不教诲他吗？"

子曰："为命①，裨谌②草创之，世叔讨论之，行人③子羽修饰之，东里④子产润色之。"

【注释】

①命：外交辞令。②裨谌、世叔、子羽、子产：四人都是郑国大夫。③行人：官名，掌管朝觐聘问，即外交事务。④东里：地名，子产住的地方。

【译文】

孔子说："郑国拟定一项外交辞令，由裨谌起草，世叔提意见，行人子羽修改，东里子产加以润色。"

或问子产。子曰："惠人也。"问子西①。曰："彼哉！彼哉！"问管仲。曰："人也②。夺伯氏③骈邑④三百，饭疏食，没齿⑤无怨言。"

【注释】

①子西：春秋时有三个子西。一是郑国子产的同宗兄弟，另二个都是楚国大夫。这里的子西有人认为

是郑国子西，有人认为指楚公子申。②人也：即此人也。有人认为人字上脱一仁字，应为仁人也。有人译作有才干的人。③伯氏：齐国大夫。④骈邑：地名，伯氏的采邑。⑤没齿：齿，指年龄。没齿，死。

【译文】

有人问子产为人怎样。孔子说："是对人有恩惠的人。"又问子西。孔子说："他呀！他呀！"又问管仲。孔子说："这个人呀，剥夺了伯氏骈邑的三百家，伯氏终生吃粗粮，至死没有怨言。"

子曰："贫而无怨难，富而无骄易。"

【译文】

孔子说："贫穷而能没有怨恨是难以做到的，富有而不骄傲倒容易做到。"

子曰："孟公绰①为赵魏老②则优③，不可以为滕薛大夫。"

【注释】

①孟公绰：鲁国大夫。②老：大夫的家臣。③优：有余。

【译文】

孔子说："孟公绰出任晋国赵氏、魏氏的家臣，是才力有余的，但不能担任像滕、薛这样小国的大夫。"

子路问成人①。子曰："若臧武仲②之知，公绰之不欲，卞庄子③之勇，冉求之艺，文之以礼乐，亦可以为成人矣。"曰："今之成人者何必然？见利思义，见危授命，久要④不忘平生⑤之言，亦可以为成人矣。"

【注释】

①成人：人格完备的完人。②臧武仲：鲁国大夫臧孙纥。③卞庄子：鲁国卞邑大夫。④久要：有两种解释：一，旧约，过去的诺言；二，长久处于穷困中。要通约，穷困。⑤平生：平日。

【译文】

子路问怎样才算完人。孔子说："像臧武仲那样的智慧，孟公绰那样的没有贪欲，卞庄子那样的勇敢，冉求那样的多艺，再加上礼乐修养使他有文采，也就可以算是一个完人了。"孔子又说："现在的完人何必一定要这样呢。见到财利能想到义的要求，遇到危险能献出生命，长久处于穷困还不忘平日的诺言，也就可以说是完人了。"

子问公叔文子①于公明贾②曰："信乎，夫子不言、不笑、不取乎？"公明贾对曰："以③告者过也。夫子时然后言，人不厌其言；乐然后笑，人不厌其笑；义然后取，人不厌其取。"子曰："其然，岂其然乎？"

【注释】

①公叔文子：卫国大夫公孙拔。②公明贾：姓公明，名贾，卫国人。③以：这里是"此"的意思。

【译文】

孔子向公明贾问到公叔文子，说："先生他不说、不笑、不取钱财，是真的吗？"公明贾回答道："这是告诉你的人夸得过分了。先生他到该说话的时候才说，所以别人不讨厌他说话；快乐的时候才笑，所以别人不讨厌他笑；合于义的才取，所以别人不讨厌他取。"孔子说："是这样吗？难道真是这样的吗？"

子曰："臧武仲以防求为后于鲁①，虽曰不要②君，吾不信也。"

【注释】

①臧武仲以防求为后于鲁：防，臧武仲的封地。臧武仲因得罪孟孙氏逃离鲁国，后回到防邑，向鲁君要求，以立臧氏之后为卿大夫为条件，自己离开防邑。为后，立后。②要：要挟。

【译文】

孔子说："臧武仲凭借防邑请求鲁君立他的后代为卿大夫，尽管有人说他不是要挟国君，我可不相信。"

子曰："晋文公①谲②而不正，齐桓公正而不谲。"

【注释】

①晋文公、齐桓公：春秋时期五霸中最有名的两个霸主。晋文公名重耳，齐桓公名小白。②谲：欺诈，玩弄权术阴谋。

【译文】

孔子说："晋文公诡诈而不正派，齐桓公正派而不诡诈。"

子路曰："桓公杀公子纠，召忽死之，管仲不死①。"曰："未仁乎？"子曰："桓公九合诸侯②，不以兵车③，管仲之力也。如其仁④，如其仁。"

【注释】

①桓公杀公子纠，管仲不死：齐桓公和公子纠都是齐襄公的弟弟。齐襄公无道，二人都逃离齐国。召忽、管仲侍奉公子纠逃到鲁国。襄公被杀以后，桓公先回齐国立为国君，兴兵伐鲁，逼鲁国杀了公子纠。召忽自杀，管仲归服齐桓公，当了宰相。②九合诸侯：指齐桓公多次召集诸侯盟会。③不以兵车：不靠武力的意思。④如其仁：有两种解释：一，谁有他这样仁？二，这就是他的仁，如作乃、就是讲。

【译文】

子路说:"齐桓公杀了公子纠,召忽自杀了,管仲却不自杀。管仲还没有做到仁吧。"孔子说:"桓公多次主持诸侯的盟会,不依靠武力,都是管仲的功劳呀。这就是他的仁,这就是他的仁。"

子贡曰:"管仲非仁者与?桓公杀公子纠,不能死,又相之。"子曰:"管仲相桓公,霸诸侯,一匡天下,民到于今受其赐。微①管仲,吾其被发左衽②矣。岂若匹夫匹妇之为谅③也,自经④于沟渎⑤而莫之知也。"

【注释】

①微:无。②被发左衽:被同披,衽,衣襟。被发左衽是当时所谓"夷狄之俗",这里指落后,不开化。③谅:小信。不问是非地死守信用。④自经:自缢。⑤渎:小沟渠。

【译文】

子贡说:"管仲不算仁人吧?桓公杀了公子纠,他不能为公子纠殉死,却去做桓公的宰相。"孔子说:"管仲辅佐桓公,称霸诸侯,匡正了天下,百姓直到如今还受他的好处。倘若没有管仲,我们恐怕也要披散头发,衣襟向左开了。哪里能像普通男女那样讲小节小信,自杀死在山沟里,而谁也不知道呀。"

公叔文子之臣大夫僎①与文子同升诸公②。子闻之曰:"可以为文矣。"

【注释】

①僎(xún):人名。公叔文子的家臣。②升诸公:公,公朝。诸,于。升诸公就是升为公朝的大夫。

【译文】

公叔文子的家臣大夫僎和文子一起进到公朝,孔子听说了,说:"可以给他文的谥号了。"

子言卫灵公之无道也,康子曰:"夫如是,奚而不丧?"孔子曰:"仲叔圉①治宾客,祝鮀治宗庙,王孙贾治军旅,夫如是,奚其丧?"

【注释】

①仲叔圉:即孔文子。圉,音 yǔ。他与祝鮀、王孙贾都是卫国的大夫。

【译文】

孔子言及卫灵公的无道,季康子说:"既然如此,为什么他没有败亡呢?"孔子说:"他有仲叔圉接待宾客,祝鮀管理宗庙祭祀,王孙贾统率军队,如此一来,怎么会败亡呢?"

子曰:"其言之不怍①,则为之也难。"

【注释】

①怍（zuò）：惭愧。

【译文】

孔子说："说话大言不惭，而要实行这些话就很难。"

陈成子①弑简公②。孔子沐浴而朝，告于哀公曰："陈桓弑其君，请讨之。"公曰："告夫三子③。"孔子曰："以吾从大夫之后④，不敢不告也。君曰告夫三子者。"之三子告，不可。孔子曰："以吾从大夫之后，不敢不告也。"

【注释】

①陈成子：即陈桓。②简公：齐简公，名壬。③三子：指季孙、孟孙、叔孙三家。④从大夫之后：孔子曾经做过大夫而这时已经去官家居，所以说从大夫之后。

【译文】

陈成子杀了齐简公。孔子斋戒沐浴而后去拜见鲁哀公，告诉鲁哀公说："陈成子杀了他的国君，请出兵去讨伐他。"哀公说："去告诉那三位大夫。"孔子退朝后说："因为我还追随在大夫之后，所以不敢不来告诉，国君却说去告诉那三位大夫。"孔子到三位大夫那里告诉了，他们不同意讨伐。孔子说："因为我还追随在大夫之后，所以不敢不告诉呀。"

子路问事君。子曰："勿欺也，而犯①之。"

【注释】

①犯：冒犯，指犯颜谏争。

【译文】

子路问怎样事奉君主。孔子说："不要欺骗他，要能犯颜直谏。"

子曰："君子上达，小人下达①。"

【注释】

①上达、下达：有各种解释：一，上达于仁义，下达于财利；二，上达于道，下达于器，即农工商各业；三，上达是日进乎高明，长进向上，下达是日究乎污下，沉沦向下。

【译文】

孔子说："君子通达于仁义，小人通达于财利。"

子曰："古之学者为己，今之学者为人①。"

【注释】

　　①为人、为己：有不同的解释：一，为己是为了充实提高自己，使自己在道德学问上有所得；为人是为了给别人看，让别人知道。因此为己能身体力行，为人则只能夸夸其谈。二，为己指德行一科，为人指言语、政事、文学等科。孔子并不否定为人之学，只是必须以为己之学为根本。

【译文】

　　孔子说："古代人学习是为了充实提高自己，现在的人学习是为了给别人看。"

　　蘧伯玉①使人于孔子，孔子与之坐而问焉。曰："夫子何为？"对曰："夫子欲寡其过而未能也。"使者出，子曰："使乎，使乎！"

【注释】

　　①蘧伯玉：卫国的大夫，名瑗。孔子到卫国时曾住在他家。

【译文】

　　蘧伯玉派使者去谒见孔子，孔子让使者坐下，然后问道："先生近来在做什么？"使者回答说："先生想要减少自己的过错而还没能做到呀。"使者出去之后，孔子说："好一位使者呀，好一位使者呀！"

　　子曰："不在其位，不谋其政。"曾子曰："君子思不出其位。"

【译文】

　　孔子说："不在那个职位上，就不考虑那职位上的事。"曾子说："君子考虑问题不超越自己的职位。"

　　子曰："君子耻其言而过其行。"

【译文】

　　孔子说："君子以说得多做得少为可耻。"

　　子曰："君子道者三，我无能焉，仁者不忧，知者不惑，勇者不惧。"子贡曰："夫子自道也。"

【译文】

　　孔子说："君子之道有三，我一种也没能做到：仁德的人不忧虑，智慧的人不迷惑，勇敢的人不畏惧。"子贡说："这是先生说他自己哩。"

　　子贡方人①。子曰："赐也贤乎哉②？夫我则不暇。"

【注释】

①方人：有两种解释：一，方，比的意思。比方人物而议论其短长；二，方同谤，"言人之过恶"。②赐也贤乎哉：也有两种解释，一作疑问语气解释，意思是批评子贡；一作肯定语气解释，肯定子贡的贤。

【译文】

子贡常对别人进行比较评论，孔子说："你就已经贤了吗？我可没有闲工夫去评论别人。"

子曰："不患人之不己知，患其不能也。"

【译文】

孔子说："不忧虑别人不了解自己，只怕自己无能呀。"

子曰："不逆诈①，不亿②不信，抑亦先觉者，是贤乎！"

【注释】

①逆：迎。逆诈，事先猜疑别人存心欺诈。②亿：同臆，主观地臆测。

【译文】

孔子说："不事先猜疑别人的欺诈，不没有根据地猜测别人不诚实，但对别人的欺诈和不诚实却能事先觉察，这就是贤人吧。"

微生亩①谓孔子曰："丘，何为是②栖栖③者与？无乃为佞乎？"孔子曰："非敢为佞也，疾固④也。"

【注释】

①微生亩：人名，姓微生，名亩。②是：如此。③栖栖（xī）：忙碌不安貌。④固：有两种解释：一，固执；二，指世道的固陋。

【译文】

微生亩对孔子说："孔丘，你为何这样栖栖遑遑奔忙不定呢？不是要显示你的口才取悦于人吧？"孔子说："我不是敢于显示自己的口才，只是厌恶固执不通而已。"

子曰："骥①不称其力，称其德也。"

【注释】

①骥：千里马。

【译文】

孔子说："对于千里马不是称赞它的气力，而是称赞它的品德。"

或曰："以德报怨，何如？"子曰："何以报德？以直报怨，以德报德。"

【译文】

有人说："用恩德来报答怨恨，如何？"孔子说："那又怎样报答恩德呢？应该是用正直来报答怨恨，用恩德来报答恩德。"

子曰："莫我知也夫！"子贡曰："何为其莫知子也？"子曰："不怨天，不尤①人。下学而上达②，知我者其天乎？"

【注释】

①尤：责怪；归咎。②下学、上达：旧注多解释为下学学人事，上达达天命。今译只作字面直译。

【译文】

孔子说："没有人了解我啊！"子贡说："为什么呢？"孔子说："不怨恨天，不责怪人。从下面学习而通达到上面。了解我的只有天吧！"

公伯寮①愬②子路于季孙。子服景伯③以告，曰："夫子固有惑志于公伯寮，吾力犹能肆诸市朝④。"子曰："道之将行也与，命也；道之将废也与，命也。公伯寮其如命何？"

【注释】

①公伯寮：公伯是姓，寮是名。②愬：同诉。诽谤。③子服景伯：鲁国大夫，姓子服名何，字伯，景是谥号。④肆诸市朝：古时处死罪人后陈尸在朝廷或街市示众。肆，陈尸。

【译文】

公伯寮向季孙诽谤子路。子服景伯将此事告诉了孔子，说："季孙氏已被公伯寮迷惑了，但我的力量还能够把公伯寮杀了，将他陈尸于市。"孔子说："道将要得到推行吗？是天命决定的；或者道将要废弃吗，也是天命决定的。公伯寮能把天命如何呢？"

子曰："贤者辟①世，其次辟地，其次辟色，其次辟言。"子曰："作者七人矣。"

【注释】

①辟：同避。

【译文】

孔子说："贤人逃避乱世而隐居，次一等的避开有动乱的国家，又次一些的见到人家不好的脸色就避开，再次一点的听到人家有恶言才避开。"孔子又说："这样做的已经有七个人了。"

子路宿于石门①。晨门②曰："奚自?"子路曰："自孔氏。"曰："是知其不可而为之者与?"

【注释】

①石门：地名。②晨门：看守城门的人。

【译文】

子路夜里宿在石门，看门的人问："从哪里来?"子路说："从孔子那里来。"看门人说："是那个明知做不到却还要去做的人吗?"

子击磬①于卫，有荷蒉②而过孔氏之门者。曰："有心哉，击磬乎!"既而曰："鄙哉! 硁硁乎! 莫己知也，斯己则己矣。深则厉，浅则揭③。"子曰："果哉! 末④之难⑤矣。"

【注释】

①磬：乐器名。②荷蒉：荷，肩扛。蒉，草编的筐子，盛土用。③深则厉，浅则揭：穿着衣服涉水叫厉，提起衣襟涉水叫揭。这里用来比喻处世也要审时度势，知道深浅。④末：无。⑤难：责问。

【译文】

孔子在卫国，一天正在击磬，一个挑着草筐从门前走过的人说："这个击磬的人有心思呀!"一会儿又说："声音硁硁的，可鄙呀! 没有人了解自己，你就只为你自己就是了。水深，就穿着衣服涉水而过；水浅，就撩起衣襟过去。"孔子说："真果断呀，没有什么可责问他的了。"

子张曰："书云①'高宗谅阴②，三年不言。'何谓也?"子曰："何必高宗? 古之人皆然。君薨③，百官总己以听于冢宰④，三年。"

【注释】

①书云：书指《尚书》。②高宗谅阴：高宗，商王武丁。谅阴，指天子居丧，确切意义不清。③薨(hōng)：周代诸侯死称薨。④冢宰：官名。听于冢宰是说百官都听命于冢宰，继位的新君可不理政事。

【译文】

子张说："尚书上说'高宗守丧，三年不谈政事。'这是什么意思?"孔子说："不仅高宗，古代的人都这样。国君死了，朝廷百官都主理自己的职事，听命于冢宰三年。"

子曰："上好礼，则民易使也。"

【译文】

子说："在上位的人重视礼，那么百姓就好指挥了。"

子路问君子。子曰："修己以敬。"曰："如斯而已乎？"曰："修己以安人①。曰："如斯而已乎？"曰："修己以安百姓。修己以安百姓，尧舜其犹病诸。"

【注释】

①人：下文有修己以安百姓，所以这里的人没有把百姓包括在内，只指上层的人。

【译文】

子路问如何才算君子。孔子说："修养自己，使自己能敬。"子路说："这样就够了吗？"孔子说："修养自己，使周围的人们安乐。"子路说："这样就够了吗？"孔子说："修养自己，使所有百姓都安乐。修养自己使所有百姓都安乐，尧舜还怕难于做到呢。"

原壤①夷俟②。子曰："幼而不孙弟③，长而无述焉，老而不死，是为贼。"以杖叩其胫。

【注释】

①原壤：鲁国人，孔子的旧友。②夷俟：夷，有解释为蹲的，也有解释为箕踞，双腿分开而坐。俟，等待。夷俟是说他蹲着或坐着等在那里，很没有礼貌。③孙弟：同逊悌。

【译文】

原壤蹲在那里等着。孔子说："年幼的时候不知道逊悌，年长了又没有什么可说的成就，老而不死，真是害人虫。"说着用手杖敲他的小腿。

阙党①童子将命②。或问之曰："益者与？"子曰："吾见其居于位③也，见其与先生并行也。非求益者也，欲速成者也。"

【注释】

①阙党：即阙里，孔子家住的地方。②将命：在宾主之间传言。③居于位、并行：古时礼节，童子不能和长者同坐并行，应坐在一边，走在后面。这是说这童子不知礼节。

【译文】

阙里的一个童子来给孔子传话，有人问道："这是个求上进的孩子吗？"孔子说："我看见他坐在成年人的位子上，又见他和长辈并肩而行，他不是个求上进的人，只是个急于求成的人。"

卫灵公篇第十五

卫灵公问陈①于孔子。孔子对曰："俎豆②之事则尝闻之矣；军旅之事，未之学也。"明日遂行。

【注释】

①问陈：陈同阵。②俎豆：古代盛食物的礼器，用于祭祀。

【译文】

卫灵公向孔子询问军阵的事，孔子回答说："祭祀礼仪的事，倒是听到过；用兵打仗的事，没有学过。"第二天孔子就离开了卫国。

在陈绝粮，从者病，莫能兴。子路温见曰："君子亦有穷乎？"子曰："君子固穷①，小人穷斯滥矣。"

【注释】

①固穷：固字有两种解释：一，固然；二，固守，虽穷仍能固守其道。

【译文】

在陈断了粮，随行的人都病得起不来。子路极不高兴地来见孔子，说："君子也有穷困的时候吗？"孔子说："君子固然也有穷困的时候，但小人一穷困就胡作非为了。"

子曰："赐也！女以予为多学而识之者与？"对曰："然，非与？"曰："非也。予一以贯之。"

【译文】

孔子说："赐呀！你以为我是多学而能一一记住的吗？"子贡答道："是呀！难道不对吗？"孔子说："不是的。我是有一个东西贯穿始终的。"

子曰："由！知德者鲜矣。"

【译文】

孔子说："由呀！懂得德的人太少了。"

子曰："无为而治①者，其舜也与？夫何为哉？恭己正南面而已矣。"

【注释】

①无为而治：指国君不必亲自有所作为而可以天下太平。

【译文】

孔子说："能够无为而治的，大概只有舜吧。他做些什么呢？只是庄严端正地南面而坐罢

了。"

子张问行①。子曰:"言忠信,行笃敬,虽蛮貊②之邦行矣。言不忠信,行不笃敬,虽州里③行乎哉?立则见其参④于前也,在舆则见其倚于衡⑤也,夫然后行。"子张书诸绅⑥。

【注释】

①问行:这个行是通达的意思。②蛮貊(mò):古时对兄弟民族的贱称,蛮在南,貊在北。③州里:五家为邻,五邻为里。五党为州,二千五百家。州里指近处。④参:耸立貌。⑤衡:车辕前端的横木。⑥绅:士大夫束在腰间,一头垂下的大带。

【译文】

子张问怎样才能四处行得通。孔子说:"说话要忠信,行事要笃敬,即使到了蛮貊地区也能行得通;说话不忠信,行事不笃敬,就是在本乡本土,能行得通吗?站着就仿佛看见忠信笃敬这几个字矗立在面前,坐车就仿佛看见这几个字刻在前面的横木上,这样才能使自己四处行得通。"子张把这些话写在自己腰间的大带上。

子曰:"直哉史鱼①!邦有道,如矢②;邦无道,如矢。君子哉蘧伯玉!邦有道,则仕;邦无道,则可卷③而怀之。"

【注释】

①史鱼:卫国大夫,名鳅。②如矢:形容其直。矢,箭。③卷:同捲。

【译文】

孔子说:"史鱼真正直啊!国家有道,他像箭一样直;国家无道,他也是像箭一样直。蘧伯玉真是君子啊!国家有道,就出来做官;国家无道,就把自己的主张埋藏在心里。"

子曰:"可与言而不与之言,失①人;不可与言而与言,失言。知者不失人,亦不失言。"

【注释】

①失:失人的失作错过讲,失言的失作过失讲。

【译文】

孔子说:"可以与他讲而不同他讲,这是错过了人;不可以与他讲而与他讲了,这是说错了话。有智的人既不错过人,也不说错话。"

子曰:"志士仁人,无求生以害仁,有杀身以成仁。"

【译文】

　　孔子说：“志士仁人，没有贪生怕死而损害仁的，只有牺牲自己的性命来成全仁。”

　　子贡问为仁。子曰：“工欲善其事，必先利其器。居是邦也，事其大夫之贤者，友其士之仁者。”

【译文】

　　子贡问怎样去做到仁？孔子说：“工匠要做好他的工作，一定先要弄好他的工具。住在一个国家里，就要事奉那些大夫中的贤人，与士人中的仁人交朋友。”

　　颜渊问为邦。子曰：“行夏之时①，乘殷之辂②服周之冕③，乐则韶舞④。放郑声⑤，远佞人。郑声淫，佞人殆。”

【注释】

　　①夏之时：时，历法。夏代的历法即现在的农历。②殷之辂（㏿）：天子所乘的车。殷代的辂是木制，比较质朴。③周之冕：冕，礼帽。周代的冕比以前的要华美。④韶舞：韶乐，是舜时的舞乐，孔子说韶乐尽美尽善。另一说认为舞即武字，古时舞武通用。武，周代的乐。孔子说武乐尽美而未尽善。⑤放郑声：放，禁绝的意思。郑声，郑国的乐曲。孔子认为郑国乐曲是淫声，靡靡之音。

【译文】

　　颜渊问怎样治理国家。孔子说：“用夏代的历法，坐殷代的车子，戴周代的礼帽，乐舞则用韶乐。禁绝郑国的乐曲，远离能言善辩谄媚的佞人。郑国的乐曲浮靡不正派，佞人太危险。”

　　子曰：“人无远虑，必有近忧。”

【译文】

　　孔子说：“人没有长远的考虑，一定会有眼前的忧患。”

　　子曰：“已矣乎！吾未见好德如好色者也。”

【译文】

　　孔子说：“罢了！我没有见过能像爱好女色那样爱好德的人。”

　　子曰：“臧文仲其窃位①者与！知柳下惠②之贤而不与立也。”

【注释】

　　①窃位：身居官位而不称职。②柳下惠：鲁国人，本名展获，字禽，又叫展季。柳下一说是其封地，一说是其住处。惠是他的私谥。

【译文】

　　孔子说:"臧文仲是一个窃居官位的人吧! 他明知柳下惠的贤良,却不举荐他与自己并立于朝。"

　　子曰:"躬自厚而薄责于人,则远怨矣。"

【译文】

　　孔子说:"督责自己严而对人督责宽,就可以避免怨恨了。"

　　子曰:"不曰如之何①如之何者,吾末②如之何也已矣。"

【注释】

　　①如之何:怎么办。如之何如之何表示深思熟虑。②末:无。

【译文】

　　孔子说:"从不说怎么办怎么办的人,我对他也没有什么办法了。"

　　子曰:"群居终日,言不及义,好行小慧,难矣哉!"

【译文】

　　孔子说:"整天聚在一起,说的话都与道义无关,专好卖弄小聪明,这就真难了啊!"

　　子曰:"君子义以为质,礼以行之,孙以出之,信以成之。君子哉!"

【译文】

　　孔子说:"君子以义作行事的根本,用礼仪来实行它,用谦逊的态度来表达它,靠诚信来完成它。这才是君子啊!"

　　子曰:"君子病无能焉,不病人之不己知也。"

【译文】

　　孔子说:"君子只忧虑自己无能,不忧虑别人不了解自己。"

　　子曰:"君子疾没世①而名不称焉。"

【注释】

　　①没世:死亡。

【译文】

孔子说："君子担心死后名字不为人们所称颂。"

子曰："君子求诸己，小人求诸人。"

【译文】

孔子说："君子求之于自己，小人求之于别人。"

子曰："君了矜①而不争，群而不党。"

【注释】

①矜：庄重。

【译文】

孔子说："君子庄重而不与人争执，合群而不结党营私。"

子曰："君子不以言举人，不以人废言。"

【译文】

孔子说："君子不凭一个人说的话来推荐人，也不因为一个人不好而抹煞他讲的正确的话。"

子贡问曰："有一言而可以终身行之者乎？"子曰："其恕乎！己所不欲，勿施于人。"

【译文】

子贡问道："有没有一个字是可以终身奉行的呢？"孔子说："那就是恕吧！自己所不愿意要的，不要加给别人。"

子曰："吾之于人也，谁毁谁誉？如有所誉者，其有所试①矣。斯民也，三代之所以直道而行也。②"

【注释】

①试：考察、验证。②斯民也，三代之所以直道而行：斯民指当代的百姓。三代之所以直道而行，是说夏商周三代都是依靠这些百姓而使直道通行，也就是说三代以来百姓都是依直道而行的，对是非毁誉都有公正的评判。从这一句可以知道，前面说其有所试，不是指孔子亲自去考验，而是指在百姓中是经过考验的。

【译文】

孔子说:"我对于别人,诋毁过谁?称赞过谁?倘若有所称赞,那是经过考验的。当代的百姓,就是夏商周三代依靠他们而使直道得以通行的人呀。"

子曰:"吾犹及史之阙文①也,有马者借人乘之②,今亡矣夫。"

【注释】

①阙文:史官记史,遇到有疑问处就缺而不记,叫阙文。②有马者借人乘之:有马而自己不会调教,靠别人来训练。

【译文】

孔子说:"我还见过史书上存疑的地方;有马的人自己不会调教,靠别人来训练,现在都没有了。"

子曰:"巧言乱德,小不忍则乱大谋。"

【译文】

孔子说:"花言巧语会败坏人的德行,小事情不忍耐就会坏大事。"

子曰:"众恶之,必察焉;众好之,必察焉。"

【译文】

孔子说:"大家都厌恶他,我一定要考察一下;大家都喜欢他,也一定要考察一下。"

子曰:"人能弘①道,非道弘人。

【注释】

①弘:扩大。

【译文】

孔子说:"人能把道发扬光大,不是道使人弘大。"

子曰:"过而不改,是谓过矣。"

【译文】

孔子说:"有了过错而不改正,这就真叫过错了。"

子曰:"吾尝终日不食,终夜不寝,以思,无益,不如学也。"

【译文】

孔子说："我曾经整天不吃、整夜不睡地思索，结果没有什么益处，不如去学习的好。"

子曰："君子谋道不谋食。耕也，馁①在其中矣；学也，禄在其中矣。君子忧道不忧贫。"

【注释】

①馁（něi）：饥饿。

【译文】

孔子说："君子谋求学道行道，不谋求衣食。耕田，也常要饿肚子；学习，可以得到俸禄。君子只担心道不能明不能行，不担心贫穷。"

子曰："知及之①，仁不能守之，虽得之，必失之；知及之，仁能守之，不庄以涖②之，则民不敬；知及之，仁能守之，庄以涖之，动之不以礼，未善也。"

【注释】

①知及之：之字有几种解释：一，指民，知及之是说政令可以及于百姓；二，指职位或国家、天下；三，指治民之道。下文涖之、动之的之字指百姓。②涖（lì）：临。

【译文】

孔子说："一个人的才智已能达到那治国之道，但他的仁德不足以保持它，那么即使得到了，一定还会失去；才智达到了，仁德也足以保持了，但不能以庄严的态度来对待百姓，那么百姓就会不敬；才智达到了，仁德足以保持了，也以庄严的态度来对待百姓了，但动员百姓时不按照礼的要求，那也还不是完善的。"

子曰："君子不可小知而可大受①也。小人不可大受而可小知也。"

【注释】

①小知、大受：大受，承担大任。小知有两种解释：一，知是被人所知，君子在小事上未必可观，小人未必无一长可取。二，用小事考验。君子不可用小事考验，小人可以用小事考验。

【译文】

孔子说："君子不能从小事上去度量他，但可以接受重大任务；小人不能接受重大任务，却可以在小事上度量他的是非。"

子曰："民之于仁也，甚于水火。水火吾见蹈而死者矣，未见蹈仁而死者也。"

【译文】

孔子说："百姓对于仁的需要，超过了对水火的需要。我只见过人跳到水火中而死的，没有见过实行仁德而死的。"

子曰："当仁不让于师①。"

【注释】

①不让于师：师字有两种解释：一，师长；二，作众字讲。遇到众人应做的事，应带头去做而不谦让，当仁不让即是见义勇为的意思。

【译文】

孔子说："面临实行仁德的事，就是对老师也不谦让。"

子曰："君子贞①而不谅②。"

【注释】

①贞：有两种解释：一，正；二，大信。②谅，小信。

【译文】

孔子说："君子固守正道而不拘泥于小信。"

子曰："事君，敬其事而后其食①。"

【注释】

①后其食：食指食禄。

【译文】

孔子说："事奉君主，要敬守职事而把领俸禄的事放在后面。"

子曰："有教无类①。"

【注释】

①无类：类，类别。无类即不加分类区别。

【译文】

孔子说："人人都可以有教化，没有区别。"

子曰："道不同，不相为谋。"

【译文】

　　孔子说："各人主张的道不同，就不互相商议。"

　　子曰："辞①，达而已矣。"

【注释】

　　①辞：言辞。也有认为此处专指外交辞命。

【译文】

　　孔子说："言辞只要能表达意思就行了。"

　　师冕①见，及阶，子曰："阶也。"及席，子曰："席也"。皆坐，子告之曰："某在斯，某在斯。"师冕出，子张问曰："与师言之道与？"子曰："然，固相②师之道也。"

【注释】

　　①师冕：乐师，名冕。古代乐师一般都是盲人。②相：帮助。

【译文】

　　乐师冕求见孔子，走到台阶边，孔子说："这儿是台阶。"走到坐席旁，孔子说："这儿是坐席。"等大家都坐下了，孔子告诉他："某某在这里，某某在这里。"师冕走了后，子张问道："这就是与乐师谈话的道吗？"孔子说："对，这就是帮助盲人的道呀！"

季氏篇第十六

　　季氏将伐颛臾①。冉有、季路见于孔子曰："季氏将有事②于颛臾。"孔子曰："求，无乃尔是过与？夫颛臾，昔者先王以为东蒙主③，且在邦域之中矣，是社稷之臣也，何以伐为？"冉有曰："夫子欲之，吾二臣者皆不欲也。"孔子曰："求，周任④有言曰：'陈力就列⑤，不能者止。'危而不持，颠而不扶，则将焉用彼相⑥矣？且尔言过矣，虎兕⑦出于柙⑧，龟玉毁于椟⑨中，是谁之过与？"冉有曰："今夫颛臾，固而近于费⑩。今不取，后世必为子孙忧。"孔子曰："求，君子疾夫舍曰欲之而必为之辞。丘也闻有国有家者，不患寡而患不均，不患贫而患不安⑪。盖均无贫，和无寡，安无倾。夫如是，故远人不服，则修文德以来之。既来之，则安之。今由与求也，相夫子，远人不服而不能来也，邦分崩离析而不能守也，而谋动干戈于邦内。吾恐季孙之忧，不在颛臾，而在萧墙⑫之内也。"

【注释】

　　①颛臾（zhuānyú）：鲁国的附庸国。②有事：指用兵。③东蒙主：东蒙，蒙山。主，主持祭祀的人。④周任：人名，古史官。⑤陈力就列：陈，摆出来。列，位。陈力就列，拿出自己的才力，按才力担任适

当的职位。⑥相：辅助。⑦兕（sì）：野牛。一说是雌的犀牛。⑧柙（xiá）：关野兽的木笼。⑨椟：匣。⑩费：季氏的采邑。⑪不患寡而患不均，不患贫而患不安：应是不患贫而患不均，不患寡而患不安。⑫萧墙：古代国君宫室前用以分隔内外的小墙，人臣来见国君，到这里就肃然起敬，所以叫萧墙（萧字从肃来）。萧墙之内指宫廷之内。

【译文】

　　季氏将要攻打颛臾了。冉有和子路去见孔子，说："季氏要向颛臾用兵了。"孔子说："冉求，这怕是你的过失吧？那颛臾，从前的国君曾让它主持东蒙的祭祀，而且在鲁国的疆域之内，是国家的臣属呀！为什么要去攻打它呢？"冉有说："是季孙大夫想去攻打，我们二人都不这样想呀。"孔子说："冉求，周任有句话说：'拿出你的才力来，负担你的职务，如果不能胜任就辞去。'有了危险不去扶助，跌倒了不去搀扶，那还用辅助的人干什么呢？而且你的话也错了。老虎、野牛从笼子里跑出来，龟甲、玉器在匣子里毁坏了，这是谁的过错呢？"冉有说："现在颛臾城墙坚固，而且离费邑很近。现在不夺取它，将来一定会成为子孙的忧患。"孔子说：'冉求，君子痛恨那种不肯实说自己想要那样做而又一定要找出理由来为之辩解的做法。我听说，对于诸侯和大夫，不怕贫穷，而怕财富不均；不怕人口少，而怕不安定。因为财富均了，就没有所谓贫穷；大家和睦，就不会感到人少；安定了，也就没有倾覆的危险了。因为这样，所以如果远方的人不归服，就用修治自己的礼乐政教来招致他们。他们来了，就帮助他们安定下来。现在仲由和冉求你们两个人辅助季氏，远方的人不归服，你们不能招来；国内民心离散，你们不能保全，却在那里策划在国内用兵。我恐怕季孙的忧患不在颛臾，而是在他自己内部呢！"

　　孔子曰："天下有道，则礼乐征伐自天子出；天下无道，则礼乐征伐自诸侯出。自诸侯出，盖十世希①不失矣；自大夫出，五世希不失矣；陪臣②执国命，三世希不失矣。天下有道，则政不在大夫。天下有道，则庶人不议。"

【注释】

　　①希：同稀。②陪臣：卿大夫的家臣。

【译文】

　　孔子说："天下有道的之时，制礼作乐和出兵打仗都由天子决定；天下无道的之时，制礼作乐和出兵打仗就由诸侯决定。由诸侯决定，大概传到十代很少有不失掉君位的；由大夫决定，传到五代就很少有不失掉的；由家臣来执掌国家的命令，传到三代很少有不失掉的。天下如果有道，政权不会在大夫手里；天下如果有道，老百姓就不会议论国家政治了。"

　　孔子曰："禄之去公室五世①矣，政逮②于大夫四世③矣，故夫三桓④之子孙微矣。"

【注释】

　　①五世：指鲁宣公、成公、襄公、昭公、定公五世。②逮：及。③四世：指季孙氏文子、武子、平子、桓子四世。④三桓：鲁国仲孙、叔孙、季孙都出于鲁桓公，所以叫三桓。

【译文】

孔子说："爵禄之权离开鲁君已经五代了，政权落到大夫手中已经四代了，所以三桓的子孙也衰微了。"

孔子曰："益者三友，损者三友。友直，友谅①，友多闻，益矣。友便辟②，友善柔③，友便佞④，损矣。"

【注释】

①谅：诚信。②便辟：有两种解释：一，善于避开人之所忌以求媚，即逢迎谄媚；二，惯于装饰外表而内心不直。③善柔：善于以和颜悦色骗人。④便佞：惯于花言巧语。

【译文】

孔子说："有益的交友有三种，有害的交友也有三种。同正直的人交友，同诚信的人交友，同见闻广博的人交友，便有益了。同逢迎谄媚的人交友，同善于装出和颜悦色骗人的人交友，同惯于花言巧语的人交友，便有害了。"

孔子曰："益者三乐，损者三乐。乐节礼乐①，乐道人之善，乐多贤友，益矣。乐骄乐②，乐佚③游，乐晏乐④，损矣。"

【注释】

①节礼乐：孔子主张用礼乐来节制、调节人的言行使之达到中和的要求。②骄乐：骄纵不知节制的乐。③佚：同逸。④晏乐：沉溺于饮酒作乐。

【译文】

孔子说："有益的快乐有三种，有害的快乐也有三种。以礼乐调节自己为乐，以称道别人的好处为乐，以有许多贤人做朋友为乐，便有益了。喜欢骄纵无节制的作乐，喜欢游荡忘返，喜欢沉溺于饮酒作乐，便有害了。"

孔子曰："侍于君子有三愆①：言未及之而言谓之躁，言及之而不言谓之隐，未见颜色而言谓之瞽。"

【注释】

①愆：过失。

【译文】

孔子说："陪着君子说话容易犯三种过失：还没有问到你的时候就说，这叫急躁；已经问到你了还不说，这叫隐瞒；不先看君子的脸色就说，这叫瞎了眼。"

孔子曰："君子有三戒：少之时，血气未定，戒之在色；及其壮也，血气方刚，戒之在斗；及其老也，血气既衰，戒之在得①。"

【注释】

①得：贪得，包括名誉、地位、财货等。

【译文】

孔子说："君子要戒除三件事：年轻的时候，血气未定，要戒除的是迷恋女色；等到壮年时候，血气方刚，要戒除的是好斗；等到老年，血气已经衰了，要戒除的是贪得无厌。"

孔子曰："君子有三畏①：畏天命，畏大人②，畏圣人之言。小人不知天命而不畏也，狎③大人，侮圣人之言。"

【注释】

①畏：敬畏，心服。②大人：指身居高位的人。③狎（xiá）：不尊重。

【译文】

孔子说："君子敬畏三件事：敬畏天命，敬畏地位高贵的人，敬畏圣人的话。小人不懂天命，因而也不敬畏，不尊重地位高贵的人，轻侮圣人的话。"

孔子曰："生而知之者，上也；学而知之者，次也；困而学之，又其次也；困而不学，民斯为下矣。"

【译文】

孔子说："生来就知道的人，是上等：学习以后才知道的，次一等；遇到了困难再去学习的，又次一等；遇到困难还不学习的，这种人就是下等的了。"

孔子曰："君子有九思：视思明，听思聪，色思温，貌思恭，言思忠，事思敬，疑思问，忿思难，见得思义。"

【译文】

孔子说："君子有九种要考虑的事：看的时候，要考虑是否看明白了；听的时候，要考虑是否听清楚了；自己的脸色，要考虑是否温和；容貌态度，要考虑是否谦恭；言语说话，要考虑是否忠诚；办事要考虑是否谨慎严肃；遇到疑问，要考虑向人家请教；忿怒时，要考虑是否会有后患；看见可以有所得，要考虑是否合于义的要求。"

孔子曰："见善如不及，见不善如探汤①。吾见其人矣，吾闻其语矣。隐居以求其志，行义以达其道。吾闻其语矣，未见其人也。"

【注释】

①汤：沸水。

【译文】

孔子说："看见好的行为，就像赶不上似的，努力追求；看见不好的行为，就像要把手伸到沸水里去那样，赶紧避开。我见过这样的人，也听到过这样的话。隐居避世以保全自己的志向，依义而行来贯彻他的主张。我听到过这样的话，却没有见过这样的人。"

齐景公有马千驷①，死之日，民无德而称焉。伯夷叔齐饿于首阳②之下，民到于今称之。其斯之谓与③？

【注释】

①千驷：四千匹，也就是千乘。②首阳：山名。传说伯夷叔齐饿死在首阳山。③其斯之谓与：这一句中的斯字是指什么，上文没有交代，因此意思不清。有人认为，颜渊篇第十章"诚不以富，亦祇以异"两句应放在"其斯之谓与"之前。这样，意思就是："《诗经》上说：不是靠富，富也只是与人不同而已，就是这个意思吧。"意思可通，但没有证据。

【译文】

齐景公有马四千匹，死的时候，大家觉得他没有什么德行可以称颂；伯夷、叔齐饿死在首阳山下，大家至今还称颂他们。大概就是这个意思吧。

陈亢①问于伯鱼曰："子亦有异闻②乎？"对曰："未也。尝独立，鲤趋而过庭。曰：'学诗乎？'对曰：'未也'。'不学诗，无以言。'鲤退而学诗。他日又独立，鲤趋而过庭。曰：'学礼乎？'对曰：'未也'。'不学礼，无以立。'鲤退而学礼。闻斯二者。"陈亢退而喜曰：问一得三。闻诗、闻礼、又闻君子之远③其子也。"

【注释】

①陈亢：即陈子禽。②异闻：这里指不同于对其他学生所讲的内容。③远：不偏爱。

【译文】

陈亢问伯鱼说："你在你父亲那里受到过特别的教导吗？"伯鱼回答说："没有呀。有一次他独自站在堂上，我快步从庭中走过，他说：'学诗没有？'我回答还没有。他说：'不学诗，就不懂得怎样说话。'我回去就学诗。又有一天，他又独自站在堂上，我快步走过庭院，他说：'学礼没有？'我回答还没有。他说：'不学礼就不懂怎样立身。'我回去就学礼。我就遇到这两次。"陈亢回去高兴地说："我问一件事，得到了三点收获：听到了关于诗的道理，听到了关于礼的道理，又听到了君子不偏爱自己儿子的事。"

邦君之妻，君称之曰夫人，夫人自称曰小童，邦人称之曰君夫人；称诸异邦曰寡小君，异邦人称之亦曰君夫人。

【译文】

国君的妻子，国君称他为夫人，她对国君自称小童。国内的人称她叫君夫人；对他国人讲则称寡小君，他国人称她也叫君夫人。

阳货篇第十七

阳货①欲见孔子，孔子不见，归孔子豚②。孔子时其亡③也而往拜之，遇诸涂④。谓孔子曰⑤："来，予与尔言。"曰："怀其宝而迷其邦，可谓仁乎？曰不可。好从事而亟⑥失时，可谓知乎？曰不可。日月逝矣，岁不我与。"孔子曰："诺，吾将仕矣。"

【注释】

①阳货：季氏的家臣，又叫阳虎。②归孔子豚：归同馈，赠送。豚，小猪。③时其亡：时同伺，亡同无。时其亡就是等他外出的时候。④涂：同途。⑤谓孔子曰：从此以下至孔子曰之前一段，都是阳货的话。⑥亟：屡次。

【译文】

阳货想见孔子，孔子不见他。阳货便送了一只蒸小猪给孔子，想要孔子去见他。孔子等阳货不在家的时候，去阳货家拜谢，却在路上遇见了。阳货对孔子说："来，我同你讲。"阳货说："把自己的本领藏起来而听任国家迷乱，这可以说是仁吗？回答是不可以。喜爱参与政事而屡次错过机会，这可以说是智吗？回答是不可以。时间一天天过去了，年岁是不等人的。"孔子说："好吧，我准备去做官了。"

子曰："性相近也，习相远也。"

【译文】

孔子说："人的本性是相近的，习欲使之遥远。"

子曰："唯上知与下愚下移。"

【译文】

孔子说："只有上等的智者与下等的愚者是改变不了的。"

子之武城①，闻弦歌②之声。夫子莞尔③而笑曰："割鸡焉用牛刀？"子游对曰："昔者偃也闻诸夫子曰：君子学道则爱人，小人学道则易使也。"子曰："二三子，偃之言是也。前言戏之耳。"

【注释】

①武城：地名，当时子游是武城宰。②弦歌：弦指琴瑟。弦歌，以琴瑟伴奏歌唱。这里是说子游用礼乐来教化百姓。③莞尔：微笑的样子。

【译文】

孔子到了武城，听到有弹琴唱歌的声音。孔子微笑说："杀鸡哪里用得着宰牛刀呀？"子游回答说："以前我听先生说过，君子学了道就能爱人，小人学了道就容易指挥。"孔子说："学生们，言偃的话是对的。我刚才讲的话不过是和他开个玩笑罢了。"

公山弗扰①以费畔，召，子欲往。子路不悦曰："末之也已②，何必公山氏之之也③。"子曰："夫召我者，而岂徒④哉？如有用我者，吾其为东周乎⑤？"

【注释】

①公山弗扰：季氏的家臣，又名公山不狃。②末之也已：末，无。之，到。未之，无处去。已，有两种解释，一，语气辞，无义；二，止，算了。③何必公山氏之之也：前一个之字是助词，后一个之字是动词，去到的意思。④徒：徒然，空无所据。⑤吾其为东周乎？有两种解释：一，在东方复兴周的礼乐；二，我不致像东周一样无所作为。

【译文】

公山弗扰据费邑反叛，来召孔子，孔子准备去。子路不高兴地说："没有地方去就算了，为什么一定要到公山氏那里去呢？"孔子说："他来召我，难道只是一句空话吗？如果有人用我，我或许能在东方复兴周道，建起一个东周来哩。"

子张问仁于孔子。孔子曰："能行五者于天下为仁矣。"请问之。曰："恭、宽、信、敏、惠。恭则不侮，宽则得众，信则人任焉，敏则有功，惠则足以使人。"

【译文】

子张问孔子怎样才算仁。孔子说："能处处实行五种品德，就是仁了。"子张请问是那五种。孔子说："恭、宽、信、敏、惠。恭敬就不会招惹侮辱，宽厚就能得到众人的拥护，诚信就能得到别人的任用，勤敏就能取得成功，慈惠就可以使唤人。"

佛肸①召，子欲往。子路曰："昔者由也闻诸夫子曰：'亲于其身为不善者，君子不入也。'佛肸以中牟②畔，子之往也，如之何？"子曰："然，有是言也。不曰坚乎，磨而不磷③；不曰白乎，涅④而不缁⑤。吾岂匏瓜⑥也哉？焉能系而不食。"

【注释】

①佛肸（bìxī）：晋国大夫赵简子的家臣，中牟邑宰。②中牟：地名。③磷（lìn）：薄，损伤。④涅（niè）：黑土，黑色染料。这里作动词，用黑色染料染物。⑤缁（zī）：黑色。⑥匏（páo）瓜：葫芦中的一种，味苦不能吃，但可系在腰间作泅渡用。

【译文】

　　佛肸来召孔子，孔子打算去。子路说："以前我听先生说过，'亲自做坏事的人那里，君子是不去的。'现在佛肸据中牟反叛，你要去他那里，如何解释呢？"孔子说："是的，我有过那样的话，不是说坚硬的东西磨也磨不坏吗，不是说洁白的东西染也染不黑吗？我难道是个不能吃的葫芦吗？怎么能只是挂在那里不给人吃呢？"

　　子曰："由也，女闻六言六蔽矣乎？"对曰："未也。""居①，吾语女。好仁不好学，其蔽也愚②；好知不好学，其蔽也荡③；好信不好学，其蔽也贼④；好直不好学，其蔽也绞；好勇不好学，其蔽也乱；好刚不好学，其蔽也狂。"

【注释】

　　①居：坐。古人回答长者的问题要站起来，所以孔子叫子路坐下。②愚：受人愚弄的意思。③荡：好高骛远而没有基础。④贼：害。

【译文】

　　孔子说："由呀，你听说六种品德六种弊病了吗？"子路回答说："没有。"孔子说："坐下，我告诉你。爱好仁而不爱好学习，其弊病是容易受人愚弄；爱好智而不爱好学习，其弊病是好高骛远而没有基础；重视诚信而不爱好学习，其弊病是反而会被伤害；重视直率而不爱好学习，其弊病是急切而尖刻刺人；爱好勇力而不爱好学习，其弊病是犯上作乱；爱好刚强而不爱好学习，其弊病是狂妄。"

　　子曰："小子何莫学夫诗。诗可以兴①，可以观②，可以群③，可以怨④。迩⑤之事父，远之事君；多识于鸟兽草木之名。"

【注释】

　　①兴：有两种解释：一，《诗经》中即景生情的表现手法叫兴，因此这里的兴是引譬连类，联想的意思；二，兴起，激发感动的意思。②观：观察了解天地万物及各国盛衰、得失。③群：合群。④怨：有两种解释：一，讽谏上级；二，怨而不怒。⑤迩：近。

【译文】

　　孔子说："学生们为什么不学习《诗》呢？学《诗》可以激发志气，可以观察天地万物及各国的盛衰得失，可以使你懂得合群，可以使你懂得如何讽谏上级。近可以用来事奉父母，远可以用来事奉君主。还可以多认识一些鸟兽草木的名称。"

　　子谓伯鱼曰："女为《周南》、《召南》①矣乎？人而不为《周南》、《召南》，其犹正墙面而立②也与？"

【注释】

①《周南》《召南》：《诗经》国风部分头两篇的篇名。②正墙面而立：面向墙壁站立，比喻什么也看不见。

【译文】

孔子对伯鱼说："你学习《周南》、《召南》了吗？一个人如果不学习《周南》、《召南》，那就像面对着墙壁站着吧。"

子曰："礼云礼云，玉帛云乎哉？乐云乐云，钟鼓云乎哉？"

【译文】

孔子说："礼呀礼呀，只是说的玉帛之类的礼器吗？乐呀乐呀，只是说的钟鼓之类的乐器吗？"

子曰："色厉而内荏①，譬诸小人，其犹穿窬②之盗也与？"

【注释】

①色厉内荏：厉，威严。荏，软弱。②窬（yú）：墙洞。

【译文】

孔子说："外表严厉而内心软弱，拿小人来比喻，就像是钻墙洞的小偷吧？"

子曰："乡原①，德之贼也。"

【注释】

①乡原：也作乡愿。愿，朴实善良。乡愿是指那些与世俗同流合污，谁也不得罪的好好先生。

【译文】

孔子说："那种谁也不得罪的好好先生是败坏道德的人。"

子曰："道听而涂说，德之弃也。"

【译文】

孔子说："在路上听到传言就到处传播，是对道德的背弃。"

子曰："鄙夫可与事君也与哉？其未得之也，患得之①。既得之，患失之。苟患失之，无所不至矣。"

【注释】

①患得之：即患不得之。

【译文】

孔子说："可以和一个鄙夫一起事奉君主吗？他在没有得到官位时，总担心得不到；已经得到之后，又担心失掉。如果他担心失掉官位，那就什么都能干得出来。"

子曰："古者民有三疾，今也或是之亡也。古之狂①也肆②，今之狂也荡③；古之矜也廉④，今之矜也忿戾⑤；古之愚也直，今之愚也诈而已矣。"

【注释】

①狂：志愿太高。②肆：任意直言，不拘小节。③荡：放荡不羁。④廉："廉隅"的廉，这里指为人有棱角，严厉。⑤忿戾：火气大，蛮横不讲理。

【译文】

孔子说："古人有三种毛病，现在或许连这也没有了。古代的狂者任意直言，现在的狂者就放荡不羁了；古代的矜持的人为人严厉难以接近，现在矜持的人就常发怒和蛮不讲理；古代愚笨的人常自作主张，现在的愚笨的人却只是欺诈而已。"

子曰："巧言令色，鲜矣仁。"

【译文】

孔子说："花言巧语，装示好看的脸色来讨人喜欢，这样的人仁心就很少了。"

子曰："恶紫之夺朱①也，恶郑声之乱雅乐②也，恶利口之覆邦家者。"

【注释】

①紫之夺朱：朱是正色，紫是杂色。当时紫色代替朱色成为诸侯衣服的颜色。②雅乐：正统音乐。

【译文】

孔子说："我厌恶用紫色取代了红色，厌恶用郑国的曲调扰乱了雅乐的正统音调，厌恶用巧口利辩倾覆国家的人。"

子曰："予欲无言。"子贡曰："子如不言，则小子何述焉？"子曰："天何言哉？四时行焉，百物生焉，天何言哉？"

【译文】

孔子说："我想不说话了。"子贡说："你如果不说话，那我们这些学生传述什么呢？"孔子说："天说了些什么呢？四季照样运行，百物照样生长。天说了些什么呢？"

孺悲①欲见孔子，孔子辞以疾。将命者出户，取瑟而歌，使之闻之。

【注释】

①孺悲：鲁国人。鲁哀公曾派他向孔子学习士丧礼。

【译文】

孺悲要见孔子，孔子以生病为由推辞不见。传话的人刚出门，孔子就拿过瑟来边弹边唱，让传话的人听到。

宰我问："三年之丧，期已久矣。君子三年不为礼，礼必坏；三年不为乐，乐必崩。旧谷既没，新谷既升，钻燧改火①，期②可已矣。"子曰："食夫稻③，衣夫锦，于女安乎？"曰："安。""女安则为之。夫君子之居丧，食旨④不甘，闻乐不乐，居处不安，故不为也。今女安，则为之！"宰我出，子曰："予之不仁也！子生三年，然后免于父母之怀，夫三年之丧，天下之通丧也。予也有三年之爱于其父母乎？"

【注释】

①钻燧改火：古代钻木取火，所用木头四季不同。春用榆柳，夏用枣杏和桑柘，秋用柞楢，冬用槐檀，一年轮一遍，叫改火。②期（jī）：一年。③食夫稻：古代北方稻米是珍贵的食品，居丧时不能吃。④旨：美味。

【译文】

宰我问："服丧三年时间太长了。君子三年不习礼仪，礼仪一定会败坏；三年不奏音乐，音乐一定会失传。旧谷吃完，新谷登场，钻燧取火的木头轮过一遍，有一年的时间就可以了。"孔子说："才一年时间就吃大米饭，穿锦缎衣，你心安吗？"宰我说："安。"孔子说："你心安，你就这样去做吧！君子的服丧，吃美味不觉得香甜，听音乐不觉得快乐，住在家里不觉得舒服，因此才不这样做。现在你既觉得心安，那就那样去做吧！"宰我出去后，孔子说："宰予真是不仁啊！孩子生下来，三年以后才能脱离父母的怀抱。服丧三年，是天下通行的丧礼呀。宰予对他的父母是不是也有三年的爱呢？"

子曰："饱食终日，无所用心，难矣哉！不有博奕①者乎？为之，犹贤乎已②。"

【注释】

①博奕：博，六博，一种游戏，先掷采（骰子），后行棋。具体办法已不清楚。奕，围棋。②已：止。

【译文】

孔子说："整天吃饱了饭，什么心思也不想，这就真难了啊！不是有玩六博和下围棋的吗？

干这个也比什么都不干强一些。"

　　子路曰："君子尚勇乎？"子曰："君子义以为上。君子有勇而无义为乱，小人有勇而无义为盗。"

【译文】

　　子路说："君子崇尚勇敢吗？"孔子说："君子以义为最高，君子有勇无义就将作乱，小人有勇无义就会偷盗。"

　　子贡曰："君子亦有恶乎？"子曰："有恶。恶称人之恶者，恶居下流①而讪上者，恶勇而无礼者，恶果敢而窒②者。"曰："赐也亦有恶乎？""恶徼③以为知者，恶不孙以为勇者，恶讦④以为直者。"

【注释】

　　①下流：晚唐以前的本子没有流字。②窒：阻塞，不通事理的意思。③徼：有两种解释：一，抄袭；二，徼即绞，绞急，监事急迫，自炫其能。④讦（jié）：揭发、攻击别人的阴私。

【译文】

　　子贡说："君子也有讨厌的事吗？"孔子说："有讨厌。厌恶宣扬别人坏处的人，厌恶身居下位而诽谤在上者的人，厌恶勇敢而无礼的人，厌恶果敢而不通事理的人。"孔子又说："赐，你也有厌恶的事吗？"子贡说："厌恶抄袭别人而自以为知的人，厌恶把不懂谦逊当作勇敢的人，厌恶把揭发攻击别人的短处当作直率的人。"

　　子曰："唯女子与小人为难养也，近之则不孙，远之则怨。"

【译文】

　　孔子说："只有女子和小人是难养的。亲近了，他们就不知逊让；疏远了，就会怨恨你。"

　　子曰："年四十而见恶焉，其终也已。"

【译文】

　　孔子说："到了四十岁还被人厌恶，他这一生也就完了。"

微子篇第十八

　　微子①去之，箕子②为之奴，比干谏而死。孔子曰："殷有三仁焉。"

【注释】

　　①微子：殷纣王的同母哥哥，见纣王无道，离纣王而去。②箕子、比干：都是殷纣王的叔父，箕子谏

纣王，被纣王囚禁，降为奴隶，箕子披发装疯而受辱。比干强谏被纣王所杀。

【译文】

微子离开了纣王，箕子做了他的奴隶，比干强谏而被杀。孔子说："殷朝有三位仁人。"

柳下惠为士师①，三黜。人曰："子未可以去乎？"曰："直道而事人，焉往而不三黜？枉道而事人，何必去父母之邦？"

【注释】

①士师：典狱官。

【译文】

柳下惠做典狱官，三次被免职。有人说："你不能离开鲁国吗？"柳下惠说："按正道事奉君主，到哪里能不被免职呢？如果按邪道事奉君主，又为何要离开祖国呢？"

齐景公待孔子曰："若季氏则吾不能，以季、孟之间待之。"曰："吾老矣，不能用也。"孔子行。

【译文】

齐景公讲到怎样对待孔子时说："像鲁君对待季氏那样，我做不到。我用介于季氏孟氏之间的待遇对待他。"又说："我老了，不能用他了。"孔子就离开了齐国。

齐人归①女乐，季桓子②受之，三日不朝。孔子行。

【注释】

①归：同馈。齐人归女乐的事在鲁定公十四年孔子任鲁司寇时。②季桓子：鲁国大夫，名斯。

【译文】

齐国送了一批歌姬舞女给鲁国，季桓子接受了，三天不问政事。孔子因此离开了鲁国。

楚狂接舆①歌而过孔子曰："凤兮凤兮！何德之衰？往者不可谏，来者犹可追。已而已而！今之从政者殆而！"孔子下，欲与之言。趋而辟之，不得与之言。

【注释】

①接舆：楚国的隐士。一说他姓接名舆，一说因他接孔子之车而歌，所以称他接舆。

【译文】

楚国的狂人接舆唱着歌走过孔子的车旁。他唱道："凤凰啊，凤凰啊，你的德行为什么这样衰微？过去的已经不可挽回，未来的却还可以去追。算了吧，算了吧，今天的当政者危乎其危！"孔子听了下车来，想与他交谈。他却快步避开了，孔子没能和他谈。

长沮、桀溺①耦而耕②。孔子过之，使子路问津③焉。长沮曰："夫执舆④者为谁？"子路曰："为孔丘。"曰："是鲁孔丘与？"曰："是也"。曰："是知津矣。"问于桀溺。桀溺曰："子为谁？"曰："为仲由。"曰："是鲁孔丘之徒与？"对曰："然。"曰："滔滔者天下皆是也，而谁以易之⑤？且而与其从辟⑥人之士也，岂若从辟世之士哉？"耰⑦而不辍。子路行以告。夫子怃然⑧曰："鸟兽不可与同群，吾非斯人之徒与而谁与？天下有道，丘不与易也。"

【注释】

①长沮、桀溺：两隐者，真实姓名已不清楚。②耦而耕：两人并耕。③津：渡口。④执舆：就是执辔。拉缰绳的本是子路，因子路下车问路，所以在车上的是孔子。⑤谁以易之：以，与。⑥辟：同避。辟人之士指孔子。⑦耰（yōu）：用土覆盖种子。⑧怃然：怅然，失意。

【译文】

长沮、桀溺两人在一起耕种，孔子路过，叫子路去问渡口在那里。长沮说："那个拿着缰绳的是谁？"子路说："是孔丘。"长沮说："是鲁国的孔丘吗？"子路说："是的。"长沮说："那他是知道渡口在那里的了。"子路再去问桀溺。桀溺说："你是谁？"子路说："我是仲由。"桀溺说："是鲁国孔丘的门徒吗？"子路回答："是的。"桀溺说："现在不合理的坏事象滔滔大水，到处都是，谁去改变它呀？而且你与其跟着躲避人的人，何不跟着逃避社会的人呢？"说完，不停地继续干他的活。子路回来把情形报告了孔子。孔子怅然若失地说："人是不能同鸟兽同群的。我不同世上这些人同群又和谁同群呢？如果天下有道，我也不会同他们一起来改变它了。"

子路从而后，遇丈人，以杖荷蓧①。子路问曰："子见夫子乎？"丈人曰："四体不勤，五谷不分②，孰为夫子？"植其杖而芸。子路拱而立。止子路宿，杀鸡为黍③而食之，见其二子焉。明日，子路行以告。子曰："隐者也。"使子路反见之。至则行矣。子路曰："不仕无义。长幼之节，不可废也；君臣之义，如之何其废之？欲洁其身，而乱大伦。君子之仕也，行其义也。道之不行，已知之矣。"

【注释】

①蓧（tiáo）：古代耘田用的竹器。②四体不勤，五谷不分：这两句有两种解释，一说丈人自指。分即粪种的粪。粪种：施肥播种。不字是语词。这一句的意思是：我忙于播种五谷，没有闲暇，怎知你夫子是谁？二，丈人责备子路。分是分辨。说子路不勤劳手足，不辨五谷。③黍：黏小米。

【译文】

子路跟随孔子出行，落到了后面，遇到一个老人，用拐杖挑着除草的工具。子路问道："你见到我的老师没有？"老人说："我手脚不停地劳作，五谷还来不及播种，那知道你的老师是谁?"说完把拐杖插在田边就去耘田了。子路拱着手站在一边。老人留子路到他家住宿,杀了鸡,做了黏小米饭给他吃,又叫两个儿子出来与子路相见。次日,子路赶上孔子把这事告诉了孔子。孔子说:"这是个隐士呀。"叫子路回去见他。子路到那里,老人已经走了。子路说:"不做官是不义的。长幼之间的礼节不能废弃,君臣之间的义,怎么能废弃呢? 想要自己清白,却破坏了根本的伦理关系。君子做官,只是为了实行君臣之义。至于道的行不通,这是已经知道的了。"

逸①民:伯夷、叔齐、虞仲②、夷逸、朱张、柳下惠、少连。子曰:"不降其志,不辱其身,伯夷、叔齐与?"谓柳下惠、少连,"降志辱身矣,言中伦,行中虑,其斯而已矣。"谓虞仲、夷逸,"隐居放③言,身中清,废中权。""我则异于是,无可无不可④。"

【注释】

①逸:同佚,散失、遗弃。②虞仲、夷逸、朱张、少连:四人身世和言行不详。③放:有两种解释:一,放置,不再谈世事;二,放肆,随便。④无可无不可:孟子解释说:所谓无可无不可就是"孔子可以仕则仕,可以止则止,可以久则久,可以速则速。"

【译文】

被遗落的人有:伯夷、叔齐、虞仲、夷逸、朱张、柳下惠、少连。孔子说:"不贬低自己的志向,不辱没自己的身分,这是伯夷叔齐吧。"说柳下惠、少连是"贬低志向辱没身分了,不过是说话合乎伦理,行为合乎人心而已。"说虞仲、夷逸"隐居独善,不谈世事,他们的隐身合乎洁身的要求,废言合乎权变的要求。"又说:"我则和他们都不同,可以这样,也可以那样。"

大师挚①适齐,亚饭②干适楚,三饭缭适蔡,四饭缺适秦,鼓方叔入于河,播鼗③武入于汉,少师④阳、击磬襄入于海。

【注释】

①大师挚:大同太。大师,鲁国乐官之长,挚是人名。②亚饭、三饭、四饭:都是乐官名。干、缭、缺是人名。③鼗(táo):小鼓,即现在的拨浪鼓。④少师:乐官名。

【译文】

大师挚到齐国去了,亚饭干去了楚国,三饭缭到蔡国去了,四饭缺去了秦国,打鼓的方叔去了黄河边,摇小鼓的武去了汉水旁,少师阳和击磬的襄去了海滨。

周公谓鲁公①曰:"君子不施②其亲,不使大臣怨乎不以③。故旧无大故,则不弃也。无求备于一人。"

【注释】

①鲁公：周公的儿子伯禽。②施：这里同弛。遗弃。③以：用也。

【译文】

周公对鲁公说："君子不抛弃他的亲属，不使大臣怨恨你不用他。旧友老臣没有大错误就不抛弃他们，不要要求一个人十全十美。"

周有八士：伯达①、伯适、仲突、仲忽、叔夜、叔夏、季随、季骄。

【注释】

①伯达等八人：此八人已不可考。

【译文】

周代有八个士：伯达、伯适、仲突、仲忽、叔夜、叔夏、季随、季骄。

子张篇第十九

子张曰："士见危致命，见得思义，祭思敬，丧思哀，其可已矣。"

【译文】

子张说："一个士，遇到危险能献出自己的生命，看见可以有所得能考虑是否合于义的要求，祭祀的时候能想到是否严肃恭敬了，居丧的时候能想到是否哀伤了，那也就可以了。"

子张曰："执德不弘，信道不笃，焉能为有？焉能为亡①？"

【注释】

①焉能为有、焉能为亡：虽活着怎能说是有，虽死去怎能说是无。有他不多，没他不少，无足轻重的意思。

【译文】

子张说："固守德而不弘大，信仰道而不忠实，这样的人，怎能说他是有，又怎能说他是没有？"

子夏之门人问交于子张。子张曰："子夏云何？"对曰："子夏曰：'可者与①之，其不可者拒之。'"子张曰："异乎吾所闻：君子尊贤而容众，嘉善而矜②不能。我之大贤与，于人何所不容？我之不贤与，人将拒我，如之何其拒人也？"

【注释】

①与：可者与之的与是相与、交往的意思，后两与字是语气辞。②矜：怜惜，同情。

【译文】

　　子夏的学生向子张求教怎样交友。子张说："子夏说了些什么?"答道:"子夏说:'可以相交的就和他相交,不可以相交的就拒绝他。'"子张说:"我所听到的和这不同。君子尊敬贤人,也能够容纳众人,赞美善人而同情能力不够的人。倘若我是大贤人,那我对人有什么不能容纳的呢?倘若我不贤,那人家就会拒绝我,我还怎么能去拒绝别人呢?"

　　子夏曰:"虽小道①,必有可观者焉,致远恐泥②,是以君子不为也。"

【注释】

　　①小道:指农圃医卜之类的技艺。②泥:阻滞,不通。

【译文】

　　子夏说:"即使是小的技艺,也一定有可取的地方,但用它来达到远大目标就不行了。因此君子不干这些。"

　　子夏曰:"日知其所亡,月无忘其所能。可谓好学也已矣。"

【译文】

　　子夏说:"每天能知道一些原来不知道的,每月都能不忘掉已经学会的东西,可以说是好学的了。"

　　子夏曰:"博学而笃志①,切问②而近思,仁在其中矣。"

【注释】

　　①笃志:志有两种解释:一,志同识,记忆在心;二,志向。②切问:切有几种解释:一,恳切;二、近,指切身有关的事;三,急,急切,急迫。

【译文】

　　子夏说:"宽泛地学习而又坚守其志向,就切身有关的问题发问而又从近处去思考,仁就在这中间了。"

　　子夏曰:"百工居肆①以成其事,君子学以致其道。"

【注释】

　　①肆:有两种解释:一,陈列货物出售的市场。二,进行制作的作坊。

【译文】

　　子夏说:"各种工匠住在作坊里来完成自己的工作,君子通过学习来掌握道。"

子夏曰："小人之过也必文。"

【译文】

子夏说："小人犯了过错一定要掩饰。"

子夏曰："君子有三变：望之俨然，即之也温，听其言也厉。"

【译文】

子夏说："君子有三变：远望他庄严可畏，接近他温和可亲，听他讲话是准确犀利。"

子夏曰："君子信而后劳其民，未信则以为厉①己也；信而后谏，未信则以为谤己也。"

【注释】

①厉：虐害。

【译文】

子夏说："君子要取得信任之后才去役使百姓，否则百姓就会以为你是在虐害他们；也要能信任之后才能去进谏，否则君主就会以为你是在诽谤他。"

子夏曰："大德①不逾闲②，小德出入可也。"

【注释】

①大德小德：大节小节。②闲：栅栏，这里指界限。

【译文】

子夏说："大节上不能超越界限，小节上有些出入是可以的。"

子游曰："子夏之门人小子，当洒扫应对进退则可矣，抑①末也。本之则无，如之何？"子夏闻之曰："噫，言游过矣！君子之道，孰先传焉，孰后倦②焉，譬诸草木，区以别矣。君子之道，焉可诬③也？有始有卒者，其惟圣人乎？"

【注释】

①抑：连辞，表示转折。这里是可是的意思。②倦：诲人不倦的倦。这里指教诲。③诬：欺骗，是说如果不循序渐进，一概以高深的道理教人，就是欺骗学生。

【译文】

子游说："子夏的学生，做一些打扫和接待客人的工作是可以的，可这些只是末节小事，根本的东西却没有学到，这怎么行呢?"子夏听了，说:"唉，言游错了。君子的道，哪些先传授，哪些后教诲，就和草木一样，都是分类区别的。君子的道，怎么可以欺骗学生呢? 至于能够有始有终，对于小事末节和根本道理都能学通了的，恐怕只有圣人吧!"

子夏曰:"仕而优①则学，学而优则仕。"

【注释】

①优: 有余力。

【译文】

子夏说:"做官有余力就去学习，学习有余力就去做官。"

子游曰:"丧致①乎哀而止。"

【注释】

①致: 极、尽。

【译文】

子游说:"丧事做到尽哀就可以了。"

子游曰:"吾友张也为难能也，然而未仁。"

【译文】

子游说:"我的朋友子张是极为难得的了，但是还没有做到仁。"

曾子曰:"堂堂①乎张也，难与并为仁矣。"

【注释】

①堂堂: 高大显赫，形容容貌威严，不易接近。

【译文】

曾子说:"子张外表堂堂，难于和他一起做到仁。"

曾子曰:"吾闻诸夫子，人未有自致①者也，必也亲丧乎。"

【注释】

①致，极。

【译文】

曾子说:"我听老师说过,人没有能自己竭尽其感情的,倘若有,也只有在父母死亡的时候。"

曾子曰:"吾闻诸夫子,孟庄子①之孝也,其他可能也,其不改父之臣与父之政,是难能也。"

【注释】

①孟庄子:鲁国大夫,名仲孙速。

【译文】

曾子说:"我听老师说过,孟庄子的孝,别的其他人也可以做到,而他不改变父亲的旧臣和父亲的政治措施,这是难以做到的。"

孟氏使阳肤①为士师,问于曾子。曾子曰:"上失其道,民散久矣。如得其情,则哀矜而勿喜。"

【注释】

①阳肤:曾子的学生。

【译文】

孟氏任用阳肤做典狱官,阳肤向曾子请教。曾子说:"在上位的人离开了正道,百姓早就离心离德了。你倘若能审出犯罪的实情,应该怜悯同情他们,而不要沾沾自喜。"

子贡曰:"纣①之不善,不如是之甚也。是以君子恶居下流②,天下之恶皆归焉。"

【注释】

①纣:商代最后一个君主,历来被认为是暴君。②下流:地形卑下四面八方水流汇集的地方。

【译文】

子贡说:"纣的坏,并不像现在传说的这样厉害。所以君子厌恶处在下流的地方,使天下一切坏名声都归到他头上。"

子贡曰:"君子之过也,如日月之食焉。过也,人皆见之;更也,人皆仰之。"

【译文】

子贡说:"君子的过错好比日蚀月蚀。他犯过错,人们都看得见;他改正过错,人们都仰望着他。"

卫公孙朝①问于子贡曰："仲尼焉学?"子贡曰："文武之道，未坠于地，在人。贤者识其大者，不贤者识其小者，莫不有文武之道焉。夫子焉不学? 而亦何常师之有?"

【注释】

　　①卫公孙朝：卫国大夫。当时鲁、郑、楚三国都有公孙朝。所以指明卫公孙朝。

【译文】

　　卫国的公孙朝问子贡说："仲尼的学问是从那里学的?"子贡说："周文王武王的道，没有失传，还留在人们中间。贤能的人认识了其大处，不贤的人只认识了其小处，在他们身上无不都有文王武王之道。我们老师那里不在学，而又那里有固定的老师呢?"

　　叔孙武叔①语大夫于朝曰："子贡贤于仲尼。"子服景伯以告子贡。子贡曰："譬之宫墙②，赐之墙也及肩，窥见室家之好。夫子之墙数仞③，不得其门而入，不见宗庙之美，百官④之富。得其门者或寡矣。夫子之云，不亦宜乎!"

【注释】

　　①叔孙武叔：鲁国大夫，名州仇。②宫墙：宫也是墙的意思，不指房屋，宫墙即围墙。③仞：七尺为仞。或说八尺、或说五尺六寸。④官：这里指房舍。

【译文】

　　叔孙武叔在朝廷上对大夫们说："子贡比仲尼更贤。"子服景伯把这话告诉了子贡。子贡说："拿围墙来作比喻吧，我家的围墙仅有齐肩高，人们在墙外可以看得到房屋的好，老师的围墙却有几仞高，如果找不到门进去，就看不见那宗庙的富丽堂皇，和那房舍的又多又大。能够找到门的人或许不多吧，叔孙武叔那样讲，不是很自然吗?"

　　叔孙武叔毁仲尼。子贡曰："无以为也①。仲尼不可毁也。他人之贤者，丘陵也，犹可逾也；仲尼，日月也，无得而逾焉。人虽欲自绝，其何伤于日月乎? 多②见其不知量也。"

【注释】

　　①无以为也：以，此。无以为也就是无用为此，这样做是没有用的。②多：只、恰好。

【译文】

　　叔孙武叔诽谤仲尼。子贡说："这样做是没有用的，仲尼是无法毁谤。别人的贤德好比丘陵，还可以超越过去；仲尼好比日月，是没法超越的。即使有人要自绝于日月，对日月又有什么损害呢，恰恰是表明他的不自量而已。"

陈子禽谓子贡曰："子为恭也，仲尼岂贤于子乎？"子贡曰："君子一言以为知，一言以为不知，言不可不慎也。夫子之不可及也，犹天之不可阶而升也。夫子之得邦家者，所谓立之斯立，道①之斯行，绥②之斯来，动之斯和。其生也荣③，其死也哀，如之何其可及也。"

【注释】

①道：同导，引导，教化。②绥：安。③其生也荣：有几种解释：一，荣解释为乐，他生时，百姓快乐；二，荣作光荣讲，大家都觉得他光荣；三，荣是说世人莫不尊敬亲爱他。

【译文】

陈子禽对子贡说："你是谦恭吧，仲尼难道比你还贤吗？"子贡说："君子一句话就表现出他有知，一句话也可以表现出他的不知，所以说话不可以不慎重啊。老师的高不可攀，正像天是不能靠梯子爬上去一样。老师如果成为诸侯或卿大夫来治理国家，那就会像人们所说的那样，教百姓立于礼，百姓就能立；引导百姓，百姓就会跟着走；安抚百姓，百姓就会来归顺；动员百姓，百姓会同心协力。他活着大家都尊敬亲爱他，他死了大家都哀痛。我们怎样能赶得上呢？"

尧曰篇第二十

尧曰①："咨②！尔舜！天之历数在尔躬，允③执其中。四海困穷，天禄永终。"舜亦以命禹。曰："予小子履④，敢用玄牡⑤，敢昭告于皇皇后帝：有罪不敢赦。帝臣不蔽，简⑥在帝心。朕⑦躬有罪，无以万方；万方有罪，罪在朕躬。"周有大赉⑧，善人是富。"虽有周亲⑨，不如仁人。百姓有过，在予一人。"谨权量⑩，审法度⑪，修废官，四方之政行焉。兴灭国，继绝世，举逸民，天下之民归心焉。所重：民食、丧、祭⑫。宽则得众⑬，信则民任焉。敏则有功，公则说。

【注释】

①尧曰：以下引号内的话是尧禅让帝位给舜时说的话。②咨：感叹词。③允：诚信。④予小子履：履是商汤的名字。予小子是他自称。这一段是商汤向天祈祷求雨的话。⑤玄牡：玄，黑色。牡，公牛。⑥简：有两种解释：一，阅，计数，引申为明白的意思；二，选择。⑦朕：我。从秦始皇起专门用作帝王的自称。⑧赉（lài）：赏赐。周有大赉以下几句是说周武王的事。⑨周亲：至亲。⑩谨权量：权，秤锤。量，斗斛。谨权量就是认真整顿量衡使之统一公平。自此以下是孔子的话。⑪审法度：法度有两种解释：一，法度即度，量长短，与前句谨权量合说一事，谨慎地审定度量衡。二，法度泛指一切礼乐制度。⑫所重民食丧祭：民食、丧、祭三件事。另一说认为民、食、丧、祭是四件事。⑬宽则得众：信则民任焉，民字应为人。"公则说"三字有人认为是惠则足以使人误写成这样。

【译文】

尧说："唉，你舜啊，天命已经降落在你的身上了，老老实实地掌握好那中道吧。倘若天下百姓都陷于贫困，上天赐给你的禄位也就永远终结了。"舜在让位给禹的时候这样对禹说。

商汤说："我小子履谨用黑色公牛来祭祀，明白地告于伟大的天帝：有罪的人我不敢擅自赦免，天帝的臣仆我也不敢也掩蔽，都由天帝的心来分辨、选择。我自己有罪，不要牵连天下万方；天下万方有罪，罪责都在我一人身上。"周得到上天的厚赐，善人于是多起来。武王说："纵然有至亲，不如有仁人。百姓有过错，都在我一人。"孔子说：认真整顿衡器量器，周密地制定法度，重新修立已废弃的官职，天下四方的政令就可通行了。复兴已灭亡的国家，续接已断绝了的家族，提拔被遗落的人才，天下的百姓就会诚心归服了。所重视的是三件事：百姓的吃饭问题，丧葬，祭祀。宽厚就能得到众人的拥戴，诚信就能得到别人的任用，勤敏就能获得成功，秉公就能使人高兴。

子张问于孔子曰："何如斯可以从政矣？"子曰："尊五美，屏[1]四恶，斯可以从政矣。"子张曰："何谓五美？"子曰："君子惠而不费，劳而不怨，欲而不贪，泰而不骄，威而不猛。"子张曰："何谓惠而不费？"子曰："因民之所利而利之，斯不亦惠而不费乎？择可劳而劳之，又谁怨？欲仁而得仁，又焉贪？君子无众寡，无大小，无敢慢，斯不亦泰而不骄乎？君子正其衣冠，尊其瞻视，俨然人望而畏之，斯不亦威而不猛乎？"子张曰："何谓四恶？"子曰："不教而杀谓之虐；不戒视成谓之暴；慢令致期谓之贼；犹之与人[2]也，出纳之吝谓之有司[3]。"

【注释】
　　①屏：同摒，除去。②犹之与人：犹之，同样。与，给与。犹之与人，同样是给人。③有司：古代负责具体事务的小官吏。

【译文】
　　子张问孔子说："要怎样就可以治理政事了呢？"孔子说："尊崇五美，排除四恶，这就可以治理政事了。"子张说："什么是五美？"孔子说："君子要给百姓以恩惠而不破费自己，使百姓劳作而不使百姓怨恨，要有欲望而不贪，舒泰而不骄傲，威严而不凶猛。"子张说："什么叫给人以恩惠却不破费自己呢？"孔子说："就着百姓能得利的地方引导他们去得利，不就是给了百姓恩惠而不破费自己吗？选择可以让百姓劳作的时间和事情去让百姓劳作，又有谁会怨恨呢？自己想要仁而就得到了仁，又还贪什么呢？君子对人，无论多少，无论大小，自己总不敢怠慢，这不也就是舒泰而不骄傲吗？君子对自己，端正自己的衣帽，严肃自己的目光，庄严地使人见了就生敬畏之心，这不也就是威严而不凶猛吗？"子张问："什么叫四恶呢？"孔子说："不经教化就加杀戮，叫做虐；不先告诫而要求立刻成功，叫做暴；开始不加督促，到时候又限期完成，叫做贼；同样是给人财物，却出手吝啬，叫做有失身份。"

孔子曰："不知命，无以为君子也；不知礼，无以立也；不知言[1]，无以知人也。"

【注释】
　　①知言：善于分析别人的言语，辨别其是非善恶的意思。

【译文】

孔子说:"不知命,便不能做君子;不知礼,便不能立身处世;不善于分析别人言论的是非善恶,便不能了解人。"

第一篇　梁惠王章句上（凡七章）

第一章

孟子见梁惠王①。王曰："叟②，不远千里③而来，亦将有以利④吾国乎?"孟子对曰："王何必曰利? 亦有仁义⑤而已矣。

"王曰，何以利吾国，大夫⑥曰，何以利吾家，士庶人⑦曰，何以利吾身，上下⑧交征利，而国危矣。

"万乘之国⑨，弑⑩其君者，必千乘之家；千乘之国，弑其君者，必百乘之家。万取千焉，千取百焉，不为不多矣。苟为⑪后义而先利，不夺不餍⑫。

"未有仁而遗其亲者也，未有义而后其君者也。王亦曰仁义而已矣，何必曰利?"

【注释】

①子：对人的一种尊称，和现在称"先生"差不多。梁惠王：即魏惠王，名叫罃（yīng），公元前370年即位，前334年死。魏与韩、赵三家春秋时本是晋国的大夫，后来逐渐吞灭晋国其他世族，三分晋国，到公元前403年，东周威烈王正式承认他们为诸侯，史书多是把这一年作为战国时代的开始。魏惠王因为避秦兵的威胁，从安邑（位于今山西省安邑县）迁都大梁（位于今河南省开封市），所以魏国又称梁国，因而魏惠王又称梁惠王。王本是天子的称号，战国时，魏、齐、秦、韩、赵、燕、楚也都称王。孟子到梁国，是在梁惠王三十五年。②叟：年老的男人，这里是对长老的尊称。③不远千里：不以千里为远，远字在这里是意动用法。④利：指富国强兵之类。⑤仁义：仁，爱，重在思想；义，宜（指应做的事），重在行为。⑥大夫：官名。夏、商、周三代官制，分卿、大夫、士三个等级，大夫中又分上中下三等。⑦士：三代时士也分上中下三级。庶人：古时候称小官吏为庶人，又百姓也叫庶人，这里指前者。⑧上下：指从王到庶人。交：互相。征：取，求。⑨万乘（shèng）之国：一车四马叫乘，万乘之国，指能出兵车万乘的国家。其下千乘、百乘以此类推。按规定：只有天子才能有万乘，诸侯有千乘、百乘不等。⑩弑（shì）：古代君杀臣、子女杀父母叫弑。⑪苟为：如果真是。⑫不夺不餍：夺，篡夺；餍（yàn），满足。

【译文】

孟子拜见梁惠王。惠王说："老人家，不远千里而来，也将有什么有利于我国吗?"孟子回答道："大王何必讲利? 有仁义就够了。大王说，有什么有利于我国，大夫们说，有什么有利于我家，士和庶人们说，有什么有利于我们，（这样）上下互相求利，那么，国家就危险了。有兵车万乘的国家，谋杀他们的君主的，必然是有兵车千乘的大夫之家；能出兵车千乘的国家，谋杀他们的君主的，必然是能出兵车百乘的大夫之家。（大国的大夫从）能出万乘兵车的国家中获得兵车千乘，（次国的大夫从）能出千乘兵车的国家中获得兵车百乘，不能说是不多了。假如真个是轻义而重利，那就不闹到夺取君位的地步是不能满足的。（可是）从来没有讲仁德的人会遗弃他的双亲的，从来没有行义理的人会不尊重他的君上的。大王您也只要实行仁义就够了，何必讲利呢？"

第二章

孟子见梁惠王，王立于沼上①，顾鸿雁麋鹿②，曰："贤者亦乐此乎？"孟子对曰："贤者而后乐此，不贤者虽有此，不乐也。《诗》云③：'经始灵台④，经之营⑤之，庶民⑥攻之，不日成之。经始勿亟⑦，庶民子来。王在灵囿⑧，麀鹿攸伏⑨。麀鹿濯濯⑩，白鸟鹤鹤⑪。王在灵沼，於牣⑫鱼跃。'文王以民力为台为沼，而民欢乐之，谓其台曰'灵台'，谓其沼曰'灵沼'，乐其有麋鹿鱼鳖。古之人与民偕乐，故能乐也。"

"《汤誓》曰⑬：'时⑭日害丧，予及女偕亡。'民欲与之偕亡，虽有台池鸟兽，岂能独乐哉？"

【注释】

①沼：水池。②顾：望着。鸿雁麋鹿：鸿，雁中较大的；麋（mí），鹿中较大的。这里鸿雁麋鹿并提，以见禽兽的众多。③《诗》云：这里的《诗》是指《诗经》。以下的十二句诗，引自颂扬周文王建造灵台、享受苑囿钟鼓之乐的《大雅·灵台》诗，每六句为一章，这里引的是该诗的第一、二章。④经：测量。灵台：台名，故址位于今陕西西安西北。旧说文王所造，由于百姓的共同操作，落成很快，如有神帮助，所以叫灵台（下"灵囿""灵沼"同）。⑤营：营谋，计划。⑥庶民：众民。攻：建造。⑦亟（jí）：急。"勿亟"是说文王不加督促。⑧囿（yòu）：养动物的园林。⑨麀（yōu）鹿：母鹿。攸：处所。"攸伏"是说（母鹿）安于它原来所在的地方，没有被惊动。⑩濯濯（zhuó）：肥大而有光泽。⑪鹤鹤：《诗经》作翯翯（hè），洁白的样子。⑫於（wū）：赞美词。牣（rèng）：充满。这句是赞叹鱼儿充满水池，蹦蹦跳跳。⑬《汤誓》：《尚书》篇名，是伊尹辅佐商汤王伐夏桀王时的誓词。⑭时：是，这个。害：读 hé，同曷，何时。丧（sàng）：灭亡。夏朝的暴君桀曾说过："我拥有天下，就如同天上有太阳一样；太阳毁灭了，我才会灭亡呢。"老百姓对他的暴虐怨恨到了极点，就冲着他说："这个太阳什么时候灭亡呢？要是它会灭亡，那我们即使跟它一块灭亡也在所不惜。"

【译文】

孟子谒见梁惠王，惠王站在水沼上，望着（那许多）鸿雁麋鹿，（得意洋洋地）问孟子道："贤德的人也喜欢享受这些东西吗？"孟子（回答）说："是贤德的人然后才能享受到这些东西，不贤德的人，尽管拥有这些东西也享受不到。《诗》里面说：'开始筹建灵台，又是测量又是经营。百姓齐来建造它，不多几天便完工。动工不用督促，百姓都如子女自动来。文王偶来游灵囿，母鹿伏地自悠悠。母鹿长得肥又美，瑞鹤洁白世无俦！文王来到灵沼旁，啊！满池鱼儿蹦的欢！'文王用百姓的劳力建台开沼，百姓却高高兴兴，称他的台为灵台，称他的沼为灵沼，为他能享受到麋鹿鱼鳖的奉养而快乐。古时的贤者能够与民同乐，所以能得到欢乐。

"《尚书》里的《汤誓》（载着百姓诅咒暴君夏桀王的话）道：'这个太阳什么时候灭亡呢？我们愿意跟你一同灭亡。'百姓要跟他一同灭亡，那他即使有台池鸟兽，难道能够独个享受么？"

第三章

梁惠王曰："寡人之于国也，尽心焉耳矣[1]！河内凶，则移其民于河东，移其粟于河内[2]；河东凶亦然[3]。察邻国之政[4]，无如寡人之用心者。邻国之民不加少，寡人之民不加[5]多，何也？"

孟子对曰："王好战，请以战喻：填然鼓之[6]，兵刃既接，弃甲曳兵而走[7]。或百步而后止，或五十步而后止，以五十步笑百步，则何如[8]？"

曰："不可；直不百步耳，是亦走也[9]。"

曰："王如知此，则无望民之多于邻国也。不违[10]农时，谷不可胜食也；数罟不入洿池[11]，鱼鳖不可胜食也；斧斤[12]以时入山林，材木不可胜用也。谷与鱼鳖不可胜食，材木不可胜用，是使民养生丧死无憾也[13]。养生丧死无憾，王道[14]之始也。

"五亩之宅，树之以桑，五十者可以衣帛矣[15]；鸡豚狗彘之畜，无失其时[16]，七十者可以食肉矣；百亩之田，勿夺其时[17]，数口之家，可以无饥矣；谨庠[18]序之教，申之以孝悌之义[19]，颁白者不负戴于道路矣[20]。七十者衣帛食肉，黎民[21]不饥不寒；然而不王者，未之有也[22]。

"狗彘食人食而不知检[23]，涂有饿莩而不知发[24]；人死，则曰：'非我也，岁也。'是何异于刺人而杀之，曰：'非我也，兵也？'王无罪岁，斯天下之民至焉。"

【注释】

①寡人：古时王侯自我谦称，跟说寡德的人差不多，《老子》："王侯自称孤寡、不谷"（谷，有善的意思）。焉耳矣：三个语气词叠用，用来加重语气，表示恳至的感情。②凶：发生灾荒。河内：魏地，在今河南省济源县一带。河东：魏地，在今山西省安邑县一带。③亦然：也是这样做。④政：指忧民的设施。用心：即上文所说的"尽心"。⑤加：在这里作"更"字解。战国时七雄割据，战祸连年，杀人盈城盈野，人口锐减，为了争雄称霸，当时诸侯都以招徕远人，增加人口为急务。⑥填然：鼓声冬冬的样子。鼓：击鼓，名词动用。之：语气词，没有实际意义。古时击鼓进兵，鸣金退兵。⑦兵：兵器。刃：本指刀口，刀口是武器锋利的部分，所以兵刃有锋利的武器的意思。既：已经。接：接触，相交。甲：铠（kǎi）甲，这是古代兵士打仗穿的用金属片缀成的护身衣。曳（yè）：拖着。走：奔逃。⑧或：有的人，虚指代词。以：拿。何如：怎么样，有"是否可以"的意思。⑨直：只是。耳：语气词，表限止，有"罢了"的意思。⑩违：妨碍。农时：指耕耘收割的季节。⑪数（cù）：密。罟（gǔ）：网。洿（wū）：低洼的地方。⑫斤：大斧。时：指草木零落的季节。⑬养生：养活生者。丧（sāng）死：安葬死者。憾（hàn）：恨。⑭王道：指古代政治哲学中君主以所谓以仁义治天下的政策，与凭借武力、刑法、权势等进行统治的霸道是相对的。⑮五亩之宅：宅，住宅。古代丁壮农民一人所受住宅，在田野和在村庄的各占地二亩半，合起来为五亩（约合今天一亩二分多）。春天农事开始，农夫出居田野，冬天农事毕，入居村庄。树：栽种。衣（yì）：穿，名词动用。帛（bó）：丝织品的总称。⑯豚（tún）：小猪。彘（zhì）：猪。畜：牲畜。时：指交配、繁殖和饲养的适当时机。⑰百亩之田：孟子认为古时一个成年农民受田百亩，所以"百亩之田"，是指一家所耕种田地的面积。⑱庠（xiáng）序：古代乡学，商朝叫序，周朝叫庠，这里泛指学校。谨：认真办好。⑲申：反复陈述。孝悌（tì）：善于奉事父母叫孝，善于奉事兄长叫悌。悌，古书中作弟。⑳颁（bān）：与斑（亦作班）同，颁白，头发花白。负戴：负是背东西，戴是用头顶东西。㉑黎民：古代对老

百姓的通称。黎，黑色，黎民，黑头发的人，同秦朝称老百姓为黔（qián，黑色）首相类似。㉒王（wàng）：拥有天下称王，名词动用。未之有也：是"未有之也"的倒装。㉓知检：制约。㉔涂：同途，路上。莩（piǎo）：同殍，饿死的人。发：指发放仓里的存粮以赈救饥民。

【译文】

梁惠王说："我对于治理国家，（真个是）尽心尽力了呀！河内发生了灾荒，就将那里的老百姓移往河东，将河东的粮食运到河内。河东发生了灾荒时，我也是这样做。看看邻国的君主办理政事，没有一个像我这样尽心的。可是，邻国的人民并没有减少，而我的人民并没有增多，这是什么原因呢？"

孟子回答道："大王喜欢打仗，就让我拿战争来打比方吧。战鼓冬冬地敲响了，短兵已经相接，（打了败仗的）就抛下盔甲，拖着武器，狼狈逃窜，有的逃了一百步才停下来，有的只逃五十步就停下来，后者拿自己只后退五十来步这点去讥笑后退上百步的人（怕死），（您觉得）怎么样呢？"

梁惠王说："不行；只不过没有逃跑上百步罢了，可这也是逃跑呀。"孟子说，"大王您既然懂得了这个道理，就不必去指望您国家的人民比邻国增多啦。（治理国家的人）只要不去侵犯农民耕种的时间，那粮食就吃不了；不拿过于细密的鱼网到池塘中去捞鱼，那鱼类水产便吃不完；砍伐林木有定时，那木材便用不尽。粮食和鱼类水产吃不完，木材用不尽，这样便使老百姓供养生人、安葬死者不会感到什么不足用。老百姓养生送死没有什么不足用，这便是王道的起点。

"在五亩大的住宅旁，种上桑树，上了五十岁的人就可以穿上丝绵袄了；鸡和猪狗一类家畜不要耽误它们繁殖饲养的时间，上了七十岁的人就可以经常吃到肉了。一家一户所种百亩的田地能适时得到耕种，数口之家就不会闹饥荒了。认真地搞好学校教育，反复地阐明孝顺父母、尊敬长上的道理，头发花白的老人们就不会肩挑背负出现在道路上了。七十岁上的人穿着丝绵吃肉食，老百姓不少食缺衣，这样还不能实现王道的事，是决不会有的。

"现在，富贵人家的猪狗一类家畜吃着人吃的粮食却不知道制止，路上出现了饿死的人却不知道赈济饥民；老百姓死了，却说'（致他们于死的）不是我，是凶年饥岁'，这和拿刀子杀人，却说'杀人的不是我，是兵器'有什么不同呢？大王您要是能够不归罪于凶年饥岁，这样，天下的老百姓便会到您这儿来了。"

第四章

梁惠王曰："寡人愿安承教①。"

孟子对曰："杀人以梃与刃，有以异乎②？"

曰："无以异也。"

"以刃与政，有以异乎？"

曰："无以异也。"

曰："庖有肥肉，厩有肥马③，民有饥色，野有饿莩，此率兽而食人也。兽相食，且人恶之④；为民父母行政，不免于率兽而食人，恶在其为民父母也⑤？仲尼曰：'始作俑者，其无后乎！'为其象人而用之也⑥。如之何其使斯民饥而死也？"

【注释】

①安：安心乐意，作动词"承"的状语。承：接受。②梃（tǐng）：棍棒。③庖（páo）：厨房。厩（jiù）：马棚，泛指牲口棚。④且：尚且，作副词用。恶（wù）：讨厌。⑤恶（wū）在：恶，疑问代词，恶在，跟说"何在"相似。⑥俑（yǒng），殉葬用的土偶，木偶古代最先用活人殉葬，后来才用土偶，木偶殉葬。

【译文】

梁惠王（对孟子）说："我极乐意地接受您的教导。"

孟子回答道："用棍棒和用刀子杀害人，有什么不同吗？"

惠王说："没有不同。"

（孟子紧接上去问道：）"用刀子和用政治杀害人有什么不同吗？"

惠王说："没有什么不同。"

孟子说："厨房里摆着肥美的肉食，马栏里养着膘肥体壮的马匹，老百姓却面有饥色，田野上横陈着饿死者的尸体，这无异于驱赶兽类去吃人。兽类自相残食，人们尚且憎恶这种行为；那些号称为民父母的君主，办理政事时，不免做出类似驱赶兽类去吃人的事情来，那么，他们作为人民父母的意义又在哪里呢？孔子说过一句这样的话：'第一个制作殉葬用的木（土）偶的人，该会没有后代留下吧！'（孔子对这个为什么要深恶痛绝呢？）就因为用了像人形貌的木（土）偶去殉葬。（用像人形的土偶木偶来殉葬，尚且不可）办理政事的又怎么可以使这些老百姓饥饿至死呢？"

第五章

梁惠王曰："晋国①，天下莫强焉②，叟之所知也。及寡人之身，东败于齐，长子死焉③；西丧④地于秦七百里；南辱于楚⑤。寡人耻之，愿比死者一洒之⑥。如之何则可？"

孟子对曰："地方百里而可以王⑦。王如施仁政于民，省刑罚，薄税敛，深耕易耨⑧；壮者以暇日修其孝弟忠信，入以事其父兄，出以事其长上，可使制⑨梃以挞秦楚之坚甲利兵矣。

"彼夺其民时，使不得耕耨以养其父母，父母冻饿，兄弟妻子离散。彼陷溺⑩其民，王往而征之，夫谁与王敌？故曰：'仁者无敌⑪。'王请勿疑！"

【注释】

①晋国：即魏国。这里梁惠王称自己的国家为晋国，据记载当时的魏人周霄也自称晋国，又据1957年在安徽寿县出土的《鄂君启金节铭文》，当时的楚国也称魏国为晋国。②莫：无指代词，这里代国家，跟说"没有国家"差不多。焉：于是，"强于是"是说比这个更强。③东败于齐，长子死焉：《史记·魏世家》载，魏惠王三十年，魏国攻打赵国，赵国向齐国求援，齐宣王用孙膑的计策，出兵救赵击魏。魏国派庞涓率领大军，并让太子申做上将军，跟齐军作战，在马陵被齐军打败，太子申当了俘虏，庞涓也被杀了。梁惠王这里说的便是指那次战役。④丧（sàng）：失。据《史记·魏世家》记载，魏惠王三十一年、三

十二年，魏国屡败于秦，国土日削，惠王恐惧，只好派使者割河西之地给秦国求和。⑤南辱于楚：据《战国策》记载，魏军包围赵国的邯郸，楚国派景舍率领军队救赵，攻占了魏国睢秒之间的土地，这件事发生在梁惠王时；"南辱于楚"无疑指的便是这个。⑥比（bì）：为，代。一：全部。洒：即洗，洒字与洗字古时通用，洗雪。⑦地方百里：指土地见方百里（即纵横各百里）的小国。⑧易耨（yínòu）：耨，耘田除草。易，副词，有迅速的意思。⑨制：应该读作掣（chè），提，拿。挞（tà）：用鞭子或是棍子打人。⑩陷溺（nì）：有坑害、暴虐的意思。⑪'仁者无敌'：大概是句古语，所以孟子引来作结，加上"故曰"二字。

【译文】

梁惠王（对孟子）说："晋（魏）国的强大，当今世上没有哪个国家比得过，这是您所知道的。但到了我继承王位，东面被齐国打败，连我的大儿子也送了命；西面丧失土地七百余里给秦国；南面又被楚国所折辱。我对此深以为耻，希望替那些为国牺牲的人彻底雪耻报仇。要怎么办才可以（做到）呢？"

孟子答道："（国家不在大）只要有见方圆百里的土地就可以实行王道。大王您如果能够对人民实施仁政，废除严刑峻法，减免苛捐杂税，督促人民深耕土地，速除杂草；壮年人还在闲暇时讲求孝顺父母、尊敬兄长、办事尽力和待人诚实的道理，在家里便用来奉事父兄，出外便用来奉事长辈和上级（包括国君），这样便可以使他们即使是拿起木棒也足以打败秦楚身披坚厚的铁甲、手执锐利的兵器的军队了。

"（秦、楚、齐等）那些国家剥夺人民的耕种时间，使他们不能农耕来养活他们的父母，以至父母受冻挨饿，妻离子散，兄弟天各一方。他们使人民陷于水深火热之中，大王您派军队前往讨伐他们，又有谁会跟您对抗呢？所以有句老话说：'奉行仁政的人无敌于天下。'大王啊，希望您对这个道理不要再怀疑了！"

第六章

孟子见梁襄王①，出，语人曰②："望之不似人君，就之而不见所畏焉③。卒然④问曰：'天下恶乎定？'吾对曰：'定于一。'"

"'孰能一之？'"

"对曰：'不嗜杀人者能一之。'"

"'孰能与⑤之？'"

对曰："'天下莫不与也。王知夫苗⑥乎？七八月⑦之间旱，则苗槁矣。天油然作云，沛然下雨，则苗浡然兴之矣⑧。其如是，孰能御之？今夫天下之人牧⑨，未有不嗜杀人者也。如有不嗜杀人者，则天下之民皆引领⑩而望之矣。诚如是也，民归之，由水之就下⑪，沛然谁能御之？'"

【注释】

①襄（xiāng）王：惠王的儿子。②语（yù）：告诉。③就：靠近。所畏：可敬畏的地方。所字后跟他动词畏字，组成"所字结构"，相当于一个名词，做动词"见"的宾语。④卒（cù）然：突然，出乎意料。⑤与：有服从或归附之意。⑥夫：语助词。苗：禾苗。⑦七八月：周朝建子，以夏历十一月为正月，所以周历七八月，即建寅的夏历的五六月。⑧浡（bó）然：蓬蓬勃勃生长的样子。兴，生长。之：语气词，无

实际意义，只起调整音节的作用。凡是跟在自动词后面的"之"字多是属于此类。⑨人牧：牧养百姓的人，指人君。⑩引领：伸长脖子。⑪由：通犹，好像。这里的"沛然"，有水流迅疾，势不可挡的意思，与上面"沛然下雨"的"沛然"含意略有出入。

【译文】

　　孟子拜见梁襄王，出来之后，对别人说："远望不像个国君的样子，靠近他前面却又看不到有什么使人敬畏的地方。（见了我后），突然问道：'天下要怎样才能安定呢？'我回答说：'天下安定在于统一。'"

　　（他又问道：）"谁能统一天下呢？'"

　　我回答说："不喜欢杀人的国君就能统一天下。"

　　（他又问：）"谁会归附他呢？"

　　我又回答："天下没有不归附他的。大王知道禾苗生长的情况吗？当七八月间发生干旱，禾苗就枯槁了。一旦天上乌云翻滚，大雨倾盆，禾苗便又蓬蓬勃勃地生长了。要是像这样，谁能阻挡它（生长）呢！现在世上那些做国君的人，没有不喜欢杀人的，如果有不喜欢杀人的，天下的老百姓，就都会伸长脖子指望他来解救自己。假如真是这样，那么，老百姓归附他，就好像水向低处流，奔腾澎湃，有谁能阻挡得住它们呢！'"

第七章

　　齐宣王问曰①："齐桓、晋文之事②，可得闻乎？"

　　孟子对曰："仲尼之徒，无道桓文之事者，是以后世无传焉，臣未之闻也。无以③，则王乎？"

　　曰："德何如则可以王矣？"

　　曰："保民而王，莫之能御也。"

　　曰："若寡人者，可以保民乎哉？"

　　曰："可。"

　　曰："何由知吾可也？"

　　曰："臣闻之胡龁④曰，王坐于堂上，有牵牛而过堂下者，王见之，曰：'牛何之？'对曰：'将以衅钟⑤。'王曰：'舍之！吾不忍其觳觫⑥，若无罪而就死地。'对曰：'然则废衅钟与？'曰：'何可废也？以羊易之！'不识有诸⑦？"

　　曰："有之。"

　　曰："是心足以王矣。百姓皆以王为爱也，臣固知王之不忍也。"

　　王曰："然，诚有百姓者，齐国虽褊小⑧，吾何爱一牛？即不忍其觳觫，若无罪而就死地，故以羊易之也。"

　　曰："王无异于百姓之以王为爱也。以小易大，彼恶知之？王若隐⑨其无罪而就死地，则牛羊何择焉？"

　　王笑曰："是诚何心哉？我非爱其财而易之以羊也，宜乎百姓之谓我爱也。"

　　曰："无伤也，是乃仁术⑩也，见牛未见羊也。君子之于禽兽也，见其生，不忍见其死；闻其声，不忍食其肉。是以君子远⑪庖厨也。"

王说⑫曰："《诗》云：'他人有心，予忖度之⑬。'夫子⑭之谓也。夫我乃行之，反而求之，不得吾心。夫子言之，于我心有戚戚⑮焉。此心之所以合于王者，何也？"

曰："有复于王者曰：'吾力足以举百钧，而不足以举一羽⑯；明足以察秋毫之末，而不见舆薪⑰。'则王许之乎？"

曰："否。"

"今恩足以及禽兽，而功不至于百姓者，独何与？然则一羽之不举，为不用力焉；舆薪之不见，为不用明焉；百姓之不见保，为不用恩焉。故王之不王，不为也，非不能也。"

曰："不为者与不能者之形何以异？"

曰："挟太山以超北海，语人曰'我不能'，是诚不能也。为长者折枝，语人曰'我不能'，是不为也，非不能也⑱。故王之不王，非挟太山以超北海之类也；王之不王，是折枝之类也。

"老吾老，以及人之老；幼吾幼，以及人之幼⑲，天下可运于掌。《诗》云⑳：'刑于寡妻，至于兄弟，以御于家邦㉑。'言举斯心加诸彼而已。故推恩足以保四海，不推恩无以保妻子。古之人所以大过人者，无他焉，善推其所为而已矣。今恩足以及禽兽，而功不至于百姓者，独何与？

"权㉒，然后知轻重；度，然后知长短。物皆然，心为甚。王请度之㉓！

"抑王兴甲兵，危士臣，构怨于诸侯㉔，然后快于心与？"

王曰："否，吾何快于是？将以求吾所大欲也㉕。"

曰："王之所大欲，可得闻与？"

王笑而不言。

曰："为肥甘不足于口与？轻煖不足于体与？抑为采色不足视于目与㉖？声音不足听于耳与？便嬖㉗不足使令于前与？王之诸臣皆足以供之，而王岂为是哉？"

曰："否，吾不为是也。"

曰："然则王之所大欲可知已，欲辟土地㉘，朝秦楚㉙，莅中国而抚四夷也㉚。以若所为㉛，求若所欲，犹缘木而求鱼也。"

王曰："若是其甚与？"

曰："殆有甚焉㉜。缘木求鱼，虽不得鱼，无后灾；以若所为，求若所欲，尽心力而为之，后必有灾。"

曰："可得闻与？"

曰："邹人与楚人战，则王以为孰胜㉝？"

曰："楚人胜。"

曰："然则小固不可以敌大，寡固不可以敌众，弱固不可以敌强。海内之地，方千里者九，齐集有其一㉞。以一服八，何以异于邹敌楚哉？盖亦反其本矣㉟。

"今王发政施仁，使天下仕者皆欲立于王之朝，耕者皆欲耕于王之野，商贾皆欲藏于王之市，行旅皆欲出于王之涂，天下之欲疾其君者，皆欲赴愬于王㊱。其若是，孰能御之?"

王曰:"吾惛,不能进于是矣㊲。愿夫子辅吾志㊳,明以教我。我虽不敏,请尝试之。"

曰:"无恒产而有恒心者㊴,惟士为能。若民,则无恒产,因无恒心㊵。苟无恒心,放辟邪侈,无不为已。及陷于罪,然后从而刑之㊶,是罔㊷民也。焉有仁人在位,罔民而可为也? 是故明君制民之产,必使仰足以事父母,俯足以畜妻子;乐岁终身饱,凶年免于死亡;然后驱而之善,故民之从之也轻。

"今也制民之产,仰不足以事父母,俯不足以畜妻子;乐岁终身苦,凶年不免于死亡。此惟救死而恐不赡,奚暇治礼义哉?

"王欲行之,则盍反其本矣:五亩之宅,树之以桑,五十者可以衣帛矣。鸡豚狗彘之畜,无失其时,七十者可以食肉矣。百亩之田,勿夺其时,八口之家,可以无饥矣。谨庠序之教,申之以孝悌之义,颁白者不负戴于道路矣。老者衣帛食肉,黎民不饥不寒,然而不王者,未之有也。"

【注释】

①齐宣王:姓田,名辟疆,齐威王的儿子,在位十八年。②齐桓、晋文:齐桓公,名小白,晋文公,姓姬,名重耳,先后称霸于春秋时期,与秦穆公、楚庄王、宋襄公合称春秋五霸。③以:通已。无以,不愿就此停止,一定要说下去。④胡龁(hé):齐宣王近臣。⑤衅钟:衅(xìn),同衅,本解隙,衅钟,是古代新钟铸成,宰杀牲口,取血涂钟上的缝隙,叫作血祭。⑥觳觫(húsù):因恐惧而浑身发抖。⑦若:这样。与:同欤,疑问语气词,用在这里表示反诘。诸:等于"之乎"。⑧褊(biǎn)小:狭小。⑨隐:有哀怜的意思。⑩无伤:不妨事,没有关系。乃,副词,摆在名词谓语(仁术)之前,构成一个判断句,它前面的"是"字是指示代词(这)。仁术:行仁政的方法。⑪远(yuàn):远离,使动用法。⑫说(yuè):与悦通,高兴。⑬这两句诗引自《诗经·小雅·巧言》(这是一首讽刺统治者信谗乱政的诗)第四章。忖度(cǔnduó):推测,揣想。⑭夫子:古代对人(无论尊卑贵贱)的敬称,和称先生、长者差不多,始于《尚书》的"勖(xù)哉夫子",后相沿用为对老师的专称。⑮戚戚:心动的样子;由于切合本意而感到心动。⑯复:禀白,报告。钧:古代三十斤为一钧。⑰秋毫之末:鸟兽到秋天换毛,新长的毛细,尖端尤其锐小,称为秋毫。秋毫之末,比喻极细微的东西。毫,也作豪。舆薪:车子装着的木柴。⑱挟:用腋夹着东西。太山:即泰山。超:跳过。北海:即渤海。为长者折枝:过去有几种解释,这里采用赵歧的注释,为年老的人按摩肢体以解除疲劳。⑲老吾老,以及人之老:第一个老字是动词,尊奉;第二三个老字是名词,父兄。幼吾幼,以及人之幼:第一个幼字是动词,爱抚;第二三个幼字是名词,子弟。⑳《诗》云:这里的《诗》是指推原周文王所以圣明的缘故,在于有良母之教和贤妻之助的《大雅·思齐》篇。下面引的三句见本篇第二章。㉑刑于寡妻:刑,同型,典型,法则,这里名词动用,有示范、作出榜样的意思。寡妻的寡,有大的意思。御:治;又可解作进。家:指封建有采邑的卿大夫之家。㉒权:本指秤锤,这里作动词,有称物的意思。(下句度字,本指丈尺,同样也是作动词,有量物的意思。)㉓心为甚:意思是说物的轻重长短难齐,一定要称一称、量一量然后才知道,心的轻重长短,和物相比较就更难齐一,尤其应该好好斟酌。"王请度之"的"度",读duó。㉔抑:转折连词,有"难道"的意思。危士臣:陷士卒臣民于危险境地,也即是说叫士卒臣民去冒生命危险。危,使动用法。构怨:结怨。㉕所大欲:所十分希望求得的东西。"欲"是他动词,"大"是修饰动词"欲"字表程度的副词。㉖抑:此处"抑"字是选择连词,有"还是"的意思。采色:文采(指衣着陈设的漂亮)美色(指后宫妇女容貌的美丽)。㉗便嬖(piánbì):左右受宠爱的人。㉘辟:同僻,辟土地,是说开辟土地,实即侵占别国国土,扩张自己的疆域。㉙朝

(cháo)：使之来朝见，使动用法。秦楚：当时的大国。大国犹能使之朝见自己，小国自不待言了。㉚莅(lì)：临。中国：指当时的中原，莅中国，是说君临（即统治）中原。抚四夷：安抚四方边远少数民族地区。古时汉族统治阶级大汉族主义思想严重，鄙视周边民族，称之为蛮夷戎狄，或概称为夷。㉛若：第二人称代词，你。㉜殆(dài)：几乎，大概。有：同又。㉝邹：当时小国，位于今山东邹县一带。楚：当时大国，原在今湖北和湖南北部，后来扩展到今河南、安徽、江苏、浙江、江西和四川。㉞齐集有其一：是说集合齐国的土地，见方千里，占天下土地的九分之一。㉟盖(hé)：何不。㊱疾：痛恨，不满。"疾"字前的"欲"字怀疑是多余的，因为"疾"字前加上一个"欲"字，语意难通，而且上面各句中"仕者"、"耕者"、"商贾"、"行旅"的前面都没有"欲"字。愬：同诉，申诉。㊲惛：同昏，昏乱。不能进于是：进，有行的意思；是，指示代词，指代仁政。㊳辅吾志：和现在说"从思想上帮助我"的意思差不多。㊴恒产：恒，常，一定；产，产业。恒心：人们所常有的善心。㊵若：转折连词，至于。㊶苟：诚，真的（含有假设的意义）。放：放荡。辟：同僻，跟邪的意义相同，邪僻是说不走正路，搞歪门邪道。侈：不守法制，胡作非为。刑：加刑，惩办，名词动用。㊷罔：同网，名词动用，是说像捕鱼一样张开网让人民陷入犯罪的罗网中来。

【译文】

齐宣王问（孟子）道："（您先生可以把）春秋时齐桓公和晋文公称霸的事业讲给我听听吗？"

孟子回答说："孔子门下的人，没有一个讲述齐桓公和晋文公霸业的，所以后世不曾传下来，我没有听说过。如果一定要我说下去，就谈谈王道好吗？"

齐宣王问道："要有怎样的德操才能施行王道呢？"

孟子答道："用安抚人民的方法去实行王道，那是没有谁能阻挡得了的。"

齐宣王又问："像我这样的人，可以安抚百姓吗？"

孟子答道："可以。"

齐宣王又问："您怎么知道我可以呢？"

孟子继续答道："我听到您的近臣胡龁说，有一回您大王坐在堂上，有个人牵着牛走过堂下，您问他道：'牵牛上哪儿去？'他回话道：'要拿它去杀了祭钟。'您说：'放掉它吧！它这样没有罪过却往死地里送，看到它那吓得发抖的样子，我心里实在不忍。'那个人回问道：'那么，就废止祭钟的仪式吗？'您说：'怎么可以废止呢？拿只羊去替换吧！'不知有没有这回事？"

齐宣王说："有这回事。"

孟子说："有这样的好心就足以凭借它来施行王道了。百姓都认为您大王吝啬，我本来就知道您是不忍心哩。"

齐宣王说："对，假如真像百姓所想的，齐国地方虽不大，我怎么会舍不得一头牛呢？就是因为不忍心看到它吓得发抖，这样没有罪过却要往死地里送，所以才说拿只羊去换它。"

孟子说："您莫怪百姓以为您吝啬。拿小小的羊去换下一头牛来，他们又怎么知道您的心意呢？您要是哀怜牲畜没有罪过却往死地里送，那么在牛羊两者之中又有什么选择呢？"

齐宣王不禁发笑道："这真个是什么心理呢？我并不是吝啬才拿只羊去替换它（牛），难怪百姓要说我吝啬哩。"

孟子说："没有关系，这正是仁爱之道，因为你只见到牛没有见到羊。有仁爱之心的人对于那些家禽家畜，看到它们活得那么好，就不忍看着它们死去；听到它们鸣叫声，便不忍心吃它们的肉。所以，一些心地仁厚的人们总是要把厨房建造得离自己的住地远一点。"

齐宣王听了，高兴地说："《诗》里面讲过：'别人有想法，我能忖度它。'这个话像是冲着您老先生说的。我自己做了这件事，回过头来要探索做它的目的和意义，反而得不出。经您这样一讲，我心里又感到有些触动了。这种心地为什么就能与王道仁政相合呢？"

孟子说："有人向大王禀白道：'我的力气能够举起三千斤重的东西，却拿不起一根羽毛；（我的）视力能够看清秋天里刚换过的兽毛的末梢，却看不见一大车木柴。'那么，您大王会赞同他这种说法吗？"

齐宣王说："不，不会。"

孟子紧接上去说："现在您大王一片仁心，使禽兽沾恩，而百姓却得不到恩惠，这是什么原因呢？这样看来，一根羽毛拿不起来，是因为不愿用手力；一车木柴看不见，是因为不用目力；百姓不被爱护，是因为没有广施恩泽。所以您大王的不行王道，是不肯做，并不是不能做。"

齐宣王问道："不肯做和不能做，从外表上说来，有什么不同？"

孟子说："要一个人将泰山挟在腋下跳过渤海，他告诉别人说：'我不能做。'这的确是不能做。叫一个人替年迈力衰的长辈按摩肢体，他对别人说：'我不能做。'这是不肯做，不是不能做。所以您大王的不行王道，统一天下，不是属于那种将泰山挟在腋下跳过渤海之类的事；而是属于替年迈力衰的长辈按摩肢体的事。

"尊奉自家的长辈，推广开去也尊奉人家的长辈；爱抚自家的儿童，推广开去也爱抚人家的儿童，那么，治理天下便可以像把一件小东西放在手掌上转动那样容易了。《诗》里面说过：'在家先为妻子立榜样，然后兄弟也照样，再行推广治家邦。'这不过是说拿自己的一片仁爱之心推加到别人的身上给予人罢了。现在您大王的恩泽能够施于禽兽，而百姓们却得不到点滴好处，这又是为什么呢？

"称一称，然后才知道轻重；量一量，然后才知道长短。凡是物体，没有不是这样的，心的长短轻重比较一般物体更难划一，尤其需要衡量。请您大王细加衡量吧！

"难道您大王要兴师动众，使您的臣下和士兵冒着生命危险，和诸侯结下深仇大恨，然后心里才感到快乐吗？"

齐宣王说："不，我对这个有什么快乐呢？我之所以这样做，是想借此得到我所希望得到的东西。"

孟子问道："您大王所十分希望得到的东西，可以说给我听听吗？"

齐宣王笑笑，不给回答。

孟子（先故意用试探的口吻）问道："是为了好吃的食物不够味吗？轻暖的衣着不够舒适吗？还是为了文采美色不中看吗？琴瑟歌唱不中听吗？侍奉左右的宠臣不够役使吗？您大王下面的臣子这些都能充分供给，您难道为的是这些么？"

齐宣王说："不，我不是为这些。"

孟子说："那么，您所十分希望得到的东西可以知道了，您是想扩张国土，使秦、楚等大国北面朝拜您，然后统治整个中原地带，安抚四方边远部族地区。凭您现在的所作所为，去追求您所想得到的东西，就像是爬到树上去寻求鱼一样。"

齐宣王问道："事情会像这么严重吗？"

孟子说："恐怕还要更严重哩。爬到树上去寻求鱼，尽管抓不到鱼，却不会有什么后患；

凭您的所作所为，去追求您所希望得到的东西，虽然尽心竭力地去做，却一定会留下灾祸在后头。"

齐宣王说："您可以把（后必有灾的）道理讲给我听听吗？"

孟子反问道："假如邹国人跟楚国人开战，那么您大王认为谁会胜利呢？"

齐宣王回答道："当然楚国人会胜利。"

孟子说："这样说来，小国本来就不可以抵挡大国，人数少的本来就不可以抵挡人数多的，势力弱的本来就不可以抵挡势力强的。现在天下拥有千里见方的土地的一共只有九个，齐国的土地凑合起来也不过只占九分之一。拿九分之一的地方去征服九分之八的地方，这跟邹国去和楚国作对又有什么两样呢？您又为什么不回到根本上去求得问题的解决呢？

"现在您大王如果发布命令，施行仁政，使天下想做官的人们都愿意在您大王的朝中做官，耕田的人都愿意在您大王的田野里种地，经商的人们都愿意到您大王的街市上做生意，旅行的人们都愿意到您大王的国土上来游历，天下那些对自己的国君不满的臣僚都愿来到您大王跟前申诉。要是真能做到这样，又有谁能跟您对敌呢？"

齐宣王说："我的脑子不大好使了，不能施行这样的仁政了。希望您先生多对我进行帮助，明确地教导我。我虽然缺乏才干，请让我试一试。"

孟子道："一个人没有一定的维持生计的产业，却能坚持一贯向善的好思想，这只有读书明理的人才做得到。至于一般老百姓，那就只有失去了一定的维持生计的产业，因而就会动摇一贯向善的思想。假使真个没有了这种好思想，那就放荡邪僻，不守法纪，胡作非为，没有什么干不出来的事了。等到因此犯了罪，然后对他们施加刑罚，这等于设下网罗陷害百姓。哪有仁爱的国君在位，却可以干出陷害百姓的勾当的呢？所以贤明的国君规定老百姓的产业，一定要使他们上能足够奉养他们的父母亲，下能足够养活他们的妻子孩子；遇上好年成终身饱暖，遇上凶年饥岁，也不至于饿死；然后要求他们走上向善的道路，所以老百姓也就容易听从了。

"现在规定老百姓的产业，上不够奉养父母亲，下不够养活老婆孩子；即使年成好，也要终身困苦，遇上凶年饥岁，就更是免不了要饿死。这样就连救自己的性命都还来不及，哪有空余时间去讲究礼义呢？

"大王您既然想成就统一天下的事业，那为何不返回到根本上来呢？在五亩大的住宅旁，种上桑树，五十岁上的人就可以着丝绵袄了；鸡和猪狗一类家畜不耽误它们繁殖饲养的时间，上了七十岁年纪的人就可以经常吃到肉食了。一家一户所种百亩的田地能及时得到耕种，八口人吃饭的人家，就可以不闹饥荒了。认真办好教育，弘扬孝顺父母、尊敬长上的道理，须发花白的老人们就不会再肩挑背负在大道上了。年老的人着丝绵、吃肉食，一般老百姓不缺食少衣，这样如果还不能得到广大人民的拥戴，以王道统一天下的，是决不会有的。"

第一篇　梁惠王章句下（凡十六章）

第一章

庄暴见孟子①，曰："暴见于王②，王语暴以好乐③，暴未有以对也。"曰："好乐何如？"

孟子曰："王之好乐甚，则齐国其庶几乎！"

他日，见于王曰："王尝语庄子④以好乐，有诸？"

王变乎色⑤，曰："寡人非能好先王之乐也，直好世俗之乐耳。"

曰："王之好乐甚，则齐其庶几乎。今之乐，由⑥古之乐也。"

曰："可得闻与？"

曰："独乐乐⑦，与人乐乐，孰乐？"

曰："不若与人。"

曰："与少乐乐，与众乐乐，孰乐？"

曰："不若与众。"

"臣请为王言乐。今王鼓乐⑧于此，百姓闻王钟鼓之声，管籥⑨之音，举疾首蹙頞⑩而相告曰：'吾王之好鼓乐，夫何使我至于此极也？父子不相见，兄弟妻子离散？'今王田猎于此，百姓闻王车马之音，见羽旄⑪之美，举疾首蹙頞而相告曰：'吾王之好田猎，夫何使我至于此极也？父子不相见，兄弟妻子离散？'此无他，不与民同乐也。

"今王鼓乐于此，百姓闻王钟鼓之声，管籥之音，举欣欣然有喜色而相告曰：'吾王庶几无疾病与，何以能鼓乐也？'今王田猎于此，百姓闻王车马之音，见羽旄之美，举欣欣然有喜色而相告曰：'吾王庶几无疾病与，何以能田猎也？'此无他，与民同乐也。今王与百姓同乐，则王矣。"

【注释】

①庄暴：齐国的臣子。②见于王：他动词"见"字后加介词"于"字，与不加"于"字有区别，"见于王"是"被王接见"，前面"见孟子"是"来看孟子"。王：指齐宣王。③乐（yuè）：音乐。④庄子：子，古代对有学问、道德或爵位的人的尊称，庄暴是齐国的臣子，"在君主前面直接称臣子的名字"是古代礼制的规定，这里孟子在齐宣王前面不称庄暴而称庄子，可能是记述者的错误。⑤王变乎色：齐王变色是由于对自己的爱好不正当感到惭愧的缘故。⑥由：通犹，有"就像"、"和……差不多"的意思。⑦独乐乐：上乐字读（lè），是动词，有爱好、欣赏的意思。下乐字读（yuè），是名词，作音乐解。⑧鼓乐：奏乐。⑨管籥（yuè）：笙箫之类乐器。⑩举：副词，都。疾首：头痛。蹙（cù）頞（è）：皱着鼻梁发愁的样

子。颏，鼻梁。⑪羽旄（máo）：本指用鸟的五采羽毛和旄牛的尾巴装饰的旗帜，这里作为旗帜的代称。

【译文】

庄暴见到孟子，说："我被大王接见，大王告诉我他喜好音乐，我（一时）想不到用什么话来回答他。"（庄暴稍停一忽儿，）接着问孟子道："（一个做国君的人）喜欢音乐，到底应不应该呢？"

孟子说："齐王要是喜欢音乐到了极点，那么，齐国差不多就可以治理好了吧！"

后来有一天，孟子被齐宣王召见时，说："您曾经告诉过庄暴您喜欢音乐，有这回事吗？"

齐宣王一听，脸上都变了颜色，说："我喜欢的并不是先代帝王遗留下来的古乐，只不过是一些世俗流行的音乐罢了。"

孟子说："大王您要是喜欢音乐到了极点，那么，齐国就会治理得差不多了吧！时下流行的音乐和古代的音乐都一样嘛。"

齐宣王说："可以把这个道理说给我听听吗？"

孟子道："一个人独个儿享受音乐的乐趣，和跟别人一道享受音乐的乐趣，哪一种更快乐些呢？"

齐宣王说："不如跟别人一道听音乐更快乐。"

孟子（继续问）道："跟少数人一道享受音乐的乐趣和跟多数人享受音乐的乐趣，哪一种更快乐些呢？"

齐宣王说："不如跟多数人享受音乐更快乐。"

孟子（紧接着）说："请让我为您陈述一下应该怎样来享受欣赏音乐的乐趣吧。假如现在您大王在这里演奏音乐，老百姓一听到您大王钟鼓的声音和箫管吹出的曲调，大家全皱着鼻梁、感到头痛地互相诉苦道：'我们大王只顾自己听音乐散闷，怎么把我们弄到妻离子散、父母兄弟天各一方的困苦境地呢？现在您大王在这里打猎，老百姓听到您大王车子和马的声音，看见装饰得怪好看的旗帜，大家全皱着鼻梁、感到头痛地互相诉苦道：'我们大王光顾自己打猎开心，怎么把我们弄到妻离子散、父母兄弟天各一方的困苦呢？'这没有别的原因，只是由于不与老百姓一同娱乐的缘故。

"假如现在您大王在这里奏乐，老百姓一听到您钟鼓的声音和箫管吹出的曲调，大家都喜形于色地奔走相告道：'我们大王大概没有什么疾病吧，不然，怎么能奏乐呢？'现在您大王在这里打猎，老百姓一听到您大王车子和马的声音，看见装饰得十分好看的旗帜，大家都喜形于色地奔走相告道：'我们大王大概没有什么疾病吧，不然，怎么能打猎呢？'这没有别的原因，只是由于与老百姓一同娱乐的缘故。现在只要您大王能跟老百姓一同欢乐，就能够使人民归附您，天下就会得到统一了。"

第二章

齐宣王问曰："文王之囿①，方七十里，有诸？"

孟子对曰："于传②有之。"

曰："若是其大③乎？"

曰："民犹以为小也。"

曰："寡人之囿，方四十里，民犹以为大，何也?"曰："文王之囿，方七十里，刍荛④者往焉，雉兔⑤者往焉，与民同之。民以为小，不亦宜乎? 臣始至于境，问国之大禁⑥，然后敢入。臣闻郊关⑦之内有囿方四十里，杀其麋鹿者，如杀人之罪，则是方四十里为阱⑧于国中。民以为大，不亦宜乎?"

【注释】

①囿（yòu）：养动物种花木的园子，古时称为苑（yuàn）囿。②传（zhuàn）：本是指注释经文的著作，这里泛指古书。③若是其大："其"相当于"之"字。④刍荛（chúráo）：刍，本指饲料，荛，本指柴火，这里的"刍荛者"，指割牧草和打柴的人。⑤雉（zhì）兔：雉，野鸡。这里的"雉兔者"指猎取野鸡和兔子的人。⑥大禁：重大的禁令。⑦郊关：古代近郊五十里，远郊百里；这里是指远郊。⑧阱（jǐng）：捕捉野兽用的陷坑。

【译文】

齐宣王问孟子道："据说周文王豢养禽兽种植花木的园子方圆有七十里，有这回事吗?"

孟子回答说："古书上是有这样的记载。"

齐宣王说："真个有这样大么?"

孟子说："老百姓还以为小了呢?"

齐宣王说："我的园子，只有四十里见方，老百姓还认为大了，这是为什么呢?"

孟子说："周文王的园子，周围七十里见方，割牧草和打柴的人可以到那里去，打野鸡、兔子的人也可以到那里去；文王与老百姓一同享有园子的利益，老百姓认为小了，难道不是应该的吗? 我初到达您的边境，先打听一下齐国有哪些重大的禁令，然后才敢进入国境。我听说齐国首都的远郊，有一个四十里见方的园子，射杀园子里的麋鹿的人，就跟犯了杀人罪一个样，这就相当于在国土上，设下了个见方四十里的大陷阱来坑害老百姓，老百姓嫌它大了难道不是应该的吗?"

第三章

齐宣王问曰："交邻国有道乎?"

孟子对曰："有。惟仁者为能以大事小，是故汤事葛①，文王事混夷②。惟智者为能以小事大，故大王事獯鬻③，勾践事吴④。以大事小者，乐天⑤者也；以小事大者，畏天⑥者也。乐天者保天下，畏天者保⑦其国。《诗》云：'畏天之威，于时保之⑧。'"

王曰："大哉言矣! 寡人有疾，寡人好勇。"

对曰："王请无好小勇。夫抚剑疾视⑨曰：'彼恶敢当我哉!'此匹夫⑩之勇，敌一人者也。王请大之!

"《诗》云："王赫斯怒⑪，爰整其旅⑫，以遏徂莒⑬，以笃周祜⑭，以对于天下⑮。'此文王之勇也。文王一怒而安天下之民。

"《书》曰：'天降下民，作之君，作之师，惟曰其助上帝宠之⑯。四方有罪无罪惟我在⑰，天下曷敢有越厥⑱志?'一人衡⑲行于天下，武王耻之。此武王之勇也。而武

王亦一怒而安天下之民⑳。今王亦一怒而安天下之民，民惟恐王之不好勇也。"

【注释】

①汤事葛：汤，商汤王。事，奉事。葛，国名。汤事葛的事，详见《孟子·滕文公章句下》第五章。②文王事混夷：混夷，一作串夷，有的本子作昆夷，西戎国名。文王事混夷的事迹已无法考证，只孔颖达《毛诗正义》引用《帝王世纪》的一段话谈到过这件事。③大王事獯鬻：大王，有的本子作大王，即古公亶父。獯鬻（xūnyù），我国古代北方的一个民族，周朝时叫猃狁（xiǎnyǔn），秦朝时叫匈奴。即本篇十五章中的狄人。大王事獯鬻的事，见下面第十五章。④勾践事吴：勾践（jiàn），越王名。据《左传》哀公元年和《史记·越王勾践世家》以及《国语·吴语》记载，吴王夫差在夫椒打败越军，侵入越国，越王带着余下的五千残兵败将守住会稽，吴王派兵包围会稽，越王于是派大夫文种求和，自请对吴国称臣。⑤乐天：是说喜爱天的美德。天的生人，愿意让他们一同生存；仁者拿美作为致法的榜样，乐行天道，不倚强欺弱，能够以大事小，所以无论到哪里都不会感到不快乐。⑥畏天：是说畏惧天的威严。上天的规律是常常使满招损，谦受益；智者深深懂得这个道理，能够以小事大，不危害自己的国家，所以无时不谨慎戒惧。⑦保：上句"保"字有"享有"、"安定"的意思，下句"保"字有"保护"、"保全"的意思。⑧《诗》云：《诗》指《周颂·我将》。于时：于是。⑨抚剑：用手按剑。疾视：怒目而视。⑩匹夫：一人。⑪《诗》云：这里所引诗句，见《大雅·皇矣》第五章。王赫斯怒：王，指文王，赫，赫然，发怒的样子；斯，指示代词，指代密须国人侵犯他国的暴行。⑫爰：於是。旅：师旅，军队。⑬遏（è）：阻止。徂（cú）：往伐。莒（举）：国名。⑭笃：厚，增加。祜（hù）：福，"周祜"谓周家的福气。⑮对：答，"以对于天下"，是说以回答天下仰里的心。⑯书：指《尚书》（即《书经》）。这里的引文是出自《尚书》逸篇。东晋伪《古文尚书》采入《周书·泰誓》上篇，文字与《孟子》这里引的略有出入。惟曰其助上帝庞之：意思是说君和师的职责只在于帮助上帝慈爱下民。⑰我：周武王姬发自指。⑱厥：用法同其，他（指上天）的。⑲衡：横。在这里"衡"和"横"音义都相同。古书中"衡"常与"横"通用，如《诗》："衡从（同纵）其亩。"⑳武王亦一怒而安天下之民：安，使之安，使动用法。《泰誓》是记武王伐纣到孟津誓师的话，所以孟子作这样的解释。

【译文】

齐宣王问（孟子）道："跟邻国交往有一定的原则和方法吗？"

孟子回答说："有。只有以仁爱为怀的君主才能做到以大国的身份去奉事小国，所以商汤王奉事过葛伯。周文王奉事过混夷。只有明智的君主才能做到以小国的身份奉事大国，所以周的大王古公亶父奉事过强悍的獯鬻族，越王勾践奉事过打败了自己的吴王夫差。以大国的身份奉事小国的，是喜爱天的美德的人；以小国身份奉事大国的，是畏惧天的威严的人。喜爱天的美德的人能够保有天下，畏惧天的威严的人能够保住他们的国家。《诗·周颂》中的《我将》篇说：'敬畏上天的威严，于是保住了这国家的权柄。'"

齐宣王说："您的话实在说得太好了啊！我有个毛病，我喜爱勇敢。"

孟子回答道："我恳请您不要喜爱小勇。有这么一个人，手按佩剑、圆睁双目说：'他怎敢抵挡我呢！'这只是能与人对敌的小勇。我恳请您大王把您喜爱的勇敢扩大一点吧！

"《诗·大雅》中的《皇矣》篇说：'我们文王对密须国人的侵暴行为勃然大怒，于是整顿军队，以阻击侵犯莒国的敌寇，以增厚我周家的福泽，并回答天下对我周天子仰望的厚意。'这就是文王的大勇。文王一旦勃然大怒，便能使天下的人民得到安全。

"《书》里面说：'上天降生下土的人民，替他们立下君主，也替他们安排好老师，派给君主和老师们的任务是帮助上帝慈爱下民。所以，四方的人有罪或是无罪，由我来进行裁决。天下谁敢超越上天的意志起来作乱呢？'有一个人敢在天下横行无忌，武王便认为是自己的耻辱。这就是武王的大勇。武王也是只要一发怒，便能使天下的人民得到安全。现在您大王要是也能做到一旦勃然大怒，便使天下的人民得到安全，那人民便惟恐您大王不喜爱勇敢哩。"

第四章

　　齐宣王见孟子于雪宫①。王曰："贤者亦有此乐乎？"

　　孟子对曰："有。人不得，则非其上②矣。不得而非其上者，非也；为民上而不与民同乐者，亦非也。乐民之乐者，民亦乐其乐；忧民之忧者，民亦忧其忧。乐以天下③，忧以天下，然而不王者，未之有也。

　　"昔者齐景公问于晏子④曰：'吾欲观于转附、朝儛，遵海而南，放于琅邪⑤；吾何修而可以比于先王观也？'

　　"晏子对曰：'善哉问也！天子适诸侯曰巡狩——巡狩者，巡所守⑥也。诸侯朝于天子曰述职——述职者，述所职也。无非事者：春省耕而补不足，秋省敛而助不给⑦。夏谚曰：吾王不游，吾何以休？吾王不豫，吾何以助？一游一豫⑧，为诸侯度。今也不然，师行而粮食，饥者弗食，劳者弗息。睊睊胥谗，民乃作慝⑨。方命虐民，饮食若流⑩。流连荒亡，为诸侯忧。从流下而忘反谓之流，从流上而忘反谓之连，从兽无厌谓之荒，乐酒无厌谓之亡⑪。先王无流连之乐，荒亡之行。惟君所行也。'

　　"景公悦，大戒于国，出舍于郊⑫。于是始兴发，补不足。召大师⑬曰：'为我作君臣相说之乐！'盖《徵招》、《角招》是也⑭。其诗曰：'畜君何尤⑮？'——畜君者，好君也。"

【注释】

　　①雪宫：齐国离宫名。离宫，本是古代帝王筑来用作出巡时休息的行宫，有点类似后来的别墅。见：是说齐宣王在雪宫接见孟子。②非：非议，埋怨。上：指君主。③以：介词，与。下句"忧以天下"的"以"字同。④齐景公：春秋时齐国国君，姓姜，名杵臼。晏子：名婴，齐景公时贤相。现存的《晏子春秋》虽是出于伪托，但所记晏婴的言行，也有助于我们窥见他的为人和学说的一斑。⑤转附、朝儛（cháowǔ）：都是山名。转附可能是现在的芝罘（fú）山（即芝罘岛），朝儛可能是现在山东省荣城县东的召石山。遵：循，沿。放：到。琅邪（yá）：齐国东南边境上的邑名。⑥狩：本读（shòu），冬猎为狩，这里同守。巡所守，是说视察诸侯所守的土地。⑦省（xǐng）：视察。补不足：指补助农具、种子不足的农户。敛：收割。助不给：指帮助劳力、口粮不足的农户。⑧豫：游闲。⑨睊睊（juàn）：侧目面视的样子。胥：都。谗：谤毁。慝（tè）：邪恶，指反对上面统治者的行为。谗和慝，都是贬义词，统治阶级把劳动人民受不了剥削压迫而激起的怨恨和反抗的行为看作是"谗"、"慝"，翻译时为了保持原作语调，仍按文意语译。⑩方命：方是放的假借字，有放弃的意思；命指先王的教导。若流：是说像流水一般的无穷尽。⑪从兽：指田猎。荒：废。乐酒：以饮酒为乐。亡：失，是说废时失事。⑫戒：备，指在首都充分作好赈济贫苦人民的各种准备。舍：居。⑬大师：乐官。大，同太。⑭君臣：指己（景公）与晏子。说：同悦。《徵（zhǐ）招》、《角招》：叫太师所作的乐曲名。徵、角为古代五音中的两个。五音是中国五声音阶上的五个级，相当于现在简谱上的1、2、3、5、6。唐代以来叫合、四、乙、尺、工。更古的时候叫宫、商、

角、徵、羽。招，与韶同，舜的乐曲名。其诗，指《徵招》、《角招》的歌词。⑮畜：制止。尤：过错。

【译文】

齐宣王在雪宫里接见孟子。宣王说："贤德的人也有这种享乐吗？"

孟子问答道："有。人们得不到这种享乐，就会责怪他们的君主。当然，得不到这种享乐便责怪他们的君主，是不对的；作为人民的君主却不与人民一同享受这种快乐，也是不对的。以人民的快乐为自己的快乐的人，人民也会以他的快乐为他们的快乐；以人民的忧愁为自己的忧愁的人，人民也会以他的忧愁为他们的忧愁。乐与天下人民同乐，忧与天下人民同忧，这样还不能使天下归心的事，是决不会有的。

"从前齐景公向晏婴问道：'我打算到转附和朝儛两座名山去游览，然后沿着海岸向南走，直达琅邪邑，我应该怎样做才能比得上古代圣王的游乐呢？'

"晏婴答道：'问道好！天子到诸侯的国家去叫巡狩，就是巡视诸侯所守的疆土。诸侯到天子的朝廷去朝见叫述职，就是汇报诸侯自己所担负的职守的情况。（无论是天子出外巡狩，还是诸侯入朝述职，）没有不是结合着工作进行的：春天视察耕种，并借此补助农具、种子不足的农户；秋天视察收割，并借此补助劳力、口粮不足的农户。夏朝时的俗谚说'我们大王不出游，我怎能获得安慰和整休？我们大王不闲逛，我从何处获补助？我们大王出游或闲逛，全都可以作为诸侯学习的法度。'现在情况就不同了，天子一出来巡游，人们要为他奔忙，粮食要被他消耗，饥饿的人们吃不上饭，劳苦的人们得不到休息。群众侧目而视，怨声载道，看看都要起来作恶了。这样放弃先王的教导，虐害老百姓，豪饮暴食，像流水般地没个穷尽。这种流连荒亡的行为，不能不使诸侯们为之深深担忧。（什么叫流连荒亡呢？）从上流放舟而下游乐忘返叫作流，从下流挽舟而上游乐忘返叫作连，打猎没个满足叫作荒，酗酒没有个节制叫作亡。古代的圣王不作这种流连忘返的游乐、荒亡无节制的行为。（何去何从？）就由您大王自己选择了。'

"景公听了很高兴，在国都作好充分的准备，然后自己到郊外去住下，于是开始行惠政，打开仓库拿出粮食来赈济缺衣少食的贫苦人民。并把乐官召来说：'替我作一首君臣同乐歌吧！'大概就是《徵招》、《角招》两首歌。那歌辞中说，'制止君主的物欲又有什么过错呢？'——制止君主的物欲，正是爱护君主呢。"

第五章

齐宣王问曰："人皆谓我毁明堂，毁诸，已①乎？"

孟子对曰："夫明堂者，王者之堂也。王欲行王政，则勿毁之矣。"

王曰："王政可得闻与？"

对曰："昔者文王之治岐②也，耕者九一③，仕者世禄④，关市讥而不征⑤，泽梁⑥无禁，罪人不孥⑦。老而无妻曰鳏⑧，老而无夫曰寡，老而无子曰独，幼而无父曰孤。此四者，天下之穷民而无告⑨者。文王发政⑩施仁，必先斯四者。《诗》云：'哿矣富人，哀此茕独⑪！'"

王曰："善哉言乎！"

曰："王如善之，则何为不行？"

王曰："寡人有疾，寡人好货⑫。"

对曰："昔者公刘好货⑬，《诗》云：'乃积乃仓⑭，乃裹糇粮⑮，于橐于囊⑯。思戢用光⑰。弓矢斯张，干戈戚扬⑱，爰方启行⑲。'故居者有积仓，行者有裹囊⑳也，然后可以爰方启行。王如好货，与百姓同之，于王何有！"

王曰："寡人有疾，寡人好色。"

对曰："昔者大王㉑好色，爱厥妃。《诗》云：'古公亶父，来朝走马㉒，率西水浒㉓，至于岐下。爰及姜女，聿来胥宇㉔。'当是时也，内无怨女，外无旷夫㉕。王如好色，与百姓同之，于王何有！"

【注释】

①明堂：在鲁国境内泰山下，原是周天子东巡狩时接受诸侯朝见的处所，当时已被齐国侵占。已：止。②岐：周的旧国，在今陕西岐山县一带。文王为西伯时治岐，后迁都到丰，第二年便去世了。③耕者九一：孟子在《滕文公章句上·滕文公问为国》章劝滕文公行仁政时，提出了井田制这种土地制度。他认为一井共有田九百亩，中间百亩为公田，周围八百亩为私田。八家农户除各种私田百亩外，还必须共种公田一百亩，收入上缴公家，这就等于公家征收了农民九分之一的农业税，所以说"耕者九一"。④仕者世禄：在朝做官的，他们的子孙可以世世代代享有父、祖生前为官时被赐与的土地（即采邑的土地）上的收益。不过，这里的"仕者"是指当时任大夫以上官职的人而言。⑤关：道路上的关卡。市：都邑里的市场。讥：察问。征：抽税。⑥泽：筑堤陂（bēi）潴水以成池叫泽。梁：拦水以捕鱼的水堰（一种较低的挡水堤陂）叫鱼梁。⑦孥（nú）：妻子和儿女。不孥，是说不株连罪人的妻和子。孥字名动用。⑧鳏（guān）：老而无妻。⑨无告：穷得没有地方可以告借。⑩发政：发布政令。⑪这里的诗句，引自《小雅·正月》。哿（gě）：可。茕（qióng）：单独。⑫货：财货。⑬公刘：后稷的曾孙，周代创业便是从他开始的。⑭这里的《诗》，是指《诗经》中《大雅·公刘》，写周祖先之一的公刘从邰（tái）迁往豳（bīn）的事。乃：于是。积：指露天积蓄粮食。仓：名词动用，把粮积蓄在仓中。⑮糇（hòu）粮：干粮。⑯橐（tuó）：和囊都是口袋名，区别在于囊小而无底，橐大而有底。⑰戢（jí）：《诗经》作辑，安集，安抚。用：以。光：大。⑱张：张设。干戈戚扬：都是武器名。干即盾，用来防卫刀箭的。戈是古代用青铜或铁制成的兵器，横刃，装有长柄。戚是锋刃较狭属斧一类的武器。扬即钺（yuè），古代用青铜或铁制成的兵器，形状像板斧而较大。⑲爰：于是。方：开始。启行：出发。⑳裹囊：把粮装在口袋中。㉑大王：公刘九世孙，号称古公，名亶父（一作甫）。大王是周古有天下后追尊的称号。㉒《诗》：是指《大雅·绵》篇。来朝走马：避狄人之难。㉓率：循，沿。浒：水边。水：指漆水。㉔姜女：大王的妃子，名太姜。聿：语助词。胥：视察。宇：房舍。㉕怨女：没有丈夫的女子。旷夫：没有妻子的男人。

【译文】

齐宣王问（孟子）道："人们都劝我拆掉明堂，是拆掉呢，还是不拆？"

孟子答道："明堂是先代君王朝见诸侯、发布政令的殿堂。您大王要想实行王政，就不要拆掉了。"

齐宣王说："实行王政的道理和作法您可以讲给我听听吗？"

孟子回答说："以前文王做西伯治理岐周的时候，对耕田的人只抽九分之一的农业税，大夫以上的朝官俸禄可以子孙世代承袭，关卡和市场仅稽查语言装束不同一般的人，并不征税。池沼鱼梁所在的地方不悬挂捕鱼的禁令，对犯罪的人施加刑罚只限于他本人，不连及妻子和儿女。年老独身或是死去妻室的男人叫鳏夫，年老死了丈夫的妇女叫寡妇，年迈膝下没儿没女的

人叫孤老，年幼没有父亲的孩子叫孤儿。这四种人，是世间无依无靠的穷苦人民。文王发布政令施行仁政时，一定把这四种人作为优先抚恤的对象。《诗·小雅·正月》里说：'过得称心如意的是富人，最可哀怜的还是这些孤独者！'"

齐宣王说："说得真好啊！"

孟子说："您大王如果认为王政好，那么，您为什么不实行呢？"

齐宣王说："我有个毛病，我贪爱财货。"

孟子回答道："（这不要紧，）从前周朝王业的创始人公刘也贪爱财货，《诗·大雅·公刘》篇说：'收拾好露囤和内仓，包裹好（途中食用的）干粮，装进无底的小袋和有底的大囊。一心想安抚人民以使国运光昌。弓儿箭儿这样大施张，还有干戈并戚扬，于是才开始迈步奔向前方。'所以，必须做到不走的人仓里有积谷，走的人囊囊里面裹入了干粮，然后才可以出发。要是您大王贪爱财货，与百姓一同享用，对于实行王政又有什么不可以呢。"

齐宣王又说："我还有个毛病，我贪好女色。"

孟子回答说："（这也不要紧，）从前周朝王业的奠基人之一的太王（古公亶父）也贪好女色，宠爱他的妃子太姜。《诗·大雅·绵》里说：'古公亶父为立家，一大清早骑着骏马，傍着西方水边走，一直来到岐山下，同来还有姜氏女，一心要把房基察。'在这个时候，真正做到了里边没有因为找不到丈夫或丈夫长期在外面埋怨的女子，外边没有娶不到妻子或与妻子长期分居的男子。您大王要是贪好女色，也能注意广泛满足老百姓的需要，对于实行王政又有什么不可以呢？"

第六章

孟子谓齐宣王曰："王之臣，有托其妻子于其友而之楚游者①，比其反也②，则冻馁其妻子③，则如之何？"

王曰："弃之。"

曰："士师不能治士④，则如之何？"

王曰："已之⑤。"

曰："四境之内不治，则如之何？"

王顾左右而言他。

【注释】

①之：往。②比（bì）：及，到。反：同返。③则：假设连词。馁（něi）：饥饿，与上冻字在这里都是使动用法。④士师：狱官。士：狱官的下属，即指乡士、遂士而言。⑤已：罢免。

【译文】

孟子对齐宣王说："您的臣子中，有个人把妻子儿女托付给他的朋友照看，自己到楚国去游学，等到他回来时，他的妻子儿女受冻挨饿，那么，应该怎么对待（他的朋友）呢？"

齐宣王说："和他断绝交情。"

孟子（进一步）问道："监狱官如果不能管住他下面的属官，那该怎么处置呢？"

齐宣王说："罢免他。"

孟子（再进一步）问道："一个国家假如没有治理好，那又该怎么办呢？"

齐宣王只好回过头去望着左右臣下谈论的问题。

第七章

孟子见齐宣王曰："所谓故国者，非谓有乔木之谓也①，有世臣②之谓也。王无亲臣矣，昔者所进，今日不知其亡③也。"

王曰："吾何以识其不才而舍之？"

曰："国君进贤，如不得已，将使卑逾尊，疏逾戚④，可不慎与？左右皆曰贤，未可也；诸大夫皆曰贤，未可也；国人皆曰贤，然后察之；见贤焉，然后用之。左右皆曰不可，勿听；诸大夫皆曰不可，勿听；国人皆曰不可，然后察之；见不可焉，然后去之。左右皆曰可杀，勿听；诸大夫皆曰可杀，勿听；国人皆曰可杀，然后察之；见可杀焉，然后杀之。故曰国人杀之也。如此，然后可以为民父母。"

【注释】

①"所谓"、"非谓"和"之谓"：前两个"谓"字是动词，有"说"的意思。后一"谓"字是名词，可译为"是（不是）说……的意思"。故国：历史悠久的国家。乔木：年代久远的高大树木。②世臣：指累世建立了功勋的臣子。③亡：失去职位。④逾：越过。戚：亲近。在孟子看起来，根据封建等级制度，起用人才，力求从尊者、戚（亲）者里选拔，所谓新不间旧，疏不间亲。因此他认为如果要使卑逾尊、疏逾戚，那是"不得已"的事。

【译文】

孟子拜见齐宣王时说："我们所说的历史悠久的国家，不是说它有年代久远的高大树木，而是说有累世功勋卓著的贤臣。您大王现在没有亲信的臣子了，过去您所进用的人，到今天不知不觉地都失去了职位。"

齐宣王说："（可是）我凭什么能识别他没有才能而舍弃他呢？"

孟子说："国君进用贤才，如果万不得已要选拔新秀，将有可能使地位低下的人超过地位高的人，关系疏的人超过关系密的人，这样的事能不慎重对待吗？左右的人都说这个人贤能，不足凭信；朝里的官员们都说他贤能，还是不足凭信；全国的人都说他贤能，然后对他进行调查，发现他确是贤能，这才起用他。左右的人都说这个人不行，先别听；朝里的官员们都说他不行，也别听；全国的人都说他不行，然后对他进行调查了解，发现他确是不行，再行抛开他。左右的人都说这个人有可杀之罪，先别听信；朝里的官员们都说他有可杀之罪，也别听信；全国的人都说他有可杀之罪，然后对他进行调查了解，发现他确是有可杀之罪，这才杀掉他。所以说他是全国人杀掉的。只有做到这样，才可以真正做人民的父母。"

第八章

齐宣王问曰："汤放桀①，武王伐纣②，有诸？"

孟子对曰："于传有之。"

曰："臣弑其君可乎？"

曰："贼仁者谓之贼，贼义者谓之残③。残贼之人，谓之一夫④。闻诛一夫纣矣，未闻弑君也。"

【注释】

①汤放桀：汤，商朝开国君主的名号。桀，夏朝末世暴君，名癸，谥桀，暴虐无道。放，流放。《书经》载"成汤放桀于南巢"。②武王伐纣（zhòu）：商朝末纣王无道，周的开国君主武王姬发出兵伐纣；纣王兵败自焚而死。③贼仁：贼，有损害之意；贼仁是指绝灭人性、暴虐无道的行为。贼义：指损害正义、颠倒是非的行为。④一夫：失掉人民的独夫。

【译文】

齐宣王问（孟子）道："商汤王流放夏桀，周武王攻伐纣王，有这个事吗？"

孟子回答说："在古书上是有这个事的。"

齐宣王说："为臣的人杀掉他的君主行吗？"

孟子答道："损害仁爱、暴虐无道的人叫做'贼'，损害正义、颠倒是非的人叫做'残'，残贼的人，叫做'独夫'，我只听说（周武王）杀掉了'独夫'纣王，没有听说杀掉君主。"

第九章

孟子见齐宣王曰："为巨室①，则必使工师②求大木。工师得大木，则王喜，以为能胜其任③也。匠人斲④而小之，则王怒，以为不胜其任矣。夫人幼而学之，壮而欲行之，王曰，'姑⑤舍女所学而从我'，则何如？今有璞玉⑥于此，虽万镒⑦，必使玉人雕琢⑧之。至于治国家，则曰，'姑舍女所学而从我'！则何以异于教玉人雕琢玉哉？"

【注释】

①巨室：大宫，古代室与宫通用。②工师：管理工匠的官吏。③胜（shèng）：能力足以担任叫胜任。④斲（zhuó）：砍，削。⑤姑：暂且。⑥璞（pú）：含玉的石头，也指未经琢磨的玉。⑦镒（yì）：一作溢，古代重量单位，合二十两（一说二十四两）。万镒，极言其贵重。⑧雕琢：雕刻玉石，使它成为器物。

【译文】

孟子谒见齐宣王时说："您要建造大宫室，就必须打发工匠长去寻求大木料。工匠长找到了大木料，您就高兴，认为他能称职。一旦工匠把木料斫小了，您便要发怒，认为他不称职。一个人从小学习先王治天下的方法，希望长大成人后能够拿去实行，假如您大王说，'暂且抛开你所学的东西，听从我的话去做'，那又怎么样呢？现在这里有块没有经过雕琢的璞玉，即使价值很昂贵，也一定要请玉匠雕琢加工。至于治理国家，却说，'暂且丢下你所学的东西照我说的办吧'！那跟要玉匠按照您的命令去雕刻玉石又有什么区别呢？"

第十章

　　齐人伐燕①，胜之。宣王问曰："或谓寡人勿取，或谓寡人取之。以万乘之国伐万乘之国②，五旬而举之，人力不至于此③。不取，必有天殃④。取之何如？"

　　孟子对曰："取之而燕民悦，则取之，古之人有行之者，武王是也⑤。取之而燕民不悦，则勿取，古之人有行之者，文王是也⑥。以万乘之国伐万乘之国，箪食壶浆⑦以迎王师，岂有他哉？避水火也。如水益深，如火益热，亦运⑧而已矣。"

【注释】

　　①齐人伐燕：齐宣王时，燕国燕王哙（kuài）把王位让给国相子之，国人不服，发生内乱，宣王用田王思的计谋，趁机出兵伐燕，并很快取得胜利。②万乘之国：按规定本来只有天子才能拥有兵车万乘，但这时齐、燕等七国都侵占土地，扩充军备，僭（jiàn）号称王，拥有兵车也多达万乘，所以称万乘之国。③举：攻占，占领。人力不至于此：按《史记·燕世家》记载，齐攻燕时，燕"士卒不战，城门不闭"，燕君哙死，子之逃亡。由于齐师速胜，所以宣王以为光凭人力是办不到的，只有合乎天意才做得到。④不取，必有天殃：这是从春秋战国以来颇为流行的说法，齐宣王想占夺燕国，所以引这话为借口，提出向孟子询问。⑤古之人有行之者，武王是也：《史记·周本纪》载武王带领诸侯军伐商纣，纣王也发兵七十万人抵抗武王。商兵尽管多，但都无心作战，武王的军队一到，商兵纷纷倒戈替武王开道。武王兵临商都，商都百姓，全到郊外来迎接武王。这正说明武王取商而商民悦的情况。⑥古之人有行之者，文王是也：《论语·泰伯》篇说"文王三分天下有其二，以服事殷"。当时文王因为纣王的贤臣微子、箕子和比干三人还在，乐师们也还留在商国没有出奔他国，取了纣王的天下怕商民不服，所以没有取。⑦箪食壶浆：箪（dān），古代盛饭的圆形竹器。食（shí），名词，饭一类食物，浆，饮料的总称，如水浆、酒浆。⑧运：有走避他方的意思。

【译文】

　　齐国人攻打燕国，战胜了它。齐宣王问孟子道："有人叫我不要吞并它，有人却劝我吞并它。一个万乘的大国去攻打另一个万乘的大国，只五十天便攻下了它，人力是做不到这样的。看来，不吞并它，一定会天灾降身。您认为吞并它怎么样？"

　　孟子回答说："如果吞并它，燕国的人民高兴，就吞并它，古代的武王便是这样做的。要是吞并它，燕国的人民不高兴，就不要吞并它，古代的文王便是这样做的。一个万乘的大国去攻打另一个万乘大国，老百姓携着饭筐和酒壶来迎接您大王的军队，难道有别的用意吗？不过是想避免再过原先那种痛苦生活啊。如果燕国被吞并后，老百姓蒙受的灾难更加深重，那他们也就应该走避他方了。"

第十一章

　　齐人伐燕，取之。诸侯将谋救燕。宣王曰："诸侯多谋伐寡人者，何以待之？"

　　孟子对曰："臣闻七十里为政于天下者，汤是也①。未闻以千里畏人者也。《书》曰：'汤一征，自葛始②。'天下信之，东面而征西夷怨；南面而征北狄怨，曰：'奚为后我③?'民望之,若大旱之望云霓④也。归市者不止,耕者不变,诛其君而吊⑤其民,若时雨降。民大悦。《书》曰:傒⑥我后,后来其苏!'

"今燕虐其民,王往而征之,民以为将拯⑦己于水火之中也,箪食壶浆以迎王师。若杀其父兄,係累⑧其子弟,毁其宗庙,迁其重器,如之何其可也? 天下固畏齐之强也,今又倍地而不行仁政,是动天下之兵也。

"王速出令,反其旄倪⑨,止其重器,谋于燕众,置君而后去之,则犹可及止也。"

【注释】

①为政于天下:跟说施政于天下差不多,即统一天下的意思。汤:是商朝的开国君主,在他灭夏前,商是一个仅有七十里地的小国。②汤一征,自葛始:一,有初和始的意思。葛,古国名,在今河南省宁陵县。③面:向。奚:什么,疑问代词。④霓(ní):本是大气中有时跟虹同时出现的一种光的现象,颜色比虹淡,也叫副虹。这里可解为虹。早晨虹见于西方,是天即将下雨的象征。⑤吊:抚慰。⑥傒(xī):等待。后:君主。苏:同甦,复活。⑦拯(zhěng):救。⑧係累:係,同系(jì),累,同纍,捆绑。⑨旄倪:旄同耄(mào),八九十岁的老人。倪(ní):小孩。

【译文】

齐国人攻打燕国,占领了它。一些诸侯准备商讨援救燕国。齐宣王(问孟子)说:"诸侯多有准备来攻讨我的,该用什么办法去对付他们呢?"

孟子回答道:"我只听说以七十里地统一天下的,汤便是;没有听说拥有国土千里的人反而会怕人的。《书》中说:'商汤王当初出征时,是从讨伐葛伯开始的。'天下的人对他非常信任,当他东向出兵的时候,居住在西面的夷人就怨恨他;当他南向出兵的时候,居住在北面的狄人也怨恨他,他们都说:'为什么把我们放在后面呢?'老百姓盼望他,就像大旱年岁盼望天空出现虹霓一样。(他的军队所到之处,)做生意的不停止营业,种田的照常下田劳动,仅仅诛杀残害人民的暴君,对老百姓却能安抚慰问,使他们感到汤到来了,有如旱天及时降落的雨水。老百姓心里十分高兴。《书》里面说:'盼望我们的君主啊,君主一到,我们就得活命了哪!'

"现在燕王虐待他的老百姓,您大王派军队去讨伐他,老百姓以为您将要把他们从痛苦中拯救出来,所以纷纷提着饭筐和酒壶来犒劳您大王的军队。如果您杀死他们的父兄,俘虏他们的子弟,拆毁他们的祖庙宗祠,夺走他们的传国宝器,那怎么可以呢? 天下的诸侯们本来就害怕齐国的强大,现在土地又增加了一倍却不行德政,这就不免要挑动天下的军队来对付您了。

"大王您现在要赶快发布命令,把俘虏的老小送回去,停止运走燕国的宝器,跟燕国的大众共同商议,拥立新的燕王,然后撤走军队,那就还来得及阻止各国的兴兵呢。"

第十二章

邹与鲁鬨①。穆公②问曰:"吾有司③死者三十三人,而民莫之死④也。诛之,则不可胜诛;不诛,则疾视⑤其长上之死而不救,如之何则可也?"

孟子对曰:"凶年饥岁,君之民老弱转乎沟壑⑥,壮者散而之四方者,几⑦千人矣;而君之仓廪实,府库充⑧,有司莫以告,是上慢而残下也。曾子⑨曰:'戒之戒之! 出乎尔者，反乎尔者也。'夫民今而后得反之也。君无尤⑩焉。君行仁政，斯民亲其上，死其长矣。"

【注释】

①邹：即春秋时邾国，战国时改为邹国，在今山东邹县。鬨（hòng）：同哄，本指战斗声，这里有打仗的意思。②穆公：邹国君主。③有司：即官吏。古代设官分职，各有专管的事，所以称为有司。④莫之死：即"莫死之"的倒装。"之"指"有司"。"莫之死"意思是说没有为他们而牺牲的。⑤疾视：仇视。⑥饑：《说文》解释为"谷不熟"，本与饥字有别（饥，《说文》："饿也"）。后简化为饥，转：弃。壑（hè）：山沟或大水坑。⑦几（jī）：几乎；近乎。⑧仓廪（lǐn）：储藏粮食的房子。府库：贮存财物的房子。⑨曾子：孔子弟子，名参，字子舆。⑩尤：责怪。

【译文】

邹国跟鲁国打仗。邹穆公问孟子道："我的官吏们被打死的达三十三人，可是，老百姓却没有一个为他们效死的。要是杀掉这些人吧，杀也杀不尽；要是不杀吧，那他们还是会仇视他们的长官，听任长官们被打死却不加援救，您看要怎么办才好呢？"

孟子回答说："在灾荒的年岁里，您的老百姓年老体弱的大批的死亡，连埋葬都成问题，只好把遗骸辗转抛弃到山沟里去，壮年人四出逃荒的，快将近千人了；而您大王粮仓饱满，国库充足，管钱粮的官员们也不把这种严重的情况向您汇报，他们简直是高高在上，不仅不关心人民疾苦，而且残害人民。曾子说过：'警惕啊！警惕啊！你怎样对待人家，人家便会怎样对待你。'（过去邹国的长官是那样残酷无情地对待老百姓，）以后老百姓只要有机会，就会用同样的手段来对付那些官吏们了。您别责怪他们。只要您大王真的施行仁政，那么，老百姓便会敬爱君主和官吏，并乐于为他们献出自己的生命了。"

第十三章

滕文公①问曰："滕，小国也，间②于齐、楚。事齐乎？事楚乎？"

孟子对曰："是谋，非吾所能及③也。无已，则有一焉：凿斯池④也，筑斯城也，与民守之，效死⑤而民弗去，则是可为也。"

【注释】

①滕文公：滕，是周文王的儿子叔绣所封国名，在今山东滕县，在周代是一个弱小的封国。②间（jiàn）：动词，是说处于……之间。③及：本解到达，这里有办到、解决的意思。因为齐、楚都是当时"以力假仁"的霸主之国，所以孟子推说不知奉事谁好，实际是不赞成滕国奉事它们中的任何一个国家。④池：指围绕城郭的护城河，是古代为了防止敌人的攻城而设置的障碍。⑤效死：是说献出生命，报效国家。

【译文】

滕文公问孟子道："滕国是个弱小的国家，处于齐、楚两个大国之间。奉事齐国好呢，还是奉事楚国好？"

孟子答道："这样重大的国策，不是我的力量所能办到的。如果不得已要我做决定，那就只有这么一个办法：掘深这条护城河，加固这座城墙，与老百姓一起守卫它，老百姓哪怕献出生命也不愿离开它，这样就还是有办法的。"

第十四章

滕文公问曰："齐人将筑薛①，吾甚恐，如之何则可？"

孟子对曰："昔者大王居邠②，狄人侵之③，去之岐山之下居焉④。非择而取之，不得已也。苟为善，后世子孙必有王者矣。君子创业垂统⑤，为可继也。若夫成功，则天也⑥。君如彼何哉？强为善而已矣。"

【注释】

①齐人将筑薛：薛是周初任姓小国，故城在今山东滕县东南。春秋初还是一个独立的国家，后来被齐国灭掉了。筑薛，是说筑薛国的城墙以威胁滕国。②邠（bīn）：同豳，位于今陕西彬县、旬邑县一带。③狄人：即熏鬻。④岐山：位于今陕西岐山县东北。⑤创业垂统：是说创基业于前，而垂统绪于后。世代相传不绝便叫统。⑥若夫：至于。

【译文】

滕文公问孟子道："齐国人正准备加固薛城（以威胁滕国），我很害怕，您看怎么办才好呢？"

孟子回答说："从前周的祖先大王居住在邠地，狄人侵犯他，他便迁离了邠地到岐山下定居。他并不是选择好那块地方才把它作为自己定居之所，实在是（由于强敌的威逼）不得已这样做的啊。如果一个国君肯行善，（他本身也许来不及直接受到好处，）可他后世的子孙一定会有创立王业的。品德高尚、眼光远大的君子创立事业，并传给后代，正是为了可以世世代代相传下去。成功与否，那就要看天意了。现在您又能拿它强大的齐国怎么样呢？那也只好努力行善政罢了。"

第十五章

滕文公问曰："滕，小国也；竭力以事大国，则不得免焉，如之何则可？"

孟子对曰："昔者大王居邠，狄人侵之。事之以皮币①，不得免焉；事之以犬马，不得免焉；事之以珠玉，不得免焉。乃属其耆老②而告之曰：'狄人之所欲者，吾土地也。吾闻之也：君子不以其所以养人者害人。二三子何患乎无君？我将去之。'去邠，逾梁山③，邑于岐山之下居焉。邠人曰：'仁人也，不可失也。'从之者如归市④。

"或曰：'世守也，非身⑤之所能为也。效死勿去。'

"君请择于斯二者。"

【注释】

①皮币：皮，用狐貉（hé 也叫狸，皮毛可以为裘）皮毛做成的裘。《诗经·豳风·七月》："一之日于貉，取彼狐狸，为公子裘。"可见狐貉为豳地所产。币：缯帛之类的丝织物。②属之耆老：属（zhǔ），集

合。耆（qí）老：六十岁以上的人叫耆，耆老，泛指老年人。③梁山：位于今陕西乾县西北五里。太王必须越过梁山，才能逃避狄人的祸害。由邠到岐约二百五十里，梁山恰在其中途一百三十里的地方。④归市：趋向市集。⑤身：自身。

【译文】

滕文公问孟子道："滕国是个小国；即使尽自己的力量去奉事周围的大国，也还是避免不了受侵略的祸害，请问要怎么办才可以呢？"

孟子答道："从前古公亶父居住在邠地，狄人来侵犯它。古公拿皮袄丝绢去奉事他们，他们不肯放过他；拿猎犬好马去奉事他们，还是不肯放过他；拿珠玉珍宝去奉事他们，他们仍然不肯放过他。于是只得召集国里的父老们告诉他们说：'狄人所索求的，无非是我的土地。我听前辈人说过：一个有道德的人决不愿拿他用来供养老百姓的东西去害老百姓。你们又何必担心没有君主呢？我打算离开这里了。'于是离开了邠地，越过梁山，在岐山下面筑城居住下来。邠地的老百姓说：'（古公亶父）真是个以仁爱为怀的人呀，我们一定不可以失去这样的好君主啊。'那些自愿跟随他的人就像赶集市一样多而又踊跃。

"但也有的人说：'国土是祖先传下来应该由子孙世代保守住的基业，不是可以由我个人自行做出处理的。即使牺牲生命也不能放弃它。'

"请您大王在上述二者中任择一个吧。"

第十六章

鲁平公①将出，嬖②人臧仓者请曰："他日君出，则必命有司所之③。今乘舆④已驾矣，有司未知所之，敢⑤请。"

公曰："将见孟子。"

曰："何哉，君所为轻身以先于匹夫者⑥？以为贤乎？礼义由贤者出；而孟子之后丧逾前丧⑦。君无见焉。"

公曰："诺。"

乐正子⑧入见，曰："君奚为不见孟轲也？"

曰："或告寡人曰：'孟子之后丧逾前丧'，是以不往见也。"

曰："何哉，君所谓逾者？前以士，后以大夫；前以三鼎，而后以五鼎与⑨？"

曰："否；谓棺椁衣衾⑩之美也。"

曰："非所谓逾也，贫富不同也。"

乐正子见孟子，曰："克告于君⑪，君为来见也⑫。嬖人有臧仓者沮⑬君，君是以不果来也。"

曰："行，或使之；止，或尼⑭之。行止，非人所能也。吾之不遇鲁侯，天也。臧氏之子焉能使予不遇哉？"

【注释】

①鲁平公：鲁景公的儿子，名叔（也有的书上说他名旅的）。②嬖（bì）人：宠臣。臧（zāng）仓：小

臣名。③则必命有司所之：命，告诉。之，往。④乘（shèng）舆：国君或天子所乘坐的车子。⑤敢：表敬副词，用在动词前面，没有具体意义，单纯表示礼貌。⑥何哉，君所为轻身以先于匹夫者：这是古代疑问句常见的倒装句式，作谓语的疑问词，提到作主语的者字结构"臣所为轻身以先于匹夫者"之前（下面"何哉，君所谓逾者"句式和这句一样）。句子中的"以"字不是介词是连词，相当于"而"字。⑦后丧（sòng）逾前丧：丧，办丧事。后丧，指孟子为母亲办的丧事；前丧，指为他父亲办的丧事。逾（yú），超过。⑧乐正子：乐正，姓；子，男子之通称。乐正子，名克，是孟子的学生，当时正在鲁国做官。⑨三鼎五鼎：鼎是古代祭祀时用来盛猪羊等牲畜的器皿。按照古代的礼制，士祭用三只鼎，大夫用五只鼎。与：同欤（yú），是表疑问的语气助词。它用在疑问句中和"乎"字那样直接了当地提出问题稍有差别，它表示的是一种疑信参半的语气。⑩棺椁衣衾：椁（guǒ），古代套在棺材外面的大棺材，士以上的人家常用它。衣衾（qīn），装殓死者用的衣被。⑪克告于君：克是乐正子的名。⑫君为来见也：为，行，将。⑬沮：有的本子也作阻，阻止。⑭尼（nì）：阻止。

【译文】

鲁平公将要出行，他那个名叫臧仓的宠臣请示道："以前大王将要外出，就一定要把您所去的地方告知管事的臣下。现在您的车子都已经套好了马，可管事的臣下还不知道您要去的地方，我胆敢向您请问。"

平公说："我要去见孟子。"

臧仓说："您为着什么要降低身份先去拜见一个普普通通的人呢？您认为孟子贤德吗？可贤德的人是应该执行礼义的，而孟子呢，他办母亲的丧事超过先前办父亲的丧事，您就不要去见他了。"

平公说："好吧。"

乐正子进宫谒见鲁平公，说："您为什么不去见孟子呢？"

平公说："有人告诉我说：'孟子办母亲的丧事超过先前办父亲的丧事'，就因为这个缘故，我才没有去见他。"

乐正子说："您所说的'后丧超过前丧'，指的是什么呢？是说前面用士的礼仪葬父、后面用大夫的礼仪葬母，还是说前面用三鼎礼祭父、后面用五鼎礼祭母呢？"

平公说："不是；我说的是装殓死者的棺椁衣衾的精美（后者超过前者）。"

乐正子说："这不能说是'后丧超过前丧'，因为前后家境贫富不一样嘛。"

乐正子见了孟子，说："我把您推荐给了鲁君，鲁君本来将要来拜访您了。可是，有个叫臧仓的宠臣阻止鲁君，鲁君就由于这个缘故没能来。"

孟子说："一个人干某件事时，也许有一种力量在促使他这样做；他不干这件事时，又像是有一种力量在阻止他这样做。干这件事或不干这件事，不是人力所能决定的。我的不能与鲁君遭遇，是出于天命的支配。臧家那个小子，又怎么能使我不与鲁君遭遇呢？"

第二篇　公孙丑章句上（凡九章）

第一章

公孙丑①问曰："夫子当路②于齐，管仲、晏子③之功，可复许乎？"

孟子曰："子诚齐人也，知管仲、晏子而已矣。或问乎曾西④曰：'吾子与子路⑤孰贤？'曾西蹵然⑥曰：'吾先子之所畏⑦也。'曰：'然则吾子与管仲孰贤？'曾西艴然⑧不悦，曰：'尔何曾⑨比予于管仲！管仲得君，如彼其专也⑩；行乎国政，如彼其久也；功烈，如彼其卑也⑪。尔何曾比予于是！'"曰："管仲，曾西之所不为也，而子为我愿之乎？"

曰："管仲以其君霸，晏子以其君显。管仲、晏子，犹不足为与？"

曰："以齐王，由反手也。"

曰："若是，则弟子之惑滋甚。且以文王之德，百年而后崩⑫，犹未洽于天下；武王、周公继之，然后大行。今言王若易然，则文王不足法与？"

曰："文王何可当⑬也！由汤至于武丁，贤圣之君六七作⑭，天下归殷久矣，久则难变也。武丁朝诸侯，有天下，犹运之掌也。纣之去武丁未久也⑮，其故家遗俗，流风善政，犹有存者；又有微子、微仲、王子比干、箕子、膠鬲⑯——皆贤人也，相与辅相之，故久而后失之也。尺地莫非其有也，一民莫非其臣也；然而文王犹方百里起，是以难也。

"齐人有言曰：'虽有智慧，不如乘势；虽有镃基⑰，不如待时。'今时则易然也：夏后、殷、周之盛，地未有过千里者也⑱，而齐有其地矣，鸡鸣狗吠相闻，而达乎四境，而齐有其民矣；地不改辟矣，民不改聚矣，行仁政而王，莫之能御也。且王者之不作，未有疏于此时者也⑲，民之憔悴于虐政，未有甚于此时者也。饥者易为食，渴者易为饮。孔子曰：'德之流行，速于置邮⑳而传命。'当今之时，万乘之国行仁政，民之悦之，犹解倒悬也。故事半古之人，功必倍之，惟此时为然。"

【注释】

①公孙丑：姓公孙，名丑，孟子弟子。②当路：当权。③管仲、晏子：管仲，名夷吾，曾辅佐齐桓公建立霸业。晏子，指晏婴，字平仲，是齐景公的贤相。④曾西：曾参的孙子。⑤子路：孔子弟子仲由的字。⑥蹵（cù）然：不安的样子。⑦先子：过去人们称已亡故的祖父或父亲，常常在前面加上个"先"字；这里的先子是曾西指他的祖父曾参。畏：敬畏。子路是孔门四友（颜回、端木赐、颛孙师、仲由）之一，所以曾参对他深表敬畏。⑧艴（fú）然：恼怒的样子。⑨何曾（céng）：和"何乃"（"乃"是副词，有"竟"、"却"的意思）差不多，表示一种诧异、不愿接受的语气。⑩得君：是说到得君主的信任。齐桓公

专一信任管仲达四十多年之久，所以这里说"如彼其专"、"如彼其久"。⑪功烈：功绩。管仲不辅佐齐桓公行王道而行霸道，所以曾西说他"功烈，如彼其卑也"。⑫百年而后崩：文王去世的时候是九十七岁，这里说百年是举它的整数。崩，古代天子死叫崩。⑬当：比并，媲美。⑭由汤至于武丁，贤圣之君六七作：汤、武丁，都是商代的贤君，由汤至武丁，中间比较突出的贤君，有太甲、太戊、祖乙、盘庚等，跟汤和武丁合起来算，一共是六个君主，孟子这里说"六七作"，是不定之辞。作，兴起。⑮纣之去武丁，未久也：从武丁到纣王共九代，所以说"未久"。⑯微子、微仲、王子比干、箕子、膠鬲：微子，名启，是纣王同母的哥哥；因为微子出生时，他的母亲还是处在妾的地位，所以只能算是纣王的庶兄。微仲，是微子的弟弟。王子比干，是纣王的叔父，他因为谏纣王被剖心而死。箕子，也是纣王的叔父，他看见纣王无道，比干被杀，于是装疯做了奴隶，被纣王所囚禁。孔子称微子、比干和箕子为三仁。膠鬲（gé），殷代的贤人，遇上纣王这样的乱世，便隐居到民间去经商；周文王在贩卖鱼盐的商人中找到了他，提拔他做臣子。⑰镃基（zī）：一作镃錤，大锄。⑱夏后：禹治水有功，舜让位给他，国号夏，也称为夏后氏。千里：指天子首都境内土地不过见方千里。⑲王者之不作，未有疏于此时者也：作，兴。疏，久。⑳置邮：古代用马递送公文叫置，步行递送公文叫邮。所以"置"和"邮"都是名词，相当于后世传递书命的驿站。

【译文】

公孙丑问孟子说："先生您要是在齐国掌权，可七人重建管仲、晏婴那样的功业么？"

孟子答道："你究竟是个齐国人，仅仅知道管仲、晏婴罢了。曾经有人问曾西道：'先生啊，您跟子路相比，哪个更强些呢？'曾西肃然起敬地回答说：'（子路是）我先祖父所敬畏的人啊。'那个人又继续问道：'那么，您跟管仲相比，哪个又更强些呢？'曾西怒形于色，说：'你竟然拿管仲跟我相比呢？管仲得到他的君主的信任是那样的专一，行使国家政权的时间又是那样的久长，可是，成就的功业却是那样的微小，你怎么拿他来和我相比呢！'"孟子（稍微停顿了一下）又接下去说："管仲那样的人，连曾西都不屑和他比较，你说我愿意学他的样吗？"

公孙丑说："管仲辅佐齐桓公建立了霸主之业，晏婴辅佐齐景公，使他名扬天下。难道管仲、晏婴这样的人都不值得仿效吗？"

孟子说："拿齐国这样有条件的大国去实行王政，统一天下，那就像把手掌翻过来一样容易。"

公孙丑说："像您这样说，那我的疑问就更大了。况且文王这样德高望重的人，又活了近百岁才去世，都还没有做到天下协调一致；武王周公继承遗志努力了许多年，然后才使王政大行，教化广被。现在您把实行王政，统一天下说得这样容易，难道文王还不足以作榜样吗？"

孟子说："我们怎么可以跟文王相比呢？从汤王到武丁，这中间有六七个圣贤的君主兴起，天下的人归向殷商已经很久了，时间久了，要变动就困难了。武丁朝见诸侯，统一天下，就像把一样东西放在手心里转动一样容易。商纣虽然不好，但是他离武丁没多久，那些勋旧世家上代流传下来的良好习俗、君主的好作风、好政教，当时还是存在着；又有微子、微仲、王子比干、箕子和膠鬲这些贤德的人，一同来辅佐他，所以过了很久才失掉天下。那时没有一尺土地不是殷朝的土地，没有一个老百姓不是殷朝的臣民，可文王那时刚从见方百里的地方起事，所以当时要夺取天下就比较难了。

"齐国人有句俗话说：'纵然有聪明，不如趁形势；纵然有大锄，不如待农时。'当今之世就是容易行王政统一天下的好时机：夏、商、周三代最盛的时期，政令所直接达到的区域从没有超过见方千里的，而齐国却有了它们那么宽广的辖地了；（三代极盛时期，人烟稠密，）鸡犬鸣叫的声音，从朝都一直到四方国境，互相可以听到，而齐国也有了那么多的人民了；（在齐国目前这样的条件下，）土地不必再改变扩张了，人民也不必再增多了，如果推行仁政统一天下，那是没有谁能抵挡得住的。况且统一天下的贤圣之君的难产，没有比现在更久的了；老百姓对暴政迫害的担心，没有比现在更厉害的了。一个饥饿的人对食物是不加挑剔的，一个口渴的人对饮水也是很少选择的。孔子说过：'德政的推行，比驿站传递的政令还要迅速。'现在这个时候，如果一个万乘大国实行仁政，那老百姓心里的高兴，就会跟一个倒挂着的人被解救下来一样。所以只要做古人一半多的事，就可以获得比古人多一倍的成功，这也只有现在这个时候才做得到。"

第二章

公孙丑问曰："夫子加①齐之卿相，得行道焉，虽由此霸王不异矣。如此则动心否乎？"

孟子曰："否。我四十不动心。"

曰："若是，则夫子过孟贲②远矣。"

曰："是不难，告子③先我不动心。"

曰："不动心有道乎？"

曰："有。北宫黝④之养勇也：不肤桡⑤，不目逃⑥，思以一毫挫于人，若挞之于市朝⑦；不受于褐宽博⑧，亦不受于万乘之君；视刺万乘之君，若刺褐夫；无严诸侯⑨，恶声至，必反之。孟施舍⑩之所养勇也，曰：'视不胜犹胜也。量敌而后进，虑胜而后会，是畏三军者也。舍岂能为必胜哉？能无惧而已矣。'孟施舍似曾子，北宫黝似子夏⑪。夫二子之勇，未知其孰贤，然而孟施舍守约也。昔者曾子谓子襄⑫曰：'子好勇乎？吾尝闻大勇于夫子矣：自反而不缩⑬，虽褐宽博，吾不惴焉；自反而缩，虽千万人，吾往矣。'孟施舍之守气，又不如曾子之守约也⑭。"

曰："敢问夫子之不动心与告子之不动心，可得闻与？"

"告子曰：'不得于言，勿求于心；不得于心，勿求于气。'不得于心，勿求于气，可；不得于言，勿求于心，不可。夫志，气之帅也；气，体之充也。夫志至焉，气次焉；故曰：'持其志，无暴其气⑮。'"

"既曰'志至焉，气次焉'；又曰'持其志，无暴其气'，何也？"

曰："志壹则动气，气壹则动志也。今夫蹶者趋者⑯，是气也，而反动其心。"

"敢问夫子恶乎长？"

曰："我知言，我善养吾浩然之气⑰。"

"敢问何谓浩然之气？"

曰："难言也。其为气也，至大至刚，以直养而无害，则塞于天地之间。其为气也，配义与道；无是，馁也。是集义所生者，非义袭而取之也⑱。行有不慊⑲于心，则馁矣。我故曰告子未尝知义，以其外之也。必有事焉而勿正心⑳，勿忘，勿助长也。

无若宋人然：宋人有闵其苗之不长而揠之者㉑，芒芒然归，谓其人曰：‘今日病矣！予助苗长矣！’其子趋而往视之，苗则槁矣。天下之不助苗长者寡矣。以为无益而舍之者，不耘苗者也；助之长者，揠苗者也——非徒无益，而又害之。”

“何谓知言？”

曰：“诐辞知其所蔽㉒，淫辞知其所陷㉓，邪辞知其所离㉔，遁辞知其所穷㉕。生于其心，害于其政；发于其政，害于其事。圣人复起，必从吾言矣。”

“宰我、子贡善为说辞㉖；冉牛、闵子、颜渊善言德行㉗；孔子兼之，曰：‘我于辞命，则不能也。’然则夫子既圣矣乎？”

曰：“恶㉘！是何言也？昔者子贡问于孔子曰：‘夫子圣矣乎？’孔子曰：‘圣则吾不能，我学不厌而教不倦也。’子贡曰：‘学不厌，智也；教不倦，仁也。仁且智，夫子既圣矣。’夫圣，孔子不居——是何言也？”

“昔者窃闻之：子夏、子游、子张皆有圣人之一体㉙，冉牛、闵子、颜渊则具体而微㉚，敢问所安。”

曰：“姑舍是㉛。”

曰：“伯夷、伊尹㉜何如？”

曰：“不同道。非其君不事，非其民不使；治则进，乱则退，伯夷也。何事非君，何使非民；治亦进，乱亦进，伊尹也。可以仕则仕，可以止则止，可以久则久，可以速则速，孔子也。皆古圣人也，吾未能有行焉。乃所愿，则学孔子也。”

“伯夷、伊尹于孔子，若是班乎㉝？”

曰：“否。自有生民以来，未有孔子也。”

曰：“然则有同与？”

曰：“有。得百里之地而君㉞之，皆能以朝诸侯、有天下；行一不义、杀一不辜而得天下，皆不为也。是则同。”

“敢问其所以异。”

曰：“宰我、子贡、有若㉟，智足以知圣人，汙不至阿其所好㊱。宰我曰：‘以予观于夫子㊲，贤于尧舜远矣。’子贡曰：‘见其礼而知其政，闻其乐而知其德，由百世之后，等百世之王，莫之能违也。自生民以来，未有夫子也。’有若曰：‘岂惟民哉？麒麟之于走兽，凤凰之于飞鸟，太山之于丘垤㊳，河海之于行潦㊴，类也。圣人之于民，亦类也。出于其类，拔乎其萃㊵，自生民以来，未有盛于孔子也。’”

【注释】

①加：和“居”字的意思差不多。②孟贲（bēn）：卫国人，古代著名勇士。③告子：名不害。根据《墨子·公孟篇》的记载，他可能曾到墨子的门下受教。④北宫黝（yǒu）：北宫是姓，黝是名，齐国人。⑤不肤桡：桡（nào），有的本子作挠，有退却的意思。不肤桡，是说不因肌肤被刺而屈桡退却。⑥不目逃：不因眼睛被刺而转睛逃避。⑦市朝：市，进行集市贸易的地方；朝，朝廷。一般说来，在朝廷上鞭挞人的事是没有的。所以“市朝”二字是偏义复词，即指闹市。⑧不受于褐宽博：不受，指不接受挫辱。褐（hè），毛布；宽博，宽大的衣服，这里指穿粗布制的宽大衣服的人；实即卑贱之人。⑨无严诸侯：严，畏。这句是说心中没有可敬畏的诸侯。⑩孟施舍：生平事迹已经无法考究。⑪孟施舍似曾子：曾子，孔子

的弟子曾参，他能专注被封建社会称为"百行之首"的孝道，而孟施舍不问能不能必胜，但一心坚守自己无所畏惧的信念，所以有点象曾子对道的专一。北宫黝似子夏：子夏，是孔子弟子卜商的字。子夏对《易》、《尚书大传》以及《诗》等经籍没有不研读的，所以他懂得道理的面比较广。北宫黝事事都要求胜过别人，倒有点像子夏懂得道理的众多。⑫子襄：曾子的弟子。⑬缩：直，义。⑭孟施舍之守气，又不如曾子之守约也：约，要。这二句是说孟施舍虽然像曾子，但所坚守的只是一身的气，又比不上曾子能自我反省，一切按道理行事，尤其能抓住要领。看来孟子的不动心，大概是从曾子那里学来的。⑮持其志，无暴其气：持，保持。暴，乱。⑯蹶者趋者：蹶（jué）者，失足摔倒的人。趋者，奔跑的人。⑰我知言，我善养吾浩然之气：知言，是说尽心知性，对于天下所有的言论，没有不穷究它们的道理的，因而能知道它们是非得失的缘故。浩然，盛大流行的样子。气，就是所谓充塞在身体里面的东西，本来是浩然盛大的，由于没有很好培养，所以会觉得气馁，只有孟子善于培养它，使它恢复原状。因为只有知言，才有本领弄明白道和义，对于天下的事无所怀疑。只有养气，才有本领跟道和义配合，对天下的事无所畏惧，这便是孟子敢于担当重任而能做到不动心的缘故。至于告子所学的，跟这个恰恰相反，他的不动心，恐怕连他自己也是稀里糊涂的，只不过是盲目地横下一条心不顾一切罢了。⑱是集义所生者，非义袭而取之也：集义所生，是说平日行事，都合于义，日积月累，然后自然产生浩然之气。义袭而取之，是说平日不积义，却想靠一时装出合乎义的样子，从外面掩取这种浩然之气。⑲慊（qiè）：足。⑳必有事焉而勿正心：这句是承上"集义所生"说明如何使浩然之气集义而生的道理。要养这种浩然之气，一定要在平日有所事时自然合乎道义，而不要故意做作，从外面去袭取。㉑闵：忧虑。揠（yà）：拔高。㉒诐辞知其所蔽：诐（bì），偏颇，不正。蔽，遮隔，壅蔽。㉓淫辞知其所陷：淫，放荡，过分。陷，沉溺。㉔邪辞知其所离：邪，邪僻。离，叛离正道。㉕遁辞知其所穷：遁，逃避，躲闪。穷，理屈词穷。宋代江西余干的学者饶鲁对于以上四句话作了这样透辟的分析："当看四个'所'字，如看病相似。'诐'、'淫'、'邪'、'遁'是病证，'蔽'、'陷'、'离'、'穷'是病源，'所蔽'、'所陷'、'所离'、'所穷'是病源之所在。"㉖宰我、子贡善为说辞：宰我，孔子弟子宰予。子贡，孔子弟子端木赐。说辞，言语。宰我、子贡是孔子言语科中的高足弟子，《论语》中有"言语：宰我、子贡"这样的记述。㉗冉牛、闵子、颜渊善言德行：冉牛，孔子弟子冉耕，字伯牛；闵子，孔子弟子闵损，字子骞；颜渊，孔子弟子颜回，字子渊，三个人在孔子门下都是列在德行科。㉘恶（wū）：叹辞，表示惊讶不安的神情。㉙子夏、子游、子张皆有圣人之一体：子游，孔子弟子言偃。子张，孔子弟子颛（zhuān）孙师。有圣人之一体，是用比喻的说法，说上述三个弟子都只得了圣人四肢中的一个肢体。㉚具体而微：是说具备了圣人的全体（即四肢都具备了），但是还不广大。㉛姑舍是：姑，暂且；舍，放下，丢开；是，指代上述子夏、颜渊等孔子的这些弟子。孟子是个很自负的人，曾经说过"当今之世，舍我其谁"的豪言壮语，所以对孔门这许多弟子，他都不放在眼下，但是又不便明说，只好用"姑舍是"一语搪塞过去。㉜伯夷、伊尹：伯夷，商朝末年孤竹君的大儿子，跟他弟弟叔齐因互让王位而出逃。周武王伐纣时，二人曾扣住马头劝谏，武王不听，于是一同隐居在首阳山，立志不吃周朝的粮食而活活地饿死了。伊尹，有莘的处士，辅佐商汤王出兵攻打夏桀。㉝若是班乎：班，齐等。㉞君：推崇为君主，名词动用，又是使动用法。㉟有若：孔子弟子，鲁国人，比孔子小十三岁。㊱汙不至阿其所好：汙，有的本子作洿，孟子在这里用它来作为"夸"字的假借字。㊲以予观于夫子：这里的"予"字是宰我自称他的名字，不是作第一称"我"解。㊳垤（dié）：蚂蚁堆土作的窝。㊴行潦（lǎo）：路上的积水。㊵萃（cuì）：聚集。这里指聚在一块的人或事物。

【译文】

公孙丑问道："您要是官居齐国卿相的高位，能有机会实现自己的报负，即使从此成就霸者王者的大业，也不足奇怪了。在这种情况下，那么，您会不会感到恐惧怀疑以至动心呢？"

孟子说："不。我四十岁时就已做到不动心了。"

公孙丑说："照这样说来，那您远远地超过孟贲了。"

孟子说："做到这个并不难，告子的不动心比我还要早。"

公孙丑又问："做到不动心有诀窍吗？"

北宫黝培养勇气的办法是：你刺伤他的皮肉，他不会退却，你刺伤他的眼睛，他不会讨饶。但是他认为，只要你动他一根毫毛，便犹如在大街上公开鞭打他一样的奇耻大辱，他既不受平民百姓的挫辱，也不受大国君主的欺凌。在他看来，刺杀大国的君主，就像刺杀普通平民一样；在他心目中，没有什么国君侯王值得他敬畏，谁骂了他，他就一定要回敬。另一个叫孟施舍的，他培养勇气的方法又不同于北宫黝，他说：'我对待不能战胜的敌人和对待能够战胜的敌人没有两样。估计敌人势力的强弱然后进兵，考虑有必胜的把握然后再与敌人交战，这样的人是被军队的数量所吓倒的人，不是真正的勇士。我难道能够稳操胜算吗？我不过是能够无所畏惧罢了。'孟施舍的养勇有点像曾子，北宫黝却有点像子夏。两个人的养勇到底谁比谁强，我也说不准。可是，我认为孟施舍能够抓住培养勇气的要领。从前，曾子对他的学生子襄说：'你爱好勇敢吗？我曾经从老师孔子那里听到过什么是大勇：自己反躬自问，如果自己不在理上，哪怕对方是个普通平民，我也不能让人家害怕我；自己反躬自问，如果正义在我这一边，哪怕面对千军万马，我也将勇往直前哩。'孟施舍虽说像曾子，但他所守的是无所畏惧的勇气，究竟赶不上曾子坚持一切都要合乎正义这一更为重大的要领。"

公孙丑说："我斗胆问一声，您老师不动心和告子不动心的异同，可以说给我听听吗？"

孟子立即回答道："告子说：'对于对方说话的意思有弄不明白的地方，便应当抛开他的话，不必在自己心里琢磨他的话有没有道理；当一件事的道理尚未弄清楚前，就应当抑制自己的心情，千万别因此而动气。'对于一件事的道理尚未弄清楚前，应当抑制自己的心，千万别因此生气。但是如果认为对方语言的意思有弄不清的地方，便抛开不理，不去琢磨他的话有没有道理，那也不对。思想意念是气的主旨，气充盈人的身体。思想意念到了哪里，气也会随之而出现；不过：'一个人应该谨守自己的思想意念，不要随便喜怒于人。'"

公孙丑又问道："您既然说'思想意念到了哪里，气也就随之而出现在哪里'；又说'一个人应该谨守自己的思想意念，不要随便喜怒于人这是什么道理呢？'"

孟子回答说："这是因为一个人思想意念专注于某一个方面，他的意气感情也会受到影响从那个方面表现出来，相反，一个人的意气感情专注于某一个方面，他的思想意念也会受到影响而被牵引到那个方面来。现在我们看看那些摔倒和奔跑的人，这只是肢体与气在支配着他们的行动，可是却反转来又影响他们的思想，动摇他们的意志。"

公孙丑紧接着问道："我大胆地请问您老师擅长什么？"

孟子说："我善于分析研究别人的话，识别它们的是非得失，并探寻出造成它们是非得失的原因，我善于培养我的浩然之气。"

公孙丑又问道："我再斗胆动问一句，什么叫做浩然之气？"

孟子说："这个很难说清楚。它作为一种气，是最伟大、最刚劲的，如果用直道去培养而不损害它的话，它就会充塞于天地之间，无所不在。它作为一种气，在性能上必须跟正义和道理紧密配合，否则，就会显得软弱乏力。这是由于一个人平日行事处处合于义理，日积月累，自然产生出来的，而不是平日不积义，只靠一时装出行为合乎义理而得来的。只要你行为中有一件事自己心里感到欠缺时，那你马上就会变得毫无气力了。我所以说告子从来不懂得什么是义，就因为他把义看成是可以从身外获取的东西。（要培养这种浩然之气）一定要在平日有所作为时自然合乎道义，而不是故意做作，从外表上装出合于道义的样子。一个人每时每刻都不要忘记养气，但也不要不按它成长的规律去帮助它成长。千万别像宋国人那样：宋国有个担心他的禾苗长不快而把苗拔高的人，拖着疲惫不堪的身子回到家中，对家里的人说：'今天简直累死了呀！我帮助禾苗长高了呢！'他的儿子赶快跑去一看，禾苗早就干枯了。世上不帮助禾苗生长的人确实很少。认为培养工作没有好处而抛弃它的，那就等于是不耘苗去草的懒汉；那些不按照规律生硬地去帮助它生长的人，那是拔苗助长的人——不但没有好处，相反却害了它。"

公孙丑又接上去问道："什么叫做知言呢？"

孟子说："听了偏颇的话，我便知道说话人的症结在于有所壅蔽，听了放荡的话，我便知道他的症结在于有所沉溺，听了邪僻的话，我便知道他的症结在于叛离了正道，听了躲躲闪闪的话，我便知道他的症结在于理屈词穷。这四种言辞上的根源如果从他心里产生出来，便会在政治上产生危害；如果这些根源从政治设施方面体现出来，便要妨害国家的各项工作。当今或后世即使有圣人再度出现，也必然会赞成我所说的这些话的。"

公孙丑又问道："宰我、子贡长于言辞，冉牛、闵子和颜渊以德行见称；孔子则兼有他们的长处，但他还是说，'我对于说话，就不擅长'。您老师（既知言，又善养浩然之气，）已经成了圣人了么？"

孟子惊诧地说："哎！你这是什么话呢？从前子贡向孔子问道：'您老师已经成了圣人了吗？'孔子说：'圣人，我就还不能做到，我能做到的，不过是学习不感厌倦、教诲别人不知疲倦罢了。'子贡说：'学习不厌倦，这是智的表现；教诲别人不知疲倦，这是仁的表现。具备了仁和智这两种高尚的品德，您已经称得上是圣人了啊。'圣人，孔子都不敢当——你这是什么话呢？"

公孙丑又问道："从前我听说过，子夏、子游和子张，都学得了孔圣人一方面的特长，冉牛、闵子和颜渊大体上具备孔子的才德，但比不上他的博大。请问老师，您在上面这些人中间与哪一个更接近呢？"

孟子说："暂且摆下这些吧。"

公孙丑又问："伯夷和伊尹怎么样呢？"

孟子说："他们处世之道不相同。伯夷的处世态度是：不是他认可的君主他不奉承，不是他认可的人民他不役使，天下太平他就进朝做官，天下不太平他便退而隐居。而什么君主都可以奉事，什么人民都可以役使，天下太平也做官，天下不太平也做官，这是伊尹的处世态度。可以做官就做官，可以退居就退居，可以久干下去就久干下去，可以赶快离开就赶快离开，这是孔子的处世态度。他们都是古代的圣人。我不能做到他们那样。至于我个人的愿望，是学习孔子。"

公孙丑又问："伯夷、伊尹对于孔子来说，是同等的吗？"

孟子答道："不。自有人类以来，就没有出现过孔子这样伟大的人物。"

公孙丑问："那么他们有相同的地方吗？"

孟子说："有。如果他们得到见方百里的土地而又被人们拥立为君主，他们都能使诸侯来朝，天下一统。要他们做一件不合道理的事，杀一个无辜的人，因而得到天下，他们都不会做。这就是他们相同的地方。"

公孙丑问道："请问他们的不同在什么地方？"

孟子说："宰我、子贡和有若，他们的智慧足以了解孔子，即使夸张一点，也不至对所喜爱的人怀着私情，虚加赞美。宰我说：'依我宰予对老师的看法，他比尧舜高出很多。'子贡说：'一般说来，见到一个国家的礼制，就可以了解这个国家的政治；听了人家的乐调，便可以了解这个人的道德。哪怕百世以后，用同等标准（办法）按次去评价百世列国的君主，没有一个能背离孔氏之道的。自有人类社会以来，没有出过一个像孔子这样伟大的人物。'有若说：'难道只有人民有高下之分么？麒麟对于走兽，凤凰对于飞鸟，泰山对于小土堆，河和海对于路上横流的那些无源之水，是同类；圣人对于人民，也是同类；但孔子却远远地超过了他的同类，在他的那一群人中出类拔萃。自有人类社会以来，没有哪一个能像孔子那样伟大的。'"

第三章

孟子曰："以力假仁者霸，霸必有大国；以德行仁者王，王不待大，汤以七十里，文王以百里①。以力服人者，非心服也，力不赡②也；以德服人者，中心悦而诚服也，如七十子③之服孔子也。《诗》云：'自西自东，自南自北，无思不服④。'此之谓也。"

【注释】

①汤以七十里，文王以百里：二句"里"字后都省去了"而王"二字，因为上文有"王不待大"一句，所以可以省。②赡（shàn）：足。③七十子：指孔子门下如颜渊、子贡等七十多个优秀弟子。据《史记·孔子世家》记载，孔子的弟子多达三千人，其中身通六艺的有七十二人，一般称七十子，是取他们的整数而言。④《诗》云各句：是引《大雅·文王有声》篇里的话。意思是说四方的人被周王的道德所感化，没有不衷心服从周王朝的。

【译文】

孟子说："凭着自己的实力，假托仁义之名去讨伐别人的，称霸于诸侯，这种称霸的人一定要有个实力雄厚的大国作为他的依托；凭着自己高尚的道德，推行仁政的人，可以实行王道，使天下归附于自己，实行王道不一定要国家大、力量强，商汤王和周文王实行王道，前者凭借的是见方七十里的地方，后者凭借的也只是见方百里的小国。倚仗势力征服别人的，别人并不在心里佩服他，而是出于力量不足的缘故。凭借德行使别人归附自己的，别人是心悦诚服，完全出于自愿，像孔子门下七十二贤拜服孔子一样。《诗》里说：'从西到东，从南到北，无不心悦诚服。'说的正是这个意思。"

第四章

孟子曰："仁则荣，不仁则辱；今恶辱而居不仁，是犹恶湿而居下也。如恶之，莫如贵德而尊士，贤者在位，能者在职。国家闲暇，及是时，明其政刑，虽大国，必畏之矣。《诗》云：'迨天之未阴雨，彻彼桑土①，绸缪牖户②。今此下民，或敢侮予③?'孔子曰：'为此诗者，其知道乎！能治其国家，谁敢侮之?'今国家闲暇，及是时，般乐怠敖④，是自求祸也。祸福无不自己求之者。《诗》云：'永言配命⑤，自求多福。'太甲⑥曰：'天作孽，犹可违；自作孽，不可活⑦。'此之谓也。"

【注释】

①《诗》云：这里的《诗》指《诗经·豳风·鸱鸮》篇。迨天之未阴雨，彻彼桑土：迨，及，趁。彻，取。桑土，土桑根的皮。②绸缪牖户：绸缪（móu），即缠绵的转声，是说用桑根的皮缠结成窝。③下民：指下人，小鸟住在树上，所以称住在地面上的人为下人。侮，欺侮。④般乐怠敖：般（pán），乐，般乐是同义复音词。怠，怠惰。敖（áo），同遨，出游。⑤《诗》云：指《大雅·文王》篇。下二句引自这篇诗的第六章。永言配命：意思是说人应该常常念念不忘与天命配合。⑥太甲：殷王的名字。⑦自作孽，不可活：《礼记·缁衣》引太甲的这两句话，文字略有出入，"活"字作"逭"，逭（huàn），逃，避。这里的"活"字该是"逭"的假借字。

【译文】

孟子说："国君只要施行仁政，就能身享荣乐；不施行仁政，就将身遭屈辱。现在既然讨厌屈辱，可是仍然安于不仁的现状，这就好像讨厌潮湿却甘心居住在低下的地方一样。如果讨厌它，就不如重视德行，尊敬贤能的人，使道德高尚的贤人在位，才华出众的能人任职。国家安定了，趁着这个大好的时机，使政教修明，法纪森严，哪怕是大国，也一定会害怕而来归附了。《诗》里说过：'趁着天还没下雨，剥取桑根的皮儿，把那门窗修理好。那住在下面的人们，又有谁敢来欺侮我呢？'孔子说：'作这首诗的人，真是懂得治国的道理啊！一个国君能治理好他的国家，谁敢欺侮他呢？'现在国家安定，如果国君趁着这个时候，纵情游乐，懒问政事，这是自取祸害。一个人的祸福没有不是自己找来的。《诗》中曾有过这样的句子：'人们应该常常念念不忘和天命配合，为自己多求幸福。'商王太甲说：'天降祸害，还可以逃避；自己造成的祸害，简直逃也没法逃避。'正是这个意思。"

第五章

孟子曰："尊贤使能，俊杰在位，则天下之士，皆悦而愿立于其朝矣；市，廛而不征①，法而不廛②，则天下之商，皆悦而愿藏于其市矣；关，讥而不征，则天下之旅，皆悦而愿出于其路矣；耕者，助而不税③，则天下之农，皆悦而愿耕于其野矣；廛，无夫里之布④，则天下之民，皆悦而愿为之氓⑤矣。信能行此五者，则邻国之民，仰之若父母矣。率其子弟，攻其父母，自有生民以来，未有能济者也。如此，则无敌于天下。无敌于天下者，天吏也。然而不王者，未之有也。"

【注释】

①廛而不征：廛，货物堆栈，这里是名词动用，有提供堆栈储藏货物的意思。征，征收租税。②法而不廛：法，贸易法，这里也是名词动用，有按法定价格收购的意思。③助而不税：助，帮助耕种公田；税，名词动用，征收租税。④廛，无夫里之布：廛，老百姓的住宅。夫，一夫；里，里居；布，即钱。夫里之布，是说有宅旁不种桑麻，让土地荒废，或是利用它来起造台榭楼观的，就罚令出里布，像后世凡是土地都有地税一般；百姓中凡是没有职业的，便使他们出夫布，即一个劳动力服役的工钱，像后世不能服公役的人缴纳的免役钱一样。⑤氓（máng）：可解民，但与民略有区别，一般多指从别处迁来的百姓，所以这个字从亡从民。

【译文】

孟子说："尊重贤士，使用能者，让才德出众的人各在其位，那么天下的士子们，都会感到衷心喜悦而愿意到朝廷里来做官了；在市场上，提供储藏货物的货栈而不征收货物税，遇上货物滞销，便由国家按法定价格征购，不让它们长期积压在货栈中，那么天下的商人，都会感到衷心喜悦而愿意把货物藏在那个市场上了；关卡上，仅仅考察语言装束不同一般的人，并不征税，那么天下的旅客，都会感到衷心喜悦而愿意取道于那个国家了；耕田的人，只须耕种公田而不必另交租税，那么天下的农民，都会感到衷心喜悦而愿意到那里去种地了；市井弄的居民们，不管在什么情况下（即使无正当职业或不在屋旁种桑麻），都免除附加的雇役钱和地税，那么天下各国的百姓们，都会感到衷心喜悦而愿意到那里去做寄居的百姓了。要是真的能做到上面五点，那么邻国的老百姓，便会对那里的国君像对父母一样的仰望爱慕了。（别国的国君假如妄图进犯这样的国家，就好像是）率领儿女们去攻打他们自己的父母，自有人类以来，是没有能够取得成功的。这样，在天下就找不到敌手了。天下无敌的人，就是上天派遣到下界来的使者。做到了这样却还不能统一天下的，那是没有的事。"

第六章

孟子曰："人皆有不忍人之心。先王有不忍人之心，斯有不忍人之政矣。以不忍人之心，行不忍人之政，治天下可运之掌上。所以谓人皆有不忍人之心者，今人乍见孺子将入于井，皆有怵惕恻隐①之心——非所以内交②于孺子之父母也，非所以要誉③于乡党朋友也，非恶其声而然也。由是观之，无恻隐之心，非人也；无羞恶之心，非人也；无辞让之心，非人也；无是非之心，非人也。恻隐之心，仁之端④也；羞恶之心，义之端也；辞让之心，礼之端也；是非之心，智之端也。人之有是四端也，犹其有四体⑤也。有是四端而自谓不能者，自贼⑥者也；谓其君不能者，贼其君者也。凡有四端于我者，知皆扩而充之矣，若火之始然⑦，泉之始达。苟能充之，足以保四海；苟不充之，不足以事父母。"

【注释】

①怵惕恻隐：怵惕（chùtì），吃惊害怕。恻隐：伤痛不忍。②内交：内与"纳"通，内交有结交的意思。③要誉：要（yāo），求，谋取，要誉是说得好名声。④端：开始。⑤四体：四肢。人的四肢，是必不可少的。⑥贼：残害。⑦然：同燃。

【译文】

孟子说："人们都有一颗不忍看到别人蒙灾受难的心。古代帝王由于有这种怜悯别人的心，才实施了怜悯下面百姓的仁政。拿这种怜悯别人的好心，去施行怜悯下面百姓的仁政，治理天下就可以像把一件小东西放在手掌上运转那么容易了。我所以说每个人都有一颗不忍看到别人蒙灾受难痛苦的心的缘故，譬如人们突然看见无知的小孩将要跌到井里去，都会立即产生一种惊恐、不忍的心情——这不是为了想跟这孩子的爹娘攀交情，不是为了要在邻里朋友中获得好名声，也不是由于厌恶孩子的啼哭声才这样的。从这件事看起来，任何一个人，要是没有同情人之心，算不了人；没有羞耻之心，算不了人；没有礼让之心，算不了人；没有是非之心，也算不了人。同情人之心，是仁的开端；羞耻之心，是义的开端；礼让之心，是礼的开端；是非之心，是智的开端。一个人有这四个开端，就如同他的身体有四肢一样，（这是他本身所固有的。）有这四个开端却自认无所作为的人，是自家害自家的人；说他的君主无所作为的人，是防害他的君主的人。凡是在自己本身具有这四个开端的人，要是知道把它们都扩展开去，那就会像火刚开始点着，泉水刚开始流出一样限量的。假使能够扩展这四个开端，就可以保护天下的人民，使他们安居乐业；假使不去扩展的话，那就连自身的父母也无法奉养了。"

第七章

　　孟子曰："矢人岂不仁于函人①哉？矢人唯恐不伤人，函人唯恐伤人。巫匠②亦然。故术不可不慎也③。孔子曰：'里仁为美，择不处仁，焉得智？'夫仁，天之尊爵也，人之安宅④也。莫之御而不仁，是不智也。不仁不智，无礼无义，人役⑤也。人役而耻为役，由弓人而耻为弓，矢人而耻为矢也。如耻之，莫如为仁。仁者如射：射者正己而后发，发而不中，不怨胜己者，反求诸己而已矣。"

【注释】

　　①函人：制造铠甲的人。②巫匠：巫，以祈祷求福为职业的人，他们希望人们能生活得好。匠，指制作棺椁的木匠，他们却巴不得人们早点死。③术不可不慎也：术，指职业。造箭的人的本性并不比造甲的人不仁（因为"人皆有不忍人之心"），造箭的人之所以有唯恐不伤人的思想，是由他的职业决定的。所以人们选择职业不可不慎重。孟子是借此告诫当时的统治者在决定政治路线时应加审慎。④尊爵：最崇高的爵位，仁对于人来说最宝贵，所以称为"天之尊爵"。安宅：最安全的住宅，人只要具有仁德，便能得到周围人们的喜爱，使远处的人来归附，所以说"人之安宅"。⑤人役：被别人所役使的人。

【译文】

　　孟子说："制造箭的人难道比制造甲的人更加不仁爱吗？造箭的人唯恐自己造的箭不能射伤人，而制甲的人却又唯恐自己制的甲不坚固而让人受了伤。专为人求福的巫人和专为人制造棺材的匠人也是这样。所以，一个人选择职业不可不持审慎的态度。孔子说过：'市井中有仁厚的风俗，人们便认为这个市井好，选择住处而不知选定有仁厚风俗的地方，这哪里能说是聪明呢？仁，可以说是天赐的最高尚的爵位，是人们最安全的住宅。本来没有谁阻拦，却不去行仁，这便是人们不聪明的地方。一个人不仁、不智、无礼、无义，那只配做供人使唤的仆役。当了仆役却又以供人役使为可耻，那就像造弓的人以造弓为可耻，造箭的人以造箭为可耻一样。要是觉得可耻，就不如去实行仁。实行仁的人就好比射箭一个样子：大凡射箭的人都是先加强自己射箭的技术，端正自己射箭的姿式，然后再把箭射出去，如果射不中，不去埋怨胜过自己的同行，而应该从自己本身去找原因罢了。"

第八章

　　孟子曰："子路，人告之以有过则喜；禹闻善言则拜①。大舜有大焉②，善与人同③，舍己从人，乐取于人以为善。自耕稼、陶、渔④以至为帝，无非取于人者。取诸人以为善，是与人为善⑤者也。故君子莫大乎与人为善。"

【注释】

①禹闻善言则拜：禹，是历史上第一个以治洪水著称的伟大人物，相传他接受舜的让位建立夏朝。拜，即拜手，先用两手下拱到地，然后把头叩到手上，因为头不叩到地上而叩到手上，所以叫拜手，后来便沿用为行礼的通称。②大舜有大焉：有，同又。焉，语助词，用在句末，这里用作兼语，等于介词"于"加代词"是"，既充当句子补语，同时又辅助表达陈述语气。这里的"是"指代上面提到的"子路"和"禹"二人。意思是说虞帝舜在这方面又比子路和禹更伟大。因为子路和大禹都只是欢迎别人帮助自己为善，而大舜则是不但自己取人以为善，而且也与（或助）人一同为善。③善与人同：即与人同善。④耕稼陶渔：根据《史记·五帝本纪》记载，舜为帝前曾经从事过种地、烧制陶器和捕鱼等各种劳作。⑤与人为善：与字有两解：一是偕同（即和别人一道）。一是赞许、帮助。两解都可通。

【译文】

孟子说："子路，一听到人家告诉他有过错，便表示高兴；大禹听了有益的话，便向人拜谢。大舜比他们两个又更伟大，他愿意跟别人一同行善，放弃自己不对的，听从人家对的，乐意吸取别人的好处来行善。从他在下面种田、烧制陶器、打鱼到被推举为领袖，他身上所表现出来的许多优点，没有不是从别人那里虚心学来的。吸取别人的优点来行善，也是帮助、鼓励别人行善的作风。所以君子的所作所为没有比跟人一同行善更伟大的了。"

第九章

孟子曰："伯夷，非其君不事，非其友不友；不立于恶人之朝①，不与恶人言；立于恶人之朝，与恶人言，如以朝衣朝冠坐于涂炭②。推恶恶③之心，思与乡人立，其冠不正，望望然④去之，若将浼⑤焉。是故诸侯虽有善其辞命而至者⑥，不受也。不受也者，是亦不屑就⑦已。

"柳下惠不羞汙君，不卑⑧小官；进不隐贤，必以其道；遗佚⑨而不怨，阨穷而不悯⑩。故曰：'尔为尔，我为我，虽袒裼裸裎⑪于我侧，尔焉能浼我哉？'故由由然与之偕而不自失⑫焉，援而止之而止。援而止之而止者，是亦不屑去已。"

孟子曰："伯夷隘，柳下惠不恭。隘与不恭，君子不由也。"

【注释】

①不立于恶人之朝：意思是不在恶人的朝廷里做官。②涂炭：涂，污泥；炭，炭灰。涂炭比喻污秽不堪的地方。③恶恶：上一恶字读（wù），厌恶；下一恶字读（è），恶人。④望望然：抛下不顾的样子。⑤浼（měi）：污秽。⑥辞命：使者奉命出国，有关邦交所陈述的辞令。⑦不屑就：屑，洁净；不屑就，是说因为它不干净，所以不愿接受。⑧柳下惠：名展禽，鲁国的大夫。因为他的采邑在柳下，死后的谥号为惠，所以人们称他为柳下惠。羞、卑：这两个动词都是意动用法。⑨遗佚：被遗弃，指不被君主重用。⑩悯：忧伤。⑪袒裼裸裎：袒裼（xī），露臂；裸裎（chéng），露身，都是不礼貌的行动。⑫自由：自得的样子。不自失：不失去自己正常的态度。

【译文】

　　孟子说：“伯夷这个人，不是他满意的君主不肯奉事；不是他满意的朋友就不肯结交；不在恶人的朝廷里做官，不跟恶人讲话；在恶人的朝廷里做官，跟恶人讲话，就像穿着礼服、戴着礼帽坐在污泥和炭灰上。把这种憎恶坏人的心思推广开去，他感到要是跟一个乡下人站在一起，乡下人的帽子又歪歪斜斜地戴在头上，他便要撇下乡下人不理睬，径自走开去，就像自己被这个乡下人玷污了似的。所以当时各国的国君尽管都来聘请他去做官，他却不接受。他之所以不接受，是因为他认为那些国君不干不净，不宜接近的缘故。

　　“柳下惠却完全两样，他不以奉事不好的君主为羞耻，也不嫌弃做小官，进到朝廷并不隐瞒自己的才干，但一定要根据原则；不被上面任用也毫无怨言，处境极端困难也并不感到忧伤。所以他说：‘你是你，我是我，哪怕你在我旁边赤身露体，无礼到了极点，你又怎么能玷污我呢？’因此他怡然自得地与他们这些人在一起，却不会有失常态，别人挽留他叫他留住，他便留住。他之所以一被挽留便留住，是因为他认为贸然离去并不算是洁身自好的缘故。”

　　孟子说：“伯夷心襟过于狭隘，柳下惠的态度又太不恭谨。狭隘和不恭谨，贤德的君子是不会这样的。”

第二篇　公孙丑章句下（凡十四章）

第一章

孟子曰："天时不如地利，地利不如人和①。三里之城，七里之郭②，环而攻之而不胜。夫环而攻之，必有得天时者矣；然而不胜者，是天时不如地利也。城非不高也，池非不深也，兵革非不坚利也，米粟非不多也；委而去之，是地利不如人和也。故曰：域民③不以封疆之界，固国④不以山谿之险，威天下不以兵革之利。得道者多助，失道者寡助。寡助之至，亲戚畔之；多助之至，天下顺之。以天下之所顺，攻亲戚之所畔，故君子有不战，战必胜矣⑤。"

【注释】

①天时：李炳英《孟子文选》注说："古代作战，以'天干'（甲、乙、丙、丁、戊、己、庚、辛、壬、癸）、'地支'（子、丑、寅、卯、辰、巳、午、未、申、酉、戌、亥）所标志的时日（例如：甲子日、乙卯日等）和攻守地点的方位（东、南、西、北、中央）的适当配合为条件（某日攻某方、守某方为有利），来掌握胜败、吉凶的成数，这叫做天数。"天数即是天时。②三里之城，七里之郭：郭，外城。《晋书·段灼传》根据《孟子》论述天时、地利与人和的关系时，作"三里之城，五里之郭"。内城三里，外城七里，城和郭的大小比例很不相称，还是依《晋书·段灼传》"七里"作"五里"更合适些。③域民：限制人民，使他们居住一定的区域内，为自己所统治。④固国：使国防坚固，牢不可破。固，使动用法。⑤君子有不战，战必胜矣：句中的"有"字和口语"要么"的意思差不多。

【译文】

孟子说："得天时不如得地利，得地利又不及得人和。有座内城三里、外城七里的城邑，敌人包围攻打却无法取胜。敌人既来围攻，一定是拣时择日得天时的了；可是却无法取胜，这正说明得天时不如得地利好。又譬如这里有另一座城邑，它的城墙筑的并不是不高，护城壕挖得并不是不深，士卒们的兵器和盔甲并不是不锐利、坚固，粮食也并不是不多，可是，敌人一来进犯，守兵们便弃城逃跑，这正足以说明得地利又不及得人和好。所以说：限制人民不必靠国家的疆界，巩固国防不必凭山河的险要，威服天下不必恃武力的强大。得到正义的人帮助他的便多，失掉正义的人帮助他的便少。少助到了极点时，连自己的亲戚也会背叛他；多助到了极点时，整个天下的人都愿意顺从他。让天下都顺从他的人去攻打连他的亲戚都背叛他的人，所以，圣明的君要么不去攻打，一去攻打一定会获得胜利。"

第二章

孟子将朝王，王使人来曰："寡人如①就见者也，有寒疾，不可以风；朝将视朝②，不识可使寡人得见乎？"

　　对曰："不幸而有疾，不能造朝。"

　　明日，出吊于东郭氏③。公孙丑曰："昔者④辞以疾，今日吊，或者不可乎？"

　　曰："昔者疾，今日愈，如之何不吊？"

　　王使人向疾，医来。孟仲子⑤对曰："昔者有王命，有采薪之忧⑥，不能造朝；今病小愈，趋造于朝，我不识能至否乎？"使数人要⑦于路，曰："请必无归而造于朝！"

　　不得已而之景丑氏⑧宿焉。景子曰："内则父子，外则君臣，人之大伦⑨也；父子主恩，君臣主敬。丑见王之敬子也，未见所以敬王也。

　　曰："恶，是何言也！齐人无以仁义与王言者，岂以仁义为不美也？其心曰，'是何足与言仁义也'云尔⑩，则不敬莫大乎是。我非尧舜之道，不敢以陈于王前，故齐人莫如我敬王也。"

　　景子曰："否，非此之谓也。《礼》曰：'父召无诺⑪；君命召，不俟驾⑫。'固将朝也，闻王命而遂不果⑬，宜⑭与夫礼若不相似然。"

　　曰："岂谓是与？曾子曰：'晋、楚之富，不可及也。彼以其富，我以吾仁；彼以其爵，我以吾义⑮，吾何慊⑯乎哉！'夫岂不义而曾子言之？是或一道也。天下有达尊⑰三：爵一，齿一，德一。朝廷莫如爵，乡党莫如齿，辅世长民莫如德。恶得有其一以慢其二哉！

　　"故将大有为之君，必有所不召之臣，欲有谋焉则就之。其尊德乐道，不如是不足与有为也。故汤之于伊尹，学焉而后臣之，故不劳而王；桓公之于管仲，学焉而后臣之，故不劳而霸。今天下地丑德齐⑱，莫能相尚⑲，无他，好臣其所教，而不好臣其所受教。汤之于伊尹，桓公之于管仲，则不敢召。管仲且犹不可召，而况不为管仲者乎！"

【注释】

　　①如：将。②朝将视朝：第一个朝字读 zhāo，早晨。第二个朝字读 cháo，视朝，上朝视事（办事）。③东郭氏：据《风俗通》记载，东郭牙是齐国的大夫，东郭咸阳是他的后人，这说明齐国有东郭氏是大夫之家。④昔者：昨日。⑤孟仲子：是孟子的堂兄弟，曾学于孟子。⑥采薪之忧：是说有病不能上山打柴；这是当时士大夫交往中用来代指疾病的谦词。⑦要（yāo）：拦阻。⑧景丑氏：齐大夫景丑家。⑨伦：伦常，封建社会以君臣、父子、夫妇、兄弟、朋友为五伦，并以父子有亲、君臣有义、夫妇有别、长幼有序、朋友有信为伦常。⑩云尔：表示必然无疑的语助词。⑪父召无诺：召，呼唤。诺，慢条斯理的应答声。⑫君命召，不俟驾：是说来不及等待牵马来，坐人力车到牧地去驾马，不能坐着等待马到。⑬不果：中止，没有真的实行。⑭宜：相当于殆（dài），有"几乎"、"差不多"的意思。⑮"彼以其富"四句：四句每句下可能都省去"为满足（或骄傲）"等字样。⑯慊（qiàn）：憾，恨。⑰达尊：是说普天下所尊敬的事。⑱地丑德齐：丑，类似。整句是说现在天下的人君，土地的大小相类似，德教的好坏差不多。⑲莫能相尚：互相不能超过。

【译文】

　　孟子正打算去朝见齐王，齐王打发人来传话道："本来我是要来看望您的，无奈受了风寒，不能被风吹，今早我将临朝视事，不知道可不可以让我有幸见到您？"

孟子回答说："我也不幸得了点病，不能上朝。"

第二天，（孟子）到齐国的大夫东郭氏家去作吊。公孙丑说："昨天刚托病辞不上朝，今天却又出门去作吊，也许不大合适吧？"

孟子答道："昨天有病，今天病好了，怎么不去作吊呢？"

齐王派人来探视孟子的病，医生也同来了。孟仲子对来人说："昨天王命召见，恰好（先生）病了，不能上朝来。今天病稍好了点，已上朝去了，我不知道他能不能到达朝中？"于是派几个人到路上拦住孟子说："请您一定不要回家，上朝去走一趟吧！"

（孟子）没有办法，只得绕道上较为相好的朋友景丑氏家借住一晚。景丑便提出异议道："在家庭内就得讲求父子之亲，在家庭外就得讲求君臣之义，这是人们相互之间重大的伦常关系。父子之间以恩爱为主，君臣之间以尊敬为主，我只看到齐王对你的尊敬，却没有看到你用来尊敬齐王的任何表现。"

孟子说："哎！你这是什么话！你们齐国人没有一个拿仁义之道去跟齐王交谈的，难道真的是认为仁义不好吗？他们心里无疑是这样想的：'这样一个君主哪配跟他谈论什么仁义之道呢？'我看，再没有什么行为比这种态度更加不尊敬齐王了。我不是尧舜这样治天下的最好方法，不敢拿到齐王前面去陈述，所以齐国人对齐王的尊敬，是谁也比不上我的。"

景丑说："不，我说的不是这个。《礼》书中说：'父亲召唤儿子时，轻轻答应一声是，便立即起身，决不可以慢条斯理地说声诺。君主下令召见臣子，应该立即动身，不能等待驾好车子再走。你本来准备上朝，听到齐王召唤反而不去了，恐怕跟《礼》上说的不相符合吧。"

孟子说："难道你说的是这个吗？曾子说过：'晋国和楚国的豪富，是人家不能相比的。不过，他们凭的是财富，我行的是仁；他们仗的是爵位，我守的是义，我又有什么遗憾呢！'曾子讲这个话难道有什么不对吗？这中间也许是有道理的。天下有三个为人们普遍尊敬的东西：一个是爵位，一个是年龄，一个是德行。在朝廷没有比得上爵位的，在乡里没有比得上年龄的，在辅佐君主供养百姓方面就没有比得上德行的。又怎能仗着自己占着一面却去怠慢占着两面的人呢！

"所以将要大有作为的君主，一定有他不敢召唤的臣子，要是有重大国事须得商量，就亲自去他家里请教。他重视德行、乐于行仁政，认为不这样做，就不能与贤德的臣下有所建树。所以，商汤王对于伊尹，先向他学习，然后用他为臣子，因此，能够做到不劳而行王道于天下；桓公对于管仲，也是先向他学习，然后再用他为臣，因此，能够做到不劳而成立霸业。现在天下的大国，土地大小差不多，君主们的思想行为也不相上下，谁也没能胜过谁，这没有别的原因，就是他们欢喜用听从他们教导的人做臣子，而不欢喜用有能力教导他们的人做臣子。商汤王对于伊尹，齐桓公对于管仲，就不敢召唤。管仲这样的人都不可以召唤，何况不屑于做管仲的人呢！"

第三章

陈臻①问曰："前日于齐，王馈兼金一百②而不受；于宋，馈七十镒而受；于薛③，馈五十镒而受。前日之不受是，则今日之受非也；今日之受是，则前日之不受非也。夫子必居一于此矣。"

孟子曰："皆是也。当在宋也，予将有远行，行者必以赆④；辞曰馈赆，予何为不受？当在薛也，予有戒心⑤；辞曰闻戒，故为兵馈之，予何为不受？若于齐，则未有处⑥也，无处而馈之，是货⑦之也。焉有君子而可以货取乎？"

【注释】

①陈臻（zhēn）：孟子弟子。②王馈兼金一百：馈（kuì），赠送。兼金，好金，它的价格比一般金价高出一倍，所以叫兼金。一百，百镒。古时以一镒为一金。镒（yì），二十两，一作溢，或误以一镒为二十四两。古代所说的金，多是指黄铜，并不是现在的黄金。③薛：是齐国靖郭君田婴的封邑，不是春秋的薛国，故城在今山东滕县西南。④赆（jìn）：临别时赠送的财物。⑤戒心：戒备不测的心。据说当时有人想暗害孟子，孟子为防不测，所以作了必要的戒备。⑥处：用途。⑦货：名词动用，跟下文"货取"的意思差不多，是说用财物收买。

【译文】

陈臻问道："前些日子在齐国，齐王送给您质好价高的黄金一百镒您却不接受。近来在宋国，（宋君）赠送七十镒黄金您却接受了；在薛地，（薛君）赠送五十镒黄金您也接受了。如果前些日子的不接受是对的，那么，今天的接受就不对了；如果今天的接受是对的，那么，前些日子的不接受就不对了。您先生在这两个相反的做法中，一定有一个是做错了的。"

孟子说："都是对的。当在宋国的时候，我要远出旅行，对出门旅行的人一定要送点程仪，宋君当时说是送程仪，我为什么不接受呢？当在薛地时，我得有所戒备，薛君当时听说我要作戒备，因此送点钱给我购置武器，我又为什么不接受呢？至于在齐国，就没有说明是什么用途，不说明用途却送钱给我，这无异是想收买我。哪有贤德君子可以用钱财收买的呢？"

第四章

孟子之平陆①，谓其大夫②曰："子之持戟之士③，一日而三失伍④，则去之否乎？"

曰："不待三。"

"然则子之失伍也亦多矣。凶年饥岁，子之民，老羸转于沟壑，壮者散而之四方者，几千人矣。"

曰："此非距心之所得为也。"

曰："今有受人之牛羊而为之牧之者，则必为之求牧⑤与刍矣。求牧与刍而不得，则反诸其人乎？抑亦立而视其死与？"

曰："此则距心之罪也。"

他日见于王曰："王之为都者⑥，臣知五人焉。知其罪者，惟孔距心。"为王诵之⑦。

王曰："此则寡人之罪也。"

【注释】

①平陆：齐边境县邑名，位于今山东汶（wèn）上县北，汶水流经那里。②其大夫：其，指代平陆。

大夫，平陆县的最高行政长官（县令）。③持戟之士：戟（jǐ），古代兵器，在长柄的一端装有青铜或铁制成的枪尖，旁边附有月牙形锋刃。持戟之士，即战士，指守卫边邑的士兵。④失伍：是说士兵擅自离开行伍。⑤牧：牧地。刍：草料。⑥为都者：治理都邑的官吏。⑦为王诵之：诵，复述。

【译文】

孟子到平陆，对那里的邑令说："你邑里守卫边疆的战士，如果一天之内三次擅离职守，那么，是不是要将他开除呢？"

邑令说："不必等待三次。"

孟子说："可是，你失职的地方也已经不少了。在饥荒年岁，你治下的老百姓们，老弱病残被辗转抛弃到山沟中的，体力较强些的青壮年散走四方的，几乎近千人了。"

邑令说："这不是我（孔）距心力所能及的事。"

孟子说："现在假如有个人接受了替人牧放牛羊的任务，他就一定要替人家找到牧地和草料。万一找不到牧地和草料，那么，是把牛羊送还给人家呢，还是站在那里眼看着牛羊饿死呢？"

邑令说："这就是我（孔）距心的罪过了。"

后来，孟子朝见齐王说："您大王的邑令，我结识了五个，其中能认识自己失职的罪过的，只有孔距心一人。"于是把自己跟孔距心的谈话对齐王复述了一遍。齐王听后说："这也是我的罪过。"

第五章

孟子谓蚔鼃①曰："子之辞灵丘而请士师②，似也③，为其可以言也。今既数月矣，未可以言与？"

蚔鼃谏于王而不用，致为臣④而去。

齐人曰："所以为蚔鼃则善矣；所以自为，则吾不知也。"

公都子⑤以告。

曰："吾闻之也：有官守者，不得其职则去；有言责者，不得其言则去。我无官守，我无言责也，则吾进退，岂不绰绰然有余裕哉⑥？"

【注释】

①蚔鼃：齐大夫。蚔，一作坻，都读chí。鼃是蛙字的古文。②灵丘：齐国的边邑，到底具体在现在什么地方，说法不一，都不可靠。士师：治狱官。③似也：是说所作的事近似有理。④致为臣：又叫致仕，即辞职引退的意思。⑤公都子：孟子弟子。⑥岂不绰绰然有余裕哉：绰绰，宽绰的样子；裕，宽。

【译文】

孟子对蚔鼃说："你辞掉灵丘令不当，却请求去做治狱官，这件事做得有点道理，因为（做了治狱官）可以向主上进言了。现在（你当治狱官）已经几个月了，难道还不可以进言么？"

蚔鼃向齐王进言却没有被采纳，便辞职离开了。

齐国有人（议论这件事）道："（孟子）替蚳鼃打算的还是好的；可为自己打算的怎样，我就不知道了。"

公都子把这些话告诉给孟子。

孟子说："我听说过：有官职的人，不能履行他的职责就应该辞职；有进言责任的人，他进了言上边不采纳，就也应该辞职。我既没有官职，也就没有进言的责任，那我的出处进退，难道不是宽宽绰绰，有更多自由吗？"

第六章

孟子为卿于齐，出吊于滕①，王使盖大夫王驩为辅行②。王驩朝暮见，反齐滕之路，未尝与之言行事也。

公孙丑曰："齐卿之位，不为小矣；齐滕之路，不为近矣，反之而未尝与言行事，何也？"

曰："夫既或治之，予何言哉？"

【注释】

①孟子为卿于齐，出吊于滕：孟子曾经做过齐卿。滕文公去世，齐王因为文公是个贤君，加上孟子又跟他有较深的交情，所以破例派孟子这样的贵卿与王驩一道去吊唁。②王使盖大夫王驩为辅行：盖（gě），齐国县邑名。故城在今山东沂（yí）水县西北八十里。这里的"盖"跟《滕文公章句下》第十章"兄戴（按指陈仲子的哥哥陈戴），盖禄万锺"的"盖"是同一个县邑，由王氏与陈氏共同管辖。当时以一半土地作为齐王朝的下邑，由王驩管治；以另一半土地作为卿族的私邑，由陈氏世世代代享有。王驩（同欢），齐王的宠臣，当时为盖邑大夫。辅行，即副使。

【译文】

孟子在齐国为卿，出使到滕国去作吊，齐王还另派了盖邑的邑令王驩作副使。王驩早晚同孟子在一块，往返于齐滕的道路上，孟子却从未和他商量怎样行事。

公孙丑说："齐卿的位置，不算小了；从齐到滕的路，也不算近了，来回一整趟您却从不曾和（王驩）商量怎样行事，这是什么原因呢？"

孟子说："既然有人去办理那些事了，我还说什么呢？"

第七章

孟子自齐葬于鲁①，反于齐，止于嬴②。充虞③请曰："前日不知虞之不肖④，使虞敦匠事⑤。严⑥，虞不敢请。今愿窃有请也：木若以美然⑦。"

曰："古者棺椁无度⑧，中古⑨棺七寸，椁称之。自天子达于庶人，非直为观美也，然后尽于人心。不得⑩，不可以为悦；无财，不可以为悦。得之为有财⑪，古之人皆用之，吾何为独不然？且比化者无使土亲肤⑫，于人心独无恔⑬乎？吾闻之也：君子不以天下俭其亲。"

【注释】

①孟子自齐葬于鲁：孟子在齐国做官，母亲死了，归葬于鲁。②止于嬴：嬴（yíng），齐国南面的一个都邑，故城在今山东莱芜县西北四十里。③充虞：孟子弟子。④前日不知虞之不肖：前日，指孟子母殁后守三年之丧前。不肖（xiào），不贤，不中用，这是充虞自谦之词。⑤敦匠事：敦，督办。匠，指木工。⑥严：事急。⑦木若以美然：木，棺木。以，通已；以美，太美。⑧古者棺椁无度：古者，指殷以前。度，厚薄的尺寸。⑨中古：指周公制礼以来。⑩不得：是说法制规定不当得。⑪得之为有财：是说法制规定当得而且又是有钱备办得起。也有人认为"为"当作"而"。⑫且比化者无使土亲肤：比（bǐ），旧读bì，为。化者，死者。整句是说为了死者不使泥土沾污他的肌肤。⑬忬（xiào）：快意。

【译文】

孟子从齐国将母亲归葬到鲁国后，重新返回齐国，在嬴邑停留了下来。充虞请问道："早先您不知道我的能力差，承蒙派遣我去监督备办棺木。当时事忙，我不敢请示。现在我想请教一下：（我觉得）棺木似乎过于华美了。"

孟子说："上古时候人们用的内棺和外棺尺寸的厚薄，没有什么规定，中古时候规定内棺厚七寸，外棺的厚薄必须与它相称。上起天子，下至百姓，不止是为了好看，（大家认为只有这样做了，）然后才算是尽了孝心。（受到礼法限制，）不得用好棺木，当然不能令人称心如意；限于财力，不可能购用好棺木，同样也难以做到称心如意。只要礼法允许而又财力能办到，古代人都会用好棺木，我为什么独独不能这样做呢？而且为了让死者的遗体不沾着泥土，（这样做）人子的心不是可以感到安慰而不再有什么遗憾么？我听说过：一个懂得孝道的君子，决不因为要为天下人节约物资而在埋葬父母的事情上省钱。"

第八章

沈同①以其私问曰："燕可伐与？"

孟子曰："可。子哙不得与人燕，子之不得受燕于子哙②。有仕于此③而子悦之，不告于王而私与之吾子之禄爵；夫士也，亦无王命而私受之于子，则可乎？何以异于是？"

齐人伐燕。

或问曰："劝齐伐燕，有诸？"

曰："未也。沈同问'燕可伐与'，吾应之曰，'可'，彼然而伐之也。彼如曰，'孰可以伐之？'则将应之曰，'为天吏，则可以伐之。'今有杀人者，或问之曰，'人可杀与？'则将应之曰，'可'。彼如曰，'孰可以杀之？'则将应之曰，'为士师，则可以杀之。'今以燕伐燕④，何为劝之哉？"

【注释】

①沈同：齐大臣，他的事迹已无可考。②子哙、子之的事，见《梁惠王章句下》篇第十章注①。③有仕于此："仕"字应当作"士"，可能是传写的错误。④以燕伐燕：意思是说，齐国无道，与燕国差不多，它去伐燕，就像以燕伐燕一样。

【译文】

沈同以他个人的身份问孟子道："燕国可以讨伐吗？"

孟子说："可以。子哙无权擅自把燕国让给别人，子之也不应该擅自从子哙那里接受燕国。假如这里有个谋求官职的人，你对他很喜欢，也不向齐王报告，便把自己的俸禄和官爵都私自让给他；而那个人呢，也没有得到齐王的任命便从你那里私自接受俸禄和官爵，你说这样做行吗？子哙和子之私相授受燕国的事跟这个又有什么不同呢？"

齐国人出兵讨伐燕国。

有人问孟子道："听说您曾劝齐国讨伐燕国，有这回事吗？"

孟子说："没有。沈同问我，'燕国可以讨伐吗？'我回答他说'可以'，他便真的认为是这样而使齐国出兵去讨伐了燕国。他如果进一步问，'谁可以去讨伐燕国？'那我就会回答他道，'只有获得天意的天吏才可以去讨伐它。假如现在有个杀人的人，有人问道，'这个杀人犯可以杀掉吗？'那么被问的人就会回答他说，'可以。'他如果说，'谁可以杀他呢？'那就将回答道，'做治狱官的人，就可以杀他。'现在以一个跟无道燕国不相上下的国家去讨伐燕国，我为什么要劝他们这样做呢？"

第九章

燕人畔①。王曰："吾甚惭于孟子②"。

陈贾③曰："王无患焉。王自以为与周公孰仁且智？"

王曰："恶！是何言也！"

曰："周公使管叔监殷，管叔以殷畔④。知而使之，是不仁也；不知而使之，是不智也。仁智，周公未之尽也，而况于王乎？贾请见而解之。"

见孟子，问曰："周公何人也？"

曰："古圣人也。"

曰："使管叔监殷，管叔以殷畔也，有诸？"

曰："然。"

曰："周公知其将畔而使之与？"

曰："不知也。"

"然则圣人且有过与？"

曰："周公，弟也；管叔，兄也。周公之过，不亦宜乎？且古之君子，过则改之；今之君子，过则顺之。古之君子，其过也，如日月之食⑤，民皆见之；及其更也，民皆仰之。今之君子，岂徒顺之，又从为之辞。"

【注释】

①燕人畔：《史记·燕世家》载齐王伐燕，燕国士兵不抵抗，连城门也不关，燕君哙丧命，齐国大胜，子之逃亡。第二年，燕国人共同拥立太子平，即燕昭王。这段记载正说明燕人不归附齐，所以说"燕人畔"。畔同叛。②吾甚惭于孟子：惭，惭愧。齐王之所以"惭于孟子"，一是孟子本没有劝齐伐燕；二是齐伐燕后，诸侯将要合谋救燕，孟子曾劝齐王"速出令，反其旄倪，止其重器，谋于燕众，置君而后去之"

（见《梁惠王章句下》第十一章）。齐王没有采纳，因而导致"燕人畔"的结果。③陈贾：齐大夫。④周公使管叔监殷，管叔以殷畔：管叔，名鲜，是武王的弟弟，周公的哥哥。武王战胜商军诛杀纣王后，封纣子武庚为诸侯，派自己的三个弟弟管叔、蔡叔、霍叔监督武庚的国家。武王死后，成王年纪小，周公代行政事，管叔和武庚反叛周朝，周公出兵讨伐并且诛杀了他们。⑤食：同蚀。

【译文】

燕国人不归附齐国。齐王说："我对孟子感到很惭愧。"

陈贾说："大王不要为这个难过。您觉得您跟周公相比，谁更仁爱而又聪明些呢？"

齐王道："哎！你这是什么话！"

陈贾说："周公派遣管叔去监督殷国人，管叔却跟着殷国人一起反叛周朝。如果周公知道管叔会叛变却要派遣他，那就对自己兄弟太不仁爱了；如果不知道而派遣他，那便是他的不聪明的地方。仁和智，周公没能完全做到，何况您大王呢？请让我陈贾去见孟子作些解释。"

陈贾见到孟子问道："周公是个怎样的人呢？"

孟子说："是古代的圣人。"

陈贾说："周公派遣管叔监督殷国人，管叔跟着殷国人一道反叛周朝，有这件事吗？"

孟子说："不错。"

陈贾说："周公是事先知道他将会反叛却仍派遣他的么？"

孟子说："不知道。"

陈贾紧接上去又问道："那么，圣人尚且会犯过错么？"

孟子答道："周公是弟弟，管叔是哥哥，周公的过错，不也是合乎情理的事么？况且古代品德高尚的君子，有过就改；现在的君子，明知错了，却将错就错。古代的君子，他们的犯过错，像天上发生的日食月食一样，老百姓都可以看到；当他们改正错误时，老百姓也都能抬头看见。现在的君子，不但将错就错，而且还要多方面找借口、编谎言来为自己的错误作辩护。"

第十章

孟子致为臣而归①。王就见孟子曰："前日②愿见而不可得，得侍同朝③，甚喜。今又弃寡人而归，不识可以继此而得见乎？"

对曰："不敢请耳，固所愿也。"

他日，王谓时子④曰："我欲中国而授孟子室⑤，养弟子以万钟⑥，使诸大夫国人皆有所矜式，子盍为我言之⑦！"

时子因陈子⑧而以告孟子，陈子以时子之言告孟子。

孟子曰："然⑨；夫时子恶知其不可也？如使予欲富，辞十万⑩而受万，是为欲富乎？季孙曰：'异哉子叔疑⑪！使己为政，不用，则亦已矣，又使其子弟为卿。人亦孰不欲富贵，而独于富贵之中，有私龙断⑫焉。'古之为市也，以其所有易其所无者，有司者治之耳。有贱丈夫⑬焉，必求龙断而登之，以左右望，而罔市利⑭。人皆以为贱，故从而征之。征商自此贱丈夫始矣。"

【注释】

①致为臣而归："致为臣"解释已见前，这里是指孟子辞去齐卿准备归家，但这时他尚在齐国，所以齐王能够去看望他。②前日：指孟子还没有来齐国任职时。③得侍同朝：是说与孟子得为君臣，同朝共处。这是齐王的谦词。④时子：齐臣。⑤我欲中国而授孟子室：中国，国的中央，这里的国指国都临淄。授孟子室，建筑住宅给孟子。⑥养弟子以万钟：钟，六石四斗（古代量器小，一斗约相当于近代二升），万钟即六万四千石。李炳英《孟子文选》说："这万钟的粮谷本是赠给孟子的，但不直言给孟子而言给予孟子作为养弟子的费用，这是在封建时代赠予人对受赠予的人修饰礼貌的措词。"⑦矜（jīn）式：敬守法则，也即效法的意思。盍（hé）：何不。⑧陈子：指孟子弟子陈臻。⑨然：随口答应的话，相当于现在的"哦"。⑩辞十万：这大概是孟子统计自己在齐国做官时辞去的总数，不是一年当中有这么多。⑪季孙、子叔疑：不知什么时候人。⑫龙断：龙同垄，一作陇；垄断，指平地耸立突出而四面隔绝的土丘。垄断又可作动词，如"垄断市利"，即网罗市利的意思；这里的垄断便是动词。⑬贱丈夫：丈夫，已成年男子的通称。贱丈夫，贪得无厌、受人鄙视的男子。⑭罔市利：罔同网，罔市利是说看见市场上有利可图，便撒开网去牟取，使它尽归己有。这是比喻的说法。

【译文】

孟子辞职打算回家。齐王登门见到孟子说："以前您还没来齐时我想见到您都不可能，后来有幸能和您同朝共事，我十分高兴。现在您丢下我要回家去了，不知从今以后，我们还有机会再见到面吗？"

孟子答道："我只是不敢提出这样的要求罢了，这本是我的愿望呢。"

在另一天，齐王对时子说："我想在国都的中心地区建一座房子给孟子，送给他万钟粮粟作为弟子们的生活费用，使朝廷内外的官民都有所取法，你何不替我向孟子说说我这种打算！"

时子通过陈子转告孟子，陈子将时子的话告诉了孟子。

孟子说："哦，时子又怎么知道这种事情不可以做呢？假如我想发财，辞去十万钟的俸禄不要却去接受万钟的俸禄，这是为了想发财吗？季孙说过：'子叔疑这个人真奇怪！自己被任命做官，没有取得信任，也就算了吧，却又要让他的子弟去做卿。人们又有谁不想获取厚禄高官，而只有他却独独想在升官发财之中垄断一切。'古代的集市贸易，人们都是拿他们自己所有的东西，去跟人家交换自己所没有的东西，（这些事情）不过由有关部署去管理罢了，后来有一个被人瞧不起的贪得无厌的汉子，一定要找一个唯一突出的高丘爬上去，以便四面张望，把集市上贸易的赢利一齐捞过来，人们都鄙薄他这种行为，因此便向他征税。向商人征税的制度便是从这个汉子开始的。"

第十一章

孟子去齐①，宿于昼②。有欲为王留行者，坐而言③。不应，隐几而卧④。

客不悦曰："弟子齐宿⑤而后敢言，夫子卧而不听，请勿复敢见矣。"

曰："坐！我明语子。昔者鲁缪公无人乎子思之侧，则不能安子思⑥；泄柳、申详⑦无人乎缪公之侧，则不能安其身。子为长者⑧虑，而不及子思。子绝长者乎？长者绝子乎？"

【注释】

①孟子去齐：孟子之所以离开齐国，主要是由于跟齐君意见不相投，自己的政治主张得不到实行。②昼：齐国西南近邑。③坐而言：这里的"坐"字与下面"坐，我明语子"中的"坐"字不同。古人席地而坐，有两种坐法：一种是跪坐，又叫危坐，即两膝着地，腰和股伸直；一种是安坐，即两膝着地，屁股贴着脚跟比较舒适的一种坐法。这里"坐而言"的坐是跪坐；下面"坐，我明语子"的坐是安坐。④隐几而卧：隐，凭靠。几（jǐ），小桌子，古代供老年人坐时倚靠的。⑤齐宿：齐同斋，齐宿是说先一日斋戒以表示严肃恭敬。⑥昔者鲁缪公无人乎子思之侧，不能安子思："缪"同穆。鲁缪公名显，在位三十三年。子思，孔子的孙，名伋。缪公尊敬子思，以礼相待，经常派人伺候在他的左右，表达自己的诚意。⑦泄柳、申详：泄柳，鲁缪公时贤人，即《告子》下第六章中的子柳。申详，孔子弟子子张的儿子，子游的女婿。⑧长者：孟子自称，因为他年长，所以自称长者。

【译文】

孟子离开齐国，在昼邑住宿。有个来为齐王挽留孟子的人，跪坐着跟孟子说话。孟子没有回答他，靠在小桌子上睡觉。

客人不高兴地说："学生先一天斋戒致敬然后才前来进言，先生却在睡觉，听也不听，这我就不再敢求见您了。"

孟子说："坐下来！我明白地告诉你。以前鲁穆公要不是经常派人留在子思旁边，就不能把子思留下来；泄柳和申详要是没有人经常在鲁穆公旁边，他们也就不能安下身来。你替长辈打算，赶不上子思时的贤者为子思着想的，（却来劝我留下，）到底是你跟长辈决诀呢，还是长辈跟你决诀呢？"

第十二章

孟子去齐。尹士①语人曰："不识王之不可以为汤武，则是不明也；识其不可，然且至，则是干泽也②。千里而见王，不遇故去，三宿而后出昼，是何濡滞也？士则兹不悦③。"

高子④以告。

曰："夫尹士恶知予哉？千里而见王，是予所欲也；不遇故去，岂予所欲哉？予不得已也。予三宿而出昼，于予心犹以为速，王庶几改之！王如改诸，则必反予。夫出昼而王不予追也，予然后浩然⑤有归志。予虽然，岂舍王哉？王由足用为善。王如用予，则岂徒齐民安，天下之民举安。王庶几改之，予日望之！予岂若是小丈夫然哉⑥？谏于其君而不受则怒，悻悻然见于其面⑦，去则穷日之力而后宿哉？"

尹士闻之曰："士诚小人也。"

【注释】

①尹士：齐国人。②干泽：干，求；泽，禄。③士则兹不悦："兹"字前省去介词"于"字，不必看做倒装句。④高子：齐国人，孟子弟子。⑤浩然：如水流浩大，势不可挡。⑥予岂若是小丈夫哉：是，指示代词。小丈夫，气度狭窄的人。⑦悻悻然见于面：悻悻（xìng），忿怒的样子。见，同现。

【译文】

孟子离开齐国。尹士对别人说:"不知道齐王成不了商汤王、周武王那样的人,那就是缺乏眼力的地方;知道他不行,但还是来到了齐国,那就是贪图富贵。跑了千多里路来见齐王,由于意见不投合而离去,住了三晚才走出昼邑,这到底又是为了什么这样慢腾腾的呢?我就对这一点不愉快。"

高子把这些话告诉了孟子。

孟子说:"尹士又怎么了解我呢?跑了千多里路来见齐王,这是我的愿望;由于意见不投合所以离去,难道是我的愿望么?我是不得已啊。我住了三晚才走出昼邑,在我的心里还认为快了点,当时我心想,齐王也许会改变原来的态度吧!齐王如果改变态度,就一定会把我召回去。我走出了昼邑齐王却不来追我,然后我才有了难以抑止的回乡打算。我尽管如此,难道(愿意)舍弃齐王吗?齐王还是有条件办好政事的。齐王如果用了我,则何止是齐国人民得到安居乐业,天下的人民也全都能得到安居乐业。齐王也许会改变态度,我天天盼望他能这样!我难道会像那种心地狭窄的人的样子么;向他的国君进谏没有被采纳就发怒,离开那个国家时就竭尽全力跑够一天的路程然后再住宿呢?"

尹士听到这些话后说:"我的确是个小人啊。"

第十三章

孟子去齐,充虞路问曰:"夫子若有不豫色然。前日虞闻诸夫子曰:'君子不怨天,不尤人①。'"

曰:"彼一时,此一时也。五百年必有王者兴,其间必有名②世者。由周而来,七百有余岁矣。以其数,则过矣;以其时考之,则可矣。夫天未欲平治天下也;如欲平治天下,当今之世,舍我其谁也?吾何为不豫哉?"

【注释】

①君子不怨天,不尤人:这二句原是孔子的话(出自《论语·宪问篇》),孟子曾用来教育人。②名世:也作命世,"名""命"二字古代可通用。名世是说闻名于世上。

【译文】

孟子离开齐国,充虞在路上问道:"您先生好像有点不高兴的样子。以前我听见您说过:'君子是不会埋怨天、责怪人的。'(对吗?)"

孟子说:"那时是那时,现在是现在,每隔五百年便一定会有一位推行王道的君主诞生,这中间一定也还会有一些以才德闻名于时的人才出现。从周朝开国以来,到现在已有七百多年了。拿时数来说,就超过了(五百年);拿时势来考察一下,就该有诞生圣君贤相的可能了。上天是不想让天下太平啊。上天要是想使天下获致太平,那当今的世上,除了我还有谁能担当这份责任呢?我为什么不愉快呢?"

第十四章

孟子去齐,居休①。公孙丑问曰:"仕而不受禄,古之道乎?"

曰:"非也。于崇②,吾得见王,退而有去志,不欲变,故不受也。继而有师命,不可以请③。久于齐,非我志也。"

【注释】

①休:地名,位于今山东滕县北一十五里,离孟子的家大约一百里左右。②崇:齐国地名。③继而有师命,不可以请:师命,师旅之命,也即是作战的命令。请,要求。

【译文】

孟子离开齐国,在休地住下。公孙丑问道:"做官却不接受俸禄,这是古代传下来的规矩吗?"

孟子说:"不是。(当日)在崇地,我有机会见到齐王,(因为他这个人不愿行仁政,所以我)回来后便起了离开的念头,(我)不想改变这种念头,所以不接受俸禄。接着齐国又发生了战事,不便请求离去。久久留在齐国,并不是我的志愿。"

第三篇　滕文公章句上（凡五章）

第一章

滕文公为世子①，将之楚，过宋而见孟子②。孟子道性善，言必称尧舜③。

世子自楚反，复见孟子。孟子曰："世子疑吾言乎？夫道一而已矣。成覸④谓齐景公曰：'彼丈夫也，我丈夫也，吾何畏彼哉？'颜渊曰：'舜何人也？予何人也？有为者亦若是。'公明仪⑤曰：'文王我师也；周公岂欺我哉？'今滕，绝长补短，将五十里也，犹可以为善国。《书》曰：'若药不瞑眩，厥疾不瘳⑥。'"

【注释】

①世子：天子和诸侯的嫡长子。杨伯峻《孟子译注》以为"世子"即"太子"，"世"和"太"古音相同，古书常通用。②过宋而见孟子：滕文公为世子，出使楚国时途经宋国，当时孟子在宋国，和他相见了。③孟子道性善，言必称尧舜：道，讲。性，是人禀受于天以生之理。在孟子看来，人生来性本是善的，与尧舜一样，不过一般为私欲所蒙蔽，因而失去了天生的善性；尧舜没有私欲的蒙蔽，所以能扩充这种善性，成为人们学习的榜样。因此，孟子与世子谈话，每次讲到性善，就一定要称述尧舜，目的在于使他知道仁义不待外求，圣人可学而至，因而能用力不懈。性善论是孟子哲学思想的核心，是他的仁义学说的哲学基础。其实在阶级社会中，统治阶级与被统治阶级的善恶观是各有他们不同的标准的。而孟子却把口、耳、目、心所喜欢的东西人人相同，来证明合于统治阶级需要的理义，也是为一切人所喜欢的。事实恰恰相反，统治阶级的理义，根本在于维护剥削，而被统治阶级的理义，根本在于反对剥削。二者毫无共同之处。孟子的性善论是从统治阶级看本阶级的性是善的。拿这个作标准，被统治阶级的人当他们对统治阶级的理义表示顺从的时候，在孟子看来，他们的性也是善的；当他们对这个理义表示反对，代表其本阶级在政治、经济权利方面有所要求时，在孟子及其信徒们看来，他们便是蔽于物欲，把本来是善的性变恶了。这就是孟子及其信徒们性善说的真正含义和实质所在。④成覸（gàn）：齐景公手下的一个以勇敢出名的臣子。⑤公明仪：公明，姓，仪，名；鲁国的贤人，曾子的弟子。⑥《书》曰，若药不瞑眩，厥疾不瘳：书，指《商书·说命篇》。按这两句话见《国语·楚语》武丁所作书。《说命》三篇，今古文《尚书》都没有，只东晋梅赜所上古文《尚书》有《说命》上、中、下三篇，这可能是梅氏把武丁作的书拿来作为伪古文《说命上篇》。瞑眩（xiànxuàn），愦乱。瘳（chōu），病痊愈。二句是说药力不猛，便治不好病。

【译文】

滕文公做太子，将要出使到楚国去，路过宋国，便去看望孟子。孟子跟他讲了人性善的观点，开口不离尧舜。

太子从楚国回来时，又来拜见孟子。孟子说："太子怀疑我的话吗？道理只有一个罢了。成覸对齐景公说："他是男子大丈夫，我也是男子大丈夫，我干吗要怕他呢？"颜渊说过："舜是什么样的人呢？我是什么样的人呢？有作为的人也应该像他那个样子。"公明仪曾经说："文王是我的老师，周公难道会骗我吗？"现在滕国（虽小），假使将土地截长补短，也将有五十里见方大，还是可以成为一个好国家。《书》说：'如果一种药服了后不使人产生头晕目眩的感觉，那么病是不会好的。'"

第二章

滕定公①薨，世子谓然友②曰："昔者孟子尝与我言于宋，于心终不忘。今也不幸至于大故③，吾欲使子问于孟子，然后行事。"

然友之邹问于孟子④。

孟子曰："不亦善乎！亲丧，固所自尽也。曾子曰：'生，事之以礼；死，葬之以礼，祭之以礼，可谓孝矣。'诸侯之礼，吾未之学也；虽然，吾尝闻之矣：三年之丧⑤，齐疏之服⑥，飦粥之食⑦，自天子达于庶人，三代共之。"

然友反命，定为三年之丧。父兄百官皆不欲，曰："吾宗国⑧鲁先君莫之行，吾先君亦莫之行也，至于子之身而反之，不可。且《志》曰⑨：'丧祭从先祖。'曰：'吾有所受之也。'"

谓然友曰："吾他日未尝学问⑩，好驰马试剑；今也父兄百官不我足也，恐其不能尽于大事⑪，子为我问孟子。"

然友复之邹问孟子。

孟子曰："然；不可以他求者也。孔子曰：'君薨，听于冢宰⑫，歠⑬粥，面深墨⑭，即位而哭，百官有司莫敢不哀，先之也。'上有好者，下必有甚焉者矣。君子之德，风也；小人之德，草也。草尚之风，必偃⑮。是在世子。"

然友反命。

世子曰："然，是诚在我。"

五月居庐⑯，未有命戒。百官族人可，谓曰知。及至葬，四方来观之，颜色之戚，哭泣之哀，吊者大悦。

【注释】

①滕定公：文公（即文中的世子）的父亲。②然友：世子的师傅。③大故：指定公亡故。④然友之邹问于孟子：这时孟子已自宋返邹。邹离滕国仅四十余里，往返只需大半天，所以来得及问了后再办丧事。⑤三年之丧：指子女为父母、臣下为君上守孝三年。⑥齐疏之服：用粗布并缝边制成的丧服。齐，读（zī），本作斋，齐是假借字，齐即缝边的意思。疏，和粗字意思大致一样。⑦飦粥之食：飦（zhān），同馆，飦粥即糜粥。⑧宗国：滕和鲁都是文王的后代所封的国家，而鲁的祖先周公为长，兄弟宗之，所以滕称鲁为宗国。⑨《志》曰：志，有记的意思；这里指国家史官掌管的记事的书。⑩学问：名词动用，是说研究学问。⑪恐其不能尽于大事："其"字是世子自指之词。⑫冢宰：六卿之长。⑬歠（chuò）：喝，饮。⑭深墨：深黑色，指居丧内心哀痛，面也不洗，忧形于色。⑮草尚之风，必偃：尚，加；偃（yǎn），伏。⑯五月居庐：根据古代礼制，诸侯死后五个月下葬。未葬之前，孝子住在倚庐中。倚庐，指临时用两根柱子倚在墙上搭成的窝棚。

【译文】

滕定公去世了，太子对师傅然友说："以前孟子在宋国曾经跟我谈过一些话，我始终不能忘记。现在不幸遇到了大变故，我打算请你去向孟子请教，然后再举办丧事。"

然友到邹国向孟子请教。

孟子说："（太子能够问及这样的事，）（这）不也好得很吗！父母的丧事，本来就是做孝子的人所应尽力办理的。曾子说过：'父母在世时，按礼仪的规定去奉事；父母去世时，按礼仪的规定去安葬、去祭祀，这就可算是尽孝了。有关诸侯丧葬的礼仪，我没有学习过；但是，我曾经听说过：（父母去世后，孝子）守孝三年，穿缝了边的粗布孝服，喝着稀饭，上从天子下到老百姓，夏、商、周三代都是一样。"

然友回去汇报了，于是定为守孝三年。公族的父兄和朝里的百官都不同意，说："我们的宗国鲁国的先代君主都没有行过（三年之丧），我们的先代君主也没有实行过，到您手里却要违反祖先的所为，这事不能做。何况《志》书里说过：'丧葬和祭祀要照祖先的成规办事。'这样我们就可以说：'我们（这样做）是上有继承的。'"

太子对然友说："我以前不曾好好研究学问，只喜欢跑马击剑感；现在父兄官吏们都不满意我的做法，我担心我对这次丧礼不能做到尽心尽力，请你替我去再向孟子请教一下。"

然友又一次到邹国去向孟子请教。

孟子说："对；这件事是不能求之于外人的。孔子说过：'君主去世，太子将一切朝事全委托给首相去料理，喝稀饭，哀伤得面目深黑，一临孝子之位便哀哀痛哭，这样下属的官吏便没有敢不悲哀的，因为太子带了头。'在上位的人有所爱好，下面的人便一定会对这个爱好得更厉害。君子的德像是风，小人的德像是草，风吹到草上面，草就必定随着风向而倒伏。这件事办得好坏完全决定于太子。"

然友回去向太子复命。

太子说："对，这件事的确取决于我。"

太子住在丧庐里整整五个月之久，不曾发号施令。朝中百官和公族都很满意，说太子懂礼。等到安葬时，四面八方的人都来观看葬仪，（太子）颜色的悲伤，哭泣的哀痛，使来作吊的客人看了都感到十分满意。

第三章

滕文公问为国。

孟子曰："民事不可缓也。《诗》云：'昼尔于茅①，宵尔索绹②，亟其乘屋③，其始播百谷。'民之为道也，有恒产者有恒心，无恒产者无恒心。苟无恒心，放辟邪侈，无不为已。及陷乎罪，然后从而刑之，是罔民也。焉有仁人在位罔民而可为也④？是故贤君必恭俭礼下，取于民有制。阳虎⑤曰：'为富不仁矣，为仁不富矣。'夏后氏五十而贡，殷人七十而助，周人百亩而彻，其实皆什一也⑥。彻者，彻⑦也；助者，藉⑧也。龙子⑨曰：'治地莫善于助，莫不善于贡。'贡者校⑩数岁之中以为常。乐岁粒米狼戾⑪，多取之而不为虐，则寡取之；凶年粪其田而不足，则必取盈焉。为民父母，使民盼盼⑫然，将终岁勤动，不得以养其父母，又称贷而益之⑬，使老稚转乎沟壑，恶在

其为民父母也？夫世禄，滕固行之矣。《诗》云；'雨我公田，遂及我私⑭。'惟助为有公田。由此观之，虽周亦助也。

"设为庠序学校以教之。庠者，养也；校者，教也；序者，射也。夏曰校，殷曰序，周曰庠；学则三代共之，皆所以明人伦也⑮。人伦明于上，小民亲于下。有王者起，必来取法，是为王者师⑯也。《诗》云：'周虽旧邦，其命维新⑰'，文王之谓也。子力行之，亦以新子之国⑱！"

使毕战⑲问井地。

孟子曰："子之君将行仁政，选择而使子，子必勉之！夫仁政，必自经界⑳始。经界不正，井地不钧㉑，谷禄㉒不平。是故暴君汙吏必慢其经界。经界既正，分田制禄可坐而定也。

"夫滕，壤地褊小，将为君子焉㉓，将为野人焉。无君子，莫治野人；无野人，莫养君子。请野九一而助，国中什一使自赋。卿以下必有圭田㉔，圭田五十亩；余夫㉕二十五亩。死徙无出乡，乡田同井，出入相友，守望相助，疾病相扶持，则百姓亲睦。方里而井，井九百亩，其中为公田。八家皆私百亩，同养公田；公事毕，然后敢治私事，所以别野人也。此其大略也；若夫润泽之，则在君与子矣。"

【注释】

①《诗》云，昼尔于茅：指《豳风·七月》。昼尔于茅，尔，语助词。于，有"往取"、"往割"的意思。也有人把茅字看作动词，理解为取茅的意思。②索绹：搓绳。③亟其乘屋：亟同急。其，语助词。乘，升。屋，野外的房屋。④这段话已见《梁惠王章句上》孟子与齐宣王论齐桓晋文之事章，可参看该章注释。⑤阳虎：即阳货，鲁国季氏的家臣。⑥夏后氏五十而贡三句：这里孟子假托古史来阐述自己的理想，事实恐怕不一定是这样。⑦彻：有通的意思，是说周朝这种税制是天下通行的税制。⑧藉：有借的意思，是说借民力来耕种公田。⑨龙子：古代贤人。⑩校（jiào）：计量，比较。⑪粒米狼戾：粒米，犹言米粒，泛指粮食。狼戾，犹狼藉。⑫盼盼（xì）：勤苦不休息的样子。⑬称贷而益之：称贷，借债。益，补足。⑭雨我公田，遂及我私：雨读（yù），下雨，名词动用。诗句引自《小雅·大田》第三章。《大田》是西周记述农事的诗。当时助法全部废除了，典籍也不存在，唯有从这首诗中还可见到周朝也是用助法，所以孟子引来作为证明。⑮"设为庠序学校以教之"至"皆所以明人伦也"等句：庠（xiáng）含有养老的意思，校有教民的意思，序有习射的意思；这些都是乡学也即是地方学校。学，国学。共之，共用这个名称。伦，序；父子有亲，君臣有义，夫妇有别，长幼有序，朋友有信，是当时人的主要伦常关系。庠序学校，都不过用来阐明这种伦常关系罢了。⑯为王者师：滕国土地小，即使行仁政，也未必能兴王业，但是却可以充任行王道的国君的老师。⑰周虽旧邦，其命维新：引自《大雅·文王》第一章。《文王》是歌颂文王的诗。旧邦，是说自后稷开国，历夏、商两朝，所以称旧邦。命，指天命。⑱新子之国：新作动词，使动用法，是说使他的国家焕然一新。子，指文公，因为他年岁不大，所以孟子这样称呼他。⑲毕战：滕国的臣子。井地，即井田。⑳经界：经是经度、丈量。界指井田的界限。㉑井地不钧：钧，通均。㉒谷禄：即俸禄，古人用谷物为俸禄，所以又称俸禄为谷禄。㉓将为君子焉：为，有；有和为二字古时通用。君子，指统治者，下面野人，指被统治的劳动人民。㉔圭田：圭（guī）洁，指德行洁白。士由于德行洁白而升官，便给与田亩，以供祭祀，这种田便叫圭田。㉕余夫：本指农夫还没有到达成家年龄而又有一定劳动能力的剩余劳动力，士大夫家的子孙不能继续为士大夫的，也授给他们一定数量的田，与农夫家的余夫一例看待。

【译文】

滕文公向孟子询问治国的方法。

孟子说:"农业生产的事是不容缓的。《诗》里说过:'白天赶紧割茅草,晚上要把绳索搓好,急忙修旧房舍,耕田播种的时间转眼到。'老百姓的一般情况是这样,有固定的产业的人便有稳定的思想,没有固定的产业的人便没有稳定的思想。假如老百姓没有稳定的思想,那么什么无法无天的事,没有干不出来的。等到犯了罪,然后再加刑罚,这就等于布下罗网陷害老百姓。哪有仁爱的君主在位却干出陷害老百姓的事来的呢?所以贤良的君主务必做到处事恭谨,生活俭朴,礼贤下士,向老百姓征收赋税有定规。阳虎说过:'要发财就别讲仁爱,要讲仁爱就别想发财了。'夏朝每家授田五十亩,赋税实行的是贡法,商朝每家授田七十亩,赋税实行的是助法,周朝每家授田百亩,赋税行的是彻法,实际上征的税率都是十分之一。彻是通的意思;助是借的意思。龙子说:'经营土地的税制没有比助法更好的,没有比贡法更不好的。'所谓贡法就是计量、比较几年中的收成而定出一个税收的定数。丰收年景粮食到处抛撒,多征收一点也不算苛暴,却征得少;凶年饥岁,田里的收获连购买来年的肥料都够不着,却一定要征足定数。号为老百姓父母的国君而使老百姓整年辛勤劳动,却没法子养活自己的爹妈,还得借高利贷来凑足纳税的数字,以至使老弱辗转流亡,饥寒交迫,抛骨于水沟荒野之中,为民父母的实际意义又在哪里呢?对做大官的人赐予土地,使他们的子孙世代享有田租收入的"世禄"制度,滕国本来早就实行了。《诗》里面说:'(希望)上天首先降雨到公田,然后再把私田沾。'只有实行助法才会有公田,从这篇周诗看来,虽是周朝,也是实行助法的。

"设立'庠'、'序''学'、'校'等来教育他们。所谓'庠',含有教养的意思;所谓'校',含有教育的意思;所谓'序',含有习射的意思。乡学的名称,夏朝叫校,殷朝叫序,周朝叫庠。至于国家办的学校,三代都共用了'学'这个名称,都是用来向学生阐明并教导他们明确'父子有亲、君臣有义、夫妇有别、长幼有序、朋友有信'这五种伦常观念的。在上面的诸侯卿大夫士明确并承认组成上层社会这五种伦常关系,小百姓们在下面自然也就亲密无间了。只要有愿意推行王道的人出现,便一定要来向您模仿学习的,这样您就做了行王道的人的老师了。《诗》里说过:'岐周虽是个历经夏商两朝的古老之国,天命却有意使它来一番革新',这是就文王创建帝业而说的。您努力干下去,也可以使您的国家为之一新。"

(滕文公)又打发毕战来(向孟子)询问有关井田的问题。

孟子说:"你的国君将要实行仁政,经过精心选择才派遣你来问我,你努力吧!实行仁政,必须从划分和理清田界着手。田界没有划分理清,井地的大小就不能做到均衡一律,做大官的人从封地里所得到的作为俸禄的田租就不能做到合理公平。所以那些暴君和贪吏总是要(千方百计)把正确的田界搞乱。田界已经划分理清了以后,分田地给老百姓和给做官的人确定俸禄这两件事,便可以不费大气力地决定下来了。

"滕国,国土狭窄,但也有官吏,也有老百姓。没有官吏,便不能治理老百姓;没有老百姓,便不能养活官吏。我希望你们在郊野实行九分抽一的助法,城邑使人们自行缴纳十分之一的赋税。卿以下的官吏分给他们供祭祀用费的圭田,圭田规定为五十亩;对于那些被称为'余夫'的剩余劳动力,就每人另给田二十五亩。这样,埋葬或搬家都不用离开家乡,在家乡同耕一井的田地,平日出入互相亲爱,防守盗贼互助互帮,一家有病人,八家共照顾,做到真正的亲爱团结了。在每一平方里的土地上划为一个井田单位,一个井田单位共有田九百亩,中间的百亩是公田,八户人家各耕私田一百亩,八家必须共同耕种好公田;公田里的农活完毕了,大家才敢去干私田的活,这样做就是为了使老百姓跟官吏有所区别。这里所说的只是井田制的大致情况;至于怎样搞得更完善一些,那就得在于你们的君主和你了。"

第四章

有为神农之言者许行①,自楚之滕,踵②门而告文公曰:"远方之人闻君行仁政,愿受一廛③而为氓。"文公与之处④。其徒数十人,皆衣褐⑤,捆屦⑥、织席以为食。

陈良之徒陈相与其弟辛负耒耜⑦而自宋之滕,曰:"闻君行圣人之政,是亦圣人也,愿为圣人氓。"

陈相见许行而大悦,尽弃其学而学焉。

陈相见孟子,道许行之言曰:"滕君则诚贤君也;虽然,未闻道也。贤者与民并耕而食,饔飧⑧而治。今也滕有仓廪府库,则是厉⑨民而以自养也,恶得贤?"

孟子曰:"许子必种粟而后食乎?"

曰:"然。"

"许子必织布而后衣乎?"

曰:"否;许子衣褐。"

"许子冠⑩乎?"

曰:"冠。"

曰:"奚冠?"

曰:"冠素。"

曰:"自织之与?"

曰:"否;以粟易之。"

曰:"许子奚为不自织?"

曰:"害于耕。"

曰:"许子以釜甑爨、以铁耕乎⑪?"

曰:"然。"

"自为之与?"

曰:"否;以粟易之。"

"以粟易械器者,不为厉陶冶;陶冶亦以其械器易粟者,岂为厉农夫哉?且许子何不为陶冶,舍⑫皆取诸其宫中而用之?何为纷纷然与百工交易?何许子之不惮烦?"

曰:"百工之事固不可耕且为也。"

"然则治天下独可耕且为与?有大人之事,有小人之事⑬。且一人之身,而百工之所为备,如必自为而后用之,是率天下而路⑭也。故曰,或劳心,或劳力;劳心者治人,劳力者治于人;治于人者食人⑮,治人者食于人,天下之通义也。

"当尧之时,天下犹未平,洪水横流,泛滥于天下,草木畅茂,禽兽繁殖,五谷不登,禽兽偪人⑯,兽蹄鸟迹之道交于中国⑰。尧独忧之,举舜而敷治⑱焉。舜使益掌火,益⑲烈山泽而焚之,禽兽逃匿。禹疏九河⑳,瀹济漯㉑而注诸海,决汝汉,排淮泗而注之江㉒，然后中国可得而食也。当是时也，禹八年于外，三过其门而不入，虽欲耕，得乎？

"后稷㉓教民稼穑，树艺五谷；五谷熟而民人育。人之有㉔道也，饱食、煖衣、逸居而无教㉕，则近于禽兽。圣人有忧之㉖，使契㉗为司徒，教以人伦——父子有亲，君臣有义，夫妇有别，长幼有序，朋友有信。放勋㉘曰：'劳之来之㉙，匡之直之，辅之翼之，使自得之，又从而振德㉚之。'圣人之忧民如此，而暇耕乎？

"尧以不得舜为己忧，舜以不得禹、皋陶㉛为己忧。夫以百亩之不易为己忧者㉜，农夫也。分人以财谓之惠，教人以善谓之忠，为天下得人者谓之仁。是故以天下与人易，为天下得人难。孔子曰：'大哉尧之为君！惟天为大，惟尧则之，荡荡乎民无能名焉！君哉舜也！巍巍乎有天下而不与焉㉝！'尧舜之治天下，岂无所用其心哉？亦不用于耕耳㉞。

"吾闻用夏变夷者，未闻变于夷者也。陈良，楚产也，悦周公、仲尼之道，北学于中国。北方之学者，未能或之先也。彼所谓豪杰之士也。子之兄弟事之数十年，师死而遂倍㉟之。昔者孔子没，三年之外，门人治任㊱将归，入揖于子贡，相向而哭，皆失声，然后归。子贡反筑室于场，独居三年，然后归。他日，子夏、子张、子游以有若似圣人，欲以所事孔子事之，强曾子。曾子曰：'不可；江汉以濯之，秋阳以暴之㊲，皜皜乎不可尚矣。'今也南蛮鴃舌之人㊳，非先王之道，子倍子之师而学之，亦异于曾子矣。吾闻出于幽谷迁于乔木者，未闻下乔木而入于幽谷者。《鲁颂》㊴曰：'戎狄是膺，荆舒是惩㊵。'周公方且膺之，子是之学，亦为不善变矣。"

"从许子之道，则市贾㊶不贰，国中无伪；虽使五尺之童适市，莫之或欺。布帛长短同，则贾相若；麻缕丝絮轻重同，则贾相若；五谷多寡同，则贾相若；屦大小同，则贾相若。"

曰："夫物之不齐，物之情也；或相倍蓰㊷，或相什伯，或相千万㊸。子比㊹而同之，是乱天下也。巨屦小屦同贾，人岂为之哉？从许子之道，相率而为伪者也，恶能治国家？"

【注释】

①有为神农之言者许行：神农，炎帝神农氏，相传他最早制造农具，教导老百姓耕种，是中国农耕的发明者。许行，是孟子时研究神农学说的学者。②踵：本指脚后跟，这里作动词，解作到、登。③廛：老百姓的住宅。④处：即住所。⑤褐（hè）：本是粗布，这里指贫苦老百姓穿的衣服。⑥捆屦：捆（kǔn），织。屦（jù），古时用麻、葛等织成的鞋。⑦陈良：楚国的儒者。耒耜（lěisì）：古代一种像犁的农具。⑧饔飧（yōngsūn）：熟食，早餐叫饔，晚餐叫飧；这里是说自己弄饭吃。⑨厉：损害。⑩冠（guàn）：戴帽，名词动用。⑪许子以金甑爨、以铁耕乎：釜（fǔ），古代用来煮食物的用具。甑（zēng），古代用来蒸食物的陶土炊具。爨（cuàn），烧火煮饭。铁，指铁制耕具。⑫舍：同啥，什么。⑬有大人之事，有小人之事：大人，指统治者；小人，指被统治者。⑭路：名词动用，有奔走道路，得不到休息的意思。⑮食人：食（sì），养活。⑯偪人：偪，古逼字。⑰中国：古书中的中国，一般多指中原（黄河流域一带）。⑱敷治：分治。⑲益：舜的臣子，起初做火正，后来做掌管山林沼泽的虞官。⑳九河：指徒骇、太史、马颊、复釜、胡苏、简、絜、钩盘、鬲津等九条河。㉑瀹济漯：瀹（yuè），疏通。济，水名，导源于河南济源县西

的王屋山，故道经黄河而南，东流到山东，与黄河平行入海，现在下游为黄河所占，只剩下河北发源处还存在。漯（tà），也是水名，在山东。㉒决汝汉，排淮泗而注之江：汝、汉、淮、泗，也都是水名。这些水不一定都流入长江，孟子不过是借此申述禹治水的功劳，未必字字实在，所以不必拘泥。㉓后稷：尧时掌管农事的官名，当时由周祖先弃充任。㉔有：犹为。㉕饱食、煖衣、逸居而无教：过去读作两句，在煖衣下断句，实际应该读作一句，意思是说衣食住三者俱全，只是没有教育。㉖圣人有忧之：有同又。㉗契（xiè）：舜的臣子，商朝的祖先。㉘放（fǎng）勋：帝尧的称号。曰：当作日，因为与"曰"字形近而误。㉙劳之来之：劳（láo）来（lài）二字意义近似，都有慰劳、慰问的意思。来同勑，现在通作徕。㉚振德：二字都作动词。振，救；德，对人施恩德。㉛皋陶：一作咎繇，读 gāoyáo，虞舜时的司法官。㉜夫以百亩之不易为己忧者：夫，指示代词，那些。易，治。㉝"孔子曰"以下数句：是孟子引孔子赞颂尧舜的话。《论语·泰伯》："子曰：'巍巍乎舜禹之有天下也，而不与焉'。"又"子曰：'大哉尧之为君也！巍巍乎唯天为大，唯尧则之。荡荡乎民无能名焉。巍巍乎其有成功也！焕乎其有文章！'"孟子引用时可能是将这二处合并而有所取。不与，不相关，不以得位为乐。㉞亦不用于耕耳：亦，副词，只是。㉟倍：同背，是古字借用。㊱任：挑在肩上或是装在车上的东西，实即指行李。㊲秋阳以暴之：秋阳，实际是指夏天的阳光，因为周正建子，夏正建寅，所以周历的七、八月，即夏历的五、六月，正为夏季。暴，同曝（pù），晒。㊳南蛮鴃舌之人：指许行。鴃（jué），即伯劳鸟，人们讨厌它的鸣叫声，所以孟子用来比喻语言不中听的许行。㊴鲁颂：指《诗经》中歌颂鲁僖公的《閟宫篇》。㊵戎狄是膺，荆舒是惩：膺，攻打。荆为楚的本号，舒是附楚的邻近小国。二句为提宾倒装句式。㊶贾：同价。㊷蓰（xǐ）：五倍。㊸什伯、千万：都是指倍数。伯一作百。㊹比（bì）：有强合在一起的意思。

【译文】

有位研究神农学说的学者名叫许行的，从楚国来到了滕国，登门告诉文公说："远方的人听说您实行仁政，希望接受一个住所做您的老百姓。"文公给了他住所。他的门徒几十个，都穿着粗麻布衣，靠编草鞋、织麻席子过活。

儒者陈良的学生陈相和他的弟弟陈辛一道背着农具从宋国走到滕国，（见了文公）说："听说您实行圣人的仁政，这样说来您也是圣人了，希望做圣人的百姓。"

陈相见到许行后十分高兴，全部放弃他原来所学的东西，转而向许行学习。

陈相拜见孟子，转述许行的话说："滕君确实是个贤君；不过，还不懂得做贤君的道理。贤君应该跟老百姓一同种地获取粮食，还要自弄饭吃，同时管理国事。现在滕国有的是粮仓财库，那就是损害老百姓来养肥自己了，又怎算得上贤德呢？"

孟子说："许子一定要自种庄稼然后才吃饭么？"

陈相说："是这样。"

"许子一定要织布然后才穿衣服么？"

陈相说："不；许子穿粗麻布衣。"

"许子戴帽子么？"

陈相说："戴帽子。"

孟子说："戴什么帽子？"

陈相说："戴白绢帽子。"

孟子说："是自己织的吗？"

陈相说："不；用粮食换来的。"

孟子说："许子为什么不自己织呢？"

陈相说："那会妨碍庄稼活。"

孟子说："许子用锅甑弄饭、用铁器种地么？"

陈相说："对。"

"这些炊具和农具是自己制造的么？"

陈相说："不是；是用粮食换来的。"

"农民用粮食换炊具和农具，不能算是损害泥瓦工和冶铁工；泥瓦工和冶铁工也用他们的炊具和农具换粮食，难道能说是损害了农夫吗？而且许子为什么不自己烧窑炼铁，无论什么东西都可以从宫中取来用呢？为什么要这样忙于跟各种工匠去交换？为什么许子这样不怕麻烦呢？"

陈相说："各种工匠的活儿本来就不可能在种地的同时又去兼着干。"

"那么治理天下的事难道独独可以在种地的同时去兼着干么？做官的有做官的应该做的事情，当百姓的有当百姓的应该做的事情。况且一个人身上（所需用的东西），是所有工匠给做的，如果一定要自己制造的东西才去用，这就是率领普天下的人全都奔忙于路途之上，永无停息了。所以说：有的人动脑筋，有的人卖力气，动脑筋的人统治别人，卖力气的人受别人统治；受人统治的人得养活别人，统治人的人受别人供养，这是天下通行的准则。

"唐尧在位的时候，天下还没有整治好，洪水乱流，到处泛滥成灾，草木生长茂盛，禽兽成倍地增长，谷物没有收成，恶禽猛兽危害人们，它们的足迹遍布于中原各地。尧独对这种情况感到忧虑，所以选拔舜来分管治理工作。舜又派伯益充任火正官，伯益放火焚烧山林和草泽地带，禽兽只得往四处奔逃躲避。禹修濬等九条河的河道，疏通济水漯水，让河水流入海中，开凿汝、汉、淮、泗等水的河道，把积水从适当的出口处排放出来，一并注入江中。然后中原地带的人们才可能种上庄稼，得到饭吃。当这个时候，禹在外面奔忙了八年，三次经过家门都没有回去，在这种情况下，即使他想耕种，又哪里能够呢？

"后稷教导老百姓耕种收割，栽培粮食作物；粮食作物成熟了，百姓也就得到了养育。人类的生活规律往往是这样，吃得饱、穿是暖、住得舒适，要是没有教育，那就接近于禽兽。圣人对此又深感忧虑，便派契做司徒官，教给人们以人与人之间的道德关系——父子之间得相亲爱，君臣之间得有礼义，夫妇之间得有内外之别，长幼之间得有尊卑次序，朋友之间得有信用。放勋对广大百姓天天慰劳他们，纠正他们，帮助他们，使他们各得其所，遇到困难，又赈救他们，对他们施以恩德。圣人这样为百姓操劳，还有空余时间去耕田吗？

"尧把得不到舜看做是自己心中忧虑的大事，舜也把得不到禹和皋陶看做是自己心中忧虑的大事。那些把分管的百亩田地没有耕种好看做是自己心中忧虑的大事的，是农民。把财物分送给人只能算是小恩惠，教导别人行善虽可说是一片忠心，但受益面不广，时间也有限，只有为治理天下得到杰出的人才，才真正称得上是仁。所以把天下让给别人倒容易，为天下挑选到治理天下的人才却是难事。孔子说：'尧作为帝王的确是伟大啊！天最伟大，只有尧能够效法天，对尧的无边圣德，百姓们简直找不到适当的词语来形容它！了不起的帝王舜呀！他如此崇高地被拥戴登上帝位，却丝毫不以为乐呢！'尧舜的治理天下，难道不要动脑筋吗？只是不可能把脑筋用到耕田上去罢了。

"我只听说拿中国的文化习俗去同化边远落后民族的事，没有听说过被边远落后民族同化的。陈良，原是在楚国生长的，他喜爱周公和仲尼的学说，所以跑到北方来向中国学习。北方的学者，还没有哪个能够超过他的。他真算得上个杰出的人物。你们兄弟俩向他学习了几十年，可是（你们的）老师一死便立即背叛他。从前孔子的去世，三年已满，弟子们整理好行李担子将要各自回去，进去向子贡行礼告别，彼此望着流泪痛哭，声音都嘶哑了，然后才回去。子贡回来后在墓地上建筑了一间屋子，在那里独个儿住了三年，这才回去。后来，子夏、子张和子游由于有若有点像圣人，想用奉事孔子的礼节去奉事他，强要曾子同意。曾子说：'不行啊；老师给我们的教育就像用江汉的水那样洗濯过我们，又像用盛夏的太阳那样曝晒过我们，光明高大的境界简直没法达到。'现在这个来自南蛮满口方言的人，指责、反对我们古圣先王的法规，你们却背叛你们的老师反过来向他学习，这也就跟曾子完全不同了。我只听说鸟儿总是从幽暗的山谷迁移到高树上去栖息的，却没有听说过从高树上迁下来到幽暗的山谷中去落户的。《鲁颂》说：'要攻击戎狄，痛惩荆舒。'周公正是要攻击他们，你们却向这样的人学习，你们也可算是不善于变通的人了。"

陈相说："按照许子的办法去做，就可以使市面上物价一律，国里面没有弄虚作假的；哪怕是身高不满五尺的孩子去（买东西），也不会有谁欺骗他。棉布和丝绸长短一样，价钱也就一样，麻线和丝绵的轻重相同，价钱也就一样；各种谷物的多少一样，价钱也就一样；鞋子大小相同，价钱也就一样。"

孟子说："各种货物的品种质量不一致，这是货物存在的客观情况；有的相差一倍到五倍，有的相差十倍到百倍，有的相差千倍到万倍。你把它们强拉在一起而等同起来，这是要造成天下的混乱。制作粗糙的鞋子和制作精细的鞋子卖相同的价钱，人们难道会干这样的事吗？按照许子的办法去做，那就是带着人们一同去弄虚作假，怎么能治理好国家呢？"

第五章

墨者①夷之因徐辟而求见孟子。孟子曰："吾固愿见，今吾尚病，病愈，我且往见，夷子不来。"

他日，又求见孟子。孟子曰："吾今则可以见矣。不直，则道不见；我且直之。吾闻夷子墨者，墨之治丧也，以薄为其道也②；夷子思以易天下，岂以为非而不贵也？然而夷子葬其亲厚，则是以所贱事亲也。"

徐子以告孟子。

夷子曰："儒者之道，古之人若保赤子③，此言何谓也？之则以为爱无差等，施④由亲始。"

徐子以告夷子。

孟子曰："夫夷子信以为人之亲其兄之子若亲其邻之赤子乎？彼有取尔也。赤子匍匐将入井，非赤子之罪也。且天之生物也，使之一本，而夷子二本故也。盖上世尝有不葬其亲者，其亲死，则举而委之于壑。他日过之，狐狸食之，蝇蚋姑嘬之⑤。其颡有泚⑥，睨而不视。夫泚也，非为人，泚中心达于面目，盖归反虆梩而掩之⑦。掩之诚是也，则孝子仁人之掩其亲，亦必有道矣。"

徐子以告夷子。夷子怃然，为间⑧，曰："命⑨之矣。"

【注释】

①墨者：学习墨家学说的人。夷之：夷，姓；之，名，其人事迹已不可考。徐辟：孟子弟子。②墨之

治丧也，以薄为其道也：《墨子》有《薄葬篇》，反对厚葬。③古之人若保赤子："若保赤子"这句话，见《周书·康诰》。保，有安抚的意思。赤子，刚生下的婴孩皮肤呈红色，所以叫赤子。④施：行。⑤蝇蚋姑嘬之：蚋（ruì），一种与蚊子相类的吸吮人畜血的小昆虫。姑，与方言盬（gǔ）字同，用嘴吸血。嘬：咬，吃。⑥有泚（cǐ）：有，语助词。泚，汗出的样子。⑦盖归反虆梩而掩之：反，可能是"取"字之误。虆梩（léilí），虆是盛土的器具；梩是铲土的工具。⑧夷子怃然，为间：怃（wǔ），茫然自失的样子。为间，停了片刻。⑨命：接受教命。

【译文】

墨家的门徒夷之通过徐辟要求见孟子。孟子说："我本来愿意见他，现在我还在患病，病好了，我将要去看望他，夷子不必来了。"

过了一些日子，夷之又要求谒见孟子。孟子说："我现在就可以和他见面了。不坦率地进行论辩，正确的道理就表现不出来；我准备坦率地进行论辩。我听说夷子是墨家学派的信徒，墨家办丧事，把薄葬看做是他们的正道；夷子想拿这个来改变风俗，难道能把这个看做不对而不加崇尚吗？但是夷子却厚葬他的父母，这就等于是拿他们所轻贱的礼仪去对待双亲了。"

徐子把这些话告诉了夷子。

夷子说："儒家的学说中有过这样的记载，古代的帝王对待老百姓就像爱抚初生的婴儿一样，这句话是什么意思呢？我就认为爱是没有差别的，但是施行这种爱却应该从自己的父母开始。"

徐子又把这些话转告了孟子。

孟子说："那位夷子难道真的认为人们爱他哥哥的孩子和爱他邻居的婴儿是一样的么？古书中"若保赤子"的话是用来打比方才这样说的，婴儿在地上爬着快要掉进井里去了，这并不是婴儿的罪过。而且天生万物，使它们都只有一个根本，而夷子提出两个根本，这就是我要反驳他的缘故。大概上古时候曾经有过不埋葬父母的人，他的父母死了，就把他们的遗骸抬去抛到山沟里去。后来路过那里，看见狐狸在吃它们，苍蝇、蚊子在吮叮它们。他额角冒汗，只是斜着眼睛瞟一下，连正视都不敢。那个人的流汗，并不是为了流给别人看的，而。"

徐子再次把孟子的话告诉了夷子，夷子心中感到茫然如有所失，过了片刻，说："我衷心接受教化了。"

第三篇　滕文公章句下（凡十章）

第一章

陈代①曰："不见诸侯，宜若小然；今一见之，大则以王，小则以霸。且《志》曰：'枉尺而直寻'，宜若可为也。"

孟子曰："昔齐景公田，招虞人以旌，不至②，将杀之。志士不忘在沟壑，勇士不忘丧其元。孔子奚取焉？取非其招不往也。如不待其招而往，何哉？且夫枉尺而直寻者，以利言也。如以利，则枉寻直尺而利，亦可为与？昔者赵简子使王良与嬖奚乘③，终日而不获一禽。嬖奚反命曰：'天下之贱工也。'或以告王良；良曰：'请复之。'强而后可，一朝而获十禽。嬖奚反命曰：'天下之良工也。'简子曰：'我使掌与女乘。'谓王良，良不可，曰：'吾为之范④我驰驱，终日不获一；为之诡遇⑤，一朝而获十。《诗》云：不失其驰，舍矢如破⑥。我不贯⑦与小人乘，请辞。'御者且羞与射者比⑧；比而得禽兽，虽若丘陵，弗为也。如枉道而从彼，何也？且子过矣：枉己者，未有能直人者也。"

【注释】

①陈代：孟子弟子。②招虞人以旌，不至：旌（jīng），古代一种在旗杆顶上饰有五色羽毛的旗子。虞人，看守皇帝或是诸侯园子的小官吏，招他的时候，应该用打猎时戴的皮帽子，现在却用旌，所以他不应召到来。③昔者赵简子使王良与嬖奚乘：赵简子，即赵鞅，春秋时晋国的正卿。王良，晋国驾车的能手。嬖奚，简子的宠臣，名叫奚的。④范：法，指车夫驾车的正法。这里的范字名词动用，是说按照驾车的正法赶车。⑤诡遇：不按照驾车的正法赶着车子去多与禽兽相遇，以便多猎取它们。⑥《诗》云，不失其驰，舍矢如破：《诗》，指《小雅·车攻》，这里所引二句在该诗的第六章。舍矢，犹放矢。如，同而，古书中"如"字多跟"而"字通用。破，有杀伤的意思。⑦贯：同惯，习惯。⑧比：有强合在一起的意思。

【译文】

陈代说："不愿谒见诸侯，未免见得心地太狭小了；假如现在去拜见他们，或许可以实行仁政，帮助他们统一天下，即使不那么理想，也可以帮助他们称霸于世。况且以前的《志》书中也说过：'受委屈不过一尺，而得伸直的却是八尺'，应该说似乎是可以干的。"

孟子说："从前齐景公去打猎，拿饰有羽毛的旗子召唤管园囿的小吏，小吏不来见，景公将要杀掉他。一个志士仁人正直不苟，不怕惨遭杀戮，尸填沟坑；一个大勇的人临危不乱，那怕要掉脑袋。孔子取他哪一点呢？就是取他敢于坚守礼义，不接受不合乎礼仪的召唤。如果我不待诸侯以礼相招，就径自去谒见他们，那成什么话呢？而且那些所谓受委屈一尺，却能伸直八尺的话，只是从得到利益的方面而说的。如果单从利益的观点来考虑问题的话，那么只要能得到利益，即使委屈八尺伸直一尺的事，难道也可以干么？从前赵简子派王良替他的宠臣奚赶车，赶了一整天却没有打到一只鸟，奚回来向赵简子汇报道：'王良是世上最蹩脚的赶车工。'有人把这个话告诉了王良；王良说：'请让我再给他赶一次车吧。'奚经过勉强劝说然后才答应，一个早上就打到了十只鸟。奚回来在赵简子面前夸奖王良道：'王良是世上最出色的赶车工。'简子说：'那我就派他专门替你赶车。'简子把这件事跟王良说，王良不答应，说：'我按照赶车的规矩替他赶着车奔驰，却整天打不到一只鸟；不按赶车的规矩去赶车，一个早上便打到十只鸟。《诗》里说过：不违背赶车的正规，箭一发出便定有杀伤。我不习惯替小人赶车子，请允许我辞去这份差事。'一个赶车的人尚且以与一个不体面的射手合作为可耻；合作后打到的禽兽，尽管堆积如山，也不屑干。你怎么倒反劝我枉曲正道去屈从当今那些骄横无礼的诸侯呢？况且你弄糊涂了：凡是枉屈自己的人，没有一个能够使别人正直的。"

第二章

景春①曰："公孙衍、张仪②岂不诚大丈夫哉？一怒而诸侯惧，安居而天下熄。"

孟子曰："是焉得为大丈夫乎！子未学礼乎？丈夫之冠也，父命之③；女子之嫁也，母命之，往送之门④，戒之曰：'往之女家，必敬必戒，无违夫子！'以顺为正者，妾妇之道也。居天下之广居，立天下之正位，行天下之大道；得志与民由之，不得志独行其道；富贵不能淫，贫贱不能移，威武不能屈，此之谓大丈夫。"

【注释】

①景春：与孟子同时人，习纵横之术。②公孙衍：字犀首，魏国阴晋（陕西华阴）人，是当时的纵横家一流人，曾在秦国做过大良造的官，佩五国相印。张仪，魏国人，是与苏秦并称的大纵横家，曾说六国连横以奉事秦国。这里景春不提苏秦，大约这时苏秦已被齐国所杀。③丈夫之冠也，父命之：冠（guàn），行冠礼；古时男子年二十行冠礼。父命之，是说由父亲主持行冠礼这件事。④往送之门：门，指父母家的门，不是女子所嫁婿家的门。

【译文】

景春说："公孙衍、张仪难道不是真正可称之为大丈夫的么？他们一旦发了怒，天下的诸侯便要为之战战兢兢，要是他们安静下来，天下便太平无事了。"

孟子说："这样的人又怎算得是大丈夫呢！你没有学过礼吗？男子长大成人行冠礼时，由父亲主持其事，并面加教导；女儿出嫁时，母亲主持其事，将她送到门口，告诫道：'去到你们家里，一定要恭敬，一定要遇事小心谨慎，不要违背丈夫的意志！'以婉顺为准则的，是妇人女子之道。只有住在"仁"这个天下最宽大的住宅里，站在"礼"这个天下最正确的位置上，走在"义"这个天下最正大的道路上，得志时跟老百姓一起遵循这条道路前进，不得志时便独自照这个行事，厚禄高官不能乱我的心，家贫位卑不能变我的行径，威力相逼不能挫我的志，这样的人才称得上是大丈夫。"

第三章

周霄①问曰："古之君子仕乎？"

孟子曰："仕。《传》曰：'孔子三月无君，则皇皇如也，出疆必载质②。'公明仪曰：'古之人三月无君则吊③'"

"三月无君则吊，不以急乎④？"

曰："士之失位也，犹诸侯之失国家也。《礼》曰：'诸侯耕助以供粢盛⑤；夫人蚕缫⑥以为衣服。牺牲不成⑦，粢盛不洁，衣服不备，不敢以祭。惟士无田，则亦不祭⑧。'牲杀、器皿、衣服不备，不敢以祭，则不敢以宴，亦不足吊乎？"

"出疆必载质，何也？"

曰："士之仕也，犹农夫之耕也；农夫岂为出疆舍其耒耜哉？"

曰："晋国亦仕国也，未尝闻仕如此其急。仕如此其急也，君子之难仕，何也？"

曰："丈夫生而愿为之有室，女子生而愿为之有家；父母之心，人皆有之。不待父母之命、媒妁之言⑨，钻穴隙相窥，逾墙相从，则父母国人皆贱之。古之人未尝不欲仕也，又恶不由其道。不由其道而往者，与钻穴隙之类也⑩。"

【注释】

①周霄：魏国人。②《传》曰：这里所说的《传》，不知指什么书。皇皇如也：像找不着东西心里发急的样子。出疆必载质：质，同贽、挚，古代人初次见面时的礼物。③吊：慰问。④不以急乎：以通已，太的意思。⑤诸侯耕助以供粢盛：耕助，连绵动词，和下文"蚕缫"相对成文。助即藉，古时候天子和诸侯都有"藉田"，他们每年春耕开始的季节到田边去扶扶犁做个样子，其实这些田还是要借助农民的力量耕做，所以叫藉田。耕种这种藉田也叫"藉"。粢（zī）盛（chéng）：可以盛在器皿中用来供神的谷物如黍稷稻粱等叫粢，上述谷物已盛在器皿中的叫盛。⑥夫人蚕缫：夫人，指诸侯的大老婆。蚕缫（sōo），养蚕抽茧出丝。她们也只是捧捧蚕种和把手在缫茧盆中浸湿做个样子，以表示她们的重视。⑦牺牲不成：祭祀时宰杀用来祭祀鬼神的牛羊猪等牲畜叫"牺牲"，又叫"牲杀"，成有肥硕丰满的意思。⑧惟士无田，则亦不祭：参看本书《滕文公章句上》第三章注。⑨媒妁（shuò）：媒人。⑩与钻穴隙之类也：杨伯峻《孟子译注》以为这句法不合语法，"之类"的"之"字是衍文（多余的字），本来作"与钻穴隙类也"。

【译文】

周霄问道："古代的君子做官吗？"

孟子说："做官。上代的传里就说过：'孔子只要三个月没有君主任命他做官，就觉得心神不安，离开国境一定要随身携带进谒别的国君的见面礼。'公明仪也说：'古代的人三个月不奉事君主，朋友亲戚便登门向他进行慰问。'"

周霄紧接着问："三个月没有君主奉事便要进行慰问，不是太急躁了吗？"

孟子说："士人失掉职位，就像诸侯失掉了国家一样。《礼》书上说：'诸侯带头参加藉田的耕种工作，就是为了供给祭品；诸侯夫人带头养蚕缫丝，就是为了供给祭服。祭祀用的牲畜不肥硕，粮食谷物不洁净，衣服不完备，不敢用来祭祀。士人要是没有供祭祀用的"圭田"，也就没有资格祭祀。'牲畜、器皿、衣服不完备，不敢用来祭祀，也就不敢用来摆宴席款待宾客，难道这还不应该去慰问吗？"

周霄又问："离开国境一定要携带谒见别国君主的见面礼，这又是什么缘故呢？"

孟子回答道："士人要做官，就跟农夫要种田一样，农夫难道会因为离开家乡而抛下他的农具不要吗？"

周霄又说："我们魏国也是一个可以做官的国家，我从没有听说过想做官竟到如此迫切的地步。想做官到了如此迫切的地步，君子却又偏偏这样难于做官，这又是为什么呢？"

孟子说："男孩子一生下来父母便希望替他找房好妻室，女孩子一生下来父母便希望替她找个称心如意的丈夫；当爷娘的这种心情，人人都会有吧！可要是子女不经过父母的许可、媒人的介绍，便扒墙打洞互相偷看，甚至爬过墙去进行幽会，那么父母和社会上的人士便都要瞧不起他们。古代的人未尝不想做官，但又讨厌那种做官不择手段的做法。不经过正当门路而去做官的行径，就跟男女扒墙打洞偷情幽会的丑行相类似。"

第四章

彭更①问曰："后车数十乘，从者数百人，以传食于诸侯②，不以泰乎？"

孟子曰："非其道，则一箪食不可受于人；如其道，则舜受尧之天下，不以为泰，子以为泰乎？"

曰："否；士无事而食，不可也。"

曰："子不通功易事，以羡③补不足，则农有余粟，女有余布；子如通之，则梓、匠、轮、舆④皆得食于子。于此有人焉，入则孝，出则悌，守先王之道，以待后之学者⑤，而不得食于子；子何尊梓、匠、轮、舆而轻为仁义者哉？"

曰："梓、匠、轮、舆，其志将以求食也；君子之为道也，其志亦将以求食与？"

曰："子何以其志为哉？其有功于子，可食而食之矣。且子食志乎？食功乎？"

曰："食志。"

曰："有人于此，毁瓦画墁⑥，其志将以求食也，则子食之乎？"

曰："否。"

曰："然则子非食志也，食功也。"

【注释】

①彭更：孟子弟子。②传食：传读 zhuàn，古代客馆的名称。传食是说辗转住在诸侯的客馆里接受他们的款待。③羡：多余。④梓、匠、轮、舆：都是木工。梓是制木器的工人；匠是木匠的泛称；轮是制车轮的工人；舆是制车的工人。⑤以待后之学者：待，当读持，有扶持的意思。⑥画墁：画，与划古字通。墁（mán），墙壁的粉饰。画墁是说刻划新粉饰的墙壁。

【译文】

彭更问道："随从的车辆几十部，带领的学生几百人，在诸侯的客馆里辗转地受到款待，这不已经是太过分了吗？"

孟子说："要是不合理，哪怕是一筐子饭也不可以接受别人的；要是合理的话，就是舜接

受尧让给他的天下，也并不算过分，你认为过分吗？"

彭更说："我不是这个意思；士人不干具体工作，却接受人家的奉养，那是不可以的。"

孟子说："你如果不实行各司其业，互换劳动产品，使每个人都拿自己多余的产品去补助别人的不足，那么，农民就会有剩余的粮食，妇女就会有剩余的布匹，你要是实行互通有无，那么，木匠、车工就都能从你那里得到给养。现在这里有个人，回到家里就孝顺父母，出到外面就尊敬长上，谨守古代圣王的法规，用这个来扶持、培养后来的学者，却得不到你的给养，你为什么这样尊敬木匠、车工，却轻视行仁义的人呢？"

彭更说："木匠、车工的目的在于解决吃饭问题，君子们学习、施行圣人之道，难道也是为了解决吃饭问题吗？"

孟子说："你为什么专拿他们的目的来说呢？他对你有功绩，你认为他可以受给养才给他给养。况且你是根据他的目的给他给养呢？还是根据他的功绩才给他给养呢？"

彭更说："根据他的动机目的。"

孟子说："现在有个人在这里，打碎屋上的瓦，划破粉刷得好好的墙壁，他的动机在于要饭吃，那么你给不给他饭吃呢？"

彭更说："不给。"

孟子说："那么，你给人给养不是根据动机目的，而是根据功绩了。"

第五章

万章①问曰："宋小国也，今将行王政，齐楚恶而伐之，则如之何？"

孟子曰："汤居亳②，与葛为邻，葛伯放而不祀③。汤使人问之曰：'何为不祀？'曰：'无以供牺牲也。'汤使遗之牛羊，葛伯食之，又不以祀。汤又使人问之曰：'何为不祀？'曰：'无以供粢盛也。'汤使亳众往为之耕，老弱馈食。葛伯率其民，要其有酒食黍稻者夺之，不授者杀之。有童子以黍肉饷，杀而夺之。《书》曰：'葛伯仇饷④。'此之谓也。为其杀是童子而征之，四海之内皆曰：'非富天下也，为匹夫匹妇复仇也。''汤始征，自葛载⑤'，十一征而无敌于天下。东面而征西夷怨，南面而征北狄怨，曰：'奚为后我？'民之望之，若大旱之望雨也；归市者弗止，芸者不变。诛其君，吊其民，如时雨降，民大悦。《书》⑥曰：'徯我后，后来其无罚。'

"'有攸不惟臣，东征，绥厥士女；匪厥玄黄，绍我周王见休，惟臣附于大邑周⑦。'其君子实玄黄于匪，以迎其君子；其小人箪食壶浆，以迎其小人。救民于水火之中，取其残而已矣。《太誓》⑧曰：'我武惟扬，侵于之疆，则取于残，杀伐用张，于汤有光。'

"不行王政云尔；苟行王政，四海之内，皆举首而望之，欲以为君；齐楚虽大，何畏焉？"

【注释】

①万章：齐国人，孟子弟子。②汤居亳：亳（bó），位于今河南商邱县境内。③葛伯放而不祀：葛，位于今河南省宁陵县境内。葛伯，嬴姓诸侯。放，放纵无道。④《书》曰，葛伯仇饷：《书》指《尚书》

逸篇。仇饷，是说跟送田饭的人为仇。⑤汤始征，自葛载：《梁惠王》篇有"汤一征，自葛始"的话，与这里大致相同，载有始的意思。⑥《书》：也是指《尚书》逸篇。⑦"有攸不惟臣"至"惟臣附于大邑周"：这几句不像孟子的话，可能是逸书文。"有攸不惟臣，东征绥厥士女"，二句是写武王东征商纣，导使士民的附。攸，所。惟，思，念。绥，安抚；厥，其；士女，男女（指老百姓）。二句是说当时有些人不想臣服于周的，所以武王要出兵东征以安抚其男女民众。"匪厥玄黄，绍我周王见休，惟臣附于大邑周"，三句是写官吏的臣附。匪，同篚，竹筐，在这里用作动词；玄黄，指黑色和黄色的币帛；绍，介；休，美，善；周王，指周武王。整个三句意思是说商纣的官吏愿借筐篚礼物的介绍为周王所见美，臣服于周。⑧"《太誓》曰"下数句：《泰誓》是古《尚书》篇名，现已佚失。伪古文《尚书》将这几句话采入《泰誓中篇》中。二三句中的"于"字，通邘，都是国名。

【译文】

　　万章问道："宋国是个小国家，现在打算实行王政，齐楚两国却嫉恨这种善行，出兵攻打它，那该怎么办呢？"

　　孟子说："商汤居住在亳城，和葛国相邻，葛伯十分放纵，又不祭祀祖先神灵。汤派人去责问他：'为什么不祭祀呢？'葛伯回答说：'没有力量备办供祭祀用的牛羊。'汤便派人赠送牛羊给他，葛伯吃掉它们，并不拿去供祭祀。汤又打发人去责问他：'为什么不祭祀呢？'回答说：'没有力量置办供祭祀用的粮米。'汤便派遣亳地的群众去替他耕种，老弱一些的人便去送饭。葛伯却带领他的老百姓拦住那些携着酒食饭菜的送饭人进行抢夺，不给的便杀掉。有个孩子携着饭和肉送到田间去，他们抢走肉饭，还把他杀害了。《书》中说：'葛伯跟送田饭的人为仇。'说的就是这回事。因为他杀死这个孩子，汤才出兵讨伐他，普天下的人都说：'不是想夺取天下的财富，而是要为平民老百姓报仇。'（《书》上还说：）'汤的讨伐有罪的人，是从葛伯开始的。'一共进行了十一次征伐，在天下没有遇到对手。向东面出师讨伐时，西面的部族便要埋怨，向南面出师讨伐时，北面的部族便要埋怨，（他们）说：'为什么要把我们放在后面呢？'老百姓盼望汤的讨伐之师，就像在大旱的日子里盼望着下雨一样；战争时期做买卖的人没有闭市，耘禾的人没有停下他们除草的工作。惩罚那些暴虐的君主，安抚那些无辜的老百姓，就像天降下一场及时的大雨，老百姓皆大欢喜。《书》中说：'恭候着我们君王的到来，君王来了我们就不再受罪了。'

　　"《周书》中有过这样的记载：'有些人不想臣服于周，所以武王才出师东征，去安抚那里的男女民众。商朝的官吏都愿把黑色和黄色的绢绸装在竹篮里作为礼物，拿这个自我介绍进见周王，争取周王的好感，使自己能臣服于大周国。'那些官吏们把黑色和黄色的绢绸装在竹篮里，带去迎接官吏；那些老百姓提着饭篮和茶水去迎接士兵们。可见武王出师攻打商纣，为的不过是从水火中解救出老百姓，把残害他们的暴君除掉罢了。《太誓》里就说过：'发扬我们的威武，攻进邘国的疆土，除掉邘国害民的暴君，以此张大杀伐之功，那就比商汤更有荣光。'

　　"只担心宋君不肯实行王政；假如真个能实行王政，普天之下的君民都抬起头来仰望着他，想拥戴他为天下人的君主；齐国和楚国尽管强大，又有什么可怕呢？"

第六章

　　孟子谓戴不胜①曰："子欲子之王之善与？我明告子。有楚大夫于此，欲其子之齐语也，则使齐人傅诸？使楚人傅诸？"

曰："使齐人傅之。"

曰："一齐人傅之，众楚人咻②之，虽日挞而求其齐也，不可得矣；引而置之庄、岳③之间数年，虽日挞而求其楚，亦不可得矣。子谓薛居州，善士也，使之居于王所。在于王所者，长、幼、卑、尊皆薛居州也，王谁与为不善？在王所者，长、幼、卑、尊皆非薛居州也，王谁与为善？一薛居州，独④如宋王何？"

【注释】

①戴不胜：宋国的臣子。②咻（xiū）：喧哗干扰。③庄、岳：齐国的街和里名。④独：将。

【译文】

孟子对戴不胜说："你希望你的君王朝好的方向走么？我明白地告诉你。假如有个楚国的大夫在这里，想使他的儿子学会讲齐国话，那么是让齐国人教他呢？还是让楚国人教他呢？"

戴不胜答道："使齐国人教他。"

孟子说："一个齐国人教他，许多个楚国人吵吵嚷嚷干扰他，那么即使天天鞭打他，要他学会讲齐国话，也是办不到的；要是把他领去放在齐国的庄、岳这样的闹市住上几年，那么你就是天天鞭打他，要他恢复讲楚国话，也是办不到的。你说薛居州是个好人，推荐他住在宋王宫中。如果住在王宫中的人，无论年长、年幼、地位低、地位高的都是像薛居州一样的好人，那宋王又跟谁去干坏事呢？如果住在王宫中的人，年长、年幼、地位低、地位高的都不是像薛居州一样的好人，那宋王又跟谁去做好事呢？仅仅一个薛居州，将拿宋王怎么办呢？"

第七章

公孙丑问曰："不见诸侯何义？"

孟子曰："古者不为臣不见，段干木逾垣而辟之①，泄柳闭门而不内②，是皆已甚；迫，斯可以见矣。阳货欲见孔子③而恶无礼，大夫有赐于士④，不得受于其家，则往拜其门。阳货瞰孔子之亡⑤也，而馈孔子蒸豚；孔子亦瞰其亡也，而往拜之。当是时，阳货先，岂得不见？曾子曰：'胁肩谄笑，病于夏畦⑥。'子路曰：'未同而言，观其色赧赧然，非由之所知也⑦。'由是观之，则君子之所养，可知已矣。"

【注释】

①段干木逾垣而辟之：段干木，姓段干，名木，晋国高士。魏文侯登门拜访他，他翻墙躲避文侯。②泄柳闭门而不内：泄柳，鲁缪公时人。内，一作纳。③阳货欲见孔子：阳货，鲁大夫。阳货欲见孔子之事见《论语·阳货篇》。④大夫有赐于士：阳货当时做季氏的总管，而季氏是鲁国的正卿，所以阳货也有资格称大夫。孔子当时没有任职，所以称士。⑤瞰孔子之亡：瞰同瞯（kàn），窥，伺。亡，不在。⑥胁肩谄笑，病于夏畦：胁肩，竦肩。谄笑，勉强装出讨好的笑容。二者都是小人献媚的丑态。畦（qí）：有土埂围着的一块块排列整齐的长方形田地。⑦非由之所知也：由，子路名。这是一句表示深恶痛绝的感情的话。

【译文】

公孙丑问道："您不愿谒见诸侯是什么意思呢？"

孟子说："古代的惯例，没有做诸侯的臣子，便不去谒见他。段干木跳墙躲避魏文侯，泄柳关起门来不让鲁缪公进去，这都已做得太过分了；要是对方逼着要见你，那还是可以见的。阳货想使孔子来见自己，但又怕失礼，大夫如果赏赐东西给士，士要是碰巧不在家，不能在家里接受大夫的赏赐，就应该到大夫家登门拜谢。阳货听说孔子不在家，便赐给孔子一个蒸猪腿；孔子也窥伺到阳货不在家时，径到他家去拜谢。当这时，阳货先去赐东西给孔子，孔子怎好不去回拜他呢？曾子说过：'竦起两个肩头，装出一副讨好的笑脸，那真比盛夏的日子里到菜地去整地浇菜还要苦呢。'子路也说过：'明明跟这个人志趣不相投，却要勉强去和人家攀谈，看看他那羞惭得满脸涨红的样子，我真不知道所为何来。'从上面这些事例看来，一个君子应该怎样来培养自己的品德和操守就可以一目了然了。"

第八章

戴盈之①曰："什一，去关市之征，今兹②未能；请轻之，以待来年，然后已，何如？"

孟子曰："今有人日攘③其邻之鸡者，或告之曰：'是非君子之道。'曰：'请损之，月攘一鸡，以待来年，然后已。'如知其非义，斯速已矣，何待来年？"

【注释】

①戴盈之：宋国大夫。②兹：年。③攘（ráng）：偷盗。

【译文】

戴盈之说："恢复古代十分取一的税法，废除关卡和市上征税的制度，今年还不能做到，现在请先减轻税收，以便等到明年，再全都废除，怎么样？"

孟子说："现在有个每日偷邻居一只鸡的人，有人告诫他说：'这个不是君子应有的行为。'他回答道：'请先减少一点，一个月偷一只鸡，等到明年，就洗手不干。'如果知道那件事做得不对，就该立即停止，为什么要等到明年呢？"

第九章

公都子①曰："外人皆称夫子好辩，敢问何也？"

孟子曰："予岂好辩哉？予不得已也。天下之生久矣，一治一乱。

"当尧之时，水逆行，泛滥于中国，蛇龙居之，民无所定，下者为巢，上者为营窟②。《书》曰：'洚水警余③。'——洚水者，洪水也。使禹治之。禹掘地而注之海，驱龙蛇而放之菹④；水由地中行，江、淮、河、汉是也。险阻既远，鸟兽之害人者消，然后人得平土而居之。

"尧舜既没，圣人之道衰，暴君代作⑤，坏宫室以为于池，民无所安息；弃田以为园圃，使民不得衣食。邪说暴行又作，园圃、于池、沛泽多而禽兽至。及纣之身，天下又大乱。周公相武王，诛纣伐奄，三年讨其君，驱飞廉⑥于海隅而戮之，灭国者五十，驱虎、豹、犀、象而远之，天下大悦。《书》曰：'丕显哉，文王谟！丕承哉，武王烈！佑启我后人，咸以正无缺⑦'。

"世衰道微，邪说暴行有作，臣弑其君者有之，子弑其父者有之。孔子惧，作《春秋》。《春秋》，天子之事也⑧；是故孔子曰：'知我者，其惟《春秋》乎！罪我者，其惟《春秋》乎！'

"圣王不作，诸侯放恣，处士⑨横议，杨朱、墨翟⑩之言盈天下，天下之言不归杨，则归墨。杨氏为我，是无君也；墨氏兼爱，是无父也。无父无君，是禽兽也。公明仪曰：'庖有肥肉，厩有肥马；民有饥色，野有饿莩，此率兽而食人也。'杨、墨之道不息，孔子之道不著，是邪说诬民，充塞仁义也。仁义充塞，则率兽食人，人将相食。吾为此惧，闲⑪先圣之道，距杨、墨，放淫辞，邪说者不得作。作于其心，害于其事；作于其事，害于其政。圣人复起，不易吾言矣。

"昔者，禹抑洪水而天下平，周公兼夷狄，驱猛兽而百姓宁，孔子成《春秋》而乱臣贼子惧。《诗》云：'戎狄是膺，荆舒是惩，则莫我敢承。'无父无君，是周公所膺也。我亦欲正人心，息邪说，距波行，放淫辞，以承三圣者；岂好辩哉？予不得已也。能言距杨、墨者，圣人之徒也。"

【注释】

①公都子：孟子弟子，公都是复姓。②营窟：相连的窟穴。③《书》曰，泽水警余：《书》指《尚书》逸篇。泽音 jiàng，古音与洪同，所以又可读 hóng。泽水，指不遵河道、四处泛滥的大水。④菹（jū）：长了草的沼泽。⑤代作：一代一代更替地产生。⑥飞廉：是商纣王手下一个好逢迎上司的臣子。⑦《书》曰以下各句：出自《尚书》逸篇。⑧《春秋》，天子之事也：春秋末期，孔子目睹礼崩乐坏，"世衰道微"，因鲁史而作《春秋》，通过记事褒贬天子、诸侯、大夫，想挽狂澜于既倒。在封建统治者看来，孔子所做的这些事，都是属于天子权限内的事，所以说："《春秋》，天子之事也。"⑨处士：不在朝廷做官闲居家中的士人。⑩杨朱、墨翟：二人都生在孟子前，具体年代已无法核实，大约在春秋末期战国初期。杨朱主张"为我"、"贵生"。墨翟是墨家的创始人，所传《墨子》七十一篇，现仅存五十三篇。主张人们要"兼相爱，交相利"，"节用"，"苦身劳形以利天下"，反对战争，反对儒家的"礼乐"。⑪闲：兼有"习"与"防"二重意义。

【译文】

公都子说："外面的人都说您老师喜欢辩论，请问这是为什么呢？"

孟子说："我难道是喜欢辩论么？我也是不得已呢。人类社会产生已经很久了，治世和乱世总是轮换着出现。

"当尧的时候，洪水横流，在全国泛滥，到处被龙蛇盘踞，老百姓没有地方定居，低洼地方的人只能在树上搭窝，高地的人便凿成一个连一个的窑洞。《尚书》中说：'泽水警诫了我们。'——泽水就是洪水。尧派禹治水。禹挖通河道把洪水导入海中，又把龙蛇驱逐到草泽中去；水便被纳入河道中流，这便是长江、淮水、黄河和汉水。洪水给人们带来的危险和不方便已经没有了，为害人们的鸟兽之灾也消除了，然后人们才得以回到平地上来安居。

"尧舜去世后，圣人之道就逐渐衰微了，暴虐的君主代代都产生过，拆毁民房来挖成深池，弄得老百姓无处安居；破坏农田来做园林，坏了老百姓的衣食。荒谬的学说和残暴的行为又出现了，园林、池沼、草泽一多了，禽兽也就随之而来了。到了商纣的时候，天下又发生了大乱。周公辅佐武王，出兵攻打纣王，并讨伐奄国，三年之内，诛杀了纣王，把纣王手下的坏臣子飞廉赶到海边上杀死了。被消灭的国家多达五十个，赶着老虎、豹子、犀牛、大象远逃别处，天下的老百姓十分高兴。《尚书》里说：'多圣明啊，文王的谋略！多无愧于先人啊，武王的功绩！帮助启发了我们后一辈，都能够因此正确地遵行王道，没有亏损的地方。'

"世风日下，王道衰微，荒谬的学说和残暴的行为又出现了，臣子杀害君主的事有，儿子杀害父亲的事也有。孔子（对此）深感忧惧，便著述了《春秋》这部书。《春秋》是天子权限内的事；所以孔子说：'了解我的，怕只在《春秋》这部书吧！责怪我的，恐怕也还在《春秋》这部书吧！'

"圣明的帝王没有出现，诸侯们横行无忌，为所欲为，一些在下面的学者们乱发议论，不顾影响，杨朱、墨翟的学说风行一时，一般人的论调不属杨派，就属墨派。杨派一切为了自己，这是目无君主；墨派主张不分亲疏，一视同仁，这是目无父母。目无君主和父母，都是禽兽的行为。公明仪说：'厨房里摆着肥肉，马栏里喂着肥马；老百姓却饿得面黄肌瘦，野外到处摆着饿死者的尸体，这无异乎是带领野兽去吃人。'杨派、墨派的学说不停止流行，孔子的学说便得不到发扬光大，这简直是任从邪说坑害老百姓，阻塞仁义的道路。仁义的道路一被阻塞，这就等于是带领野兽去吃人，必将出现人吃人的惨象。我为这个深感忧惧，学习和捍卫先代圣人的学说，抨击杨派和墨派，驳斥那些乌七八糟的言论，使荒谬学说的制造者再找不到市场。这种荒谬的学说，从心里产生出来，便要给工作带来危害，工作受了危害，也就危害了政治。后世再有圣人出现，也不会改变我这些话的。

"从前，大禹治好了洪水，天下就太平了，周公征服了夷狄，赶走了猛兽，老百姓便安宁了，孔子著成了《春秋》，那些胡作非为的乱臣贼子便感到十分害怕。《诗》里说：'一攻打戎狄，惩罚荆舒，就没有谁敢抵挡我了。'那些目无君主父母的人，便正是周公所要惩罚的对象。我也要端正人心，根绝谬论，反对阴险的行径，驳斥无耻的谎言，来继承大禹、周公、孔子三位大圣人的业绩；我难道是喜欢辩论吗？实在是不得已啊。凡是能够著书立言以反对杨、墨学派的人，便不愧是圣人的门徒了。"

第十章

匡章①曰："陈仲子②岂不诚廉士哉？居於陵③，三日不食，耳无闻，目无见也。井上有李，螬食实者过半矣④，匍匐往，将食之⑤；三咽，然后耳有闻，目有见。"

孟子曰："于齐国之士，吾必以仲子为巨擘⑥焉。虽然，仲子恶能廉？充仲子之操，则蚓而后可者也。夫蚓，上食槁壤，下饮黄泉⑦。仲子所居之室，伯夷之所筑与？抑亦盗跖之所筑与？所食之粟，伯夷之所树与，抑亦盗跖之所树与？是未可知也。"

曰："是何伤哉？彼身织屦，妻辟纑⑧，以易之也。"

曰："仲子，齐之世家也；兄戴，盖禄⑨万钟；以兄之禄为不义之禄而不食也，以兄之室为不义之室而不居也，辟兄⑩离母，处于於陵。他日归，则有馈其兄生鹅⑪者，己频顣曰⑫：'恶用是鶃鶃⑬者为哉？'他日，其母杀是鹅也，与之食之。其兄自外至，曰：'是鶂鶂之肉也。'出而哇之。以母则不食⑭，以妻则食之；以兄之室则弗居，以於陵则居之，是尚为能充其类也乎？若仲子者，蚓而后充其操者也。"

【注释】

①匡章：齐国人，曾在齐威王、宣王朝做过官。②陈仲子：齐国一个既不做官、也无益于世的士子。③於（wū）陵：齐国地名，位于今山东长山县南，离齐国当时的首都临淄大约二百里。④井上有李，螬食实者过半矣：李，指李子。螬，蛴螬，金龟子的幼虫，生活在土里，吃农作物的根和茎，在不同的地区有地蚕、土蚕、核桃虫等不同的名称。⑤将食之：将，持，取。⑥擘（bò）：大拇指。巨擘，犹言数一数二的人物。⑦上食槁壤，下饮黄泉：槁壤，干枯的尘土。黄泉：地下泉水。⑧辟纑：辟，劈开，分析，这里指绩麻。纑，本指布缕，这里作动词用，有搓线成缕的意思。⑨盖（gě）：仲子的哥哥陈戴做官时所封的采邑。⑩辟兄：辟同避，有的本子即作避。⑪鶂：同鹅。⑫己频顣曰：己，指仲子。频顣（cù），频与颦同，顣与蹙同，皱起眉头表示不高兴的样子。⑬鶂鶂（yì）：鹅叫声。⑭以母则不食：按仲子起初并未因母亲的缘故不吃鹅肉，只是听到他哥哥说"是鶂鶂之肉也"，才"出而哇之"。孟子这句话不符实际，原不过是想借此使仲子蒙上一个不孝的名声罢了。

【译文】

匡章说："陈仲子难道不的确是个廉洁的人么？他住在於陵，三天没有吃什么，耳朵听不到声音，眼睛看不见东西了。井台上有只李子，桃核虫咬食了它的大半果肉，他爬上前去，捡起这个李子来就吃，吞咽了三口，这才恢复了耳朵的听觉和眼睛的视觉。"

孟子说："在齐国的人士中，无疑的我将推仲子为首屈一指的人物。尽管如此，但仲子又怎么称得上廉洁呢？如果要彻底实现仲子的操守，那就只有变成蚯蚓然后才可以，蚯蚓在地面上吃干巴巴的尘土，在地层深处饮清洁的黄泉。仲子所住的房子，是伯夷建造的呢？还是盗跖建造的呢？所吃的粮食，是伯夷种的呢？还是盗跖种的呢？这些都是不可知的。"

匡章说："这打什么紧呢？他亲自编织草鞋，妻子绩麻搓线，拿去换吃的、住的。"

孟子说："仲子，出身齐国的世族家庭；他的哥哥陈戴，封地盖邑每年能收到禄米几万石；仲子认为他哥哥的俸禄是不义的财物，便不食用；认为哥哥的房子是不义的产业，便不居住，避开哥哥，离开母亲住在於陵。后来有一天回家看望母亲，正好碰上有个送一只生鹅给他哥哥的人。仲子独自皱着眉头道：'要这只鶂鶂叫的怪东西派什么用场呢？'过了些日子，他的母亲杀了这只鹅，拿给他吃。他哥哥从外面跑了进来，说：'这便是那个鶂鶂叫的怪东西的肉。'仲子便跑到外面去，'哇'的一声全吐了。因为是母亲的东西便不吃，因为是妻子的东西便吃了；因为是哥哥的房子便不住，因为是於陵的地方便住下，这样还能算是廉洁到顶了吗？像仲子这样的人，恐怕只有把自己变成蚯蚓然后才能把廉洁之风推向顶点吧。"

第四篇　离娄章句上（凡廿八章）

第一章

孟子曰："离娄①之明，公输子②之巧，不以规矩，不能成方员③；师旷之聪，不以六律，不能正五音④；尧舜之道，不以仁政，不能平治天下。今有仁心仁闻⑤，而民不被其泽，不可法于后世者，不行先王之道也。故曰，徒善不足以为政，徒法不能以自行。《诗》云：'不愆不忘，率由旧章⑥。'遵先王之法而过者，未之有也。圣人既竭目力焉，继之以规矩准绳，以为方员平直，不可胜用也；既竭耳力焉，继之以六律正五音，不可胜用也；既竭心思焉，继之以不忍人之政，而仁覆天下矣。故曰，为高必因丘陵，为下必因川泽；为政不因先王之道，可谓智乎？

"是以惟仁者宜在高位；不仁而在高位，是播其恶于众也。上无道揆也⑦，下无法守也，朝不信道，工不信度⑧，君子犯义，小人犯刑，国之所存者幸也。故曰，城郭不完，兵甲不多，非国之灾也；田野不辟，货财不聚，非国之害也；上无礼，下无学，贼民兴⑨，丧无日矣。

"《诗》曰：'天之方蹶，无然泄泄⑩！'——泄泄，犹沓沓⑪也。事君无义，进退无礼，言则非⑫先王之道者，犹沓沓也。故曰，责难于君谓之恭，陈善闭邪谓之敬，吾君不能谓之贼。"

【注释】

①离娄：古代视力极敏锐的人，一名离朱，相传生当黄帝时代，能在百步外看见"秋毫之末"。②公输子：即鲁班（一作般），鲁国的巧人，大概生于春秋末期，和孔子、墨子同时，小于孔子而长于墨子。《墨子·公输篇》具体叙述了墨子阻止公输般（《墨子》作盘）帮助楚国攻打宋国的故事。③不以规矩，不能成方圆：规，用来画圆像今天的圆规一类的仪器；矩，用来画方形像今天的曲尺一类的仪器。员，同圆。④师旷之聪，不以六律，不能正五音：师旷，晋平公时著名的乐师。聪，辨音能力强。六律、五音，律，指基本音律，分阴阳二部，阳为律，分太簇、姑洗、蕤（ruí）宾、夷则、无射、黄钟，即所谓六律；阴为吕，分大吕、应钟、南吕、函钟、小吕、夹钟；合称律吕或十二律。音指音阶；我国古代音阶分为宫、商、角、徵（zhǐ）、羽五种。相传黄帝时乐师伶伦截竹为筒，根据筒的长短来区别声音的清浊高下，也即是说用十二种长短不同的竹管，吹出十二种不同的声音作为基本音律，来审定以"宫、商、角、徵、羽"为标准的五种音调，即文中所说的以六律正五音。⑤闻：名声。⑥不愆不忘，率由旧章：二句见《大雅》歌颂能遵循旧章治国的《假乐》篇。愆（qiān），过。率，循。诗的意思是说周成王的美德，表现在不产生过误，也不遗忘什么，一切遵循旧的典章行事。⑦上无道揆也：道，道术。揆（kuí），揆度，有估量揣测的意思。⑧工不信度：度（dù），计量长短的工具。⑨贼民兴：指战国时候，战乱不止，赋役繁重，民不聊生，铤而走险，"犯上作乱"。孟轲站在统治阶级的立场，把起义抗击暴君污吏的劳动人民，诬之为

"贼民"。⑩天之方蹶，无然泄泄：二句见《诗经·大雅》讽劝同僚、讥刺暴君的《板》篇第二章。蹶(guì)，动，指动乱不安。泄泄，多言的意思。⑪沓沓（tà）：多而重复；所以泄泄、沓沓意义相近，都是多言饶舌、随声附和的意思。⑫非：诋毁。

【译文】

孟子说："即使有离娄那样明敏的视力，公输般那样精巧的手艺，如果不用圆规和曲尺，就不能画出准确的方形和圆形；即使有师旷那样强的辨音能力，如果不用六律，就不能校正五音；即使有尧舜那样高明的素养，如果不实行仁政，就不能把天下治理好。现在一些诸侯尽管有仁爱的心思和仁爱的声望，可是老百姓却不能蒙受他们的恩泽，这是不为后世人效法的原因，也在于他们不能奉行先代圣王之道。所以说，单有善念不够凭藉来办好政治，单有良法不能自动执行，《诗》里说过：'不要犯偏差，也不要有所遗漏，一切循照旧的规章。'遵循古先圣王的法规行事而产生失误，几乎是从来没有的事。古代圣人既竭尽自己的目力进行测视，接着又用圆规、曲尺、水平仪和绳墨来造方的、圆的、平的、直的各种东西，那些东西便用之不尽了；既竭尽自己的听力来辨音，接着又用六律来校正五音，这种经过校正的音调也就用之不尽了。既竭尽心思来考虑政事，接着又实行了从不忍人出发的仁政，这样他的仁爱便广被天下万民了。所以说，堆高山就必须凭借原有的丘陵高地，挖深池就必须利用原有的河流沼泽。办理政治不凭藉古先圣王之道，能说得上是明智吗？

"所以只有仁爱的人才适宜处在较高的统治地位上；不仁爱的人处在较高的位子上，这就等于把他的劣迹散播到群众中去。在上的国君没有掌握正确的方法用以揣测天意民心，在下的臣民没有正确的法度可供遵循，朝廷上不相信道义，下面的工匠们否认尺度，做官的人违反义理，老百姓轻犯刑法，国家还能存在，那真是侥幸的事。所以说，城墙不坚牢，武器装备不足，不是国家的灾难；农田没有开发，财富没有收聚，不是国家的祸害；在上位的人不讲礼义，居于臣下的人又不愿学习，造反的老百姓起来了，那亡国的日子便没有多久了。

"《诗》里又说：'老天正要降祸乱，不要多嘴多舌来附和。''泄泄'和'沓沓'差不多，都是嘈杂多言随声附和的意思。事君不问做得对不对，进退不遵循礼法，开口便诋毁先代圣王之道，这种人跟多言无义的'沓沓'者是一路货色。所以说，责求君主行他所认为难行的事——即行先王的仁政，就叫做'恭'，向君主陈说善道，阻塞邪念，就叫做'敬'，认为'我的君主不能行仁政'，就叫做'贼'。"

第二章

孟子曰："规矩，方员之至也①；圣人，人伦之至也②。欲为君，尽君道；欲为臣，尽臣道。二者皆法尧舜而已矣。不以舜之所以事尧事君，不敬其君者也；不以尧之所以治民治民，贼其民者也。

"孔子曰：'道二，仁与不仁而已矣。'暴其民，甚则身弑国亡，不甚则身危国削；名之曰幽厉③，虽孝子慈孙，百世不能改也。《诗》云：'殷鉴不远，在夏后之世④。'此之谓也。"

【注释】

①至：极限，极点。②人伦：这里的人伦，解作"人事"，即为人之道。③名之曰幽厉：幽，指西周十二传的周幽王宫涅，是宣王的儿子，西周最后一个君主。由于他宠爱褒姒，政治昏暗，被犬戎所杀。厉，指西周十传的周厉王胡，他恣行暴虐，残杀批评他的人，被国人流逐于彘而死。幽和厉都是不好的谥称。厉王本在幽王前，而习惯称"幽厉"，大概是由于幽王的过恶大于厉王的缘故。④殷鉴不远，在夏后之世：一句是《大雅·荡》篇的结句。鉴，古代照人的铜镜。二句虽是说殷应该以夏为鉴（指汤诛夏桀），实际是要周以殷之所以亡为借鉴。

【译文】

孟子说："圆规和曲尺，是最方最圆无以复加的极至，圣人也是做人到达尽善尽美地步的极至。想做（一个好的）君主，便要尽君主之道；想做（一个好的）臣子，便要尽臣子之道。二者都不过是要效法尧舜罢了。不用舜奉事尧的忠诚态度奉事自己的君主，便是不尊敬君主的人；不用尧治理百姓的仁爱心情治理自己的百姓，便是残害百姓的人。

"孔子说过：'治理国家的方法不外两种，也即是行仁政与不行仁政罢了。'（一个君主）残暴地虐待他的老百姓，重则本身被杀，国家灭亡；轻则本身危险，国势削弱；死后蒙上'幽''厉'的恶名，后代尽管出了争气的子孙，哪怕经过了百多代，也是改变不了这种坏名声的。《诗》里有这么两句话：'殷商的鉴戒并不在远，就在夏的朝代。'就正是说的这个意思。"

第三章

孟子曰："三代之得天下也以仁，其失天下也以不仁。国之所以废兴存亡者亦然。天子不仁，不保四海；诸侯不仁，不保社稷；卿大夫不仁，不保宗庙①；士庶人不仁，不保四体。今恶死亡而乐不仁，是犹恶醉而强②酒"。

【注释】

①商周有侯、甸、男、采、卫等五服的名称，侯、甸、男、卫称外服，封在外服的是正式国家。采称内服，封在内服的是卿大夫的食邑。卿大夫有食邑，就可以设立祖先宗庙，失去了食邑，便不能立宗庙。因此不保宗庙，实即失去食邑。②强（qiǎng）：勉强。

【译文】

孟子说："夏商周三代的禹、汤、文武的得到天下是由于仁爱，它们的桀、纣、幽厉的失去天下则是由于不仁。诸侯国家的兴盛、衰败和生存、灭亡的原因也是这样。天子要是不仁，就不能保住四海之内的土地；诸侯要是不仁，就不能保住国家；公卿大夫要是不仁，就不能保住祖先的宗庙；士子和老百姓要是不仁，就不能保全自己的身体。现在有些人讨厌死亡，但却乐意干坏事，这就跟讨厌喝醉酒却又要勉强去喝酒的人一样。"

第四章

孟子曰："爱人不亲，反其仁；治人不治，反其智；礼人不答，反其敬。行有不得者皆反求诸己，其身正而天下归之。《诗》云：'永言配命，自求多福①。'"

【注释】

①见《公孙丑章句上》第四章（"仁则荣，不仁则辱"）。

【译文】

孟子说："自己爱别人，别人却不亲近自己，自己便应该反躬自问：'难道是我对别人的仁爱还不够吗？'自己管理别人，别人却不服管理，自己便应该反躬自问：'难道是我的智慧不够吗？'自己对别人很有礼貌，别人却不加理睬，自己便应该反躬自问：'难道是我的恭敬还不够吗？'自己的行为没有达到预期效果的都要反过来从自己身上去找原因，自身做对了，天下的人自然会归向自己。《诗》里就说过这样的话：'永远修德配天命，多福还得自己求。'"

第五章

孟子曰："人有恒言，皆曰'天下国家'。天下之本在国，国之本在家①，家之本在身。"

【注释】

①国之本在家：这里的"家"，指的是《大学》"齐家"的"家"，是泛指，并不是专指卿大夫的家。

【译文】

孟子说："人们有句口头常说的话，都说是'天下国家'。天下的根本在国，国的根本在家，家的根本在于人本身。"

第六章

孟子曰："为政不难，不得罪于巨室①。巨室之所慕，一国慕之；一国之所慕，天下慕之；故沛然德教溢乎四海。"

【注释】

①巨室：指为国人所钦敬、仿效的贤卿大夫的家族，如春秋时晋国的六卿、鲁国的三桓等。

【译文】

孟子说："治理政治并不难，关键在于修身立德，不得罪那些很有影响的卿大夫的家族。因为那些卿大夫的家族所向慕的，全国的人便也都会争着向慕；全国的人所向慕的，普天下的人便同样会争着向慕，所以你的德教便会声势浩大、不可遏抑地充溢于天下了。"

第七章

孟子曰："天下有道，小德役大德，小贤役大贤；天下无道，小役大，弱役强。斯二者，天也。顺天者存，逆天者亡。

"齐景公曰：'既不能令，又不受命，是绝物也。'涕出而女于吴①。

"今也小国师大国而耻受命焉，是犹弟子而耻受命于先师也②。如耻之，莫若师文王。师文王，大国五年，小国七年，必为政于天下矣。《诗》云：'商之孙子，其丽不亿。上帝既命，侯于周服。''侯服于周，天命靡常。殷士肤敏，裸将于京③。'孔子曰：'仁不可为众也④。夫国君好仁，天下无敌。'今也欲无敌于天下而不以仁，是犹执热而不以濯也。《诗》云：'谁能执热，逝不以濯⑤？'"

【注释】

①齐景公曰数句：女，作动词用，嫁。《吴越春秋·阖闾内传》载吴王阖闾要攻打齐国，齐景公将女儿作为人质出嫁给吴国。绝物的"物"，实际是指人。②小国师大国数句：是说小国不修德政，谋求富国强兵，反而纵情恣乐，学着大国的样，却又以接受大国的教命为耻。"天下无道，小役大，弱役强"，完全是出于无奈，勉强屈从，跟弟子受命于师出于尊师重道的行为毫无共同之处，而孟子却将二者相提并论，实在有些不伦不类。③《诗》云下数句：《诗》指《大雅·文王》，下引诗句出自该篇第四、五两章。其丽不亿，丽，数；不，不止；亿，古人以十万为亿，跟今人以万万为亿不同。侯于周服，侯，语助词；周服，向王朝臣服。殷士肤敏，殷士，殷朝的臣子，肤敏，壮美而又敏捷。裸将于京，裸（guàn），灌鬯（鬯chàng，古人祭祀用的一种酒名），即把郁鬯之酒祭地以迎神；将，助；京，指周的首都镐京（今地属陕西西安市）。④仁不可为众也：意思是说对于仁者不可以根据他们人数的多少来判定他们力量的大小。⑤谁能执热，逝不以濯：二句见周大夫芮伯刺厉王暴政的《大雅·桑柔》的第五章。逝，语助词；濯，浇洗。

【译文】

孟子说："天下太平、政治清明的时候，道德一般的人供道德高尚的人役使，才能一般的人供才能高超的人役使；天下不太平，政治昏乱的时候，小国被大国奴役，弱国被强国奴役。这两种情况，都是天意所决定的。顺从天意的就能生存，违背天意的就要灭亡。

"齐景公说过：'既没有能力号令别人，又不愿接受别人的命令，这是自绝于人。'他只好流着眼泪把女儿嫁给了吴国。

"现在一些小国学着大国一样奢侈享乐，却又羞于接受大国的命令，这就跟学生把接受老师的命令看做是耻辱差不多。要是果真以为可耻，就不如效法文王。效法文王，大国只消五年，小国只消七年，就一定可以统治整个天下了。《诗》里说过：'商朝的子孙，人数不下十万，上帝既已授命文王，他们也只好向周朝臣服。''他们臣服于周廷，可见上天的舍取没有一定。殷朝的臣子壮美而又聪敏，他们将要去灌酒助祭于周京。'孔子说过：'仁者力量的大小是不能以人数的多少来判定的。如果国君爱好仁德，他便将无敌于天下。'现在有些人希望自己无敌于天下却又不施行仁政，这就像是想手执烫东西而又不愿用冷水浇手一样。《诗》中说得好：'谁能手执烫东西，却不用水来洗濯？'"

第八章

孟子曰："不仁者可与言哉？安其危而利其菑，乐其所以亡者；不仁而可与言，则何亡国败家之有？

"有孺子歌曰：'沧浪之水清兮①，可以濯我缨；沧浪之水浊兮，可以濯我足。'孔子曰：'小子听之！清斯濯缨，浊斯濯足矣，自取之也。'夫人必自侮，然后人侮之；家必自毁，而后人毁之；国必自伐，而后人伐之。《太甲》曰：'天作孽，犹可违；自作孽，不可活②。'此之谓也。"

【注释】

①沧浪：浪读 láng，沧浪，青苍的水色。《楚辞·渔父》中的渔父也曾划着桨歌唱这首沧浪曲，孔子所闻远在《楚辞》前，可见它是一首流传久远、颇富教育意义的民歌。②《太甲》曰数句，已见《公孙丑章句上》第四章。

【译文】

孟子说："对于那些不施仁爱的人，怎可用言词来说服他们呢？处境危险，他们却以为安全；灾祸临头，他们却视为吉利；分明是在自取灭亡，他们却当做无上的快乐。如果不仁的人可用言词说服的话，那世上还会有什么亡国败家的事发生呢？

"从前有个儿童唱着一首这样的歌道：'碧绿的河水清又清，可以洗我帽上的缨；碧绿的河水忽变浊，可以洗我的脚。'孔子在一旁听了说：'后生们听呀！水清就可以洗帽绳，水浊就只能洗脚了。这都是由水本身决定的。'人们必定是自己先有招致侮辱的言行，然后别人才会侮辱他；一个家庭必定是自己先出现了漏洞，然后别人才会来毁坏它；一个国家必定是自己先给人以讨伐的借口，然后别人才来讨伐它。《尚书·太甲篇》说的'天造的孽，人们还可以躲避；至于自己造的孽，那就活也活不了'，便正是这个意思。"

第九章

孟子曰："桀纣之失天下也，失其民也；失其民者，失其心也。得天下有道：得其民，斯得天下矣。得其民有道：得其心，斯得民矣。得其心有道：所欲与之聚之①，所恶勿施，尔②也。民之归仁也，犹水之就下、兽之走圹③也。故为渊驱鱼者，獭也④；为丛驱爵者，鹯也⑤，为汤武驱民者，桀与纣也。今天下之君有好仁者，则诸侯皆为之驱矣。虽欲无王，不可得也。今之欲王者，犹七年之病求三年之艾⑥也。苟为不畜，终身不得。苟不志于仁，终身忧辱，以陷于死亡。《诗》云：'其何能淑，载胥及溺⑦。'此之谓也。"

【注释】

·①所欲与之聚之：与，犹为（wèi），替。②尔：如此，这样。③兽之走圹：圹同旷，旷野。④为渊歐鱼者，獭也：歐，是驱的古文。獭（tǎ），像小狗，栖居水中，吃鱼，有水獭、旱獭、海獭之分，通常多指水獭。⑤为丛歐爵者，鹯也：丛，密茂的树林；爵，同雀。鹯（zhān），古书中指鹞子一类的猛禽。⑥七年之病求三年之艾：艾，是一种可以用来治病的中草药。中医用燃烧的艾绒熏烤病人一定的穴位来治某种病，叫做灸。这种艾以干而久藏的为好。这句话中的"七"和"三"不一定是实数，可以看作虚指，只是说年深日久的意思。久病求陈艾，平时不蓄存，是无济无事的。⑦其何能淑，载胥及溺：二句见《大雅·桑柔》篇。淑，善。载，语助词。胥，相。意思是说某些不仁的君臣怎能为善呢？只不过相与沉溺罢了。

【译文】

孟子说："桀、纣之所以会丧失天下，是由于失去了老百姓的拥护；而失去老百姓拥护的原因，又是由于失去了民心。要得到天下有它的术数：得到天下老百姓的拥护，就能得到天下；得到天下老百姓拥护有它的术数：得到天下的民心，便能得到天下老百姓的拥护；得到天下的民心有它的术数：他们所需要的，便替他们收聚起来，他们所厌恶的，便不要强加到他们头上去，不过这样罢了，（难道还有别的什么窍门吗？）老百姓的归向于仁政，就像水往低处流，兽朝旷野跑。所以替深渊赶来游鱼的是水獭；替森林赶来飞鸟的是鹯鹰；替汤王和武王赶来老百姓的是夏桀和商纣。现在天下的国君中只要有爱好仁德、施行仁政的，那么其他的诸侯便都会替他把老百姓赶到国境内来。这样的好国君，即使他不想统一天下，也是办不到的。现在那些妄想统一天下的人，就好像患了七年的久病，需要谋取三年的陈艾来医治一样。假如平时不去蓄藏，那就一辈子也得不到。如果对施仁政不感兴趣，那他就要一辈子处在忧愁和受侮辱之中，一直到他死亡。《诗》里说过：'又怎么能把事办好，到头来还是一块儿沉入深渊。'说的正是这种人。"

第十章

孟子曰："自暴者，不可与有言也；自弃者，不可与有为也①。言非礼义②，谓之自暴也；吾身不能居仁由义，谓之自弃也。仁，人之安宅也；义，人之正路也。旷安宅而弗居，舍正路而不由，哀哉！"

【注释】

①暴：跟害字的意思差不多。有言、有为：杨伯峻《孟子译注》认为都应看做固定词组。"有言"是"有善言"的意思。"有为"常见于《孟子》书中，有的地方也作"有行"。"有为"、"有行"是"有所作为"的意思。②言非礼义：非，和毁字差不多，有诋毁的意思。

【译文】

孟子说："自暴的人，不可以跟他谈话；自弃的人，不可以跟他有所作为。一个人讲起话来诋毁礼义，叫做'自暴'；自认为不能心怀仁德、行合正道，叫做'自弃'。仁是人们安适的住宅；义是人们正确的道路。一个人放着安适的住宅不住，丢下正确的道路不走，真是可悲呀！"

第十一章

孟子曰："道在迩而求诸远，事在易而求诸难。人人亲其亲、长其长，而天下平。"

【译文】

孟子说："平治天下的方法本来就在近边，却要向远处去求，平治天下的事本是很容易的，却要向难处去寻找，只要人人各自亲爱自己的亲人，尊敬自己的长上，那么天下自然就可以平治好了。"

第十二章

孟子曰："居下位而不获于上①，民不可得而治也。获于上有道，不信于友，弗获于上矣。信于友有道，事亲弗悦，弗信于友矣。悦亲有道，反身不诚，不悦于亲矣。诚身有道，不明乎善，不诚其身矣。是故诚者，天之道也；思诚者，人之道也。至诚而不动者，未之有也；不诚，未有能动者也。"

【注释】

①获于上：从"居下位"至"不诚其身矣"，见《礼记·中庸》篇。获于上，是说得到上司的信任。

【译文】

孟子说："身处在下面的职位而不能得到上司的信任，便不可能治理好百姓。获得上司的信任有它的方法，一个人不被朋友所信任，便得不到上司的信任了。得到朋友的信任有它的方法，一个人奉事父母却不能得到父母的喜爱，便不会被朋友信任了。得到父母的喜爱有它的方法，一个人反省自身，缺乏诚心，便得不到父母的欢心了。要使本身具备诚心有它的方法，一个人不懂得什么是善，本身也就不会具备诚心了。所以诚心善性是天赋予人的优良本质；考虑保持和发扬这种诚心善性是人为的努力。一个人做到了至诚无伪而人们却不被感动，是绝对没有的事；缺乏诚心的人是不能感动别人的。"

第十三章

孟子曰："伯夷辟纣，居北海之滨①，闻文王作，兴②曰：'盍归乎来③！吾闻西伯④善养老者。'太公辟纣，居东海之滨⑤，闻文王作，兴曰：'盍归乎来！吾闻西伯善养老者。'二老者，天下之大老也，而归之，是天下之父归之也。天下之父归之，其子焉往？诸侯有行文王之政者，七年之内，必为政于天下矣。"

【注释】

①北海之滨：指黄河从右碣石入海的地方，在今河北昌黎县西北，离伯夷所在的孤竹国（孤竹古城在

今河北卢龙县南十二里）不远，是当年伯夷避纣的地方。②兴：有"起"、"兴奋"的意思。③盍归乎来：来，语助词。④西伯：即后来的周文王，当纣的时候，为西方诸侯之长（西伯）；周朝建立后，被追谥为"文王"。孟子称他为"文王"，是后世人的身分。伯夷、太公称他为"西伯"，是同时代人的身分。⑤东海之滨：一般指海曲一带，海曲县治所在今山东日照西。

【译文】

孟子说："伯夷逃避纣王的暴政，隐居在北海边上，听说文王兴盛起来了，精神振奋地说：'我何不归到那里去呢！我听说西伯是善于奉养老人的人。'太公姜尚逃避纣王的暴政，隐居在东海边上，听说文王兴盛起来了，精神振奋地说：'我何不归到那里去呢！我听说西伯是善于奉养老人的人。'伯夷和太公二位老人，是天下德高望重的著名老人，而他们都归到西伯那里去，这就等于是天下的父老归向西伯了。天下的父老都归向他，他们的儿子一辈又归向谁呢？当今的诸侯们中如有效法文王那样的仁政的，七年之内，就一定能统一天下了。"

第十四章

孟子曰："求也为季氏宰①，无能改于其德，而赋粟②倍他日。孔子曰：'求非我徒也，小子鸣鼓而攻之③可也！'由此观之，君不行仁政而富之，皆弃于孔子者也；况于为之强战！争地以战，杀人盈野；争城以战，杀人盈城，此所谓率土地而食人肉，罪不容于死。故善战者服上刑④，连诸侯者次之⑤，辟草莱、任土地者次之⑥。"

【注释】

①求也为季氏宰：求，指孔子的弟子冉求，春秋时鲁国人，字子有，名列孔子门下政事科。季氏，鲁国贵族之一，世代为卿，这里是指季康子。②赋粟：赋，取，征收。③小子鸣鼓而攻之：小子，古时老师对学生的称呼。鸣鼓，大张旗鼓。攻，有谴责的意思。④上刑：重刑。⑤连诸侯：连结诸侯。⑥辟草莱、任土地者次之：辟，开辟；草莱，未开垦的荒地。任土地，把土地分授给百姓，让他们负责耕种。孟子是儒家，极力鼓吹所谓仁政，对上述富国强兵之术，一概加以反对，因此他所到之处，被视为迂阔而不见用。

【译文】

孟子说："冉求做鲁国公卿季康子的家臣，没有能力改变他的所作所为，却帮着他向老百姓征收比往日增加一倍的粮谷。孔子说：'冉求，不是我们中的人了，弟子们可以大张旗鼓地去数落他的过错！'从这件事看来，凡是帮助不行仁政的君主搜刮财富的人，都是被孔子这种人处以死刑还不足以偿还他们的罪恶。所以那些能征惯战的人应该受到最重的刑罚，那些搞"合纵连横"唆使诸侯们拉帮结伙互相攻战的人该受次一等的刑罚，那些迫使老百姓开荒山、尽地力以增加君主们赋税收入的人也该受到更次一等的刑罚。"

第十五章

孟子曰："存乎人者，莫良于眸子①。眸子不能掩其恶。胸中正，则眸子瞭焉；胸中不正，则眸子眊②焉。听其言也，观其眸子，人焉廋③哉?"

【注释】

①存：在，察。眸（móu）子：泛指眼睛。②眊（mào）：眼睛昏花。③廋（sōu）：隐藏，藏匿。

【译文】

孟子说："观察人的方法，没有比观察人的眼睛更好了。眼睛不能掩盖人们内心的邪恶。一个人心中正直，眼睛就显得清明；心中不正直，眼睛就会昏花。听人的讲话，观察他的眼神，这个人内心的善恶又怎么可以隐藏得了呢?"

第十六章

孟子曰："恭者不侮人，俭者不夺人。侮夺人之君，惟恐不顺焉，恶得为恭俭? 恭俭岂可以声音笑貌为哉?"

【译文】

孟子说："恭敬的人不会侮慢别人，俭朴的人不会掠夺别人。那些侮慢、掠夺别人的君主，只担心别人不顺从他的欲望，又怎么做得到恭俭呢? 恭俭这两种美德难道是可以凭悦耳的声音和讨好的笑脸做出来的吗?"

第十七章

淳于髡①曰："男女授受不亲，礼与?"

孟子曰："礼也。"

曰："嫂溺，则援之以手乎?"

曰："嫂溺不援，是豺狼也。男女授受不亲，礼也；嫂溺，援之以手者，权②也。"

曰："今天下溺矣，夫子之不援，何也?"

曰："天下溺，援之以道；嫂溺，援之以手——子欲手援天下乎?"

【注释】

①淳于髡：淳（chún）于，复姓，名髡（kūn），战国时齐国人，先后在齐威王、宣王朝做过官。为人滑稽善辩论，屡次奉派出使诸侯国，从不曾受过屈辱。《史记·魏世家》载梁惠王卑礼厚币招聘贤者，邹衍、淳于髡、孟子都到了梁国，淳于髡问孟子应当是在这时。②权：凡对事情衡量得失利弊变通办理便叫权。

【译文】

淳于髡问孟子："男女之间不亲手递接东西，这是礼制规定的吗?"

孟子说："是礼制的规定。"

淳于髡又问："要是自己的嫂子掉进河里，那么，是不是要用手去救她上岸呢?"

孟子说："自己的嫂嫂掉进河里而不用手去救，这是豺狼的行为。男女之间不亲手递接东西，这是礼制的规定；自己的嫂嫂掉进河里，可以直接用手去拉她上岸，这是变通的做法。"

淳于髡说："现在天下的人就像掉进了深渊中，可您先生却不去援救，这是为什么呢?"

孟子说："天下的人掉进深渊，得用道去援救；自己的嫂子掉进了河里，要用手去拉她——难道您要用手去救援掉进深渊中的天下老百姓吗?"

第十八章

公孙丑曰："君子之不教子，何也?"

孟子曰："势不行也。教者必以正；以正不行，继之以怒。继之以怒，则反夷矣[1]。'夫子教我以正，夫子未出于正也。'则是父子相夷也。父子相夷，则恶矣。古者易子而教之，父子之间不责善。责善则离，离则不祥莫大焉。"

【注释】

[1]夷：伤，包括父子而言，而伤感情的意思。

【译文】

公孙丑问道："君子的不亲自教育儿子，是为什么呢?"

孟子答道："这是由于情势上行不通。执教的人一定要用正道去教育学生，用正道而不发生效果，执教的人随之而来的往往是被激怒，执教的人一被激怒，就反而伤了双方的感情。儿子会说：'您用正道一本正经地教育我，您自己的所作所为却并未合乎正道。'这就伤了父子的感情。父子伤感情，可就坏了。古时候人们相互交换儿子来进行教育，父子之间避免互相拿正道来要求对方。父子之间互相拿正道来要求对方，彼此就会因此产生隔膜，彼此之间有了隔膜，那是最不吉利的事。"

第十九章

孟子曰："事孰为大? 事亲为大；守孰为大? 守身为大。不失其身而能事其亲者，吾闻之矣；失其身而能事其亲者，吾未之闻也。孰不为事? 事亲，事之本也；孰不为守? 守身，守之本也。

"曾子养曾皙[1]，必有酒肉；将彻，必请所与；问有余；必曰有。曾皙死，曾元[2]养曾子，必有酒肉；将彻，不请所与；问有余，曰亡矣，——将以复进也。此所谓养口体者也。若曾子，则可谓养志也。事亲若曾子者可也。"

【注释】

[1]曾皙：名点，曾参（即曾子）父，父子同是孔子学生。[2]曾元：曾参的儿子。

【译文】

孟子说："奉事谁最为重要呢？奉事父母最为重要；操守什么最为重要呢？操守一个人自身最为重要。不使自身陷于不义而又能奉事好他的父母的人，我听说过；本身陷于不义，却能奉事好父母的人，我没有听说过。什么长者不应该奉事呢？可奉事父母却是最根本的；什么正义的事不应该坚持呢？可操守自身不陷于不义却是最根本的。

"曾子奉养他父亲曾皙，每顿饭一定要备办酒肉；用完餐将要撤去杯盘时，一定得请示父亲，余下的酒肉给谁吃；父亲要是问有没有剩余，一定回答说有。曾皙死后，曾元奉养曾子，每顿饭也还是有酒肉，但用完膳将要撤席时，却不请示剩余的酒菜给谁吃；碰到父亲问还有没有剩余，就回答说没有了。——为的是好将剩余的酒菜下餐再送上给父亲吃。这就是所谓养口体的。像曾子，就可以说是顺从亲意。奉事双亲能做到像曾子那样，就可以了。"

第二十章

孟子曰："人不足与适也[①]，政不足间也[②]；惟大人为能格君心之非。君仁莫不仁；君义莫不义；君正莫不正。一正君而国定矣。"

【注释】

①人不足与适也：人，指在位的小人。适（zhé），同谪，有指摘、责备的意思。②政不足间也：间（jiàn），非议。

【译文】

孟子说："对那些在位的小人不值得去指责，对他们的政治也不值得去非议；只有大德的人才能纠正君主思想上的错误。君主存仁爱之心，下面便没有不存仁爱之心；君主行事合宜，下面便没有不行事合宜的；君主作风正派，下面便没有不正派的。君主端正，整个国家便安定了。"

第二十一章

孟子曰："有不虞之誉，有求全之毁。"

【译文】

孟子说："有出乎意料之外的赞誉，也有本求无过而偏遭诋毁的事。"

第二十二章

孟子曰："人之易其言也，无责耳矣。"

【译文】

孟子说："人们之所以改变他的言论，是因为他无须负什么责任罢了。"

第二十三章

　　孟子曰："人之患，在好为人师。"

【译文】

　　孟子说："人们的毛病，在于遇事喜欢充当人家的老师。"

第二十四章

　　乐正子从于子敖之齐①。
　　乐正子见孟子。孟子曰："子亦来见我乎?"曰："先生何为出此言也?"曰："子来几日矣?"曰："昔者②。"曰："昔者，则我出此言也，不亦宜乎?"曰："舍馆③未定"曰："子闻之也，舍馆定，然后求见长者乎?"曰："克有罪。"

【注释】

　　①乐正子：鲁国人，名克，孟子弟子。子敖：齐国贵臣。这时子敖出使鲁国，乐正子跟他一块来齐国。孟子正在齐国，所以乐正子能见到孟子。②昔者：前日。③舍馆：客舍。

【译文】

　　乐正子跟随子敖来到了齐国。
　　乐正子谒见孟子。孟子说："你也会来见我吗?"乐正子说："先生为什么讲出这样的话来呢?"孟子反问："你来了几天了?"乐正子答道："前日。"孟子说："既然你是前日来的，那么我说这样的话，不也是应该的吗?"乐正子解释道："因为客馆还没有定，所以来迟了些"孟子说："你听说过，等客馆定下了，然后才来谒见长辈吗?"乐正子说："我错了。"

第二十五章

　　孟子谓乐正子曰："子之从于子敖来，徒铺啜①也。我不意子学古之道而以铺啜也。"

【注释】

　　①铺（bū）啜：饮食。

【译文】

　　孟子对乐正子说："你跟随王子敖来齐国，不过是为了饮食。我真没有想到你学了古人的大道，却用它来谋取饮食。"

第二十六章

孟子曰："不孝有三，无后为大①。舜不告而娶，为无后也，君子以为犹告也。"

【注释】

①不孝有三：在古代被封建礼教看作是不孝的三件事，除了孟子这里所说的无后外，还有所谓"阿意曲从，陷亲不义"和"家贫亲老，不为禄仕"两件事。

【译文】

孟子说："对父母不孝的事有三件，其中又以没有子孙后代为最大。帝舜不告诉父母而娶尧的二女为妻，就是因为担心没有后代，所以明理的君子看起来，他虽然没有禀告父母，但和禀告了是一样的。"

第二十七章

孟子曰："仁之实，事亲是也；义之实，从兄是也；智之实，知斯二者弗去是也，礼之实，节文斯二者是也；乐之实，乐斯二者，乐则生矣①；生则恶可已也，恶可已，则不知足之蹈之手之舞之。"

【注释】

①乐之实，乐斯二者，乐则生矣：三个乐字，第一个读 yuè，音乐；第二三个读 lè，喜爱、快乐。

【译文】

孟子说："仁的实质，奉事父母便是；义的实质，顺从兄长便是；智的实质，便是透彻地了解这两者的道理而执着地守着它片刻不离；礼的实质，便是调节这两者，乐的实质，便是喜爱这二者，快乐也就产生了；快乐一产生就无法再遏止了，快乐无法遏止，就情不自禁地要手舞足蹈起来了。"

第二十八章

孟子曰："天下大悦而将归己；视天下悦而归己，犹草芥也，惟舜为然。不得乎亲，不可以为人；不顺乎亲，不可以为子，舜尽事亲之道而瞽瞍厎豫①，瞽瞍厎豫而天下化；瞽瞍厎豫而天下之为父子者定，此之谓大孝"。

【注释】

①瞽瞍：舜的父亲，性情顽固，曾经多次想谋杀舜，《万章章句上》第二、四章中记载了这些事。厎(zhǐ)豫，厎，致。豫，乐。厎豫是说由不快乐到快乐。

【译文】

　　孟子说："天下的人都十分高兴，并且将要归附于自己；把天下的人悦服并将归附于自己，看得像草芥一样不重要，只有舜是这样。儿子与父母亲相处得不好，不可以做人；儿子不能事事顺从父母的心意，便不成其为儿子。舜尽了一切事亲之道而使瞽瞍由不高兴到高兴了，瞽瞍由不高兴到高兴了，于是天下的人都受到了感化，瞽瞍由不高兴到高兴了，于是天下作为父子的伦常关系也从此确定了，这就叫做大孝。"

第四篇　离娄章句下（凡三十三章）

第一章

孟子曰："舜生于诸冯，迁于负夏，卒于鸣条①，东夷之人也。文王生于岐周②，卒于毕郢③，西夷之人也。地之相去也，千有余里；世之相后也，千有余岁。得志行乎中国，若合符、节④，先圣后圣，其揆一也⑤。"

【注释】

①诸冯、负夏、鸣条：舜是传说中的古代圣人，他生、卒、活动的地名已经很难确指。诸冯、负夏、鸣条都是地名，大概在东方少数民族地区。②岐周：指岐山下周的旧邑，位于今陕西岐山县东北。③毕郢：地名，相传是文王去世的地方，位于今陕西咸阳县东二十一里。④若合符、节：符、节，古代用于多方面作为表示印信的东西，原料也不限于竹，还有用玉、铜、角等做成的，形状有龙、虎、人之别，根据用途的不同而异。一般是劈成两半，各执一半，相合无间，拿来代替印信。⑤其揆一也：揆（kuí），准则。

【译文】

孟子说："舜出生在诸冯，迁居到负夏，死在鸣条，是东方边远地区人。文王出生在岐周，死在毕郢，是西方边远地区人。地域相距一千多里，前后年代相隔一千多年。当他们得志后在中国实现他们的抱负，简直没有两样，前代的圣人和后代的圣人，他们的准则都是一样的。"

第二章

子产①听郑国之政，以其乘舆济人于溱洧②。孟子曰："惠而不知为政③。岁十一月，徒杠④成；十二月，舆梁成⑤，民未病涉也。君子平其政，行辟人⑥可也，焉得人人而济之？故为政者，每人而悦之，日亦不足矣。"

【注释】

①子产：即春秋时郑卿公孙侨。子产自郑简公时当权，先后在定公、献公、声公朝为相四十多年，政声卓著，颇得孔子称许。②溱洧（zhēnwěi）：郑国二水名。③惠而不知为政：惠，恩惠，慈爱。孔子对于子产惠爱百姓的政绩，曾在《论语》中作了多次肯定性的评论，而孟轲抓住他用自己乘坐的车子帮助行人过渡的偶然事件便轻下"不知为政"的论断，似乎有点偏颇。④岁十一月：指夏历（即农历）的九月。徒杠（gāng）：仅供徒步行人过河用的独木桥。⑤舆梁：可通车马的大桥。⑥行辟人：辟同避，行辟人是说叫行人回避。

【译文】

　　子产在郑国当政，用他自己乘坐的车子在溱水和洧水那里把行人渡过河。孟子说："这是小恩小惠，却并不懂得如何办好政事。要是十一月过人的小桥修成了，十二月过车辆的大桥修成了，老百姓便不会再为渡河的事发愁了。在上面做官的君子如果办好了政事，哪怕是出去时鸣锣开道，叫行人回避自己也是可以的，又怎能去一一帮助行人渡河呢？所以办理政事的人要使每个人的欢心，时间也是不够用的呢。"

第三章

　　孟子告齐宣王曰："君之视臣如手足，则臣视君如腹心；君之视臣如犬马，则臣视君如国人；君之视臣如土芥，则臣视君如寇仇。"

　　王曰："礼：为旧君有服①，何如斯可为服矣？"

　　曰："谏行言听，膏泽下于民；有故而去，则君使人导之出疆，又先②于其所往；去三年不反，然后收其田里。此之谓三有礼焉。如此，则为之服矣。今也为臣，谏则不行，言则不听；膏泽不下于民；有故而去，则君搏执之，又极之于其所往③；去之日，遂收其田里。此之谓寇仇。寇仇，何服之有？"

【注释】

　　①礼，为旧君有服：礼，指《仪礼》。旧君，过去曾奉事过的君主。服，指穿丧服。齐宣王觉得孟子的话说得过重了，所以故意提出这个问题来问他。②又先于其所往：先，先派人去。所往，所要去的国家。③极：穷困，走投无路，极在句子中是动词，使动用法。

【译文】

　　孟子告诉齐宣王说："君主把臣下看得如同自己的手足，臣下就会把君主看得如同自己的腹心；君主把臣下看得如同狗马，臣下就会把君主看得如同一般国人；君主把臣下看得如同土块草芥，臣下就会把君主看得如同仇敌。"

　　宣王问道："礼制规定：不在职的臣下还得为旧日的君主穿一定的孝服，怎样才可以为旧日的君主服孝呢？"

　　孟子说："如果臣下劝善规过的话他照办了，好的建议他听取了，因而恩惠下达到老百姓身上；臣下因故必须离国时，君主就派人引导护送他安全出境，又事先打发人到他所要去的地方布置妥善，并宣传他的长处优点；离国三年之后还没有回来，然后才收回他的采地和房屋。这就叫做三有礼。君主能做到这样，臣下就会为他服孝。现在做臣下的人，劝善规过的话不被接受，正确的建议不被采纳，因而恩惠不曾下达到老百姓身上；臣下因故离国时，君主就派人逮捕他的家人亲属，又在他所要去的地方制造种种困难，断绝他的生路；刚一离开，便收回他的采地和房屋。这便叫做仇敌。对于仇敌，还服什么孝呢？"

第四章

　　孟子曰："无罪而杀士，则大夫可以去；无罪而戮民，则士可以徙。"

【译文】

孟子说："君主无辜杀害士人，做大夫的就可以离开这个国家；无辜杀戮老百姓，做士人的就可以迁往别处。"

第五章

孟子曰："君仁莫不仁；君义莫不义。"

【译文】

孟子说："君主心存仁爱，下面的臣民就没有不心存仁爱的；君主行事合宜，仁爱的；君主行事合宜，下面的臣民就没有行事不合宜的。"

第六章

孟子曰："非礼之礼，非义之义，大人弗为。"

【译文】

孟子说："不合乎礼的礼，不合乎义的义，有大德的君子是不干的。"

第七章

孟子曰："中也养不中，才也养不才①，故人乐有贤父兄也。如中也弃不中，才也弃不才，则贤不肖之相去，其间不能以寸②。"

【注释】

①中也养不中，才也养不才：行事没有过份或不及叫中；力能有所作为叫才。养是指涵育熏陶，等待受教育的人潜移默化。②其间不能以寸：杨伯峻《孟子译注》以为这句话的后面省略了动词"量"字。

【译文】

孟子说："道德修养高尚的贤者应该熏陶培育道德修养不高的人，有才能的人应该熏陶培育才能低下的人，所以人们愿意家里有贤能的父兄。如果道德修养高尚的贤者抛弃道德修养不高的人，有才能的人抛弃才能低下的人，那么，贤和不贤两种人之间的距离，就不能用分寸去量了。"

第八章

孟子曰："人有不为也，而后可以有为。"

【译文】

孟子说："人只有对某些事舍弃不干，然后才可以有所作为。"

第九章

孟子曰："言人之不善，当如后患何？"

【译文】

孟子说："说别人的坏话，一旦因此而引起后患，应当怎么办呢？"

第十章

孟子曰："仲尼不为已甚者。"

【译文】

孟子说："孔子不做过头的事。"

第十一章

孟子曰："大人者，言不必信，行不必果，惟义所在。"

【译文】

孟子说："有道德修养的君子，讲话不一定句句守信，做的事不一定件件有结果，他们只看怎样说怎样做更为合宜。"

第十二章

孟子曰："大人者，不失其赤子之心①者也。"

【注释】

①赤子之心：指在上的统治者爱护百姓如同爱护刚出生的婴儿一样的好心。

【译文】

孟子说："大人，就是没有失去他那爱护百姓如同爱护婴儿一般的心的人。"

第十三章

孟子曰："养生者不足以当大事①，惟送死可以当大事。"

【注释】

①养：旧读 yàng，今读 yǎng。当：读 dàng，当作，视为。

【译文】

孟子说："生前奉养父母不能算作是大事，只有死后给他们办好丧事才可以算作是大事。"

第十四章

孟子曰："君子深造之以道，欲其自得之也。自得之，则居之安；居之安，则资之深①；资之深，则取之左右逢其原，故君子欲其自得之也。"

【注释】

①资之深：资，有积蓄的意思。深造自得，在于积蓄深广的知识，积蓄深厚，然后能取之不尽，用之不竭，左右逢源。

【译文】

孟子说："君子沿着正确的方向对学问进行高深的研究，目的就是要使自己自觉地得到学问。自己自觉地求得的学问，就能心安理得地坚守它；能安心地坚守它，日积月累，就能积蓄深广；积蓄深广，便能随心所欲，取之不尽，用之不竭，左右逢源，所以君子贵在自己自觉地求索学问。"

第十五章

孟子曰："博学而详说之，将以反说约也。"

【译文】

孟子说："广博地学习，详尽地解说，目的是要回到最简明扼要的地步。"

第十六章

孟子曰："以善服人者，未有能服人者也；以善养人，然后能服天下。天下不心服而王者，未之有也。"

【译文】

孟子说："拿自己的长处去折服别人，没有能够使人心服的；拿自己的长处去教育帮助别人，然后才能叫天下的人心服。天下的人不归心而能够统一天下的，是决不会有的事。"

第十七章

孟子曰："言无实不祥。不祥之实，蔽贤者当之。"

【译文】

孟子说："言语没有有实际内容而不好的。只有那些阻碍进用贤者的人，才是不好的哩。"

第十八章

徐子①曰："仲尼亟称于水②曰：'水哉，水哉！'何取于水也？"

孟子曰："原泉混混③，不舍昼夜，盈科④而后进，放乎四海。有本者如是，是之取尔⑤。苟为无本，七八月之间雨集⑥，沟浍⑦皆盈；其涸也，可立而待也。故声闻过情⑧，君子耻之。"

【注释】

①徐子：指孟轲弟子徐辟。②仲尼亟称于水：亟（qì），屡次。这里所引孔子赞美水的话，不见其他经传，只有《论语·子罕篇》有"子在川上"叹水的记载。③原泉混混：原字有的本子作源，原为正字，源是俗字。混混，即滚滚。④盈科：注满坑洼。⑤是之取尔：这是一个强调宾语的提宾倒装句式，尔同耳，表限止。⑥七八月之间雨集：这里孟子用的是周历，周正建子，夏正建寅，相差两个月，所以周历七八月即夏历五六月，正当夏至之后，常多大雨。⑦浍：kuài，田间的水沟。⑧声闻过情：声闻（wèn），名声，名誉。情，实际，实情。

【译文】

徐辟说："孔子曾多次赞美水道：'水啊，水啊！'请问他对于水取的是什么呢？"

孟子说："有本有源的泉水滚滚奔流，不分昼夜，注满空坑后又继续奔流，一直流到大海。凡是做事重视本原的便正像这样，孔子所取的不过是这一点罢了。假如是无本无源，就像七八月间大雨滂沱，一下子沟沟洼洼水都注满了，可是它的干涸却不必等待多久的时间。所以声誉超过了实际，有道德的君子常把它看做是一种耻辱。"

第十九章

孟子曰："人之所以异于禽兽者几希，庶民去之，君子存之。舜明于庶物，察于人伦，由仁义行，非行仁义也。"

【译文】

孟子说:"人类区别于禽兽的地方很少,这些地方一般老百姓抛弃它,君子保存了它。舜对于众多事物的道理能明察,对于人们的常情能洞察,所以他能由着仁义行事,而不是勉强地去行仁义。"

第二十章

孟子曰:"禹恶旨酒而好善言。汤执中,立贤无方①。文王视民如伤,望道而未之见②。武王不泄迩③,不忘远。周公思兼三王,以施四事④;其有不合者,仰而思之,夜以继日;幸而得之,坐以待旦。"

【注释】

①立贤无方:方,常,一定。②望道而未之见:而,读如,古代"而"、"如"二字可以通用。③不泄迩:泄,有狎亵、轻慢的意思。④思兼三王,以施四事:三王,三代的君主;四事,禹汤文武所行的事。

【译文】

孟子说:"大禹讨厌人家进献美酒,却爱听有益的话。商汤王坚持中正之道,但起用贤人却能通权达变,打破常规。周文王看待老百姓,就像他们受了伤一样。分明已接触到了道,却好像还没有看到一样,追求不懈。周武王不轻慢常在身边的近臣,也不忘记散在他方的远臣。周公常常希望兼学夏、商、周三代的贤王,来实践禹、汤、文、武四位君主所开创的事业;遇到有与他们不合的地方,便仰起头仔细思考,不分白天黑夜;一旦侥幸豁然贯通,便高兴得坐着等待天亮,以便立即拿去实行。"

第二十一章

孟子曰:"王者之迹熄而《诗》亡①,诗亡,然后《春秋》作。晋之《乘》,楚之《梼杌》,鲁之《春秋》②,一也;其事则齐桓、晋文,其文则史。孔子曰:'其义则丘窃取之矣。'"

【注释】

①亡:佚失。②晋之《乘》(shèng),楚之《梼杌》(táowù),鲁之《春秋》:都是史书。有人认为《春秋》是当时通用的史书名,晋国和楚国对本国的史书另立了名号,鲁国却是沿用当时通行的史书名。

【译文】

孟子说:"圣王采诗的盛举废止了,《诗》就亡失了,《诗》亡失了,然后孔子的《春秋》便产生了。晋国的《乘》,楚国的《梼杌》,鲁国的《春秋》,都是一样的史书。它们所记的史事不过是齐桓、晋文图霸之类,它们的文字也只是一般史书的笔法。孔子说:'《诗》三百篇褒善贬恶,微言大义,我在作《春秋》时便借用过来了。'"

第二十二章

孟子曰："君子之泽，五世而斩；小人之泽①，五世而斩。予未得为孔子徒也，予私淑②诸人也。"

【注释】

①小人：指不在位的圣贤。泽：流风余韵。②淑：叔的假借字，叔有取的意思。《诗经·七月》"九月叔苴"，叔字便是解作收取。

【译文】

孟子说："在位的圣贤的流风余韵过了五代便衰竭了；不在位圣贤的流风余韵也是过了五代便衰竭了。我没有赶上当孔子的学生，我是私地里向别人学取（孔子之道）的。"

第二十三章

孟子曰："可以取，可以无取，取伤廉；可以与，可以无与，与伤惠；可以死，可以无死，死伤勇。"

【译文】

孟子说："可以取，可以不取，取了损害廉洁的称号；可以给，可以不给，给了有损于惠爱的称号；可以死，可以不死，死了有损于勇敢的称号。"

第二十四章

逢蒙学射于羿①，尽羿之道，思天下惟羿为愈己，于是杀羿。孟子曰："是亦羿有罪焉。"

公明仪曰："宜若无罪焉。"

曰："薄乎云尔，恶得无罪？郑人使子濯孺子侵卫，卫使庾公之斯②追之。子濯孺子曰：'今日我疾作，不可以执弓，吾死矣夫！'问其仆曰：'追我者谁也？'其仆曰：'庾公之斯也。'曰：'吾生矣。'其仆曰：'庾公之斯，卫之善射者也；夫子曰吾生，何谓也？'曰：'庾公之斯学射于尹公之他，尹公之他学射于我。夫尹公之他，端人也，其取友必端矣。'庾公之斯至，曰：'夫子何为不执弓？'曰：'今日我疾作，不可以执弓。'曰：'小人学射于尹公之他，尹公之他学射于夫子。我不忍以夫子之道反害夫子。虽然，今日之事，君事也，我不敢废。'抽矢扣轮，去其金，发乘矢③而后反。"

【注释】

①逢（péng）蒙：是后羿的家人（家众），又是羿的学生。《左传》襄公四年说羿"将归自田，家众杀

而亨（同烹）之。"这里的家众即指逄蒙。当时逄蒙帮助后羿的叛相杀死羿。羿：夏代诸侯有穷国的君主。②子濯孺子、庾公之斯：孺子，郑国的大夫；庾公，卫国的大夫。③乘（shèng）矢：四支箭。

【译文】

逄蒙向后羿学习射箭，完全掌握了后羿的射箭技术，他认为天下只有后羿一人的射艺超过自己，于是就杀死了后羿。孟子道："这件事后羿自己也有罪过。"

公明仪说："后羿似乎没有罪过吧。"

孟子说："不过轻一点罢了，怎么能说没有罪过呢？郑国有次派遣子濯孺子侵犯卫国，卫国打发庾公之斯追赶他。子濯孺子说：'今天我的病发作了，不能拿弓，我要死了啊！'他问驾车的人道：'追赶我的是谁？'驾车的人说：'是庾公之斯。'子濯孺子说：'我可以活命了。'驾车的人说：'庾公之斯是卫国很会射箭的人；您却说可以活命了，这是什么意思呢？'子濯孺子说：'庾公之斯是在尹公之他那里学射箭的，尹公之他曾经向我学习射箭。尹公之他是个正派人，他选取的学生一定也是正派的。'庾公之斯追到了，问道：'您为什么不拿起弓来呢？'答道：'今天我的病发了，拿不起弓来。'庾公之斯说：'我向尹公之他学射箭，尹公之他又曾向您学射箭。我不忍心拿您传授的技艺反用来伤害您。尽管如此，但是，今天的事情，是国家的公事，我不敢完全放弃。'于是抽出箭来在车轮子上敲打，把金属箭头敲掉，一连发射了四支箭便回身走了。"

第二十五章

孟子曰，"西子蒙①不洁，则人皆掩鼻而过之；虽有恶人，齐②戒沐浴，则可以祀上帝。"

【注释】

①西子：西施，越国的美女。蒙：受，沾着。②恶人：面貌丑陋的人。齐：与斋同，古斋戒的斋字多作齐。

【译文】

孟子说："西施要是沾上了一身污秽，人们都会掩着鼻孔走过她的身边；有个面貌奇丑的人，假如他诚心吃素，通身清洁，也可以用他去祭祀上帝。"

第二十六章

孟子曰："天下之言性也，则故而已矣。故者以利为本①。所恶于智者，为其凿也。如智者若禹之行水也，则无恶于智矣。禹之行水也，行其所无事也。如智者亦行其所无事，则智亦大矣。天之高也，星辰之远也，苟求其故，千岁之日至②，可坐而致也。"

【注释】

①故者以利为本：故，指事物的本来面目；利，顺。②日至：《孟子》书中所说的日至，有的指夏至，如《告子章句上》第七章"至于日至之时，皆熟矣"中的日至即指夏至。有的指冬至。此处即指冬至。

【译文】

孟子说："天下的人谈论人性，只要按它的本来面目就可以了。按它的本来面目谈必须以顺乎自然为基础。对于那些自以为聪明的人，我们之所以感到讨厌，就因为这种聪明人很容易陷于穿凿附会。如果聪明人像大禹使水运行一样，那么对于聪明就用不着厌恶了。大禹的使水运行，做得不露一点痕迹。如果聪明人也能做得不露痕迹，那么聪明的作用也就可算是大了。天虽然很高，星辰虽然很远，只要认真寻求它们运行的本来面目，即使千年以后的冬至，也是可以坐着推算得出的。"

第二十七章

公行子有子之丧①，右师②往吊。入门，有进而与右师言者，有就右师之位而与右师言者。孟子不与右师言，右师不悦曰："诸君子皆与欢言，孟子独不与欢言，是简欢也。"

孟子闻之，曰："礼，朝廷不历位而相与言，不逾阶而相揖也。我欲行礼，子敖以我为简，不亦异乎？"

【注释】

①公行子有子之丧：公行子，齐国大夫。有子之丧，根据《仪礼·丧服篇》的规定，一个人的大儿子死了，做父亲的得为他穿粗麻布孝服（所谓斩衰）三年。所以这里的"子"是指公行子的大儿子。②右师：即齐王的宠臣子敖。

【译文】

公行子有大儿子的丧事，右师到他家去作吊，右师一进门，立即便有迎上去跟他说话的，也有（在他就坐后）跑到他的坐位旁边和他攀谈的。孟子没有和他拉话，右师不高兴地说："诸位大夫都跟我说话，惟独孟子不跟我说话，这是（有意）简慢我。"

孟子知道这件事后，说："按照礼节，在朝廷上不跨越位子去跟别人说话，不走过阶前跟别人打拱。我是想按礼节行事，子敖却认为我是（有意）简慢，不也是怪事吗？"

第二十八章

孟子曰："君子所以异于人者，以其存心也。君子以仁存心，以礼存心。仁者爱人，有礼者敬人；爱人者人恒爱之，敬人者人恒敬之。有人于此，其待我以横逆①，则君子必自反也：我必不仁也，必无礼也，此物奚宜②至哉？其自反而仁矣，自反而有礼矣，其横逆由③是也，君子必自反也：我必不忠。自反而忠矣，其横逆由是也，

君子曰：'此亦妄人也已矣；如此，则与禽兽奚择④哉？于禽兽又何难焉？'

"是故君子有终身之忧，无一朝之患也。乃若所忧则有之：舜，人也，我，亦人也；舜为法于天下，可传于后世，我由未免为乡人也，是则可忧也。忧之如何？如舜而已矣。若夫君子所患则亡矣。非仁无为也，非礼无行也。如有一朝之患，则君子不患矣。"

【注释】

①横（hèng）逆：蛮不讲理的行为。②奚宜：为什么。③由：与犹通用，下句"我由未免为乡人也"中的"由"字同。④奚择：择，区别，不同。

【译文】

孟子说："君子用来区别于一般人的，就在于他的居心。君子居心于仁，居心于礼。仁爱的人抚爱别人，有礼的人尊敬别人；慈爱别人的人，别人也常常抚爱他，尊敬别人的人，别人也常常尊敬他。在这里有个人，他用蛮横无理的行为对待我，那么作为君子便一定会反躬自问：我一定是不仁，一定是无礼，否则，这样的事为什么会发生呢？要是自问做到了仁，自问做到了有礼，而那个人还是这样横蛮，君子一定再反躬自问：一定是我不忠。要是自问做到了忠心耿耿，而那个人横蛮如故，那君子只好说：'这个人不过是个狂妄无知的人罢了，像这样，那他跟禽兽又有什么区别呢？对禽兽又责难什么呢？'所以君子有终生终世的忧虑，没有突然而来的祸患。至于他所忧虑的事就有这些：舜，是人，我也是人；舜能在天下成为榜样，而且可以流传到后世，而我还不免是个一般的人，这就是可忧虑的事。忧虑又怎么办呢？一定要做到像舜那样。至于君子所担忧的祸患却是没有的。不仁的事不做，无礼的举动不发生。如有什么横祸飞来，君子也并不把它看做是令人难堪的事。

第二十九章

禹、稷当平世，三过其门而不入①，孔子贤之。颜子当乱世，居于陋巷，一箪食，一瓢饮，人不堪其忧，颜子不改其乐，孔子贤之②。

孟子曰："禹、稷、颜回同道。禹思天下有溺者，由己溺之也；稷思天下有饥者，由己饥之也，是以如是其急也。禹、稷、颜子易地则皆然。今有同室之人斗者，救之，虽被发缨冠③而救之，可也；乡邻有斗者，被发缨冠而往救之，则惑也；虽闭户可也④。"

【注释】

①稷：本虞舜时农官，当时由周的始祖弃担任，所以也称弃为稷。稷并没有三过其门不入的事，这里只是说禹的治水表现而连及稷，极言两位圣人都急于民事。②颜子当乱世等句：颜回的事，见《论语·雍也》。③缨冠：缨，系帽绳；缨冠，连绳带帽一起套在头上。④虽闭户可也：这是用来比喻颜回的。这里孟子用被（同披）发缨冠救同室之人斗者比喻禹、稷的急民难，而用"乡邻有斗者"，"虽闭户可也"比喻颜回不在其位，不谋其政。但比喻总是有缺陷的，从今天的观点看来，乡邻相斗，闭门而卧，就不恰当了。

【译文】

禹和稷处在太平时代，三次经过自家门口也不进去，孔子心里十分称许他们。颜子生当乱世，住在狭小的巷子里，一小篓饭，一瓢子水，人们谁也吃不消这样的苦生活，颜子却并不改变他内心的快乐，孔子心里同样称许他。

孟子说："禹、稷和颜回走的却是一条道路。禹心想天下要是还有蒙受洪水之灾的，就像是自己把他们推进水里一样；稷心想天下要是还有没饭吃的，就像是自己让他们饿肚皮一样，所以他们对解除百姓痛苦的工作会抓得这样紧。禹、稷和颜回要是互换一下地位，便都会像对方在他们原来的岗位上所做的一样。现在假定同屋的人有互相斗殴的，那就一定要去救他们，哪怕是披头散发连帽上的带子也来不及系在脖子上，就匆匆忙忙地连同帽子一起戴在头上赶去救他们也是可以的。要是邻居人家发生斗殴，也这样赶去劝阻，那就未免太糊涂了，哪怕是关起门来不管也是可以的。"

第三十章

公都子曰："匡章，通国皆称不孝焉，夫子与之游，又从而礼貌之，敢问何也？"

孟子曰："世俗所谓不孝者五，惰其四支，不顾父母之养，一不孝也；博弈好饮酒，不顾父母之养，二不孝也；好货财，私妻子，不顾父母之养，三不孝也；从耳目之欲，以为父母戮①，四不孝也；好勇斗很②，以危父母，五不孝也。章子有一于是乎？夫章子，子父责善而不相遇③也。责善，朋友之道也；父子责善，贼恩之大者。夫章子，岂不欲有夫妻子母之属哉？为得罪于父，不得近，出妻屏④子，终身不养焉。其设心以为不若是，是则罪之大者，是则章子已矣。"

【注释】

①从耳目之欲，以为父母戮：从，同纵；耳目之欲，指耳朵喜听好听的音乐、眼睛贪看美女的容色一类欲望。戮，羞辱。②很：同狠。③夫章子，子父责善而不相遇也：不相遇，有"合不来"的意思。关于章子子父责善的原委是这样的：匡章的母亲触犯了他的父亲，父亲一怒之下，要杀害他母亲，匡章劝父亲不要做出过火的事，父亲不听，将他母亲杀了，埋在马栈下面，父子关系便因此弄僵了。齐威王时，匡章奉命率领军队抵抗秦师，获胜而归，大概威王替他安葬了母亲。④屏（bǐng）：有逐出、疏远的意思。

【译文】

公都子说："匡章这个人，全国的人都说他不孝，您却跟他交游，并且对他非常敬重，请问这是为什么？"

孟子答道："世俗认为不孝的事情有五种：四体不勤，不顾对父母的奉养，是一不孝；嗜好下棋饮酒，不顾对父母的奉养，是二不孝；贪好钱物，偏爱自己的妻子孩子，不顾对父母的奉养，是三不孝；放纵声色以至于犯罪，使父母蒙受耻辱，是四不孝；专逞血气之勇，喜欢与人斗殴，以至连累父母有遭受刑戮的危险，是五不孝。章子在这五项中有一项吗？章子不过是由于父子之间，相责为善，把父子关系弄僵了罢了。相责为善，本是朋友相处应做的事；父子之间相责为善，这是最容易伤害感情的事。章子难道不想有夫妻子母的天伦之乐吗？因为得罪了父亲，不能够和他接近，自己只好赶出妻子，疏远儿子，终身不接受他们的供养。他的设想认为不这样做，就是最大的罪过，这就是章子的为人哩。"

第三十一章

曾子居武城，有越寇①。或曰："寇至，盍去诸?"曰："无寓人于我室，毁伤其薪木。"寇退，则曰："修我墙屋，我将反。"寇退，曾子反。左右曰："待先生如此其忠且敬也，寇至，则先去以为民望②；寇退则反，殆于不可③。"沈犹行④曰："是非汝所知也。昔沈犹有负刍之祸⑤，从先生者七十人，未有与焉。"

子思居于卫，有齐寇。或曰："寇至，盍去诸?"子思曰："如伋去，君谁与守?"

孟子曰："曾子、子思同道。曾子，师也，父兄也；子思，臣也，微也。曾子、子思易地则皆然。"

【注释】

①武城：鲁国邑名，故城位于今山东费县西南九十里。有越寇，杨伯峻《孟子译注》说："根据《左传》哀公二十一年以后吴鲁越鲁关系史的记载，费县东南一带之地，是和越灭吴后的疆界犬牙交错的，因之越寇之来去甚易。"②先去以为民望：是说百姓看了会仿效这种行为。③殆于不可：殆，恐怕；于，为，是。④沈犹行：曾子弟子。沈犹，复姓，行是名。⑤有负刍之祸：指当时有个名叫负刍的人作乱进攻沈犹氏。

【译文】

曾子住在武城，碰上越国军队来进犯。有的人对曾子说："敌兵要到了，为什么不早点离开这里呢?"曾子临走时对人说："不要让别人住进我的房子里，损伤那里的树木。"敌兵退走了，就又捎回口信说："把我住房的墙屋修理好吧，我要回来了。"敌兵退走了，曾子回来了。他身边的人议论说："武城的大夫对待先生是这样的忠诚和恭敬，一旦敌兵到了，就先离去使百姓看着先生的样学；敌人退走了，先生就回来了，这样做恐怕是不大好吧。"沈犹行听了说："这样的事不是你们所能了解的。从前恰好碰上负刍制造叛乱，当时跟随先生的七十个人，没有一人过问这件事的。"

子思住在卫国，齐国军队来进犯。有的人对子思说："敌兵要到了，何不离开这里呢?"子思回答道："要是我走了，卫君跟谁一道守城呢?"

孟子道："曾子、子思所走的同是一样正确的道路。曾子是师长，是父兄一辈的人；子思是臣子，是地位低下的人。他们两人如果互换一下地位，也都会这样做的。"

第三十二章

储子①曰："王使人瞷②夫子，果有以异于人乎?"孟子曰："何以异于人哉? 尧舜与人同耳。"

【注释】

①储子：齐国人。②瞷（jiàn）：一作矙（kàn），窥看。

【译文】

储子说："王打发人窥看您，果然有跟别人不同的地方么？"孟子说："有什么跟别人不同呢？尧舜跟别人也是一样的。"

第三十三章

齐人有一妻一妾而处室者，其良人①出，则必餍酒肉而后反。其妻问所与饮食者，则尽富贵也。其妻告其妾曰："良人出，则必餍酒肉而后反；问其与饮食者，尽富贵也，而未尝有显者来。吾将瞷良人之所之也。"

蚤起，施②从良人之所之，遍国中无与立谈者。卒之东郭墦间，之祭者③，乞其余；不足，又顾而之他——此其为餍足之道也。

其妻归，告其妾曰："良人者，所仰望而终身也，今若此！"与其妾讪其良人，而相泣于中庭④，而良人未之知也，施施⑤从外来，骄其妻妾。

由君子观之，则人之所以求富贵利达者，其妻妾不羞也，而不相泣者，几希矣。

【注释】

①良人：丈夫。②施（yǐ）：古斜字，是说不从正路走。③卒之东郭墦间，之祭者：墦（fán），坟墓。这一句这样断句可以，整个作一句读也可以。④中庭：即庭中。⑤施施（shīshī）：得意洋洋的样子。

【译文】

齐国有个有一妻一妾的人家，丈夫每次外出，就一定要吃饱酒肉才回来。他的妻子问跟他一道喝酒吃饭的是些什么人，说的都是有钱有地位的人。他的妻子告诉他的小老婆说："丈夫外出，一定要酒醉饭饱之后才会回来；问跟他一道饮酒吃饭的人，个个都是有钱有地位的人，可是，从来不曾有显贵一些的人到家里来。我打算窥探一下丈夫所去的地方。"

清早起来，妻子便拐弯抹角地紧跟往丈夫所去的地方，发现整个国都中并没有谁跟他站着交谈的。最后丈夫走到东门城外的坟墓中间，向那些扫墓的人乞讨些残羹剩饭；不够，又四面望望然后走到别的扫墓的人那里去——这就是他天天醉饱的方法。

他的妻子回去，把情况告诉他的小老婆，并且说："丈夫，是我们指望倚靠度过整整一生的人，现在丈夫却是这个样子！"于是跟他的小老婆一道在庭中咒骂丈夫，哭成一团，丈夫却一点也不知情，得意洋洋地从外面进来，在妻妾面前吹嘘夸耀。

从君子的观点看来，一些人用来追求升官发财的手段，能够使他们的妻妾不感到羞耻而一块儿哭泣的，几乎是很少的。

第五篇 万章章句上（凡九章）

第一章

万章问曰："舜往于田，号泣于旻天①，何为其号泣也？"

孟子曰："怨慕②也。"

万章曰："'父母爱之，喜而不忘；父母恶之，劳而不怨③。'然则舜怨乎？"

曰："长息问于公明高④曰：'舜往于田，则吾既得闻命矣；号泣于旻天，于父母，则吾不知也。'公明高曰：'是非尔所知也。'夫公明高以孝子之心，为不若是恝⑤：我竭力耕田，共⑥为子职而已矣，父母之不我爱，于我何哉？帝使其子九男二女，百官牛羊仓廪备⑦，以事舜于畎亩之中，天下之士多就之者，帝将胥⑧天下而迁之焉。为不顺于父母，如穷人无所归。天下之士悦之，人之所欲也，而不足以解忧；好色，人之所欲，妻帝之二女，而不足以解忧；富，人之所欲，富有天下，而不足以解忧；贵，人之所欲，贵为天子，而不足以解忧。人悦之、好色、富贵，无足以解忧者，惟顺于父母可以解忧。人少，则慕父母；知好色，则慕少艾⑨；有妻子，则慕妻子；仕则慕君，不得于君则热中⑩。大孝终身慕父母。五十而慕者⑪，予于大舜见之矣。"

【注释】

①舜往于田：指舜在历山耕种的事。历山在什么地方，说法不一，难以确指。旻（mín）天：秋天；旻，含有仁爱怜悯的意思。②怨慕：这里的"慕"字即下文"大孝终身慕父母"的"慕"字，儿女对父母的依恋。③父母爱之，喜而不忘；父母恶之，劳而不怨：《礼记·祭义》引曾子的话说："父母爱之，喜而弗忘；父母恶之，惧而无怨。"跟这里的文字大同小异；万章所引的这几句话，可能出自曾子的口。④长息、公明高：长息，公明高的弟子；公明高，又是曾子的弟子。⑤为不若是恝：恝（jiè），没有忧愁的样子。⑥共（gōng）：与恭通，敬。⑦九男二女：《尚书·尧典》和《逸书》分别记载了尧叫九个儿子尊舜为师，把两个女儿嫁给舜的事。百官牛羊仓廪备：百官，指管理牛羊、仓库一类的官吏。备，完全具备。⑧胥：都，尽。⑨少艾：美好。⑩热中：躁急而心热，与现在说的热中于某事略有不同。⑪五十而慕：舜三十岁被召用，在位二十年，所以说五十。一般人对父母亲慕恋的感情，常是随着年龄的增大而逐渐衰退，而舜年五十慕恋父母亲的热忱不改，所以孟子称他为大孝。

【译文】

万章问道："舜到地里去耕种，望着秋高气爽的天空哭泣着，他为什么要哭泣呢？"

孟子答道："这是由于舜对父母有着怨望和怀恋交织的感情的缘故。"

万章说："曾子说过'父母要是喜欢自己，自己心里虽然高兴，但不敢对做儿子的职责有所遗忘懈怠；父母要是厌恶自己，自己心里尽管不免忧愁，但不敢埋怨父母。'那么，舜是不是抱怨父母呢?"

　　孟子说:"长息曾问过公明高:'舜去地里耕种,这个我已能理解;但他一面喊着天一面喊着父母,又哭又诉,我就不懂这是为什么。'公明高说:'这个不是你能理解得了的。'在公明高看来,一个孝子的心对于父母对自己的爱恶决不能这样无动于衷:我尽力耕田,恭恭敬敬地尽着做儿子的职责罢了,至于父母不爱我,对我有什么关系呢? 帝尧叫他的九个儿子两个女儿,还有百官带着牛羊,囤积粮食,应有尽有,到田野里去侍候舜,天下的士人也多有投奔到他门下的,尧帝将把整个天下让给舜。因为不能使父母顺心,自己就像穷困的人没有归宿一样。天下的士人喜欢自己,这本是人们的意愿,但却不足以解除舜的忧愁;爱好美色,本也是人们的愿望,但舜娶了尧的两个女儿,却不足以解除忧愁;富有,本是人们的愿望,舜拥有天下的财富,却不足以解除忧愁;尊贵,本也是人们的愿望,舜获得了身为天子的尊贵,还不足以解除忧愁。在舜看来人们喜欢自己、爱好美色、财多地位高,没有一样足以解除忧愁的,只有使父母顺心悦意才可以解除忧愁。人在儿童时期,就只知怀恋父母;知道爱好美色了,就倾慕年轻而又漂亮的人;有了妻子,便宠爱妻子;走上了做官的道路,便倾心于君主,要是得不到君主的信任,内心便要感到焦急烦躁。大孝的人才会终身怀恋父母。到了五十岁的年纪还怀恋父母的,我在大舜身上看到了。"

第二章

　　万章问曰:"《诗》云:'娶妻如之何? 必告父母①。'信斯言也,宜莫如舜;舜之不告而娶,何也?"

　　孟子曰:"告则不得娶。男女居室,人之大伦也;如告,则废人之大伦,以怼父母②,是以不告也。"

　　万章曰:"舜之不告而娶,则吾既得闻命矣;帝之妻舜而不告,何也?"

　　曰:"帝亦知告焉则不得妻也。"

　　万章曰:"父母使舜完廪,捐阶③,瞽瞍焚廪。使浚井,出,从而揜之④。象⑤曰:'谟盖都君咸我绩⑥,牛羊父母,仓廪父母,干戈朕,琴朕⑦,弤朕,二嫂使治朕栖⑧。'象往入舜宫,舜在床琴。象曰:'郁陶思⑨君尔。'忸怩⑩。舜曰:'惟⑪兹臣庶,汝其于予治!'不识舜不知象之将杀己与?"

　　曰:"奚而不知也⑫? 象忧亦忧,象喜亦喜。"

　　曰:"然则舜伪喜者与?"

　　曰:"否。昔者有馈生鱼于郑子产,子产使校人⑬畜之池。校人烹之,反命曰:'始舍之,圉圉⑭焉;少则洋洋焉,悠然⑮而逝。'子产曰:'得其所哉! 得其所哉!'校人出,曰:'孰谓子产智? 予既烹而食之,曰,得其所哉,得其所哉。'故君子可欺以其方,难罔以非其道。彼以爱兄之道来,故诚信而喜之,奚伪焉?"

【注释】

　　①《诗》云二句:引自《诗经·齐风·南山》第三章。舜时肯定无此诗句,但万章认为诗语所述大概是古代娶妻之礼,舜的时候也不例外,所以下文说:"信斯言也,宜莫如舜。"②以怼父母:怼(duì),怨,

这里是使动用法，是说人的大伦废弃，最后必将使父母怨恨自己，这样做反而将对不起父母。③阶：梯。④出：指瞽瞍等人出井。⑤象：舜异母弟。⑥谟盖都君咸我绩：谟（mó），谋。盖，害的假借字。都君，指舜，相传舜在一个地方住上三年，那里便会成为都市，意思是说人都愿意跟他跑，所以称为都君。⑦弤（dǐ）：舜的弓名。⑧二嫂使治朕栖：栖，床。使治床，实际是要让二嫂做他的妻子。⑨郁陶（yáo）：思念的意思。⑩忸怩（niǔ ní）：不好意思。⑪惟：思。于：为，助。⑫奚而：即奚为，有为什么的意思。⑬校（xiào）人：池塘管理人员。⑭圉圉（yǔ）：刚刚解放出来肢体还没有舒展的样子。⑮洋洋：舒舒服服地摇着尾巴的样子。悠然：自得的样子。

【译文】

万章问道："《诗》中说：'娶妻子应怎样做呢？一定得禀告父母。'相信这句古训的人，该没有像舜的了。可舜却并不禀告父母便娶了妻子，这又是为什么呢？"

孟子说："要是舜禀告了父母就娶不成老婆。男女结合成家，是人生的常道。要是禀告了，便会废止这个人生的常道，以至到头来不免使父母怨恨自己，所以不禀告父母。"

万章又说："舜的不禀告父母便娶老婆的道理，我已经懂得了；那么，帝尧把女儿嫁给舜做妻子却不告诉舜的父母，这又是为什么呢？"

孟子说："帝尧也知道一告诉对方，女儿便嫁不成了。"

万章再问："舜的父母叫舜去修好粮仓，却拿走梯子，然后瞽瞍放火焚烧粮仓。又引着他去把水井淘深些，瞽瞍一出井，便用土去堵塞井口，舜的弟弟象说：'谋害大爷全是我的功劳，牛羊归父母，粮仓归父母，兵器归我，琴归我，弤弓归我，二位嫂子让她们替我铺床叠被。'于是象便直奔舜的住所去，舜却活着坐在床上弹琴。象只好撒谎说：'我非常想念你呀！'说着显出十分尴尬的样子。舜说：'我心里老惦着我这些臣下和百姓，你就帮助我管理他们吧！'不知道舜当时是否知道象打算杀害自己？"

孟子说："为什么不知道呢？象忧愁他也忧愁，象欢喜他也欢喜。"

万章接上去问："那么，舜是假装喜欢的吗？"

孟子解释说："不。从前有人送条活鱼给郑国的子产，子产叫管池沼的人放它到池子中去饲养。管池沼的人把鱼煮着吃了，却向子产汇报道：'刚放下去，还有些不自然，过了一会儿便摇头摆尾的开始试着游水，忽然速度加快，一下子便无拘无束地潜入深水，无影无踪了'。子产说：'它到了它应去的地方了啊！它到了它应去的地方了啊！'管池沼的人出来后对人家说：'谁说子产聪明呢？我已经把鱼都煮着吃了，他却在那里说，鱼儿到了它应去的地方，鱼儿到了它应去的地方。'所以一个至诚君子，别人可以用合乎人之常情的方法去欺骗他，但却不能用不合大道大理的诈骗术去蒙蔽他。象既然是打着敬爱兄长的幌子来见舜，舜信以为真而感到高兴，怎么能说是假装的呢？"

第三章

万章问曰："象日以杀舜为事，立为天子则放之，何也？"

孟子曰："封之也；或曰，放焉。"

万章曰："舜流共工于幽州①，放欢兜于崇山②，杀三苗于三危③，殛鲧于羽山④，四罪而天下咸服，诛不仁也。象至不仁，封之有庳⑤。有庳之人奚罪焉？仁人固如是乎：在他人则诛之，在弟则封之？"

曰："仁人之于弟也，不藏怒焉，不宿怨焉，亲爱之而已矣。亲之，欲其贵也；爱之，欲其富也。封之有庳，富贵之也。身为天子，弟为匹夫，可谓亲爱之乎？"

"敢问或曰放者，何谓也？"

曰："象不得有为于其国，天子使吏治其国而纳其贡税焉，故谓之放。岂得暴彼民哉？虽然，欲常常而见之，故源源而来，'不及贡，以政接于有庳⑥。'此之谓也。"

【注释】

①流共工于幽州：按从此句以下至"四罪而天下咸服"是《尚书》《虞书·舜典》中的一段文字。共工，官名。幽州，指北方边远地区，位于今河北密云县东北。②放欢兜于崇山：欢兜，人名，帝尧臣子，与共工伙同作恶，被舜放逐到崇山。崇山，指南方边远地区，位于澄阳县南七十五里。③杀三苗于三危：杀，《舜典》作窜，按窜、杀为同音假借字，这里的杀不是杀戮，而是流放（根据段玉裁《说文解字注》）。三苗，国名，这里指三苗的国君。三危，地名，位于今甘肃敦煌县南。④殛鲧于羽山：殛（jí），是极的假借字，与上流、放、窜等字都有流放的意思。鲧（gǔn），禹的父亲，治水无功。关于羽山，一说位于山东郯城县东北，和江苏赣榆县接界（见郭璞《山海经注》）。一说山东蓬莱县有羽山，《寰宇记》说这里是殛鲧的地方。⑤有庳（bì）：地名，向来以为在永州府零县（位于今湖南零陵县），后人对这个说法多持怀疑态度。也有人认为应当在离舜的都城蒲版（位于今山西永济县）不远的地方。⑥不及贡，以政接于有庳：这两句疑是《尚书》逸文，所以《孟子》断以"此之谓也"。

【译文】

万章问道："象每天都谋划着杀害舜，可舜被拥立为天子后就只将他流放，这是为什么呢？"

孟子说："实际是封了他做诸侯，但是也有人说是放逐他。"

万章说："舜把共工放逐到幽州，把欢兜放逐到崇山，把三苗的国君放逐到三危，把鲧放逐到羽山，惩处了这四个罪犯后天下的人全部悦服，因为是惩罚了不仁的恶人的缘故。象为人最不仁，却将他封在有庳国，有庳的人有什么罪过？一个仁爱的人做事难道应该这样吗？对别人就办他的罪，对弟弟就封他的侯？"

孟子说："仁爱的人对自己的弟弟，不把怒气藏在胸中，不把怨恨埋在心底，只知道亲爱他罢了。亲他，想使他有地位；爱他，想使他有财富。把他封在有庳国为诸侯，这正是为了要使他有财富、有地位。如果一个人自身做了天子，而弟弟却是一个平民，这能说是亲爱他吗？"

万章又说："请问有人说舜放逐象，这是怎么说的呢？"

孟子说："象不能在他的封国里有所作为，所以天子派遣官吏去帮他治理国家并替他缴纳贡税，因此有人说是放逐。采取了这些措施，象难道还能对他的百姓肆行暴虐吗？尽管这样，舜还是想常常见到他，所以让他不断的上国都来，（《尚书》中有这么两句话：）'等不了朝贡的日子，常常借征询政事接见有庳国的国君。'就是指的这个。"

第四章

咸丘蒙问曰①："语云：'盛德之士，君不得而臣，父不得而子。'舜南面而立，尧帅诸侯北面而朝之，瞽瞍亦北面而朝之。舜见瞽瞍，其容有蹙②。孔子曰：'于斯时也，天下殆哉岌岌乎③！'不识此语诚然乎哉？"

孟子曰："否；此非君子之言，齐东野人之语也。尧老而舜摄也。尧典④曰：'二十有八载，放勋乃徂落⑤，百姓如丧考妣⑥，三年，四海遏密八音⑦。'孔子曰：'天无二日，民无二王。'舜既为天子矣，又帅天下诸侯以为尧三年丧，是二天子矣。"

咸丘蒙曰："舜之不臣尧，则吾既得闻命矣。《诗》云：'普天之下，莫非王土；率土之滨，莫非王臣⑧。'而舜既为天子矣，敢问瞽瞍之非臣，如何？"曰："是诗也，非是之谓也；劳于王事而不得养父母也。曰，'此莫非王事，我独贤劳⑨也。'故说诗者，不以文害辞，不以辞害志。以意逆志，是为得之。如以辞而已矣，《云汉》之诗曰：'周余黎民，靡有孑遗⑩。'信斯言也，是周无遗民也。孝子之志，莫大乎尊亲；尊亲之至，莫大乎以天下养。为天子父，尊之至也；以天下养，养之至也。《诗》曰：'永言孝思，孝思维则⑪，'此之谓也。《书》曰：'祗载见瞽瞍，夔夔齐栗，瞽瞍亦允若⑫，'是为父不得而子也⑬？"

【注释】

①咸丘蒙：孟子弟子，复姓咸丘。②有蹙：有，语助词。有蹙，犹蹙蹙然，不安的样子。③天下殆哉岌岌乎：殆，危险。岌岌乎，危险的样子，"岌岌乎"是"殆"的状语，这是个倒装句子。④尧典：《孟子》这里所引《尧典》的话，见现在的《尚书·舜典》。伏生所传《尚书》原只《尧典》一篇，到齐建武年，吴兴姚方兴在大航头得到的《尚书》孔氏传古文，才把《尧典》分两篇，从"慎徽五典"到篇末叫作《舜典》，另增加了"粤稽古帝舜"十八个字。这实际是伪书。⑤二十有八载：有读又，没有意义。这里所说的二十八载是指尧叫舜代行政事后的二十八载。放勋，尧名。徂（cú）落，死，徂同殂。⑥考妣：古代对已死父母的称呼。⑦四海遏密八音：四海，指民间。遏，止；密，无声，遏密有停止的意思。八音，指用金、石、丝、竹、匏、土、革、木为器材所作乐器的声音。⑧《诗》云以下各句：见《小雅·北山》第二章。《毛诗·小序》说《北山》诗写的是周朝的大夫讽刺幽王派役劳逸不均，使自己为王事奔走，不能奉养父母，和孟子对这首诗所作的解释是一致的。溥，遍。率，循，沿。⑨贤劳：贤，有多和劳两重意思。⑩孑遗：孑（jié），单独，独立的样子。遗，脱漏。⑪永言孝思二句：见《大雅·下武篇》第三章。这首诗赞美周武王能够继承太王、王季、文王的美德，为后世子孙作出榜样。⑫《书》曰数句：《书》，指《尚书·大禹谟》。祗（zhī），恭敬。夔夔（kuí）齐（同斋）栗，敬慎恐惧的样子。允，信；若，顺。⑬也，表疑问语气词。

【译文】

咸丘蒙问道："俗话说，'道德十分高尚的人，君主不能够把他当做臣子看待，父亲不能把他当做儿子看待。'舜南面坐朝为天子，尧带领诸侯北面朝见他，瞽瞍也北面朝见他。舜看见瞽瞍，面上显出局促不安的神色。孔子说：'在这个时候，天下真是岌岌可危呀！'不知这些话的确是这样么？"

孟子说："不。这不是君子说的话，是齐东地方老百姓的野话。尧老了让舜代行政权。《尧典》说：'舜代行政权二十八年时，尧才死去，朝中的百官像是死了父母似的，在替他服孝的三年中，民间停止一切音乐。'孔子说过：'天上没有两个太阳，老百姓上面没有两个天子，要是舜已经做了天子，又带领天下诸侯去为尧守三年孝，那么这就是两个天子了。'"

咸丘蒙说："舜的没有把尧看做臣子，这个我已经懂得了。《诗》中说：'遍天之下，没有不属于帝王的土地，沿着土地直达海边，没有一个人不是帝王的臣民。'现在舜既然做了天子，瞽瞍却不称臣，该当作何解释呢？"

　　孟子说："这首诗，说的不是这个，而是说作者自己为国事奔忙以至不能奉养父母。意思是这样：'这些事没有一桩不是王家的事，我却独独多劳多累。'所以解说诗的人，不要拘泥于文字，这会妨害对诗的辞句的理解，不要拘泥于诗的辞句，这会妨碍对诗人作诗的意旨。应该拿自己的思想去体会作者写诗的意旨，这样才算是体会了诗的真谛。要是仅限于对诗的语词的理解，《云汉》这首诗中说，'周朝剩余的老百姓，没有一个留存下来了。'真个相信这个话，这就是说周朝没有留下一个人了。孝子孝到了极点，没有比尊敬父母亲更大的了；尊敬父母尊敬到了极点，没有比拿天下来奉养父母亲更大的了。做天子的父亲，这是尊敬到了极至；拿天下奉养父母亲，这是奉养到了极至。《诗》里说：'我们永远不能忘记孝敬父母的思想，这孝敬父母的思想就是为人子的准则呀。'说的正是这个意思。《尚书》里说：'舜恭敬地来见瞽瞍，以至谨慎战栗，瞽瞍也就相信舜的诚意而顺着儿子了。'这能说是父亲不能把他当儿子看待吗？"

第五章

　　万章曰："尧以天下与舜，有诸？"

　　孟子曰："否；天子不能以天下与人。"

　　"然则舜有天下也，孰与之？"

　　曰："天与之。"

　　"天与之者，谆谆①然命之乎？"

　　曰："否；天不言，以行与事示之而已矣。"

　　曰："以行与事示之者，如之何？"

　　曰："天子能荐人于天，不能使天与之天下；诸侯能荐人于天子，不能使天子与之诸侯；大夫能荐人于诸侯，不能使诸侯与之大夫。昔者，尧荐舜于天，而天受之；暴②之于民，而民受之；故曰，天不言，以行与事示之而已矣。"

　　曰："敢问荐之于天，而天受之；暴之于民，而民受之，如何？"

　　曰："使之主祭，而百神享之，是天受之；使之主事，而事治，百姓安之，是民受之也。天与之，人与之，故曰，天子不能以天下与人。舜相尧二十有八载，非人之所能为也，天也。尧崩，三年之丧毕，舜避尧之子于南河③之南，天下诸侯朝觐者，不之尧之子而之舜；讼狱④者，不之尧之子而之舜；讴歌者，不讴歌尧之子而讴歌舜，故曰，天也。夫然后之中国，践天子位焉⑤。而居尧之宫⑥，逼尧之子，是篡也，非天与也。《太誓》曰，'天视自我民视，天听自我民听⑦，'此之谓也。"

【注释】

　　①谆谆（zhūn）：有恳切地再告诫叮咛的意思。②暴（pù）：公开推荐。③南河：黄河在尧都城的南面，所以叫南河。相传舜避尧的儿子丹朱于河南面的偃朱城（位于今山东濮县二十五里地）。④讼狱：经

传多作"狱讼"，两者含义相同，即诉讼。⑤然后之中国，践天子位焉：因为前文已说"舜避尧之子于南河之南"，所以说"之中国"。中国，国家的中央，即首都。⑥而居尧之宫：而同如。⑦《太誓》二语：今文《尚书》没有这两句话，见伪梅赜伪古文《尚书》《太誓》。自，从。二句是说天的视听，从人的所欲。

【译文】

万章问："尧将天下给与舜，有这件事吗？"

孟子说："不，天子不能将天下给与人。"

万章说："那么，舜获得天下，是谁给他的呢？"

孟子说："天给他的。"

万章紧接着问："所谓天给他的，是不是上天恳切地让他接受天下呢？"

孟子说："不，天不会说话，不过是用行为和事实表示它的意向罢了。"

万章说："怎样用行为和事实表示的呢？"

孟子说："天子能够将人才推荐给天，却不能叫天给与他天下；诸侯能够将人才推荐给天子，却不能叫天子让他做诸侯；大夫能够将人才推荐给诸侯，却不能叫诸侯让他做大夫。从前，尧将舜推荐给天，天接受了；又将他公开向老百姓推荐，老百姓也接受了；所以说，天不会说话，不过是用行为和事实表示它的意旨罢了。"

万章又问："请问所谓推荐给天，天接受；公开介绍给老百姓，老百姓接受，何以见得呢？"

孟子说："派他去主持祭祀，一切神灵便都来享用，这就是天接受了；派他去主持政事，政事治理得井井有条，老百姓安居乐业，这就是老百姓接受了。天给他，人给他，所以说，天子不能将天下给与人。舜辅佐尧二十八年，不是人的力量所能办到，这是天意。尧逝世后，守孝三年完了，舜到南河之南去回避尧的儿子，天下的诸侯来朝见天子的，不到尧的儿子那里去，却到舜那里去；进行诉讼的不到尧的儿子那里去，却到舜那里去；歌颂功德的不歌颂尧的儿子却歌颂舜，所以说，这是天意。这样舜才回到国都，坐上天子的位子。要是（舜）住在尧的宫廷里，强迫尧的儿子让位，这简直是篡夺，不是天给与的。《太誓》说过，'天看事物是通过老百姓的眼睛来看的，天听语言是通过老百姓的耳朵来听的，'说的正是这个意思。"

第六章

万章问曰："人有言，'至于禹而德衰，不传于贤，而传于子①。'有诸？"

孟子曰："否，不然也。天与贤，则与贤；天与子，则与子。昔者，舜荐禹于天，十有七年，舜崩，三年之丧毕，禹避舜之子于阳城②，天下之民从之，若尧崩之后不从尧之子而从舜也。禹荐益于天，七年，禹崩，三年之丧毕，益避禹之子于箕山之阴③，朝觐讼狱者不之益而之启④，曰，'吾君之子也；'讴歌者不讴歌益而讴歌启，曰，'吾君之子也。'丹朱之不肖，舜之子亦不肖⑤。舜之相尧、禹之相舜也，历年多，施泽于民久。启贤，能敬承继禹之道。益之相禹也，历年少，施泽于民未久。舜、禹、益相去久远⑥，其子之贤不肖，皆天也，非人之所能为也。莫之为而为者，天也；莫之致而至者，命也。匹夫而有天下者，德必若舜禹，而又有天子荐之者，故仲尼不有天下。继世以有天下，天之所废，必若桀纣者也，故益、伊尹、周公不有天下。伊尹相汤以王于天下，汤崩，太丁未立，外丙二年，仲壬四年⑦，太甲颠覆汤之典刑，伊尹放之于桐⑧，三年，太甲悔过，自怨自艾，于桐处仁迁义。三年，以听伊尹之训己也，复归于亳⑨。周公之不有天下，犹益之于夏、伊尹之于殷也。孔子曰：'唐虞禅，夏后殷周继，其义一也。'"

【注释】

①"人有言"以下三句：《新序·节士篇》载伯成子高回答禹的问话和《韩非子·外储说》中潘寿对燕王说的话都指出了禹有意把天下传给儿子启，道德已不如舜高尚。万章这里所说的"人有言"，指的大约就是这一类话。②阳城：位于今河南登封县内。③箕山之阴：箕山，位于今河南登封县东南。阴，山的北面。④启：禹子名，后世因避汉景帝刘启讳，也作开。启的为人，孟子非常称道，其实从《楚辞》、《墨子》、《竹书纪年》、《山海经》等书所记载的看来，未必是贤王（采用杨伯峻《孟子译注》说）。⑤丹朱之不肖，舜之子亦不肖：丹朱，尧的儿子，名叫朱，封于丹，所以叫丹朱。舜的儿子名叫商均。⑥舜、禹、益相去久远：舜相尧二十八年，禹相舜十七年，益相禹仅只七年禹便去世了，他们之间不是相去久远，疑原文可能有错误，如果作"舜、禹、益相帝之久暂"，上下文字便一气贯注了。⑦"太丁未立"以下三句：根据《史记·殷本纪》记载，商汤王死后，太子太丁还没有立为君主便死了，于是只好立太丁的弟弟外丙，这就是帝外丙；帝外丙即位三年去世，立外丙的弟弟仲壬，这就是帝仲壬；仲壬即位四年去世，伊尹于是立太丁的儿子太甲。外丙、仲任在卜辞中作"卜丙"、"中壬"）。⑧桐：地名，位于今河南偃师县附近。⑨亳（bó）：位于今河南偃师县西，一名尸乡。

【译文】

万章问道："人们有这样的说法，'到了禹道德便衰微了，不把天下传给贤者，却传给儿子。'真有这样的事么？"

孟子说："不，并不是这样。天意要传给贤者，就给贤者；天意要传给儿子，就给儿子。从前，舜把禹推荐给天，过了十七年，舜去世了，守孝三年满了后，禹到阳城去回避舜的儿子，天下的百姓追随他，就像尧去世后不追随尧的儿子却追随舜一样。禹也把益推荐给天，过了七年禹去世了，守孝三年满了后，益到箕山的北面去回避禹的儿子。那些朝见天子的人和诉讼的人都不到益那里去却到启那里，说，'这是我们天子的儿子。'那些歌功颂德的人都不歌颂益却歌颂启，说，'这是我们天子的儿子。'丹朱不贤能，舜的儿子也不肖能。舜的辅佐尧、禹的辅佐舜，经历的时间多，对老百姓施行恩泽也久。启很贤明，能够忠诚地继承禹的好传统好作风。益的辅佐禹，经历的时间既短，对百姓施行恩泽也不长久。舜、禹、益辅佐天子时间的久暂，他们儿子的贤明和不贤明，这都是天意，不是人力所能办到的。凡事不是人力所能办到却自然办到了的，就是天意，不是人力所能招致却自然来到了的，就是命运。一个普通的人能享有天下的，道德一定得像舜和禹，而且又有天子的推荐，所以孔子就没能享有天下。继承父祖之业而享有天下的人，天意所要废弃的，一定是像桀纣那样的人，所以益、伊尹和周公也没能享有天下。伊尹辅佐汤统一了天下，汤去世后，太丁没有做天子，外丙坐了二年位，仲壬坐了四年位，太甲破坏了汤王制订的法典，伊尹便把他流放到桐去。三年之后，太甲悔过自新，痛改前非，就在桐那里力求做到存心仁爱，行事合宜，三年中，虚心听取伊尹对自己的教诲，这样就又回到了亳地。周公不能享有天下，就和益在夏朝、伊尹在殷朝一样。孔子说过'唐尧虞舜让位给贤者，夏商周三代帝位子孙世代相传，道理都是一样的。'"

第七章

万章问曰："人有言，'伊尹以割烹要汤^①，'有诸？"孟子曰："否，不然；伊尹耕于有莘^②之野，而乐尧舜之道焉。非其义也，非其道也，禄之以天下，弗顾也；系马升驷，弗视也。非其义也，非其道也，一介^③不以与人，一介不以取诸人。汤使人以币聘之^④，嚣嚣然曰^⑤：'我何以汤之聘币为哉？我岂若处畎亩之中，由是以乐尧舜之道哉？'汤三使往聘之，既而幡然^⑥改曰：'与^⑦我处畎亩之中，由是以乐尧舜之道，吾岂若使是君为尧舜之君哉？吾岂若使是民为尧舜之民哉？吾岂若于吾身亲见之哉？天之生此民也，使先知觉后知，使先觉觉后觉也。予，天民之先觉者也；予将以斯道觉斯民也。非予觉之而谁也？'思天下之民匹夫匹妇有不被尧舜之泽者，若已推而内^⑧之沟中。其自任以天下之重如此，故就汤而说^⑨之以伐夏救民。吾未闻枉已而正人者也，况辱已以正天下者乎？圣人之行不同也，或远，或近；或去，或不去；归洁其身而已矣。吾闻其以尧舜之道要汤，未闻以割烹也。《伊训》曰：'天诛造攻自牧宫，朕载自亳^⑩。'"

【注释】

①伊尹以割烹要汤：这一说法，见于《墨子·尚贤篇》、《庄子·庚桑楚》、《史记·殷本纪》以及《吕氏春秋·本味篇》，其中《本味篇》记述尤其详细。②有莘：国名，位于今河南陈留县东北。③一介：介，同草芥的"芥"。草芥，极其轻微的事物。④币：帛，是古代赠送人的常物，《梁惠王章句下》便有"事之以皮币"的话。后来因为车马玉帛同为聘享的礼物，所以统称为币。⑤嚣嚣然：闲暇自得的样子。⑥幡然：幡（fān），一种狭长垂直悬挂的旗子，这里同翻，幡然，改变的样子。⑦与：有"与其"、"如"的意思。⑧内：音纳，义同。⑨说（shuì）：游说。⑩《伊训》曰，天诛造攻自牧宫，朕载自亳：《伊训》，《尚书》的逸篇之一。牧宫，桀的宫室名；朕，我，这里是伊尹自称；载，开始；亳，殷首都名。孟子引书的用意，在于说明汤与伊尹所谋划的，是顺天救民的事，不是割烹，以驳斥伊尹以割烹要汤的邪说。

【译文】

万章问道："人们有这样一种说法，'伊尹用烹调的技艺去干求汤，'真有这件事吗？"

孟子说："不，不是；伊尹在有莘国的郊野种田，十分喜爱尧舜之道。要是不合乎道义，即使拿天下的财富给他作俸禄，他也毫不理睬；即使系四千匹马在他前面，他连看也不会看上一眼。要是不合乎道义，一点小东西也不会拿给别人，也不会向别人索取一点小东西。汤派人带着礼物去聘请他，他却不动声色地说：'我为什么要接受汤的聘礼呢？何如我现在这样身居田野之中，由此以攻习尧舜之道为乐呢？'汤三次派人去聘请他，然后他才完全改变态度道：'我身居田野之中，由此以学习尧舜之道为乐，但怎比得上使这位君主成为尧舜之君呢？怎比得上使这些百姓成为尧舜的百姓呢？怎比得上在我生前亲自看到尧舜之道见诸实行呢？上天降生这些百姓，使先知的人帮助后知的人觉醒，使先觉的人帮助后觉的人觉醒。我，是百姓中天生先觉的人；我将用尧舜之道去帮助这些百姓觉醒。不是我去帮助他们觉醒，又是谁去呢？'他心里想天下的百姓中只要有一个男人一个女人没有享受被尧舜恩泽的，就好像是自己将他们推进水沟中一样。他是这样自愿把天下的重担挑在肩头，所以跑到汤王那里去用攻打夏桀拯救百姓的事向他游说。我没有听说过委屈自己却能匡正别人的，更何况屈辱自己而去匡正天下的呢？圣人的行事各不相同，有的远离君主，有的接近君主，有的离开朝廷，有的不愿离开，但是归结起来，都是保持自身清洁，做到一尘不染罢了。我只听说他用尧舜之道去干求汤王，没有听说用烹调技艺的事。《伊训》里说：'上天对夏桀的讨伐，是从牧宫自己制造了该被攻讨的罪恶招致的，我和汤谋伐桀却是从亳都开始的。'"

第八章

万章问曰："或谓孔子于卫主痈疽①，于齐主侍人瘠环②，有诸乎？"

孟子曰："否，不然也；好事者为之也。于卫主颜雠由③。弥子④之妻与子路之妻，兄弟也。弥子谓子路曰：'孔子主我，卫卿可得也。'子路以告。孔子曰：'有命。'孔子进以礼，退以义，得之不得曰'有命'⑤。而主痈疽与侍人瘠环是无义无命也。孔子不悦于鲁卫⑥，遭宋桓司马，将要而杀之，微服而过宋⑦。是时孔子当厄，主司城贞子⑧，为陈侯周⑨臣。吾闻观近臣，以其所为主；观远臣，以其所主。若孔子主痈疽与侍人瘠环，何以为孔子？"

【注释】

①痈疽（yōngjū）：即雍渠，是同声通借字。雍渠是卫灵公的太监。②侍人瘠环：侍人，即太监，瘠环，是侍人的姓名。③颜雠由：卫国的贤大夫，《史记·孔子世家》作颜浊邹。④弥子：即弥子瑕，卫灵公的宠臣。⑤得之不得曰有命：杨伯峻《孟子译注》以为这里的之字作与字用。⑥孔子不悦于鲁卫：孔子不悦于鲁，孔子做鲁司寇代行相事，齐国人知道后非常害怕，送给鲁君一班女乐，季桓子跟鲁君整天去观看，把政事抛在一边，孔子便离开鲁国去卫国。不悦于卫，指孔子在卫国住了一个多月，卫灵公跟夫人同车，太监雍渠做陪车的，让孔子乘车跟在后面，孔子感到耻辱，离开卫国去曹国。二事都见《史记·孔子世家》。⑦遭宋桓司马，将要而杀之，微服而过宋：宋桓司马，指宋国的司马桓魋（tuí）。微服：换去平常穿的衣服，使人不认识。⑧司城贞子：陈国的卿。⑨陈侯周：陈怀公的儿子，周是他的名字，即位后被楚国攻灭，所以没有谥号，只称陈侯周。

【译文】

万章问道："有人说孔子在卫国寄居在痈疽家里，在齐国寄居在宦官瘠环家里，有这回事吗？"

孟子说："不，不是这样；这是那些多事的人编造出来的。孔子在卫国寄居在颜雠由家。弥子瑕的妻子跟子路的妻子是姐妹，弥子瑕对子路说：'孔子要是寄居到我家，卫国的卿相之位便可以得到。'子路把这个话告诉了孔子。孔子说：'凡事都有个命定。'孔子无论进还是退都讲求合乎礼义，得到官位和得不到官位都说是天命决定。如果寄居到痈疽和宦官瘠环家中去，这便是不顾道义和天命了。孔子对鲁国和卫国不高兴，又遇上宋国的司马桓魋，预谋在路上拦截他打算杀害，所以只得化装通过宋国。这个时候孔子正值蒙难，也还是寄居在司城贞子家里，做陈侯周的臣子。我听说要考察朝中左右近臣的好坏，就看在他家里寄居的都是些什么样的客臣；要考察外来做官的客臣的好坏，就看他寄居在什么样的主人的家里。要是孔子真个寄居在痈疽和宦官瘠环家里，那还算什么孔子呢？"

第九章

万章问曰："或曰，'百里奚自鬻于秦养牲者，五羊之皮，食牛，以要秦穆公①，'信乎？"

孟子曰："否，不然也；好事者为之也。百里奚，虞人也。晋人以垂棘之璧与屈产之乘，假道于虞以伐虢②。宫之奇谏③，百里奚不谏。知虞公之不可谏而去之秦，年已七十矣，曾不知以食牛干秦穆公之为汙也，可谓智乎？不可谏而不谏，可谓不智乎？知虞公之将亡而先去之，不可谓不智也。时举于秦，知穆公之可与有行④也而相之，可谓不智乎？相秦而显其君于天下，可传于后世，不贤而能之乎？自鬻以成其君，乡党自好者不为？而谓贤者为之乎？"

【注释】

①百里奚自鬻于秦事：见《战国策》、《韩诗外传》以及《说苑》等书，说百里奚自己卖身替人家喂牛，卖价是五张羊皮，所以百里奚又叫五羖（gǔ，一作牯，公羊）大夫。②晋人假道于虞以伐虢等句：虞、虢（guó），都是国名。虞位于今山西平陆县东北六十里。虢指北虢，位于今山西平陆县。当时晋国建都于绛，位于今山西翼城东南十五里，晋国由绛伐虢，虞是必经之途，所以一定要向虞国借路。晋假道于虞伐虢事载《左传》僖公二年及五年。③宫之奇谏：宫之奇，虞国臣子。《左传》僖公二年载晋派荀息向虞国借路，虞公答应了，并请求自己先去攻打虢国。宫之奇出来劝阻，虞公不听。④可与有行：是说可以跟他有所作为。

【译文】

万章问道："有人说，'百里奚以五张羊皮的卖价将自己卖给秦国一个养牲口的人，给他喂牛，用这种行为来谋求秦穆公的任用。'是真的吗？"

孟子说："不，不是这样；是那些多事的人捏造出来的。百里奚是虞国人。晋国人用垂棘出的白璧和屈地产的驾车的好马作为贿赂，想借虞国的路去攻打虢国。宫之奇出来劝阻虞公，百里奚就没有进行劝阻。知道虞公不可劝阻因而离开虞国到秦国去，他的年岁已经七十了，竟会不知道以喂牛的方式去干求秦穆公是脏污的行为，能说是明智吗？知道不可劝阻便不去劝阻，能说是不聪明吗？知道虞公将要亡国因而先行离开，这不能说是不聪明。当被秦国所起用时，知道穆公这人可以跟他有所作为，因而愿做他的辅相，能说是不聪明吗？辅佐秦国因而使它的君主扬名天下，并可流芳后世，一个不贤明的人能做到这样吗？用卖身的方法来成就他的君主的事业，即使是乡里中普通的能洁身自爱的人都不会这样做，难道说一个贤明的人会这样做吗？"

第五篇　万章章句下（凡九章）

第一章

　　孟子曰："伯夷，目不视恶色，耳不听恶声。非其君不事，非其民不使。治则进，乱则退。横政之所出，横民①之所止，不忍居也。思与乡人处，如以朝衣朝冠坐于涂炭也。当纣之时，居北海之滨，以待天下之清也。故闻伯夷之风者，顽②夫廉，懦夫有立志。

　　"伊尹曰：'何事非君？何使非民？'治亦进，乱亦进，曰：'天之生斯民也，使先知觉后知，使先觉觉后觉。予，天民之先觉者也。予将以此道觉此民也。'思天下之民匹夫匹妇有不与被尧舜之泽者，若己推而内之沟中：其自任以天下之重也③。

　　"柳下惠不羞汙君，不辞小官。进不隐贤，必以其道。遗佚而不怨，阨穷而不悯。与乡人处，由由然不忍去也。'尔为尔，我为我，虽袒裼裸裎于我侧，尔焉能浼我哉？'故闻柳下惠之风者，鄙夫宽，薄夫敦。

　　"孔子之去齐，接淅④而行；去鲁，曰，'迟迟吾行也，去父母国之道也。'可以速而⑤速，可以久而久，可以处而处，可以仕而仕，孔子也。"

　　孟子曰："伯夷，圣之清者也；伊尹，圣之任者也；柳下惠，圣之和者也；孔子，圣之时者也。孔子之谓集大成。集大成也者，金声而玉振⑥之也。金声也者，始条理也；玉振之也者，终条理也。始条理者，智之事也；终条理者，圣之事也。智，譬则巧也；圣，譬则力也。由⑦射于百步之外，其至，尔力也；其中，非尔力也。"

【注释】

　　①横政：横（hèng），横政，暴政。横民：暴民。②顽：古书中常跟"贪"字通用，《汉书·王吉传》引《孟子》这两句话，便作"贪夫廉，懦夫有立志"。③其自任以天下之重也：杨伯峻《孟子译注》认为这两句话前面的主语"此"字省略了。④淅（xī）：把米浸在水中，这里指浸在水中还没有淘洗的米。⑤而：同则。⑥金声而玉振：金，指金属制的乐器如钟、镈（bó，大钟）之类；声，宣，即宣布开始的意思。玉，指玉或石制的乐器如磬（qìng）之类；振，收，宣告结束。⑦由：同犹。

【译文】

　　孟子说："伯夷这个人，眼睛不看妖冶的颜色，耳朵不听淫靡的音乐。不是他认可的君主不去奉事，不是他认可的百姓不去役使。天下太平就出来做事，天下混乱就退隐田野。暴政所出和暴民所住的地方，他都不能耐心在那里居住下来。他认为跟乡里暴民相处在一起，就像穿着礼服戴着礼帽坐在烂泥和煤灰的上面。当商纣王的时候，他隐居在北海边上，以等待天下的

太平。所以听到伯夷高风的，就是贪夫也会变得廉洁，怯懦的人也能树立不屈的意志。

"伊尹说：'什么君主不能奉事？什么百姓不能支使？'太平时愿当官，乱离时也愿当官，他说，'上天降生这些百姓，使先知的人帮助后知的人觉醒，使先觉的人帮助后觉的人觉醒。我，是天生百姓中先觉醒的人；我将要用这些圣贤之道去使这些百姓觉醒。'他心里想天下的百姓中只要有一个男人一个女人没有沾被尧舜恩泽的，就好像是自己将他们推进水沟中一样：他自愿把天下的重担挑在肩头。

"柳下惠奉事不好的君主并不以为可耻，做小官也不推辞。上朝做官不保留自己的才干，但一定要合乎原则。虽被遗弃也无怨言，身处困境并不犯愁。跟乡里暴民共处在一起，非常自然地舍不得离开他们。'你是你，我是我，即使是赤身露体坐在我身旁，你又怎么能玷污我呢？'所以听到柳下惠高风的，就是心地狭隘的人也变得襟怀宽大，为人刻薄的也变得厚道起来了。

"孔子的离开齐国，饭都来不及做，把已浸在水中的米捞起来就跑；离开鲁国时，却说：'我们慢慢走吧，这是离开父母国所应该采取的态度。'该快走就快走，该留久点就留久点，该闲居在家就闲居在家，该做官就做官。这就是孔子所持的态度。"

孟子说："伯夷是圣人中以清高自持的人；伊尹是圣人中特别有责任感的人；柳下惠是圣人中比较随和的人；孔子是圣人中能相机行事的人。孔子可说是集大成的了。所谓集大成的意思，就像奏乐，先敲金属乐器钟镈开头，后击玉制的特磬收尾一样。先敲金属乐器钟镈，是表示节奏条理的开端；后用玉制的特磬收尾，是表示节奏条理的终结。掌握奏乐条理的开始，得靠人的智力；坚持奏乐条理的终结，得靠人的圣明。智，就好比是技巧，圣，就好比是力气。就如同在百步距离以外射箭一样，射到目的地，是靠你的力量；射中靶子，就不是单靠你的力量。"

第二章

北宫锜①问曰："周室班②爵禄也，如之何？"

孟子曰："其详不可得闻也，诸侯恶其害己也，而皆去其籍；然而轲也尝闻其略也。

"天子一位，公一位，侯一位，伯一位，子、男同一位，凡五等也。君一位，卿一位，大夫一位，上士一位，中士一位，下士一位，凡六等。天子之制，地方千里，公侯皆方百里，伯七十里，子、男五十里，凡四等。不能③五十里，不达于天子，附于诸侯，曰附庸④。天子之卿受地视⑤侯，大夫受地视伯，元士⑥受地视子、男。大国地方百里，君十卿禄，卿禄四大夫，大夫倍上士，上士倍中士，中士倍下士，下士与庶人在官⑦者同禄，禄足以代其耕也。次国地方七十里，君十卿禄，卿禄三大夫，大夫倍上士，上士倍中士，中士倍下士，下士与庶人在官者同禄，禄足以代其耕也。小国地方五十里，君十卿禄，卿禄二大夫，大夫倍上士，上士倍中士，中士倍下士，下士与庶人在官者同禄，禄足以代其耕也。耕者之所获，一夫百亩，百亩之粪⑧，上农夫食九人，上次食八人，中食七人，中次食六人，下食五人。庶人在官者，其禄以是为差。"

【注释】

①北宫锜（qī）：卫国人。②班：列，名词动用，有划分等级的意思。③不能，跟不足、不到的意思相近。④附庸：根据《礼记·王制》所记，小城叫附庸，庸即墉，有城的意思。所谓附庸，就是拿国事附于大国，不能用自己的姓名和皇帝直接打交道。⑤视：比。⑥元士：上士。⑦庶人在官：老百姓在官府当差的。⑧"一夫百亩，百亩之粪"以下数句：一夫一妇，佃田百亩，施加粪肥，粪多而力勤者为上农，他们田中的收入，可养活九人，其下按农夫生产能力的大小又分四等，共计五等。

【译文】

北宫锜问道："周朝王室规定爵位和俸禄的等级制度怎样？"

孟子说："它的详细情况已不可能知道了，诸侯们因为讨厌它妨碍他们自己扩充土地和财富，把那些文献全都销毁了；不过我却曾听说它的大概情况。

"天子是一级，公是一级，侯是一级，伯是一级，子、男同为一级，总共是五个等级。（在朝廷中）天子是一级，卿是一级，大夫是一级，上士是一级，中士是一级，下士是一级，总共分六等。天子亲自管辖的土地是见方千里，公和侯都是见方百里，伯爵七十里，子、男各五十里，总共是四等。土地不到五十里的，不能直接通名到天子那里去，附属在其他诸侯大国，叫做附庸。天子朝中的卿所受的封地比照侯爵，大夫受地比照伯爵，上士受地比照子爵和男爵。公侯大国的封地见方百里，它的国君的俸禄十倍于卿，卿的俸禄四倍于大夫，大夫倍于上士，上士倍于中士，中士倍于下士，下士跟当公差的老百姓拿相同的俸禄，他们所得的俸禄足以抵得上从事耕种的收入。中等国家的封地见方七十里，它的国君的俸禄十倍于卿，卿的俸禄三倍于大夫，大夫倍于上士，上士倍于中士，中士倍于下士，下士跟当公差的老百姓拿相同的俸禄，他们所得的俸禄足以抵得上从事耕种的收入。小国的封地见方五十里，它的国君的俸禄十倍于卿，卿的俸禄二倍于大夫，大夫倍于上士，上士倍于中士，中士倍于下士，下士跟当公差的老百姓拿相同的俸禄，他们所得的俸禄足以抵得上从事耕种的收入。农夫的收入，一夫一妇受田一百亩，加上百亩的肥料，粪多而又勤劳的上等农民可以养活九口人，上次的养活八口人，中等的养活七口人，中次的养活六口人，下等的养活五口人。在公家当差的老百姓，他们的俸禄便是按照这个来分等级高下的。"

第三章

万章问曰："敢问友？"

孟子曰："不挟长，不挟贵，不挟兄弟而友①。友也者，友其德也，不可以有挟也。孟献子②，百乘之家也，有友五人焉：乐正裘，牧仲，其三人，则予忘之矣。献子之与此五人者友也，无献子之家者也。此五人者，亦有献子之家，则不与之友矣。非惟百乘之家为然也，虽小国之君亦有之。费③惠公曰，'吾于子思，则师之矣；吾于颜般④，则友之矣；王顺⑤、长息，则事我者也。'非惟小国之君为然也，虽大国之君亦有之。晋平公之于亥唐⑥也，入云则入，坐云则坐，食云则食；虽蔬食菜羹⑦，未尝不饱，盖不敢不饱也。然终于此而已矣。弗与共天位也，弗与治天职也，弗与食天禄也，士之尊贤者也，非王公之尊贤也。舜尚见帝⑧，帝馆甥于贰室⑨，亦飨舜，迭为宾主，是天子而友匹夫也。用下敬上，谓之贵贵；用上敬下，谓之尊贤。贵贵尊贤，其义一也。"

【注释】

①不挟兄弟而友：挟，倚恃，倚仗。兄弟，指自己有钱有势的兄弟。②孟献子：鲁国的贵卿孟氏；他们家和鲁国另外两个世族叔孙、季孙，都是鲁桓公的嫡系，称为三桓。③费（bì）：春秋时小国名。④颜般（bān）：《汉书·古今人表》颜般作颜敢，大概是因为敢、般形状接近而写错的。⑤王顺：王顺作王慎，顺慎二字古书中往往通用。⑥亥唐：晋国隐居陋巷的贤人。⑦蔬食：粗粮，蔬跟疏通，疏有粗的意思。⑧舜尚见帝：尚，上。当时舜在下位，尧为天子，所以说"尚见"。⑨帝馆甥于贰室：甥，指舜，根据礼书的规定，妻父叫外甥，所以岳父也可以称女婿为甥，尧把女儿嫁给舜，因此称舜为甥。贰室：副宫。

【译文】

万章问道："请问交友之道怎样？"

孟子说："交朋友不能倚仗自己年岁大，不能倚仗自己的官位高，也不能倚仗自己有有钱有势的兄弟。所谓交友，是以品德相交，决不可有所依仗。孟献子是位能出兵车百辆之家的大夫，他有朋友五人：一个叫乐正裘，一个叫牧仲，其他三人，我一时忘记了名字。献子跟这五个人交朋友，心里丝毫不存在自己是百乘之家的大夫的念头，这五个人，如果心里也有着献子是个百乘之家的大夫的念头，就不会跟他交朋友了。不止是百乘之家是这样，即使是小国的君主也有个交朋友的问题。费惠公说：'我对于子思，就将他当老师；对于颜般，就将他当朋友；至于王顺、长息，就只是奉事我的臣子。'不止是小国的君主是这样，即使是大国的君主也有个交朋友的问题。晋平公对于亥唐亥唐叫他进去就进去，叫他坐就坐，叫他吃饭就吃饭；那怕是粗饭菜汤，从不曾不吃饱过，因为不敢不吃饱。可是只不过做到这样罢了，并不跟他共居官位，不跟他共理政事，不跟他共享俸禄，这是士人尊敬贤人所采取的态度，不是王公尊敬贤人应有的态度。舜上谒帝尧，帝尧在另一所官邸里款待这位女婿，也设宴请舜，互为宾主，这可说是天子下交平民百姓的典范。以地位低的尊敬地位高的人，叫做尊重贵人；以地位高的人尊敬地位低的人叫做尊敬贤士。尊重贵人和尊敬贤士，道理都是一样的。"

第四章

万章问曰："敢问交际何心也？"

孟子曰："恭也。"

曰："'却之却之为不恭'，何哉？"

曰："尊者赐之，曰，'其所取之者义乎，不义乎？'而后受之，以是为不恭，故弗却也。"

曰："请无以辞却之，以心却之，曰'其取诸民之不义也'，而以他辞无受，不可乎？"

曰："其交也以道，其接也以礼，斯孔子受之矣。"

万章曰："今有御人于国门之外者①，其交也以道，其馈也以礼，斯可受御与？"

曰："不可；《康诰》曰：'杀越人于货，闵不畏死，凡民罔不谵②。'是不待教而诛者也。殷受夏，周受殷，所不辞也；于今为烈，如之何其受之？"

曰："今之诸侯取之于民也，犹御也。苟善其礼际矣，斯君子受之，敢问何说也？"

曰："子以为有王者作，将比③今之诸侯而诛之乎？其教之不改而后诛之乎？夫谓非其有而取之者盗也，充类至义之尽也。孔子之仕于鲁也，鲁人猎较④，孔子亦猎较。猎较犹可，而况受其赐乎？"

曰："然则孔子之仕也，非事道⑤与？"

曰："事道也。"

"事道奚猎较也？"

曰："孔子先簿正祭器⑥，不以四方之食供簿正。"

曰："奚不去也？"

曰："为之兆⑦也。兆足以行矣，而不行，而后去，是以未尝有所终三年淹也。孔子有见行可之仕，有际可⑧之仕，有公养⑨之仕。于季桓子，见行可之仕也；于卫灵公，际可之仕也；于卫孝公⑩，公养之仕也。"

【注释】

①御人于国门之外：御，止。这句是说用暴力拦截行人而杀之。②《康诰》曰数句：《康诰》，《尚书》篇名，成王打败管、蔡后，将殷国余下的百姓封给康叔统治，作《康诰》。"杀越人于货"下数句，今本《尚书》作"杀越人于货，闵不畏死，罔弗憝。"越，与粤通用，都是语助词。于，取。闵（mǐn），强横。憝（duì），一作憋，怨。③比（bì）：连。④猎较：田猎时互相比较夺得禽兽的多少。⑤事道：是说以行道为职志。⑥簿正祭器：先用簿书正确规定祭器，使有定数，不用四方难以为继的东西充祭品，从根本上建立制度，这样猎较这种陋习也就会自然而然地废止了。⑦兆：始。⑧际可：用礼节接待某个人。⑨公养：国君养贤人的礼节，是指对当时一般人的礼遇。⑩卫孝公：即卫出公辄，一个人两个谥号，本是古已有之的制度。

【译文】

万章问道："请问与人交往的时候，应该抱着什么念头？"

孟子说："应该出以恭敬之心。"

万章又问："'老是拒绝接受别人赠送的礼物便是不恭敬，'这是什么意思呢？"

孟子说："要是一位有地位的人赠送东西，自己先这么考虑道，'他取得这些东西是合于义呢，还是不合于义呢？'然后才接受，因为这样做是不恭敬，所以就不拒绝接受了。"

万章说："请不要用语言去拒绝，而在心里拒绝他，心想，'他的赠物是取之于民的不义之财'，然后推辞不接受他的礼物，这样做难道不可以吗？"

孟子说："他以正道来相交往，以礼节来相接触，这样即使是孔子也是会接受他赠送的礼物的。"

万章说："假如现在有人在京都郊野截杀行人，他也以正道来相交往，以礼节来有所馈赠，这样难道还可以接受他那抢来的财物不成？"

孟子说："不可以，《康诰》中曾经这样说：'杀害行人，劫夺财物，一味强横，一点也不怕死，这种人，所有百姓没有不恨之入骨的。'这种人不必等待进行教育就可以诛杀他。殷朝继承了夏朝这条法规，周朝又继承了殷朝这条法规，这是它们所不愿更改的；现在这种杀人抢劫财物的行为就更是厉害了，怎么能接受这种馈赠呢？"

万章说："现在的诸侯从百姓那里榨取血汗，跟强盗杀人劫物的行为差不多。如果他们把相交往的礼节表演得很出色，这样君子就可以接受他们的馈赠，请问这又该怎样解释呢？"

　　孟子说："你以为一旦有圣王兴起，会将现在的诸侯不分青红皂白全部诛杀呢？还是先教育他们，如果再不悔改然后再诛杀呢？人们说不是他所应该有的东西却要去取它到手是盗贼的行径，那只是扩充它的意义，提高到最高原则上来说的，并不是把他就看做是真的盗贼。孔子在鲁国做官时，鲁国人开展猎物多少的竞赛活动，孔子也参加这种竞赛活动。参加猎物多少的竞赛活动尚且可以，更何况接受他们赠送的礼物呢？"

　　万章说："那么孔子做官，难道不是为了施行自己的政治主张么？"

　　孟子说："是为了施行自己的政治主张。"

　　万章紧接着问道："为了施行政治主张，为什么又要去参加猎物多少的竞赛活动呢？"

　　孟子答道："孔子先用文书规定祭器的数目，并且规定不得用四方难以获得的食物来盛在文书规定的祭器中充作祭品，这样，为了获得猎物供祭祀的'猎较'活动久而久之，便会自动废止了。"

　　万章又问："孔子为什么不离去呢？"

　　孟子说："孔子是要先开个头，如果这个开头证明自己的政治主张可以施行，而主管其事的人君却不肯实行，然后才离去，所以孔子从来不曾有待过三年整的。孔子做官大约有这样三种情况：有的是看见有行道的可能而做官，有的是因国君对自己能以礼相待而做官，有的则是由于国君能够养贤而做官。对于季桓子，就是看见有行道的可能而做官的；对于卫灵公，就是因国君对自己能以礼相待而做官的；对于卫孝公，则是由于国君能够养贤而做官的。"

第五章

　　孟子曰："仕非为贫也，而有时乎为贫；娶妻非为养也，而有时乎为养。为贫者，辞尊居卑，辞富居贫。辞尊居卑，辞富居贫，恶乎宜乎？抱关击柝①。孔子尝为委吏②矣，曰，'会计当而已矣。'尝为乘田③矣，曰，'牛羊茁④壮长而已矣。'位卑而言高，罪也；立乎人之本朝⑤，而道不行，耻也。"

【注释】

　　①抱关击柝（tuò）：抱关，看门的人。柝，打更用的梆子；击柝，打更巡夜的人。②委吏：仓库的管理人员。③乘（shèng）田：管理牲畜园子的小官吏。④茁（zhuó）：本是草初从土地上生长出来的样子，这里借来形容牛羊长得肥壮。⑤本朝：即朝廷的意思。

【译文】

　　孟子说："做官不是为了贫穷，但有时也会为了贫穷；娶妻子不是为了奉养双亲，但有时也会为了奉养双亲。由于贫穷而被迫出来做官的，就该不做高官，甘居小职，不拿高薪，甘得低俸。不做高官，甘居小职，不拿高薪，甘得低俸，那么，以干点什么工作为合宜呢？那当看门打更的人也就行了。孔子就曾经做过仓库管理员，他说，'只不过做到帐目清楚罢了。'他也曾经当过看牲畜园子的小吏，他说，'只不过把园子里的牛羊养得膘肥体壮罢了。'职位低下的人却好高谈阔论，评论朝政，那是一种罪过；在人家的朝廷里当大官，却不能推行正确的政治主张，那也是一种耻辱。"

第六章

万章曰："士之不托诸侯①，何也？"

孟子曰："不敢也。诸侯失国，而后托于诸侯，礼也；士之托于诸侯，非礼也。"

万章曰："君馈之粟，则受之乎？"

曰："受之。"

"受之何义也？"

曰："君之于氓②也，固周之。"

曰："周之则受，赐之则不受，何也？"

曰："不敢也。"

曰："敢问其不敢何也？"

曰："抱关击柝者皆有常职以食于上。无常职而赐于上者，以为不恭也。"

曰："君馈之，则受之，不识可常继乎？"

曰："缪公之于子思也，亟问③，亟馈鼎肉。子思不悦。于卒也，摽④使者出诸大门之外，北面稽⑤首再拜而不受，曰：'今而后知君之犬马畜伋。'盖自是台⑥无馈也。悦贤不能举，又不能养也，可谓悦贤乎？"

曰："敢问国君欲养君子，如何斯可谓养矣？"

曰："以君命将⑦之，再拜稽首而受。其后廪人继粟，庖人⑧继肉，不以君命将之。子思以为鼎肉使己仆仆⑨尔亟拜也，非养君子之道也。尧之于舜也，使其子九男事之，二女女焉，百官牛羊仓廪备，以养舜于畎亩之中，后举而加⑩诸上位，故曰，王公之尊贤者也。"

【注释】

①士之不托诸侯：士，《孟子》中所说的士有两种：一种是有职位的士；一种是没有职位的士，这里的士属于后一种。②氓：指从外来侨居本国的百姓。周：救济。③亟问，亟馈鼎肉：亟（qì），屡次；鼎肉，熟肉。古人问侯人，往往馈赠礼物以表意，所以"问"与"馈鼎肉"是同时进行的。④摽（piāo）：撵走。⑤稽（qǐ）首再拜：稽首，叩头到地；这里先稽首，后再拜，表示拒绝接受礼物。⑥台：地位低贱的仆役。⑦将：送。⑧廪人、庖人：廪人，管仓库的小吏。庖人，厨师。⑨仆仆：有劳顿的意思。⑩加：与前面"夫子加齐之卿相"的"加"同义，都可解作居。

【译文】

万章问道："士不能寄居诸侯国家依靠他们过日子，这是什么原因？"

孟子说："不敢这样做。诸侯失掉了自己的国家，然后寄居在别的诸侯国，这是于礼相合的；士托身于诸侯国，便是不合乎礼的。"

万章又问："国君要是送给他粮食，那接不接受呢？"

孟子说："接受。"

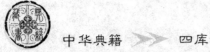

"接受有什么理由呢?"

孟子说:"国君对于流落在他国内的流民,本有接济的义务。"

万章说:"接济他就接受,赐与他就不接受,这又是为什么呢?"

孟子说:"不敢接受。"

万章说:"请问不敢接受的理由是什么?"

孟子说:"看门和打更的小吏都是由于有正常的职务才受上面的给养,没有正当的职务却接受上面的赐与,在人们看来是不恭敬的行为。"

万章说:"国君送东西给他,就接受,不知道可不可以常常这样做?"

孟子说:"过去缪公对于子思,屡次派人去问候,并赠送肉食。子思心里很不高兴。到最后,把使者撵出大门外,朝着北面叩头,一再作揖,拒绝接受缪公赠送的东西,并且说:'从今以后我才知道您大王是把我当做狗马一样地畜养。'从此仆人就不再给子思送东西了。喜爱贤士既不能举用,又不能奉养,这能说是喜爱贤士吗?"

万章说:"请问国君要奉养贤士,怎样做才真算是奉养贤士呢?"

孟子说:"(第一次馈送东西,)以国君的名义送给他,他便一再作揖叩头接受下来。以后管粮仓的人经常送粮食,管膳食的人经常送肉食,就不再用国君的名义去送了。子思认为(鲁缪公)馈送肉食让自己十分麻烦地一再作揖下跪,这不是奉养君子的正确做法。从前尧的对待舜,派他的九个男孩尊舜为老师,把两个女儿嫁给他,替舜服役的各种工作人员以及牛羊仓库,应有尽有,以奉养舜于田野之中,然后提拔他放在高位上,所以说,这才是王公尊敬贤士的典范。"

第七章

万章曰:"敢问不见诸侯,何义也?"

孟子曰:"在国曰市井之臣,在野曰草莽之臣,皆谓庶人。庶人不传质①为臣,不敢见于诸侯,礼也。"

万章曰:"庶人,召之役,则往役;君欲见之,召之,则不往见之,何也?"

曰:"往役,义也;往见,不义也。且君之欲见之也,何为也哉?"

曰:"为其多闻也,为其贤也。"

曰:"为其多闻也,则天子不召师,而况诸侯乎?为其贤也,则吾未闻欲见贤而召之也。缪公亟见于子思②,曰:'古千乘之国以友士,何如?'子思不悦,曰:'古之人有言曰,事之云乎,岂曰友之云乎③?'子思之不悦也,岂不曰,'以位,则子,君也;我,臣也,何敢与君友也?以德,则子事我者也,奚可以与我友?'千乘之君求与之友而不可得也,而况可召与?齐景公田,招虞人以旌,不至,将杀之。志士不忘在沟壑,勇士不忘丧其元。孔子奚取焉?取非其招不往也④。"

曰:"敢问招虞人何以?"

曰:"以皮冠⑤。庶人以旃⑥,士以旂⑦,大夫以旌。以大夫之招招虞人,虞人死不敢往;以士之招招庶人,庶人岂敢往哉?况乎以不贤人之招招贤人乎?欲见贤人而不以其道,犹欲其入而闭之门也。夫义,路也;礼,门也。惟君子能由是路,出入是门也。《诗》云：'周道如底，其直如矢；君子所履，小人所视⑧。'"

万章曰，"孔子，君命召，不俟驾而行⑨；然则孔子非与？"

曰："孔子当仕有官职，而以其官召之也。"

【注释】

①传质：质，同贽（zhì），见面礼。庶人带着见面礼去谒见诸侯，一定得由通报人把见面礼传送上去，所以叫传贽。②见于子思：与《梁惠王章句下》第一章"暴见于王"，《公孙丑章句下》第四章"他日见于王"等句语法相同，是指缪公去见子思，为子思所接见。③云乎：语助词。④"齐景公田"至"取非其招不往也"一段见本书《滕文公章句下》第一章。⑤皮冠：打猎时戴的皮帽子。⑥旜（zhān）：古代一种用整幅丝绸做的、就着丝绸的织花不再另加画图的旗子。⑦旂（qí）：古代一种在旗上画着二龙相交，并于旗杆顶端挂上铃铛的旗子。⑧《诗》云诸句：《诗》，指《小雅·小东》第一章。周道，大路；底，一作砥，磨刀石。视，效法。⑨孔子，君命召，不俟驾而行：见《论语·乡党》篇。

【译文】

万章问道："请问作为一个士人不愿意去谒见诸侯，是什么意思呢？"

孟子回答说："不在职的士人住在都城的称为市井之臣，住在农村的称为草莽之臣，统称为百姓。百姓没有传送见面礼成为臣属，不敢谒见诸侯，这是合乎礼的。"

万章继续问："百姓，国君召他服役，就去服役；国君要见他，召他，却不去见国君，这是为什么呢？"

答道："去服役，是应该的；去谒见，是不应该的。而且国君要见他，是为什么呢？"

万章说："是因为他见多识广，德高望重。"

孟子说："如果因为他见多识广，那么即使是天子也不便召见老师的，何况是诸侯呢？如果因为他德高望重，那么我就从没有听说过想和德高望重的贤士会晤却去召见他的。鲁缪公多次去访问子思，问道：'古代能出兵车千辆的大国之君跟士人交朋友，怎么样呢？'子思心里不高兴，答道：'古代人的话是说，国君应该拜他做老师，难道是说跟他交朋友吗？'子思的不高兴，难道不是说，'论地位，那么你是君主；我是臣子，臣子怎么敢和君主交朋友呢？论品德，那你就该是拜我做老师的人，怎么可以跟我交朋友呢？'千乘的大国之君想跟他交朋友都办不到，更何况要他服从召唤呢？从前齐景公去打猎，拿饰有羽毛的旗子召唤管园囿的小吏，小吏不来见，景公要杀掉他。一个志士仁人正直不苟，不怕惨遭杀戮，尸填沟坑，一个大勇的人临危不惧，哪怕要掉脑袋，这不是孔子当年赞颂这个小小管园吏的话么，孔子取他哪一点呢？就是取他敢于坚守礼义，不接受不合乎礼仪的召唤。"

问："请问召唤管园囿的小吏该用什么东西？"

答："用皮帽子。召唤普通百姓用整幅丝绸就着上面的花纹做的旗子，召唤士人用悬有铃铛上面画有相交的二龙的旗子，召唤大夫用饰有羽毛的旗子。用召唤大夫的旗子去召唤管园囿的小吏，小吏死也不敢去；用召唤士人的旗子去召唤普通百姓，普通百姓难道敢去吗？何况用召唤不贤的人的旗子去召唤贤德的人呢？想晤见贤德的人却不遵循应有的礼仪，那就像是打算请他进屋子却把门关起来。义，就像是路；礼，就像是门。只有有德的君子才能从这条路走，从这个门出进。《诗》里说，'大路像磨刀石一般平，又像箭头一般直，有德君子在上面走，百姓步步效法。'"

万章最后又问："听说孔子，国君一有命令召唤，总是等不到套好马车便走；那么孔子做得不对么？"

孟子答道："孔子当时正在做官，担任了职务，上面的国君是凭他的职务召唤他的。"

第八章

孟子谓万章曰："一乡之善士斯友一乡之善士，一国之善士斯友一国之善士，天下之善士斯友天下之善士。以友天下之善士为未足，又尚论古之人，颂①其诗，读②其书，不知其人可乎，是以论其世也。是尚友也。"

【注释】

①颂：颂同诵。②读：除断其章句外，还有抽绎其义的意思。

【译文】

孟子对万章说："一个地方的著名人士就跟一个地方的著名人士交朋友，一个国家的著名人士就和一个国家的著名人士交朋友，名闻天下的人士就和名闻天下的人士交朋友。如果感到和天下闻名的人士交朋友还不能满足自己的要求，便又向上评论古代的人，诵读他们的诗歌，研读他们的著作，因为还不了解他们的为人可不可以，所以还要议论一下他们所处的时代，这就叫做追溯到上代跟古代的著名人物做朋友。"

第九章

齐宣王问卿。孟子曰："王何卿之问也？"

王曰："卿不同乎？"

曰："不同；有贵戚之卿①，有异姓之卿。"

王曰："请问贵戚之卿？"

曰："君有大过则谏；反复之而不听，则易位。"

王勃然变乎色。

曰："王勿异也。王问臣，臣不敢不以正②对。"

王色定，然后请问异姓之卿。

曰："君有过则谏，反复之而不听，则去。"

【注释】

①贵戚之卿：与异姓之卿对文，指同姓的卿。②正：正义。

【译文】

齐宣王问及有关卿的问题。孟子说："大王您问的是哪一种卿呢？"

宣王说："卿难道还有不同么？"

孟子说："有不同，有出身王族的卿，有跟王族不同姓的卿。"

宣王说："请问出身王族的卿怎样？"

孟子答道："国君有重大的过错便进谏；反复劝谏他不听从，便改立另一位贤能的国君。"

宣王吓得突然变了颜色。

孟子说："大王不要感到奇怪。大王问我，我不敢不拿直言回答您。"

宣王脸色恢复了正常，然后再问与王族不同姓的卿怎样。

孟子说："国君有过错就进谏，反复劝谏了他不听从，就离职到别的国家去。"

第六篇　告子章句上（凡二十章）

第一章

告子^①曰："性犹杞柳也，义犹桮棬^②也；以人性为仁义，犹以杞柳为桮棬。"

孟子曰："子能顺杞柳之性而以为桮棬乎？将戕贼杞柳而后以为桮棬也。如将戕贼杞柳而以为桮棬，则亦将戕贼人以为仁义与？率天下之人而祸仁义者，必子之言夫！"

【注释】

①告子：告，姓；子，男子的尊称。曾向孟子学习，对性命之理没有弄透彻，所以反复求教于孟子。②杞柳：柜柳，也就是榉柳，似槐非槐，似柳非柳，最大的高五六十尺，有二三人合抱大。桮棬（bēi quān）：桮，同杯。桮棬，是杯盘一类的用器。

【译文】

告子说："人性就像是柜柳树，仁义就像是杯盘；使人性具备仁义，就像是把柜柳树做成杯盘。"

孟子说："你能顺着柜柳树的本性去做成杯盘吗？还得要残害柜柳树的本性然后才能做成杯盘吧。如果说只有残害柜柳树的本性才能做成杯盘，那么也要残害人的本性才能使它具备仁义么？带领天下的人共同来祸害仁义的，一定是你这种论调啊！"

第二章

告子曰："性犹湍^①水也，决诸东方则东流，决诸西方则西流。人性之无分于善不善也，犹水之无分于东西也。"

孟子曰："水信无分于东西，无分于上下乎？人性之善也，犹水之就下也。人无有不善，水无有不下。今夫水，搏而跃之，可使过颡；激而行之，可使在山。是岂水之性哉？其势则然也。人之可使为不善，其性亦犹是也。"

【注释】

①湍（tuān）水：急流。

【译文】

告子说："人性就像急流的水一般，在东方冲开了个缺口便向东方流，在西方冲开了个缺口便向西方流。人性的不分善和不善，就好像水流本不分东西一样。"

孟子说："水的确本不分东西流向，但是水也不分上下一定的流向么？人性的向善，便和水的爱向低处流相彷佛。人是没有不善良的，水是没有不向下流的。那水，你一拍打它使它跳跃起来，当然，有时也可以使它高出你的额头，你设法逼挡它，有时也可以使它飞流上山。这难道是水的本性么？这是形势逼着它如此。人的可以使之干坏事，他的本性的变更也同改变水的本性一样。"

第三章

　　告子曰："生之谓性①。"

　　孟子曰："生之谓性也，犹白之谓白与？"

　　曰："然。"

　　"白羽之白也，犹白雪之白，白雪之白犹白玉之白与？"

　　曰："然。"

　　"然则犬之性犹牛之性，牛之性犹人之性与？"

【注释】

　　①生之谓性：告子的意思，大概是说人生之初，自然即赋给他以性，性都相同，无善恶之别。孟子即抓住告子"生之谓性"这句话，用"犬牛也是生而禀性，难道与人性没有区别吗"的反诘以驳之，借以证明自己人性善的主张的完全正确。

【译文】

　　告子说："天生的禀赋就叫性。"

　　孟子说："天生的禀赋就叫性，就像白色的东西就叫白吗？"

　　告子说："是。"

　　"白羽毛的白，和白雪的白一样，白雪的白和白玉的白一样吗？"

　　告子说："是。"

　　"那么狗的生性和牛的生性一样，牛的生性和人的生性一样吗？"

第四章

　　告子曰："食色，性也①。仁，内也，非外也；义，外也，非内也②。"

　　孟子曰："何以谓仁内义外也？"

　　曰："彼长而我长之，非有长于我也；犹彼白而我白之，从其白于外也，故谓之外也。"

　　曰："异于白马之白也，无以异于白人之白也③；不识长马之长也，无以异于长人之长与？且谓长者义乎？长之者义乎？"

　　曰："吾弟则爱之，秦人之弟则不爱也，是以我为悦者也，故谓之内。长楚人之长，亦长吾之长，是以长为悦者也，故谓之外也。"

曰："耆④秦人之炙，无以异于耆吾炙，夫物则亦有然者也，然则耆炙亦有外与？"

【注释】

①食色，性也：告子这句话是说食色出自本身之所需，不是外加于我，是内而不是外。下章孟子说："口之于味也，有同耆焉；耳之于声也，有同听焉；目之于色也，有同美焉，至于心，独无所同然乎？"《礼记·礼运篇》也说："饮食男女，人之大欲存焉。"语意与告子同。②仁内义外：在告子看来，仁由内出，为性中所本有，义外非内，则为性中所本无。早于孟子的墨翟在《墨子·经说下》中对仁内义外之说就曾作过有力的批驳。可见关于仁内义外之争，由来已久。③异于白马之白也，无以异于白人之白也：上句"异于"二字可能是多出的。④耆：同嗜。

【译文】

告子说："饮食和男女这两件事，是人的本性。仁，存在于人自身之内，不是在自身之外；义，存在于人自身之外，不是在自身之内。"

孟子说："为什么说仁在身内义在身外呢？"

答道："因为他年长所以我将他看做长者加以尊敬，年长在他不在于我，就好像它是白色的东西因而我认为它白，这是由于外在物的白色所决定的，所以说它是外在的东西。"

问道："白马的白和白人的白固然没有多少不同，但不知对老马的尊敬跟对年长的人的尊敬是不是也没有多少区别呢？而且你所说的义，是指长者呢，还是指尊敬长者的心呢？"

告子说："对于我自己的弟弟就爱，对于秦人的弟弟就不爱，这就可见爱不爱在于我自己，所以我把仁叫做内在的东西。尊敬楚人的长者，也尊敬我的长者，这可见爱不爱决定于他人的年长，所以我把义叫做外在的东西。"

孟子说："爱吃秦人的烧肉和爱吃我们自己的烧肉是没有多少区别的，看来各种事物也都有相类似的情况，那么喜爱吃烧肉的心思难道也是存在于身外吗？"

第五章

孟季子①问公都子曰："何以谓义内也？"

曰："行吾敬，故谓之内也。"

"乡人长于伯兄一岁，则谁敬？"

曰："敬兄。"

"酌则谁先？"

曰："先酌乡人。"

"所敬在此，所长在彼，果在外，非由内也。"

公都子不能答，以告孟子。

孟子曰："敬叔父乎？敬弟乎？彼将曰敬叔父。曰，'弟为尸②，则谁敬？'彼将曰敬弟。子曰，'恶在其敬叔父也？'彼将曰在位故也。子亦曰在位故也。庸敬在兄，斯须之敬在乡人。"

季子闻之，曰："敬叔父则敬，敬弟则敬，果在外，非由内也。"

公都子曰："冬日则饮汤，夏日则饮水，然则饮食亦在外也？"

【注释】

　　①孟季子：孟子的从兄弟，不过也有些人怀疑这一说，但均提不出可靠的证据来。②尸：古代代表死者受祭的人叫尸，多由亲属中辈数晚年纪小的人担任。后世才用画像或牌位来代替。

【译文】

　　孟季子问公都子道："为什么说义在身内呢？"

　　答道："对人表达内心的崇敬，所以说义在身内。"

　　"如果有个乡里的人比你大哥大一岁，那么你尊敬谁呢？"

　　答道："尊敬大哥。"

　　"要是同席斟酒那你先给谁斟呢？"

　　答道："先给乡里的人斟。"

　　"（这样看来，）你内心所尊敬的在大哥这里，外面所表示礼敬的却在乡里人那里，那义毕竟是在身外，并不是从内心产生的。"

　　公都子不能回答这问题，便将它告诉了孟子。

　　孟子说："你可以反问他，应该尊敬叔父呢？还是尊敬弟弟呢？他将回答说尊敬叔父。你可以进一步问道，'假如弟弟充任受祭的代理人—尸，那么该尊敬谁呢？'他将回答说尊敬弟弟。你就可以再问，'那你刚才说该尊敬叔父的道理又在哪里呢？'他将回答因为弟弟处在尸位的缘故。那你也同样可以说因为乡里人处在客位的缘故。对哥哥是经常的尊敬，对乡里人是一时的尊敬。"

　　季子听了这些话后，说："尊敬叔父是在这样的情况下去尊敬，尊敬弟弟却又是在那样的情况下才给予他尊敬，看起来义毕竟在于身外，并不是发自内心。"

　　公都子听了反问道："人们冬天就喝热茶，夏天就喝凉水，那么饮食也不是出于内在的需要而是由于外在的情况所决定的吗？"

第六章

　　公都子曰："告子曰：'性无善无不善也。'或曰：'性可以为善，可以为不善，是故文武兴，则民好善；幽厉兴则民好暴。'或曰：'有性善，有性不善，是故以尧为君而有象；以瞽瞍为父而有舜；以纣为兄之子，且以为君，而有微子启、王子比干①。'今曰性善，然则彼皆非与？"

　　孟子曰："乃若②其情，则可以为善矣，乃所谓善也。若夫为不善，非才③之罪也。恻隐之心，人皆有之；羞恶之心，人皆有之；恭敬之心，人皆有之；是非之心，人皆有之。恻隐之心，仁也；羞恶之心，义也；恭敬之心，礼也；是非之心，智也。仁义礼智，非由外铄④我也，我固有之也，弗思耳矣。故曰，'求则得之，舍则失之。'或相倍蓰而无算者，不能尽其才者也。《诗》曰：'天生蒸民，有物有则。民之秉彝，好

是懿德⑤．'孔子曰："为此诗者，其知道乎！故有物必有则；民之秉彝也，故好是懿德。'"

【注释】

①微子启、王子比干：根据《史记》的记载，微子是纣王的庶兄，和纣王都是帝乙的儿子。比干是纣王的亲戚，司马迁也不知道他是谁的儿子。从这里公都子所引的话看来，微子、比干都是帝乙的弟弟，是纣王的叔父。这是《孟子》所载跟《史记》不同的地方。②乃若：发语辞，用在这里表示转折的语气。③才：犹材质。④铄：美，动词，使动用法。⑤《诗》曰诸句：引自《大雅·烝民》第一章。烝，《诗经》作烝，众。物，事。则，法则。秉，执。彝，《孟子》原书和东汉王符的《潜夫论》都引作夷，常。懿，美。

【译文】

公都子说："告子说：'人性本没有善和恶。'有的人又说：'人性可以使它变得善，也可以使它变得恶，所以周文王和武王产生了，人民就向善成风；周幽王和厉王出现了，人民便多趋向暴戾。'还有一种这样的说法：'人性有的善，有的恶，所以哪怕有尧这样的圣人为君，却难免出现像周幽王，厉王这样的恶君；虽说有瞽瞍这样缺德的人为父，却还是生了大舜这样的好儿子；以纣这样暴虐的人作侄儿，而且做了君主，却同时存在着微子启、王子比干这样以仁德著称的叔父。'现在您老师说人性本来都善良，那么他们说的都不对么？"

孟子说："要说人们本来的质性，就都可以使之趋向善良，这就是我所说的人性本善。至于有的人干坏事，不能责怪他的质性不好。怜悯他人灾难的心，人人都有；做了不光彩的事感到羞耻的心，人人都有；对人有礼貌的心，人人都有；判断事物是和非的心，人人都有。怜悯他人灾难的心就是仁；对不光彩的事感到羞耻的心就是义；对人有礼貌的心就是礼；判断事物是非的心便是智。仁义礼智的美德，不是由外面虚饰而成的，是我们本身原来就具有的，不过没有自觉地意识到它们罢了。因此说，'只要去探索它们，便不难获得，一旦放弃它们，便不免要失掉。'有的人（比别人）相差一倍、五倍甚至无数倍，他们便是那种不能充分发挥天生优美的才性的人。《诗》中说过：'老天生下这百姓，有事物便有法则。百姓秉执这常道，爱的就是这美德。'孔子说：'作这篇诗的人，大概是懂得道理的啊！所以世间有事物必然便有法则；百姓能秉执这天生常道，所以能中心爱好这美德。'（这可作为人性本来就善良的佐证。）"

第七章

孟子曰："富岁子弟多赖①，凶岁子弟多暴，非天之降才尔殊也，其所以陷溺其心者然也。今夫麰麦，播种而耰②之，其地同，树之时又同，浡然而生，至于日至③之时，皆熟矣。虽有不同，则地有肥硗④、雨露之养、人事之不齐也。故凡同类者，举相似也，何独至于人而疑之？圣人与我同类者。故龙子曰：'不知足而为屦，我知其不为蒉⑤也。'屦之相似，天下之足同也。

"口之于味，有同耆者也；易牙⑥先得我口之所耆者也。如使口之于味也，其性与人殊⑦，若犬马之与我不同类也，则天下何耆皆从易牙之于味也？至于味，天下期于易牙，是天下之口相似也。惟耳亦然，至于声，天下期于师旷，是天下之耳相似也。惟目亦然，至于子都⑧，天下莫不知其姣也。不知子都之姣者，无目者也。故曰，口之于味也，有同耆焉；耳之于声也，有同听焉；目之于色也，有同美焉。至于心，独无所同然乎？心之所同然者何也？谓理也，义也。圣人先得我心之所同然耳。故理义之悦我心，犹刍豢⑨之悦我口。"

【注释】

①赖：即懒。②䅌（móu）麦：即大麦。耰（yōu）：本是摩田器，这里名词动用，有把土摩平的意思。③日至：这里指的是夏至。④硗（qiāo）：土地坚硬不肥沃。⑤蒉（kuì）：盛土的草包。⑥易牙：一作狄牙，春秋时人，以滋味游说齐桓公，桓公用为寺人（宫内小臣），很被亲幸。桓公死后，跟他的同党竖刁、开方一同在齐国作乱。⑦其性与人殊：孟子认为饮食男女是人所不学而能的生性，所以这里的性字有人的本能的意思。⑧子都：古代著名的美男子，以后沿用为美男于的通称。⑨刍豢（chúhuàn）：吃草的家畜叫刍，如牛羊便是。吃谷的家畜叫豢，如猪狗便是。

【译文】

孟子说："丰收年岁青年子弟懒惰的占多，歉收年岁青年子弟强暴的占多，这并不是天生人的才质有如此的不同，而是由于外在的因素影响了他们的心才变得这样的。譬如种大麦吧，播下种子去把地耙平，土地相同，栽种的时候也一样，它们便蓬蓬勃勃的生长，到了夏至前后，几乎全都成熟了。即使有的例外，那也是由于土质的肥瘠、雨露的多寡和人工管理的好坏有所不同的缘故。所以凡是同类的东西，差不多都是相似的，为什么独独对于人却要怀疑呢？圣人跟我们是同类的。因此龙子说：'即使不了解脚的大小样子去编草鞋，我知道决不会编成盛土的草包的。'草鞋样式的相似，说明天下人的脚是相同的。人们的口对于味道，有相同的嗜好。（以烹调著名的厨师）易牙早就掌握了我们所嗜好的口味，（所以他烹调的菜为人们所喜爱。）假如人们的口味，生来就与别人不同，像狗和马跟我们不同类一个样，那么天下的人为什么都喜爱品尝易牙烹调的口味呢？谈到口味，天下的人都巴望着尝到易牙烹调的口味，这说明天下人的口是相似的。耳朵也是这样。谈到声乐，天下的人都希望能听到名乐师旷演奏的乐曲，这说明天下人的耳朵是相似的。眼睛也是如此。一谈到美男子子都，天下的人没有不知道他的漂亮的。不能鉴别子都漂亮的，那简直是没长眼睛的人。所以说，口对于味道，有相同的嗜好；耳朵对于声音，有相同的欣赏能力；眼睛对于美色，有相同的审美情趣。谈到心，难道独独没有一致肯定的东西么？人心所一致肯定的东西是什么呢？是理，是义。圣人不过是早就掌握了我们心里所肯定的东西罢了。所以理和义之使我的心喜爱，就和牛羊狗马的肉使我的口喜爱是一样的。"

第八章

孟子曰："牛山①之木尝美矣，以其郊于大国②也，斧斤伐之，可以为美乎？是其日夜之所息，雨露之所润，非无萌蘖之生焉，牛羊又从而牧③之，是以若彼濯濯④也。人见其濯濯也，以为未尝有材焉，此岂山之性也哉？虽存乎人者，岂无仁义之心哉？其所以放其良心者，亦犹斧斤之于木也，旦旦而伐之，可以为美乎？其日夜之所息，平旦之气，其好恶与人相近也者几希⑤，则其旦昼之所为，有牿亡之矣⑥。牿之反复，则其夜气不足以存；夜气不足以存，则其违禽兽不远矣。人见其禽兽也，而以为未尝有才焉者，是岂人之情也哉？故苟得其养，无物不长；苟失其养，无物不消。孔子曰：'操则存，舍则亡；出入无时，莫知其乡⑦。'惟心之谓与。"

【注释】

①牛山：位于今山东临淄县南。②郊于大国：邑外叫郊，这里名词动用，是说处在大国的郊野。③萌蘖（niè）：萌，芽；蘖，从旁边长出的芽。牧：害。④濯濯（zhuó）：形容山上光秃秃的。⑤几希：不多。⑥有牿亡之矣：有，同又。牿（gù），搅乱。⑦乡（xiàng）：意思与向同。

【译文】

孟子说："牛山上的树木曾经长得十分茂盛，因为它生长在大国的郊野，人们常用斧子去砍伐它，它还可以保持它的茂盛吗？尽管它日日夜夜在生长，雨露也在不断的滋润着它，也并不是说没有新芽和旁枝长出来，但是牛羊接着又在山上牧放时糟踏它，因此牛山便成为那样光秃秃的了。人们看见它光秃秃的了，便误以为它从来没有生长过树木，这难道是山的本来面目么？而在人的身上，难道没有仁义之心吗？之所以有的人会丧失他那种原有的善心，那也是像斧子对于牛山上的树木一样，天天去砍伐它，它还能保持原来的茂盛吗？尽管一个人日里夜里潜滋暗长着善心，凌晨时接触到的清明之气，促成了他有了少许与别人相接近的好恶，可他第二天的所作所为，又搅乱了他，使他丢失了刚刚产生的那一点儿与别人相接近的好恶。如此这般三反四复地不断搅乱，那么凌晨他所接触的那种清明之气也不足以保存他那点儿刚刚恢复的善心，清明之气既然不足以保存他那点儿善心，那他就离禽兽不远了。人们看见他沦为禽兽，便以为他从不曾有过好的资质，这难道是人的本性么？因此要是真的得到正当的培养，没有什么东西不会生长的；相反，要是真的失去了正当的培养，没有什么东西不会消失的。孔子说：'把握它就存在，放弃它就消亡，出和入没有定时，也不知它居住何方。'这就是指心说的吧！"

第九章

孟子曰："无或乎王之不智也①。虽有天下易生之物也，一日暴②之，十日寒之，未有能生者也。吾见亦罕矣，吾退而寒之者至矣，吾如有萌焉何哉③？

"今夫奕之为数④，小数也；不专心致志⑤，则不得也。奕秋，通国之善奕者也。使奕秋诲二人奕，其一人专心致志，惟奕秋之为听。一人虽听之，一心以为有鸿鹄⑥将至，思援弓缴⑦而射之，虽与之俱学，弗若之矣。为是其智弗若与？曰：非然也。"

【注释】

①无或乎王之不智：或，同惑，疑怪。当时有人把王的不智归咎于孟子辅导不力，所以孟子这样说。②暴（pù）：同曝，晒。③吾如有萌焉者何哉："如……何"即"奈……何"。④奕之为数：奕，即博。不过博跟奕还是有区别的，古人说奕，只限于下棋，博就要先掷采，然后下棋。后人不下棋而专掷采，于是称掷采为博，这样博与奕就成为两回事了。数，技艺。⑤致志：致，尽；致志是说尽意。⑥鸿鹄（hú）：古书中凡是鸿鹄二字连用，实际即指鹄，鹄就是天鹅。⑦缴（zhuó）：本指生丝缕，后来称系在射鸟用的箭上的丝绳为缴。有时系着丝绳的箭也称缴。

【译文】

　　孟子说："别对王的不聪明感到奇怪吧。（培养人正如培养植物）哪怕是天下容易生长的植物，你让它曝晒一天太阳，又搁在阴凉的地方冷它十天，那就没有能够活下去的了。我见到王的次数极少，我一退出，那些泼冷水的人接着便到了，我又能拿他那刚刚萌发出来的一点点善心怎么样呢？

　　"下棋这种技艺，原本是一种小技艺；倘若不聚精会神地学，便学不到手。奕秋，是全国的下棋能手。假如让奕秋教两个人下棋，其中一个聚精会神，只听奕秋的指教。另一个表面上虽然好像也在听，实际上他一心以为天鹅快要飞来了，想拿起弓箭去射它，这样，这个人尽管和前面那个人一块儿学，成绩便赶不上人家了。你说这是他的智慧不如人家吗？我说，不是这样。"

第十章

　　孟子曰："鱼，我所欲也，熊掌，亦我所欲也；二者不可得兼，舍鱼而取熊掌者也。生，亦我所欲也，义，亦我所欲也；二者不可得兼，舍生而取义者也。生亦我所欲，所欲有甚于生者，故不为苟得也；死亦我所恶，所恶有甚于死者，故患有所不辟也。如使人之所欲莫甚于生[①]，则凡可以得生者，何不用也？使人之所恶莫甚于死者，则凡可以辟患者，何不为也？由是则生而有不用也，由是则可以辟患而有不为也，是故所欲有甚于生者，所恶有甚于死者。非独贤者有是心也，人皆有之，贤者能勿丧耳。一箪食，一豆[②]羹，得之则生，弗得则死，嘑尔而与之，行道之人弗受[③]；蹴尔而与之，乞人不屑也。万锺则不辨礼义而受之；万钟于我何加焉？为宫室之美、妻妾之奉、所识穷乏者得[④]我与？乡为身死而不受，今为宫室之美为之；乡为身死而不受，今为妻妾之奉为之；乡为身死而不受，今为所识穷乏者得我而为之，是亦不可以已乎？此之谓失其本心。"

【注释】

　　①如使人之所欲莫甚于生：从上下文有关句子的结构形式看来，这一句后面可能漏一"者"字。②豆：古代用来盛羹汤或肉食的器皿。③嘑尔而与之，行道之人弗受：嘑同呼，旧读 hū；蹴尔，呵叱声。这两句话和《礼记·檀弓》中"不食嗟来之食"的意思差不多。④得：与德通。

【译文】

　　孟子说："鱼，是我想要的东西，熊掌，也是我想要的东西；要是两样东西不能同时得到，我就宁愿要熊掌不要鱼。生命是我所珍爱的，义也是我所珍爱的；要是两者不能同时并得，我就宁愿牺牲生命而取得义。生命是我所珍爱的，但若所珍爱的东西有的超过了生命，就不能干苟且偷生的勾当；死也是我所厌恶的，但所厌恶的东西有的超过了死，对于有的祸灾就不能（作无原则的）逃避。倘若使人们所珍爱的东西没有超过生命的逾越，那就凡是可以保存生命的手段，哪样不可以用上呢？倘若使人们所厌恶的东西没有超过死的，那凡是可逃避祸灾的事情，哪种不可以做呢？通过这样的手段就可以保存生命，可是有的人却不采用，只要这样做就可以逃避祸灾，可是有的人却不干，所以，人们所喜爱的东西有超过生命的，所厌恶的东西有超过死的。不单是贤德的人有这种心，人们都有，不过贤德的人不会丧失它罢了。一小筐饭，一小碗汤，得到它就可以活，得不到它就可能要死，可是（有轻蔑的态度）叱喝着施舍给别人，哪怕是（饿着肚皮的）过路人也不会接受；用脚踢着施舍给别人，哪怕连叫化子也不屑要。可现在有的人竟对万钟的俸禄却不问是否合乎礼义便收下它。究竟万钟对于我们能增加些什么呢？是为了居舍的精美、妻妾的侍奉和所熟识的穷朋友而对我感恩戴德吗？过去为了不蒙耻受辱宁可身死也不愿接受，今天却为着要住上精美的居舍而甘愿这样做；过去为了不蒙耻受辱宁可身死也不愿接受，今天却为着要得到妻妾的侍奉而甘愿这样做；过去为了不蒙耻受辱宁愿身死也不愿接受，今天却为着要使所熟识的穷朋友（获得周济）对自己感恩戴德而甘心这样做，这些事难道不也是可以罢手的么？这就叫做迷失了本性。"

第十一章

孟子曰："仁，人心也；义，人路也。舍其路而弗由，放其心而不知求，哀哉！人有鸡犬放，则知求之，有放心而不知求。学问之道无他，求其放心而已矣。"

【译文】

孟子说："仁，是人心的本质；义，是人必经由的大道。舍弃人所必由的大道而不走，放弃人的良心而不知道去找回，真可悲呀！有些人家鸡狗走失了，便知道要去找回来，可良心丧失了，却不知道去寻找。做学问的要领没有别的，只不过将已丧失的良心找回来罢了。"

第十二章

孟子曰："今有无名之指屈而不信①，非疾痛害事也，如有能信之者，则不远秦楚之路，为指之不若人也。指不若人，则知恶之；心不若人则不知恶，此之谓不知类②也。"

【注释】

①信：同伸。②不知类：类，本指事类，这里有轻重缓急的意思。

【译文】

孟子说："如今有个人无名指弯了不能伸直，虽然不是碍事的疾痛，倘若有能将它伸直的人，那就奔走秦国、楚国也不觉得路远，这是因为手指比不上别人的缘故。手指不如别人，就知道嫌厌；心地不如别人，就不知道嫌厌，这就叫做分不清轻重缓急。"

第十三章

孟子曰："拱把①之桐梓，人苟欲生之，皆知所以养之者。至于身，而不知所以养之者，岂爱身不若桐梓哉？弗思甚也。"

【注释】

①拱把：极言树干之小，拱，两手所围；把，一手所握。

【译文】

孟子说："一两把手大小的桐树和梓树，人们倘若真的要使它生长得好，便会知道如何去培养它。至于对于他们自身，却不知道怎样去修养，难道爱他们自身还不如爱桐树和梓树吗？归根结底在于太不会用心思了。"

第十四章

孟子曰："人之于身也，兼所爱。兼所爱，则兼所养也。无尺寸之肤不爱焉，则无尺寸之肤不养也。所以考其善不善者，岂有他哉？于己取之而已矣。体有贵贱，有小大。无以小害大①，无以贱害贵。养其小者为小人，养其大者为大人。今有场师，舍其梧槚，养其樲棘②，则为贱场师焉。养其一指而失其肩背，而不知也，则为狼疾③人也。饮食之人，则人贱之矣，为其养小以失大也。饮食之人无有失也，则口腹岂适④为尺寸之肤哉。"

【注释】

①无以小害大：小，指口腹；大，指心志。②梧槚（jiǎ）：梧，梧桐，槚，梓树，二者都是有用的木材。樲（èr）棘：樲，酸枣；棘，荆棘，二者都是不中用的木材。③狼疾：应读为狼藉，有乱七八糟、糊涂的意思。④岂适：岂止。

【译文】

孟子说："人们对于身体，所有各部分都得爱护。所有各部分都得爱护，便所有各部分都得保养。没有一尺一寸的肌肤不爱护，便没有一尺一寸的肌肤不加保养。所以考察一个人对他的身体保养得好与否，难道有别的方法吗？不过是看他自己所着重的是身体的哪一部分罢了。身体的各部分有重要和不那么重要、小和大的区别。不要因为小的部分妨害了大的部分，也不要因为不重要的部分妨害了重要的部分。只注意保养小的部分的人是小人，能注意保养大的部分的人便是大人。现在这里有个这样的园艺师，丢下那些贵重的材木梧树和梓树不管，却用心去培植那些没有什么用处的酸枣和荆棘，那便是个不能称道的园艺师。如果一个人仅仅注意保养自己的一个指头却让肩背丧失功能，而他自己还不知道，便算是一个糊涂虫。专门贪图饮食的人，人们便要鄙视他，因为他只注意保养身体小的部分而丧失大的部分。如果喜爱饮食的人无损于品德的培养，那么满足口腹需要的目的，难道只是为了保养一尺一寸的肌肤吗？"

第十五章

公都子问曰："钧①是人也，或为大人，或为小人，何也？"

孟子曰："从其大体为大人，从其小体为小人②。"

曰："钧是人也，或从其大体，或从其小体，何也？"

曰："耳目之官不思，而蔽于物。物交物，则引之而已矣。心之官则思，思则得之，不思则不得也。此天之所与我者。先立乎其大者，则其小者不能夺也。此为大人而已矣。"

【注释】

　　①钧：同均。②大体、小体：即上章"体有贵贱、有小大"的大、小体。

【译文】

　　公都子问道："同是一样的人，为什么有的会成为大人君子，有的却沦为卑微小人？"

　　孟子说："顺从身体重要器官（心志）需要的便能成为大人君子，顺从它不重要器官（口腹）需要的便将沦为卑微小人。"

　　又问："同是一样的人，为什么有的人顺从身体重要器官的需要，有的却顺从它不重要器官的需要呢？"

　　答道："耳朵、眼睛一类器官不能思考，因而易被外物所蒙蔽。这种东西和外物一接触，就只有被外物所引诱了。心这种器官能善于思考，一加思考就能得到人的本来的善性，不思考便得不到。这种器官是上天特意赋予给我们人类的。（你）首先把这种大的器官立牢了，那么那些次要器官便不会夺去（你）天生的善性了。成为大人君子的道理不过是这样罢了。"

第十六章

　　孟子曰："有天爵者，有人爵者。仁义忠信，乐善不倦，此天爵也；公卿大夫，此人爵也。古之人修其天爵，而人爵从之。今之人修其天爵，以要人爵；既得人爵，而弃其天爵，则惑之甚者也，终亦必亡而已矣。"

【译文】

　　孟子说："有天然的爵位，有人为的爵位。仁义忠信，好善不止，这就是天然的爵位；公卿大夫等官职，这就是人为的爵位。古代的人加强天然爵位的修养，人为的爵位便随之而来了。现在的人修养天然的爵位，来追求人为的爵位；一旦人为的爵位到了手，便抛弃那天然的爵位，这就真是糊涂透顶，到头来也必然要闹到丢失人为的爵位完事。"

第十七章

　　孟子曰："欲贵者，人之同心也。人人有贵于己者，弗思耳矣。人之所贵者，非良贵也。赵孟①之所贵，赵孟能贱之。《诗》云②：'既醉以酒，既饱以德。'言饱乎仁义也，所以不愿③人之膏粱之味也；令闻广誉施于身，所以不愿人之文绣④也。"

【注释】

①赵孟：春秋时晋国的贵卿赵盾，字孟，他的子孙也都称为赵孟。②《诗》云：这里所引诗句见《大雅·既醉》篇第一章。《既醉》是写周成王举行祭祀后饮宴的诗。③愿：羡慕。膏粱：膏，肥肉；粱，精米。④文绣：文，指绣了花的衣服；绣，指绣了花的裤裙，是古代有爵位的人穿的官服。

【译文】

孟子说："想要得到尊贵的地位，是人们共同的心愿。实际上在每个人身上都有尊贵的东西，只是自己没有去思考它罢了。别人加给自己尊贵的东西，并不是最值得尊贵的。赵孟加官进爵使之尊贵的人，赵孟也能夺去他的官爵使他变得地位低贱。《诗》中说：'既已请我喝醉酒，又用德泽润我身。'这是说仁义已使我富足了，也就不再慕恋别人肥肉白米饭的美味了；把广为传播的好名声加在我的身上，也就不再羡慕做官人穿的锦绣衣裳了。"

第十八章

孟子曰："仁之胜不仁也，犹水胜火。今之为仁者，犹以一杯水救一车薪之火也；不熄，则谓之水不胜火，此又与于不仁之甚者也，亦终必亡而已矣。"

【译文】

孟子说："仁战胜不仁，就像是水要战胜火一样。现在那些行仁的人，就像是拿一小杯水去扑灭一大车木柴所燃起的熊熊大火；扑灭不了，就说是水终究战胜不了火，这样的论调又助长了那些极端不仁的人，到头来也必然会把他本来有的那点仁亡失了事。"

第十九章

孟子曰："五谷者，种之美者也；苟为不熟，不如荑稗①。夫仁亦在熟之而已矣。"

【注释】

①荑稗（tíbài）：荑，同稊，类似稗的一种草；稗，稗子，是长在田中有点像稻的杂草。荑稗可以饲养家畜，古人也用来备荒。

【译文】

孟子说："五谷，是粮食作物中的优良品种；但是倘若种了不能成熟，那就倒反不如荑稗一类野生植物了。为仁也只在于使它成熟罢了。"

第二十章

孟子曰："羿之教人射，必志于彀①；学者亦必志于彀。大匠诲人必以规矩，学者亦必以规矩。"

【注释】

①必志于彀（gòu）：志，期望。彀，弓拉满。

【译文】

孟子说："羿教人射箭，必定把拉满弓作为最高要求；学射箭的人也一定要把拉满弓作为最高要求。著名的木工师傅教人，一定得遵循规矩，学做木工的人也一定要遵循规矩。"

第六篇　告子章句下（凡十六章）

第一章

任人有问屋庐子①曰："礼与食孰重？"

曰："礼重。"

"色与礼孰重？"

曰："礼重。"

曰："以礼食，则饥而死；不以礼食，则得食，必以礼乎？亲迎②，则不得妻；不亲迎，则得妻，必亲迎乎？"屋庐子不能对，明日之邹，以告孟子。

孟子曰"於答是也何有③？不揣④其本，而齐其末，方寸之木可使高于岑楼⑤。金重于羽者，岂谓一钩金⑥与一舆羽之谓哉？取食之重者与礼之轻者而比之，奚翅⑦食重？取色之重者与礼之轻者而比之，奚翅色重？往应之曰：'紾⑧兄之臂而夺之食，则得食；不紾，则不得食，则将紾之乎？逾东家墙而搂其处子⑨，则得妻；不搂，则不得妻，则将搂之乎？'"

【注释】

①任（rén）：国名，位于今山东济宁县境内，它的国君姓风。屋庐子：名连，孟子弟子。②亲迎（yìng）：新郎亲自去新娘家迎娶。这是封建婚姻礼制中所谓六礼（即纳采、问名、纳吉、纳徵、请期、亲迎）之一。③于答是也何有：这句句式与《论语·雍也篇》"于从政乎何有"相类似。④揣（chuāi）：度量、衡量。⑤岑（cén）楼：岑本指山小而高，这里的岑楼，泛指高楼。⑥一钩金：钩指带钩，一钩金是说做成一带钩所需的金，极言金的数量之小。⑦奚翅：何但。⑧紾（zhěn）：扭转。⑨搂其处子：搂，抱持。处子，处女。

【译文】

任国人有的问屋庐子道："礼和食哪个更重要？"

答道："礼重要。"

这个人紧接上去问道："色和礼哪个重要？"

答道："礼重要。"问道："要是依照礼节去找食物，就得饿死；不依照礼节去找食物，就能得到食物，是不是一定要依照礼节行事呢？要是行亲迎礼，便得不到妻子；不行亲迎礼，就能得到妻子，是不是一定得行亲迎礼呢？"

屋庐子不能回答，第二天便跑到邹国去把这些问题告诉孟子。

孟子说："对于回答这些问题又有什么难处呢？倘若不去度量它们的下面长短是否一致，

却只顾去比它们上面的高低，那么即使仅是块寸把厚的木板，你便可以使它比尖顶的高楼还要高。我们说金子比羽毛更重，难道是说一个小小金带钩的重量比一大车子羽毛还要重么？拿关系重大的吃的问题与无足轻重的礼的细微末节去相比，岂止是吃的问题重要吗？拿有关男女结合的重要问题与无足轻重的礼的细微末节去相比，岂止是男女问题重要吗？你去回答他说：'扭伤哥哥的胳膊夺去他的食物，就可以得到吃的；不扭伤，就得不到吃的，那你会去扭伤他的胳膊吗？跳过东家的墙去搂抱他家的姑娘，就可以得到老婆；不搂抱，就得不到老婆，那你会去搂抱她吗？'"

第二章

曹交①问曰："人皆可以为尧舜，有诸？"
孟子曰："然。"
"交闻文王十尺，汤九尺，今交九尺四寸以长，食粟而已，如何则可？"
曰："奚有于是？亦为之而已矣。有人于此，力不能胜一匹雏②，则为无力人矣；今曰举百钧，则为有力人矣。然则举乌获③之任，是亦为乌获而已矣。夫人岂以不胜为患哉？弗为耳。徐行后长者谓之弟，疾行先长者谓之不弟。夫徐行者，岂人所不能哉？所不为也。尧舜之道，孝弟而已矣。子服尧之服，诵尧之言，行尧之行，是尧而已矣。子服桀之服，诵桀之言，行桀之行，是桀而已矣。"
曰："交得见于邹君，可以假馆，愿留而受业于门。"
曰："夫道若大路然，岂难知哉？人病不求耳。子归而求之，有余师！"

【注释】

①曹交：春秋曹君的后裔。②一匹雏：雏，小鸡。"一匹雏"就跟现在说"一只小鸡"一样。③乌获：古时有名的大力士。

【译文】

曹交问道："每个人都可以成为尧舜，真有这个说法吗？"
孟子说："是的。"
（曹交紧接着问：）"我听说文王身高十尺，汤身高九尺，如今我曹交身高九尺四寸多，（每天）只是吃饭罢了，要怎样才可以（成为尧舜）呢？"
孟子说："这有什么呢？也只是要做下去就是了。这里有个人，自以为力气敌不过一只小鸡雏，那就是毫无力气的人了；现在（他）说（他的）力气能举起三千斤重的东西，那（他）就是有力气的人了。那么，要是能举得起乌获曾举起过的重量，这也就是乌获了。人所最怕的难道是在不能胜任吗？在不去做啊。慢点儿走，走在年长的人的后面就叫做弟，走得很快，抢在年长的人的前面就叫做不弟。慢点儿走，难道是人们不能做的吗？是不去做啊。尧舜之道，也只是孝弟罢了。你穿尧的衣服，说尧的话，做尧做的事，便是尧了。你穿桀的衣服，说桀的话，做桀做的事，就是桀了。"
曹交说："我能谒见邹君，可以借到一所客馆，我愿意留下来在您的门下受教。"

孟子说:"道就像大路一般,难道是很难明了的吗?就怕人们自己不去寻求啊。你回去自己努力寻求,老师多的是。"

第三章

公孙丑问曰:"高子①曰:'《小弁》②,小人之诗也。'"

孟子曰:"何以言之?"

曰:"怨。"

曰:"固哉,高叟之为诗也!有人于此,越人关弓③而射之,则己谈笑而道之;无他,疏之也。其兄关弓而射之,则己垂涕泣而道之;无他,戚之也④。《小弁》之怨,亲亲也。亲亲,仁也。固矣夫,高叟之为诗也!"

曰:"《凯风》⑤何以不怨?"

曰:"《凯风》,亲之过小者也;《小弁》,亲之过大者也。亲之过大而不怨,是愈疏也;亲之过小而怨,是不可矶⑥也。愈疏,不孝也;不可矶,亦不孝也。孔子曰:'舜其至孝矣,五十而慕⑦。'"

【注释】

①高子:高子在《孟子》一书中,曾经几次提到。《公孙丑》篇和《尽心》篇提到的高子,《注》文说是齐国人,到过孟子门下学习。本章中的高子,孟子既然称他为高叟,年纪似乎比孟子大,不当为孟子弟子。②《小弁(pán)》:《诗经·小雅》篇名。③关弓:关,同弯。④戚之也:戚,亲;因为对哥哥亲,所以要"号泣而道之"。⑤《凯风》:见《诗经·邶风》。《毛诗》认为它是一首赞美孝子能讽劝母亲改正淫邪行为的诗,这多少是由于受了《孟子》"亲之过小"这句话的影响。⑥不可矶(jī):矶,激。不可矶是说受不了一点儿刺激。⑦舜五十而慕:已见《万章》上第一章。

【译文】

公孙丑道:"高子说:'《小弁》,是小人的诗。'"

孟子说:"为何这样说呢?"

答道:"因为它充满怨愤的情绪。"

孟子说:"高老夫子的讲解诗未免太固执了!假定有个人在这里,越国人开弓要射他,他自己就边谈边笑地劝说越国人不可这样做;这并不是有别的原因,只是因为越国人和他关系疏远的缘故。要是他的哥哥开弓要射他,他自己就啼哭着劝说他哥哥不可这样做;这并不是有别的原因,只是由于哥哥是他的亲人的缘故。《小弁》的怨愤,是出于对自己亲人的爱护。爱护亲人,是仁的表现。高老夫子的讲解诗实在太固执了啊!"

公孙丑又问道:"《凯风》为什么没有流露怨恨的感情呢?"

孟子道:"《凯风》诗,作者的母亲过错较小;《小弁》诗,作者的父亲过错就较大。父母亲的过错大却毫无怨言,这就愈显得与父母疏远;父母亲的过错小却一味抱怨,这就说明做儿子的一点小小刺激也受不了。过分疏远自己的父母,固然是不孝,受不了一点小刺激,也是不孝。孔子说:'舜要算最孝顺的儿子吧,到了五十岁这样的年龄还是依恋着父母。'"

第四章

宋牼①将之楚，孟子遇于石丘②，曰："先生将何之？"

曰："吾闻秦楚构兵③，我将见楚王说而罢之。楚王不悦，我将见秦王说而罢之。二王我将有所遇焉。"

曰："轲也请无问其详，愿闻其指。说之将何如？"

曰："我将言其不利也。"

曰："先生之志则大④矣，先生之号则不⑤可。先生以利说秦楚之王，秦楚之王悦于利，以罢三军之师，是三军之士乐罢而悦于利也。为人臣者怀利以事其君，为人子者怀利以事其父，为人弟者怀利以事其兄，是君臣、父子、兄弟终⑥去仁义，怀利以相接，然而不亡者，未之有也。先生以仁义说秦楚之王，秦楚之王悦于仁义，而罢三军之师，是三军之士乐罢而悦于仁义也。为人臣者怀仁义以事其君，为人子者怀仁义以事其父，为人弟者怀仁义以事其兄，是君臣、父子、兄弟去利，怀仁义以相接也，然而不王者，未之有也。何必曰利？"

【注释】

①宋牼（jiān）：战国时与孟子、尹文子、慎到等同时的有名学者。②石丘：地名，未详所在，有人以为属宋国。③构兵：交战。④大：有"善"和"好"的意思。⑤号：名号，所用的提法。⑥终：尽。

【译文】

宋牼将要去楚国，孟子在石丘遇到他，问道："先生要到哪里去呢？"答道，"我听说秦国和楚国正在交战，我准备去拜见楚王劝说他罢兵。楚王要是不高兴，我就打算去拜见秦王劝说他罢兵。在两个国王中间我总会找到和我意见投合的。"

孟子说："我孟轲不打算打听详细情况，但却愿意听听您的意向。您将怎样劝说他们呢？"

答道："我打算去讲讲交兵的不利。"

孟子道："您的用心是很好的，但是您的提法不合适。先生拿利去劝说秦楚两国的君主，秦楚两国的君主由于对利感兴趣而罢兵，这就使三军的官兵乐于罢兵却对利产生了浓厚的兴趣。做人臣子的怀着得利的观点去奉事他们的君主，做人儿子的怀着得利的观点去奉事他们的父亲，做人弟弟的怀着得利的观点去奉事他们的哥哥，这就使得君臣、父子、兄弟之间完全抛掉仁义，怀着得利的观点来相互接待，像这样国家却不会灭亡的，简直是不可能的事。先生要是拿仁义去劝说秦楚两国的君主，秦楚两国的君主由于对仁义感兴趣而罢兵，这就使三军的官兵乐于罢兵而对仁义产生了浓厚的兴趣。做人臣子的怀着仁义的观点去奉事他们的君主，做人儿子的怀着仁义的观点去奉事他们的父亲，做人弟弟的怀着仁义的观点去奉事他们的哥哥，这就使得君臣、父子、兄弟之间完全抛去利的观点，怀着仁义的观点来相互接待，像这样却不能统一天下的，也简直是不可能的事。为什么非说利不可呢？"

第五章

孟子居邹，季任为任处守①，以币交，受之而不报。处于平陆，储子②为相，以币交，受之而不报。他日，由邹之任，见季子；由平陆之齐，不见储子。屋庐子喜曰："连得间矣。"问曰："夫子之任，见季子；之齐，不见储子，为其为相与？"

曰："非也。《书》曰：'享多仪③，仪不及物曰不享，惟不役志于享。'为其不成享也。"

屋庐子悦。或问之，屋庐子曰："季子不得之邹，储子得之平陆。"

【注释】

①季任：国君主最小的弟弟。当时任君到邻国去朝会，季任为留守，代行政事。任国位于今山东济宁市。②储子：齐国宰相。平陆：齐国的下邑，故城位于今山东汶上县北。③《书》曰：《书》指《尚书·洛诰》篇。享多仪：享，指享见之礼；多，有"贵"、"美"的意思；仪，仪法。

【译文】

孟子住在邹国时，季任为任国留守，送了礼物来和孟子结交，孟子受了礼物却并没有回报。后来孟子住在平陆时，储子做齐国的国相，也送了礼物来和孟子结交，孟子同样是受了礼物没有回报。过了些日子，孟子从邹国到任国去，去拜访了季子；可是，当他由平陆去齐国首都时，却没有去拜访储子。屋庐子（知道这种情况后）高兴地说："我找到老师一个漏洞（来发问了）。"问道："您老师到任国，拜访了季子；到齐国首都，却不拜访储子，是由于他仅是个国相吗？"

孟子说："不是的。《尚书》中说过：'享献之礼以有仪节为可贵，要是仪节与礼物不相称那就等于没有享献，这只是因为享献的人没有把心意用在享献上。'（我之所以不去拜访储子，）是为了他的享献不成其为享献的缘故。"

屋庐子（听了）很高兴。有人问他（是怎么一回事），屋庐子回答道："季子（因为有重任在身）不能到邹国去，而储子（作为国相）却是可以亲自去平陆的。"

第六章

淳于髡曰："先名实者，为人也；后名实者，自为也①。夫子在三卿之中，名实未加于上下②而去之，仁者固如此乎？"

孟子曰："居下位，不以贤事不肖者，伯夷也；五就汤五就桀者，伊尹也；不恶汗君，不辞小官者，柳下惠也。三子者不同道，其趋一也。一者何也？曰，仁也。君子亦仁而已矣，何必同？"

曰："鲁缪公之时，公仪子为政，子柳、子思为臣，鲁之削也滋甚③；若是乎贤者之无益于国也！"

曰："虞不用百里奚而亡，秦穆公用之而霸。不用贤则亡，削何可得与？"

曰："昔者王豹处于淇，而河西善讴④；绵驹处于高唐，而齐右善歌⑤；华周杞梁之妻善哭其夫而变国俗⑥。有诸内，必形诸外。为其事而无其功者，髡未尝睹之也。是故无贤者也；有则髡必识之。"

曰："孔子为鲁司寇，不用，从而祭，燔肉不至，不税冕而行⑦。不知者以为为肉也，其知者以为为无礼也。乃孔子则欲以微罪行，不欲为苟去。君子之所为，众人固不识也。"

【注释】

①先名实者为人也；后名实者，自为也：先，旧读 xiàn，作动词用，重视；名，声誉；实，事功。后，也是作动词用，不重视。自为，有独善其身的意思。②三卿：指上卿、亚卿、下卿。上下：上指君，下指民。③鲁缪公之时诸句：公仪子，指公仪休，鲁国的博士，曾任鲁国宰相，在政治上颇有声望，司马迁将他列入《史记·循吏列传》。子柳，即泄柳，曾做过鲁缪公的卿。"鲁之削也滋甚"，如鲁缪公时，齐鲁之间多次交战，鲁除平陆一役获胜外，其余几乎都是兵败地削，便是很好的证明。这几句话是淳于髡讥刺孟子纵然不离开齐国，也未必能有所作为。④王豹处于淇，而河西善讴：王豹，卫国善于唱歌的人。也有人以为是齐国人。淇，卫国水名。河西，卫在黄河西面，所以叫河西。⑤绵驹处于高唐，而齐右善歌：绵驹，善唱歌的人；高唐，齐国西部县邑，故城位于今山东省禹县西南，绵驹便住在那里。因为高唐在齐国西面，西在右，所以叫齐右。⑥华周杞梁之妻善哭其夫而变国俗：华周，即华旋；杞梁，即杞植，二人都是齐国的大夫。春秋鲁襄公二十三年，齐国袭击莒 (jǔ) 国，二人一同参加了。传说他们战死后，他们的妻子悲痛万分，对着城墙大哭，城墙也被她们哀哭声感动得倒坍了。国人群起仿效，善哭成风。⑦燔肉不至，不税冕而行：燔 (fán)，烤。燔肉，同膰 (读音与燔同) 肉，又名胙 (zhuò)，是宗庙的祭肉，生的叫脤 (shèn)，熟的叫膰。古代天子和诸侯举行祭祀后，余下的膰肉，按规定除赐给同姓国外，也拿来赐给有关大夫等官。不税冕而行：税 (tuō)，解，脱；冕，大夫以上戴的礼帽。不税冕而行，只是用夸张手法形容走得匆忙，事实并不一定真是这样。

【译文】

淳于髡说："以名誉功业为重的人，是志在救民；轻视名誉功业的人，是为了独善其身。您身居齐国三卿的高位，名誉和功业无论从上辅君王还是下济万民来说都还无所建树却就要离开齐国，一个志士仁人原来是这样的吗？"

孟子说："身居低下的地位，不愿意拿自己贤者的身份去奉事不中用的君主的，是伯夷；五次投到汤的门下，又五次改投到桀的门下的，是伊尹；不嫌弃缺德的君主，也不谢绝当小官的，是柳下惠。三个人处世接物的态度不同，但他们总的趋向却是一致的。这个一致的趋向是什么呢？我认为，就是一个仁字。所以君子只要趋向于仁就可以了，又为什么一定要彼此相同呢？"

淳于髡说："从前鲁缪公的时候，公仪子替他掌握政权，子柳和子思都在他的朝廷上做臣子，可是鲁国的地削国弱更见厉害；贤者的无益于国家竟是如此！"

孟子说："从前虞国因为不用百里奚便亡了国，秦穆公由于用了他便成就了霸业。可见不用贤者就要导致国家的灭亡，（要想单是）削减点国土又怎么办得到呢？"

淳于髡说："从前王豹居住在淇水旁边，于是河西地方的人们便都擅长于唱歌；绵驹居住在高唐地方，于是齐国西部地方的人们也都擅长于唱歌。华周、杞梁的妻子以痛哭她们战死的丈夫著名，因而改变了齐国的习俗。里面有什么，外面也一定会显露出什么。做了那件事却见不到它的功绩的，我从不曾看到过那样的事情。所以今天实在是没有贤人；倘若有的话，那我就一定会知道他的。"

孟子说："从前孔子做鲁国司寇的官，不被鲁君所相信，跟随鲁君去祭祀，祭过的燔肉也没有按规定送来，于是孔子立即离去了鲁国。不了解孔子的人认为孔子是为了几块祭肉而走的，了解孔子的人就知道他是由于鲁国君相的无礼才出走。至于孔子却是（为了不至显露君相的过错，）因而想使自己带上一点小小罪名而离开鲁国，并不愿意随随便便地出走。一个仁德君子的所作所为，一般的普通人本来就不易识别理解的。"

第七章

孟子曰："五霸者，三王之罪人也①；今之诸侯，五霸之罪人也；今之大夫，今之诸侯之罪人也。

"天子适诸侯曰巡狩，诸侯朝于天子曰述职。春省耕而补不足，秋省敛而助不给。入其疆，土地辟，田野治，养老尊贤，俊杰在位，则有庆；庆以地。入其疆，土地荒芜，遗老失贤，掊克在位，则有让②。一不朝，则贬其爵；再不朝，则削其地；三不朝，则六师移之③。是故天子讨而不伐，诸侯伐而不讨④。五霸者，搂诸侯以伐诸侯者也，故曰，五霸者，三王之罪人也。

"五霸，桓公为盛。葵丘之会⑤，诸侯束牲载书而不歃血⑥。初命曰，诛不孝，无易树子，无以妾为妻。再命曰，尊贤育才，以彰有德。三命曰，敬老慈幼，无忘宾旅。四命曰，士无世官，官事无摄，取士必得⑦，无专杀大夫。五命曰，无曲防⑧，无遏籴，无有封而不告⑨。曰，凡我同盟之人，既盟之后，言归于好。今之诸侯皆犯此五禁，故曰，今之诸侯，五霸之罪人也。

"长君之恶其罪小，逢君之恶⑩其罪大。今之大夫皆逢君之恶，故曰，今之大夫，今之诸侯之罪人也。"

【注释】

①五霸者，三王之罪人也：五霸，春秋时诸侯中的五个霸主——齐桓、晋文、秦穆、宋襄、楚庄；三王，夏禹王、商汤王、周文王、武王。这句话是说，五霸对于三王来说，他们是有罪的人。②"入其疆"至"掊克在位，则有让"诸句：掊（póu）克，搜刮民财而又爱自夸好胜的人。让，责。这几句说的是天子巡狩的事。③"一不朝"至"六师移之"诸句：移之，是说出师讨伐，改立国君。这几句说的是诸侯述职的事。④天子讨而不伐，诸侯伐而不讨：讨，天子发布命令，声讨不服从王命的诸侯的罪，让那些作为一方的诸侯之长的方伯连帅率领诸侯们共同去攻伐他。伐，诸侯奉天子的命令，出师攻打不服从王命的别的诸侯。⑤葵丘之会：葵丘，宋国的地方，位于今河南兰考县、民权县境内。春秋鲁僖公九年，齐桓公在这里和宰周公以及齐、宋、卫、郑、许、曹等诸侯会盟，这就是历史上有名的葵丘之会。⑥束牲载书而不歃血：载，加，动词；书，盟约。歃（shà）血，盟誓时宰杀牲口，用嘴巴稍微吸一点牲口血。⑦官事无摄，取士必得：摄，代理；得，得人，得贤才。⑧曲防：防本指堤防，这里是说王法所不禁止的东西，曲意设防加以禁止。⑨封而不告：封，封赏；告，报告盟主。⑩长君之恶、逢君之恶：长，助长。逢，逢迎引导。

【译文】

孟子说："五霸，是三王的罪人；如今的诸侯，是五霸的罪人；如今的大夫，又是现在的诸侯的罪人。

"天子到诸侯国家巡行叫巡狩，诸侯朝见天子叫述职。（天子到诸侯国巡狩，）春天视察耕种情况，补助穷困户，秋天视察收割的情况，对不能自给的缺粮户进行赈济。踏进哪个国家的疆界，倘若土地开辟了，农事井井有条，老人得到赡养，贤人受到尊敬，杰出的人才都被选拔在官，就有奖赏；赏给土地。若是踏进哪个国家的疆界，土地一片荒芜，老人被遗弃，贤人散失在野，横征暴敛的人高据要职，就得给予责罚。（诸侯对天子，）一次不朝见，便降低他的爵位；再次不朝见，便削减他的封地；三次不朝见，便派出军队进行讨伐，另立国君。所以天子（对不服从的诸侯，）只发布命令，讨他的罪，而不亲自出兵去攻伐他；诸侯就只奉命行事，攻伐不服从王朝的诸侯，而不对别的诸侯发号施令，声罪致讨。五霸，是强拉着诸侯去攻伐诸侯的，因此说，五霸是三王的罪人。

"五霸中，齐桓公是最强大的。在葵丘那次盟会上，与诸侯们捆绑祭神的牲口（牛），把盟书搁在它的身上，（由于桓公自信诸侯害怕他的威力，不敢背信，）没有举行歃血的仪式。（盟约共有五条：）第一条是，要诛罚不孝父母的人，不要擅自改换已经立了的太子，不得扶立爱妾为正妻；第二条是，要尊敬贤人，培育人才，借以表彰有德之士；第三条是，尊敬老人，慈爱幼儿，不要怠慢外宾和一般旅客；第四条是，做官的读书人不得把官位世代相传，公务不要兼代，选拔人才一定要任人唯贤，不拘一格，不得擅自杀戮大夫；第五条是，不得蔑视王法，曲设防禁，不得阻止粮食籴进卖出，不得单凭私恩有所封赏而不报告（盟主）。末了说，凡是我们参加盟会的人，已经订立盟约之后，便要恢复正常的友好邦交。现在的诸侯全都违犯了这五条禁令，因此说，现在的诸侯，是五霸的罪人。

"一味顺从，助长君主的过错，这个罪行还小一点，君主还没有萌发作恶的念头，做臣子的却曲意逢迎，导使作恶，这个罪行可就大了。如今的大夫都是逢迎君主作恶的，所以说，现在的大夫，是现在的诸侯的罪人。"

第八章

鲁欲使慎子①为将军。孟子曰："不教民而用之，谓之殃民。殃民者，不容于尧舜之世。一战胜齐，遂有南阳②，然且不可③，……"

慎子勃然不悦曰："此则滑釐所不识也。"

曰："吾明告子。天子之地方千里；不千里，不足以待诸侯。诸侯之地方百里；不百里，不足以守宗庙之典籍④。周公之封于鲁，为方百里也；地非不足，而俭⑤于百里。太公之封于齐也，亦为方百里也；地非不足也，而俭于百里。今鲁方百里者五⑥，子以为有王者作，则鲁在所损乎，在所益乎？徒取诸彼以与此，然且仁者不为，况于杀人以求之乎？君子之事君也，务引其君以当道，志于仁而已。"

【注释】

①慎子：鲁国的臣子，善用兵。②南阳：即汶阳，位于今山东泰安西南一带。③然且不可：杨伯峻《孟子译注》说："此句未完。因慎子勃然不悦，抢着说去，所以知之者，凡用'尚且''犹且''然且'诸副词之句，多是主从复合句，从句用'且'，主句用反问句，如下文'然且仁者不为，况于杀人以求之乎'即是。此处下文无主句，且有'慎子勃然不悦'诸叙述语，所以知之。"④宗庙之典籍：典籍即礼籍，是讲名位尊卑的书，也就是记述法度的书。它是祖先从天子那里接受、并传下来把它藏在宗庙里的。所以宗庙的典籍即祖先的典籍。⑤俭：约，少。⑥今鲁方百里者五：鲁国自从周公的儿子伯禽封于曲阜后，他的

子孙从隐公到哀公，先后攻打宋、项、邾、莒等国，多次侵占他们的土地，所以鲁国在春秋时，实际兼有九国的土地。

【译文】

　　鲁国想让慎子做将军。孟子说："不先训练百姓就用他们去打仗，这叫做坑害百姓。坑害百姓的人，在尧舜的时代是容不得的。纵使一次战斗便打赢了齐国，顺利地收复了南阳，这样尚且不行……。"

　　慎子勃然变色很不高兴地说："这个却是我慎滑釐所弄不懂的。"

　　孟子说："我明白告诉你好了。天子的辖地见方千里；不到千里，便不够用以接待来朝见的诸侯。诸侯的辖地见方百里，不到百里，便不够用以奉守受之于天子、历代相传下来珍藏在祖祠里的文物典章。周公的被封在鲁国，有约见方百里的土地；土地并不是不够，但事实上（周公的封地）却是少于百里的。太公的被封在齐国，也有约见方百里的土地；土地并不是不够，但事实上也是少于百里的。现时鲁国就有五个见方百里的土地，你认为假如有圣贤之君兴起时，那么鲁国的土地将摆在被削减还是被增加的行列中呢？不费一兵一卒之力从那个国家取来土地给与这个国家，这样仁爱的人尚且不干，更何况用杀人的手段去取得土地呢？君子奉事君主（没有别的诀窍，）务必引导他的君主做到事事在理，心向着仁罢了。"

第九章

　　孟子曰："今之事君者皆曰：'我能为君辟土地，充府库。'今之所谓良臣，古之所谓民贼也。君不乡道[①]，不志于仁，而求富之，是富桀也。'我能为君约与国，战必克。'今之所谓良臣，古之所谓民贼也。君不乡道，不志于仁，而求为之强战[②]，是辅桀也。由今之道，无变今之俗，虽与之天下，不能一朝居也。"

【注释】

　　①君不乡道：乡，与向同。道，道德。②强战：专凭强力，发动战争。

【译文】

　　孟子说："如今那些奉事君主的人都说：'我能够替君主开拓疆土，充实府库。'现在所谓的好臣子，正是古时所谓的害民之贼。君主不趋向道德，又无心行仁义，你却去力求使他富足，这就等于是使夏桀富足。（现在那些奉事君主的人又说：）'我能够替君主联合赞助我们的邻国，每次战争必定获得胜利。'现在所谓的好臣子，正是古代所谓的害民之贼。君主不趋向道德，又无心行仁义，你却去力求替他恃强奋战，这就等于是辅佐夏桀。倘若走着现在的道路，不改变现在的习俗，哪怕把整个天下给与他，他也是不能保持到一个早晨的。"

第十章

　　白圭[①]曰："吾欲二十而取一，何如？"

孟子曰："子之道，貉②道也。万室之国，一人陶，则可乎？"

曰："不可，器不足用也。"

曰："夫貉，五谷不生，惟黍生之③；无城郭、宫室、宗庙祭祀之礼，无诸侯币帛饔飧④，无百官有司，故二十取一而足也。今居中国，去人伦，无君子⑤，如之何其可也？陶以寡，且不可以为国，况无君子乎？欲轻之于尧舜之道者，大貉小貉也；欲重之于尧舜之道者，大桀小桀⑥也。"

【注释】

①白圭：名丹，周人。②貉：与貊同，读 mò。古代少数民族的称号。③惟黍生之：貉族居住在北方，那里气候寒冷，日照最短，不生五谷，只有黍由于成熟早，所以独能生长。④饔飧（yōngsūn）：本解早餐和晚餐，这里指以饮食馈赠宾客的礼数。⑤去人伦，无君子：孟子认为貉族没有君臣祭祀交际的礼仪，这是"去人伦"；没有百官有司，这是"无君子"。⑥大貉小貉、大桀小桀：在孟子看来，尧舜以来，什一而税，足以供给君臣祭祀交际等一切礼仪的需求，制定税收便要拿这个做标准，减轻为二十而税一，那就和貉族差不多，所以说大貉小貉。加重到超过十一而税，那就和夏桀差不多，所以说大桀小桀。

【译文】

白圭说："我想要把税率改为二十抽一，（你认为）如何？"

孟子说："你的做法，是貉国的做法。假定一个有一万户的国家，只有一个人做陶器，那能行吗？"

白圭说："不行，因为如此一来陶器便会不够用。"

孟子说："那个貉国，（气候寒冷，）五谷都不能生长，只有那种黍才可以成活；那里没有城墙、高敞的房舍、祖先的祠庙以及祭祀的礼仪，没有诸侯间致送币帛等礼物和宴饮款客的礼节，也没有各种大小官吏，所以它的税率定为二十抽一也就够用了。现在你住在中国，却要废弃社会人类的伦常，不设从事政治的官员，那又怎么能行呢？做陶器的工匠太少了，尚且不能搞好国家，更何况没有从政的官员呢？要想把税率定得比尧舜的标准轻的，那就是大貉和小貉；反之，要想把税率定得比尧舜的标准重的，那就是大桀和小桀。"

第十一章

白圭曰："丹之治水①也愈于禹。"

孟子曰："子过矣。禹之治水，水之道也；是故禹以四海为壑②。今吾子以邻国为壑。水逆行谓之洚水③——洚水者，洪水也——仁人之所恶也。吾子过矣！"

【注释】

①丹之治水：根据《韩非子·喻老篇》的记载，白圭治水的办法，不是疏通河道，导入江海，而是筑堤塞穴，壅水注入他国。②壑（hè）：本指山沟或大水坑，这里引伸为水消纳的地方。③洚（jiàng）水：水流不遵河道叫洚水。

【译文】

白圭说："我对洪水的治理超过了大禹。"

孟子说："你错了。大禹治理洪水，是循着水源所走的路加以疏导的；因此大禹是把四海作为消纳水的地方。现在你却是把邻国作为消纳水的地方。水不遵循故道而四处泛滥叫做洚水——洚水也即是洪水——是仁爱百姓的人所最憎恶的。我的先生，你错了！"

第十二章

孟子曰："君子不亮，恶乎执？"

【译文】

孟子说："君子不讲求诚信，还能操持什么呢？"

第十三章

鲁欲使乐正子①为政。孟子曰："吾闻之，喜而不寐。"

公孙丑曰："乐正子强乎？"

曰："否。"

"有知虑乎？"

曰："否。"

"多闻识乎？"

曰："否。"

"然则奚为喜而不寐？"

曰："其为人也好善。"

"好善足乎？"

曰："好善优于天下，而况鲁国乎？夫苟好善，则四海之内皆将轻千里②而来告之以善，夫苟不好善，则人将曰：'訑訑，予既已知之矣③！'訑訑之声音颜色距人于千里之外。士止于千里之外，则谗谄面谀之人至矣。与谗谄面谀之人居，国欲治，可得乎？"

【注释】

①乐正子：孟轲弟子，复姓乐正，名叫克。②轻千里：轻，易，是意动用法；轻千里，既不以千里为难的意思。③訑訑（yí），予既已知之矣：訑訑，自满自足的样子。既，尽。

【译文】

鲁国准备让乐正子主持国家政事。孟子说："我一听到这消息，喜欢得连觉都睡不着。"

公孙丑说："乐正子坚强果断吗？"

答道："不。"

"有智慧善于思考问题吗?"

答道:"不。"

"博学多闻见识广阔吗?"

答道:"不。"

"那么您为什么会喜欢得连觉都睡不着呢?"

答道:"他喜欢听取有益的话。"

"只要喜欢听取有益的话就够了吗?"

答道:"只要喜欢听取有益的话,用它来治理天下就绰绰有余,更何况治理鲁国呢? 假如真的喜欢听取有益的话,那四方的好善之士都会不远千里地赶来把有益的话告诉他;要是真个不喜欢听有益的话,那人们将会(学着他的语言神态)道:'嗯嗯,(你说的)我全都已经知道了!'这种(带有轻蔑性的)嗯嗯的声音脸色简直把人家拒绝在千里之外了。好善之士被阻止在千里之外,那些爱打小报告、说奉承话的人随后便到了,跟那些爱打小报告、说奉承话的人混在一块,要想把国家治理好,能做得到吗?"

第十四章

陈子①曰:"古之君子何如则仕?"

孟子曰:"所就三,所去三。迎之致敬以有礼;言,将行其言也,则就之。礼貌未衰,言弗行也,则去之。其次,虽未行其言也,迎之致敬以有礼,则就之。礼貌衰,则去之。其下,朝不食,夕不食,饥饿不能出门户,君闻之,曰:'吾大者不能行其道,又不能从其言也,使饥饿于我土地,吾耻之。'周之,亦可受也,免死而已矣②。"

【注释】

①陈子:陈臻。②周之,亦可受也,免死而已矣:说可受,也即是可就的意思;既说饥饿不能去,仅为免死而就,那么,到接受周济免除了饥饿时,还是要去的。这中间也包括了一就一去。

【译文】

陈子问:"古代的君子在什么样的情况下才出来做官呢?"

孟子说:"就职的情况有三种,去职的情况也有三种。迎接他时能尽敬意而又有礼貌;他有所进言,(君主)又将付诸实行,便就职。(君主)对他的礼貌尽管没有减弱,可是对他的进言却不能付诸实行,就去职。其次,尽管不能实行他的进言,但迎接他时却能尽敬意而又有礼貌,便就职。倘若君主对他的礼貌减弱了,就去职。最下等的,他早上吃不上饭,晚上也吃不上饭,肚子饥饿得无力走出门户,君主得知这种情况后,说:'我从大的方面说不能实行他的政治主张,又不能听从他的进言,以至使他在我的国土上忍饥挨饿,我对这件事感到耻辱。'(在这样的情况下)给予他周济,就也可以接受,这不过是为了免于一死罢了。"

第十五章

孟子曰:"舜发于畎亩之中①,傅说举于版筑之间②,胶鬲举于鱼盐之中③,管夷吾举于士④，孙叔敖举于海⑤，百里奚举于市⑥。故天将降大任于是人也，必先苦其心志，劳其筋骨，饿其体肤，空乏其身，行拂乱其所为，所以动心忍性⑦，曾⑧益其所不能。

"人恒过，然后能改；困于心，衡于虑⑨，而后作；徵于色，发于声，而后喻。

"入则无法家拂士，出则无敌国外患者⑩，国恒亡。然后知生于忧患而死于安乐也。"

【注释】

①舜发于畎亩之中：畎（quǎn），田间小沟。畎亩，田间，田地。②傅说举于版筑之间：版筑，在夹版中填土，再用杵筑以成墙。傅说原是判了刑的人，殷高宗武丁从劳役中起用了他。③胶鬲举于鱼盐之中：胶鬲的事迹见《公孙丑章句上》第一章。④管夷吾举于士：管夷吾即管仲。士，主管监狱的官。管仲因于士官，得到鲍叔的推荐，齐桓公起用他为相国。事见《左传》庄公九年。⑤孙叔敖举于海：孙叔敖隐居在海滨，楚庄王起用他为令尹。⑥百里奚举于市：百里奚的事详见《万章章句上》第九章。⑦动心忍性：是说竦动其心，坚忍其性。"动"与"忍"都是使动用法。⑧曾：同增。⑨衡于虑：衡，横，有横塞的意思。虑，思虑。⑩入则、出则二句：入，指国内。出，指国外。拂，读bì，辅弼。

【译文】

孟子说："舜是在田野中发迹的，傅说是从筑墙的苦役中被提拔的，胶鬲是从贩卖鱼和盐的行业中被推荐上来的，管夷吾是从狱官手中选拔出来充任国相的，孙叔敖是从海边僻远的地方拔用的，百里奚是从畜牧业主那里赎买上来的。因此上天将要把治国治民的重任加在这个人的肩头上，一定先要使他（遭受种种困难的折磨，）弄得他心烦意乱，筋骨劳累，肚肠饥饿，口袋空空的，想做点什么便被干扰打乱，百不如意，这就是为了要使他心意竦动，得到锻炼，性格坚韧，克服疲软，由此而增加他平时所不能具有的能耐。

"一个人只有经过多次错误和失败的教训，然后才能改过自新，走上正路；只有经过艰苦的思想斗争和错综复杂的重重思虑，然后才能有所作为；只有（在痛苦的磨炼过程中，）表现出形容憔悴的颜色，发出悲歌慷慨的声音，然后才能得到人们的了解。

"一个国家要是国内没有知法度的大臣和能为国君左右手的士子，国外又缺乏对敌国外患横来侵扰的远虑，这样的国家常常是要被消灭的。从这里，我们可以悟得人为什么在忧愁患害中能够得到生存而在安逸快乐中却反会遭到毁灭的道理了。"

第十六章

孟子曰："教亦多术矣，予不屑之教诲也者，是亦教诲之而已矣。"

【译文】

孟子说："教育也有多种多样的方式方法，那些我不屑给予教诲他的人，这也是对他的一种教诲呢。"

第七篇　尽心章句上（凡四十六章）

第一章

孟子曰："尽其心者，知其性也。知其性，则知天矣。存其心，养其性，所以事天也。夭寿不贰，修身以俟之，所以立命也。"

【译文】

孟子说："能够竭尽他的善心的，便是真正知道了人禀受自天的善性。懂得了人的善性，便是了解了天命。（一个人）努力保存他的善心，培养他禀受自天的善性，目的就在于正确对待天命。不管短命或是长寿都毫不犹豫动摇，只是修身养性以等待天命的抉择，这就是用来安身立命的方法。"

第二章

孟子曰："莫非命①也，顺受其正！是故知命者不立乎岩墙②之下。尽其道而死者，正命也；桎梏死者，非正命也。"

【注释】

①莫非命：这句是禁戒之辞，禁戒一个人不可非命而死。莫，即无；不要。②岩墙：将要倒坍的墙。

【译文】

孟子说："不要非命而死，而要顺理而行，接受天所注定的正常命运吧！所以知道天命的人不会站在快要倾倒的墙壁下面。一切完全按正道行事而死的人，他所接受的是正常的命运；那些犯罪坐牢而死的人，他们所接受的就不是正常的命运。"

第三章

孟子曰："求则得之，舍则失之，是求有益于得也，求在我者也。求之有道，得之有命，是求无益于得也，求在外者也。"

【译文】

孟子说："（有的东西）追求就能够得到，放弃就会失掉，这种追求是对获得（这个东西）

有益处的，这是由于所追求的东西就在我本身之内，（能否获得它取决于我自己。）（有的东西）追求得有一定的原则，能否得到它得由命运安排，这种追求是对获得（这个东西）毫无益处的，这是因为所追求的东西存在于我的身外，（能不能得到它就由不得自己了。）"

第四章

孟子曰："万物皆备于我矣。反身而诚，乐莫大焉。强恕而行，求仁莫近焉。"

【译文】

孟子说："也间大小事物当然之理都在我性分之内具备了。如果我反躬自问，性分内所具备的事物当然之理都实实在在，（而又能见诸实行，）便没有什么事比这更快乐的了。（否则）就该凡事勉强推行推己及人的恕道，那么，求得仁德的道路便没有比这更近的了。"

第五章

孟子曰："行之而不著焉，习矣而不察焉，终身由之而不知其道者，众也。"

【译文】

孟子说："（人人都有仁义之心，）倘若仅仅这样做下去，却不明白为什么要这样做，天天习以为常，却不问个所以然，终生终世打这条道路走，却不考究一下这是条什么道路，这种人就是一般的人。"

第六章

孟子曰："人不可以无耻；无耻之耻，无耻矣。"

【译文】

孟子说："一个人不可以没有羞耻；一个人倘若能够感到以羞耻为可耻（因而改过自新），他就可以终身不再蒙受羞耻了。"

第七章

孟子曰："耻之于人大矣；为机变之巧者，无所用耻焉。不耻不若人，何若人有？"

【译文】

孟子说："羞耻对于人来说意义非常大；那些搞阴谋诡计的人，是没有什么地方用得着羞耻的。一个人要是不把不如别人看做是羞耻，那他还有什么地方能比得上别人呢？"

第八章

孟子曰："古之贤王好善而忘势；古之贤士何独不然？乐其道而忘人之势，故王公不致敬尽礼，则不得亟见之。见且由①不得亟，而况得而臣之乎？"

【注释】

①由：同犹。

【译文】

孟子说："古时的贤君喜爱有德行的贤士，忘记自己的权势地位；古时的贤士又何尝不是这样？他们热爱他们信奉的义理，忘记别人的权势地位，因此王公们要是对他们不能做到诚心诚意，礼仪周到，就不能多次见到他们。相见的次数尚且不能多，更何况要把他们作为自己的臣下呢？"

第九章

孟子谓宋句践①曰："子好游②乎？吾语子游。人知之，亦嚣嚣③；人不知，亦嚣嚣。"

曰："何如斯可以嚣嚣矣？"

曰："尊德乐义，则可以嚣嚣矣。故士穷不失义，达不离道。穷不失义，故士得己④焉；达不离道，故民不失望焉。古之人，得志，泽加于民；不得志，修身见于世。穷则独善其身，达则兼善天下。"

【注释】

①宋句（gōu）践：宋姓，句践名，是一位喜欢拿道德游说诸侯，希望能实现他的政治主张的学者。②游：游说。③嚣嚣：嚣是闲的假借字，嚣嚣即闲闲，无求无欲，悠闲自得的样子。④得己：即自得的意思。

【译文】

孟子对宋句践说："你喜欢到各国去游说吗？我告诉你关于游说应取的态度。人家理解我，也悠闲自得；人家不理解我，也悠闲自得。"

问道："怎样才能做到悠闲自得呢？"

答道："一个人能尊重自己的德操，以行为合于义为乐，就可以悠闲自得了。因此士人在穷困时不丢掉义，在得志时不偏离道。士人能够穷困时不丢掉义，所以能自得其乐；能够在得志时不偏离道，所以使百姓不至感到失望。古时的君子，得了志，恩泽普遍施加到百姓；万一不得志，也能自修品德，有所表现于世。穷困时搞好自身的品德修养，得志时便使天下百姓普遍地各得其所。"

第十章

孟子曰："待文王而后兴者，凡民也。若夫豪杰之士，虽无文王犹兴。"

【译文】

孟子说："要等待有文王那样的圣君出现，然后才知道兴起向善的，是普通的人。至于杰出的人物，尽管没有文王这样的圣君出现，也还是能够自觉地兴起向善的。"

第十一章

孟子曰："附之以韩魏之家①，如其自视欿然②，则过人远矣。"

【注释】

①附之以韩魏之家：附，增加。韩魏之家，是指春秋时晋国六卿中最富有的家族，不是指战国时韩、魏两国。②欿然：欿（kǎn）：是坎的假借字。欿然：有不自满的意思。

【译文】

孟子说："除了他自己的家业外，再拿晋国韩魏两大家族的财富加上去，如果他自己看来，觉得仁义之道还不足，并不值得自满，这样的人就远远超出了一般人。"

第十二章

孟子曰："以佚道使民，虽劳不怨。以生道杀民①，虽死不怨杀者。"

【注释】

①以生道杀民：生道，指广大人民生存的原则。这里的民是指危及广大人民生存的人。

【译文】

孟子说："从谋求百姓能过上安逸生活出发而役使百姓，他们尽管劳累一些，也不会埋怨。从维护广大百姓生存出发而不得已杀人，被杀者也不至怨恨杀他的人。"

第十三章

孟子曰："霸者之民，驩虞①如也，王者之民，皞皞②如也。杀之而不怨，利之而不庸③，民日迁善而不知为之者。夫君子所过者化④，所存者神，上下与天地同流，岂曰小补之哉？"

【注释】

①骓虞：即欢娱。骓虞是欢娱二字的假借字。②皞皞（hào）：通浩浩，广大自得的样子。③庸：功，这里有归功的意思。④君子所过者化：这句中"君子"的意义和一般把有德或是有位的人称为君子的意义不同。这句中的"君子"指"圣人"，不但指王者的圣人，可能也指非王者的圣人，如孔子等，所以这里不用"王者"字样而改用"君子"两字。

【译文】

孟子说："霸者的百姓由于明显地看到君主的恩惠，因而感恩戴德，欢天喜地，王者的百姓身受君主的德泽而不自觉，因而心旷神舒，怡然自得。百姓被杀了，却并不怨恨，百姓蒙受恩惠，却并不归功于谁，百姓一天一天趋向于善却不知道是谁造成的。圣人所到的地方，人们从风而化，他所在的国家，潜移默化，神妙莫测，简直是上与天下与地一同运转不息，难道是仅仅只是小小的补益吗？"

第十四章

孟子曰："仁言不如仁声之入人深也，善政不如善教之得民也。善政，民畏之；善教，民爱之。善政得民财，善教得民心。"

【译文】

孟子说："仁厚的语言不如仁德的声望更深入人心，良好的政治不如良好的教育更深得人心。良好的政治，百姓害怕它；良好的教育，百姓喜爱它。良好的政治得到的是百姓的财物，良好的教育得到的却是百姓的心。"

第十五章

孟子曰："人之所不学而能者，其良能也；所不虑而知者，其良知①也。孩提之童②，无不知爱其亲者，及其长也，无不知敬其兄也。亲亲，仁也；敬长，义也。无他，达之天下也。"

【注释】

①良能、良知：良有"最"有"好"的意思，良能、良知跟说最好的能、最好的知差不多，《孟子》原文已有阐释。②孩提之童：孩，古文作咳，笑。提，抱，二三岁的小孩会笑、闹着要人抱，所以称为"孩提之童"。

【译文】

孟子说："人们无须学就会做的，这是他们的良能；无须思考就可以知道的，这是他们的良知。二三岁会笑、要人抱的小孩，没有不知道爱他的父母的，等到长大了，又没有不知道尊敬他的兄长的。亲爱父母亲便是仁，尊敬兄长便是义。打算有所作为使泽被万民的圣人没有其他诀窍，不过是把这种天生的亲亲敬长的仁义之心推广到天下罢了。"

第十六章

孟子曰："舜之居深山之中，与木石居，与鹿豕游，其所以异于深山之野人者几希；及其闻一善言，见一善行，若决江河，沛然莫之能御也①。"

【注释】

①沛然：《孟子》中有三处地方用了"沛然"这个形容词：《梁惠王上篇》，"沛然下雨"，它形容大雨润物的样子；《离娄上篇》，"沛然德教溢于四海"，它形容德教广大，充满四海的样子；这里的"沛然莫之能御"，形容舜舍己从人，取于人以为善，只要有所闻见，立即毫不动摇地拿来实行。

【译文】

孟子说："舜住在深山时，跟树木和石头一块作伴，和麋鹿野猪一同游息，他用以区别于深山野人的地方差不多很少；可是等到他听到一句有益的话，看到一种良好的行为，就立刻实行，好像江河决了口，声势浩大没有人能阻挡得了。"

第十七章

孟子曰："无为其所不为，无欲其所不欲，如此而已矣。"

【译文】

孟子说："不要做那些自己所不应该做的事，不要贪图那些自己所不应该要的东西，能做到这样就够了。"

第十八章

孟子曰："人之有德慧术知者，恒存乎疢疾①。独孤臣孽子②，其操心也危，其虑患也深，故达。"

【注释】

①疢（chèn）疾：即疾病。这里的疢疾，不是实指疾病，而是比喻灾患。②孽子：即庶子，指妾所生的儿子。

【译文】

孟子说："那些有德行、聪明、学术和才智的人，往往来自艰危的处境。只有那些孤立无援的臣下和被人歧视的庶孽之子，他们提心吊胆，对于祸患的考虑也较深，所以能够比较明达。"

第十九章

孟子曰："有事君人者，事是君则为容悦者也；有安社稷者，以安社稷为悦者也；有天民者，达可行于天下而后行之者也；有大人者正己而物正者也。"

【译文】

孟子说："有奉事君主的一种人，他们奉事这些君主是为了讨得君主们的欢心；有安邦定国的臣子，他们是以安定国家为乐事；有高深学问涵养的天民，他们一定要知道他们的道可以通行于天下然后才出来行道；有变化通神的大人，他们端正自己，外物便跟着得到了端正。"

第二十章

孟子曰："君子有三乐，而王天下不与存焉。父母俱存，兄弟无故①，一乐也；仰不愧于天，俯不怍②于人，二乐也；得天下英才而教育之，三乐也。君子有三乐，而王天下不与存焉③！"

【注释】

①无故：故，灾患丧病，也即"事故"的"故"。②怍（zuò）：惭愧。③这里重复开头二句，表示赞美。

【译文】

孟子说："君子有三桩乐事，统一天下却不包含在内。父母全都健在，兄弟也没灾没病，是第一桩乐事；上无愧于天，下对得起人，是第二桩乐事；得到天下优秀的人才对他们进行教育，是第三桩乐事。君子有三桩乐事，统一天下却不包含在内！"

第二十一章

孟子口："广土众民，君子欲之，所乐不存焉；中天下而立，定四海之民，君子乐之，所性不存焉。君子所性，虽大行不加焉，虽穷居不损焉，分定故也。君子所性，仁义礼智根于心，其生色也睟然①，见于面，盎②于背，施③于四体，四体不言而喻。"

【注释】

①睟（cuì）然：润泽的样子。这两字过去属下读，这里根据周广业《孟子逸文考》属上读，即"其生色也睟然"。②盎（àng）：盛大流行的样子，引伸为显现的意思。③施：延及。

【译文】

孟子说："国土广阔，人口众多，这固然是君子所希望的，但他感到快乐的却不在这里；

屹立于天下的中央，使海内的百姓普遍得到安定，君子对这个自然感到快乐，但他所得自天的本性却不在这里。君子所得自天的本性，纵然是他的政治理想在天下完全得到实行也不会因此在上面增添一点什么，即使是困居乡里也不会因此从那里减少一点什么，这是由于天性已经固定了的缘故。君子所得自天的本性，仁义礼智植根在他的心中，它生发出来的神色温润清和，表现在颜面，显露于肩背，遍及到四肢，四肢一动作，不待用语言说明，人们一看便知道了。"

第二十二章

孟子曰："伯夷辟纣，居北海之滨，闻文王作，兴曰：'盍归乎来！吾闻西伯善养老者。'太公辟纣，居东海之滨，闻文王作，兴曰：'盍归乎来！吾闻西伯善养老者。'天下有善养老，则仁人以为己归矣。五亩之宅，树墙下以桑，匹妇蚕之，则老者足以衣帛矣。五母鸡，二母彘，无失其时，老者足以无失肉矣。百亩之田，匹夫耕之，八口之家足以无饥矣。所谓西伯善养老者，制其田里①，教之树畜，导其妻子使养其老。五十非帛不煖，七十非肉不饱。不煖不饱，谓之冻馁。文王之民无冻馁之老者，此之谓也。"

【注释】

①田里：指田亩和住宅。

【译文】

孟子说："伯夷逃避纣王，住在北海边上，听说文王兴盛起来了，便精神振奋地说：'何不归到那里去啊！我听说西伯是善于养老的人。'太公姜尚逃避纣王，住在东海边上，听说文王兴盛起来了，便精神振奋地说：'何不归到那里去啊！我听说西伯是善于养老的人。'只要天下有善于养老的人，仁人们便把他当做自己的归宿了。五亩大小的住宅，把桑树种在墙脚下，让一个妇女养蚕缫丝，那么老年人就能够穿上丝绵袄了。每户人家所养的五只母鸡，二头母猪，不要违误了它们饲养和繁殖的时机，老年人便会有肉吃了。百亩田地，一个丁壮农夫耕种，八口人的家庭就足够吃饱了。人们所说的西伯善于养老，是指他规定分配给百姓土地和住宅的数字和大小，指教他们栽种和畜牧，教导他们的妻子儿女奉养他们家的老人。人到了五十岁，不穿丝绵便不能暖身子，到了七十岁，没有肉食便不能吃饱肚子。身子不暖肚子不饱，便叫做受冻挨饿。所谓文王的老百姓没有受冻挨饿的老人，说的正是这个意思。"

第二十三章

孟子曰："易其田畴①，薄其税敛，民可使富也。食之以时，用之以礼，财不可胜用也。民非水火不生活，昏暮叩人之门户求水火，无弗与者，至足矣②。圣人治天下，使有菽粟如水火。菽粟如水火，而民焉有不仁者乎？"

【注释】

①易其田畴：易，整治。畴，耕治的田亩。②至足矣：至足，极富足。至于"矣"字，杨伯峻《孟子

译注》云："此'矣'字用法同'也','至足矣'为解释句，说明上句的原因。'矣'字这种用法很少见，（一般古书，'也'与'矣'用法分别很清，故《淮南子·说林训》云：'也之与矣，相去千里。'）前代传钞是否有误，不得而知。"

【译文】

孟子说："只要整治好耕地，减轻赋税，百姓是可以使之富足的。食用要有时节，用钱不超过礼数，财物便用不尽了。百姓没有水和火是活不下去的，要是黑夜敲门向别人讨碗水或要个火，是没有人不会给的，这是由于水火家家都非常充足的缘故。圣人治理天下，就要使百姓家有粮食像水火那样充足。百姓家的粮食像水火那样多了，哪还会有不仁爱的呢？"

第二十四章

孟子曰："孔子登东山①而小鲁，登泰山而小天下，故观于海者难为水，游于圣人之门者难为言。观水有术，必观其澜。日月有明，容光②必照焉。流水之为物也，不盈科不行；君子之志于道也，不成章不达③。"

【注释】

①东山：指山东南部的蒙山，它位置在春秋时鲁国的东面。②容光：透光的小缝隙。③不成章不达：成章，是说学问积累多了，文章自然外现。达，推此及彼，无不晓畅。

【译文】

孟子说："孔子登上东山便感觉鲁国小了，登上泰山就感觉天下也小了，所以对于观看过大海的人，作为水要再得到他的赞叹就难了，对于曾在圣人门下游学过的人，作为言谈要再打动他的心弦也就不易了。观看水有观看水的方法，一定得观看它无比壮阔的波澜。太阳和月亮都有耀目的光辉，凡是能容纳光线的小小缝隙都一定能够照到。流水这个东西，不积满地面上那些坎坎洼洼，它是不会向前流动的；君子有志于推行道义，不日积月累，胸有珠玑，文章外现，就不能由此及彼，通达事理。"

第二十五章

孟子曰："鸡鸣而起，孳孳为善者，舜之徒也；鸡鸣而起，孳孳为利者，蹠①之徒也。欲知舜与蹠之分，无他，利与善之间②也。"

【注释】

①蹠（zhí）：同跖，即所谓盗跖，春秋战国之际奴隶起义领袖，旧时被诬称为盗跖。②间（jiàn）：有空隙的意思，这里用来极言其小。

【译文】

孟子说："一听到鸡叫便起来，努力不懈地行善的，是舜一类的人；一听到鸡叫便起来，努力不懈地追求私利的，是蹠一类的人。要想知道舜跟蹠的区分，没有别的，只在利和善这极其细微的差异中。"

第二十六章

孟子曰："杨子取为我，拔一毛而利天下，不为也。墨子兼爱，摩顶放踵^①利天下，为之。子莫^②执中。执中为近之。执中无权，犹执一也。所恶执一者，为其贼道也，举一而废百也。"

【注释】

①摩顶放踵：摩，摩秃；放，到；踵，脚后跟。②子莫：鲁国的贤人。

【译文】

孟子说："杨子采取为我的主张，即使是拔去自己一根毫毛却能使天下得利的事，都不愿干；墨子主张兼爱，哪怕从摩秃头顶到走破脚跟，只要有利于天下，也乐意干。子莫就坚持折中的主张。坚持折中的主张算是近乎正确。但如果持折中的主张而不知道变通，那就还是固执一偏。我们之所以讨厌固执一偏的主张，就因为它损害了仁义之道，顾及一端偏废其余的缘故。"

第二十七章

孟子曰："饥者甘食，渴者甘饮，是未得饮食之正也，饥渴害之也。岂惟口腹有饥渴之害？人心亦皆有害。人能无以饥渴之害为心害，则不及人不为忧矣。"

【译文】

孟子说："肚子饥的人吃什么食物都觉得是美的，口渴的人喝什么水都觉得是甜的，这是没有尝到水和食物的正常滋味，极度的饥渴妨害了他们品尝滋味的正常感觉。难道只是嘴巴和肚子有饥渴的妨害吗？人们的心也都有类似的妨害。假如是人们能使他们的心不受像饥渴对于嘴巴肚子那样的妨害，那么尽管自己一时还不如别人，也不会因此而发愁了。"

第二十八章

孟子曰："柳下惠不以三公易其介^①。"

【注释】

①介：操守。

【译文】

孟子说："柳下惠不因为居三公的高位便改变他的操守。"

第二十九章

孟子曰："有为者辟若掘井，掘井九轫①而不及泉，犹为弃井也。"

【注释】

①轫：是仞的假借字。八尺为仞。一说七尺为仞。

【译文】

孟子说："有作为的人譬如打井一样，井打到九轫深却没有挖到地下泉，也还是一口废井。"

第三十章

孟子曰："尧舜，性之也；汤武，身之也；五霸，假之也。久假而不归，恶知其非有也？"

【译文】

孟子说："尧舜秉性行仁，出自天性；汤武，躬行仁义，勉力回复本性；至于五霸，却是假借仁义之名，图谋他们的私利。借久了不归还，别人受到蒙蔽，又怎么知道他们并没有仁的实际呢？"

第三十一章

公孙丑曰："伊尹曰：'予不狎于不顺①。'放太甲于桐②，民大悦。太甲贤，又反之，民大悦。贤者之为人臣也，其君不贤，则固可放与？"

孟子曰："有伊尹之志，则可；无伊尹之志，则篡也。"

【注释】

①予不狎于不顺：见今《商书·太甲上》（按今《商书·太甲》三篇是伪古文）。狎，习见，看惯；不顺，是说太甲所为，不顺义理。②放太甲于桐：参看《万章章句上》第六章。

【译文】

公孙丑问："伊尹说：'我看不惯那些不遵循义理的人。'于是他把太甲放逐到桐去，老百姓非常高兴。太甲改过自新了，他又将他迎接回来，老百姓也非常高兴。贤人做了人家的臣子，假如他的君主不好，就可以放逐吗？"

孟子说："如果有伊尹那样为公的心思，就可以；如果没有伊尹那样为公的心思，便是篡权了。"

第三十二章

公孙丑曰："《诗》曰：'不素餐兮①！'君子之不耕而食，何也？"

孟子曰："君子居是国也，其君用之，则安富尊荣；其子弟从之，则孝悌忠信。'不素餐兮'，孰大于是？"

【注释】

①不素餐兮：是旨在刺贪的《诗经·魏风·伐檀》中的诗句。素餐，等于说白吃饭。无功受禄，便叫素餐。

【译文】

公孙丑问："《诗》中说：'不白吃饭呀！'可现在的君子却不种田也吃饭，这是为什么呢？"

孟子说："君子居住在这个国家，如果这个国家的君主任用他做官，便能使国家和君主安定、富足而又保持高尚光荣的地位；如果他们的子弟跟着他学习，便能孝敬父母，尊敬兄长、忠心事君、讲究信实。'不白吃饭呀，'还有什么比这个功劳更大的吗？"

第三十三章

王子垫①问曰："士何事？"

孟子曰："尚志。"

曰："何谓尚志？"

曰："仁义而已矣。杀一无罪非仁也，非其有而取之非义也。居恶在？仁是也；路恶在？义是也。居仁由义，大人之事备矣。"

【注释】

①王子垫：齐王的儿子，名垫。

【译文】

王子垫问道："士做的什么事？"

孟子说："士应当使自己保持高尚的志向。"

又问："怎样才能说是志向高尚呢？"

答道："不过是坚持仁和义罢了。杀害一个没有罪的人，便是不仁；凡是财物不是他自己应该得的却取用了，便是不义。士应该居住在什么地方呢？仁便是的；士应该行走的路在哪里呢？义便是的。住的是仁，经由的是义，那么在官的大人分内的事情就都全部具备了。"

第三十四章

孟子曰："仲子，不义与之齐国而弗受①，人皆信之，是舍箪食豆羹之义也。人莫大焉亡亲戚君臣上下②。以其小者信其大者，奚可哉？"

【注释】

①仲子，不义与之齐国而弗受：仲子，即陈仲子。他的事迹见《滕文公章句下》第十章。"不义与之齐国而弗受"，只是一种假设，并不是实有其事。②人莫大焉亡亲戚君臣上下：大焉，跟"大于"差不多。亡，同无。

【译文】

孟子说："陈仲子这个人，即使是毫无道理地把个齐国给他，他也是不会接受的，人们都相信这件事，其实，这种义是等于放弃一箪饭一碗汤的义。人的罪过再没有什么比不要母兄君臣尊卑更大的了，而仲子便正是犯有这种罪过。怎么可以因为他有这一点廉洁的表现便相信他的大节操呢？"

第三十五章

桃应①问曰："舜为天子，皋陶为士，瞽瞍杀人，则如之何？"
孟子曰："执之而已矣。"
"然则舜不禁与？"
曰："夫舜恶得而禁之？夫有所受之也。"
"然则舜如之何？"
曰："舜视弃天下犹弃敝蹝②也。窃负而逃，遵海滨③而处，终身䜣④然，乐而忘天下。"

【注释】

①桃应：孟子弟子。②蹝（xǐ）：一作屣，鞋子。③海滨：滨，水边。古时海滨是政令达不到的地方，所以孟子设想舜会把他犯法的父亲藏在这里。④䜣：古欣字。

【译文】

桃应问道："舜做天子，皋陶当法官，假定瞽瞍杀了人，那该怎么处置？"
孟子说："那就把他抓起来了。"
"那么舜不会出来阻止么？"
答道："舜怎么能出来阻止呢？皋陶纤法是有所传授的，又怎会徇私枉法呢？"
"那么舜怎么办呢？"
答道"舜把抛弃天下看做像抛掉一双破鞋一样。他会偷偷地背着犯法的父亲逃走，沿着海边住下来，一辈子高高兴兴地，把曾经做过天子享有天下的事情忘记得一干二净。"

第三十六章

　　孟子自范之齐①，望见齐王之子，喟然叹曰："居移气，养移体，大哉居乎！夫非尽人之子与？"

　　孟子曰②："王子宫室、车马、衣服多与人同，而王子若彼者，其居使之然也；况居天下之广居③者乎？鲁君之宋，呼于垤泽④之门，守者曰：'此非吾君也，何其声之似我君也？'此无他，居相似也。"

【注释】

　　①自范之齐：范，齐国地名，故城位于今山东范县东南二十里，是从梁（魏）到齐的要道。梁襄王即位之后，刚好是齐宣王新政的开始，孟子听说那里有条件实行仁政，所以从范动身到齐国去。②孟子曰：赵岐《孟子章句》这句以前为一章，以下另作一章。朱熹《孟子集注》则把二章合为一章，并指出这"孟子曰"三字是多余的文字。③广居：喻指仁，见《滕文公章句下》第二章。④垤（dié）泽：宋城门名。

【译文】

　　孟子从范邑到齐国的国都去，远远的望见了齐王的儿子，深有感触地叹息道："一个人所处的环境改变他的气度，所受的奉养改变他的体魄，环境对人们的影响是多么大啊！他和一般人不都是人的儿子吗？"

　　孟子说："王子的住房、车马、衣服多半跟别人的差不多，可王子却显示出那样不凡的气魄，这就是因为他所处的环境使他变成这样的缘故；何况处在天下最广阔的环境——仁——中的人呢？鲁君有一次到宋国去，在宋国垤泽的城门下吆喝，守门的人说：'这不是我们的君主，为什么他的声音这样像我们的君主呢？'这没有别的原因，只是由于他们所处的环境相似。"

第三十七章

　　孟子曰："食而弗爱，豕交之也；爱而不敬，兽畜之也。恭敬者，币之未将者也。恭敬而无实，君子不可虚拘。"

【译文】

　　孟子说："对于贤人只奉养而不爱，那就跟把他当成猪一样接待差不多。只知爱而不知尊敬，那就等于把他当成兽类一样豢养着。恭敬之心，应该在币帛奉送之前就具备了的。徒有恭敬的形式而没有恭敬的实际，君子是不会被这种虚假的礼仪所拘泥的。"

第三十八章

　　孟子曰："形色，天性也；惟圣人然后可以践形。"

【译文】

孟子说："人的形体容貌，都是秉自然之理而生成的，这就是所谓天性；只有圣人才能尽这种自然之理，使天生的形体容貌更加充实完美，无愧于天性。"

第三十九章

齐宣王欲短丧，公孙丑曰："为期之丧，犹愈于已乎？"

孟子曰："是犹或紾①其兄之臂，子谓之姑徐徐云尔，亦教之孝悌而已矣。"

王子有其母死者，其傅为之请数月之丧②。公孙丑曰："若此者何如也？"

曰："是欲终之而不可得也。虽加一日愈于已，谓夫莫之禁而弗为者也。"

【注释】

①紾（zhěn）：扭。②王子母死其傅为之请数月之丧：王子死去的母亲是他父亲的小老婆，上面还有大老婆在，按丧礼的规定他不能行亲丧之礼，守孝三年，因此他的老师代他向他父亲请求守几个月丧。

【译文】

齐宣王打算缩短丧礼规定的守孝时间，让公孙丑问孟子道："父母死后守孝一周年，还是比完全不守孝强些吧？"

孟子说："这就像有个人扭他哥哥的胳膊，你对他说暂且慢慢儿扭吧，也只有拿孝敬父母尊敬兄长的道理教育他好了。"

王子中有个死了母亲的，他的老师替他请求守几个月的孝。公孙丑问孟子道："像这样的事该怎么样呢？"

答道："这个是这位王子想守完三年的孝不可能做到的。哪怕是增加一天守孝的时间也比完全不守孝更好，说的是那些并没有人不让他守孝他却不守孝的人。"

第四十章

孟子曰："君子之所以教者五：有如时雨化之者，有成德者，有达财①者，有答问者，有私淑艾②者。此五者，君子之所以教也。"

【注释】

①财：是才的假借字。②私淑艾：私，私下；淑，善；艾，读 yì，治。这是指有的人不及登君子之门受业，可是从别人那里间接接触到君子的道德学问，私地里拿来修身立业。孟子自己说的"予未得为孔子徒也，予私淑诸人也"便是适例。

【译文】

孟子说："君子用来教育人的方式有五种：有像时雨那样化育万物的，有帮助培养成优良品德的，有多方诱导发展特殊才干使之成材的，有解答学生提出的疑难问题的，有拿自身的品德学问影响那些没有登门受业的人，使他们通过自修得到成功。这五种方式，便是君子用来教育人的方式。"

第四十一章

公孙丑曰："道则高矣，美矣，宜若登天然，似不可及也；何不使彼为可几①及而日孳孳也？"

孟子曰："大匠不为拙工改废绳墨，羿不为拙射变其彀率②。君子引而不发，跃如也。中道而立，能者从之。"

【注释】

①几（jǐ）：近，将及。②彀率：弯弓的限度。

【译文】

公孙丑说："道可说是高了，美了，可就好像登天一样，似乎有点高不可攀；为什么不使它变得可以达到，以便别人每日用功去钻求的呢？"

孟子说："高明的木匠不会因为笨拙的徒工而改变或是抛弃操作时必不可少的墨线，善射箭的羿也不会因为学射人的笨拙而改变要求弯弓时所应达到的限度。君子教人，如射手教射一般，搭上箭拉满弓，并不把箭发出去，只是做出跃跃欲试的姿式。他立下一个合乎中道、不难也不易的准则，能接受这个准则的就能跟上去。"

第四十二章

孟子曰："天下有道，以道殉身；天下无道，以身殉道；未闻以道殉乎人者也。"

【译文】

孟子说："天下要是走上了正轨，道便能随从贤者本身的被信任而得以施行；天下要是离开了正轨，贤者本身便随着道的不能施行而隐居起来；我没有听说过为了逢迎王侯而歪曲甚至破坏正道的。"

第四十三章

公都子曰："滕更①之在门也，若在所礼，而不答，何也？"

孟子曰："挟贵而问，挟贤而问，挟长而问，挟有勋劳而问，挟故而问，皆所不答也。滕更有二焉。"

【注释】

①滕更：滕君的弟弟，当时在孟子那里学习。

【译文】

公都子说："滕更在您门下学习，似乎应置在以礼相待的人的行列，您却不回答他的发问，这是为什么呢？"

孟子说："仗着自己的权位高来发问，仗着自己的才干名气来发问，仗着自己年纪比人家大来发问，仗着自己是有功来发问，仗着自己与人家有交情来发问，所有这些都是我不予回答的。滕更这个人犯了两条。"

第四十四章

孟子曰："于不可已而已者，无所不已。于所厚者薄，无所不薄也。其进锐者，其退速。"

【译文】

孟子说："对于不当废弃的人却废弃了，那就没有什么人不可以废弃了。对于应当厚待的人却薄待了，那就没有什么人不可以薄待了。那些进用非常突然了的人，他们的被罢退也必然会十分迅速。"

第四十五章

孟子曰："君子之于物也，爱之而弗仁；于民也，仁之而弗亲。亲亲而仁民，仁民而爱物。"

【译文】

孟子说："君子对待万物，爱惜它们却不施给仁德；对于百姓，施给仁德却并不亲爱。君子亲爱自己的亲人，推而施仁德于百姓；对百姓施给仁德，推而爱惜万物。"

第四十六章

孟子曰："知者无不知也，当务之为急；仁者无不爱也，急亲贤之为务。尧舜之知而不徧物，急先务也；尧舜之仁不徧爱人，急亲贤也。不能三年之丧，而缌、小功①之察；放饭流歠，而问无齿决②，是之谓不知务。"

【注释】

①缌、小功：缌（sī），细麻布，丧服较轻的用这种布，这里指的是缌麻三月的孝服。缌麻，是五种孝服（斩衰、齐衰、大功、小功、缌麻）中最轻的。本宗为高祖父母及五服内在小功以下的人穿这种孝

服；异姓为中表兄弟、妻的父母、女婿、外孙都穿这种孝服。小功，丧服，是用稍粗熟的布做的，这是服丧五月的孝服。本宗为曾祖父母、伯叔祖父母、堂伯叔父母等，外亲为外祖父母、母舅、姨母等穿这种孝服。缌和小功都属孝服中较轻的。②放饭流歠，而问无齿决：放饭，放，纵；放饭是说放肆地吃饭。流歠（chuò），歠，吸，喝；流歠是说张口大喝，汤冲入口中像水长流。齿决，决，断；问无齿决是说见人吃湿肉用手去撕裂，便责问他何以不用牙齿去咬断。放饭流歠，是很不礼貌的举动；无齿决，只是小小不礼貌的举动。

【译文】

　　孟子说："智者本应无所不知，但必须急于处理好当前的工作；仁者本应无所不爱，但必须把亲近贤人当做唯一的急务。尧舜的智慧虽高，但不可能知道一切事物，因为他们必须急于知道面前首要的任务；尧舜的仁德虽大，却不可能爱所有的人，因为他们必须急于亲近贤者。如若不能实行三年丧礼，而对缌麻三月，小功五月，还译备；在长辈前大吃大喝，却又讲究用牙咬断干肉，这叫不识大体。"

第七篇　尽心章句下（凡三十八章）

第一章

孟子曰："不仁哉梁惠王也！仁者以其所爱及其所不爱，不仁者以其所不爱及其所爱。"

公孙丑问曰："何谓也？"

"梁惠王以土地之故，糜烂其民而战之。大败，将复之，恐不能胜，故驱其所爱子弟以殉之，是之谓以其所不爱及其所爱也。"

【译文】

孟子说："梁惠王委实太不仁了啊！一个仁爱的人会拿他施加于所爱的人的恩泽推广开去，沾被到他所不爱的人的身上；一个不仁爱的人却会拿他施加于他所不爱的人的荼毒连累及他所心爱的人。"

公孙丑听了，问道："这话怎么讲呢？"

答道："梁惠王为了扩张土地的缘故，把他所不爱的百姓投入战争。打了大败仗后，又将卷土重来，却担心百姓不肯替他卖命，所以驱使他所心爱的子弟上战场去送死，这便叫做拿他施加于他所不爱的人的荼毒连累及他所心爱的人。"

第二章

孟子曰："春秋无义战。彼善于此，则有之矣。征者，上伐下也，敌国不相征也。"

【译文】

孟子说："春秋那个时代没有合乎义的战争，说那次战争比这次战争好一点，却还是有的。征讨这个词，是指上面的天子讨伐下面违反王命的诸侯，地位相等的国家是不得互相征伐的。"

第三章

孟子曰："尽信《书》，则不如无《书》。吾于《武成》①，取二三策②而已矣。仁人无敌于天下，以至仁伐至不仁，而何其血之流杵也③？"

【注释】

①《武成》：古《尚书》中篇名，内容大概记述周武王伐纣王的事，今已佚亡。伪古文《尚书》中的《武成》已经不是《孟子》本章所说的《武成》篇。②策：古代尚未发明纸时，用漆在竹片或木片上书写文字；一块竹片名为简，编联若干竹简名为策。古人大事记在策上，小事记在简上。③血之流杵：杵，春米的木棒；或作卤，与橹通。伪古文《尚书·武成》篇说周武王伐纣的军队，"会于牧野，罔有敌于我师；前徒倒戈，攻于后以北，血流漂杵。"

【译文】

孟子说："全部相信《书》，就还不如没有《书》好。我对于《武成》这篇《书》文，只不过采用它两三段文字罢了。一个仁德的人在天下是没有敌手的，以周武王这样天下极其仁爱的贤君去讨伐商纣那样最不仁爱的暴君，又怎么会发生血流成河，连春米的大木棒都给漂走的事呢？"

第四章

孟子曰："有人曰：'我善为陈①，我善为战。'大罪也。国君好仁，天下无敌焉。南面而征北狄②怨，东面而征西夷怨，曰：'奚为后我？'武王之伐殷也，"革车三百两，虎贲三千人③。王曰：'无畏！宁尔也，非敌百姓也。'若崩厥角稽首④。征之为言正也，各欲正己也，焉用战？"

【注释】

①陈：即"阵"本字。②北狄：焦循《正义》本作"北夷"，朱熹《孟子集注》本作"北狄"。③革车三百两，虎贲（bēn）三千人：革车，兵车；两，同辆。虎贲，古时用来喻指勇士、武士，是说猛怒如老虎的奔赴；三千人，《书序》作三百人。④若崩厥角稽首：厥，顿；角，额角，厥角，即以额角触地，也即"顿首"、"叩头"的意思。崩，指山崩塌，这里用来形容百姓叩头的众声轰然。

【译文】

孟子说："有人说，'我善于摆列阵势，我善于打仗。'这实际是该服上刑的大罪过。只要国君好行仁德，天下便没有敌手。过去商汤大起义师，他讨伐南方，北方的狄族便埋怨；他讨伐东方，西方的夷族同样也埋怨，他们说：'为什么把我们搁在后面呢？'周武王去讨伐殷纣时，派出兵车三百辆，勇士三千人。武王告谕殷商的百姓道：'别害怕！我们是来帮助你们得到安定生活的，不是来跟你们百姓作对的。'百姓们伏在地上把额角碰着地面叩起头来，就像山岳崩塌似的一片响声。征这个字含有正的意思，被暴君压榨残害的各国百姓都希望武王来匡正自己的国家，哪里又用得着战争呢？"

第五章

孟子曰："梓匠轮舆能与人规矩，不能使人巧。"

【译文】

孟子说:"木匠车工能够把规矩法度传授给别人,但却不能保证别人能够有高明技巧。"

第六章

孟子曰:"舜之饭糗茹草①也,若将终身焉;及其为天子也,被袗衣②,鼓琴,二女果③,若固有之。"

【注释】

①饭糗茹草:饭糗,饭旧读 fǎn,动词,吃;糗 qiǔ,即干粮。茹旧读 rǔ,今读 rú,也解吃。②袗(zhěn)衣:即絺衣,絺(chī),细葛布。③果:一作婐,侍候。

【译文】

孟子说:"舜当年吃干粮啃野菜的时候,好像一辈子都要这样过下去;等到他做了天子,身着细葛布衣服,弹着琴,尧的两个女儿侍候他,又好像本来他就具有这些生活条件似的。"

第七章

孟子曰:"吾今而后知杀人亲之重也:杀人之父,人亦杀其父;杀人之兄,人亦杀其兄。然则非自杀之也? 一间①耳。"

【注释】

①一间(jiàn):间,隔。一间有中间隔一人的意思。

【译文】

孟子说:"我从今以后才知道杀害别人的亲属的重大:一个人杀了别人的父亲,别人也会杀死他的父亲;杀了别人的哥哥,别人也会杀死他的哥哥。这样难道不等于自己杀死自己的父兄么? 只不过中间隔了一个人罢了。"

第八章

孟子曰:"古之为关也,将以御暴;今之为关也,将以为暴。"

【译文】

孟子说:"古时候设立关卡,是准备用来防止发生暴乱;现在设立关卡,却是用来推行暴政。"

第九章

孟子曰："身不行道，不行于妻子；使人不以道，不能行于妻子。"

【译文】

孟子说："一个从政的人如果自己行事都不遵循正道，那么正道就连在他妻子身上也行不通；如果他不按道理去支使人，那么就连他妻子也支使不动。"

第十章

孟子曰："周于利者凶年不能杀①，周于德者邪世不能乱。"

【注释】

①周于利者凶年不能杀：周，足。杀，窘乏。这句只是陪衬，下句才是中心。

【译文】

孟子说："平时积蓄财物富足的人，即使是灾荒年岁也不能使他受窘乏，平时积德厚的人，即使是乱世也不能使他迷失方向。"

第十一章

孟子曰："好名之人，能让千乘之国，苟非其人，箪食豆羹见于色。"

【译文】

孟子说："那些珍惜名誉的人，能够把可出兵车千乘的国家让给贤人，但是，假如不是那种适宜受让的对象，即使是让给一筐饭、一碗汤，他心里的不高兴也会在脸色上表现出来的。"

第十二章

孟子曰："不信仁贤则国空虚；无礼义，则上下乱；无政事，则财用不足。"

【译文】

孟子说："不信任有仁德有才干的人，国家便会显得空虚；国家不实行礼义，上下的关系便要出现混乱；没有好的政治国家的财物用度便要感到不足。"

第十三章

孟子曰："不仁而得国者，有之矣；不仁而得天下者，未之有也。"

【译文】

孟子说:"不行仁德却能得到一个国家,这样的事是有的;不行仁德却能得到天下,这样的事是从来没有的。"

第十四章

孟子曰:"民为贵,社稷次之,君为轻。是故得乎丘民①而为天子,得乎天子为诸侯,得乎诸侯为大夫。诸侯危社稷,则变置。牺牲既成,粢盛既洁,祭祀以时,然而旱干水溢,则变置社稷。"

【注释】

①丘民:丘,众。丘民即民众。

【译文】

孟子说:"百姓是最重要的,其次便是社稷,君主要算较轻的了。所以得到民众拥护的便可以做天子,得到天子信任的便可以做诸侯,得到诸侯信任的便可以做大夫。诸侯要是危害国家,便得废掉他改立别人。要是祭祀用的牲口肥大合乎标准,盛在祭器中的黍稷也已弄得清清洁洁,祭祀也是按时进行,可是百姓仍是要遭受旱灾和水灾,那就得改立土谷之神了。"

第十五章

孟子曰:"圣人,百世之师也,伯夷、柳下惠是也。故闻伯夷之风者,顽夫廉,懦夫有立志;闻柳下惠之风者,薄夫敦,鄙夫宽。奋乎百世之上,百世之下,闻者莫不兴起也。非圣人而能若是乎? ——而况于亲炙之者乎?"

【译文】

孟子说:"圣人是百代人的老师,伯夷和柳下惠便是这样的人。所以在那些听到伯夷的风格和操守的人当中,即使是贪婪的人也变得廉洁了,懦弱的人也变得坚强了;在那些听到柳下惠的风格和操守的人中,即使是刻薄成性的人也变得厚道了,胸襟狭隘的人也变得宽宏大度了。他们在百代之前奋发有为,百代之后,听到他们事迹的人没有不为之振作的。不是圣人能够像这样吗? ——更何况对于那些同时代亲受他们薰陶的人呢?"

第十六章

孟子曰:"仁也者,人也。合而言之,道也。"

【译文】

　　孟子说："'仁'这个字的含义就是'人'，把'仁'和'人'合起来讲，就是道。"

第十七章

　　孟子曰："孔子之去鲁，曰：'迟迟吾行也。'去父母国之道也。去齐，接淅而行。去他国之道也。"

【译文】

　　孟子说："孔子离开鲁国时，说：'我们慢慢地走吧。'这是告别祖国应采取的态度。离开齐国时，把正在淘的米漉干了就走。这是离开别国所采取的态度。"

第十八章

　　孟子曰："君子之厄于陈蔡之间[①]，无上下之交也。"

【注释】

　　①君子之厄于陈蔡之间：君子，指孔子。厄，同厄。据《史记·孔子世家》记载，孔子在陈、蔡两国之间时，楚国派人来聘请孔子，孔子准备去拜见楚君；陈、蔡的大夫阴谋一道征发服劳役的罪犯在野外把孔子包围，使他不得前往，粮食也断绝了接济。

【译文】

　　孟子说："孔子在陈蔡之间被围困，以至饿饭，就因为孔子和陈蔡的君臣上下都没有交往的缘故。"

第十九章

　　貉稽[①]曰："稽大不理于口[②]。"
　　孟子曰："无伤也。士憎兹多口。《诗》云：'忧心悄悄，愠于群小[③]。'孔子也。'肆不殄厥愠[④]，亦不陨厥问。'文王也。"

【注释】

　　①貉稽：人名，姓貉（mò），名稽，当时一个做官的人。②理：利；"不理于人口"有"不利于（或不顺于）人口"的意思。③忧心二句：引自《诗经·邶风·柏舟》。④肆不殄（tiǎn）厥愠，亦不陨厥问：引自《诗经·大雅·绵》。肆，是承上启下的词，有"故今"的意思。殄，绝；愠，怒；陨，失；问，名声。

【译文】

　　貉稽说："我现在大大地被人们所讥讽。"

孟子说:"这没有关系。士人最讨厌这种多嘴多舌。《诗》里说:'我满怀忧心沉忡忡,得罪宵小一大堆。'孔子的遭遇便正是这样。《诗》又说:'今虽不能消除别人的怨恨,但也不会损害自己的声名。'说的就是文王。"

第二十章

孟子曰:"贤者以其昭昭,使人昭昭;今以其昏昏使人昭昭。"

【译文】

孟子说:"贤明的人教人,凭着自己的透彻明了,使别人也变得透彻明了;现在那些教人的人,就凭自己糊里糊涂,却要使别人透彻明了。"

第二十一章

孟子谓高子曰:"山径之蹊间①,介然用之②而成路;为间不用,则茅塞之矣。今茅塞子之心矣。"

【注释】

①山径之蹊间:山径,山坡。蹊,鸟兽走的小路。②介然用之:介然,有执着、坚持的意思。用,行。

【译文】

孟子对高子说:"山坡上那些野兽走过的地方,如果人们不断地在上面走着因而便成了路;只要隔一会儿不去走,茅草就会将它阻塞。现在你的心也给茅草阻塞了。"

第二十二章

高子曰:"禹之声尚文王之声。"
孟子曰:"何以言之?"
曰:"以追蠡①。"
曰:"是奚足哉?城内之轨,两马之力与?"

【注释】

①追蠡:追,钟钮。蠡(lǐ),蛀木的虫。

【译文】

高子说:"禹的音乐超过文王的音乐。"
孟子说:"凭什么这样讲呢?"

高子答道："因为禹传下来的钟钮像给虫咬得快要断了一般。"

孟子说："这又何足为证呢？城门下车轮子驶过的辙迹那样深，难道是两匹拉车的马的力量吗？"

第二十三章

齐饥，陈臻曰："国人皆以夫子将复为发棠①，殆不可复。"

孟子曰："是为冯妇②也。晋人有冯妇者，善搏虎，卒为善士。则之野，有众逐虎，虎负隅，莫之敢撄；望见冯妇，趋而迎之。冯妇攘臂下车。众皆悦之，其为士者笑之。"

【注释】

①发棠：指发放仓库里的存粮赈济灾民。孟子曾劝齐王发放棠邑的仓粮救灾。棠，齐国地名，位于今山东即墨县甘棠乡。②冯妇：人名，姓冯，名妇。

【译文】

齐国发生饥荒，陈臻说："国里的人都以为您又会为大家请求齐王打开棠乡的仓库来赈济百姓，恐怕不便再这样做吧。"

孟子说："如果再这样做，这就成了冯妇了。晋国有个名叫冯妇的人，善于打老虎，后来成了善士，便放弃了打虎。有次他到野外去，碰上大伙追赶一只老虎，老虎背靠着山角，没有谁敢去碰它一下；大家远远望见了冯妇，便一齐跑上去迎接他。冯妇挽起袖子，挥舞胳膊走下车来。大伙都喜欢他，可那些作为士的人们却讪笑他。"

第二十四章

孟子曰："口之于味也，目之于色也，耳之于声也，鼻之于臭①也，四肢之于安佚也，性也；有命焉，君子不谓性也。仁之于父子也，义之于君臣也，礼之于宾主也，知之于贤者也，圣人之于天道也，命也；有性焉，君子不谓命也。"

【注释】

①臭（xiù）：气味。杨伯峻《孟子译注》说："上句'味'、'色'、'声'都是中性词（不含美恶之义），但用在此处，则指'美味'、'美色'、'乐声'，此种用法，以前诸章不乏其例。'臭'字亦如此。'臭'的本义是'气味'，不论香臭都叫'臭'，此则专指芬芳之气。正如《左传·僖公四年》的'一薰一莸，十年尚犹有臭'的'臭'专指恶臭一般。"

【译文】

孟子说："口喜欢美味，眼睛喜欢美色，耳朵喜欢好听的声音，鼻子喜欢芳香的气味，四肢喜欢舒适，都是天性的嗜好；可是这中间又有个命运好坏的问题，所以君子就不认为它们是性分所定，仁对于父子，义对于君臣，礼对于宾主，知对于贤者，圣人对于天道，它们能否一一各得其宜，这是属于命运的问题；但却又是性分所定，所以君子不把它们看成是天命的安排。"

第二十五章

浩生不害①问曰："乐正子何人也？"

孟子曰："善人也，信人也。"

"何谓善？何谓信？"

曰："可欲之谓善②，有诸己之谓信，充实之谓美，充实而有光辉之谓大，大而化之之谓圣，圣而不可知之之谓神。乐正子，二之中，四之下也。"

【注释】

①浩生不害：复姓浩生，名不害，齐国人。②可欲之谓善：可欲，犹可爱、可好，与可恶相反。在孟子看来，人心一般都知道向善，所以，人们认为可爱（或可好）的人，他一定是个好人。

【译文】

浩生不害问道："乐正子是个什么样的人？"

孟子说："是个好人，是个实实在在的人。"

"什么叫做好？什么叫做实实在在？"

答道："一个人让人觉得他可爱便叫做好；他自己的确有那些值得人爱的优点便叫做实实在在；那些优点确实充实于他本身便叫做'美'；不止是充实，而且表现得光辉灿烂便叫做'大'；不但是大，而且融为一体，找不出使它大的痕迹，便叫做'圣'；圣人德广，以至到了神妙不可度测的地步，便叫做'神'。乐正子正是处在好和实实在在二者的中间和'美'、'大'、'圣'、'神'四者的下面。"

第二十六章

孟子曰："逃墨必归于杨，逃杨必归于儒。归，斯受之而已矣。今之与杨、墨辩者，如追放豚，既入其苙①，又从而招②之。"

【注释】

①苙（lì）：关猪牛等家畜的栏。②招：挂，即用绳索绊住家畜的脚。

【译文】

孟子说："脱离墨子学派的人一定会归到杨朱学派去，脱离杨朱学派的人一定会归到儒家学派这边来。既然归到这边来了，就接受他算了。现在那些跟杨墨两派展开论争的人，就像是追回走失了的猪一样，已经赶回进猪圈里了，还要用绳子绊住它们的脚。"

第二十七章

孟子曰："有布缕之征，粟米之征，力役之征。君子用其一，缓其二。用其二而民有殍，用其三而父子离。"

【译文】

孟子说："有征收布帛的，有征收粮食的，还有征收人力的。君子使用一种，其他两种便暂缓使用。如果两种赋役同时使用，百姓便会有因此而饿死的，如果三种赋役同时使用，那父亲和儿子这样的至亲骨肉，也要离散了。"

第二十八章

孟子曰："诸侯之宝三：土地，人民，政事。宝珠玉者，殃必及身。"

【译文】

孟子说："诸侯的宝贝有三件：土地，百姓，政事。不看重上面三件宝贝，却把珍珠美玉看做宝贝的人，祸灾就一定会降到他身上。"

第二十九章

盆成括①仕于齐，孟子曰："死矣盆成括！"盆成括见杀，门人问曰："夫子何以知其将见杀？"

曰："其为人也小有才，未闻君子之大道也，则足以杀其躯而已矣。"

【注释】

①盆成括：姓盆成，名括，曾经想投孟子门下学习，由于弄不懂孟子的学问便离去了。

【译文】

盆成括在齐国做官，孟子知道后说："盆成括要死了啊！"后来盆成括果然被杀死，学生问道："老师您怎么知道他会被杀？"

答道："他的为人有小才能，但不懂君子的大道，那就足以杀害他自身了。"

第三十章

孟子之滕，馆于上宫①。有业屦②于牖上，馆人求之弗得。或问之曰："若是乎从者之廋也？"

曰："子以是为窃屦来与？"

曰：“殆非也。夫子之设科也，往者不追，来者不拒。苟以是心至，斯受之而已矣。”

【注释】

①上宫：别宫的名字。②业屦：还没有织完的草鞋。

【译文】

孟子到滕国，住在上宫。有一双还没有织完的草鞋搁在窗子上，客馆的人遍处寻找没有找到。有的人便问孟子道：“跟随您的人怎么把人家的东西藏起来呢？”

孟子说：“你以为这些人是为偷草鞋才来的吗？”

答道：“大概不是吧。不过，您开馆设置课程，接受学生，离去的并不追问，进来的也不拒绝。只要他们真的是抱着这种向学的心而来，这就只有把他们接受下来。”

第三十一章

孟子曰：“人皆有所不忍，达之于其所忍，仁也；人皆有所不为，达之于其所为，义也。人能充无欲害人之心，而仁不可胜用也；人能充无穿逾之心，而义不可胜用也；人能充无受尔汝①之实，无所往而不为义也。士未可以言而言，是以言餂②之也；可以言而不言，是以不言餂之也，是皆穿逾之类也。”

【注释】

①尔汝：本是长辈对于晚辈、上级对于下级的通称，这里是作为轻贱的称呼。②餂（tiǎn）：挑取东西。

【译文】

孟子说：“每个人都有他所不忍心做的事，只要他能将它扩充到他所忍心做的事上，便是仁；每个人都有他所不愿做的事，只要他能将它扩充到他所愿做的事上，便是义。只要人们能够扩充他那种不愿害人的心，那么他的仁便用不尽了。只要人们能够扩充那种不挖洞跳墙的心，那么他的义便用不尽了；只要人们能够扩充那种不受轻蔑的实际言行，那么他就不管到哪里都再没有不合于义的了。对于一个士人本来不可以跟他攀谈却故意和他攀谈，这便是用言语去诱惑他而自己从中取利；可以跟他攀谈却故意不去攀谈，这便是用沉默去诱惑他而自己从中取利，这些都是属于挖洞跳墙一类的行径。”

第三十二章

孟子曰：“言近而指远者，善言也；守约而施①博者，善道也。君子之言也，不下带②而道存焉；君子之守，修其身而天下平。人病舍其田而芸③人之田——所求于人者重，而所以自任者轻。”

【注释】

①施（shī）：施给恩惠。②不下带：古人把衣带束在腰上，心是在衣带的上面，所以这里的不下带是暗指心而言。③芸：通耘。

【译文】

孟子说："说的是很近事情而指的却是深远的道理，这可说是很好的语言；所操持的极其简要而德泽影响却极其广博，这可说是很好的方法。君子所说的，虽只是正心的事，可是治国平天下的大道理却就在这中间；君子所操持的，虽只是修身的事，却能使天下都得到太平。一般人的毛病就在于放下自己的田不耕，却去耕别人的田——要求别人的很重，而拿来挑在自己肩上的担子却很轻。"

第三十三章

孟子曰："尧舜，性者也；汤武，反之也。动容周旋中礼者，盛德之至也。哭死而哀，非为生者也。经德不回①，非以干禄也。言语必信，非以正行②也。君子行法以俟命而已矣。"

【注释】

①经德不回：经，行；回，邪。②非以正行：不是一定要以正行为名。

【译文】

孟子说："尧舜的仁德，只是按他们的本性行事；汤武的仁德，却是经过修身力行，然后回复到天然的性分。动作容貌细微曲折没有不自然合于礼的，这是前代圣贤的美德达到的表现。痛伤死者而哭得悲哀，不是为了做给生者看的。按照道德行事，不搞歪门邪道，并不是想借此求得个官职。说话一定守信用，也不是为了要博取一个方正的名声。君子只不过是行为遵守法度，以等待天命的安排罢了。"

第三十四章

孟子曰："说大人，则藐之，勿视其巍巍然。堂高①数仞，榱题②数尺，我得志，弗为也。食前方丈，侍妾数百人，我得志，弗为也。般乐饮酒，驱骋田猎，后车千乘，我得志，弗为也。在彼者，皆我所不为也；在我者，皆古之制也，吾何畏彼哉？"

【注释】

①堂高：是指殿堂的阶级高。②榱（chuī）题：榱，即桷，是承屋瓦的椽子。题，头。

【译文】

孟子说："凡是去游说大人，就先要轻视他们，不要把他们一时的显赫看得了不起。他们

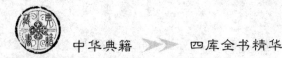

的殿堂阶级几丈高，檐桷几尺宽，我得了志，便不会这样做。他们吃饭时，好菜好酒摆满了前面方丈宽的地方，侍立两旁的姬妾多达几百人，我得了志，便不会这样做。他们天天饮酒作乐，跑马打猎，千多辆车子跟在后面跑，我得了志，便不会这样做。凡是他们的那些腐化享乐的事，都是我所不做的；凡是我所做的，都合乎古代制度的规定，我怕他什么呢？"

第三十五章

孟子曰："养心莫善于寡欲。其为人也寡欲，虽有不存①焉者，寡矣；其为人也多欲，虽有存焉者，寡矣。"

【注释】

①不存：这里的"不存"跟末句的"存"字，不是指人身的存亡，而是指是否不失人的本心。

【译文】

孟子说："养心的方法没有比尽量减少欲望更好了。那些平素欲望少的人，尽管也有失去本心的，但是为数却很少；那些平素欲望多的人，尽管也有能保存他的本心的，但是为数也很少。"

第三十六章

曾皙嗜羊枣①，而曾子不忍食羊枣。公孙丑问曰："脍炙②与羊枣孰美？"

孟子曰："脍炙哉！"

公孙丑曰："然则曾子何为食脍炙而不食羊枣？"

曰："脍炙所同也，羊枣所独也。讳名③不讳姓，姓所同也，名所独也。"

【注释】

①羊枣：一种紫黑色、小而圆的果实，欲称羊矢枣。但也有人认为羊枣不是枣子，是一种较小的柿子，初生时黄色，成熟后转为黑色，有点像羊矢，将它的树嫁接便成为柿树。②脍炙（kuàizhì）：脍，细切肉；炙，烤熟的肉。③讳名：古代对于父母和君上的名不能称，也不能写，叫做避讳。

【译文】

从前曾皙非常喜欢吃羊枣，因而曾子不忍心吃羊枣。公孙丑问孟子道："细切熟肉跟羊枣哪一种更好吃？"

孟子答道："当然是细切熟肉嘛！"

公孙丑说："那么，曾子为什么吃细切熟肉却不吃羊枣呢？"

孟子答道："细切熟肉是人们所共同爱吃的，羊枣却是曾皙所单独爱吃的。这跟人们对于父母君上避讳名不避讳姓是一样的，因为姓是大家共同的，而名却是父母君上所独有的。"

第三十七章

万章问曰："孔子在陈曰：'盍归乎来！吾党之士狂简①，进取，不忘其初②。'孔子在陈，何思鲁之狂士？"

孟子曰："孔子不得中道而与之③，必也狂狷④乎——狂者进取。狷者有所不为也，孔子岂不欲中道哉？不可必得，故思其次也。"

"敢问何如斯可谓狂矣？"

曰："如琴张、曾皙、牧皮者⑤，孔子之所谓狂矣。"

"何以谓之狂也？"

曰："其志嘐嘐然⑥，曰：'古之人，古之人'。夷考⑦其行而不掩焉者也。狂者又不可得，欲得不屑不洁之士而与之，是狷也，是又其次也。孔子曰：'过我门而不入我室，我不憾焉者，其惟乡原⑧乎！乡原，德之贼也。'"

曰："何如斯可谓之乡原矣？"

曰："'何以是嘐嘐也？言不顾行，行不顾言，则曰，古之人，古之人⑨。行何为踽踽凉凉⑩？生斯世也，为斯世也，善斯可矣。'阉然媚于世也者，是乡原也。"

万子曰⑪："一乡皆称原人焉，无所往而不为原人，孔子以为德之贼，何哉？"

曰："非之无举也，刺之无刺也，同乎流俗，合乎污世，居之似忠信，行之似廉洁，众皆悦之，自以为是，而不可与入尧舜之道，故曰'德之贼'也。孔子曰：'恶似而非者：恶莠，恐其乱苗也；恶佞，恐其乱义也；恶利口，恐其乱信也；恶郑声⑫，恐其乱乐也；恶紫，恐其乱朱也；恶乡原，恐其乱德也。君子反经⑬而已矣。经正，则庶民兴；庶民兴，斯无邪慝矣。"

【注释】

①吾党之士狂简：语见《论语·公冶长篇》，作"吾党之小子狂简"。狂简，简，大，有志大、言大的意思，与世俗所谓"志大才疏"的人相类似。狂者进取大道，但方法不对头，所以赶不上中道的人。②不忘其初：这可能是万章引孔子的话，意思是说不能改变他们的旧习染。③孔子不得中道而与之：语见《论语·子路篇》，"孔子"下有"曰"字，"中道"作"中行"。④狷（juàn）：一作獧，狷急，狷介，即性情正直，不肯同流合污的意思。⑤琴张、牧皮：琴张，见于昭公二十年《左传》及《庄子·大宗师篇》，一般都以为字子张，即孔子弟子颛孙师。但未见《仲尼弟子列传》，也有人提出了疑问。牧皮，生平已无从考查。⑥嘐嘐（xiāo）：言大志大的样子。⑦夷：平，辨；"夷考"有考察的意思。⑧乡原：乡原一词，见《论语·阳货篇》，谨愿的人。因为他们似德非德，所以孔子以为"德之贼"，对他深恶而痛绝之。⑨"何以是嘐嘐也"至"古之人，古之人"：是乡原讽刺狂者的话。⑩行何为踽踽凉凉：踽踽（jǔ），独行不进的样子；凉凉，薄，不被人亲厚。这是乡原讥讽狷者的话。⑪万子曰：子，男子的美称。不称万章而称万子，是孟子对万章的赞赏。⑫郑声：郑有重（chóng）的意思。郑声大概是指弦急柱促，声音复沓悦耳的乐歌，这该是孔子时代的一种后起的新乐，拿那些典雅简单的诗乐去和它相比，自然要相形见绌。所以孔子要对它加以贬斥，以免动摇雅乐在乐坛的统治地位。⑬反经：反，复；经，常，万世不变的常道。

【译文】

万章问道："孔子在陈国时说：'为什么不回去呢！我们乡里的学生们不喜欢按照常规行事，志向大口气也大，一直没有改变他们的老脾气。'孔子在陈国，为什么要念叨着鲁国那些狂放之士呢？"

孟子说："孔子说过'得不到不偏不倚合于中行的人加以奖掖鼓励，如果一定要奖掖鼓励一些人，那就只有狂放之士和狷介之士了啊！狂放的人富有进取心，狷介之士有所不为'。孔子难道不想得到不偏不倚合于中行的人吗？但不一定能得到，所以便只好想到次一等的人了。"

"请问怎样的人才可被称作狂放之士呢？"

答道："像琴张、曾晳、牧皮这一类人，就是孔子所称的狂放之士。"

"为什么说他们是狂放之士呢？"

答道："他们表现出志向大口气也大的样子，口里常是这样嚷着：'古代的人，古代的人。'但考察起他们的行为来，便不能和他们的语言密合无间。狂放之士又不易得到，孔子便想找到那些不屑干肮脏事的人而加以奖掖鼓励，这就是狷介之士，这又是次一等的人了。孔子说：'经过我的门口，却不进我的屋，而我并不感到遗憾的，那恐怕只有那些好好先生吧！那些好好先生，是损害道德的害虫。'"

问道："怎样的人才叫做好好先生呢？"

答道："那些好好先生讥讽狂放之士和狷介之士说，'干嘛要这样志向高口气大呢？说的不管做的，做的不符合说的，光是叫嚷古代的人呀，古代的人呀。为什么把自己弄得这样孤单冷落呢？生在这个世界上，替这个世界上的人做事，混得差不多就可以嘛。'没有灵魂，做出一副讨好相，希望世上的人都喜欢他，这种人就叫做好好先生。"

万子说："一乡的人都称他是好人，他无论到什么地方去都表现成好人，孔子却认为他是损害道德的大害虫，这是为什么呢？"

答道："像好好先生这种人，你要指责他又举不出他什么太大的过错，你要讥刺他又像没有什么可讥刺的，这种人同流合污，平常与人相处好像忠厚老实，做起事来也好像廉洁方正，大家都喜欢他，他自己也沾沾自喜，觉得自己不错，但是与尧舜之道却是格格不入的，所以说是'损害道德的大害虫'。孔子说，最厌恶的是那些外表相似实际却完全是两码事的东西：讨厌那些似苗非苗的狗尾草，为的是怕它混淆了禾苗；讨厌那些有歪才似义非义的人，为的是怕他们混淆了义；厌恶那些能说会道似信非信的人，为的是怕他们混淆了信实；厌恶那些声音复沓过分悦耳的乐曲，为的是怕它混淆了雅乐；厌恶那些似朱非朱的紫色，为的是怕它混淆了红色；厌恶那些似有德非有德的好好先生，为的是怕他们混淆了道德。所要求于君子的只不过是回到常道上来罢了。常道摆正了位置，百姓们便会积极奋发起来；百姓们积极奋发起来了，就不会有邪恶的事了。"

第三十八章

孟子曰："由尧舜至于汤，五百有余岁；若禹、皋陶，则见而知之；若汤，则闻而知之。由汤至于文王，五百有余岁，若伊尹、莱朱①，则见而知之；若文王，则闻而知之。由文王至于孔子，五百有余岁，若太公望、散宜生②，则见而知之；若孔子，则闻而知之。由孔子而来至于今，百有余岁，去圣人之世若此其未远也，近圣人之居若此其甚也，然而无有乎尔，则亦无有乎尔。"

【注释】

　　①莱朱：汤贤臣，一名仲虺（huǐ），是汤的左相。②散宜生：文王四臣之一，是散宜氏的后代，以文德著称。

【译文】

　　孟子说："从尧舜到商汤，共经过了五百多年；像禹和皋陶等人，是亲眼看见因而知道尧舜治天下之道的；像商汤，是经过传闻才知道尧舜治天下之道的。从商汤到文王，也是经过了五百多年，像伊尹、莱朱等人，是亲自看见因而知道商汤治天下之道的；像文王，便是经过传闻才知道商汤治天下之道的。从文王到孔子，又是经过了五百多年，像太公望、散宜生等人，是亲自看见因而知道文王治天下之道的，像孔子，便是经过传闻才知道文王治天下之道的。从孔子以来到今天，还只一百多年，离开圣人的时代是这样的不远，距离圣人的故乡又是这样近，可是还没有继承道统的人，也就没有继承道统的人了。"

春秋左传

隐　公

隐公元年

惠公元妃孟子①。孟子卒，继室以声子②，生隐公。宋武公生仲子③，仲子生而有文在其手，曰："为鲁夫人"，故仲子归于我④。生桓公而惠公薨，是以隐公立而奉之⑤。

元年春，王周正月⑥，不书即位，摄也。

三月，公及邾仪父盟于蔑⑦，邾子克也⑧。未王命，故不书爵。曰"仪父"，贵之也。公摄位而欲求好于邾，故为蔑之盟。

夏四月，费伯帅师城郎⑨。不书，非公命也。

初，郑武公娶于申⑩，曰武姜⑪。生庄公及共叔段⑫。庄公寤生，惊姜氏，故名曰寤生，遂恶之。爱共叔段，欲立之。亟请于武公，公弗许。及庄公即位，为之请制⑬。公曰："制，岩邑也⑭，虢叔死焉⑮，佗邑唯命⑯。"请京⑰，使居之，谓之京城大叔⑱。

祭仲曰⑲："都城过百雉，国之害也。先王之制：大都不过参国之一，中五之一，小九之一。今京不度，非制也，君将不堪。"公曰："姜氏欲之，焉辟害⑳？"对曰："姜氏何厌之有㉑？不如早为之所，无使滋蔓，蔓难图也㉒。蔓草犹不可除，况君之宠弟乎？"公曰："多行不义必自毙，子姑待之㉓。"

【注释】

①惠公：鲁国国君，名弗湟，隐公、桓公之父，在位四十六年而卒。元妃：国君的元配，即第一次所娶的正夫人。孟子：孟为排行，即老大。古时以"孟、仲、叔、季"排行，也作"伯、仲、叔、季"。②声子：宋国女，孟子的侄女。春秋时婚俗，诸侯娶妻，女方常以其妹妹或侄女陪嫁，称为媵。元妃死，则以媵为继室，但尚不能视为正室夫人。声，谥号。③宋武公：宋国国君，名司空。宋，子姓，都城在今河南省商丘县，为殷商后裔。仲子：宋武公之女，鲁惠公之继配夫人，即鲁桓公之母。④归：出嫁。我：鲁国，即鲁惠公。⑤隐公：鲁惠公继室声子所生，名息姑。立：此指隐公行国君之政，即摄政。奉之：奉戴桓公。时桓公为太子，年尚幼，隐公遵照其父遗嘱，率国人奉桓公为君。⑥王周正月：王，周天子。周，周历。春秋时代各国所用历法不一，有夏历，殷历，周历。三历岁首月建不同。夏历正月建寅，殷历正月建丑，周历正月建子。此周正月即现夏历十一月。⑦邾仪父：邾国国君。盟：会盟，订约。蔑：鲁国地名，即姑蔑，位于今山东省泗水县东部。⑧邾子克：即仪父。⑨费（bì）伯：鲁国大夫。郎：地名，位于今山东鱼台县东北。⑩郑武公：郑国国君，名掘突，武公是死后的谥号。郑：国名，位于今河南新郑县一带，姬姓。申：国名，姜姓，位于今河南省南阳县。⑪武姜：即武公之妻姜氏，庄公、共叔段之母。武，表明其夫为武公。姜，表明其母家姓姜。⑫庄公：即郑伯，武公长子。共（gōng）叔段：即太叔段，武公次子，名段。共，国名，位于今河南省辉县市。⑬制：地名，又名虎牢，位于今河南省荥阳县西。⑭岩

邑：险邑。邑，城邑。⑮虢（guó）叔：东虢国君，为郑所灭。虢，国名，位于今河南省荥阳县。⑯佗：同他。⑰京：地名，郑国城邑，位于今河南省荥阳县东南。⑱大叔：即太叔，叔段的尊称，大同太。⑲祭仲：即祭足，郑国大夫。祭（zhài）：地名，祭仲的食邑，位于今河南省中牟县境内。⑳辟：同避，逃避。㉑何厌之有：即"有何厌"的倒装。厌，满足。之，结构助词，将宾语提前，无义。㉒早为之所：及早为大叔安排适当地点。滋蔓：滋长蔓延，比喻大叔势力将会不断扩张开来。㉓毙：踣也，跌交子。姑：暂且。

　　既而大叔命西鄙、北鄙贰于己。公子吕曰①："国不堪贰②，君将若之何？欲与大叔，臣请事之；若弗与，则请除之，无生民心③。"公曰："无庸④，将自及。"

　　大叔又收贰以为己邑，至于廪延⑤。子封曰："可矣，厚将得众⑥。"公曰："不义不昵⑦，厚将崩。"

　　大叔完聚⑧，缮甲兵⑨，具卒乘，将袭郑。夫人将启之⑩。公闻其期，曰："可矣！"命子封帅车二百乘以伐京。京叛大叔段，段入于鄢⑪，公伐诸鄢。五月辛丑⑫，大叔出奔共⑬。

　　书曰："郑伯克段于鄢。"段不弟⑭，故不言弟；如二君，故曰克；称郑伯，讥失教也；谓之郑志⑮，不言出奔，难之也。

　　遂置姜氏于城颍⑯，而誓之曰："不及黄泉⑰，无相见也。"既而悔之。

【注释】

　　①公子吕：人名，郑国大夫，字子封。②国不堪贰：邦国受不住两面听命的局面。③无生民心：不要犹豫不决，使民产生二心。④无庸：不用去掉他。⑤廪延：郑国邑名，位于今河南省延津县北。⑥厚：指势力雄厚。⑦不义不昵：对君不义，对兄不亲。⑧完聚：完，坚固城郭；聚，聚集粮草。⑨缮：修整。⑩夫人：指姜氏，为庄公、太叔之母。⑪鄢：地名，位于今河南省鄢陵县。⑫五月辛丑：即五月二十三日。⑬共：原诸侯国名，后为卫国别邑，位于今河南辉县市。⑭不弟：即不像兄弟。弟或通悌。⑮郑志：即郑庄公的意志。⑯置：安置，软禁的意思。城颍：郑国地名，位于今河南省临颍县西北。⑰黄泉：地中之泉。人死埋入地下，黄泉指阴间。

　　颍考叔为颍谷封人，闻之，有献于公，公赐之食，食舍肉。公问之，对曰："小人有母，皆尝小人之食矣，未尝君之羹，请以遗之。"公曰："尔有母遗，繄我独无①！"颍考叔曰："敢问何谓也②？"公语之故，且告之悔。对曰："君何患焉？若阙地及泉③，隧而相见④，其谁曰不然？"公从之。公入而赋："大隧之中，其乐也融融⑤！"姜出而赋："大隧之外，其乐也泄泄⑥！"遂为母子如初。

　　君子曰："颍考叔，纯孝也，爱其母，施及庄公⑦。《诗》曰：'孝子不匮，永锡尔类⑧。'其是之谓乎。"

　　秋七月，天王使宰咺来归惠公、仲子之赗⑨。缓，且子氏未薨⑩，故名。

　　天子七月而葬，同轨毕至⑪。诸侯五月，同盟至⑬。大夫三月，同位至。士逾月，外姻至⑭。赠死不及尸，吊生不及哀⑮，豫凶事⑯，非礼也。

　　八月，纪人伐夷⑰。夷不告，故不书。

　　有蜚⑱。不为灾，亦不书。

惠公之季年⑲，败宋师于黄⑳。公立，而求成焉㉑。九月，及宋人盟于宿㉒，始通也。

【注释】

　　①繄（yì）：发声词，无义。②敢：谦词，意指冒昧。③阙（jué）：同掘，挖掘。④隧：作动词用，即掘作隧道。⑤融融：和和乐乐的样子。⑥泄泄：舒舒服服的样子。⑦施（yì）：延及。⑧锡：通赐。⑨天王：即周平王姬宜臼。宰咺（xuǎn）：人名，周王室之臣子。赗（fèng）：送财物给人办丧事。⑩子氏：即仲子。⑪同轨：车轨辙迹相同者，这里指诸侯。⑫同盟：彼此结有盟约的国家。⑬同位：同为大夫，爵位相同。⑭外姻：有婚姻关系的亲戚。⑮哀：自始死至返哭（古礼，葬后返庙而哭），其间主人最为悲哀。⑯豫：通预。⑰纪：国名，姜姓。故城位于今山东省寿光县南。夷：国名，妘姓。故城位于今山东省即墨县西。⑱蜚（fěi）：一种有毒的飞虫。⑲季：末，最后。⑳黄：宋国的城邑，故城位于今河南省民权县东。㉑成：媾和。㉒宿：国名，风姓。故城位于今山东省东平县东南。

　　冬，十月庚申，改葬惠公。公弗临，故不书。

　　惠公之薨也，有宋师，大子少，葬故有阙①，是以改葬。

　　卫侯来会葬②，不见公，亦不书。

　　郑共叔之乱，公孙滑出奔卫③。卫人为之伐郑，取廪延。郑人以王师、虢师伐卫南鄙④。请师于邾，邾子使私于公子豫。豫请往，公弗许。遂行，及邾人、郑人盟于翼⑤。不书，非公命也。

　　新作南门，不书，亦非公命也。

　　十二月，祭伯来，非王命也。

　　众父卒，公不与小敛⑥，故不书日。

【注释】

　　①故：通固，本来。阙：同缺，意指葬礼不完备。②卫：国名，姬姓，文王子康叔之后。③公孙滑：共叔段之子。④以：率领，指挥。王师：周王的军队。虢：西虢国。鄙：边疆小邑。⑤翼：邾国地名。位于今山东费县西南九十里。⑥与（yù）：参加。小敛：以衣食加于死者之尸曰小敛。

【译文】

　　惠公的第一夫人是孟子。孟子死，又娶了声子，生了隐公。宋武公生了仲子。仲子出生来就有字在手掌上，说"为鲁夫人"。所以仲子嫁给我国，生了桓公，不久惠公就死了，于是隐公摄政以奉戴桓公。

　　元年春周历正月，《春秋》没有记载隐公即位，这是由于隐公仅仅是摄政。

　　三月，隐公和邾仪父在蔑地会见。——邾仪父就是邾子克。由于邾子没有正式受周室封册，因此《春秋》没有记载他的爵位；称他为"仪父"，是由于尊重他。隐公摄政而想要和邾国合好，所以举行了蔑地的盟会。

　　夏四月，费伯率领军队在郎地筑城。《春秋》没有记录，这是由于费伯并不是奉了隐公的命令。

　　起初，郑武公在申国取妻，名叫武姜，生了庄公和共叔段。庄公是脚先头后生出的，这使姜氏感到害怕，所以取名寤生，并因此讨厌他。姜氏喜欢共叔段，要立他为太子，屡次向武公请求，武公不同意。等到庄公即位，姜氏为共叔段请求制地作为封邑，庄公说："制地是地势险要的地方，虢叔死在那里。其他地方唯命是从。"姜氏改而请求京城，让共叔段居住那里，称为京城太叔。

祭仲对庄公说："凡属都邑，城墙的周长三百丈，就是国家的灾难。先王规定的制度：大的都邑，不超过国都的三分之一；中等的，不超过五分之一；小的，不超过九分之一。现在京城不合规定，这不是合理的制度，君王会受不了的。"庄公说："姜氏要它，又哪能逃避祸害呢？"祭仲回答说："姜氏怎么能满足？不如及早加以安排，不要让它到处蔓延。一经蔓延就难于对付了。蔓延的野草尚且不能除去，何况是您受宠的兄弟呢？"庄公说："多行不义，必然自己受伤害。您暂时等着吧！"

不久太叔命令西部和北部边境同时听命于自己。公子吕说："国家不能面临这种两面听命的情况，君王准备怎么办？君王要把君位让给太叔，下臣就去事奉他；如果不给，那就请除掉他，不要让老百姓有其他想法。"庄公说："用不着，他会自取其祸。"

太叔进而占用两属的地方作为自己的封邑，并发展到廪延。公子吕说："可以下手了。势力雄厚，将会得到民心。"庄公说："没有正义就不能团结人，势力强大，反而会分崩离析。"

太叔整治城郭，积聚粮食，修补装备武器，充实步兵车兵，企图袭击都城，姜氏则打算作为内应打开城门。庄公听到太叔起兵的日期，说："可以了。"就命令公子吕派出二百辆战车攻打京城。京城的人反叛太叔。太叔逃到鄢地。庄公又赶到鄢地攻打他。五月二十三日，太叔又逃到共国。

《春秋》说："郑伯克段于鄢。"太叔不如兄弟，所以不说"弟"字；兄弟相争，好像两个国君，所以称之为"克"；把庄公称为"郑伯"是讥刺他有失教诲；事情的发展是庄公故意安排的，《春秋》这样记载就表达出了庄公的本心。不说"逃奔"，是由于史官下笔的为难之处。

于是庄公就把姜氏安置在城颍，发誓说："不到黄泉不要相见了。"不久以后又后悔了。

颍考叔当时在颍谷做封人。知道这件事，就找机会献给庄公一些东西。庄公赏赐他吃饭。吃饭的时候，他把肉放在旁边不吃。庄公问他为什么，他说："小人有母亲，小人的食物都已尝过，但没有吃过君王的肉汤，请求让我带回去给她。"庄公说："你有母亲可送，咳！我却偏偏没有！"颍考叔说："请问这是什么意思？"庄公就对他说明缘故，并且告诉他自己的后悔。颍考叔回答说："君王有什么可担心的？如果掘地见到泉水，在暗道中相见，那有谁说不对？"庄公听从了颍考叔的话。庄公进入隧道，赋诗说："身在大隧中，乐如水乳融。"姜氏离开隧道，做诗说："身出大隧外，忽觉心神快。"于是作为母子像以前一样。

君子说："颍考叔的确纯孝了。爱他的母亲，扩大而及于庄公。《诗》说，'孝子的孝心没有止境，永远可以赐给你的同类'，说的就是这样的情况吧！"

秋七月，周天子派遣宰咺来参加惠公和仲子的丧仪。惠公死去多时，这是晚了，而仲子还没有死，所以《春秋》直书宰咺的名字。

天子死后历七个月下葬，诸侯都参加葬礼；诸侯历五个月下葬，联合的诸侯参加葬礼；大夫历三个月下葬，官位相同的参加葬礼；士一个月以后下葬，姻亲参加葬礼。向死者陪送礼物没有赶上下葬，向生者吊丧没有赶上葬后的安神礼，人没有死而先赠送有关丧事的东西，这都不合乎礼。

八月，纪国人征伐夷国。夷国没有前来报告，所以《春秋》没有加以记载。

出现蜚盘虫。没有成灾，《春秋》也没有加以记载。

惠公的晚年，在黄地击败了宋国。隐公即位，要求和宋人言和。九月，和宋人在宿国结盟，两国开始通好。

冬十月十四日，改葬惠公。隐公未能以丧主的身份到场哭泣，所以《春秋》没有加以记载。

惠公死的时候，恰恰遇上对宋国有军事行动，太子又年幼，葬礼不充分，所以改葬。

卫侯来参加葬礼，没有见到隐公，《春秋》也没有加以记录。

郑国共叔段叛乱，公孙滑逃到卫国。卫国人为他攻打郑国，夺取廪延。郑国人率领周天子的军队、虢国的军队攻打卫国南部边疆。郑国又请求邾国出兵，邾子派人私下和公子豫商量。公子豫请求出兵，隐公不愿，他就自己走了，和邾国、郑国在翼地会盟，《春秋》没有加以记载，因为不是因为隐公的命令。

新建南门，《春秋》不加记载，也因为不是出于隐公的命令。

十二月，祭伯来，并不是奉周天子的命令。

众父死，隐公未能参加小敛，所以《春秋》没有记载死亡的日子。

隐公二年

二年春，公会戎于潜，修惠公之好也。戎请盟，公辞。

莒子娶于向①，向姜不安莒而归②。夏，莒人入向，以姜氏还。

司空无骇入极③，费庈父胜之④。

戎请盟。秋，盟于唐⑤，复修戎好也。

九月，纪裂繻来逆女⑥，卿为君逆也。

冬，纪子帛、莒子盟于密⑦，鲁故也。

郑人伐卫，讨公孙滑之乱也。

【注释】

①莒：国名，己姓，都城位于今山东省莒县。向：国名，姜姓，在今山东省莒县南。②向姜：向国女。③司空无骇：鲁国卿士。司空，官名，鲁有司空、司马、司徒三卿。无骇为公子展之孙，柳下惠之父。极：鲁附庸国。④费庈（qín）父：即费伯，鲁国大夫。⑤唐：鲁国地名。⑥纪裂繻（xū）：纪国卿士。逆：迎娶。⑦密：莒国地名，位于今山东省昌邑县东南。⑧公孙滑：郑共叔段之子。叔段失败后，公孙滑逃到卫国，卫为之出兵伐郑，占领廪延。此次郑国伐卫，为报卫伐郑之仇讨伐公孙滑之叛乱。

【译文】

二年春天，隐公在潜地会见戎人，这是由于重修惠公时期有友好关系。戎人请求结盟，隐公拒绝了。

莒子在向国娶妻，向姜在莒国不安心而回到向国。夏，莒子领兵侵入向国带向姜回国。

司空无骇领兵进入极国，派费庈父攻灭了极国。

戎人请求结盟。秋，在唐地结盟，这是为了恢复和戎人的友好关系。

九月，纪国的裂繻来迎接隐公的女儿，这是卿为了国君而来迎亲的。

冬，纪子帛和莒子在密地结盟，这是为了缓解鲁国和莒国间的不和。

郑国人攻打卫国，讨伐公孙滑的叛乱。

隐公三年

三年春，王三月壬戌①，平王崩②。赴以庚戌③，故书之。

夏，君氏卒。声子也。不赴于诸侯，不反哭于寝，不祔于姑④，故不曰薨。不称夫人，故不言葬⑤，不书姓。为公故，曰君氏。

郑武公、庄公为平王卿士⑥。王贰于虢⑦，郑伯怨王，王曰："无之。"故周、郑交质，王之狐为质于郑⑧，郑公子忽为质于周⑨。王崩，周人将畀虢公政⑩。四月，郑祭足帅师取温之麦⑪。秋，又取成周之禾⑫。周、郑交恶。

君子曰："信不由中⑬，质无益也。明恕而行，要之以礼⑭，虽无有质，谁能间之？苟有明信，涧溪沼沚之毛，蘋蘩蕰藻之菜，筐筥锜釜之器⑮，潢汙行潦之水⑯，可荐于鬼神，可羞于王公⑰，而况君子结二国之信，行之以礼，又焉用质？《风》有《采蘩》、《采苹》，《雅》有《行苇》、《泂酌》，昭忠信也⑱。"

【注释】

①王三月：即周历三月。壬戌：二十四日。②崩：天子死为崩。③赴：讣告。庚戌：十二日。④祔：后死的人附祭于宗庙的一种仪式。姑：丈夫的母亲，即婆婆。⑤不言葬：因不以大夫之礼治丧，葬后不仅哭于祖庙，故春秋云记载其死，未言其实。⑥卿士：王卿之执政者。⑦贰：不专一。虢：此指西虢公。⑧王子狐：周平王的儿子。⑨公子忽：郑庄公太子。⑩畀（bì）：授予。⑪祭足：即祭仲。温：周王畿内小国，位于今河南省温县南。⑫成周：周王的城邑，周公所建，故城位于今河南省洛阳市东。⑬信：人言。中：同衷。⑭要（yāo）：约束。⑮筥（jǔ）：圆形竹筐。方者为筐，圆者为筥。锜（qí）：三足锅。有足者为锜，无足者为釜。⑯汙（wū）：积水。大者为潢，小者为汙。行潦：道路上所积的雨水。⑰荐：献享。羞：进奉。⑱《风》：指《诗经》中的国风。《雅》：指《诗经》中的大雅、小雅。

武氏子来求赙①，王未葬也。

宋穆公疾②，召大司马孔父而属殇公焉③，曰："先君舍与夷而立寡人④，寡人弗敢忘。若以大夫之灵⑤，得保首领以没，先君若问与夷，其将何辞以对？请子奉之，以主社稷，寡人虽死，亦无悔焉。"对曰："群臣愿奉冯也⑥。"公曰："不可。先君以寡人为贤，使主社稷，若弃德不让，是废先君之举也，岂曰能贤？光昭先君之令德，可不务乎⑦？吾子其无废先君之功⑧。"使公子冯出居于郑⑨。八月庚辰⑩，宋穆公卒。殇公即位。

君子曰："宋宣公可谓知人矣。立穆公，其子飨之，命以义夫⑪。《商颂》曰：'殷受命咸宜，百禄是荷。'其是之谓乎！"

冬，齐、郑盟于石门⑫，寻卢之盟也。庚戌⑬，郑伯之车偾于济⑭。

卫庄公娶于齐东宫得臣之妹⑮，曰庄姜⑯，美而无子，卫人所为赋《硕人》也⑰。又娶于陈⑱，曰厉妫，生孝伯，早死。其娣戴妫生桓公⑲，庄姜以为己子。

【注释】

①武氏子：即武氏之子。武氏，周王室大夫。赙（fù）：助丧的财物。②宋穆公：宋国国君，名和，宋武公之子，宣公弟，继其兄为国君。③大司马孔父：宋国官名，孔父，名嘉，又名孔父嘉，正考父之子，孔丘的祖先。殇公：宋宣公之子，名与夷，继承穆公为国君。④先君：指宋宣公。寡人：诸侯自谦之语。⑤灵：福佑。⑥冯：同凭，人名，穆公之子，即宋庄公。⑦务：尽力从事。⑧吾子：对称代词，即"你"，既表示恭敬，又表示亲昵。其：句中语气词，表示期望或命令。⑨公子冯：即穆公之子。⑩庚辰：十五日。⑪命以义：其命出于道义。⑫齐：国名，姜姓，太公望之后，都城位于今山东省临淄县北。春秋后期，君权由田氏取代，称为田齐。石门：齐国地名，位于今山东省长清县西南。⑬庚戌：十二月无庚戌日。⑭偾（fèn）：颠覆。济：济水。⑮卫庄公：卫国国君，名扬。东宫得臣：古时太子居东宫，故太子又被称为东宫。得臣，齐太子名，与庄姜同母，齐庄公嫡长子。⑯庄姜：齐庄公之嫡女。⑰《硕人》据说是国人为忧悯庄姜贤而无子所作。⑱陈：国名，妫姓，虞舜的后代，都城位于今河南省淮阳县。⑲戴妫：厉妫之妹，从嫁于卫，亦为庄公之妻。戴为谥号。桓公：名完，庄公之子，戴妫所生，为庄姜育为己子，尚未立为太子。

公子州吁，嬖人之子也①。有宠而好兵，公弗禁。庄姜恶之。石碏谏曰②："臣闻爱子，教之以义方③，弗纳于邪。骄奢淫佚，所自邪也④。四者之来⑤，宠禄过也。将立州吁，乃定之矣；若犹未也⑥，阶之为祸⑦。夫宠而不骄，骄而能降，降而不憾，憾而能眕者，鲜矣。且夫贱妨贵，少陵长，远间亲，新间旧，小加大，淫破义，所谓六逆也⑧。君义，臣行，父慈，子孝，兄爱，弟敬，所谓六顺也⑨。去顺效逆，所以速祸也。君人者，将祸是务去，而速之，无乃不可乎？⑩"弗听。其子厚与州吁游，禁之，不可⑪。桓公立，乃老⑫。

【注释】

①嬖（bì）人：此指地位不高却得到君侯宠幸的女人。②石碏（què）：卫大夫。谏：下劝戒上。③义方：犹道义。④佚：通逸，放纵不羁。所自邪也：即产生邪的原因。⑤四者：指骄奢淫佚。⑥未：指未定。⑦阶之为祸：即为祸之阶，产生祸乱的台阶。⑧妨：妨害。陵：侵犯。间（jiàn）：取代。加：欺陵。破：败坏。⑨行：遵循，服从，照办。⑩君：作君侯，统治。无乃……乎：表示委婉推测的固定结构，常与否定词连用，意为"大概是（不）…的吧？"⑪厚：石碏之子，与州吁交往密切，石碏加以制止也不听从。⑫老：告老致仕。

【译文】

三年春周历三月二十四日，周平王殁。讣告上说的是庚戌日，所以《春秋》也记下死的那天是十二日。

夏，君氏死。君氏就是声子。未能给诸侯发讣告，安葬后没有回到祖庙号哭，没有把神主放在婆婆神主的旁边，因此《春秋》称之为"卒"而不称"薨"。又因为她没有称为"夫人"，所以不记载埋葬的情况。《春秋》还没有记载她的姓氏。只是因为她是隐公的生母，所以命之为"君氏"。

郑武公、庄公先后担任平王的卿士。平王又同时相信虢公。郑庄公怨恨平王，平王说："没有这回事。"所以周、郑交换人质。王子狐于郑国作为人质，郑国的公子忽在成周作为人质。平王死，周人准备把政权交给虢公。四月，郑国的祭足领兵强抢了温地的麦子。秋，又割取了成周的谷子。周朝和郑国埋下了仇恨。

君子说："言语不发自衷心，即使有人质也没有用处，设身处地互相原谅而后行事，又用礼仪加以约束，虽然没有人质，又有谁能挑拨他们？假如诚心敬意，即使是山沟、池塘里生长的东西，萍、蘩、蕴、藻这一类的野菜，一般的竹制盛物器和金属烹饪具，大大小小的以及道路上的积水，都可以进献给鬼神，进给王公，何况君子建立了两国的信任，依据礼仪行事，又哪里用得着人质？《国风》有《采蘩》、《采萍》、《大雅》有《行苇》、《泂酌》这些篇章，就是为了表明忠信。"

武氏子来求取助丧的财物，这是因为周平王还没有入葬。

宋穆公病，召见大司马孔父而把殇公托付给他，说："先君丢弃了他儿子与夷而立寡人为国君，寡人不敢忘记。假使托大夫的福，寡人得以保全首领而死，先君问起与夷，将用什么话回答呢？请您事奉与夷以管理国家，寡人虽然死去，也没有什么遗憾了。"孔父回答说："群臣甘心事奉君王的儿子冯啊！"穆公说："不行。先君认为寡人有操守，让寡人主持国家。如果丢掉道德而不让位，这就是废弃了先君的选拔，哪里还能说有德行？弘扬光大先君的美德，难道能不急于从事吗？您不要荒废先君的功业！"于是命令公子冯出国住在郑国。八月初五，宋穆公死，殇公被立为王。

君子说："宋宣公可以说是了解人了。立了兄弟穆公，他的儿子却仍然占有了君位，这是他的遗命出于道义的缘故吧！《商颂》说，'殷王传授天命都合于道义，所以受到了各种福禄'，说的就是这种情形吧！"

冬，齐国和郑国在石门会盟，这是为了巩固在卢地结盟的友好关系。郑伯的车倒在济水里。

卫庄公娶了齐国太子得臣的妹妹，名叫庄姜。庄姜漂亮而没有生孩子，卫国人为她写了《硕人》这首诗。卫庄公又在陈国娶妻，名叫厉妫，生了孝伯，很小就去世了。卫庄公另一个比厉妫年轻的妾戴妫，生了桓公，庄姜把他看作自己的儿子。

公子州吁，是庄公宠姬的儿子，受到庄公的宠爱而爱好武事，庄公不禁止。庄姜则讨厌他。石碏规劝庄公说："我听说喜欢儿子，应当以道义教导他，使他不要走上邪路。骄傲、无礼、违法、放荡，这是走上邪路的起点。这四种恶德之所以会发生，是由于宠爱太过分。如果打算立州吁为太子，那就定下来；如果还不定下来，这就会逐渐酿成祸乱。那种受宠而不骄傲，骄傲而能安于地位旁落，地位下降而不怨恨，怨恨而能自制的人，是很少有的。而且低贱妨害尊贵，年少驾凌年长，疏远离间亲近，新人挑拨旧人，弱小欺侮强大，淫欲破坏道义，这就是六逆。国君行事适度，臣下受命奉行，父亲慈爱，儿子孝顺，兄长宽和，兄弟恭敬，这就是六顺。除去顺而效法逆，这就会很快地招致祸害。作为人君，应该致力于去掉灾难，现在却加速它的来到，恐怕不可以吧！"庄公不听。石碏的儿子厚和州吁结交，石碏禁止，没有用。卫桓公即位，石碏就退休了。

隐公四年

四年春，卫州吁弑桓公而立。

公与宋公为会，将寻宿之盟。未及期，卫人来告乱。夏，公及宋公遇于清[①]。

宋殇公之即位也，公子冯出奔郑，郑人欲纳之。及卫州吁立，将修先君之怨于郑②，而求宠于诸侯以和其民，使告于宋曰："君若伐郑以除君害，君为主，敝邑以赋与陈、蔡从③，则卫国之愿也。"宋人许之。于是，陈、蔡方睦于卫，故宋公、陈侯、蔡人、卫人伐郑，围其东门，五日而还。

公问于众仲曰④："卫州吁其成乎？"对曰："臣闻以德和民，不闻以乱。以乱，犹治丝而棼之也⑤。夫州吁，阻兵而安忍⑥。阻兵无众，安忍无亲，众叛亲离，难以济矣。夫兵犹火也，弗戢⑦，将自焚也。夫州吁弑其君而虐用其民，于是乎不务令德，而欲以乱成，必不免矣。"

秋，诸侯复伐郑。宋公使来乞师，公辞之。羽父请以师会之⑧，公弗许，固请而行。故书曰"翚帅师"，疾之也⑨。诸侯之师败郑徒兵，取其禾而还⑩。

【注释】

①遇：相逢，不期而遇。清：卫邑名，在今山东省东阿县南。②修：治。修怨，意为报仇。③敝邑：对自己国家的谦称。赋：兵赋，即人力物力。蔡：国名，周武王弟蔡叔度之后，故城位于今河南省上蔡县。④众仲：人名，鲁国大夫。⑤棼（fén）：缤纷杂乱。⑥阻兵：凭借武力。阻，凭借依仗。安忍：安于残忍。⑦戢（jí）：收敛，止息。⑧羽父：即公子翚，字羽父，鲁国大夫。⑨疾之：非难指责他。以其不听从君命，强行出兵为非礼。⑩徒兵：步卒。

州吁未能和其民，厚问定君于石子①。石子曰："王觐为可②。"曰："何以得觐？"曰："陈桓公方有宠于王，陈、卫方睦，若朝陈使请③，必可得也。"厚从州吁如陈。石碏使告于陈曰："卫国褊小，老夫耄矣④，无能为也。此二人者，实弑寡君，敢即图之。"陈人执之，而请莅于卫。九月，卫人使右宰丑莅杀州吁于濮⑤。石碏使其宰獳羊肩莅杀石厚于陈⑥。

君子曰："石碏，纯臣也。恶州吁而厚与焉⑦。'大义灭亲'，其是之谓乎！"

卫人逆公子晋于刑⑧。冬，十二月，宣公即位⑨。书曰"卫人立晋"，众也⑩。

【注释】

①厚：石厚。石子：即石碏。定君：使君位稳固。②王觐（jìn）：即觐王。觐，古时诸侯朝见天子称为觐。③朝：诸侯见天子称朝。④耄：老，八十曰耄。⑤右宰：卫国官名。丑，人名。⑥宰：家臣之长。獳羊肩：人名。⑦与焉：连带在里面。与：参与，加入。焉：于是，在这件事情上。⑧刑：国名，姬姓。⑨宣公：即公子晋。⑩众也：指拥立公子晋当君主，为多数人的意愿。

【译文】

四年春，卫国的州吁除掉卫桓公而自立为国君。

隐公和宋殇公会见，打算恢复在宿地盟会所建立的友好关系。还没有到预定的日子，卫国人来报告发生反叛。夏，隐公和宋殇公在清地进行非正式会见。

宋殇公即位的时候，公子冯逃到郑国。郑国人打算送他回国，等到州吁自立为国君以后，打算向郑国报复前代国君结下的旧怨，以此来讨好诸侯，安抚国内人民。他派人告诉宋国说：

"君王如果攻打郑国，以除去君王的祸害，君王作为主人，敝邑发兵和陈、蔡两国作为随军，这就是卫国的意志。"宋国答应了。这时陈国、蔡国正和卫国建立友好关系，所以宋公、陈侯、蔡人、卫人联合攻打郑国，围困了国都的东门，五天以后才回去。

隐公向众仲咨询说："卫国的州吁会成功吗?"众仲回答说："我听说用德行安抚百姓，没有听说用祸乱的。用祸乱，如同要理出已乱的头绪反而弄得更加纷乱。州吁这个人，凭借武力而安于残忍。凭借武力就没有群众，安于残忍就没有亲信。群众背叛，亲近离去，难于成功了。武事，就像火一样，不加制止，将会引火烧身。州吁杀了他的国君，又残暴地使用百姓，不致力于建立美德，反而想通过灾祸以取得成功，就一定不能免于祸难了。"

秋，诸侯再次侵入郑国。宋公派人前来请求出兵，隐公推辞了。羽父请求出兵会合，隐公不赞成。羽父坚决请求以后而前去。所以《春秋》记载说，"翚帅师"，这是表示厌恶他。诸侯的军队打败了郑国的步兵，割取了那里的谷子才返回。

州吁没有能够安定他的百姓。石厚向石碏询问确立君位的办法。石碏说："朝觐天子就可以取得合法地位。"石厚说："怎样才能去朝觐呢?"石碏说："陈恒公正受到天子的宠信。现在陈、卫两国更加和睦，如果拜会陈桓公，让他代为请求，就一定可以实现目的。"于是石厚就跟随州吁到了陈国。石碏派人告诉陈国说："卫国地方狭小，我老头子岁数大了，不能做什么了。这两个人，已经杀死了我国君主，请您就此机会打他们的主意。"陈人把这两个人抓住，而请卫国派人来陈国对付他们。九月，卫人派右宰丑在陈国的濮地杀死州吁。石碏派他的管家獳羊肩在陈国干掉了石厚。

君子说："石碏真是绝对忠于国家的臣子了。憎恶州吁，同时连上石厚。'大义灭亲'，说的就是这样的情形吧!"

卫人到邢国迎接公子晋。冬十二月，卫宣公登基。《春秋》记载说："卫人立晋'，这是说出于大众的意志。

桓　公

桓公元年

元年春，公即位①，修好于郑，郑人请复祀周公，卒易祊田。公许之。三月，郑伯以璧假许田，为周公祊故也。

夏四月丁未②，公及郑伯盟于越③，结祊成也。盟曰："渝盟无享国④。"

秋，大水。凡平原出水为大水。

冬。郑伯拜盟。

宋华父督见孔父之妻于路⑤，目逆而送之⑥。曰："美而艳。"

【注释】

①公即位：桓公就鲁君之位。先君死后，继位之君于次年正月，祭祀宗庙时改元，序定百官，正君臣之位，称作即位。②丁未：二日。③越：鲁国地名，在今山东省曹县附近。④渝：改变。享：享有。⑤华父督：宋戴公之孙，名督，字华父。孔父：即孔父嘉，孔子六世祖。⑥逆：迎。

【译文】

元年春天，桓公即位，对郑国重修友好。郑人要求重新祭祀周公、完成祊田的交换。桓公答应了。三月，郑伯用增加玉璧来交换许田，这是为了请求祭祀周公和以祊田换回许田的缘故。

夏四月初二日。桓公和郑伯在越地结盟，这是为了祊田的交换而合好。誓辞说："如果违背盟约，就不能拥有国家。"

秋，发大水。凡是平原上淹了水叫做大水。

冬，郑伯前来感谢结盟。

宋国的华父督在路上见到孔父的妻子，盯着她走过来又盯着她走过去，说"她既美丽，又艳丽。"

桓公二年

二年春，宋督攻孔氏，杀孔父而取其妻。公怒①，督惧，遂弑殇公。

君子以督为有无君之心而后动于恶，故先书弑其君。

会于稷以成宋乱②，为赂故，立华氏也。

宋殇公立，十年十一战，民不堪命，孔父嘉为司马，督为大宰，故因民之不堪命，先宣言曰："司马则然。已杀孔父而弑殇公，召庄公于郑而立之③，以亲郑。以郜大鼎赂公④，齐、陈、郑皆有赂，故遂相宋公。

夏四月，取郜大鼎于宋。戊申⑤，纳于大庙。非礼也。臧哀伯谏曰⑥："君人者将昭德塞违⑦，以临照百官，犹惧或失之。故昭令德以示子孙。是以清庙茅屋⑧，大路越席⑨，大羹不致，粢食不凿，昭其俭也。衮、冕、黻、珽、带、裳、幅、舄、衡、纮、綖⑩，昭其度也。藻、率、鞞、鞛、鞶、厉、游、缨⑪，昭其数也。火、龙、黼、黻⑫，昭其文也。五色比象⑬，昭其物也。锡、鸾、和、铃⑭，昭其声也。三辰旂旗⑮，昭其明也。夫德俭而有度，登降有数⑯。文物以纪之，声明以发之，以临照百官，百官于是乎戒惧而不敢易纪律⑰。今灭德立违而置其赂器于大庙⑱，以明示百官，百官象之，其又何诛焉⑱！国家之败，由官邪也。官之失德，宠赂章也⑲。郜鼎在庙，章孰甚焉？武王克商，迁九鼎于雒邑，义士犹或非之，而况将昭违乱之赂器于大庙，其若之何⑳？"公不听。

【注释】

①公：指宋殇公。②稷：宋国地名，位于今河南省商丘县境内。③庄公：即公子冯，宋穆公之子。因殇公立而出奔于郑国。④郜（gào）：国名，姬姓，故城位于今山东城武县东南，为宋所灭，其鼎归于宋。⑤戊申：初九日。⑥臧哀伯：鲁国大夫，名达，臧僖伯之子。⑦君人者：统治百姓的人，即人君。塞违：堵塞邪恶。违，指违德背礼的行为。⑧清庙茅屋：清庙，即太庙，又叫明堂，太室。茅屋，指屋顶用茅草覆盖。⑨大路越席：大路，车子的一种，路即辂。越席，用蒲草结成的席子作为车垫。⑩衮（gǔn）：古代天子及三公穿的礼服。冕：古代礼帽，大夫以上服用。黻（fú）：亦作韨或市，古代用来蔽膝的祭服。珽（tǐng）：玉笏。古代天子以至士，朝见皆执笏。天子用玉笏，诸侯用象牙笏，大夫与士用竹笏，笏的用处是有事写在上面，以备遗忘。带：大带，用来束腰。裳：下裙。幅：古人以布缠足，上至膝，即今之绑腿。舄（xì）：鞋子，古人称鞋为履，鞋底用单层者称为履，双层者称为舄。单层用皮，双层中间加木。古代天子、诸侯，逢吉事都穿舄，士以下穿履。衡：横笄（jī），即固定帽子的簪子。纮（dǎn）：古代冠冕上用来系瑱（zhèn，玉坠）的带子，纮（hóng）：系于颔下的帽带。綖（yàn）：冠冕上覆盖的装饰物。⑪藻：即缫藉，荐玉的东西。率（shuài）：帅的假借字。鞞（bǐng）：刀鞘。鞛（běng）：刀把上的装饰。鞶（pán）：革带。厉：带上的装饰品。游（liú）：旌旗上的飘带。缨：马鞅。⑫火、龙、黼（fú）、黻：四者均为古代礼服上的花纹。火，半环形；龙，龙形；黼，黑白两色的一对斧头形刺绣；黻，用黑青两色所绣成的两个弓形相背的花纹。⑬五色：指青、黄、赤、白、黑，古时以这五色为正色。比象：即以五色绘成山、龙、花、虫等形象。⑭锡：马额上的一种饰物，用铜制成，行走时有响声。鸾：同銮，车铃。和：车上的小铃。铃：指挂在旌旗上的小铃。⑮三辰：指日，月，星。旂（qí）旗：旗帜的总称。旂一种有铃的旗帜。⑯登降有数：尊者登其数，卑者降其数，上下尊卑有其定数。⑰易：违反。⑱诛：责备。⑲宠赂章：把宠爱贿赂之行，彰然于世，使之公开化，合法化。⑳九鼎：古代象征天子政权的传国之宝。雒邑：周的王城，在今河南省洛阳市。义士：指伯夷、叔齐。

周内史闻之曰①："臧孙达其有后于鲁乎！君违不忘谏之以德。"

秋七月，杞侯来朝，不敬。杞侯归，乃谋伐之。

蔡侯，郑伯会于邓，始惧楚也②。

九月，入杞，讨不敬也③。

公及戎盟于唐，修旧好也。

冬，公至自唐。告于庙也。

凡公行，告于宗庙。反行，饮至、舍爵，策勋焉④，礼也。

特相会，往来称地⑤，让事也。自参以上，则往称地，来称会，成事也。

初，晋穆侯之夫人姜氏以条之役生太子⑥，命之曰仇，其弟以千亩之战生⑦，命之曰成师⑧。

师服曰⑨："异哉，君之名子也⑩！夫名以制义，义以出礼，礼以体政，政以正民。是以政成而民听，易则生乱。嘉耦曰妃⑪，怨耦曰仇⑫，古之命也。今君命大子曰仇，弟曰成师，始兆乱矣，兄其替乎⑬？"

【注释】

①内史：周王室官名。②楚：国名，初建都丹阳（湖北省秭归县），周武王时迁于郢（湖北省江陵县）。③修旧好：隐公二年，鲁与戎结盟，今又盟，故称为续修旧好。④舍爵：设置酒杯，即饮酒。舍，放置；爵，古雀字，古代酒杯，形状似雀。策勋：将功勋书写在简册上。策，用作动词。⑤称地：记明地点。⑥晋穆侯：晋国第九君，名费生，晋国原定都于唐（山西省太原市），后迁都于绛，即翼（山西省翼城）。条：晋国地名。大子：太子。⑦千亩：晋地，位于今山西省安泽县北。⑧成师：后受封于曲沃，号桓叔。⑨师服：晋国大夫。⑩名子：为子取名，名作动词用。⑪嘉耦：美好的姻缘。耦通偶。⑫怨耦：不和睦的夫妻，也指敌对的双方。⑬替：衰落。

惠之二十四年①，晋始乱，故封桓叔于曲沃②，靖侯之孙栾宾傅之。

师服曰："吾闻国家之立也，本大而末小，是以能固。故天子建国，诸侯立家，卿置侧室，大夫有贰宗③，士有隶子弟④，庶人、工、商，各有分亲，皆有等衰⑤。是以民服事其上，而下无觊觎⑥。今晋，甸侯也⑦，而建国，本既弱矣，其能久乎？"

惠之三十年，晋潘父弑昭侯而纳桓叔，不克。晋人立孝侯。惠之四十五年，曲沃庄伯伐翼⑧，弑孝侯。翼人立其弟鄂侯。鄂侯生哀侯。哀侯侵陉庭之田⑨。陉庭南鄙启曲沃伐翼⑩。

【注释】

①惠：指鲁惠公。②桓叔：即成师。封曲沃后号为桓叔。③贰宗：官名，由大夫的宗室子弟担任。④隶子弟：作隶役的子弟。⑤衰（cuī）：等衰即等级。⑥觊觎（jìyú）：希望得到不该得到的。⑦甸：甸服，天子以王城为中心的方圆千里之内。⑧庄伯：桓叔成师之子。⑨陉（xíng）：陉庭：晋地，在翼都东南。⑩启：引导。

【译文】

二年春天，华父督攻打孔氏，杀死了孔父而占有他的妻子。宋殇公发怒，华父督恐怖，就把殇公杀了。

君子认为华父督心里早已没有国君，然后才敢发动杀死托孤大臣的罪恶行动，所以《春秋》先记载"杀其君"。

"桓公和齐侯、陈侯、郑伯"在稷地会面，成全宋国的叛乱。为了收取贿赂，建立了华氏的政权。

宋殇公即位以后，十年发生了十一次战争，百姓不能忍受。孔父嘉做司马，华公督担任太宰。华父督由于百姓不能忍受，早就宣言说："司马才会这样频繁地发起战争。"不久就杀了孔父和殇公，把庄公从郑国召回而迎立他为国君，以此亲近郑国，把郜国的大鼎馈送给桓公，对齐、陈、郑诸国也都馈送财宝，所以能辅佐宋公。

夏四月，在宋国取得郜国的大鼎。初九日，放置在太庙里，这是不合于礼的。臧哀伯劝阻说："作为人君，要发扬道德而阻塞邪恶，以监视百官，还怕有所遗漏，所以彰扬美德以示范於子孙。因此太庙用茅草盖顶，大辂用蒲席铺垫，肉汁不用调料，主食不吃精米，这是为了表示俭朴。礼服、礼帽、蔽膝、大圭、大带、裙子、绑腿、鞋子、横簪、绳带、冠缨，这是为了尊重制度。缫藉、佩巾、刀鞘、刀饰、革带、带饰、飘带、马鞅，这是为了表示限定的数量。画火、画龙、绣黼、绣黻，这是为了表示图饰。五种颜色画出各种形象，这是为了表示颜色。锡、鸾、和、铃，这是为了表示声音。画着日、月、星的旌旗，这是为了表示光亮。行为的准则应当节俭而有制度，增减也有一定的限制，用文饰、色彩来记录它，用声音、明亮来发扬它，以此向各级官吏作明显的标志。各级官吏才所有畏惧，不敢违反纪律。现在除去道德而树立邪恶，把人家贿赂的器物放在太庙里，以此向各级官吏作出坏榜样。百官也学着这样，还能惩罚谁呢？国家的衰弱，由于官吏的邪恶。官吏的失德，由于受宠而贿赂盛行。郜鼎放在太庙里，还有比这更明显的贿赂吗？周武王打败商朝，把九鼎转迁王城，像伯夷、叔齐这种义士还有人认为他不对，更何况把表明邪恶叛乱的器物放入太庙中，这又该怎么办？"桓公不听。

周朝的内史听到这件事，说："臧孙达的后代在鲁国恐怕能长享禄位吧！国君违反礼制，他没有忘记以道德来阻击。"

秋七月，杞侯前来朝见，不恭敬。杞侯回国，我国就计划讨伐他。

蔡侯，郑伯在邓地会见，这是由于开始对楚国有所害怕。

九月，攻入杞国，这是因为讨伐杞侯的不敬。

桓公和戎在唐地结盟，这是为了重建友好关系。

冬，桓公从唐地回来，之所以《春秋》有记载，是因为回来后祭告了宗庙。

凡是国君出去，要祭告于宗庙。返回，祭告宗庙，宴请臣下，互相劝酒，把攻勋写在简册上，这是合于礼的。

独自与他国国君相会见，无论前去他国或他国国君到来，都记下会见的地点，这是互相谦让谁为会首的会见。会见的国君在三个以上，那就前去他国时记载会见的地点，他国国君到来就不记载会见的地点而只记载会见，这是盟主已定，结束手续的会见。

起初，晋穆侯的夫人姜氏在条地战役的时候生了太子，取名为仇。仇的兄弟是在千亩之战的时候生的，命名为成师。

师服说："怪哉，国君为儿子这样取名！命名表示道义，道义产生礼仪，礼仪体现政事，政事端正百姓，所以政事取得成功而百姓听从，反之则发生叛乱。好姻缘叫做妃，恶夫妻叫做仇，这是古代的称谓。现在国君命名太子为仇，他的兄弟为成师，这就开始预示动乱了。做哥哥的恐怕要衰落吧！"

鲁惠公二十四年，晋国出现有动乱，所以把桓叔封在曲沃，靖侯的孙子乐叔辅助他。

师服说："我听说国家的成立，根本大而枝节小，这样才会巩固。所以天子建立侯国，诸侯建立采邑，卿设置侧室，大夫有贰宗，士有隶子弟，庶人、工、商各有亲疏，都有相异的等级。所以百姓甘心事奉上面，下面就没有什么非分的念头。现在晋国不过是王都境内的官属，而又另外成立侯国，它的根本既已衰弱，还能够长久吗?"

鲁惠公三十年，晋国的潘父杀掉昭侯而接纳桓叔，没有成功。晋国人立了孝侯，鲁惠公四十五年，曲沃庄伯占领翼城，杀了孝侯，翼城人立他的兄弟鄂侯。鄂侯生了哀侯。哀侯侵袭陉庭的土地。陉庭南部边疆的人引导了下一年曲沃夺取翼城。

桓公三年

三年春，曲沃武公伐翼①，次于陉庭。韩万御戎②，梁弘为右③，逐翼侯于汾隰④，骖絓而止。夜获之。及栾共叔⑤。

会于嬴⑥，成昏于齐也。

夏，齐侯、卫侯胥命于蒲⑦，不盟也。

公会杞侯于郕，杞求成也⑧。

秋，公子翬如齐逆女。修先君之好。故曰公子。

齐侯送姜氏，非礼也。凡公女嫁于敌国⑨，姊妹则上卿送之，以礼于先君；公子则下卿送之⑩；于大国，虽公子亦上卿送之；于天子，则诸卿皆行，公不自送；于小国，则上大夫送之。

冬：齐仲年来聘，致夫人也⑪。

芮伯万之母芮姜恶芮伯之多宠人也⑫，故逐之，出居于魏⑬。

【注释】

①曲沃武公：庄伯之子，即后来的晋武公。②韩万：庄伯之弟。御戎：驾驶战车。③梁弘：武公的大臣。右：古代战车，每车甲士三人，驾车的居中，称为御或御戎，执戈矛的居右，称右，尊者居左。④翼侯：指晋哀侯。汾隰：汾河岸边低洼地。⑤栾共叔：栾宾之子，名成，为哀侯大夫。⑥嬴：齐国地名，故城位于今山东省莱芜县西北。⑦胥命：会谈而不盟誓。蒲：卫国地名，位于今河南省长垣县东。⑧求成：请求与鲁媾和。⑨公女：公室女子。敌国：匹敌的国家。⑩公子：男皆可称为公子，此则国君的女儿，也叫女公子。⑪齐仲年代表国君前来聘问，并表达护送夫人的礼仪。⑫芮（ruì）伯万：芮国国君，名万。芮：国名，故城位于今陕西省大荔县东南。⑬魏：国名，为晋献公所灭，故城位于今山西省芮城县境。

【译文】

三年春，曲沃武公攻打翼城，军队停驻在陉庭。韩万为武公驾车，梁弘作为车右。在汾水边的低洼地追击晋哀侯，由于骖马挂在树上而停下来。夜里，活捉了晋哀侯和乐共叔。

桓公和齐侯在嬴地会见，这是由于和齐女订婚。

夏，齐侯、卫侯在蒲地会面，之所以这么说，是由于没有结盟。

桓公和杞侯在郕地会见，这是因为杞国要求媾和。

秋，公子翬到齐国迎取齐女，重修前代国君的友好，所以《春秋》称翬为"公子"。

齐侯护送姜氏到让地，这是不合于礼的。凡是本国的公室女子出嫁到同级国家，如果是国君的姐妹，就由上卿护送她，以表示对先代国君的尊敬，如果是国君的女儿，就由下卿护送她。上嫁到大国，即使是国君的女儿，也由上卿护送她。上嫁天子，就由各位大臣去护送，国君不亲自护送。出嫁到小国，就由上大夫护送她。

冬，齐仲年前来聘问，这是为了护送姜氏。

芮伯万的母亲芮姜讨厌芮伯的宠姬太多，所以就把他赶走，让他住到魏城去。

桓公四年

春，正月，公狩于郎。书时，礼也。

夏，周宰渠伯纠来聘。父在，故名。

秋，秦师侵芮，败焉，小之也①。

冬，王师，秦师围魏②，执芮伯以归。

【注释】

①秦：赢姓之国。秦因芮国弱小而轻视，结果被战败。②魏：国名，山西省芮城县东北七里有河北城，即魏国故城。

【译文】

四年春正月，桓公在郎地狩猎。《春秋》记载这件事，是由于狩猎得时，合于礼。

夏，周朝的宰官渠伯纠前来聘问。由于他的父亲还活着，所以《春秋》记载他的名字。

秋，秦国的军队攻打芮国，战败，这是由于轻敌。

冬，周天子的军队、秦国的军队包围芮国，逮了芮伯回国。

庄 公

庄公元年

元年春，不称即位，文姜出故也①。

三月，夫人孙于齐②。不称姜氏。绝不为亲③，礼也。

秋，筑王姬之馆于外。为外，礼也。

【注释】

①出：外出。②夫人：指文姜。孙：通逊，奔。③绝不为亲：断绝母子之亲。

【译文】

元年春，《春秋》未能记载庄公即位，这是因为文姜外出没有回国。

三月，夫人到了齐国。《春秋》不称姜氏而称夫人，是因为断绝了母子关系，这是合于礼节的。

秋，在城外建造王姬的行馆。因为王姬不是鲁国的女子，这是合于礼节的。

庄公二年

二年冬，夫人姜氏会齐侯于禚，书，奸也。

【译文】

二年冬，夫人姜氏与齐侯在禚地相会。《春秋》记载这件事，是因为他们通奸的缘故。

庄公三年

三年春，溺会齐师伐卫①，疾之也。

夏五月，葬桓王，缓也。

秋，纪季以酅入于齐②，纪于是乎始判③。

冬，公次于滑，将会郑伯，谋纪故也。郑伯辞以难④。

凡师，一宿为舍，再宿为信，过信为次⑤。

【注释】

　　①溺：鲁国大夫，即公子溺。②纪季：纪侯的弟弟。酅（xié）：纪国邑名，在今山东省临淄镇东。入：并入。③判：分。④难：祸患。⑤古代出兵，日行三十里，为一舍，行一舍则停留一宿，故舍即宿也。二宿为信，超过信则为次。次亦即一般的停留，并非专指军队。

【译文】

　　三年春，公子溺联合齐国军队攻打卫国，《春秋》之所以称溺，不称公子，是因为讨厌他的缘故。

　　夏五月，安葬周桓王。下葬迟缓了。

　　秋，纪季带着酅地归入于齐当作附庸，纪国从这时起开始分裂。

　　冬，庄公住在滑地，想会见郑伯，策划纪国的事情。郑伯以国内不安定为理由加以推辞。

　　凡是军队在外，住一宿叫做舍，两宿叫做信，两宿以上叫做次。

庄公四年

　　四年春，王三月，楚武王荆尸①，授师孑焉②，以伐随。将齐③，入告夫人邓曼曰："余心荡④。"邓曼叹曰："王禄尽矣。盈而荡⑤，天之道也，先君其知之矣。故临武事，将发大命⑥，而荡王心焉。若师徒无亏⑦，王薨于行，国之福也。"王遂行，卒于樠木之下。令尹斗祁、莫敖屈重，除道梁溠，营军临随。随人惧，行成⑧。莫敖以王命入盟随侯，且请为会于汉汭而还⑨。济汉而后发丧。

　　纪侯不能下齐⑩，以与纪季。夏，纪侯大去其国⑪，违齐难也。

【注释】

　　①荆尸：楚武王所创的一种阵法。荆，楚国之别称。尸，阵法。②孑：同戟。③齐：同斋，斋戒。④荡：跳。⑤盈：满，足够。⑥命：令。⑦师徒：此指军队。⑧行成：求和。⑨汉汭（ruì）：汉水转弯处。汭：水流弯曲的地方。⑩下齐：居于齐国之下。下，此用作动词。⑪大去：一去不返。

【译文】

　　四年春周历三月，楚武王摆出"荆尸"的军阵，将戟颁发给士兵，而去攻打随国。准备齐戒，到宫里告诉夫人邓曼说："我心跳。"邓曼叹气说："君王的福禄尽了。只有满了才会动摇，这是自然的道理。先君一定知道了，所以面临作战，将要发布重大的命令的时候您感到心跳。如果军队没有什么亏损，而君王死在路上，这就是国家之福了。"楚武王出征，死在樠树下面。令尹斗祁、莫敖屈重秘不发丧，继续开路前进，并在水溠架桥，在随国境外建筑营垒。随国人害怕，求和。莫敖以楚王的名义进入随国和随侯结盟，并且邀请随侯在汉水转湾处会见，然后退兵。渡过了汉水才发丧。

　　纪侯没有屈从齐国，把自己统治的地方给了纪季。夏，纪侯便永远地离开了他的国家，以避开齐国的祸难。

庄公五年

五年秋，郳犁来来朝①，名，未王命也。

冬，伐卫，纳惠公也。

【注释】

①犁来：郳国国君，名犁来。郳：通倪，为鲁附庸国。

【译文】

五年秋，倪梨来前来朝见。《春秋》记载了他的名字，是因为他还没有得到周天子的封爵。

冬，庄公会同齐、宋、陈、蔡四国攻打卫国，将护送卫惠公回国。

庄公六年

六年春，王人救卫①。

夏，卫侯入，放公子黔牟于周，放宁跪于秦②，杀左公子泄、右公子职，乃即位。

君子以二公子之立黔牟"为不度矣。夫能固位者，必度于本末而后立衷焉③。不知其本，不谋。知本之不枝④，弗强⑤。《诗》云：'本枝百世⑥'。"

【注释】

①王人：周王室官员。②宁跪：卫国大夫。③本末：各方面的条件。衷：适当的方法和时机。④不枝：没有枝叶。⑤强：勉强。⑥本枝百世：意为本宗和旁枝，百代兴旺。

冬，齐人来归卫宝，文姜请之也。

楚文王伐申①，过邓。邓祁侯曰："吾甥也。"止而享之。骓甥、聃甥、养甥请杀楚子②，邓侯弗许。三甥曰："亡邓国者，必此人也。若不早图，后君噬齐，其及图之乎③？图之，此为时也。"邓侯曰："人将不食吾馀④。"对曰："若不从三臣，抑社稷实不血食，而君焉取馀⑤？"弗从。还年，楚子伐邓。十六年，楚复伐邓，灭之。

【注释】

①楚文王：武王子，邓曼所生。 申：国名，故城在今河南省南阳市。②雅甥、聃甥、养甥：均为邓祁侯姊妹之子，在舅父朝中为官。③噬齐：咬自己的肚脐。齐通脐。这句是当时俗语，比喻办不到，对付不了。及：达到，能够办到某事。④不食馀：当时俗语，唾弃、看不起的意思。馀：剩馀的东西。⑤抑：发语词，无意义。社：土神。稷：谷神。实：语气副词，表确认。

【译文】

鲁庄公六年春季，周王室派子突率领军队前去援救卫国。

夏季，卫惠公回国，把公子黔牟流放到了成周，把宁跪流放到了秦国，并杀了左公子泄，右公子职，最后才即位。

君子认为左、右二公子立黔牟为国君"是考虑不够周全。要想确保国君的地位能够稳固，应该事先全面衡量，从根本上看立他为君是否合乎道义，从长远看立他为君能否国泰民安，然后才能用适当的方法，在适当的时机立他为君。如果不了解他的底细，就不能为他谋划；如果知道他虽然应立为国君，但不能保证国泰民安，也不能勉强。所以《诗经》说：'根壮枝茂才能百世不衰。'"

冬季，齐国人到鲁国归还卫国的宝器，这是出于文姜的请求。

楚文王攻打申国时，路过邓国。邓祁侯说："你是我的外甥。"于是把他留下盛情款待。邓祁侯的另外三个外甥骓甥、聃甥、养甥请求杀掉楚王，邓祁侯不同意。那三个人说："将来灭亡邓国的，必定是这个人。如果不早做打算，您将后悔莫及。希望及早下手。如果要动手，现在正是好机会！"邓祁侯说："如果这样做，人们将鄙视我，再也不会食用我祭祀后剩余的东西了。"三个人回答说："如果不听我们三人的话，邓必将被楚灭掉，神灵将得不到祭祀，您哪里还会有剩余的食物供宾客食用呢？"邓祁侯最终还是没有听从。果然，楚文王攻打申国返回那年，顺便进攻邓国。庄公十六年，楚国再一次攻打邓国，将它灭亡。

庄公七年

七年春，文姜会齐侯于防，齐志也。
夏，恒星不见①，夜明也。星陨如雨②，与雨偕也③。
秋，无麦、苗，不害嘉谷也④。

【注释】

①恒星：常见之星。②星陨：陨石。③偕：同，俱。④嘉谷：指黍稷。

【译文】

鲁庄公七年春季，文姜和齐襄公在鲁国再次幽会，这一次是齐襄公的要求。

夏季，平时常见的星星看不到了，这是由于夜空明亮。星星陨落犹如雨，而且和雨一起落下。

秋季，麦子因大雨没有收获，禾苗也被淹没，但大雨并没有妨碍黍稷的收成。

庄公八年

八年春，治兵于庙，礼也。
夏，师及齐师围郕。郕降于齐师。仲庆父请伐齐师①。公曰："不可。我实不德，齐师何罪？罪我之由②。《夏书》曰：'皋陶迈种德，德，乃降。'姑务修德以待时乎。"
秋，师还。君子是以善鲁庄公。
齐侯使连称、管至父戍葵丘③。瓜时而往，曰："及瓜而代④。"期戍⑤，公问不至⑥。请代，弗许。故谋作乱。

僖公之母弟曰夷仲年，生公孙无知，有宠于僖公，衣服礼秩如适⑦，襄公绌之⑧。二人因之以作乱⑨。

连称有从妹在公宫，无宠，使间公⑩，曰："捷⑪，吾以女为夫人。"

【注释】

①仲庆父：鲁庄公的弟弟。②罪我之由：即"罪由我"的倒装句。③连称、管至父：二人名，均为齐国大夫。葵丘：齐地名，在今山东省临淄镇西。④及瓜：来年瓜熟之时。⑤期（jī）：一周年。⑥问：消息，音讯。⑦礼秩：待遇等级。适（dí）：同嫡。⑧绌（chù）：通黜，贬退。⑨因：凭借。⑩间（jiàn）：秘密侦察。⑪捷：事情办成。此为公孙无知向连称从妹许诺之词。

冬十二月，齐侯游于姑棼①，遂田于贝丘②。见大豕，从者曰："公子彭生也。"公怒曰："彭生敢见！"射之，豕人立而啼③。公惧，队于车④，伤足丧屦。反，诛屦于徒人费⑤。弗得，鞭之，见血。走出，遇贼于门，劫而束之。费曰："我奚御哉⑥！"袒而示之背，信之。费请先入，伏公而出斗⑦，死于门中。石之纷如死于阶下⑧。遂入，杀孟阳于床。曰："非君也，不类⑨。"见公之足于户下，遂弑之，而立无知。

初，襄公立，无常⑩。鲍叔牙曰："君使民慢⑪，乱将作矣。"奉公子小白出奔莒⑫。乱作，管夷吾、召忽奉公子纠来奔⑬。

初，公孙无知虐于雍廪⑭。

【注释】

①姑棼：齐地名，即薄姑，在今山东省博兴县东北。②田：围猎。贝丘：齐地名，在今山东省博兴县南。③人立：即后足立地，前足悬空，如人站立。④队：同坠。⑤诛屦：责令寻找鞋子。诛，责令。徒人费：即名字叫费的侍者。徒人，侍人，即宦官。⑥奚：怎么。御：抵抗。⑦伏公：将齐襄公藏匿起来。伏，藏匿。⑧石之纷如：即石纷如，宦官名字。⑨不类：不像。⑩无常：行为无准则。⑪慢：松弛放纵。⑫小白：僖公庶子，襄公之弟。⑬管夷吾：即管仲，原为公子纠之傅，后相桓公，霸诸侯，春秋时著名政治家。召忽：公子纠之傅。公子纠：小白庶兄。⑭雍廪：齐大夫。

【译文】

鲁庄公八年春季，鲁国在太庙为军队颁发兵器，这是合乎礼法的。

夏季，鲁国军队和齐国军队一同围攻郕国，郕国被迫向齐军投降。为此，仲庆父请求攻打齐军。庄公说："不行。这是由于我缺少德行，齐军有什么罪？罪在于我。《夏书》说：'皋陶努力修养德行，德行一旦具备，他人就会降服。'我们还是尽力修养德行，以等待时机的到来吧！"

秋季，鲁国的军队回国。君子们为此对鲁庄公称赞不已。

齐襄公让连称、管至父两大夫戍守葵丘。七月瓜熟的时候赴任，齐襄公并对他们说："到明年瓜熟的时候就派人去替换你们。"但一年戍期已满，襄公关于替换的命令还没有下来。连称和管至父请求派人来代替，襄公不答应，于是连、管二人就谋划叛乱。

齐僖公的同母之弟叫夷仲年，生了公孙无知。公孙无知深得僖公的宠爱，他穿的衣服和所享受的待遇同嫡子一样。襄公即位以后，他的待遇被削减了。连称和管至父二人就准备依靠他发动叛乱。

连称有个堂妹在齐襄公的后宫为妾，未得宠。连称就让她前去窥伺襄公的行动，乘机下手。公孙无知对她说："如果谋杀取得成功，我便封你为夫人"。

冬季，十二月，齐襄公在姑棼游玩，并在贝丘打猎。突然发现一头大野猪，随从说："这是公子彭生。"齐襄公发怒了，说："彭生还敢在我面前出现？"于是用箭射它。野猪前足腾空，象人一样站起来吼叫。齐襄公害怕了，从车上坠下来，摔伤了脚，还丢失了鞋。出游归来后，他命令一位名叫费的侍人前去找鞋。费找不到，齐襄公就鞭打他，直至打得浑身流血。费跑了出去，碰巧在门口遇到了叛贼。叛贼把费劫走并捆绑起来。费说："我没有反对你们啊！"并解开衣服让叛贼看他的伤痕，叛贼这才相信。费表示愿意帮助他们，要求先行进宫。他进去后先把齐襄公隐藏起来，再出来和叛贼搏斗，结果死在宫门里。侍人石之纷如死在台阶下。叛贼杀进宫里。杀了在床上假冒齐襄公的孟阳，又说："这个人不是国君，看样子不像。"后来在门下看到齐襄公露出的脚，于是把他拉出来杀了，然后立公孙无知为国君。

开始的时候，襄公即位后，政令无常。鲍叔牙说："国君放纵百姓，祸乱将要发生。"于是事奉僖公的庶子公子小白即后来的齐桓公逃到了莒国。叛乱发生后，管仲、召忽事奉僖公的儿子公子纠逃亡到了鲁国。

开始的时候，公孙无知曾虐待齐国大夫雍廪。

庄公九年

九年春，雍廪杀无知。

公及齐大夫盟于蔇，齐无君也。

夏，公伐齐，纳子纠。桓公自莒先入。

秋，师及齐师战于乾时，我师败绩。公丧戎路，传乘而归①。秦子、梁子以公旗辟于下道，是以皆止。

鲍叔帅师来言曰："子纠，亲也，请君讨之②。管、召，雠也，请受而甘心焉③。"乃杀子纠于生窦④。召忽死之。管仲请囚，鲍叔受之，及堂阜而税之归而以告，曰："管夷吾治于高傒，使相可也⑤。"公从之。

【注释】

①戎路：四匹马的兵车。传乘：轻便的快车。②讨：相当于杀。③雠：同仇。受：指接受管、召以便把他们带回去亲自处置。④生窦（dòu）：鲁国地名。⑤治：治国才能。高傒（xī）：齐国上卿。治于高傒：比高傒更有治国才能。

【译文】

鲁庄公九年春季，雍廪因难以忍受虐待而杀了公孙无知。

由于齐国目前没有国君，庄公和齐国的大夫在蔇地结盟。

夏季，庄公领兵进攻齐国，要护送公子纠回国即位。但齐桓公小白已从莒国抢先回到了齐国。

秋季，鲁国军队和齐国军队在乾时交战，结果鲁军被打败。庄公丢弃了战车，以脱逃，但秦子、梁子均被齐军俘获。

　　鲍叔率领军队前来鲁国说："子纠是齐桓公的亲兄弟，请君王杀了他。管仲、召忽则是我们的仇人，请交给我们亲手把他处死。"于是齐国人就在生窦杀了子纠，而召忽也自杀了。管仲请求把他囚禁起来送往齐国，鲍叔答应了。到了齐国堂阜就给他松了绑。回国后，鲍叔向齐桓公进言："管仲的政治才能高于高傒，可以让他辅佐君王。"桓公接受了他的建议。

庄公十年

　　十年春，齐师伐我。公将战，曹刿请见①。其乡人曰："肉食者谋之②，又何间焉③。"刿曰："肉食者鄙④，未能远谋。"乃入见。问："何以战？"公曰："衣食所安，弗敢专也⑤，必以分人。"对曰："小惠未遍，民弗从也。"公曰："牺牲玉帛，弗敢加也⑥，必以信⑦。"对曰："小信未孚⑧，神弗福也。"公曰："小大之狱，虽不能察⑨，必以情⑩。"对曰："忠之属也，可以一战，战则请从。"

　　公与之乘。战于长勺。公将鼓之。刿曰："未可。"齐人三鼓，刿曰："可矣。"齐师败绩。公将驰之⑪。刿曰："未可。"下，视其辙，登轼而望之⑫，曰："可矣。"遂逐齐师。

【注释】

　　①曹刿：鲁人，出身低微，足智多谋，长勺之战中，助鲁庄公打败强齐，创造以弱胜强的经典之战。②肉食者：指在位的贵族。③间：参与。④鄙：鄙陋不通。⑤专：专享。牺牲玉帛：祭祀之物。⑥加：变更。⑦信：诚实。⑧孚：覆盖，普遍，孚借为覆。一说孚即信用，信服。⑨察：洞察，明察。⑩情：实情。⑪驰：追逐。⑫轼：车前横木，站在上面可以远望。

　　既克，公问其故。对曰："夫战，勇气也。一鼓作气，再而衰，三而竭。彼竭我盈，故克之。夫大国难测也，惧有伏焉①。吾视其辙乱，望其旗靡②，故逐之。"

　　夏，六月，齐师、宋师次于郎。公子偃曰③："宋师不整，可败也。宋败，齐必还。请击之。"公弗许。自雩门窃出，蒙皋比而先犯之。公从之，大败宋师于乘丘④。齐师乃还。

　　蔡哀侯娶于陈，息侯亦娶焉。息妫将归⑤，过蔡。蔡侯曰："吾姨也。"止而见之，弗宾⑥。息侯闻之，怒，使谓楚文王曰："伐我，吾求救于蔡，而伐之。"楚子从之。秋，九月，楚败蔡师于莘，以蔡侯献舞归。

　　齐侯之出也，过谭，谭不礼焉。及其入也，诸侯皆贺，谭又不至。冬，齐师灭谭，谭无礼也。谭子奔莒，同盟故也。

【注释】

　　①伏：埋伏。②靡：倒倒。③公子偃：鲁大夫。④庄公见公子偃已私出，为免鲁军吃亏，不得已领兵随后。⑤将归：将嫁。⑥弗宾：不用客礼对待，大概有轻佻的行为。

【译文】

十年春，齐军攻打我国。庄公准备迎战。曹刿请求进见。他的同乡人说："吃肉的人在那里谋划，你又去干什么？"曹刿说："吃肉的人鄙陋不通，难以作长远考虑。"于是入宫进见，问庄公凭什么来作战。庄公说："我所喜爱的衣服，喜爱的食物，不敢独自享受，一定分给众人。"曹刿回答说："小恩小惠难以周遍，百姓不会跟从的。"庄公说："祭祀用的牛羊玉帛，不敢欺骗、夸大，祝史的祷告一定反映实情。"曹刿回答说："一念之诚也难以代表一切，神灵也不会降福的。"庄公说："所有的案件，虽然不能一一洞察，但必定按照情理处理。"曹刿回答说："这是为百姓尽力，可以凭此打一下。打起来，请让我跟随前去。"

庄公和他同乘一辆兵车，作战于长勺。庄公准备击鼓。曹刿说："不可。"齐人三通鼓罢。曹刿说："可以了。"齐军大败。庄公准备追上去。曹刿说："不可。"下车，细看齐军的车辙，然后登上车前横板远望，说："行了。"于是追赶齐军。

占胜以后，庄公问他为什么。他回答说："作战靠的是勇气。第一通鼓激发勇气，第二通就减弱，第三通勇气就竭尽了。他们的士气竭尽而我们充盈，所以能打败他们。"大国难以捉摸，恐怕有埋伏。我细看他们的车辙已经杂乱。远望他们的旗子倒下，所以追赶他们。

夏六月，齐国和宋国将军队驻扎在郎地。公子偃说："宋军的军容不齐，可以打败他。宋军败了，齐军必然回国。请您进攻宋军。"庄公不同意。公子偃便从雩门私自出击，把马蒙上老虎皮先攻打宋军，庄公领兵跟着进攻，在乘丘将宋军这打得大败。齐军也就回国了。

蔡哀侯在陈国娶妻，息侯也在陈国娶妻。息妫出嫁时路过蔡国。蔡侯说："你是我的小姨。"留下来见面，没有礼貌。息侯听到这件事，大怒，于是派人对楚文王说："请您假装攻打我国，我向蔡国求救，您就可以攻打它。"楚王照办。秋九月，楚国在莘地攻击蔡军，俘虏了蔡侯献舞回国。

齐侯逃亡在外，经过谭国，谭国不加礼遇。等到他回国，诸侯都去祝贺，谭国还是没有去。冬，齐军灭了谭国，这是由于谭国没有礼貌。谭子逃亡到莒国，这是由于两国同盟。

庄公十一年

十一年夏，宋为乘丘之役故侵我。公御之，宋师未陈而薄之①，败诸鄑。

凡师，敌未陈曰败某师，皆陈曰战，大崩曰败绩，得俊曰克②，覆而败之曰取某师③，京师败曰王师败绩于某。

秋，宋大水。公使吊焉④，曰："天作淫雨，害于粢盛⑤，若之何不吊？"对曰："孤实不敬，天降之灾，又以为君忧，拜命之辱⑥。"

臧文仲曰⑦："宋其兴乎。禹、汤罪己，其兴也悖焉⑧，桀、纣罪人，其亡也忽焉⑨。且列国有凶称孤，礼也。言惧而名礼⑩，其庶乎⑪。"既而闻之曰："公子御说之辞也⑫。"臧孙达曰⑬："是宜为君，有恤民之心。"

【注释】

①薄：迫近。②得俊：战胜敌军，俘获敌军首领或勇士。俊，才智出众之人。③覆：埋伏。④吊：慰问。⑤粢盛：祭祀所用的黍稷，此指庄稼。⑥拜命之辱：当时习惯用语，相当于"承蒙关照，实不敢当"。⑦臧文仲：即臧孙辰，鲁国大夫。⑧悖：同勃。⑨忽：疾速。⑩言惧：言辞谦恭惶恐。名礼：名称合于礼

义。⑪庶：庶几。⑫公子御说（yuè）：宋庄公之子，宋闵公之弟，即后来的宋桓公。⑬臧孙达：即臧哀伯。

　　冬，齐侯来逆共姬①。
　　乘丘之役，公以金仆姑射南宫长万，公右歂孙生搏之②。宋人请之。宋公靳之③，曰："始吾敬子。今子，鲁囚也，吾弗敬子矣。"病之④。

【注释】

　　①齐侯：齐桓公。②仆姑：箭名。右：车右。生博：活捉。③靳（jìn）：羞辱，取笑。④病：担忧、恐惧。宋万误以为闵公对己不满而担忧、恐惧。

【译文】

　　十一年夏，宋国为了乘丘战役而侵袭我国。庄公出兵迎战。宋国的军队还没摆开阵势，我军就压过去，在戬地将宋军打败。
　　凡是作战，敌方尚未摆开阵势叫做"败某师"，摆开了阵势叫做"战"，大崩溃叫做"败绩"，俘虏敌方的勇士称做"克"，伏兵而击败敌军称做"取某师"，周天子的军队打败称做"王师败绩于某"。
　　秋，宋国发大水。庄公派使者前去慰问，说："上天降大雨，危害了庄稼，为什么不慰问呢？"宋公回答说："孤对于上天不敬，上天降灾，还因此让贵国国君担忧，承蒙关注，实不敢当。"
　　臧文仲说："宋国恐怕要兴起了！禹、汤责罚自己，他们勃然兴起；桀、纣责罚别人，他们马上灭亡。而且列国发生灾荒的时候，国君称孤，这是合于礼法的。言语惶恐而名称合于礼法，这就差不多了吧！"不久又听说这是公子御说的话，臧孙达说："这个人适合当国君，他有爱护百姓的心意。"
　　冬，齐侯前来迎娶共姬。
　　在乘丘战役中，庄公用金仆姑箭射中南宫长方，庄公的车右歂孙将他活捉。宋国人请求把南宫长万释放回国。宋公和南宫长万开玩笑说："开始我尊敬你；现在你是鲁国的囚犯，我不尊敬你了。"南宫长万因而怀恨。

庄公十二年

　　十二年秋，宋万弑闵公于蒙泽①。遇仇牧于门，批而杀之②。遇大宰督于东宫之西③，又杀之。立子游④。群公子奔萧⑤。公子御说奔亳。南宫牛、猛获帅师围亳⑥。
　　冬十月，萧叔大心及戴、武、宣、穆、庄之族以曹师伐之⑦。杀南宫牛于师，杀子游于宋，立桓公。猛获奔卫；南宫万奔陈，以乘车辇其母⑧，一日而至。
　　宋人请猛获于卫，卫人欲勿与，石祁子曰："不可。天下之恶一也，恶于宋而保于我⑨，保之何补⑩？得一夫而失一国，与恶而弃好⑪，非谋也。"卫人归之。亦请南宫万于陈，以赂⑫。陈人使妇人饮之酒，而以犀革裹之⑬，比及宋，手足皆见⑭。宋人皆醢之⑮。

【注释】

①宋万：即南宫长万。闵公：即宋闵公，名捷。蒙泽：宋国地名，在今河南省商丘县北。②批：反手击打。③太宰督：即华督。太宰，官名。④子游：宋国公子。⑤萧：宋附庸国。在今安徽省萧县西北。⑥南宫牛：南宫长万之子。猛获：南宫长万的同党。⑦萧叔大心：萧国大夫。叔，排行。大心，名。戴、武、宣、穆、庄：指宋戴公、宋武公、宋宣公、宋穆公、宋庄公。⑧乘车：载人的车子。辇：以人驾车称为辇。⑨保：保护。⑩补：益处。⑪与恶：袒护邪恶。⑫以赂：送上财物。⑬犀革：犀牛之革。⑭比及：等到。见：现。此指其力气极大，手足破犀革而出。⑮醢（hǎi）：肉酱。此作动词，即烹。

【译文】

十二年秋，南宫长万在蒙泽将闵公杀死。在门口遇到仇牧，一巴掌未将他打死。在东宫的西面遇到太宰督，又杀了他。立了子游为国君。公子们逃亡到萧国，而公子御说逃亡到亳地。南宫牛、猛获率领军队包围了亳地。

冬十月，萧叔大心和宋戴公、武公、宣公、穆公、庄公的族人率领曹国军队发动进攻。杀死了南宫牛，在宋国都城杀死了子游，立宋桓公为国君。猛获逃亡到卫国，南宫长万逃亡，自己拉车装上他的母亲，只一天就到达了陈国。

宋国人到卫国请求将猛获归还。卫国人想不给他们。石祁子说："不行。普天下的邪恶是一样的，在宋国作恶而在我国怎能受保护，保了他又有什么好处？得到一个人却失去一个国家，结交邪恶的人却丢弃友好的国家，这不是好主意。"于是卫国人把猛获归还宋国。宋又到陈国请求归还南宫长万，并送上礼物。陈国人让女人劝南宫长万饮酒，灌醉他后而用犀牛皮把他包起来。等到抵达宋国，南宫长万的手脚已经挣破犀牛皮露在外面了。宋国人将这两个人剁成了肉酱。

庄公十三年

十三年春，会于北杏，以平宋乱，遂人不至①。夏，齐人灭遂而戍之。

冬，盟于柯，始及齐平也。

宋人背北杏之会②。

【注释】

①遂：诸侯国，妫姓，在今山东省宁阳县西北，与肥城县的交界处。②背：背盟，违约，结怒。

【译文】

鲁庄公十三年春季，庄公和齐、宋、陈、蔡、邾等国国君在北杏会见，目的是要平定宋国的动乱，但遂国国君没有来。夏季，齐国出兵消灭遂国并驻兵镇守。

冬季，庄公和齐桓公在柯地结盟，从此鲁国开始和齐国交好。

宋国人背叛了春天的时候在北杏订立的盟约。

庄公十四年

十四年春，诸侯伐宋，齐请师于周。夏，单伯会之，取成于宋而还。

郑厉公自栎侵郑，及大陵①，获傅瑕②。傅瑕曰："苟舍我③，吾请纳君。"与之盟而赦之。六月甲子，傅瑕杀郑子及其二子，而纳厉公④。

初，内蛇与外蛇斗于郑南门中⑤，内蛇死。六年而厉公入。公闻之，问于申繻曰："犹有妖乎？"对曰："人之所忌，其气焰以取之，妖由人兴也。人无衅焉⑥，妖不自作。人弃常则妖兴⑦，故有妖。"

厉公入，遂杀傅瑕。使谓原繁曰："傅瑕贰，周有常刑，既伏其罪矣。纳我而无二心者，吾皆许之上大夫之事，吾愿与伯父图之⑧。且寡人出，伯父无里言⑨，入，又不念寡人，寡人憾焉。"对曰："先君桓公命我先人典司宗祏⑩。社稷有主，而外其心，其何贰如之？苟主社稷，国内之民，其谁不为臣？臣无二心，天之制也⑪。子仪在位十四年矣，而谋召君者，庸非贰乎⑫。庄公之子犹有八人，若皆以官爵行赂、劝贰而可以济事⑬，君其若之何？臣闻命矣⑭。"乃缢而死。

【注释】

①大陵：郑国地名，在河南省密县与新郑县之间。②傅瑕：郑国大臣。③舍：释放。④郑子：即郑国国君子仪，因无谥号，故称郑子。⑤内蛇：门内之蛇。外蛇：门外之蛇。⑥衅：破绽，缝隙。⑦弃常：失去常态或常道。⑧伯父：指原繁。⑨里言：指以国内情况告知厉公。⑩桓公：郑始封的第一代国君。典司：主管。宗祏（shí）：宗庙中藏主的石室。⑪制：规定。⑫庸：难道。⑬劝贰：怂恿别人对君主存二心。济事：成事，指当一国之君。⑭闻命：听从命令。

蔡哀侯为莘故①，绳息妫以语楚子②。楚子如息，以食入享，遂灭息。以息妫归，生堵敖及成王焉。未言③。楚王问之，对曰："吾一妇人，而事二夫，纵弗能死，其又奚言？"楚子以蔡侯灭息，遂伐蔡。秋，七月，楚入蔡。

君子曰："《商书》所谓'恶之易也④，如火之燎于原，不可乡迩⑤，其犹可扑灭'者，其如蔡哀侯乎？"

冬，会于鄄，宋服故也。

【注释】

①蔡哀侯莘地战役被俘，这时在楚国。②绳：通渑，赞誉。③言：主动开口。④易：蔓延，滋长。⑤乡迩：挨近。乡，通向。

【译文】

十四年春，诸侯进攻宋国，齐国请求成周出兵。夏，单伯领兵和诸侯会合。和宋国媾和回国。

郑厉公从栎地领兵袭击郑国国都，到达大陵，俘获了傅瑕。傅瑕说："如果放了我，我设

法使君王回国再登君位。"郑厉公和他发誓，把他赦免了。傅瑕杀死郑子和郑子的两个儿子，接纳厉公回国。

开始，在郑国国都的南门下面，一条门里的蛇和一条门外的蛇相斗，门里的蛇被咬死。过了六年厉公回国。鲁庄公听说这件事，向申繻询问说："这就因为妖孽而厉公才回国的吗？"申繻回答说："一个人是否会遇到他所害怕的事，是由于他自己的气焰所决定的。妖孽是由于人引起的。人没有疵瑕，妖孽不能自己起来。人丢弃了常道，妖孽就起来，所以才有妖孽。"

厉公回国，将傅瑕杀了。派人对原繁说："傅瑕对国君三心二意，对于这种情况，周朝是有规定的刑罚的，现在已经受到惩处了。帮助我回国而没有三心二意的，我答应封他上大夫，我愿意跟伯父一起商量。而且寡人离开国家在外，伯父没有告诉寡人国内的情况。回国以后，又并不亲近寡人，寡人对此非常遗憾。"原繁回答说："先君桓公命令我的先人管理宗庙石室。国家有君主而心却在国外，还有比这更大的三心二意吗？如果他主持国家，国内的百姓，谁又不是他的臣下？臣下不应该三心二意，这是上天的规定。子仪居于君位，十四年了；现在策划召请君王回国，难道不是三心二意吗？庄公还有八个儿子，如果都用官爵做贿赂以劝说别人三心二意而又可能成功，君王又怎么办？下臣听到君王的命令了。"于是就上吊死了。

蔡哀侯因为莘地战役被俘，在楚王面前赞美息妫。楚王到息国，设享礼招待息侯而进行袭杀，就消灭了息国。他把息妫带回楚国，生了堵敖和成王。息妫没有说过话，楚王问她，她回答说："一个女人，伺候两个丈夫，即使不死，又能说什么？"楚王由于蔡侯的缘故才消灭了息国，于是攻打蔡国。秋七月，楚军进入蔡国。

君子说："《商书》所说的'恶的蔓延，就好像火的燎原，不能接近，难道还能扑灭'，恐怕就像蔡哀侯吧！"

冬，单伯和齐侯、宋公、卫侯、郑伯在鄄地会见，这是由于宋国顺服。

庄公十五年

十五年春，复会焉①，齐始霸也②。
秋，诸侯为宋伐郳③。郑人间之而侵宋。

【注释】

①复会：指齐、宋、陈、卫、郑国再次于鄄地会盟。②霸：此作动词，称霸。③郳（ní）：宋国附庸，后背叛了宋国。

【译文】

鲁庄公十五年春季，齐桓公、宋桓公、陈宣公、卫惠公和郑厉公再次在鄄地会见，此后齐国开始称霸。

秋季，诸侯各国为了宋国攻打郳国。郑国人乘机侵入宋国。

庄公十六年

十六年夏，诸侯伐郑，宋故也。

郑伯自栎入，缓告于楚。秋，楚伐郑，及栎，为不礼故也。

郑伯治与于雍纠之乱者。九月，杀公子阏，刖强锄①。公父定叔出奔卫②。三年而复之，曰："不可使共叔无后于郑。"使以十月入，曰："良月也，就盈数焉③。"

君子谓强锄不能卫其足④。

冬，同盟于幽，郑成也。

【注释】

①刖（yuè）：一种断足的酷刑。强锄（chú）：祭仲党羽。②公父定叔：共叔段的孙子。定，谥号。③良月：古人以单数月为忌，双数月为良。数至十而满，故称盈数。④指强锄不能见机避害，以它失支双足。

王使虢公命曲沃伯以一军为晋侯。

初，晋武公伐夷，执夷诡诸①。芮国请而免之②。既而弗报③，故子国作乱④。谓晋人曰："与我伐夷而取其地。"遂以晋师伐夷，杀夷诡诸。

周公忌父出奔虢⑤。惠王立，而复之。

【注释】

①夷诡诸：周大夫，以采邑作姓氏。②芮（wěi）国：周大夫。③既而：后来。④子国：即芮国。⑤周公忌父：王朝卿士。复之：让他回国复位。

【译文】

鲁庄公十六年夏季，宋国、齐国和卫国进攻郑国，是郑国入侵了宋国的缘故。

郑厉公从栎地回到国都后，没有立即告诉楚国。秋季，楚国向郑国发动了进攻，军队攻至栎地。这是为了报复它对楚国的不敬。

郑厉公开始惩治参与雍纠之乱的人。九月，杀了公子阏，砍断了强锄的双脚，公父定叔被迫逃亡到卫国。三年后，他又被郑厉公请了回去，说："不能让共叔段在郑国没有后代。"并让他在十月回国，说："十月是个好月份，十是个满数。"

君子认为是强锄自己不能保全自己双脚。

冬季，庄公和齐桓公、宋桓公、陈宣公、卫惠公、郑厉公、许穆公、滑伯、滕子在幽地结盟，目的是与郑国讲和。

周天子派虢公命令曲沃武公建立一个军的部队，并封他为晋侯即晋武公。

开始，晋武公曾进攻夷地，抓住了夷诡诸。但周大夫芮国为他请求，使晋国赦免了对他的处罚。但事后夷诡诸并没有报答芮国，所以芮国就与他作乱。他对晋国人说："请和我们一起攻打夷国，夺取它的土地。"于是就带领晋国军队攻打夷地，杀了夷诡诸。

周公忌父为了躲避战乱而逃亡到了虢国，直到周惠王即位后才恢复了他的王室卿士的职位。

庄公十七年

十七年春，齐人执郑詹，郑不朝也。

夏，遂因氏、颌氏、工娄氏、须遂氏飨齐戍^①，醉而杀之，齐人歼焉^②。

【注释】

①因氏、颌氏、工娄氏、须遂氏：遂国四个家族。齐戍：齐国的戍卒。②歼：杀尽。

【译文】

鲁庄公十七年春季，齐国人将郑国执政大臣郑詹抓了起来，是因为郑国不去朝见齐国。

夏季，遂国的因氏、颌氏、工娄氏和须遂氏用酒食招待齐国戍守遂国的人，把他们灌醉后全部杀死。齐国人因此也把因氏等人全部消灭了。

庄公十八年

十八年春，虢公、晋侯朝王^①，王飨醴，命之宥^②，皆赐玉五瑴^③，马三匹。非礼也。王命诸侯，名位不同，礼亦异数，不以礼假人。

虢公、晋侯、郑伯使原庄公逆王后于陈^④。陈妫归于京师，实惠后。

夏，公追戎于济西。不言其来，讳之也^⑤。

秋，有蜮，为灾也。

【注释】

①晋侯：指晋武公之子，献公诡诸。②宥（yòu）：酬酢，劝酒。③五瑴（jué）：五对玉。瑴，合在一起的两块玉，亦写作"珏"。④原庄公：周王卿士。⑤不言其来，讳之：戎来入侵，鲁不能知，足见边防松弛，是防御上的失误，《经》不直书怎样入侵，是隐讳鲁国的失误。

初，楚武王克权^①，使斗缗尹之，以叛^②，围而杀之。迁权于那处^③，使阎敖尹之^④。及文王即位，与巴人伐申，而惊其师^⑤。巴人叛楚而伐那处，取之，遂门于楚。阎敖游涌而逸^⑥。楚子杀之。其族为乱。冬，巴人因之以伐楚。

【注释】

①权：国名，子姓。②以：以之，凭借权邑（叛楚）。③迁权：迁移权邑之民。那处：楚地。④阎敖：楚大夫。⑤惊：惊惧，吓唬。其：代巴人。⑥涌：水名。逸：逃跑。

【译文】

十八年春，虢公、晋侯朝觐周天子。周天子用甜酒招待，还同意他们向自己敬酒。同样各赐给他们玉五对，马三匹，这是不合于礼法的。周天子对诸侯有所策命，他们名称地位不同，礼义的等级也不同，是不能把礼仪随便给人的。

虢公、晋侯和郑伯派原庄公去陈国把王后迎回后。陈嫣嫁到京城，便成了惠后。

夏，庄公在济水之西追逐戎人。《春秋》没有记载戎人的这次进攻，这是由于忌讳。

秋，发现蜮虫，《春秋》所以记载它，是由于成了灾。

起初，楚武王攻占了权国，派斗缗做这里的长官，斗缗盘据在这里而叛变楚国。楚国包围权地而杀掉了斗缗，又把权地的百姓还到那处，派阎敖管理这里。等到文王即位，楚军和巴国人一起进攻申国，使巴军受到惊吓。巴国人背叛楚国而进攻那处，并占领了，于是又攻打楚国都城的城门。阎敖在涌水里逃走。楚子杀了阎敖，他的族人就叛乱。冬，巴国人由此而攻打楚国。

庄公十九年

　　十九年春，楚子御之①，大败于津。还，鬻拳弗纳②。遂伐黄③，败黄师于踏陵。还，及湫④，有疾。夏六月庚申卒，鬻拳葬诸夕室⑤，亦自杀也，而葬于绖皇⑥。

　　初，鬻拳强谏楚子，楚子弗从，临之以兵⑦，惧而从之。鬻拳曰："吾惧君以兵，罪莫大焉。"遂自刖也。楚人以为大阍⑧，谓之大伯⑨，使其后掌之⑩。

　　君子曰："鬻拳可谓爱君矣，谏以自纳于刑，刑犹不忘纳君于善。"

【注释】

　　①御之：抵抗巴军。②鬻拳：人名，掌管楚国城门。③黄：国名，嬴姓。在今河南省潢川县西南。④湫（jiǎo）：楚国地名，在今湖北省钟祥县北。⑤夕室：楚国君主墓葬地名。⑥绖（dié）皇：陵墓地宫前庭。绖通窒（zhì），绖皇即窒皇。⑦临：对着。兵：武器。⑧大阍（hūn）：守城门的官员。阍，守门之人。⑨大伯：即太伯。伯，长。⑩使其后掌之：使其后代子孙掌此官职。

　　初，王姚嬖于庄王①，生子颓。子颓有宠，蒍国为之师②。及惠王即位，取蒍国之圃以为囿。边伯之宫近于王宫③，王取之。王夺子禽祝跪与詹父田，而收膳夫之秩④。故蒍国、边伯、石速、詹父、子禽祝跪作乱，因苏氏。秋，五大夫奉子颓以伐王，不克，出奔温⑤。苏子奉子颓以奔卫。卫师、燕师伐周。冬，立子颓。

【注释】

　　①王姚：庄王之妾。嬖：指对婢妾的宠幸、疼爱。②之：其，他的。③宫：府邸，房舍。④膳夫：官名，掌王宫饮食。此指下文的石速。秩：俸禄。⑤温：苏氏的封邑。

【译文】

　　鲁庄公十九年春季，为反击巴国人的进攻，楚文王率军抵抗，但大败于津地。回国后，主管城门的鬻拳又不开城门，拒绝文王入城。于是文王被迫转而攻打黄国，在踏陵打败了黄国的军队。回途中，行至湫地，文王染病，于六月十五日去世。鬻拳将文王安葬在夕室后，自杀身亡，被葬在文王陵墓地下宫殿的前庭。

　　开始，鬻拳曾力劝文王不要出兵，但被文王拒绝。于是鬻拳便拿起兵器威胁，文王害怕了，才听了他的话。鬻拳说："我以兵器威胁国君，犯下了莫大的罪过。"于是就自己砍掉了双脚。后来楚王让他担任守卫楚都城门的官职，称之为太伯。并且他的子孙也世代担任此职。

　　君子对此评论说："鬻拳可以说是对国君忠忠耿耿了。因力劝国王而自我受刑，即使自我受刑也没有忘记引导国君向好的方向发展。"

当初，王姚被周庄王庞幸，生了子颓。子颓被宠爱，庄王让芮国做他的老师。庄王的孙子惠王即位后，霸占了芮国的菜园作为饲养禽兽的地方。周大夫边伯的房屋在王宫附近，惠王也强行占有了。另外，惠王还夺取了子禽祝跪和詹父的田地，收回了膳夫石速的俸禄。因此芮国、边伯、石速、詹父和子禽祝跪就联合发动了叛乱，归依了苏忿生。秋季，五位大夫事奉子颓攻打惠王，但失败了，便逃亡到了温地。苏忿生则事奉子颓逃亡到了卫国。卫国、燕国的军队又联合攻打周王室。冬季，立了子颓为周天子。

闵 公

闵公元年

元年春，不书即位，乱故也。

狄人伐邢。管敬仲言于齐侯曰："戎狄豺狼，不可厌也①。诸夏亲昵②，不可弃也。宴安鸩毒③，不可怀也。《诗》云：'岂不怀归，畏此简书④。'简书，同恶相恤之谓也⑤。请救邢以从简书。"齐人救邢。

夏六月，葬庄公，乱故，是以缓⑥。

秋八月，公及齐侯盟于落姑⑦，请复季友也。齐侯许之，使召诸陈，公次于郎以待之。"季子来归⑧，"嘉之也。

【注释】

①厌：满足。②诸夏：中原诸侯各国。③宴安：安逸。④简书：书写在一片竹简上的文字。此指告急文书。⑤同恶相恤：同仇敌忾。恤，忧、救。⑥古礼诸侯五月而葬，庄公上年八月死，至今已十一个月才安葬，所以称"缓"，这是由于动乱造成的。⑦落姑：齐国地名，在今山东省平阴县境。⑧季子：即季友。

冬，齐仲孙湫来省难①。书曰"仲孙"，亦嘉之也。

仲孙归曰："不去庆父，鲁难未已②。"公曰："若之何而去之？"对曰："难不已，将自毙，君其待之。"公曰："鲁可取乎？"对曰："不可，犹秉周礼③。周礼，所以本也。臣闻之，国将亡，本必先颠，而后枝叶从之。鲁不弃周礼，未可动也。君其务宁鲁难而亲之，亲有礼，因重固④，间携贰，覆昏乱⑤，霸王之器也⑥。"

晋侯作二军⑦，公将上军，大子申生将下军。赵夙御戎⑧，毕万为右⑨，以灭耿、灭霍、灭魏⑩。还，为大子城曲沃。赐赵夙耿，赐毕万魏，以为大夫。

士𫇭曰："大子不得立矣，分之都城，而位以卿，先为之极，又焉得立⑪。不如逃之，无使罪至。为吴大伯⑫，不亦可乎？犹有令名，与其及也。且谚曰：'心苟无瑕⑬，何恤乎无家⑭'，天若祚大子⑮，其无晋乎⑯！"

卜偃曰⑰："毕万之后必大。万，盈数也；魏，大名也；以是始赏，天启之矣。天子曰兆民⑱，诸侯曰万民。今名之大，以从盈数，其必有众。"

【注释】

①仲孙湫：齐国大夫。省难：一国发生灾难，他国派人视察、慰问，叫省难。②未已：不止。③秉：执掌。④因重固：依靠稳定坚固的国家。因，凭靠。⑤覆：颠覆。⑥霸王：称霸称王。器：气度、度量。

⑦作二军：建立二个军。⑧赵夙：晋大臣。⑨毕万：晋臣。右：车右。⑩耿：姬姓国，周父王子叔处所封，故城在今山西省霍县西南十六里。魏：姬姓国，故城在今山西省芮城县东北。⑪士芳：晋大夫。　位于卿：给予卿之高位。　先为之极，又焉得立：先使居臣之最高位，又怎能立为晋君？⑫吴太伯：周王季历之兄。周太王欲立季历，太伯奔荆蛮，文身断发，以避季历，立为吴太伯。⑬瑕：瑕疵。⑭恤：忧。⑮祚（zuò）：赐福。⑯无晋：不要留在晋国。⑰卜偃：即郭偃，晋国掌占卜的大夫。⑱兆：数词，古代以百万为兆，在此表示极多。

　　初，毕万筮仕于晋，遇屯䷂之比䷇①。辛廖占之②，曰："吉。屯固，比入，吉孰大焉？其必蕃昌。震为土③，车从马，足居之④，兄长之⑤，母覆之，众归之，六体不易⑥，合而能固⑦，安而能杀⑧，公侯之卦也。公侯之子孙，必复其始⑨。"

【注释】

①屯䷂之比䷇：屯卦之初九变为初六，由阳爻变阴爻，屯卦则成比卦。②辛廖：周大夫。③为：变为。屯卦上坎下震，比卦上坎下坤，坤代表地即土，故曰"为土"。④足：震为足。居之：处在坤上。⑤兄：震又为兄。长：长养，抚育。⑥六体：指六种卦象，即土、车、马、足、母、众。⑦合：比卦主合。固：屯卦主固。⑧安：坤为大地，万物所安。杀：震有雷庭之威武，所以说杀。⑨复其始：恢复祖先当初的地位。

【译文】

　　元年春，《春秋》没有即位的记载，是因为动乱不能举行仪式的缘故。

　　狄人进攻邢国。管仲对齐侯说："戎狄就好像豺狼，是不能满足的；中原各国互相亲近，是不能丢弃的。安逸相当于毒药，是不能怀恋的。《诗》说：'难道不想着回去，但害怕这个竹简上的军令文字。'竹简上的军令文字，就是同仇敌忾忧患与共的意思，所以请您听众简书而救援邢国。"于是齐国人出兵救援邢国。

　　六月，安葬庄公。但由于发生动乱，所以推迟了。

　　八月，闵公和齐侯在落姑结盟，请求齐侯帮助季友回国。齐侯答应了，派人从陈国召回季友，闵公在郎地等他。《春秋》记载说"季子来归"，这是赞美季友。

　　冬，齐国的仲孙湫前来表示慰问，《春秋》记载他为"仲孙"，也是赞美他。

　　仲孙回国说："不除掉庆父，鲁国的祸难难以结束。"齐侯说："怎么样才能除掉他？"仲孙回答说："生祸太多，将会自取灭亡，您就等着吧！"齐侯说："鲁国能够取得吗？"仲孙说："不行，他们还掌握着周礼。周礼，是立国的根本。下臣听说：'国家的灭亡，如同大树，躯干必然先倒，然后枝叶才跟着倒落。'鲁国没有抛弃周礼，是不能动它的。您应当平定鲁国的祸难并且亲近它。亲近有礼仪的国家，依靠安定的国家，离间内部涣散的国家，灭亡昏乱的国家，这是称霸称王的器局。"

　　晋侯建立两个军的部队，自己率领上军，太子申生率领下军。赵夙为晋侯驾御战车，毕万作为车右，出兵消灭耿国、消灭霍国、消灭魏国。回国，为太子在曲沃建造城墙，把耿地赐给赵夙，把魏地赐给毕万，还封他们做大夫。

　　士芳说："太子做不了继承者了！把都城分给他，并封他为卿，先让他到了顶点，又怎么做君主为国君？与其得到罪过，不如逃走，以免罪过到来。做一个吴太伯，不也是可以的吗？这样还有好名声。而且俗话说：'心里如果没有邪念，又哪怕没有家？'上天如果保佑您，您就不要在晋国了吧！"

　　卜偃说："毕万的后代必定昌盛。万，是满数；魏，是大名。开始赏赐就这样，上天已经表示预兆了。天子统治兆民，因而称为'兆民'，诸侯统治万民，因而称为'万民'。现在名称的高大符合满数，他就必然会得到大众。"

　　起初，毕万占卜在晋国做官的吉凶，结果《屯》卦☷变成《比》卦☷，辛廖测说："吉利。《屯》坚固，《比》进入，还有比这更大的吉利吗？所以他必定昌盛。《震》卦变成了土，车跟随着马，两脚踏在这里，哥哥抚育他，母亲保护他，大众归附他，这六种卦象不变，集合而能坚固，安定而能杀戮，这是公侯的卦象。公侯的子孙，必定回复到他当初的地位上。"

闵公二年

　　二年春，虢公败犬戎于渭汭。舟之侨曰①："无德而禄，殃也。殃将至矣。"遂奔晋。

　　夏，吉禘于庄公②，速也。

　　初，公傅夺卜齮田③，公不禁。秋八月辛丑，共仲使卜齮贼公于武闱④。成季以僖公适邾。共仲奔莒，乃入，立之。以赂求共仲于莒，莒人归之。及密⑤，使公子鱼请⑥，不许。哭而往⑦，共仲曰："奚斯之声也⑧。"乃缢。

【注释】

　　①舟之侨：虢国大夫。②吉禘（dì）：丧后二十五月举行大祭，将死者神主移于宗庙，称吉禘。禘，大祭。③傅：教诲辅佐君主的人。卜齮（yǐ）：鲁国大夫。④共仲：即庆父。武闱：路寝的旁门。闱，宫门。⑤密：鲁国地名，在今山东省费县北。⑥公子鱼：字奚斯，鲁国宗室。请：请求赦罪。⑦哭而往：庆父派公子鱼入鲁请求赦罪，未成，因此哭着返回。⑧奚斯之声：共仲听到公子鱼的哭声，知事不成，于是自缢而死。

　　闵公，哀姜之娣叔姜之子也，故齐人立之。共仲通于哀姜，哀姜欲立之。闵公之死也，哀姜与知之①，故孙于邾②。齐人取而杀之于夷③，以其尸归，僖公请而葬之。

　　成季之将生也，桓公使卜楚丘之父卜之。曰："男也。其名曰友，在公之右④。间于两社⑤，为公室辅。季氏亡，则鲁不昌。"又筮之，遇《大有》☰之《乾》☰⑥，曰："同复于父⑦，敬如君所⑧。"及生，有文在其手曰"友"，遂以命之⑨。

【注释】

　　①与：通预，预先。②孙：通逊，逃。③夷：齐地名。④右：在右指用事，执政。⑤两社：鲁国有两社，一个是周社，另一个是亳社，在宫内雉门左右两侧，是朝内治事大臣的处所。间于两社，指将来是朝内大臣。⑥《大有》：六十四卦之一，乾下，离上。之《乾》：变为《乾》卦。之，变。⑦同复于父：和父亲走同样的道路。复，走老路。意为地位与其父同样尊贵。⑧敬如君所：敬重如同国君的位置。⑨命：命名。

　　冬十二月，狄人伐卫。卫懿公好鹤，鹤有乘轩者①。将战，国人受甲者皆曰②：

"使鹤，鹤实有禄位，余焉能战！"公与石祁子玦，与宁庄子矢③，使守，曰："以此赞国④，择利而为之。"与夫人绣衣，曰："听于二子⑤。"渠孔御戎，子伯为右，黄夷前驱，孔婴齐殿。及狄人战于荥泽，卫师败绩，遂灭卫。卫侯不去其旗，是以甚败。狄人囚史华龙滑与礼孔以逐卫人。二人曰："我，大史也，实掌其祭。不先⑥，国不可得也。"乃先之。至，则告守曰⑦："不可待也⑧。"夜与国人出。狄入卫，遂从之⑨，又败诸河。

初，惠公之即位也少，齐人使昭伯烝于宣姜⑩。不可，强之⑪。生齐子、戴公、文公、宋桓夫人、许穆夫人。文公为卫之多患也，先适齐。及败，宋桓公逆诸河，宵济⑫。卫之遗民男女七百有三十人，益之以共、滕之民为五千人⑬，立戴公以庐于曹⑭。许穆夫人赋《载驰》⑮。齐侯使公子无亏帅车三百乘、甲士三千人以戍曹。归公乘马⑯，祭服五称，牛、羊、豕、鸡、狗皆三百，与门材⑰。归夫人鱼轩⑱，重锦三十两。

郑人恶高克⑲，使帅师次于河上，久而弗召，师溃而归。高克奔陈。郑人为之赋《清人》⑳。

【注释】

①轩：四面有遮蔽的车子，为大夫所乘用。②受甲者：披甲的战士。③宁庄子：卫臣，又名宁速。矢：箭。④赞：助。⑤二子：指石祁子与宁庄子。⑥不先：不先回国。⑦守：守卫者。⑧待：抵御。⑨从：追逐。⑩昭伯：宣公之子，惠公庶兄，公子顽。宣姜：宣公夫人，惠公母，齐女。⑪不可，强之：齐人使昭伯烝宣姜，昭伯不肯，齐人强迫其听从。⑫宵济：夜间渡河。⑬益：加上。共：卫邑，即今河南省辉县市。⑭庐：寄居。曹：卫邑，即今河南省滑县西南的白马故城。⑮赋：朗诵，创作。⑯归：同馈，赠送。乘马：驾车的马匹。⑰门材：做门户的材料。⑱鱼轩：装饰有鱼皮的车子。⑲郑人：指郑文公。高克：郑国大夫。⑳《清人》：《诗经·郑风》篇名。　清：郑邑，在今河南省中牟县境。

晋侯使大子申生伐东山皋落氏。里克谏曰："大子奉冢祀、社稷之粢盛①，以朝夕视君膳者也②，故曰冢子③。君行则守④，有守则从⑤。从曰抚军，守曰监国，古之制也。夫帅师，专行谋，誓军旅⑥，君与国政之所图也⑦，非大子之事也。师在制命而已⑧。禀命则不威，专命则不孝⑨。故君之嗣嫡不可以帅师。君失其官⑩，帅师不威，将焉用之。且臣闻皋落氏将战，君其舍之。"公曰："寡人有子，未知其谁立焉。"不对而退。

见大子，大子曰："吾其废乎？"对曰："告之以临民⑪，教之以军旅，不共是惧⑫，何故废乎？且子惧不孝，无惧弗得立，修己而不责人，则免于难。"

大子帅师，公衣之偏衣，佩之金玦。狐突御戎，先友为右。梁余子养御罕夷，先丹木为右。羊舌大夫为尉。先友曰："衣身之偏，握兵之要⑬，在此行也，子其勉之。偏躬无慝⑭，兵要远灾，亲以无灾，又何患焉！"狐突叹曰："时，事之征也⑮。衣，身之章也。佩，衷之旗也⑯。故敬其事则命以始⑰，服其身，则衣之纯⑱，用其衷，则佩之度⑲。今命以时卒，闷其事也⑳；衣之尨服㉑，远其躬也；佩以金玦，弃其衷也。服以远之，时以闷之，尨，凉。冬，杀，金寒玦离，胡可恃也㉒？虽欲勉之，狄可尽乎?”梁余子养曰：“帅师者，受命于庙，受脤于社㉓，有常服矣㉔。不获而尨㉕，命可知也。死而不孝，不如逃之。”罕夷曰："尨奇无常，金玦不复，虽复何为，君有心矣㉖。”先丹木曰："是服也，狂夫阻之㉗。曰'尽敌而反'。敌可尽乎! 虽尽敌，犹有内谗，不如违之㉘。”狐突欲行。羊舌大夫曰："不可。违命不孝，弃事不忠。虽知其寒，恶不可取，子其死之㉙。”

【注释】

①冢祀：大祀，即宗庙祭祀。②膳：膳食。③冢子：即大子，太子。④守：保卫国家。⑤从：跟从。⑥誓军旅：号令军队。誓，誓师。⑦国政：一国的正卿。⑧制命：古代作战，主帅制命，即所谓"将在外君命有所不受"。制命，即握兵权。⑨专命：专制命之权，不受君命。⑩失其官：失去用官之道。指太子率军不宜。⑪告：命令。临民：此指治理曲沃百姓。⑫不共：不能完成任务。共通供。⑬要：机要，此指兵权。⑭偏躬：即偏衣。躬，身。慝：恶。⑮时：指用兵的时间。征：征象。⑯衷：中心。⑰敬：重。始：开头，指春夏之时。⑱纯：纯色衣服。古代戎服，尤贵一色，称为均服。⑲度：礼制，礼度。古人以佩玉为常度。⑳阒：闭门，意为不通。㉑尨（páng）服：杂色衣服。尨，杂。㉒胡：怎么。㉓受脤（shèn）：古代出兵祭社，祭毕，以社肉颁赐诸人，称为受脤。脤，祭祀所用的生肉。㉔常服：规定的服饰。㉕不获：即得不到常服。㉖尨奇无常：杂色奇异非常之服，不是好兆头。　金玦不复：金玦表示决绝，不复和好。　君有心：指君有害太子之心。㉗狂夫阻之：对于杂色奇服狂人也不会穿。㉘内谗：指骊姬等在献公面前讲太子坏话的人。　违：离去。㉙虽知其寒：虽知君心寒薄。　恶不可取：不忠不孝的恶行还是不可取的。

大子将战，狐突谏曰："不可。昔辛伯谂周桓公云①：'内宠并后，外宠二政②，嬖子配嫡，大都耦国③，乱之本也。'周公弗从，故及于难。今乱本成矣，立可必乎④? 孝而安民，子其图之⑤。与其危身以速罪也⑥。”

成风闻成季之繇，乃事之⑦，而属僖公焉，故成季立之。

僖之元年，齐桓公迁邢于夷仪。二年，封卫于楚丘。邢迁如归，卫国忘亡。

卫文公大布之衣⑧，大帛之冠，务材训农⑨，通商惠工⑩，敬教劝学，授方任能⑪。

元年，革车三十乘，季年⑫，乃三百乘。

【注释】

①谂（shěn）：极力劝谏。②二政：另施政令，与国君抗衡。③耦：相当。国：国都。④立：指立为嗣君，即继承君位。必：一定，肯定。⑤图：谋划，实行。⑥危身速罪：如果出战则将危身而加速召祸，不如尽快离去。⑦事之：跟他共事，即结为同僚。⑧大布：等于说粗布。下句"大帛"，也等于说粗帛。⑨务材：培植材用。训：引导。⑩通商：使商贾畅通。惠工：让百工得利。⑪方：法则，此指为官之道。能：有才能的人。⑫季：晚。

【译文】

鲁闵公二年春季，虢公在渭水处打败了犬戎。舟之侨说："无德而受禄，这是祸害。祸害快要到来。”于是就逃亡到了晋国。

夏季，鲁国为庄公举行了定位大祭。但时间提前了。

当初，闵公的保傅夺取了卜齮的田地，闵公没有禁止。秋季八月二十四日，共仲即庆父命令卜齮在武闱杀害了闵公。季友带着僖公逃到了邾国，待庆父逃亡到莒国后，才回来，立僖公为国君。并用财物向莒国请求换取庆父，莒国人把庆父交还鲁国。庆父到了密地，让公子鱼前去请求赦免。但没有得到允许，公子鱼便哭着回去了。庆父远远听到哭声说："这是公子鱼的哭声啊！"于是绝望了，自缢而死。

闵公是哀姜的妹妹叔姜的儿子，所以齐国人才立他为国君。庆父和哀姜私通，哀姜便想要立他为国君。闵公被害的事情，哀姜事先知道，因此她逃到了邾国。后来齐国人从邾国把哀姜抓回，在夷地杀了她，把她的尸首归还给了鲁国。僖公征求齐国同意后将哀姜安葬。

季友要出生时，桓公让卜楚丘的父亲给他占筮。他说："这是男孩，名叫友，将来在您之上，能成为朝廷大臣，公室的辅弼。季氏如果灭亡，鲁国就不能昌盛。"又占筮，得到大有卦变成乾卦，他说："这孩子将来如同尊贵父亲一样，如同国君一样受人敬重。"等到生下来，果然在手掌有一个"友"字，于是就以"友"起名。

冬季十二月，狄人攻打卫国。卫懿公一向喜欢鹤，他养的鹤甚至乘坐轩车。当卫国将要与狄人作战的时候，国都战士都说："让鹤去作战吧，鹤享有禄位，我们为什么作战呢？"懿公把佩玉赐给了石祁子，把箭赐给了宁庄子，说："你们用这个帮助国家，怎样有利怎样做。"并把绣衣给了夫人，说："你听这两个人的！"然后由渠孔驾车，子伯为车右，黄夷为前卫，孔婴齐殿后，在荧泽和狄人交战，结果卫军大败，随后狄人灭亡了卫国。由于作战时懿公不让去掉自己的旗帜，所以败得很惨。狄人抓获史官华龙滑和礼孔，并继续追杀卫国人。这两个人说："我们是太史，掌握着国家的祭祀。如果我们不先回去，你们是得不到国都的。"于是狄人就放他们先回去。他们到达国都后，告诉守城的人："不要抵抗了。"在夜里就和国都的人一起逃走了。狄人进入卫都后，继续追杀，在黄河边上打败了卫国人。

开始，卫惠公即位时还很年轻，齐国人让昭伯和宣姜通奸，昭伯不肯，齐国人就强迫他。后来生了齐子、戴公、文公、宋桓夫人和许穆夫人。由于卫国灾祸太多，文公先到了齐国。等到卫国被打败，宋桓公在黄河边上迎接卫国人，夜里渡过黄河。卫国的遗民有七百三十人，另外加上共地、滕地的百姓共有五千人。大家立戴公为国君，寄住在曹邑。许穆夫人为此做了《载驰》一诗。齐桓公派公子无亏率领三百辆战车、三千人战士守卫曹邑，并赠给戴公驾车的马匹，祭服五套，牛、羊、猪、鸡、狗各三百头，和做门户用的木材。赠给夫人有鱼皮装饰的车子和三十匹上等锦缎。

郑国国君非常讨厌高克，让他率军住在黄河边上，很长时间没有召他回去。后来军队被打散，士兵纷纷逃回，高克便逃到了陈国。郑国人为高克做了《清人》一诗。

晋献公派遣太子申生攻打东山的皋落氏。里克劝诛说："太子是掌管宗庙祭祀、社稷大祭和照顾国君早晚饮食的人，所以称为冢子。国君出外就受命守护国家，如果有人守护国家则跟随国君前往。随君在外称之为抚军，守护在内称之为监国，这是自古以来制度。至于率军作战，在战场上做出决定，对军队发号施令等，则是国君和正卿所应该考虑的，并非太子之事。领兵就要发布命令，而太子领兵，凡事都要禀报就会失去威严，自行决断发布命令则又是不孝。所以太子不能领兵作战。国君如果失去了任命官吏的准则，即使让太子率军也没有威严，又何必这样做呢？我听说皋落氏准备迎战。君王还是别让太子领兵为好！"献公说："我有这么多儿子，还不知道将来要立谁呢！"里克没再说什么就退了下来。

里克见到太子，太子说："我要被废黜了吧！"里克回答："君王让您管理百姓，又教您掌管军队熟悉军事，是担心您难以完成任务，为什么会废您呢？而且您作为儿子，应该担心不孝，而不应担心能不能被立为嗣君。严格要求自己而不是责备别人，就能免于灾难。"

太子率军出征，献公让他穿上两色的衣服，佩带金玦。狐突驾御战车，令先友作车右，梁余子养作罕夷驾御战车，先丹木作车右，羊舌大夫作军尉。先友说："身穿象国君衣服的颜色的一半，掌管着军事大权，成败在此一举了，您要努力啊！国君分出一半衣服给您并没有恶意，手握兵权又可以逃离灾祸。既然国君对您如此亲近，您又没有灾祸，还担心什么呢？"狐突叹了口气说："时令是事情的象征；衣服是身份的标志；佩饰则是内心的旗帜。所以君王如果重视这件事，就应在春夏时节发布命令，赐给衣服，其颜色应该纯一；想让人忠心，就要让他佩带合乎规定的饰物。但现在，在年底才发布命令，就是故意为了使事情不顺；赐给他杂色衣服，目的就在于疏远他；让他佩带玉玦，就表明要舍弃自己的一片忠诚。通过衣服来疏远他，利用时令来阻碍他；杂色，表明冷漠，冬天，意味着肃杀，金，表示寒冷，玦，暗示诀别。这怎么能靠得住呢？即使要尽心尽力，狄人能消灭干净吗？"梁余子养说："领兵之人要在太庙中接受命令，在祭祀土地神之处接受祭肉，并且应穿规定的衣服。如今，得到的却是杂色衣服，国君意图也很明显。即使死了也还要落个不孝的罪名。不如逃跑吧！"罕夷说："杂色衣服不合常规，金玦表示诀别。这样的话，即使回去又能干什么？看来国君已经别有用心了。"先丹木说："这样的衣服，狂人也不会去穿的。国君说'消灭完了敌人再回来'。敌人难道能消灭完吗？即使敌人被消灭完了，也还有小人的谗言，还不如趁早离开呢。"狐突想走，羊舌大夫说："不行。违背君命就是不孝，放弃职守就是不忠。即使我们已经感觉到了国君的寒冷之心，也不能承担不孝不忠的罪名。您还是为此而死吧！"

太子准备作战，狐突劝阻说："不行。过去辛伯曾极力劝谏周桓公说：'姬姜与王后等同，宠臣与正卿并重，庶子与嫡子都一个样，大城和国相匹敌，这就是祸乱的根源。'周公不听，因此遭到祸患。如今祸乱的根源已经形成，您还能被立为嗣君吗？与其作战引火烧身，加速祸患的到来，还不如竭尽孝道安定百姓。您还是仔细考虑吧！"

成风听到卦辞后，就要和成季结交，并且把僖公托付给他，后来成季立了僖公为国君。

僖公元年，齐桓公把邢国迁到夷仪。二年，又把卫国定都在楚丘。邢国人迁居后好像又回到了原来的国土，卫国人自己也忘记了自己的灭亡。

卫文国穿粗布衣服，帽子也是粗帛所制，引导农民培植材用，使商贾畅通，让百工得利，尊敬为师之人，鼓励学习，告诉人们为官之道，任用有才能的人。

即位第一年，有革车三十乘，到最后一年，达到了三百乘。

僖　公

僖公元年

元年春，不称即位，公出故也。公出复入。不书，讳之也。讳国恶，礼也①。
诸侯救邢②，邢人溃，出奔师③。师遂逐狄人，具邢器用而迁之④，师无私焉⑤。

【注释】

①国恶：指国家之动乱，于礼应加隐讳。②诸侯：指齐桓公、宋桓公、曹昭公。③出奔师：逃奔到诸侯的军队里。④具：完备。⑤无私：无所私取。

夏，邢迁于夷仪，诸侯城之，救患也。凡侯伯救患分灾讨罪，礼也①。
秋，楚人伐郑，郑即齐故也②。盟于荦③，谋救郑也。
九月，公败邾师于偃，虚丘之戍将归者也④。

【注释】

①侯伯：诸侯之长，指齐桓公。　分灾：诸侯遭受灾害，则与之分担，用谷物布帛救济它。　讨罪：诸侯有无礼征伐之类罪恶，则应会同诸侯之诸伐其罪。②即：就，亲附。③荦（luò）：陈国地名，在今河南省淮阳县西北。④虚丘：地名，在今山东省费县境内。

冬，莒人来求赂①，公子友败诸郦②，获莒子之弟挐。非卿也，嘉获之也③。公赐季友汶阳之田及费④。
夫人氏之丧至自齐⑤，君子以齐人之杀哀姜也为已甚矣⑥，女子，从人者也。

【注释】

①赂：财物。②诸：之于的合音。郦：地名，鲁地。③嘉获之：嘉奖季友获敌之功。④汶阳之田：鲁地。水北曰阳，其地在汶水之北，故称之汶阳之田。费：鲁地。故城在今山东省费县西北二十里。⑤丧（sōng）：尸体。⑥已甚：太过分。妇子已出嫁从人，如果有罪应由夫家处置，非父母所宜讨。

【译文】

元年春，《春秋》没有记载即位一事，这是由于僖公出奔在外的缘故。僖公出奔而又回国，《春秋》不加记载，这是由于避讳。隐讳国家的坏事，这是合乎礼法的。
诸侯救援邢国。邢军已经溃散，逃到诸侯的军队里。军队就将狄人赶走了，装载了邢国的器物财货而让他们迁走，军队没有私自占取。

夏，邢国迁到夷仪，诸侯为它建造城池，这是为了帮他们救援患难。凡是诸侯领袖，救援患难、分担灾害、讨伐罪人，这是合乎礼法的。

秋，楚国人攻打郑国，这是由于郑国亲近齐国的原因。僖公和齐侯、宋公、郑伯、曹伯、邾人在荦地结盟，策划救援郑国的事情。

九月，僖公在偃地将邾国的军队打败，这支军队是戍守在虚丘将要回去的军队。

冬，莒国人来求取财货，公子友在郦地将他们打败，俘虏了莒子的弟弟挐。挐并不是卿，《春秋》这样记载，是为了赞扬公子友俘获的功劳。僖公把汶阳的田地和费地赐给季友。

夫人的灵柩从齐国运来。君子认为齐国人将哀姜杀死是太过分了，女子既已出嫁，就应听从夫家处置。

僖公二年

二年春，诸侯城楚丘而封卫焉①。不书所会，后也②。

【注释】

①封：封疆。古代天子建诸侯，必分给土地，立其疆界，聚土为封作为标记，称之为封国，因卫国君死国灭，重新封建，故称之为封。②不书所会，后也：城楚丘为诸侯联合行动。此独言鲁，不及其他，因诸侯分担工程完后撤走，鲁后至，未及相会。

晋荀息请以屈产之乘与垂棘之璧①，假道于虞以伐虢②。公曰："是吾宝也③。"对曰："若得道于虞，犹外府也。"公曰："宫之奇存焉④。"对曰："宫之奇之为人也，懦而不能强谏，且少长于君，君昵之⑤，虽谏，将不听。"乃使荀息假道于虞，曰："冀为不道⑥，入自颠軨⑦，伐鄍三门⑧。冀之既病，则亦唯君故。今虢为不道，保于逆旅⑨以侵敝邑之南鄙⑩。敢请假道，以请罪于虢⑪。"虞公许之，且请先伐虢⑫。宫之奇谏，不听，遂起师。夏，晋里克、荀息帅师会虞师，伐虢，灭下阳。先书虞，贿故也。

【注释】

①荀息：晋国大臣，又称荀叔。屈：北屈。地在今山西省吉县东北。乘：马四匹称为乘。垂棘：地名，在今山西省潞城县北。②假道：借路通过。虞：姬姓国名，故城位今山西省平陆县东北。晋伐虢，必须经过虞境。③宝：此指马与璧。④宫之奇：虞国之贤臣。⑤昵：亲昵，亲近。⑥冀：国名，在今山西省河津县东北冀亭遗址。不道：此指残暴。⑦颠軨：虞国地名，为中条山的要冲。位今山西省平陵县东北七十里。⑧鄍（míng）：虞国地名，在今山西省平陵县东北二十里。⑨保：小城，即今之堡垒，此作动词。逆旅：客舍。⑩敝邑：敝国，敝，谦词。南鄙：南部边境。⑪请罪于虢：向虢国问罪。⑫请先伐虢：因虞君得晋重贿，不仅同意借道，还请求先出兵伐虢。

秋，盟于贯，服江、黄也①。

齐寺人貂始漏师于多鱼②。

虢公败戎于桑田，晋卜偃曰③："虢必亡矣。亡下阳不惧，而又有功，是天夺之鉴④，而益其疾也。必易晋而不抚其民矣⑤，不可以五稔⑥。"

冬，楚人伐郑，斗章囚郑聃伯⑦。

【注释】

①服江、黄：江、黄原为楚之与国，今归服于齐，齐桓公使与诸侯结盟。②寺人貂：貂是人名，寺人指做宫中侍御的宦官，貂是宦官，为宫中侍卫，故名，漏师，泄漏军事机密。多鱼，地名，未详。③卜偃：名偃的卜筮之官。④鉴：镜子。⑤易，轻视。⑥五稔：庄稼成熟五次，亦即五年。意为用不了五年，虢国就要灭亡。⑦斗章：楚大夫。

【译文】

鲁僖公二年春季，诸侯在楚丘修筑城池后把卫国封在那里。《春秋》没有记载诸侯会见一事，是因为僖公没有按指定时间到达。

晋国的荀息提议以屈地出产的马匹和垂棘出产的玉璧为代价向虞国借道用以攻打虢国。晋献公说："这两种东西可是我的无价之宝啊！"荀息回答说："如果能向虞国借了道，这些东西放到虞国，就如同放在我国的外库里一样。"献公说："虞国有宫之奇啊。"荀息回答说："宫之奇的为人一向是懦弱而不能力谏，而且从小就和虞国国君在一起长大，虞君非常亲近他，即使宫之奇进谏，虞君也不会听从的。"于是献公就派荀息前往虞国借道。荀息对虞国人说："昔日冀国无道，无故从颠轺入侵，围攻贵国玭邑的三面城门。我国攻打冀国，从而打击了它，也是为了国君，并不是为我们自己。现在虢国无道，在旅馆客舍里筑起了碉堡，用以攻打我国的南部边境。因此特地请求贵国能够借道，以便让我们前往向虢国兴师问罪。"虞公就答应了，并且请求自己先去攻打虢国。宫之奇进行劝阻，虞公根本不听，随后就发兵攻打虢国。夏季，晋国的里克、荀息领兵会同虞军，对虢国进行攻打，灭亡了下阳。《春秋》记载这件事时把虞国写在前面，是由于虞国接受了晋国的贿赂。

秋季，齐桓公、宋桓公和江国、黄国的国君在贯地结盟。因为江、黄两国已经归顺了齐国。

齐国的寺人貂在多鱼一地开始将军事机密泄露出去。

虢公在桑地将戎人打败。晋国的卜偃说："虢国定将灭亡，下阳被灭掉还不害怕，反而又出兵征战。这是上天故意将它们的镜子夺去，使其见不到自己的丑恶，从而加重它们的罪恶！这样它必定会轻视晋国而不爱护百姓。它难以支持五年。"

冬季，楚国人攻打郑国，楚大夫斗章囚禁了郑国的聃伯。

僖公三年

三年春，不雨。夏六月，雨。自十月不雨至于五月，不曰旱，不为灾也①。

秋，会于阳谷②，谋伐楚也。

齐侯为阳谷之会，来寻盟③。冬，公子友如齐莅盟。

【注释】

①周十月为夏八月，周五月为夏三月，八月到三月为秋收至春播之间，故无雨亦不会造成灾害。②阳

谷：齐国地名，在今山东省阳谷县北。③阳谷之会，鲁君未参加，故齐侯派人来鲁请求寻盟修好。

楚人伐郑，郑伯欲成①，孔叔不可。曰："齐方勤我②，弃德不祥。"

齐侯与蔡姬乘舟于囿③，荡公。公惧，变色。禁之，不可。公怒，归之，未之绝也④。蔡人嫁之⑤。

【注释】

①成：求和，媾和。②勤：劳。勤我，即帮助我。③蔡姬：蔡女，齐桓公夫人。囿：苑，即园林。④未之绝：尚未断绝关系。⑤蔡人嫁之：蔡侯未领会桓公之意，竟将蔡姬改嫁。

【译文】

鲁僖公三年春季，鲁国始终没有下雨，一直到夏季六月才下雨。从十月又开始不下雨，一直到第二年五月。《春秋》只记载说"不雨"，没有说旱。这是因为没有造成灾害。

秋季，齐桓公、宋桓公、江国国君、黄国国君在阳谷会见，共同谋划攻打楚国。

齐桓公为阳谷盟会的事情前来鲁国重温旧好。冬季，公子友来到齐国参加盟会。

楚军攻打郑国，郑文公想要和楚国讲和，孔叔没同意。他说："齐国正在为援救我国而奔忙，将他们的恩德抛弃那是不好的。"

齐桓公和夫人蔡姬在园林中乘船游玩，蔡姬摇动船身，使桓公左右摇晃。桓公非常害怕，脸色都变色了，急忙让蔡臣停止摇船，但蔡姬不听。桓公极为恼火，就把她送回了蔡国。但没有和蔡国断绝关系。没多久之后，蔡国又把蔡姬改嫁到了别国。

僖公四年

四年春，齐侯以诸侯之师侵蔡。蔡溃，遂伐楚。楚子使与师言曰："君处北海①，寡人处南海，唯是风马牛不相及也②。不虞君之涉吾地也③，何故？"管仲对曰："昔召康公命我先君大公曰④：'五侯九伯，女实征之⑤，以夹辅周室⑥。'赐我先君履⑦，东至于海，西至于河，南至于穆陵⑧，北至于无棣⑨。尔贡包茅不入⑩，王祭不共，无以缩酒⑪，寡人是征。昭王南征而不复，寡人是问。"对曰："贡之不入，寡君之罪也，敢不共给，昭王之不复⑫，君其问诸水滨⑬。"师进，次于陉。

【注释】

①北海：泛指北方。海，即荒远的地方。下文"南海"亦同此。②风：牛马雄雌相诱逐。③不虞：没想到，没料到。虞，料想。④召康公：周王室太保。大公：辅佐武王灭殷之姜尚，即太公望。⑤五侯：公侯伯子男五等诸侯。九伯：九州之方伯。五侯九州泛指天下诸侯。女：汝。⑥夹辅：在左右日夹，共同，辅助。⑦履：践踏。意为所到之处，此指征伐范围。⑧穆陵：地名，今山东省临朐县南一百里大砚山上之穆陵关。⑨无棣：地名，在今山东省无棣县北三十里。⑩贡：贡品。包茅：即菁茅，古人用来滤酒。⑪缩酒：以菁茅滤除酒中糟粕，称之缩酒。⑫昭王：周成王之孙，到南方巡守，渡汉水，船坏溺死。⑬问诸水滨：问于汉水边上之人。意为当时楚的势力尚未达到汉水之滨，昭王溺水与楚无涉。

夏,楚子使屈完如师①。师退,次于召陵②。

齐侯陈诸侯之师,与屈完乘而观之③。齐侯曰:"岂不谷是为④?先君之好是继⑤。与不谷同好,如何?"对曰:"君惠徼福于敝邑之社稷⑥,辱收寡君⑦,寡君之愿也。"齐侯曰:"以此众战,谁能御之?以此攻城,何城不克?"对曰:"君若以德绥诸侯,谁敢不服?君若以力,楚国方城以为城⑧,汉水以为池,虽众,无所用之。"

屈完及诸侯盟。

【注释】

①屈完:楚臣。②召陵:楚地名,在今河南省郾城县南。③乘:共载。④岂不谷是为:不谷,不善,为诸侯自廉之辞。岂不谷是为,此指兴兵难道是为我齐侯自己吗?⑤先君之好是继:是为了把先君之友好继续下去。⑥惠:副词,表示谦敬。徼(yāo)福:求福。徼,求,取。⑦辱:副词,表示恭敬。收:安抚。

陈辕涛涂谓郑申侯曰①:"师出于陈、郑之间,国必甚病②。若出于东方,观兵于东夷③,循海而归,其可也。"申侯曰:"善。"涛涂以告齐侯,许之④。申侯见曰:"师老矣,若出于东方而遇敌,惧不可用也。若出于陈、郑之间,共其资粮屝屦⑤,其可也。"齐侯说,与之虎牢⑥。执辕涛涂。

秋,伐陈,讨不忠也。

许穆公卒于师,葬之以侯,礼也。凡诸侯薨于朝、会⑦,加一等;死王事,加二等⑧。于是有以衮敛⑨。

冬,叔孙戴伯帅师会诸侯之师侵陈,陈成,归辕涛涂⑩。

【注释】

①辕涛涂:陈大夫,亦作辕涛涂。申侯:郑大夫。②病:困乏。齐侯伐楚往返都经过陈、郑,粮草征发甚多,则陈、郑两国必定困乏。③观兵:检阅军队,以兵威服人。东夷,指郯、莒、徐等国。④许之:齐桓公同意从东路撤军。⑤共:通供。屝屦(fèijù):草鞋。⑥虎牢:郑地,即今河南巩县东之虎牢关,为郑国险要城邑。⑦朝、会:诸侯或臣属朝见君主,春见曰朝,不定期的朝见曰会。⑧古代天子命爵,有公、侯、伯、子、男五等,许是男爵,此次为周王伐楚,是死于王事,故加二等,可以按侯礼安葬。⑨衮(gǔn):天子、上公的礼服,侯爵加等的也可用衮衣敛尸。⑩陈成:陈国请求讲和,齐侯放回陈大夫辕涛涂。

初,晋献公欲以骊姬为夫人,卜之,不吉;筮之,吉。公曰:"从筮。"卜人曰:"筮短龟长①,不如从长。且其繇曰:'专之渝②,攘公之羭③。一薰一莸④,十年尚犹有臭⑤。'必不可。"弗听。立之,生奚齐。其娣生卓子。

及将立奚齐,既与中大夫成谋⑥,姬谓大子曰:"君梦齐姜,必速祭之。"大子祭于曲沃,归胙于公⑦。公田⑧,姬置诸宫六日。公至,毒而献之。公祭之地,地坟⑨;与犬,犬毙;与小臣,小臣亦毙。姬泣曰:"贼由大子⑩。"大子奔新城⑪。公杀其傅杜原款⑫。

【注释】

①筮短龟长：古人占卜用龟，占筮用蓍草，二者相比较，占卜较灵，且以卜为先，故称为"筮短龟长"。②专之渝：专，即专宠。渝，变化。意为专心宠幸则生变化。此暗指太子申生。③攘公之羭：羭（yú），牡羊，夺去公之牡羊。牡羊暗喻太子申生。④薰：香草。莸（yóu）：臭草。⑤十年：形容很长时间。⑥中大夫：宫中大臣。成谋：预谋，定计。⑦胙（zuò）：祭祀用的酒肉。⑧田：打猎。⑨地坟：地上突起如坟。⑩贼：毒害。⑪新城：即曲沃。⑫傅：师傅。

　　或谓大子："子辞①，君必辩焉。"大子曰："君非姬氏，居不安，食不饱。我辞，姬必有罪。君老矣，吾又不乐②。"曰："子其行乎?"大子曰："君实不察其罪，被此名也以出③，人谁纳我?"

　　十二月戊申④，缢于新城⑤。

　　姬遂谮二公子曰："皆知之。"重耳奔蒲，夷吾奔屈⑥。

【注释】

①辞：讼辞，此指申辩的意思。②此句意为：我若上言申辩，骊姬必获罪而死，君又年老，失去骊姬，必不欢乐，我又没法使他欢乐。③被：遭受，蒙受。④戊申：晋用夏正，据周正推算，当在周正明年二月二十七日。⑤缢（yì）：吊死。⑥蒲、屈：均为晋邑。

【译文】

　　鲁僖公四年春季，齐桓公率领齐国、鲁国、宋国、陈国、卫国、郑国、许国、曹国的军队对蔡国发动进攻，结果蔡军大败。于是诸侯就趁此机会攻打楚国。楚成王派使臣来到诸侯的军队中对桓公说："君王住在北海，寡人住在南海，距离甚远，互不干扰，即使任凭发情的牛马奔跑，也不会相遇。没有料到君王竟来到我们的土地上，是什么原因呢?"管仲回答说："从前召康公曾经命令我们的先君太公说：'五等诸侯，九州之长，如果有罪过，你可以进行讨伐，以辅佐周王室。'他还赐给我们先君征伐的范围，东到大海，西至黄河，南到穆陵，北至无棣。如今你们应该进贡的包茅不按时送来，致使周王室祭祀的物品供给不上，没有办法用来滤酒。为此，我们特意前来向贵国质问。另外，为什么当年昭王南巡楚国却没有回去，这也要请贵国解释。"楚国使者回答说："贡品没能及时进献，这是我们国君的罪过，怎么敢不供给呢? 至于昭王南巡未归的原因，还是请你到水边上去询问一番吧!"这时，诸侯的军队又向前开进，驻扎在陉地。

　　夏季，楚成王派屈完率兵前往诸侯驻扎军队的地方。于是，诸侯的军队向后撤退，驻扎在召陵。

　　齐桓公让诸侯的军队摆成战阵，然后和屈完共同乘坐一辆车对军队检阅了一番。桓公说："我们起兵出征，难道是为了我个人吗? 只不过是为了继承我们先君建立的友好关系罢了。你们楚国不妨也和我们建立友好关系，如何?"屈完答道："承蒙君王惠临为敝国的社稷求福，使敝国得到保全。您又如此不顾蒙受耻辱收容我们，与敝国建立友好关系。这也恰好是我们国君的愿望!"桓公指着被检阅的军队说："用这么多的军队去作战，恐怕谁也抵挡不住。用这么多的军队去攻城，能攻破任何城池。"屈完回答说："君王如果用恩德来安抚诸侯，哪个敢不服从呢? 但君王如果凭借武力，那么我们楚国将以方城山作为城墙，以汉水作为护城河，您的军队

即使众多，只怕也是没有用处。"

随后，屈完就和诸侯订立了友好盟约。

陈国的辕涛涂对郑国的大夫申侯说："军队在陈国和郑国之间取道行军，两国因为要为军队供给往返所需要的大量粮草，必定非常困乏。如果让军队向东行进，向东夷炫耀一下武力，然后沿海边回国，也是可以的。"申侯说："好。"辕涛涂把这一想法告诉了齐桓公，桓公表示赞同。但申侯进见桓公时却说："军队在外滞留时间太长了。如果往东走与敌人相遇，恐怕难以取胜。如果取道陈国和郑国之间，由两国负责提供所需要的粮食和军鞋，则是比较好的办法。"桓公非常高兴，便把虎牢这一个地方赏给了他，然后把辕涛涂抓了起来。

秋季，齐国和江、黄二国联合攻打陈国，目的是讨伐陈国辕涛涂对齐国的不忠诚。

许穆公在军中去世。他虽是男爵，却以侯的礼节被安葬，这是合于礼法的。因为凡是诸侯在朝会期间去世，葬礼提高一等，为天子征伐而去世，提高两等，也只有在这种情况下才能够用天子、三公的礼服敛尸入棺。

冬季，叔孙戴伯领兵会同齐、宋、卫、郑、许、曹军队攻打陈国。陈国请求讲和，于是就放辕涛回陈国。

当初，晋献公计划立骊姬为夫人，占卜的结果是不吉利，而占筮的结果却是吉利。献公说："就照占筮的结果办。"卜人说："一般占筮不如占卜灵验，不如按照灵验的办。而且占卜的繇辞说：'对一人进行专宠会使其产生邪念，将来会偷走您的公羊。香草杂草混放一起，十年之后臭气也难消除。'一定不能这么办。"献公不听，还是立了骊姬。后来骊姬生了奚齐，她的妹妹生了卓子。

等到准备将奚齐立为太子的时候，骊姬已经和中大夫定好了圈套。骊姬告诉太子申生说："国君曾梦见你母亲齐姜，你务必尽快去祭祀她。"申生赶到曲沃祭祀，然后把祭酒祭肉带回献给献公。此时适逢献公外出打猎，骊姬就把酒肉放在宫里。六天后，献公回来了，骊姬在酒肉里下了毒药后献上去。献公把酒洒在地上，地上的土立即鼓起一个小包，把肉给狗吃，狗马上就死掉了，让左右近臣吃，近臣也死掉了。骊姬哭着说："这是太子企图谋害您啊。"于是太子申生逃亡到了曲沃。献公将他的保傅杜原款杀掉了。

有人对太子说："如果您能为自己辩解，国君一定能搞清楚的。"太子说："国君如果失去了骊姬，便坐不能安，食不能饱。如果我辩解清楚，骊姬一定会被治罪。国君年纪已老，失去了骊姬，必定不高兴，他如果不高兴，我也不会高兴。"别人又劝他："那么你是不是逃走呢？"太子说："现在国君还没有将我的罪过查清，如果背着这个杀父的恶名出逃，有谁会接纳我呢？"

十二月二十七日，太子在曲沃自缢而死。

然而骊姬又诬陷另外两个公子："太子杀父的阴谋，他们都清楚。"于是重耳逃亡到了蒲城，夷吾则逃亡到了屈地。

僖公五年

五年春，王正月辛亥朔①，日南至。公既视朔②，遂登观台以望。而书，礼也。凡分、至、启、闭③，必书云物④，为备故也。

晋侯使以杀大子申生之故来告。

初，晋侯使士芀为二公子筑蒲与屈⑤，不慎，置薪焉⑥，夷吾诉之。公使让之。士芀稽首而对曰⑦："臣闻之，无丧而戚，忧必仇焉⑧。无戎而城，仇必保焉⑨。寇仇之保⑩，又何慎焉！守官废命，不敬⑪，固仇之保不忠，失忠与敬何以事君？《诗》云：'怀德惟宁，宗子惟城⑫。'君其修德而固宗子，何城如之？三年将寻师焉⑬，焉用慎？"退而赋曰⑭："狐裘尨茸⑮，一国三公，吾谁适从⑯？"

【注释】
　　①王正月辛亥朔：指周历正月初一日，即夏历十一月初一。②视朔：天子诸侯每月朔日祭告于祖庙，然后治理政事。以特羊告于庙，称为告朔。告朔之后，仍然在太庙听治一个月政事，称为视朔，也称为听朔。③闭：立秋，立冬。④云物：云色，即五云之色，系指青、白、赤、黑、黄五色。古礼，国君在二分（春分、秋分）二至（夏至、冬至）及四立（立春，立夏，立秋，立冬）之日，必登台以望天象，占卜吉凶并且记载下来。⑤蒲、屈：均为晋地名。⑥置薪：城墙里放进了木柴。⑦稽首：古代拜礼中最敬的礼仪，手、头同时下至于地，一般通行于尊卑之间。⑧仇：相应。⑨仇：仇敌。保：守卫。⑩寇仇：泛指敌人。⑪守官：居官任职。废命：拒绝命令。⑫怀德惟宁：心存德行就是安宁。宗子帷城：使诸子团结一心就是坚城。⑬寻师：用兵，三年后将用兵于二邑。⑭赋：士芀自作之诗。⑮狐裘：大夫的服装。尨茸：杂乱。⑯适从：跟从。

　　及难，公使寺人披伐蒲。重耳曰："君父之命不校①"。乃徇曰："校者，吾仇也。"逾垣而走②。披斩其祛，遂出奔翟。
　　夏，公孙兹如牟③，娶焉。
　　会于首止④，会王大子郑，谋宁周也⑤。
　　陈辕宣仲怨郑申侯之反己于召陵⑥，故劝之城其赐邑⑦，曰："美城之⑧，大名也⑨，子孙不忘。吾助子请。"乃为之请于诸侯而城之，美。遂譖诸郑伯曰："美城其赐邑，将以叛也。"申侯由是得罪。

【注释】
　　①不校：不违抗。校，违抗。②逾垣：跳墙。③公孙兹：即叔孙戴伯。牟：国名，在今山东省莱芜县东。④首止：卫国地名。⑤宁周：安定周太子郑之位。⑥辕宣仲：即辕涛涂。反己：背约，出卖。⑦赐邑：指齐桓公所赐之虎牢。⑧美城：将城邑筑得美观。⑨大名：即扩大名声。

　　秋，诸侯盟。王使周公召郑伯①，曰："吾抚女以从楚，辅之以晋，可以少安。"郑伯喜于王命而惧其不朝于齐也，故逃归不盟。孔叔止之曰②："国君不可以轻，轻则失亲。失亲患必至，病而乞盟，所丧多矣，君必悔之。"弗听，逃其师而归③。
　　楚斗谷於菟灭弦，弦子奔黄。
　　于是江、黄、道、柏方睦于齐④，皆弦姻也⑤。弦子恃之而不事楚，又不设备，故亡。

【注释】
　　①王：周惠王。周公：名宰孔。郑伯：指郑文公。②孔叔：郑国大夫。③逃其师：国君出行，必带军

队同行。郑伯害怕帅师回国，受到诸侯堵截，故离开军队只身逃跑。④江、黄、道、柏：四国名，地处楚国附近。⑤弦姻：江、黄、道、析诸国都和弦国有姻亲关系。

　　晋侯复假道于虞以伐虢，宫之奇谏曰："虢，虞之表也。虢亡，虞必从之。晋不可启①，寇不可玩②，一之谓甚，其可再乎？谚所谓'辅车相依③，唇亡齿寒'者，其虞、虢之谓也。"公曰："晋，吾宗也，岂害我哉？"对曰："大伯、虞仲④，大王之昭也⑤。大伯不从，是以不嗣⑥。虢仲、虢叔⑦，王季之穆也⑧，为文王卿士，勋在王室，藏于盟府。将虢是灭，何爱于虞？且虞能亲于桓、庄乎⑨，其爱之也？桓、庄之族何罪，而以为戮，不唯逼乎⑩？亲以宠逼，犹尚害之，况以国乎？"公曰："吾享祀丰洁⑪，神必据我⑫。"对曰："臣闻之，鬼神非人实亲⑬，惟德是依。故《周书》曰：'皇天无亲，惟德是辅。'又曰：'黍稷非馨⑭，明德惟馨⑮。'又曰：'民不易物⑯，惟德繄物'。如是，则非德，民不和，神不享矣。神所冯依⑰，将在德矣。若晋取虞而明德以荐馨香，神其吐之乎？"弗听，许晋使。宫之奇以其族行⑱，曰："虞不腊矣⑲，在此行也，晋不更举矣⑳。"

【注释】

　　①晋不可启：晋国之野心不可开启。启，开启。②寇：兵也，指借道之晋军。玩：玩忽，轻侮。③辅：车厢两边的夹板。④大伯：即太伯，周太王长子。虞仲：太伯之弟，太王次子。⑤大王：即太王。昭：古代庙次及墓次。始祖居中，其后第一、三、五代逢奇数者位在左，为昭；第二、四、六代逢偶数者位在右，为穆。⑥不嗣：太伯为太王长子，与其弟虞仲远去吴国，未能继承父位，由其幼弟王季继位。⑦虢仲、虢叔：王季（季历）之子。⑧穆：王季为昭，虢仲、虢叔皆其子，故称王季之穆。⑨桓、庄：指曲沃桓叔和曲沃庄伯。⑩逼：逼迫，压力。⑪享祀：祭品。丰洁：丰盛而洁净。⑫据：依靠，依从。⑬非人实亲：即非亲人，此为倒装用法。⑭黍稷：古代祭祀常用的谷物。馨：芳香。⑮明德：光明之德。⑯易物：改变祭物。⑰冯：同凭，凭借。⑱以：率领。族：家族。⑲腊：腊祭。⑳晋不更举：晋将用此次灭虢之师一举灭虞，不顺另外举兵。

　　八月甲午，晋侯围上阳①。问于卜偃曰："吾其济乎？"对曰："克之。"公曰："何时？"对曰："童谣云：'丙之晨，龙尾伏辰②，均服振振，取虢之旂③。鹑之贲贲④，天策焞焞⑤，火中成军，虢公其奔。'其九月、十月之交乎！丙子旦，日在尾，月在策，鹑火中，必是时也。"

　　冬十二月丙子朔⑥，晋灭虢，虢公丑奔京师。师还，馆于虞，遂袭虞，灭之。执虞公及其大夫井伯，以媵秦穆姬⑦，而修虞祀，且归其职贡于王⑧。

　　故书曰："晋人执虞公"，罪虞，且言易也。

【注释】

　　①虢有东虢、北虢、南虢，上阳为南虢。②龙尾：即苍龙七宿的第六宿尾宿。辰：日月相会叫辰。③旂：系有许多铃的旗。④鹑（chún）：朱雀七宿第三宿柳宿，亦名鹑火，火星。贲（bēn）：贲贲，星体貌。⑤天策：即傅说星。焞（tún）：焞焞，光线暗弱的样子。⑥冬十二月：此用周正，相当夏正十月。⑦媵（yìng）：陪嫁的男女。秦穆姬：晋献公之女，嫁秦穆公。⑧职贡：赋税和贡物。

【译文】

鲁僖公五年春季，周历正月一日，这天是冬至。僖公在太庙听政一个月后，登上观台观望云气，并对此进行记载，这是合乎礼法的。凡是春分秋分、夏至冬至、立春立夏、立秋立冬，必然都要对云气的情况进行记载，为的是若有灾害以便及时做好准备。

晋献公派使者前来鲁国报告杀害太子申生的原因。

当年，晋献公派士蒍为两位公子在蒲地和屈地筑城的时候，士蒍不小心，把木柴放入了城墙中。夷吾把此事告诉了献公。献公便派人去责备士蒍。士蒍叩首回答说："为臣听说：'没有丧事而悲伤，忧愁必然会跟随而至；没有战患而筑城，反而会使国内的敌人凭借它进行抵抗。'既然敌人有可能占据，建造时哪里还用得着认真？我本来不愿意去筑城，但身为此官，不服从命令就是不尊敬国君；然而如果把城墙建造得特别牢固，将来成为仇敌的坚固城池，则对于国家来说，又是不忠。丢弃了忠和敬，怎么还能事奉国君呢？《诗经》说：'拥有德行，国家就可以安定，有了诸位公子就有了坚固的城池。'君王只要重视修养德行并巩固公子们的地位，什么样的城能比得上呢？可以预言，三年以后就会有战乱发生，现在筑城哪里还用得着谨慎？"士蒍退出来后又吟诗道："皮袍乱蓬蓬，一国有三公，我把谁跟从？"

等到祸患发生之时，献公便派寺人披领兵攻打蒲城。重耳说："父王的命令不能抗拒。"于是通令说："谁抵抗，谁就是我的敌人。"然后跳墙逃走，披砍掉了他的袖口。重耳逃亡到了翟国。

夏季，公孙兹来到牟国娶亲。

僖公和齐桓公、宋桓公、陈宣公、卫文公、郑文公、许男、曹昭公在首止会面，并会见了王太子郑，谋划如何使周王室趋向于安定。

陈国的辕涛涂因郑国的申侯在召陵出卖了自己而心怀怨恨，便伺机报复。他故意怂恿申侯在所赐的虎牢筑城。他说："把城修建得漂亮一些，能扩大名声，子孙也不会将你忘记。我可以为你请求。"于是就向诸侯请求，得到允许后筑起了城墙，并且建造得很美观。辕涛涂转而又在郑文公面前诬陷申侯说："他将赐封之地的城墙建得那么美观，肯定是准备叛乱的。"申侯因此而将郑文公得罪了。

秋季，诸侯进行会盟。周天子派周公召见郑文公，对他说："我让你离开齐国而去随从楚国，并让晋国辅助你，这样可以使各国之间略微安定一些。"郑文公对此感到很高兴，但又害怕还没有朝见齐国，于是就准备逃回国内而不去参加盟会。孔叔不让他走，说："国君不能轻率从事，一旦轻率就会失去亲近的人，祸患肯定到来。等到国家遇到困难时再去请求结盟，失去的东西就太多了。您必然后悔莫及。"文公不听，丢下军队独自逃回国内。

楚国的斗谷於菟将弦国灭掉，弦子逃亡到了黄国。

当时江、黄、道、柏四国正和齐国交好。这几个国家和弦国都有婚姻关系。弦子依仗这个而不去事奉楚国，国家又不设置防备，因此就被楚国灭亡了。

晋献公又一次向虞国借道前去攻打虢国，虞大夫宫之奇规劝虞公说："虢国是虞国的屏障。如果虢国灭亡了，那么虞国也必定随着灭亡，我们不能轻易答应，以免使晋国的野心更加增大，对侵犯他国的军队决不能放松警惕。上次我们允许晋国借道，已经是很过分了，怎么可以再有第二次呢？俗话说：'辅车相依，唇亡齿寒。'讲的就是虞国和虢国之间的关系吧。"虞公说："晋国和虞国都是姬姓国，是同一宗族，难道它能害我们吗？"宫之奇回答说："当年太伯

和虞仲同是周太王的儿子，太伯没有听从父命而和虞仲一起出走，因此他没有继承王位。虢仲、虢叔都是王季的儿子，又都做过周文王的卿士，对周王室是有功劳的，他们受封时的典策至今还藏在盟府里。现在晋国即使连虢国这样的同宗都想灭掉，那么对我们虞国又有什么好怜惜的呢？再说，它对虞国还能比桓、庄的后代更亲近吗？桓、庄的后代有什么罪，竟成了杀戮的对象。不正是因为他们对晋献公构成了威胁吗？亲族之间由于权势的威胁，尚且进行杀害，更何况您拥有一个国家，不是更让他感到是个威胁吗？"虞公又说："神灵一定对我们进行保佑，因为我祭祀的供品丰盛而又洁净。"宫之奇回答说："我听说：神灵并不对哪一个人亲进，它只是保佑有德行的人。因此《周书》中说：'上天不分亲疏，只保佑有德之人。'又说：'黍稷的滋味并不是馨香，只有光明的德行才是馨香。'又说：'人们进献的祭品是没有区别的，只有有德人的祭品才算是真正的祭品。'如此说来，如果没有德行，百姓就会不和睦，神灵也不会享用他的祭品。神灵所保佑的，只是那些有德行的。假如晋国吞并了虞国，然后又崇尚德行，进献它的祭品，神灵还会把它的东西吐出来吗？"虞公不听劝阻，还是答应了晋国使者的请求。宫之奇便领着他的家族离开了虞国。他说："今年虞国举行不了腊祭了。晋国将在这次军事行动中顺便灭掉虞国，不必再另行专门发兵了。"

八月的某一天，晋献公将上阳包围。他向卜偃问道："我能攻克吗？"卜偃回答说："能攻克。"献公说："在什么时间？"卜偃说："有童谣说：'丙子之日天破晓，龙尾星宿看不到。军服威武多漂亮，虢国旗帜夺到了。鹑火星象只鸟，天策星没光耀。鹑火出现军队到，吓得虢公要逃跑。'成功的日子大概在九月底十月初吧！这一天是丙子日的早晨，太阳在尾星之上，月亮在策星之上，鹑火星出现于南方，肯定是在这个时候。"

冬季十二月一日，晋国灭掉了虢国，虢公丑逃亡到了京城。晋国军队在回归途中，驻扎在虞国，趁机袭击并将它灭亡了。并且抓住了虞公和他的大夫井伯。又把井伯作为秦穆姬的陪嫁送到了秦国，但并没有废弃虞国的祭祀，而且还决定把虞国的赋税送给周天子。

所以《春秋》记载说："晋人执虞公。"表示将虞国的灭亡归罪于虞公，而且说明晋国轻而易举就将虞国灭掉了。

文　公

文公元年

　　元年春，王使内史叔服来会葬。公孙敖闻其能相人也①，见其二子焉。叔服曰："谷也食子②，难也收子③。谷也丰下，必有后于鲁国。④"

　　于是闰三月，非礼也。先王之正时也⑤，履端于始⑥，举正于中⑦，归余于终⑧。履端于始，序则不愆⑨。举正于中，民则不惑。归余于终，事则不悖⑩。

【注释】

　　①公孙敖：鲁大夫，庆父之子。相人：给人相面。②谷：公孙敖长子，字文伯。食子：奉养您。③难：公孙敖次子，字惠叔。收子：安葬您。④丰下：面方而脸之下部丰满。有后：后嗣昌盛。⑤正时：端正时令。⑥履端于始：推算年历以冬至为始。⑦举正于中：以正朔之月为正月。⑧归余于终：置闰月于岁终。⑨序则不愆：四时有序则不错乱。⑩事则不悖：按此作事则不悖谬。

　　夏四月丁巳，葬僖公。
　　王使毛伯卫来锡公命①，叔孙得臣如周拜②。
　　晋文公之季年③，诸侯朝晋。卫成公不朝，使孔达侵郑，伐绵、訾④，及匡⑤。晋襄公既祥⑥，使告于诸侯而伐卫，及南阳。先且居曰："效尤⑦，祸也。请君朝王，臣从师。"晋侯朝王于温，先且居、胥臣伐卫。五月辛酉朔⑧，晋师围戚⑨。六月戊戌⑩，取之，获孙昭子⑪。

【注释】

　　①毛伯卫：人名，天王使者。②叔孙得臣：鲁臣，又称叔孙庄叔、庄叔。拜：拜谢赐命。③季年：末年。④孔达：卫大夫。訾：訾娄，本为卫邑，后属郑。⑤匡：本为卫邑，故在今河南省长垣县西南部，后为郑国夺去。⑥祥：古丧礼的一种。既祥即行过小祥祭礼以后。⑦效尤：效仿别人的错误。⑧辛酉朔：初一日。⑨戚：卫邑，在现河南省濮阳县北一带。⑩戊戌：六月八日。⑪孙昭子：卫大夫。

　　卫人使告于陈。陈共公曰："更伐之，我辞之①。"卫孔达师师伐晋，君子以为古②。古者，越国而谋。
　　秋，晋侯疆戚田③。故公孙敖会之。

【注释】

　　①更伐之：陈共公让卫再次向晋师进攻。辞：言辞，求和。②古：粗俗、固陋。③疆：划疆正界，以

便管理。

初，楚子将以商臣为大子，访诸令尹子上①。子上曰："君之齿未也②，而又多爱③，黜乃乱也。楚国之举④，恒在少者⑤。且是人也，蜂目而豺声⑥，忍人也⑦，不可立也。"弗听。既又欲立王子职，而黜大子商臣⑧。商臣闻之而未察⑨，告其师潘崇曰："若之何而察之？"潘崇曰："享江芈而勿敬也。"从之。江芈怒曰："呼，役夫⑩！宜君王之欲杀女而立职也。"告潘崇曰："信矣。"潘崇曰："能事诸乎⑪？"曰："不能。""能行乎⑫？"曰："不能。""能行大事乎⑬？"曰："能。"

冬十月，以宫甲围成王⑭。王请食熊蹯而死⑮。弗听。丁未⑯，王缢。谥之曰"灵"，不瞑；曰"成"，乃瞑。

【注释】

①访：询问。②齿未：年岁不大，不急于立世子。齿：年。③多爱：多内宠。④举：立。⑤恒：常。⑥蜂目：眼睛像蜂。豺声：声音如豺狼叫。⑦忍人：残忍的人。⑧既：立了以后。王子职：成王子，商臣的庶弟。⑨未察：没有详细调查。⑩呼：叹词，表惊怪。役夫：贱者的称呼。⑪事：事奉。诸：之。⑫行：逃亡。⑬大事：指弑君夺位，一说指政变。⑭宫甲：太子亲兵。⑮熊蹯：熊掌。⑯丁未：十月十八日。

穆王立，以其为大子之室与潘崇，使为大师，且掌环列之尹①。

穆伯如齐②，始聘焉，礼也②。凡君即位，卿出并聘，践修旧好④，要结外援，好事邻国，以卫社稷，忠、信、卑让之道也。忠，德之正也；信，德之固也；卑让⑤，德之基也。

崤之役，晋人既归秦帅，秦大夫及左右皆言于秦伯曰："是败也，孟明之罪也，必杀之。"秦伯曰："是孤之罪也。周芮良夫之诗曰⑥："大风有隧，贪人败类⑦。听言则对，诵言如醉。匪用其良⑧，覆俾我悖⑨。"是贪故也，孤之谓矣。孤实贪以祸夫子⑩，夫子何罪？"复使为政。

【注释】

①环列之尹：宫中警卫军长官。②穆伯：公孙敖，鲁卿。③始聘：新君即位，派卿去大国朝见，小国聘问，称作始聘。④践：履行。⑤卑让：谦让。⑥芮良夫：周历王时卿士。⑦类：善。⑧匪用其良：不听良臣之言。⑨覆：反。⑩夫子：那个人，指孟明。

【译文】

元年春季，周天子派遣内史叔服前来参加葬礼。公孙敖听说他能相面，就让自己的两个儿子出来见他。叔服说："谷可以祭祀供养您，难可以将您安葬，谷的下颌丰满，后嗣必然在鲁国昌盛光大。"

在这时候闰三月，这是不合礼制的。先王端正时令，年历的推算以冬至为开始，测定春分、秋分、夏至、冬至的月份作为四季的中月，把剩余的日子归总在一年的末尾。年历的推算以冬至为开始，四时的次序就没有错乱；以正朔的月份作为标准，百姓就不会被迷惑；把剩余的月份归总在一年的终了，事情就没有谬误。

夏四月二十六日，僖公被安葬。

周天子派遣毛伯卫来赐给文公策命的荣宠。叔孙得臣到成周拜谢。

晋文公的晚年，诸侯朝见晋国，卫成公没有朝见，反而派遣孔达侵袭郑国，攻打绵、訾和匡地。晋襄公在举行小祥祭祀以后，派人通告诸侯而对卫国进行讨伐，到达南阳。先且居说："效法错误，这是祸患。请您朝觐周天子，下臣跟随军队。"晋侯在温地朝觐了周天子。先且居、胥臣向卫国发动进攻。五月初一日，晋军包围戚地。六月初八日，占取戚地，将孙昭子俘虏。

卫国人派人报告陈国。陈共公说："转过去攻击他们。我去跟他们说话。"卫国的孔达就领兵攻打晋国。君子认为这样做属于粗心忽略。粗心忽略，指的是让别国给自己出主意。

秋，晋国划分戚地土田的疆界，所以公孙敖参加了。

起初，楚王计划立商臣为太子，征询令尹子上的意见。子上说："君王的年岁还不大，而且内宠又多，如果立了商臣再废黜他，就是祸乱。楚国立太子，往往选择年轻的。而且商臣这个人，眼睛像胡蜂，声音像豺狼，是一个残忍的人，不能把他立为太子。"楚王没有听从。立了以后，又想立王子职而将太子商臣废黜。商臣听到消息但还没有弄清楚，告诉他老师潘崇说："如何才能弄清楚？"潘崇说："你设宴招待江芈而故意表示对他不尊敬。"商臣听从了。江芈发怒说："啊！下贱的东西！无怪君王要杀掉你而立职做太子了。"商臣对潘崇说："事情确实了。"潘崇说："你能事奉公子职吗？"商臣说："不能。"能逃亡吗？"商臣说："不能。"能够办大事吗？"商臣说："能。"

冬十月，商臣率领宫中的警卫军将成王包围。成王请求吃了熊掌以后去死，商臣没有应允。十八日，楚王上吊而死。谥号称为"灵"，尸体不闭眼睛；谥为"成"，才闭上了眼睛。

穆王即位，把他做太子时的房屋财物赏赐给潘崇，任命他做太师，而且作为掌管宫中警卫军的长官。

穆伯到齐国去，开始聘问，这是合乎礼法的。只要是国君即位，卿出国普遍聘问，继续重温过去的友好，团结外援，善于对待邻国，来保卫国家，这是合乎忠、信、卑让之道的。忠，意味德行的纯正；信，意味德行的巩固；卑让，意味德行的根本。

崤地这一战役，晋国将秦国主将放回，秦国的大夫和左右侍臣都对秦伯说："这次失败，是孟明的罪过。一定要杀死他。"秦伯说："这是我的罪过。周朝芮良夫的诗说：'大风迅猛把一切摧毁，贪婪的人把善良抛弃。听到不相干的话就喜而答对，听到《诗》、《书》就昏昏欲睡。不能任用有才能的人，却使我和道义相背。'这是因为贪婪的缘故，说的就是孤啊。孤由于贪婪而使那一位受祸，那一位有何罪过？"重新让孟明执政。

文公二年

二年春，秦孟明视帅师伐晋，以报崤之役。二月，晋侯御之。先且居将中军，赵衰佐之。王官无地御戎①，狐鞫居为右②。甲子，及秦师战于彭衙③。秦师败绩。晋人谓秦"拜赐之师④"。

战于崤也，晋梁弘御戎，莱驹为右。战之明日，晋襄公缚秦囚，使莱驹以戈斩之。囚呼，莱驹失戈，狼瞫取戈以斩囚⑤，禽之以从公乘，遂以为右。箕之役，先轸黜之，而立续简伯⑥。狼瞫怒。其友曰：“盍死之⑦？”瞫曰：“吾未获死所。”其友曰：“吾与女为难⑧。”瞫曰：“《周志》有之⑨，‘勇则害上⑩，不登于明堂。’死而不义，非勇也。共用之谓勇⑫。吾以勇求右，无勇而黜，亦其所也。谓上不我知⑬，黜而宜，乃知我矣。子姑待之。”及彭衙，既陈，以其属驰秦师，死焉。晋师从之，大败秦师。

【注释】

①王官无地：人名，晋臣。②狐鞫（jū）居：晋臣，又称续鞫居、续简伯。③彭衙：秦地名，在今陕西省白水县东北。④拜赐：要来复仇。晋人引此语讥讽秦国。⑤狼瞫：晋之勇士。⑥续简伯：即续鞫居。⑦盍死之：何不以死相抗争。⑧为难：发难，即共杀先轸。⑨《周志》：即《周书》。⑩则：如果。⑪明堂：大庙。⑫共用：为国效命。勇：以死供国之用。⑬上：指先轸。

君子谓：“狼瞫于是乎君子①。《诗》曰：‘君子如怒，乱庶遄沮②。’又曰：‘王赫斯怒，爰整其旅③。’怒不作乱而以从师，可谓君子矣。”

秦伯犹用孟明。孟明增修国政，重施于民。赵成子言于诸大夫曰④：“秦师又至，将必辟之，惧而增德，不可当也。《诗》曰：‘毋念尔祖，聿修厥德⑤。’孟明念之矣。念德不怠，其可敌乎⑥？”

【注释】

①于是乎君子：狼瞫冲入敌阵英勇献身，换得晋国的胜利，以此举可谓君子了。②遄：疾。沮：止。③赫斯，赫然发怒的样子。爰，于是。④赵成子：赵衰，晋之卿。⑤毋、聿：皆语气词，无义。⑥其：岂。

丁丑①，作僖公主，书，不时也。

晋人以公不朝来讨。公如晋。夏四月已巳，晋人使阳处父盟公以耻之。书曰：“及晋处父盟。”以厌之也②。适晋不书，讳之也③。

公未至，六月，穆伯会诸侯及晋司空士縠盟于垂陇④，晋讨卫故也。书“士縠”，堪其事也⑤。

陈侯为卫请成于晋，执孔达以说⑥。

【注释】

①丁丑：二月二十日。②厌：憎恶、厌弃。③不记载鲁公被迫去晋，是出于为君讳。④士縠：士蒍之子。垂陇：郑地，在今河南省荥阳县东北。⑤堪其事：能胜任其事。⑥说：解说。

秋八月丁卯，大事于大庙①，跻僖公②，逆祀也③。于是夏父弗忌为宗伯④，尊僖公，且明见曰⑤：“吾见新鬼大，故鬼小⑥。先大后小，顺也。跻圣贤，明也。明顺，礼也。”

君子以为失礼：“礼无不顺。祀，国之大事也，而逆之，可谓礼乎？子虽齐圣，不先父食久矣⑦。故禹不先鲧⑧，汤不先契⑨，文、武不先不窋⑩。宋祖帝乙，郑祖厉王，犹上祖也⑪。是以《鲁颂》曰：'春秋匪解，享祀不忒，皇皇后帝，皇祖后稷。'君子曰礼，谓其后稷亲而先帝也。《诗》曰：'问我诸姑，遂及伯姊⑫。'君子曰礼，谓其姊亲而先姑也⑬。"

【注释】

①大事：此指祭祀。②跻僖公：升僖公的神位。跻（jī）：升，登。僖公与闵公为兄弟，僖公继闵公为君，依当时礼制，闵公当在僖公之上。此升僖公之位于闵公之上，故称跻。③逆祀：把僖公牌位升于闵公之上，搞乱了庙次中昭穆之序，按此祭祀称作逆祀。④于是：当时。夏父弗忌：人名，鲁大夫，夏父展之后。宗伯：古代掌礼之官。⑤明见：明言其所见。⑥故鬼：指闵公，其死已久。⑦不先父食：此句为譬喻，即后之国君享受祭品不能在先立国君之上。⑧鲧：禹的父亲。⑨契：汤的十三世祖。⑩不窋（zhú）：周文王的先祖。⑪上祖：尊尚父祖。⑫问我诸姑，遂及伯姊：问候各位姑姑，也问候姐妹们。⑬姊亲而先姑：姐姐与姑姑相比，姐姐更亲近，而先问候姑姑，也是合于礼的。

仲尼曰："臧文仲①，其不仁者三，不知者三。下展禽②，废六关③，妾织蒲，三不仁也。作虚器④，纵逆祀，祀爰居，三不知也。"

冬，晋先且居、宋公子成、陈辕选、郑公子归生伐秦⑤，取汪及彭衙而还⑥，以报彭衙之役。卿不书，为穆公故，尊秦也，谓之崇德。

襄仲如齐纳币，礼也。凡君即位，好舅甥⑦，修昏姻，娶元妃以奉粢盛⑧，孝也。孝，礼之始也。

【注释】

①臧文仲：鲁大夫臧孙辰。②展禽：即柳下惠，孔子称其为贤人。③废：置。六关，关名。④虚器：指臧文仲私蓄大蔡之龟，并专为龟修建华丽房子的事。⑤宋公子成：宋庄子之子。郑公子归生：字子家，为灵公之弟。⑥汪：地名，临近彭衙。⑦好舅甥，加强舅甥国家之间的友好关系。好，用作动词。齐鲁世为婚姻，所以两国关系是舅甥关系。⑧粢盛（zīchéng）：祭祀的谷物。

【译文】

鲁文公二年春季，秦国孟明视率军攻打晋国，以报崤地一战之仇。二月，晋襄公领兵抵御。先且居率领中军，赵衰为副帅，王官无地驾驭战车，狐鞠居为车右。二月七日，和秦军交战于彭衙，结果秦军大败。晋国人把秦军叫做"前来拜谢恩德的部队。"

在崤地之战中，晋国的梁弘为晋襄公驾驭战车，莱驹为车右。战斗持续到第二天，襄公命人把秦国的几个俘虏捆起来，让莱驹用戈将他们的脑袋砍掉。俘虏大声喊叫起来，莱驹一惊，手中的戈掉在地上。这时，狼瞫迅速拿起戈砍掉了俘虏的脑袋，并把莱驹抓起追上了襄公的战车。襄公就让他作了车右。箕地一战中，先轸把狼瞫废黜了，让续简伯即狐鞠居代替他。狼瞫非常恼怒。他的朋友说："你怎么不去死？"狼瞫说："我还没有找到死的地方。"朋友说："我帮你去将先轸杀掉怎么样？"狼瞫说："《周志》上说：'勇猛但如果杀了位居在上的人，死后也不能进入庙堂。'如果不义而死，不能算是勇敢。为国而死才叫做勇敢。我当初因为勇敢而做了车右，而今因为不勇敢而被废黜，这也是理所应当的。如果说是先轸不了解我，废黜得当，

这就是了解我了。您等着瞧吧。"待到彭衙一战，狼瞫在阵势摆开以后，率领他的部下冲入秦军，结果死在那里。晋军紧跟而上，大败秦军。

君子对此评价说："狼瞫在这件事上可以说是个君子。《诗经》说：'君子如果发怒，动乱几乎可以迅速终止。'又说：'文王勃然大怒，于是就整顿军队。'愤怒但不去作乱，而是上前线打仗，可以说是君子了。"

秦穆公仍然任用了孟明。孟明更加努力于修明政事，给百姓以更大的好处。赵衰对大夫们说："秦军如果再来攻打我们，一定要躲开它。因为害怕对方而更加修明德行，这样的人是抵抗不了的。《诗经》说：'怀念你的祖先，修明你的德行。'孟明知道这两句话。致力于修德并能坚持不懈，难道能抵抗得住吗？"

二十日，鲁国设置了僖公的神位。《春秋》记载了这件事，是因为没有及时设置。

晋国人由于文公没有前去朝见而发兵攻打鲁国，于是文公就去了晋国。夏季四月十三日，晋国派遣阳处父和文公在晋国国都结盟，以此来羞辱他。《春秋》记载为"及晋处父盟"，表示对晋国的不满意。对文公前往晋国一事不加记载，是因为避讳。

文公还没有回到鲁国，六月，穆伯即公孙敖和诸侯以及晋国司空士縠在垂陇结成盟国，这是因为晋国攻打卫国的缘故。《春秋》直书"士縠"的名字，是认为他能够胜任攻打卫国的任务。

陈共公替卫国向晋国求和，并抓了孔达以向晋国进行解释。

秋季八月十三日，鲁国在太庙举行了祭祀，把僖公的神位升到闵公之上，这次祭祀违背了正当顺序。当时夏父弗忌担任宗伯一职，他敬仰僖公，并且说明了他所见到的情况："我看到新死的僖公的鬼魂大，早死的闵公的鬼魂小，先大后小，是符合顺序的。使圣贤升位，是明智的。明智并且符合顺序，是合乎礼法的。"

君子认为这样做是失礼的："礼没有不合顺序的。举行祭祀是国家的大事，不按照正确的顺序，能说是合乎礼法吗？即使儿子再聪明圣哲，也不能在父亲之前享受祭品，这是老规矩。所以禹不能在鲧前面，汤不能在契前面，文王、武王不能在窋前面。宋国以帝乙为祖宗，郑国厉王为祖宗，都是对祖宗的崇敬。所以《鲁颂》说：'四时不怠惰，祭祀没有差错，祭我伟大的上帝，祭我伟大的祖先后稷。'君子认为这是合乎礼法的，就是说虽然和后稷亲近，却要先称上帝。《诗经》说：'问候我的姑姑，然后再问候我的姐姐。'君子认为这也合乎礼法，就是说虽然姐姐和自己亲近，但要先向姑姑问候。"

孔子说：'臧文仲有三件事做得不仁爱，有三件事做得不明智。使展禽屈居自己之下，设置了六个关口以收赋税，让他的小妾织席贩卖与民争利，这三件事做得不够仁爱。给一个大乌龟建造一座讲究的房屋并把它养起来，纵容夏父弗忌举行不合乎顺序的祭祀而不加制止，让国人祭祀海鸟，这三件事做得不够明智。"

冬季，晋国的先且居、宋国的公子成、陈国的辕选、郑国的公子归生联合起来攻打秦国，夺取了汪地和彭衙后回国。因而报了上次彭衙一战之仇。《春秋》不写参战的各国卿的名字，是由于秦穆公的缘故。尊重秦国，叫做崇尚德行。

襄仲为齐国送去玉帛财礼，这是合乎礼法的。凡国君即位，发展甥舅国家之间的友好关系，两国联姻，娶元配夫人以参加祭祀，这就是孝。讲究孝道，是合乎礼法的开端。

文公三年

三年春，庄叔会诸侯之师伐沈①，以其服于楚也。沈溃。凡民逃其上曰溃②，在上曰逃。

卫侯如陈，拜晋成也。

夏四月乙亥，王叔文公卒③，来赴，吊如同盟，礼也。

【注释】

　　①庄叔：即叔孙得臣。沈：国名，姬姓，在现河南省沈丘旧县治一带。②逃其上：百姓逃避他们的上层人物，因人数众多，如堤溃水流，故称溃。③王叔文公：即王子虎。

　　秦伯伐晋，济河焚舟，取王官①，及郊②。晋人不出，遂自茅津济③，封殽尸而还。遂霸西戎，用孟明也。

　　君子是以知“秦穆公之为君也，举人之周也④，与人之壹也⑤；孟明之臣也，其不解也⑥，能惧思也；子桑之忠也⑦，其知人也，能举善也。《诗》曰：‘于以采蘩⑧，于沼于沚，于以用之，公侯之事’，秦穆有焉。‘夙夜匪解，以事一人⑨’，孟明有焉。‘诒厥孙谋，以燕翼子⑩’，子桑有焉。”

【注释】

　　①济河焚舟：渡过河把船烧掉，表示决意死战，不胜不还的决心。王官：晋地名，在现山西省闻喜县西。②郊：地名，在王官附近。③茅津：地名，在现今的山西省平陆县境内茅津渡。④周：全面，周密。⑤与人：信任、任用人。壹：专一无二。⑥解：同懈。⑦子桑：即公孙枝。⑧蘩：白蒿，供祭祀用。⑨夙：早。　一人：君主。⑩诒（yí）：遗。　燕：安。　翼：辅佐。

　　秋，雨螽于宋①，队而死也。

　　楚师围江，晋先仆伐楚以救江。

　　冬，晋以江故告于周，王叔桓公、晋阳处父伐楚以救江、门于方城②，遇息公子朱而还。

　　晋人惧其无礼于公也，请改盟。公如晋，及晋侯盟③。晋侯飨公，赋《菁菁者我》。庄叔以公降拜④。曰：“小国受命于大国，敢不慎仪？君贶之以大礼⑤，何乐如之？抑小国之乐⑥，大国之惠也。”晋侯降，辞。登，成拜。公赋《嘉乐》。

【注释】

　　①雨：用作动词，落下。螽（zhōng）：昆虫名。队：同坠。②门：用作动词，指攻方城的门。③如：往。及：与。④降拜：走下台阶下拜。晋侯赋诗称鲁文公是君子，所以庄叔让文公降阶拜谢。⑤贶（kuàng）：赐与。大礼：指飨礼。⑥抑：语首词，无意。

【译文】

　　鲁文公三年的春天，庄叔会合晋国、宋国、陈国、卫国、郑国的军队攻打沈国，原因是沈国顺服了楚国。沈国的百姓纷纷溃逃。凡是百姓逃离他们的国君称为“溃”，国君逃走则称为“逃”。

卫成公前往陈国，就陈共公替卫国请求和晋国讲和一事表示谢恩。

夏季四月二十四日，王叔文公去世，王室将讣告送来。鲁国派人以同盟诸侯的礼节吊唁，是合乎礼法的。

秦穆公讨伐晋国，过了黄河后便烧毁了渡船，表示决战到底。从而夺取了王官和郊外的地方。晋军听从赵衰的劝告不出城迎战。秦军就从茅津这个地方渡过黄河，在崤地堆土树碑，以纪念死亡的将士，然后就回国了。秦穆公从此称霸于西戎，其缘故就是重用了孟明。

君子因而知道"秦穆公作为国君，选拔人才考虑周到，起用人才果断专一。因此孟明作为臣下，仍能坚持不懈，通过对战败的反思，进一步修明德行；子桑更为忠诚，他不但了解别人，更能举荐贤人。《诗经》说：'何处去采蒿？池塘里，小洲中。哪里去用它？公侯的祭奠上。'秦穆公就是如此能以忠信待人，人又能为其所用。'起早贪黑努力做事，一心事奉一个人。'孟明就是这样的人。'把谋略留给子孙，将其安定辅佐。'子桑就是这样的人。"

秋季，宋国发现很多蠢斯像下雨一般落下来，是死后落下来的。

楚军围攻江国，晋国的先仆发兵攻打楚国，以便援救江国。

冬季，晋国把江国被围一事向周天子报告了，王叔桓公、晋国的阳处父攻打楚国以援救江国。攻打方城山关口时，遇到了楚国的息公子朱，然后就回国了。

晋国人因曾经对鲁文公无礼而感到害怕，所以请求改订盟约。因此文公前往晋国和晋襄公结盟。襄公设宴招待文公，并吟诵了《菁菁者莪》一诗表示欢迎。庄叔便让文公走下台阶再拜，说："小国在大国受命，岂敢对礼仪不慎重？君王设宴对我们隆重款待，还有什么比这更令人高兴的呢？小国的高兴完全是大国的恩赐啊。"晋襄公也走下台阶推辞谦让，二人登上台阶至堂上，完成了拜礼。文公吟诵了《嘉乐》一诗表示感谢。

文公四年

四年春，晋人归孔达于卫，以为卫之良也，故免之。

夏，卫侯如晋拜。

曹伯如晋，会正[①]。

逆妇姜于齐，卿不行，非礼也。君子是以知出姜之不允于鲁也[②]。曰："贵聘而贱逆之，君而卑之[③]，立而废之，弃信而坏其主[④]，在国必乱，在家必亡。不允宜哉。《诗》曰：'畏天之威，于时保之。'敬主之谓也[⑤]。"

秋，晋侯伐秦，围邧、新城[⑥]，以报王官之役。

【注释】

①会正：与会交纳贡赋。正，同政，即交纳贡赋。当时小国诸侯有向霸主纳贡赋的义务，与会以定其数额。②出姜：即哀姜，鲁文公新娶的夫人，因其在文公死后，子被杀，己被出，归齐不返，故称出姜。不允：不终。③君：小君，国君之妻的称谓。④弃信：指贵聘贱逆，不依所聘时之礼行事。坏其主：夫人为公宫内之主，而卑之，废之，故曰"坏其主"。⑤敬主：敬重内主。⑥邧（yuán）：秦邑名，即现今的陕西省澄城县南部。新城：秦邑，即澄城县东北二十里。

楚人灭江，秦伯为之降服、出次、不举[①]、过数。大夫谏。公曰："同盟灭，虽不能救，敢不矜乎②？吾自惧也。"君子曰："《诗》云'惟彼二国③，其政不获④；惟此四国，爰究爰度。'秦穆之谓矣。"

卫宁武子来聘，公与之宴，为赋《湛露》及《彤弓》。不辞，又不答赋。使行人私焉⑤。对曰："臣以为肄业及之也⑥。昔诸侯朝正于王⑦，王宴乐之，于是乎赋《湛露》，则天子当阳，诸侯用命也。诸侯敌王所忾，而献其功，王于是乎赐之彤弓一、彤矢百、玈弓矢千⑧，以觉报宴。今陪臣来继旧好，君辱贶之⑨，其敢干大礼以自取戾⑩？"

冬，成风薨⑪。

【注释】

①降服：穿素服。出次：避开正寝，别居次舍。不举：撤去丰盛膳食与歌乐。②矜：哀怜。③二国：夏、商。④不获：失道，不得人心。⑤私：用作动词，私下探究。⑥肄业：学习修炼其业。⑦正（zhēng）：正月。⑧玈（lú）：黑色。⑨辱：表敬副词。贶（kuàng）：赐与。⑩干：犯。戾（lì）：罪。⑪成风：庄公妾，僖公生母。

【译文】

四年春，晋国人将孔达释放回到卫国，这是因为把他作为卫国的突出人材，所以赦免了他。

夏，卫侯到晋国拜谢释放孔达。

曹伯到晋国商议纳贡的事情。

在齐国迎接姜氏，卿没有去，这是不合乎礼的。君子因此而知道出姜在鲁国不会有好结果，说："用尊贵的礼节行聘而用低下卑贱的礼节迎接她，身分是小君而慢待她，立为夫人而废弃她，丢掉信用而损害内主的身份，这样的事情发生在国家中肯定使国家动乱，在家族中必然使家族灭亡。没有好结果就是很正确了！《诗》说：'畏惧上天的威灵，因此就能保有福禄'。这说的就是要看重内主的身份。"

秋，晋侯攻打秦国，将祁地、新城包围，以报复王官那次战役。

楚国人灭掉了江国，秦伯为这件事穿上素服，出居别室，减膳撤乐，超过了应该的礼数。大夫劝谏。秦伯说："同盟的国家被灭，虽然没有能援救它，岂敢不哀怜呢？我是自己警惕呀。"君子说："《诗》说：'他们两国，政事不合法度；四方的国家，因而探讨自谋'。这说的即是秦穆公啊。"

卫国的宁武子前来聘问，文公和他一同饮宴，为他赋《湛露》和彤弓两首诗。宁武子没有辞谢，也不赋回答。文公派行人私下加以探问。宁武子回复道："下臣以为是练习而演奏的。从前诸侯在正月去京师向天子朝贺，天子设宴奏乐，在此时赋《湛露》这首诗，那就表示天子对着太阳，诸侯听命效劳。诸侯把天子所痛恨的人作为敌人，而且献上自己的功劳。天子因为这样而赏赐给他们红色的弓一把、红色的箭一百枝、黑色的弓十把和箭一千枝，以表彰功劳而用宴乐来答谢。现在陪臣来继续过去的友好，承蒙君王赐宴，岂敢触犯大礼以自取罪过？"

冬，成风死。

文公五年

五年春，王使荣叔来含且赗①，召昭公来会葬，礼也。

初，郜叛楚即秦②，又贰于楚。夏，秦人入郜。

六人叛楚即东夷。秋，楚成大心、仲归帅师灭六③。

冬，楚子燮灭蓼④，臧文仲闻六与蓼灭，曰："皋陶、庭坚不祀忽诸⑤。德之不建，民之无援⑥，哀哉！"

【注释】

①荣叔：周臣。含：以珠玉等物置于死者口中叫做含。来含，即致送死者所含的珠玉等物。赗(fèng)：助丧的礼物。②郜：秦、楚界上小国。③成大心、仲归：二人名，均为楚臣。④子燮：楚公子。蓼：国名，即今河南省固始县东北一带。⑤忽诸：突然，一下子。⑥德之不建，民之无援：二国之君不能增建德行以守国，二国之民得不到大国的援救。

晋阳处父聘于卫，反过宁①，宁嬴从之。及温而还②。其妻问之。嬴曰："以刚③。《商书》曰：'沈渐刚克，高明柔克④。'夫子壹之⑤，其不没乎⑥！天为刚德，犹不干时，况在人乎？且华而不实，怨之所聚也。犯而聚怨，不可以定身⑦。余惧不获其利而离其难⑧，是以去之。"

晋赵成子、栾贞子、霍伯、臼季皆卒⑨。

【注释】

①宁：晋邑。在今河南省固始县东北有蓼城岗。②温：温山，在今河南省修武县北。③以：太，过于。④沈渐：深沉隐伏。高明，高亢明爽。⑤夫子：此人，指阳处父。壹：动词，意指只具备一种品性。⑥没：死。⑦犯而聚怨：凌犯于人而又积聚怨恨。 定身：使自身得以安定。⑧离：同罹，遭。⑨臼季：即胥臣。

【译文】

鲁文公五年的春天。周天子派荣叔送来含玉和丧礼，并派召昭公参加葬礼，这是合乎礼法的。

当初，郜国曾背叛楚国亲近秦国，后来又暗中亲近楚国。夏天的时候，秦军攻入郜国。

六国人背叛了楚国，对东夷亲近。秋季，楚国的成大心和仲归率兵灭掉了六国。

冬季，楚国的公子燮灭掉了蓼国。臧文仲听说了六国和蓼国灭亡的消息后说："皋陶和庭坚突然就没有人祭祀了。可见如果不建立德行，百姓就没有救了。真令人伤心啊！"

晋国的阳处父到卫国聘问，回来途经宁地，宁嬴愿意跟随他，但走到温地就又回去了。他的妻子问他为何又回来，他说："这个人太刚强了。《商书》说：'优柔的人应以刚强来克服，豪爽的人应该用柔弱来克服。'阳处父只具备豪爽和刚强一个方面，恐怕难以善终！上天为阳本来属于刚强，尚且不去触犯四季运行的顺序，那么作为人更不应该去冒犯别人了。再说如果只说不做，华而不实，就会招致怨恨。刚强冒犯了别人，而且华而不实招来怨恨，就难以安定自身。我担心得不到他的好处，反而遭到祸患，所以才离开了他。"

晋国的赵成子即赵衰、栾贞子即栾枝、霍伯即先且居、臼季即胥臣都先后逝世。

文公六年

六年春，晋蒐于夷，舍二军①。使狐射姑将中军，赵盾佐之②，阳处父至自温，改蒐于董，易中军③。阳子④，成季之属也，故党于赵氏⑤，且谓赵盾能，曰："使能，国之利也。"是以上之⑥。宣子于是乎始为国政，制事典⑦，正法罪，辟狱刑⑧，董逋逃⑨，由质要⑩，治旧洿⑪，本秩礼，续常职⑫，出滞淹⑬。既成，以授太傅阳子与大师贾佗⑭，使行诸晋国，以为常法。

臧文仲以陈、卫之睦也，欲求好于陈。夏，季文子聘于陈⑮，且娶焉。

【注释】

①蒐：蒐礼，为古代军礼之一种，指对军队的检阅。舍：撤销。②赵盾：晋臣，又称赵宣子。③董：晋地。易中军：改变中军将佐人选。④阳子：即阳处父。⑤成季：赵衰的谥号。党：偏袒。⑥上之：居于上位。⑦制事典：制订办事章程、条例。⑧辟狱刑：清理诉讼积案。⑨董逋逃：督察追捕逃犯。⑩由质要：使用契约、账目作为凭据。⑪治旧洿（wū）：治理清除政治污垢。洿，污秽。⑫续常职：重建被废弃的官职。⑬出滞淹：推举被埋没的贤能。⑭贾佗：晋文公旧臣，曾随文公流亡各国而受信用。⑮季文子：鲁桓公子季友的孙子，又称季孙行父。

秦伯任好卒①。以子车氏之三子奄息、仲行、铖虎为殉②，皆秦之良也。国人哀之，为之赋《黄鸟》。

君子曰："秦穆之不为盟主也，宜哉。死而弃民。先王违世③，犹诒之法，而况夺之善人乎！《诗》曰：'人之云亡，邦国殄瘁'，无善人之谓。若之何夺之？古之王者知命之不长，是以并建圣哲，树之风声④，分之采物⑤，著之话言⑥，为之律度⑦，陈之艺极，引之表仪⑧，予之法制，告之训典⑨，教之防利⑩，委之常秩⑪，道之礼则，使毋失其土宜⑫，众隶赖之，而后即命⑬。圣王同之。今纵无法以遗后嗣⑭，而又收其良以死，难以在上矣。"君子是以知秦之不复东征也⑮。

【注释】

①任好：秦穆公之名。②子车氏：秦大夫氏。殉：殉葬。③违世：离开人世，即死去。④并建：普遍选立。风声：风化声教。⑤采物：指旌旗衣服之类。⑥话言：善言。⑦律度：法度。⑧引之表仪：引导其效仿表帅。⑨训典：前代的典章制度。⑩防利：防止贪利。⑪常秩：一定的职务及俸禄。⑫土宜：即因地制宜。⑬即命：天命已终，即死去。⑭纵：纵然，即使。无法：没有法度。⑮不复东征：不能再征伐东方诸侯，以为霸主。

秋，季文子将聘于晋，使求遭丧之礼以行。其人曰："将焉用之①？"文子曰："备豫不虞②，古之善教也③。求而无之，实难。过求何害？"

八月乙亥，晋襄公卒。灵公少④，晋人以难故，欲立长君⑤。赵孟曰⑥："立公子雍⑦。好善而长。先君爱之，且近于秦⑧。秦，旧好也。置善则固，事长则顺⑨，立爱则孝，结旧则安。为难故，故欲立长君，有此四德者⑩，难必抒矣⑪。"贾季曰⑫："不如立公子乐⑬。辰嬴嬖于二君⑭，立其子，民必安之。"赵孟曰："辰嬴贱，班在九人，其子何震之有？且为二嬖，淫也。为先君子，不能求大而出在小国，辟也⑮。母淫子辟，无威。陈小而远⑯，无援。将何安焉？杜祁以君故⑰，让偪姞而上之，以狄故，让季隗而己次之，故班在四。先君是以爱其子而仕诸秦，为亚卿焉⑱。秦大而近，足以为援，母义子爱，足以威民，立之不亦可乎？"使先蔑、士会如秦，逆公子雍。贾季亦使召公子乐于陈。赵孟使杀诸郫⑲。

【注释】

①其人：指季文子的随从。 焉：何。②备豫不虞：准备着预料不到的事情。③善教：好的教训。④灵公：名夷皋，襄公子。⑤长君：年长的国君。因当时太子尚在怀抱中，所以要废太子而立年长者为君。⑥赵孟：即赵盾，自赵盾以后，赵氏世称孟。⑦公子雍：晋文公之子，襄公庶弟。⑧近于秦：公子雍仕于秦，为亚卿，与秦亲近。⑨事长：立长。⑩四德：即固、顺、孝、安。⑪抒：同纾，意为缓。⑫贾季：即狐射姑。⑬公子乐：公子雍之弟。⑭辰嬴：即子圉之妻怀嬴，后嫁晋文公，故改称辰嬴。二君：指怀公、文公。⑮辟：同僻，鄙陋。⑯陈：陈国，公子乐出居于陈。⑰杜祁：公子雍之母。杜，国名；祁，姓。⑱亚卿：次卿。⑲郫：晋邑名。

贾季怨阳子之易其班也①，而知其无援于晋也。九月，贾季使续鞫居杀阳处父。书曰："晋杀其大夫，"侵官也②。

冬十月，襄仲如晋，葬襄公。

十一月丙寅，晋杀续简伯。贾季奔狄。宣子使臾骈送其帑③。

【注释】

①易其班：改变其地位。贾季本为中军帅，后改为中军副帅。②侵官：君已命军帅，阳处父又加以改变，故称为侵官。③宣子：即赵盾。臾骈，人名，赵盾的下属。帑，同孥，妻子儿女。

夷之蒐，贾季戮臾骈①，臾骈之人欲尽杀贾氏以报焉。臾骈曰："不可。吾闻《前志》有之曰：'敌惠敌怨②，不在后嗣'，忠之道也。夫子礼于贾季③。我以其宠报私怨④，无乃不可乎？介人之宠⑤，非勇也。损怨益仇，非知也。以私害公，非忠也。释此三者⑥，何以事夫子？"尽具其帑，与其器用财贿，亲帅扞之⑦，送致诸竟⑧。

【注释】

①戮：侮辱。②敌惠敌怨：有惠于人或有怨于人，即是说对贾季之怨不涉及其家族妻儿。敌，对应。③夫子：指赵盾。④以其宠：借助他的（赵盾）宠信。⑤介：因。⑥释：诛杀。⑦扞：保卫。⑧竟：同境，指国境。

闰月不告朔，非礼也。闰以正时^①，时以作事^②，事以厚生^③，生民之道于是乎在矣。不告闰朔，弃时政也，何以为民^④？

【注释】

①闰以正时：通过闰月来调整四时。②时以作事：四时正，才可能据以安排农事、国事。③事以厚生：事情作好才能使民众丰衣足食。④为：治理。

【译文】

鲁文公六年春季，晋国在夷地对军队进行检阅，同时裁减了两个军即新上军和新下军。派狐射姑统率中军，赵盾为副帅。阳处父从温地回来后，又改在董地检阅，同时调换了中军主将，即让赵盾统率中军，狐射姑为副帅。阳处父曾是成季即赵衰的下属，所以偏袒赵氏，并且他也认为赵盾确有才能。他说："任用有才能的人对国家是有利的。"因此赵盾居于狐射姑之上。赵盾从此开始掌管国家的政权，制定规章制度，修订律例法令，清理诉讼积案，督察追捕逃犯，运用契约帐簿作为凭据，铲除政治弊端使之清明，恢复日益混乱的等级，重建已经废弃的官职，起用屈居下位的贤能之人。章法条令制定出来后，便将其交给太傅阳处父和太师贾佗，让他们在全国实施，以作为晋国的基本法则。

臧文仲因为陈国和卫国关系较好，也想和陈国结好。夏季，季文子来到陈国聘问，并在陈国娶了妻子。

秦穆公去世。殡葬时用子车氏的三个儿子奄息、仲行、铖虎陪葬，这三个人都是秦国的杰出人才。因此秦国人都感到悲痛，并为此创作了《黄鸟》一诗。

君子对此评论说："看来秦穆公未能成为盟主，也是理所当然的了！因为他死后还要连累他人，遗弃百姓。前代君王死后，都给后人留下典范，树立榜样，怎么会夺去百姓心目中的好人的生命呢？《诗经》说：'如果贤能之人死亡，那么国家也就病入膏肓。'这即是说已经没有好人了，为什么还要把好人的生命夺去呢？古代君王自知做不到长生不老，于是就广泛地选用贤能之人，并给他们树立风俗教化的榜样，使他们的旗帜服饰显示出尊卑上下，为他们撰写了许多治国良言，制定了无数法律制度，宣布了应该遵循的法则，并引导他们遵守法纪，教给他们如何运用法律，讲解先王的典章遗训，教导他们不可过分谋求私利，还任命他们担当一定的职务，教给他们各种礼仪和规范，使他们对各种问题因地制宜，可以灵活处置，从而使百姓都信赖他们。古代君王把以上各项事情都做完了，才放心地死去。圣明的君王都是这样做的。而如今秦穆公不但没有给后人留下可供遵循的法律条例，反而又夺走贤良之才的生命作为他的殉葬品。这样，作为一个君王，他就很难长久下去了。"君子因此而认识到秦国不可能再向东扩展势力了。

秋季，季文子打算前往晋国聘问。他让侍从代为请求一旦遭到丧事使用什么样的礼仪，然后才动身。侍从问他："有这个必要吗？"文子说："及早动手，有备而无患，这是自古以来的教训。如果不提前准备，一旦遇到丧事，临时再去请求，就会措手不及。提前准备好，有什么不好呢？"

八月十四日，晋襄公去世，当时太子晋灵公年纪尚小。晋国人为了避免发生灾难，想立一个年长的国君。赵盾说："就立公子雍吧。他好做善事且年龄大，先君文公又很喜欢他，另外他又一向亲近秦国。秦国是我们晋国的旧友。拥立一个善良的人作为国君，国家就能巩固，事

奉年长的人是名正言顺的，立先君喜爱的儿子为君合乎孝道，结交昔日的友邦就能安定国家。为了避免祸难的发生，所以要立年长者为国君。拥有了固、顺、孝、安这四种德行，灾难必然能够消除。"狐射姑说："我看不如立公子乐为君。因为他的母亲辰嬴曾经得到怀公、文公两位先君的宠爱。如果将她的儿子拥立为君，百姓必然安定。"赵盾说："辰嬴身份低贱，在文公夫人中位居第九。她的儿子有什么威信可言呢？再说她曾受到两位君王的宠幸，从这里看出她是一个淫乱的女人。公子乐作为先君文公的儿子，不争取到大国做官，却甘愿去那小小的陈国，由此可见这也是一个邪僻之人。母亲淫荡，儿子邪僻，自然就没有威信；陈国弱小而且离我们又很遥远，不能援助我们，国家靠什么安定？公子雍的母亲杜祁为了晋襄公，才让偪姞居于自己之上。同时为了安抚狄人，她又甘愿屈居季隗之下，因此她排名第四。先君文公因为这个而特别喜欢她的儿子，让他到秦国做官，官至亚卿。秦国强大而且离我国又很近，能够迅速援救我们，母亲仁义儿子备受喜爱，就能够使百姓震服。这样的话，立他不是也可以吗？"于是就派先蔑、士会到秦国迎接公子雍。与此同时，狐射姑也派人到陈国迎接公子乐，但赵盾偷偷派人在晋国的郫地杀死了公子乐。

狐射姑对阳处父把他从中军主帅降为副帅一直耿耿于怀，而且他也知道自己在晋国得不到帮助，于是就在九月份派续鞫居将阳处父杀死了。《春秋》中记载为"晋杀其大夫"，这是因为阳处父随便就把君王任命的将领撤换了的缘故。

冬季十月，襄仲来到晋国参加晋襄公的葬礼。

十一月的某一天，晋国人将续鞫居杀了。狐射姑逃亡到了狄人那里，赵盾派臾骈把他的妻子儿女都送了过去。

过去，有一次夷人检阅军队的时候，狐射姑曾经侮辱过臾骈。因此现在臾骈的部下准备把狐射姑全家斩尽杀绝，以为臾骈报仇。但臾骈阻拦说："不能这样做。据我所知，《前志》上有句话，是说'无论和人有恩还是有仇，都和他的子孙无关，这就是忠恕之道。'赵盾对狐射姑非常尊重，我却利用他的宠信而报复自己的私仇，恐怕不行吧？利用别人的宠信进行报复，不能算是勇敢的表现。虽然自己平息了愤恨，却增加了对方对自己的仇恨，这并不是聪明之举。因为私事而损害公事，这是不忠的行为。如果抛弃了勇、知、忠这三条，又靠什么去事奉赵盾呢？"于是臾骈就按照赵盾的命令亲自率兵把狐射姑的家人和财物护送到边境。

这一年闰月，鲁国没有在宗庙举行告朔典礼，这是不合礼法的。闰是用来修正四季误差的，根据四时安排农事，农事合乎时令百姓就能保障生活，使百姓赖以生存的道理就在这里。如果不举行告朔典礼，就等于是放弃了利用四季管理农事的形式，那么又靠什么来治理百姓呢。

文公七年

七年春，公伐邾，间晋难也①。

三月甲戌，取须句②，置文公子焉③，非礼也。

夏四月，宋成公卒。于是公子成为右师④，公孙友为左师，乐豫为司马，鳞矔为司徒，公子荡为司城，华御事为司寇。昭公将去群公子⑤，乐豫曰："不可。公族，公室之枝叶也，若去之，则本根无所庇荫矣⑥。葛藟犹能庇其本根，故君子以为比，况国君乎？此谚所谓'庇焉而纵寻斧焉'者也⑦。必不可，君其图之。亲之以德，皆股肱也，谁敢携贰？若之何去之？”不听。穆、襄之族率国人以攻公⑧，杀公孙固、公孙郑于公宫。六卿和公室⑨，乐豫舍司马以让公子卬⑩，昭公即位而葬。书曰："宋人杀其大夫"，不称名，众也，且言非其罪也。

【注释】

①间：乘隙。②须句：鲁国封内所属国。③文公：即邾文公。④右师：官名。右师、左师、司马、司徒、司城（司空）司寇为宋之六卿。⑤昭公：名杵臼，宋成公之子。去：除掉。⑥庇荫：树荫遮护。⑦寻斧：使用斧头。⑧穆、襄之族：即宋穆公、宋襄公的子孙。⑨和公室：与公室讲和。⑩公子卬：宋昭公之弟，属于公室方面的势力。

秦康公送公子雍于晋①，曰："文公之入也无卫，故有吕、郤之难。"乃多与之徒卫②。

穆嬴日抱大子以啼于朝③，曰："先君何罪？其嗣亦何罪？舍适嗣不立而外求君，将焉置此④？"出朝，则抱以适赵氏，顿首于宣子曰："先君奉此子也而属诸子⑤，曰：'此子也才，吾受子之赐；不才，吾唯子之怨'。今君虽终，言犹在耳，而弃之，若何？"宣子与诸大夫皆患穆嬴，且畏逼⑥，乃背先蔑而立灵公，以御秦师。箕郑居守。赵盾将中军，先克佐之。荀林父佐上军。先蔑将下军，先都佐之。步招御戎，戎津为右。及堇阴⑦，宣子曰："我若受秦⑧，秦则宾也；不受，寇也。既不受矣，而复缓师，秦将生心⑨。先人有夺人之心⑩，军之善谋也。逐寇如追逃，军之善政也。"训卒利兵⑪，抹马蓐食⑫，潜师夜起⑬。戊子，败秦师于令狐⑭，至于刳首⑮。

【注释】

①秦康公：秦穆公之子。②徒卫：徒为步卒，以步卒为护卫，不动用兵车。③穆嬴：晋襄公夫人，灵公生母。④将焉置此：将把太子置于何地。⑤属诸子：托付于您。⑥逼（bī）：威胁，强迫。⑦堇阴：晋地，位今山西省临猗县东一带。⑧受秦：即接受秦国送公子雍回国。⑨生心：产生别的念头。⑩先人：行动在别人之前。⑪利兵：使兵器锋利。⑫蓐（rù）食：饱餐。蓐，厚。⑬潜师夜起：使军队隐蔽起来夜间行军。⑭令狐：晋地名。⑮刳（kū）首：晋地名，位今临猗县西一带。

己丑①，先蔑奔秦，士会从之。

先蔑之使也，荀林父止之，曰："夫人、大子犹在，而外求君，此必不行。子以疾辞，若何？不然将及②。摄卿以往可也③，何必子？同官为寮，吾尝同寮④，敢不尽心乎！"弗听。为赋《板》之三章。又弗听。及亡，荀伯尽送其帑及其器用财贿于秦⑤，曰："为同寮故也。"

【注释】

①己丑：四月二日。②将及：灾祸将及于自身。③摄卿：指以大夫代理卿职。摄，代理。④寮：同僚，同在一起当官为同僚。⑤荀伯：即荀林父。

士会在秦三年，不见士伯①。其人曰②："能亡人于国③，不能见于此，焉用之④?"士季曰⑤："吾与之同罪，非义之也，将何见焉?"及归，遂不见。

狄侵我西鄙，公使告于晋。赵宣子使因贾季问酆舒⑥，且让之。酆舒问于贾季曰："赵衰、赵盾孰贤?"对曰："赵衰，冬日之日也⑦。赵盾，夏日之日也。"

【注释】

①士伯：即先蔑。②其人：士会的随从人员。③能亡人于国：即能与人俱逃离晋国。④焉用之：即何用如此。⑤士季：即士会。⑥酆舒：狄国的丞相。⑦冬日之日：冬天的太阳。

秋八月，齐侯、宋公、卫侯、郑伯、许男、曹伯会晋赵盾盟于扈，晋侯立故也。公后至，故不书所会①。凡会诸侯，不书所会，后也。后至，不书其国，辟不敏也②。

穆伯娶于莒③，曰戴己，生文伯，其娣声己生惠叔。戴己卒，又聘于莒，莒人以声己辞，则为襄仲聘焉④。

【注释】

①不书所会：不具体书写与会诸侯、卿大夫。②不敏：不清楚。③穆伯：即公孙敖，鲁卿，庆父之子。④襄仲：即公子遂，鲁卿，庄公之子。

冬，徐伐莒。莒人来请盟。穆伯如莒莅盟，且为仲逆①。及鄢陵②，登城见之，美，自为娶之。仲请攻之，公将许之。叔仲惠伯谏曰③："臣闻之：'兵作于内为乱，于外为寇，寇犹及人，乱自及也④。'今臣作乱而君不禁，以启寇仇⑤，若之何?"公止之，惠伯成之。使仲舍之⑥，公孙敖反之⑦，复为兄弟如初。从之。

【注释】

①为仲逆：穆伯为襄仲迎娶莒女。②鄢陵：莒邑名。位今山东省临沐县境内。③叔仲惠伯：叔牙之孙。④敌自及：内乱，自己打自己。⑤启寇仇：招致外敌的进攻。⑥舍之：放弃莒女不娶。⑦反之：将莒女送回莒国。

晋郤缺言于赵宣子曰："日卫不睦①，故取其地。今已睦矣，可以归之。叛而不讨，何以示威?服而不柔②，何以示怀③?非威非怀，何以示德?无德，何以主盟?子为正卿，以主诸侯，而不务德，将若之何?《夏书》曰：'戒之用休④，董之用威⑤，劝之以《九歌》，勿使坏⑥。'九功之德皆可歌也，谓之《九歌》。六府、三事，谓之九功。水、火、金、木、土、谷，谓之六府；正德⑦、利用、厚生，谓之三事。义而行之，谓之德、礼。无礼不乐，所由叛也⑧。若吾子之德，莫可歌也，其谁来之?盍使睦者歌吾子乎⑨?"宣子说之。

【注释】

①日卫不睦：以前卫与晋不和，亦即不服于晋。②柔：安抚；怀柔。③怀：怀柔。④戒：同诫。休：

美好，吉庆。⑤董：监督。⑥勿使坏：不要使其变坏。⑦正德：指人之德。⑧无礼不乐：在上者无礼，虐政暴行，所以在下者无可乐。所由叛：由此引起叛闻。⑨盍：何不。

【译文】

鲁文公七年春季，文公率兵攻打邾国。选择这一时机进攻邾国，是利用晋国正忙于立君之争，顾不上干涉其他国家的事情。

三月十七日，鲁军夺取了原先属鲁国属国后被邾国灭亡的须句，但却安排邾文公的儿子做了须句的守官，这是不合礼法的。

夏季四月，宋成公去世。适逢公子成担任右师，公子友任左师，乐豫任司马，鳞矔任司徒，公子荡任司城，华御事任司寇。准备即位的宋昭公打算把公子们都杀掉以绝后患，但乐豫对他进行劝阻说：“不行。公族犹如公室的枝叶，假如铲除了它，那么公室便失去了庇护，就像树干树根没有了枝叶的庇护一样。连葛藤这种植物都知道保护自己的躯干和根部，所以君子们经常以它做比喻来说明这个道理，更何况您是作为一个国君呢？这正如俗话所说：‘貌似保护自己，实则持斧自斫’。千万不能这么做，请君王慎重考虑！假如您以德行去亲近他们，那么他们都能成为您的得力助手，谁还敢有三心二意呢？为什么还要将他们杀掉？”昭公还是不听。结果穆公和襄公的族人被迫叛乱，攻打昭公，在宫里杀了公孙固和公孙郑。此时六卿出面为公室调停，使其讲和，乐豫又主动把司马的职位让给了昭公的弟弟公子卬。直到昭公即位之后才将宋成公安葬。《春秋》中只写“宋人杀其大夫”，并没有记载各个大夫的名字，是因为被杀的人过多，而且也表明他们并没有罪。

秦康公送公子雍回到晋国，并告诉他说：“当年文公回国时因为没有卫士保护，因而才发生了吕、郤之乱。”于是派了很多步兵卫士，护送他回国。

此时晋襄公夫人穆嬴每天抱着太子在朝廷上哭闹。她说：“先君有什么罪？他的合法继承人又有什么罪过？放弃嫡子不拥立，反而要到国外迎立庶子为君，你们准备把这个孩子怎么安置？”她从朝廷上出来，又抱着太子来到赵盾家，向赵盾叩头，说：“先君以前把这个孩子托付给您，并说：‘这孩子如果成才，我就感谢您的恩德；倘若不能成才，我将怨恨您。’如今先君虽已去世，但他的话还在耳边，可是您却把太子放弃不管。你看如何处理？”赵盾和大夫们都对穆嬴的哭闹感到头痛，并且也害怕穆嬴一派人的威胁，于是就背叛了先蔑前往秦国迎接的公子雍，而立了太子灵公为君，并马上发兵抵抗护送公子雍回国的秦国军队。由箕郑留守国内，赵盾亲自率领中军，先克为副帅；荀林父作为副帅独率上军，已先行回国的先蔑率领下军，先都为副帅，步招为赵盾驾车，戎津任车右。军队行军来到堇阴时，赵盾说：“如果我们欢迎秦国护送的公子雍，那么秦军就是宾客，如果不欢迎，秦军就是敌寇。既然已经决定不接受了，却又迟迟不肯出兵进攻，秦军必生疑心。抢先一步以便将敌人的气势压倒，是对敌作战中的上策。追赶敌人如同追击逃兵，这是对敌作战中一个行之有效的战术。”于是就操练士兵，磨砺武器，喂饱战马，让部队饱餐一顿，然后就在当天夜里悄悄出兵了。四月一日，在令狐一地将秦军打败，并一直追击到刳首。

四月二日，先蔑逃亡到了秦国，当时士会也跟着去了。

当初先蔑出使秦国迎接公子雍时，荀林父曾对他进行劝阻，说：“夫人和太子都还在，反而要到国外去迎立国君，这样做肯定不行。你借口患病不去行不行？不然的话，你将招致灾祸。派一个卿代理你前去就可以了，何必你亲自前往？我们同朝为官，也曾并肩作战，我这是

全心全意为你着想。"先蔑不听，荀林父又为他吟诵了《板》这首诗的第三章再次劝他，但他还是没有听从。等到后来逃亡到秦国，荀林父又把他的家人和财物护送到秦国，并解释说："这是因为我们曾经同事一场。"

士会在秦国三年，没有见过先蔑。他的侍从说："先前能和他一起从晋国逃亡，可是在这里又不去见他，这样有什么意思呢？"士会说："我之所以和他一同出逃，是由于我们二人都是获罪之人，并不是为了他有义气而随他出逃。因此我又何必去见他呢？"直到回国，都没有去见先蔑一次。

狄人侵犯鲁国西部边境，文公派使者到晋国报告。于是赵盾便派狐射姑前去谴责狄人宰相酆舒。酆舒问狐射姑："赵衰和赵盾二人相比，哪一个更为贤明？"狐射姑回答说："赵衰就象冬天的太阳，赵盾则像夏天的太阳。"

秋季八月，齐昭公、宋成公、卫成公、郑穆公、许男、曹共公和晋国的赵盾结盟于扈地，这是晋灵公即位的缘故。由于鲁文公到的晚了，所以《春秋》没有具体记载与会各国及其君王和卿大夫的名字。只要是诸侯会盟，如果《春秋》不记载与会各国的情况，就表明有的国家迟到了。由于迟到而不记载，是为了避免因搞不清具体原因而记载错误。

穆伯在莒国娶了一个妻子，名叫戴己，后来生了文伯；她的妹妹声己生了惠叔。戴己死去后，穆伯又想到莒国另娶一位正妻，但莒国人以应将声己扶为正妻为理由将他拒绝了。穆伯只好给襄仲聘定了一个妻子。

冬季，徐国出兵攻打莒国，莒国人来鲁国请求结盟以取得救援。穆伯到莒国参加盟会，并准备顺便为襄仲迎娶夫人。可是当他来到莒邑鄢陵时，进城见到那个女子非常漂亮，便自己娶她作了妻子。襄仲请求攻打穆伯，文公正准备答应。叔仲惠伯劝阻说："据我所知：内部发生了战争叫做乱，外部发生了战争叫做寇。在外部进行战争还能使敌人造成一定伤亡，而内部发生了战乱，死伤的只能是自己人了。现在臣子意欲作乱而国君却不加禁止，将来势必把外敌引来。到那时候怎么办呢？"于是文公就阻止了襄仲攻打穆伯的念头。惠伯又出面为穆伯和襄仲调解：让襄仲放弃莒女，让穆伯把莒女送回莒国，二人恢复兄弟关系，就象过去一样。襄仲和穆伯按照惠伯说的做了。

晋国的郤缺对赵盾说："当初卫国和我国不和，所以我国才夺取了卫国的土地。但如今两国已经修好，应该把土地还给卫国了。背叛了而不进行讨伐，不足以显示大国的威严，而顺从了却不加以安抚，又怎能表明我国的怀柔政策呢？没有威严，缺少安抚，怎么能显示我们的德行呢？没有德行，又如何能担当诸侯盟主呢？您作为晋国正卿，负责各诸侯之间的事务，如果不尽力显扬我国的德行，如何能行呢？《夏书》中说：'以善行告诫，以威严监督，用《九歌》规劝，使其不要变坏'。所说的《九歌》，就是凡九功德行都可以歌颂。所谓九功就是六府三事。水、火、金、木、土、谷，就是六府；端正德行，便于利用，使百姓富裕，就是三事。把这九功合乎道义地在天下推行，就是有德、有礼。假如无礼无德，百姓就心中不乐，叛乱也会由此而发生。如果您的德行没有值得赞美的地方，那么谁肯来归顺您呢？怎么不想办法使友好邻邦歌颂您呢？"赵盾听了这番话，非常高兴。

宣　公

宣公元年

传元年春，王正月，公子遂如齐逆女，尊君命也。

三月，遂以夫人妇姜至自齐①，尊夫人也。

夏，季文子如齐，纳赂以请会。

晋人讨不用命者，放②胥甲父③于卫，而立胥克④。先辛奔齐⑤。

【注释】

①妇姜：公子遂去齐为宣公迎娶夫人。妇是对姑而言。因宣公之母尚在，故称其妻曰妇姜，姜为齐女辈之姓。②放：放逐也。③胥甲父：又作胥甲，曾为晋下军佐。④胥克：胥甲父之子。⑤先辛：胥甲父的下属。

会于平州①，以定公位。

东门襄仲如齐拜成。

六月，齐人取济西之田，为立公故，以赂齐也。

宋人之弑昭公也，晋荀林父以诸侯之师伐宋，宋及晋平。宋文公受盟于晋，又会诸侯于扈，将为鲁讨齐，皆取赂而还。郑穆公曰："晋不足与也。"遂受盟于楚。陈共公之卒，楚人不礼焉。陈灵公受盟于晋。

秋，楚子侵陈，遂侵宋②。晋赵盾帅师救陈、宋。会于棐林③，以伐郑也。楚芳贾救郑，遇于北林，囚晋解扬④。晋人乃还。

晋欲求成于秦。赵穿曰："我侵崇，秦急崇，必救之。吾以求成焉。"冬，赵穿侵崇，秦弗与成。

晋人伐郑，以报北林之役。于是晋侯侈，赵宣子为政，骤谏而不入，故不竞于楚。

【注释】

①平州：在今山东莱芜县西。②楚子：指楚庄王。③棐林：地名，在今河南省新郑县附近。④北林：郑地，在今河南省郑州市境内。解扬：晋大夫，字子虎。

【译文】

鲁宣公元年春季，周历正月，鲁国的公子遂即襄仲到齐国去迎娶齐女。《春秋》直书"公子遂"，表明他是遵照国君的命令去的。

三月，公子遂陪同夫人妇姜从齐国返回鲁国。《春秋》称公子遂为"遂"，意思是对夫人的尊重。

夏季，季文子前去齐国，向齐国进献财礼并以请求参加诸侯的会盟。

晋国为了惩罚不愿意效忠于他的人，把胥甲父放逐到了卫国，而后立了他的儿子胥克为国侯继承人。胥甲父的下属先辛则逃亡到了齐国。

宣公和齐惠公在平州举行会谈，目的是稳定宣公的君位。

公子遂前去齐国，就宣公能够参加诸侯会盟表示感谢。

六月，齐国获得了鲁国济水以西的田地。这是鲁国为感谢齐国拥立宣公而赠给齐国的礼物。

宋国人杀死宋昭公的时候，晋国的荀林父曾率领诸侯的军队侵犯宋国，结果宋国请求讲和，宋文公接受了晋国订立的盟约。然后晋国又在扈地会合诸侯，打算为鲁国侵犯齐国，但各诸侯在得到了宋国的财物后就将军队全部撤走了。对此，郑穆公说："晋国不值得与之交往。"于是就接受了楚国的盟约。由于陈共公去世时，楚国人没行丧礼，因此陈灵公即位后便同意了与晋国的盟约。

秋季，楚庄王发兵侵犯陈国，接着又进攻宋国。晋国的赵盾率军救援陈、宋两国。并和宋文公、陈灵公、卫成公、曹文公在棐林会合，以此打算攻打郑国，楚国的芳贾救援郑国，双方在郑国的北林碰面。结果楚军俘虏了晋国的解扬，而后晋军才撤退回国。

晋国要和秦国和解。赵穿说："我们不妨入侵崇国，这样秦国必然为崇国着急，一定救援崇国。这时我们就可以提出和秦国讲和。"冬季，赵穿领兵攻打崇国，但秦国并没有因此而和晋国讲和。

晋军入侵郑国，目的是报北林一战之仇。这时晋灵公奢侈无度，赵盾执政。他屡屡进谏，但灵公都没听。因此晋国没有力量与楚国抗争。

宣公二年

二年春，郑公子归生受命于楚①，伐宋。宋华元、乐吕御之②。二月壬子，战于大棘③，宋师败绩，囚华元，获乐吕，及甲车四百六十乘，俘二百五十人，馘百④。

狂狡辂郑人⑤，郑人入于井，倒戟而出之⑥，获狂狡。君子曰："失礼违命，宜其为禽也。戎昭果毅以听之之谓礼，杀敌为果，致果为毅。易之，戮也⑦。"

【注释】

①命于楚：受命于楚。②华元：时为宋右师，当政。乐吕：时为宋司寇。③大棘：宋地名，在今河南省睢县南。④馘：古代作战，杀死敌人，割下其左耳，用以记功、称馘。⑤狂狡：宋大夫。辂：迎战之意。⑥倒戟：即狂狡将戟柄授予人。⑦易之，戮也：与此相反，则受处罚。

将战，华元杀羊食士，其御羊斟不与①。及战，曰："畴昔之羊②，子为政③，今日之事，我为政。"与入郑师，故败。君子谓："羊斟非人也，以其私憾④，败国殄民⑤。于是刑孰大焉。《诗》所谓'人之无良'者，其羊斟之谓乎，残民以逞。"

宋人以兵车百乘、文马百驷以赎华元于郑⑥。半入，华元逃归，立于门外，告而入。见叔牂①，曰："子之马然也②。"对曰："非马也，其人也③，"既合而来奔④。

【注释】

①羊斟：人名，为华元之御。不与：未参与吃羊肉。②畴昔：往日。③为政：作主。此为羊斟心里话，意为往日分羊肉是你作主，今日驾车是我作主。④私憾：私仇；私恨。⑤败国殄民：殄（tiǎn），灭绝。使国家战败、人民遭受灭绝之灾。⑥文马百驷：毛色有文彩的马四百匹。⑦叔牂：即羊斟。⑧子之马然也：驰入敌营是你的马不听驾驭造成的吗？为询问口气，表示对羊斟的疑心。⑨非马也，其人也：不在于马，而由于人。⑩合：答也。叔牂回答后，即畏罪奔鲁。

宋城①，华元为植②，巡功③。城者讴曰："睅其目④，皤其腹⑤，弃甲而复⑥。于思于思⑦，弃甲复来。"使其骖乘谓之曰："牛则有皮，犀兕尚多⑧，弃甲则那⑨？"役人曰："从其有皮，丹漆若何？"华元曰："去之，夫其口众我寡。"

秦师伐晋，以报崇也，遂围焦⑩。夏，晋赵盾救焦，遂自阴地⑪，及诸侯之师侵郑，以报大棘之役。

【注释】

①城：筑城。②为植：为主持筑城的主要负责人。③巡功：巡视检查筑城工程。④睅（hàn）：眼睛瞪大突出。⑤皤（pó）：肚子大。⑥复：战败逃归。⑦于思：胡须多的样子。于，语助词。⑧犀兕（sì）犀牛。兕，雌性犀牛。⑨那：奈何的合音。⑩焦：晋邑，在今河南省陕县南部。⑪阴地：地名，在今河南省陕县至嵩县一带，黄河以南，秦岭以北地。阴地城则在河南卢氏县东北。

楚斗椒救郑，曰："能欲诸侯而恶其难乎①？"遂次于郑以待晋师。赵盾曰："彼宗竞于楚②，殆将毙矣③。姑益其疾④。"乃去之。

晋灵公不君⑤，厚敛以雕墙⑥，从台上弹人而观其辟丸也⑦。宰夫胹熊蹯不熟⑧，杀之，置诸畚⑨，使妇人载以过朝。赵盾、士季见其手⑩，问其故，而患之。将谏。士季曰："谏而不入，则莫之继也。会请先，不入则子继之。"三进⑪，及溜⑫而后视之。曰："吾知所过矣，将改之。"稽首而对曰："人谁无过？过而能改，善莫大焉。《诗》曰：'靡不有初，鲜克有终⑬'。夫如是，则能补过者鲜矣。君能有终，则社稷之固也，岂唯群臣赖之。又曰：'衮职有阙⑭，惟仲山甫补之⑮'，能补过也。君能补过，衮不废矣。"

【注释】

①欲诸侯：想得到诸侯拥护。②彼宗：斗椒为若敖氏族，自子文以来，世为令尹。竞于楚：在楚国争强斗胜。③殆将毙：大概将要毙灭了。④姑益其疾：暂且让他加重疾病吧。⑤不君：失去为君之道，不像君的样子。⑥厚敛：加重赋税。雕墙：彩饰墙壁。⑦弹人：用弹弓打人。辟丸：躲避弹丸。⑧胹（ér）：烧煮。熊蹯：熊掌。⑨畚：畚箕。⑩见其手：死尸虽遮蔽而手露在外，故见之。⑪三进：始进入门，再进入庭，三进升阶。⑫溜：屋檐下台阶之间。⑬靡不有初二句：意为事情往往有好的开始，但很少能够善终。⑭衮：天子以及上公的礼服。阙：破损。⑮仲山甫：周宣王时的贤臣樊侯，也称樊仲甫。

犹不改。宣子骤谏①，公患之。使钮麑贼之②。晨往，寝门辟矣，盛服将朝，尚早，坐而假寐③。麑退。叹而言曰："不忘恭敬，民之主也。贼民之主，不忠。弃君之命，不信。有一于此，不如死也。"触槐而死④。

秋九月，晋侯饮赵盾酒，伏甲将攻之。其右提弥明知之⑤，趋登曰⑥："臣侍君宴，过三爵，非礼也。"遂扶以下，公嗾夫獒焉⑦。明搏而杀之。盾曰："弃人用犬，虽猛何为。"斗且出，提弥明死之。

【注释】

①宣子：即赵盾。②钮麑（chúmí）：晋力士。贼：刺杀。③假寐：坐着闭目小息。④触槐而死：头碰槐树自杀而死。⑤提弥明：赵盾的车右。⑥趋登：快步登堂。⑦嗾（sǒu）：用嘴发出声音驱使狗。獒（áo）：大犬、猛犬。

初，宣子田于首山①，舍于翳桑②，见灵辄饿③，问其病。曰："不食三日矣。"食之，舍其半。问之，曰："宦三年矣④，未知母之存否，今近焉，请以遗之。"使尽之，而为之箪⑤，食与肉，置诸橐以与之。既而与为公介⑥，倒戟以御公徒，而免之。问何故。对曰："翳桑之饿人也。"问其名居⑦，不告而退，遂自亡也。

乙丑⑧，赵穿攻灵公于桃园⑨。宣子未出山而复⑩。大史书曰："赵盾弑其君"以示于朝。宣子曰："不然。"对曰："子为正卿，亡不越竟，反不讨贼，非子而谁？"宣子曰："乌呼，《诗》曰：'我之怀矣，自诒伊戚⑪'，其我之谓矣！"孔子曰："董狐⑫，古之良史也，书法不隐⑬。赵宣子，古之良大夫也，为法受恶⑭。惜也，越竟乃免。"

【注释】

①首山：即首阳山，在今山西省永济县东南部。②翳桑：首山一带地名。③灵辄：人名。④宦：为人臣隶。⑤箪（dān）：盛食物的小圆筐。⑥与为公介：做了晋灵公的甲士。⑦名居：姓名和住处。⑧乙丑：九月二十六日。⑨赵穿：晋臣，赵盾的从父兄弟之子。攻：攻杀。桃园：灵公园囿名。⑩未出山而复：山指晋边境之山。赵盾脱出公宫外逃，未越出晋境时，闻知灵公被杀而返回。⑪诒：通遗。伊：此，指示代词。⑫董狐：晋之太史。⑬书法不隐：据法直书而不加隐讳。⑭为法受恶：为遵守法而承受弑君恶名。

宣子使赵穿逆公子黑臀于周而立之①。壬申，朝于武宫②。

初，丽姬之乱，诅，无畜群公子，自是晋无公族。及成公即位，乃宦卿之适而为之田，以为公族③。又宦其余子亦为余子，其庶子为公行④。晋于是有公族、余子、公行。

赵盾请以括为公族⑤，曰："君姬氏之爱子也⑥。微君姬氏，则臣狄人也。"公许之。冬，赵盾为旄车之族⑦，使屏季以其故族为公族大夫⑧。

【注释】

①公子黑臀：晋文公之幼子，襄公之弟，后为晋成王。②朝：拜祭。武宫：曲沃武公之庙。晋公即位必朝此庙。③宦：授与官职，动词。适，通嫡。④余子：嫡子之同母弟。后一"余子"为官名。公行：官

名。为治庶子政事之官。⑤括：赵括，也称屏括、屏季，赵盾异母弟，其母赵姬，晋文公之女。⑥君姬氏：即赵姬，晋成公之姊。⑦旄车之族：即余子。旄（máo）：戎车有旄，故名旄车。⑧故族：赵氏宗族之大宗，原由嫡子赵盾统率，今让与赵括统之。

【译文】

二年春，郑国公子归生接受楚国命令进攻宋国，宋国华元、乐吕率领军兵迎战。二月某日，在大棘交战。宋军大败。郑国囚禁了华元，拿取乐吕的尸首和战车四百六十辆，活捉了二百五十人，从打死的敌人头上割下了一百双耳朵。

狂狡迎战郑国人，那个人逃进井里。狂狡把戟柄放下去把他拉出来。然而那个人出井以后反而生擒了狂狡。君子说："抛弃礼而违背命令，他的被擒就是活该了。战争，发扬果断刚毅的精神以服从命令称为礼。处决敌人就是果断，达到果断就是刚毅。如果反过来，就要被杀害。"

原先，准备迎战，华元杀羊犒赏士卒，他的御者羊斟没有吃上。打起仗来，羊斟说："往日的羊，是你作主；今天的打仗，该是我作主。"驱车进入郑军，因而战败。君子认为羊斟不像个人，因为私仇，使国家战败百姓遭殃，还有比这应当受到更重的刑罚吗？《诗》所谓'人中间的坏人'，羊斟应该就是这种人吧！损害百姓以使自己称心如意。"

宋国人用兵车一百辆、毛色漂亮的马四百匹在郑国赎取华元。礼物刚送去一半，华元就逃回来了。站在城门外，告诉守门人，随即进城。碰到羊斟，说："您的马不受驾御才会这样吧？"羊斟回答说："这并不在于马，而在于人。"就逃到鲁国来。

宋国筑城，华元作为主持人，巡视筑城工作。筑城的人吟唱说："挺着肚子瞪着眼，丢了皮甲往回转。连鬓胡子长满腮，丢了皮甲又回来。"华元让他的驾车人对他们说："有牛就有皮，犀兕多的是，丢了皮甲又算得什么？"做工的人说："即使有牛皮，哪里又去找红漆？"华元说："走开吧！他们的嘴可是多我们的少。"

秦国军队侵袭晋国，以报复晋军侵犯崇地的那次战役，因此而包围焦地。夏，晋国赵盾救援焦地，于是从阴地会同诸侯的军队进犯郑国，以报大棘之战的仇。

楚国斗椒前去救援郑国，说："难道能够想得到诸侯的支持而又厌恶困难吗？"就驻扎在郑国，以等待晋军。赵盾说："他那个宗族在楚国争权夺利，大概要完蛋了。那么就且姑且让他加重疾病吧。"于是就离开郑国。

晋灵公违反为君之道：重重地征税用来彩画墙壁；从高台上用弹丸打人然后欣赏他们躲避弹丸的惊恐形状；厨子烧煮熊掌不熟，杀了他，把尸体放在畚箕里，让女人用头顶着穿过朝庭。赵盾和士会看到死尸的手，问起杀人的原因，厨子感到担心。准备进谏，士会对赵盾说："您劝谏而不听您的意见，就没有人接着劝谏了。士会先去，不听他的意见，您再接着劝谏。"士会前进三次，到达屋檐下，晋灵公才睁开眼看他，说："我知道过错了，以后一定改正。"士会叩头回答说："没有一个人没有过错，有了过错就能够改正，没有比这再好的事情了，《诗》说：'事情都有个好开始，但很少能有个好结果。'如果像这样，能够改正过错的人就很少了。君王能够有好结果，那就是国家的安定有保证了，难道仅仅臣下们依靠它吗？又说，'礼服有了破损，仲山甫把它缝补'，这说的就是能够改正过错。君王能够弥补过错，那么礼服就不会被抛弃了。"

晋灵公口头上那样说，其实还是没有改正。赵盾多次进谏，晋灵公很心烦，派遣钮麑去杀

掉他。天刚亮就去，赵盾的卧室门这时已经开了，穿得整整齐齐准备入朝。时间还早，赵盾正坐在那里打瞌睡。钮麑退出来，长叹说："不忘记恭敬，真是百姓的主人。刺杀百姓的主人，就是不忠；放弃国君的使命，就是不信。如果两件事情有了一件，不如死掉算了。"于是撞在槐树上而死。

秋九月，晋侯邀请赵盾喝酒，埋伏下甲士，预谋杀死赵盾。赵盾的车右提弥明察觉了，快步登上殿堂，说："臣下侍奉国君饮酒，超过三杯，就不合礼仪典章了。"于是就扶了赵盾下殿，晋灵公骊使恶狗向赵盾猛扑过去，提弥明急步上前搏斗而杀死了它。赵盾说："丢开人而利用狗，虽然凶猛，又有什么用！"于是边斗边退出去。提弥明死在里边。

当初，赵盾在首山打猎，住在翳桑，看见灵辄饿得厉害，问他哪里不适。灵辄说："我没吃东西已经三天了。"赵盾将食品给他，他留下一半。问他为什么，他说："服侍人家已经三年了，不清楚母亲还在不在，现在快到家了，请让我把这个留给她。"赵盾让他吃完，然后又给他准备了一筐饭和肉，放在袋子里给了他。后来灵辄做了晋灵公的禁卫兵，倒戈来抵御晋灵公的其他禁卫兵，使赵盾幸免于难。赵盾问他为什么这样做，他回答说："我就是翳桑那个饿人。"问他的姓名住处，他没有回答，接着自己逃亡了。

九月二十六日，赵穿在桃园杀掉了晋灵公。赵盾没有走出晋国国境就回来重新登上卿位。太史记载说"赵盾弑其君"，拿到朝廷上给人看。赵盾说："不是这样"。太史回答说："您是正卿，逃亡而没有走出国境，回来不处治凶手，那么弑君的人不是您还是谁？"赵盾说："哎呀！《诗》说：'因为我的怀恋，给自己带来了忧伤。'这里可能就是说的我了。"孔子说："董狐，古代的好史官，据法直书而不加隐讳。赵宣子，是古代的好大夫，为了法度而蒙受坏的名声。真是可惜啊，如果走出国境就可以除去弑君之名了。"

赵盾派遣赵穿在成周迎接公子黑臀而立他为诸侯国王。十月三日，公子黑臀来到武宫朝祭。

当初，骊姬制造祸乱的时候，在神前诅咒，不许收留公子们，从那以后晋国没有公族这个官职。等到成公即位，就授官给卿的嫡子并且给他田国，让他担任公族。又把官职授给卿的其他儿子，也让他们担任馀子；让他的庶子充当公行。晋国从那以后有了公族、馀子、公行三种官职。

赵盾上奏请求让赵括担任公族，说："他是君姬氏的爱子。如果没有君姬氏，那么下臣就是狄人了。"成公答应了。冬季，赵盾掌管旄车之族，让赵括统率他的旧族充当公族大夫。

宣公三年

三年春，不郊而望①，皆非礼也。望，郊之属也。不郊亦无望，可也。

晋侯伐郑，乃郔②，郑及晋平，士会入盟。

【注释】

①郊、望：均为祭礼。②郔：郑国北部边境地名，即现河南省延津县。

楚子伐陆浑之戎①，遂至于洛，观兵于周疆②。定王使王孙满劳楚子③。楚子问鼎之大小轻重焉④。对曰："在德不在鼎⑤。昔夏之方有德也，远方图物⑥，贡金九牧⑦，铸鼎象物⑧，百物而为之备，使民知神奸⑨。故民入川泽山林，不逢不若⑩。螭魅罔两⑪，莫能逢之，用能协于上下以承天休⑫。桀有昏德，鼎迁于商，载祀六百⑬。商纣暴虐，鼎迁于周。德之休明⑭，虽小，重也。其奸回昏乱，虽大，轻也。天祚明德，有所底止⑮。成王定鼎于郏鄏⑯，卜世三十⑰，卜年七百⑱，天所命也。周德虽衰天命未改，鼎之轻重，未可问也。"

【注释】

①陆浑之戎：少数民族部落名，在现河南省嵩县及伊川县境内。②观兵：陈兵示威。周疆：周王室境界内。③王孙满：周大夫。　劳：慰劳。④鼎：周人以鼎为王权的象征。楚王问鼎，有取代周王的意图。⑤在德不在鼎：鼎之轻重在于君主之德行，不在鼎自身。君主德高则鼎重，重则不可移。失德则鼎轻，轻则易移。⑥图物：描画各种事物。图，用作动词。⑦贡金九牧：为九牧贡金的倒装句。贡金，进贡青铜。九牧，九州之长，牧即地方长官。⑧铸鼎象物：铸造九鼎，并把所描画事物铸在鼎上。⑨使民知神奸：鼎上铸有鬼神百物图象，使民识别何者为神物，何者为恶物。⑩不若：不顺，不逢不若即不碰到恶物。⑪罔两：为木石的怪物。能为害于人。⑫协：和协。天休：上天的福佑。⑬载祀：皆纪年之称。古人或称载，或称祀，或称年，或称岁。⑭休明：美善光明。⑮底（zhǐ）止：固定。⑯郏鄏：周地，即现河南洛阳市。⑰卜世三十：占卜结果可传三十代。⑱卜年七百：占卜预测可享国七百年。

夏，楚人侵郑，郑即晋故也。

宋文公即位三年，杀母弟须及昭公子，武氏之谋也。使戴、桓之族攻武氏于司马子伯之馆。尽逐武、穆之族。武、穆之族以曹师伐宋。秋，宋师围曹，报武氏之乱也。

冬，郑穆公卒。

初，郑文公有贱妾曰燕姞①，梦天使与己兰②，曰："余为伯倏③。余，而祖也，以是为而子④。以兰有国香⑤，人服媚之如是⑥。"既而文公见之，与之兰而御之⑦。辞曰："妾不才，幸而有子，将不信⑧，敢征兰乎⑨？"公曰："诺。"生穆公，名之曰兰。

【注释】

①燕姞：南燕国之女。②天使：上天之使者。　兰：香草名。③伯倏：南燕国之祖。④以是为而子：以此兰为你生子之名。⑤国香：香气全国数第二。⑥服媚：服，配戴它。媚，爱也。佩而爱之。⑦御：妃妾侍寝称御。⑧将：假若。⑨征兰：以兰作为信物。

文公报郑子之妃，曰陈妫，生子华、子臧①。子臧得罪而出。诱子华而杀之南里，使盗杀子臧于陈、宋之间②。又娶于江，生公子士。朝于楚，楚人鸩之，及叶而死。又娶于苏，生子瑕、子俞弥。俞弥早卒。泄驾恶瑕，文公亦恶之，故不立也。公逐群公子，公子兰奔晋，从晋文公伐郑。石癸曰："吾闻姬、姞耦。其子孙必蕃③。姞，吉人也，后稷之元妃也④。今公子兰，姞甥也，天或启之，必将为君，其后必蕃，先纳之可以亢宠⑤。"与孔将钼、侯宣多纳之，盟于大宫而立之⑥。以与晋平。

穆公有疾，曰："兰死，吾其死乎，吾所以生也。"刈兰而卒⑦。

【注释】

①报：淫亲属之妻曰报。郑子：郑文公的叔父，子仪也。②南里：郑地。在现河南省新郑县。③姬、姞耦：姬、姞二姓婚配。蕃：繁衍。④后稷：周人的先祖。⑤亢宠：亢，极也。可达到宠幸之极。⑥大宫：郑国祖庙。⑦刈：割，多指割草。

【译文】

鲁宣公三年春季，宣公没有举行郊祭而举行了望祭，这是不合乎礼法的。因为望祭是郊祭的一种，如果不举行郊祭，那么举行望祭也没有必要了。

晋成公率军侵犯郑国，军队行至郑国郔地。这时郑国和晋国讲和，晋国派士会到郑国签订和解协定。

楚庄王侵犯陆浑戎人，军队行军抵达洛水之滨时，就在这块属于周朝的土地上举行阅兵演习。周定王也只好派王孙满前往慰劳庄王。庄王竟然问起九鼎有多大有多重。王孙满回答说："一个人能不能得到天，关键在于德而不在于鼎。过去夏朝实行德政的时候，远方各国把当地的风物绘画成图，供奉给朝廷；九州的长官也都把青铜贡献出来，夏王用这些青铜铸造了九座鼎。鼎上逐个铸出了各种风物，万物都被铸在鼎上面，从而使百姓能从中认识各种鬼神妖怪的形状。所以那时的百姓进入川泽、山林，没有遇到不顺利的事情，即使种种鬼怪妖魔也遇不到。因此当时上下一心，都能承受上天的恩赐。夏桀昏庸无道，所以九鼎便被商朝夺去，在商朝储藏了六百年。后来商纣又暴虐无道，九鼎又落入周朝。如果施行美好的德政，鼎虽然很小，也是很重的，别人没有办法轻易夺走；如果昏庸暴乱，即使鼎再大，也是轻的，别人轻易地就会将它夺去。上天保佑有德行的君主，不过也不是没有任何限度的。当初成王把九鼎安置在郑郏的时候，曾经占卜过周朝可以拥有多少年，结果是可以传世三十代，前后历经七百年，这都是上天的旨意。现在周朝的德行虽然已渐趋衰微，但是上天的旨意还没有改变。因此关于九鼎的轻重大小，您就不必再过问了。"

夏季，楚国人出兵郑国。这是因为郑国又和晋国结好的结果。

宋文公作诸侯王第三年时，杀死了同母弟弟公子须和昭公的儿子。因为须和昭公子的叛乱，都是武氏的谋划，于是文公便让戴公、桓公的族人到司马子伯的旅馆里去袭击武氏，并把武公和穆公的族人统统赶出了宋国。后来武公、穆公的族人领着曹国军队进攻宋国。秋季，为了报复武氏的叛乱，宋军将曹国包围。

冬季，郑穆公去世。

起初，郑文公有个贱妾名叫燕姞。她常常做梦见到天使送给她一把兰草，还对他说："我是伯鯈，是你的先辈，你可把这兰草作为你的儿子。因为兰草香味在全国数第一，你带上它，人们就会因为佩戴它而喜爱你。"后来文公见到燕姞，就送给她一把兰草，并让她服侍自己。燕姞对文公说："贱妾出身卑微，如果这次承蒙幸运怀了孩子，别人也不会相信。您能否以兰草作为信物呢？"文公说："可以。"后来燕姞生下穆公后，就取名叫做"兰"。

文公强奸了叔父子仪的妃子陈妫，生下子华、子臧二人。子臧后来由于犯罪而逃出郑国，文公在南里想了个计谋诱杀了子华，并且又派凶手在陈、宋两国交界处杀死了子臧。文公又从江国娶了妻，生下了公子士。公子士到楚国拜见楚王时，楚国人让他喝了毒酒，后来他走到叶地就死了。文公又从苏国娶了妻，生下子瑕、子俞弥，愈弥死得很早。泄驾厌恶子瑕，文公也不喜欢他，因此也就没有立他为太子。文公把公子们都从郑国驱逐出去，公子兰逃亡到了晋国，曾陪同晋文公攻击郑国。郑国大夫石癸说："我听说：如果姬、姞两姓结为婚姻，其子孙必定繁荣昌盛。姞姓吉祥，后稷的第一个妻子就是姞姓。如今公子兰是姞姓的外甥，上天或许要帮助他，因此他一定会成为国君，而且他的后代也必然繁荣兴旺。如果能先把他接回来立为国君，我们就可以长久得到他的保护。"于是石癸就和孔将钽、侯宣多把公子兰接回去，在宗庙中祭拜后立为国君，并且用这个作为条件和晋国讲和。

郑穆公身患病，他说："如果兰草死了，我也就要死了！我是靠兰草而生存的。"没多久，当人们割掉兰草时，穆公也就死去了。

宣公四年

四年春，公及齐侯平莒及郯，莒人不肯，公伐莒，取向，非礼也。平国以礼不以乱，伐而不治，乱也。以乱平乱，何治之有？无治，何以行礼？

楚人献鼋于郑灵公①。公子宋与子家将见②。子公之食指动，以示子家，曰："他日我如此，必尝异味③。"及入，宰夫将解鼋，相视而笑。公问之，子家以告。及食大夫鼋④，召子公而弗与也。子公怒，染指于鼎⑤，尝之而出。公怒，欲杀子公。子公与子家谋先⑥，子家曰："畜老，犹惮杀之，而况君乎？"反谮子家，子家惧而从之。夏，弑灵公。

【注释】

①鼋（yuán）：大鳖，俗称绿团鱼。②公子宋：郑国大夫，即子公。子家：即公子归生。③异味：特殊美味。④食大夫鼋：将鼋赐给大夫们吃。⑤染指于鼎：将手指蘸在鼎里。⑥谋先：预谋先下手，杀害灵公。

书曰："郑公子归生弑其君夷。"权不足也。君子曰："仁而不武，无能达也①。"凡弑君：称君，君无道也；称臣，臣之罪也。

郑人立子良②，辞曰："以贤③，则去疾不足，以顺④，则公子坚长。"乃立襄公⑤。

【注释】

①仁而不武，无能达：仁慈而不勇武，临大事不能通达。②子良：郑穆公庶子，灵公弟，公子去疾也。③以贤：以才能而论。④以顺：以长幼顺序而论。⑤襄公：即公子坚，公子去疾之兄。

襄公将去穆氏①，而舍子良②。子良不可，曰："穆氏宜存，则固愿也。若将亡之，则亦皆亡，去疾何为③？"乃舍之，皆为大夫④。

初，楚司马子良生子越椒⑤。子文曰："必杀之。是子也，熊虎之状，而豺狼之声，弗杀，必灭若敖氏矣。谚曰：'狼子野心⑥。'是乃狼也，其可畜乎？"子良不可。子文以为大戚⑦，及将死，聚其族，曰："椒也知政⑧，乃速行矣⑨，无及于难。"且泣曰："鬼犹求食，若敖氏之鬼⑩，不其馁而？"

【注释】

①去：逐。穆氏：郑穆公之诸子，襄公的众兄弟。②舍：赦免。③去疾何为：诸子都被逐，我去疾为何单独留下呢？④乃舍之，皆为大夫：于是襄出不逐群公子，并使他们都做了大夫。⑤司马子良：斗伯比之子，令尹子文之弟，司马为其官名。子越椒：即斗椒。⑥狼子野心：为当时俗语，比喻生性残忍，其心难以驯化之人。⑦大戚：很大的心事。⑧知政：执掌政事。⑨速行：尽快离开。⑩若敖氏之鬼：若敖氏家族的祖先。

及令尹子文卒，斗般为令尹①，子越为司马，蒍贾为工正②，谮子扬而杀之③，子越为令尹，己为司马。子越又恶之，乃以若敖氏之族，圄伯嬴于辕阳而杀之④，遂处烝野⑤，将攻王。王以三王之子为质焉⑥，弗受，师于漳澨⑦。秋七月戊戌⑧，楚子若与敖氏战于皋浒⑨。伯棼⑩射王，汰辀⑪，及鼓跗，著于丁宁⑫。又射汰辀，以贯笠毂⑬。师惧，退。王使巡师曰⑭："吾先君文王克息⑮，获三矢焉。伯棼窃其二，尽于是矣。"鼓而进之，遂灭若敖氏。

【注释】

①斗般：又作斗班，尹子文之子，字子扬。②工正：官名，掌百工之长。③子扬：即斗般。④伯嬴：即蒍贾。辕（liáo）阳：楚邑名。在今湖北省江陵县境。⑤烝野：楚邑名，在现今河南省新野县境。⑥三王之子：楚文王、成王、穆王的子孙。把他们送给子越椒作人质，使其不要进攻。⑦漳澨：地名，在现今湖北省荆门县西部，漳水的东岸。⑧戊戌：初九日。⑨皋浒：楚时地名，在现今湖北省襄阳县西部。⑩伯棼：斗椒字。⑪汰（tài）辀（zhōu）：箭矢强而有力，射过车辕。辀，车辕。⑫著于丁宁：射在铜钲上。丁宁，即铜钲，军中用作号令的乐器，似铃而不同。⑬笠毂：支撑车盖的圆木。⑭巡师：巡视军队。⑮克息：战胜息国。

初，若敖娶于䢵，生斗伯比①。若敖卒，从其母畜于䢵，淫于䢵子之女，生子文焉。䢵夫人使弃诸梦中，虎乳之②。䢵子田，见之，惧而归，夫人以告，遂使收之。楚人谓乳谷，谓虎於菟，故命之曰斗谷於菟。以其女妻伯比。实为令尹子文。

其孙箴尹克黄使于齐，还，及宋，闻乱③。其人曰："不可以入矣。"箴尹曰："弃君之命，独谁受之④？君，天也，天可逃乎？"遂归。复命，而自拘于司败⑤。王思子文之治楚国也，曰："子文无后，何以劝善？"使复其所⑥，改命曰生⑦。

冬，楚子伐郑，郑未服也。

【注释】

①䢵：国名。在今湖北省安陆县。斗伯比：子文之父。②诸：之于的合音。梦中：云梦泽中。虎乳之：母虎以乳喂养之。③箴尹：楚官名，为谏臣。克黄：令尹子文之孙，子扬元子。④独：语气词，多用于疑问句。⑤司败：楚司法官名，相当于中原各国之司寇。⑥复其所：复其所任藏尹之官。⑦改命曰生：改易其名为生。

【译文】

四年春，宣公和齐侯让莒国和郯国讲和，莒人没有同意。宣公进攻莒国，夺取了向地，这是不合乎于礼的。和别国讲和应该用礼，不应该使用动乱。攻打就不能太平，就是动乱。用动乱去镇压动乱，那还有什么太平？没有太平，用什么来推行礼？

　　楚国人献给郑灵公一对大甲鱼。公子宋和子家刚要进见。公子宋的食指突然进去以后，厨子正要把甲鱼切块，两人相视而笑。郑灵公问他们为什么笑，子家就把刚才的情况告诉郑灵公。后来把甲鱼赐给大夫吃的时候，也把公子宋召来但偏偏不赐与他。公子宋恼怒，把手指头蘸在鼎里，尝了尝味道后退出去。郑灵公大怒，要杀死公子宋。公子宋和子家打算着先下手。子家说："牲口老了，要杀它尚且有所担心顾虑的，何况国君？"公子宋就反过来诬陷子家。子家恐惧，只好跟着他干。夏，诛杀郑灵公。

　　《春秋》记载说："郑公子归生弑其君夷。"这是子家的权力不足的原因。君子说："仁爱而没有勇武，总是不能行通的。"凡是杀掉国君，假若只是记载国君的名字，这是由于国君无道；记载臣下的名字，这是由于臣下的罪过。

　　郑人要立子良为国君。子良婉言拒绝说："以贤明而论，去疾是不够的；按照次序而言，公子坚所年长。"于是就立了襄公。

　　襄公准备驱逐他的兄弟们，而唯独赦免子良。子良不肯，说："穆公的儿子如果合适留下来，去疾本来就这样盼望着。如果要逃离郑国，那就都逃离，为什么单单留下去疾？"于是赦免了他们，让他们都做了大夫。

　　当初，楚国的司马子良生了子越椒。子文说："非得杀了他！这个孩子，有熊虎的形状、豺狼的声音，如果不杀，必然会灭亡若敖氏了。俗话说：'狼子野心，'这孩子是一条狼，难道能够养着吗？"子良不答应，子文把此事当成很大一件事挂在心上。到他临死的时候，召集了他的族人，说："如果椒一旦执政，就快点逃开吧，不要遭到祸难。"同时哭着说："鬼尚且要求吃东西，若敖氏的鬼不是要忍受饥饿了吗！"

　　等到令尹子文死去，斗般做令尹，子越做司马。蒍贾做工正，诽谤子扬并且还杀了他，子越就做了令尹，他做了司马。子越又厌恶他，就带领了若敖氏的族人把伯嬴囚禁在辕阳杀了他，因此就住在丞野，打算进攻楚王。楚王把三代国王的子孙作为人质，子越不答应。楚王在漳澨发兵。秋七月初九日，楚王和若敖氏在皋浒打起仗来。子越椒用箭射楚王，力量大而且箭镞锋利，射过车辕，穿过鼓架，正好射着在铜钲上。又射一箭，射过车辕，透过车盖。士兵害怕，开始退却。楚王派人在军队里四处喊着说："我们的先君文王攻占息国，得到三枝利箭，子越椒偷去两枝，已经消耗殆尽了。"击鼓而进军，就消灭了若敖氏。

　　原来，若敖在邧国娶妻，生了斗伯比。若敖死后，追随着他母亲养在邧国，和邧子的女儿私通，生了子文。邧夫人让人把子文丢弃在云梦泽里。有老虎喂他奶。邧子打猎，看到这场面，恐惧而回来。夫人把女儿私生子的情况告诉邧子，邧子就让人收养了子文。楚国人把奶叫做"谷"，把老虎叫做"于菟"，于是就把这个孩子叫做斗谷于菟。邧子把他的女儿嫁给伯比为妻。斗谷于菟便就是令尹子文。

　　他的孙子箴尹克黄出使齐国，回来时到达宋国，听到国内叛乱的消息。有人说："你不能回去了。"箴尹说："丢掉国君的命令，还有谁能够接受我？国君，就是上天，上天难道可以逃避吗？"于是就回到楚国复命，并且要求法官将自己囚禁。楚王想起子文治理楚国的政绩，说："子文如果没有后代，还用什么来劝人为善？"就让克黄回来恢复原来的职位，把他的名字改为"生"。

　　这年冬天，楚王进攻郑国，这是由于郑国没有顺服。

宣公五年

　　五年春，公如齐，高固使齐侯止公，请叔姬焉[①]。

　　夏，公至自齐，书，过也[②]。

　　秋九月，齐高固来逆女，自为也。[③]故书曰："逆叔姬。"卿自逆也。

　　冬，来，反马也。

　　楚子伐郑。陈及楚平。晋荀林父救郑，伐陈。

【注释】

　　①止：挽留。请叔姬：强请鲁公将叔姬嫁与高固。②过：过失。指鲁公被留齐国，强迫许婚于邻国之臣。③自为：自己为自己。

【译文】

　　鲁宣公五年春天，宣公到齐国去。齐国的高固让齐惠公想办法挽留宣公，旨在迫使宣公答应女儿叔姬嫁给他。

　　夏季，宣公从齐国返回，《春秋》在此事有记载，意在说明宣公的过失。

　　秋季九月，齐国的高固前来娶叔姬为妻，这是自己为自己迎娶新娘。所以，《春秋》记载为"逆叔姬"，意思就是说高固为自己迎娶妻子。

　　冬季，高固和妻子叔姬回到鲁国，这样做是行"反马"之礼，即送还新娘出嫁时所用娘家的马匹。

　　楚庄王出兵郑国。陈国和楚国讲和。晋国的荀林父则一方面发兵救援郑国，一方面又进军陈国。

成 公

成公元年

元年春，晋侯使瑕嘉平戎于王[1]，单襄公如晋拜成[2]。刘康公徼戎[3]，将遂伐之。叔服曰[4]："背盟而欺大国[5]，此必败。背盟不祥，欺大国不义，神人弗助，将何以胜？"不听，遂伐茅戎。三月癸未，败绩于徐吾氏[6]。

【注释】

①瑕嘉：即詹嘉，晋大夫。②单襄公：又名单朝，周卿士。 拜成：答谢晋使周与戎和解之功劳。③刘康公：周王的母弟。徼戎：乘戎不备而侥幸取胜。④叔服：周王内史。⑤大国：指晋国。⑥徐吾氏：茅戎聚居的地方。即在此处打败周王之军。

为齐难故，作丘甲[1]。

闻齐将出楚师，夏，盟于赤棘。

秋，王人来告败。

冬，臧宣叔令修赋[2]、缮完[3]、具守备[4]。曰："齐、楚结好，我新与晋盟，晋、楚争盟，齐师必至。虽晋人伐齐，楚必救之，是齐、楚同我也[5]。知难而有备，乃可以逞[6]。

【注释】

①作丘甲：实行丘甲制度，即每丘中人按所耕田数分摊军赋。丘，地方基层组织。②修赋：指实行丘甲制。③缮：修整武器装备。完：加固城郭。④具守备：准备好守城之具。⑤齐、楚同我：齐、楚两国共同以我为敌。⑥逞：解除。使危险得以解除。

【译文】

鲁成公元年春季，晋景公派瑕嘉到周王室调解王室和戎人的冲突。这件事以后单襄公便到晋国对调停成功表示感谢。但刘康公却打算利用双方讲和戎人不加备的机会侥幸攻打戎人。叔服不同意说："这样做既违背了与戎人的盟约，又欺骗了前来调停的晋国，一定失败。违背盟约是不吉祥，欺骗晋国就是不义，神和人都不会帮助你，又能靠什么打胜仗呢？"刘康公终究不听叔服的意见，发兵进攻茅戎。三月十九日，在徐吾氏被打得落荒而逃。

鲁国为了预防齐国进犯，进行了军赋改革，建立了丘甲制度，以此加强战争防御力量。

鲁国听说齐国打算联合楚军前来进攻。因此就在夏季，由臧孙许和晋景公在赤棘结为军事同盟。

秋季，周天子派人通报王室军队被茅戎战败的消息。

冬季，臧宣叔下令整顿军赋，修缮城郭，完成战略防御工作。他说："齐、楚两国缔结友好关系，我国最近与晋国结盟。晋、楚两国争夺霸主地位，齐国军队也一定前来。虽然说晋国进攻齐国，但楚国一定救援它，这事实上是齐、楚两国联合攻打我国。一条条地估计到可能遇到的困难，并且有足够的准备，就可以使祸难以缓解。"

成公二年

二年春，齐侯伐我北鄙，围龙①。顷公之嬖人卢蒲就魁门焉②，龙人囚之。齐侯曰："勿杀！吾与而盟，无入而封③。"弗听，杀而膊诸城上④。齐侯亲鼓，士陵城，三日，取龙，遂南侵及巢丘⑤。

卫侯使孙良夫、石稷、宁相、向禽将侵齐⑥，与齐师遇。石子欲还，孙子曰："不可。以师伐人，遇其师而还，将谓君何？若知不能，则如无出。今既遇矣，不如战也。"

夏，有……

【注释】

①龙：鲁地，在现山东省泰安市东南部。②门：攻打龙邑之城门。③而封：你们的边境。而同尔。④膊：暴尸。膊诸城上：将卢蒲就魁陈尸城上。⑤巢丘：鲁地，当距龙不远，不出泰安境内。⑥孙良夫等：四人皆为卫臣。

石成子曰①："师败矣。子不少须，众惧尽②。子丧师徒，何以复命？"皆不对。又曰："子，国卿也。陨子③，辱矣。子以众退，我此乃止。"且告车来甚众。齐师乃止，次于鞫居④。新筑人仲叔于奚救孙桓子⑤，桓子是以免。

既，卫人赏之以邑，辞。请曲县、繁缨以朝⑥，许之。

仲尼闻之曰："惜也，不如多与之邑。唯器与名⑦，不可以假人，君之所司也。名以出信，信以守器⑧，器以藏礼⑨，礼以行义，义以生利，利以平民⑩，政之大节也。若以假人，与人政也。政亡，则国家从之，弗可止也已。"

【注释】

①石成子：即石稷。②子不少须，众惧尽：须，待也，孙良夫急于求战，既败后又急于逃跑。不稷让他稍等，把军队组织一下，边阻击边撤退。如果一下子溃退下去，恐怕要全军覆没。③陨子：损失了你。④鞫居：卫地名。在今河南省封丘县。⑤仲叔于奚：新筑大夫。孙桓子：即孙良夫。⑥曲县：古礼，天子乐器，四面悬挂，称作宫悬。诸侯去其南面乐器，三面悬挂，称作轩悬，又叫曲悬。大夫仅用左右两面悬挂，称作判悬。士仅于东面或阶间悬挂，称作特悬。这里指仲叔于奚僭用诸侯之礼。繁缨：马身上的装饰物，也属诸侯之礼。⑦器：指曲县、繁缨等器物。名：爵号。⑧信：威信。守器：保持器物。⑨藏礼：体现礼法。⑩平民：治民。

孙桓子还于新筑，不入，遂如晋乞师。臧宣叔亦如晋乞师。皆主却献子。晋侯许之七百乘。却子曰："此城濮之赋也①。有先君之明与先大夫之肃②，故捷。克于先大夫，无能为役③。"请八百乘，许之。却克将中军，士燮佐上军，栾书将下军，韩厥为司马，以救鲁、卫。臧宣叔逆晋师，且道之。季文子帅师会之。

及卫地，韩献子将斩人④，却献子驰，将救之，至则既斩之矣。却子使速以徇，告其仆曰："吾以分谤也。"

师从齐师于莘。六月壬申⑤，师至于靡笄之下⑥。齐侯使请战，曰："子以君师，辱于敝邑，不腆敝赋⑦，诘朝请见⑧。"对曰："晋与鲁、卫，兄弟也。来告曰：'大国朝夕释憾于敝邑之地⑨。'寡君不忍，使群臣请于大国，无令舆师淹于君地⑩。能进不能退，君无所辱命⑪。"齐侯曰："大夫之许，寡人之愿也；若其不许，亦将见也。"齐高固入晋师，桀石以投人⑫，禽之而乘其车，系桑本焉⑬，以徇齐垒，曰："欲勇者贾余余勇⑭。"

【注释】

①赋：出兵之数额。城濮之赋：城濮之战，晋出兵数额为七百乘。②肃：敏捷。③无能为役：不足以为其仆人。④韩献子：即韩厥，时为中军司马，掌军法。⑤壬申：十六日。⑥靡笄：山名，即今济南市千佛山。⑦不腆敝赋：敝国军数额不充足，军力不强。⑧诘朝：明日晨。⑨敝邑之地：这里指鲁、卫二国。⑩舆师：众军。淹于君地：久停在齐国，意欲速战，以决胜负。⑪君无所辱命：不劳君之命令。这里为应战之辞。⑫桀石以投人：举起石块向晋军投掷。⑬系桑本：将桑树根系在车上。⑭贾余余勇：买我的剩余的勇气。

癸酉①，师陈于鞌②。邴夏御齐侯，逢丑父为右。晋解张御却克，郑丘缓为右。齐侯曰："余姑翦灭此而朝食。"不介马而驰之③。却克伤于矢，流血及屦，未绝鼓音④，曰："余病矣⑤！"张侯曰⑥："自始合⑦，而矢贯余手及肘⑧，余折以御⑨，左轮朱殷⑩，岂敢言病。吾子忍之！"缓曰⑪："自始合，苟有险，余必下推车，子岂识之？然子病矣！"张侯曰："师之耳目，在吾旗鼓，进退从之。此车一人殿之⑫，可以集事⑬，若之何其以病败君之大事也？擐甲执兵⑭，固即死也⑮。病未及死，吾子勉之！"左并辔，右援枹而鼓⑯，马逸不能止⑰，师从之⑱。齐师败绩。逐之，三周华不注⑲。

【注释】

①癸酉：十七日。②鞌（ān）：齐地名，在现山东省济南市西部。③不介马：马不披甲。④未绝鼓音：指却克忍痛击鼓，指挥晋军。⑤余病矣：病，负伤。我受伤了，却克自言其伤，当是伤重不能坚持欲退之意。⑥张侯：即解张。⑦始合：开始交战。⑧矢贯余手及肘：敌箭射透了我的手和肘。⑨余折以御：折，折断箭杆。我把箭拔出折断还坚持御车。⑩左轮朱殷：血流在左边车轮上，染成黑红色。⑪缓：即郑丘缓。⑫殿：镇守住。⑬集事：成功，亦即战胜齐军。⑭擐（huàn）甲：穿着盔甲。⑮固即死也：本来就是去拼死的。⑯援枹（fú）：拿起鼓槌。⑰逸：奔跑。⑱师从之：晋军紧随其后。⑲三周华不注：绕着华不注山追了三圈。华不注，山名，在现山东省济南市东北。

韩厥梦子舆谓己曰①："且辟左右②。"故中御而从齐侯③。邴夏曰："射其御者，君子也。"公曰:"谓之君子而射之,非礼也。"射其左,越于车下④。射其右,毙于车中,綦毋张丧车⑤,从韩厥,曰:"请寓乘⑥。从左右",皆肘之⑦,使立于后。韩厥俛⑧,定其右⑨。逢丑父与公易位。将及华泉,骖絓于木而止⑩。丑父寝于辖中⑪,蛇出于其下,以肱击之,伤而匿之⑫,故不能推车而及。韩厥执絷马前⑬,而拜稽首,奉觞加璧以进,曰:"寡君使群臣为鲁、卫请曰:'无令舆师陷入君地。'下臣不幸,属当戎行⑭,无所逃隐。且惧奔辟而忝两君⑮,臣辱戎士,敢告不敏⑯,摄官承乏⑰。"丑父使公下,如华泉取饮⑱。郑周父御佐车⑲,宛茷为右,载齐侯以免。韩厥献丑父,却献子将戮之。呼曰:"自今无有代其君任患者,有一于此,将为戮乎!"却子曰:"人不难以死免其君,我戮之不祥,赦之以劝事君者。"乃免之。

【注释】

①子舆:韩厥之亡父。②旦辟左右:旦而明日晨。避开车左和车右。③中御:代御者居中执辔。④越:坠下。⑤綦(qí)毋张:晋大夫,姓綦毋名张。⑥寓乘:搭车。寄乘韩厥之车。⑦肘之:即用肘推他。肘用作动词。⑧俛:同俯,弯下身子。⑨定其右:安置好车右的尸体。⑩絓(guà):绊住。⑪辖(zhàn):辖同栈,有栈棚的车子。⑫伤而匿之:受了伤而隐瞒下来。⑬执絷:为当时之礼。⑭属当戎行:属,适、恰好之意。适逢在军旅服役。戎行,即军旅,或以为战场,战车行列亦通。⑮忝(tiǎn):辱。两君:指晋君与齐君。⑯不敏:谦词,即不才。⑰摄:代替。承乏:因缺乏人手,故由自己承当。即代御者为顷公驾车,实为俘虏齐顷公。⑱华泉:华不注山下之泉。取饮:取水。⑲佐车:副车。

齐侯免,求丑父,三入三出。每出,齐师以帅退,入于狄卒①。狄卒皆抽戈楯冒之②,以入于卫师。卫师免之。遂自徐关入③。齐侯见保者④,曰:"勉之!齐师败矣。"辟女子⑤,女子曰:"君免乎?"曰:"免矣。"曰:"锐司徒免乎⑥?"曰:"免矣。"曰:"苟君与吾父免矣,可若何!"乃奔。齐侯以为有礼,既而问之,辟司徒之妻也⑦。予之石窌⑧。

晋师从齐师,入自丘舆⑨,击马陉⑩。

【注释】

①狄卒:狄人组成的徒兵,时为晋国友军。②楯:同盾。冒:拥蔽,护卫。③徐关:齐地,在今山东省淄川镇西。④保者:守城者。⑤辟女子:有女子当齐君路,令避开。⑥锐司徒:主管锐兵的官吏。⑦辟司徒:主管壁垒的官吏。辟,通壁。⑧石窌(liù):齐地,在现山东省长清县东南部。⑨丘舆:齐邑名,在现山东省益都县西南部。⑩马陉:齐邑,在丘舆之北部。

齐侯使宾媚人赂以纪甗、玉磬与地①。"不可,则听客之所为。"宾媚人致赂,晋人不可,曰:"必以萧同叔子为质,而使齐之封内尽东其亩②。"对曰:"萧同叔子非他,寡君之母也。若以匹敌,则亦晋君之母也。吾子布大命于诸侯,而曰:'必质其母以为信。'其若王命何?且是以不孝令也。《诗》曰:'孝子不匮,永锡尔类。'若以不孝令于诸侯,其无乃非德类也乎③?先王疆理天下物土之宜④,而布其利,故《诗》曰:'我疆我理,南东其亩。'今吾子疆理诸侯,而曰'尽东其亩'而已,唯吾子戎车是利，无顾土宜，其无乃非先王之命也乎？反先王则不义，何以为盟主？其晋实有阙⑤。四王之王也⑥，树德而济同欲焉⑦。五伯之霸也⑧，勤而抚之，以役王命⑨。今吾子求合诸侯，以逞无疆之欲。《诗》曰：'布政优优，百禄是遒⑩。'子实不优⑪，而弃百禄，诸侯何害焉！不然，寡君之命使臣则有辞矣，曰：'子以君师，辱于敝邑，不腆敝赋，以犒从者。畏君之震⑫，师徒桡败⑬，吾子惠徼齐国之福不泯其社稷，使继旧好，唯是先君之敝器、土地不敢爱⑭。子又不许。请收合余烬，背城借一⑮。敝邑之幸，亦云从也。况其不幸，敢不唯命是听。'"鲁、卫谏曰："齐疾我矣！其死亡者，皆亲昵也。子若不许，仇我必甚。唯子则又何求？子得其国宝，我亦得地，而纾于难，其荣多矣！齐、晋亦唯天所授，岂必晋？"晋人许之，对曰："群臣帅赋舆以为鲁、卫请⑯，若苟有以借口而复于寡君⑰，君之惠也。敢不唯命是听。"

【注释】

①兵媚人：即国佐。纪甗、玉磬：齐灭纪国时得到的珍宝。甗（yǎn），礼器；磬，乐器。②尽东其亩：将齐国土地之田垄变为东西方向。便于晋军进攻齐国。③德类：道德法则。④疆理：划分疆界，分其地理。疆界指大的界线。如国与国之间的分界。指依据山川地形确定田垄走向和村落位置分布等。⑤阙：过失。⑥四王：指舜、禹、汤、武。王：统一天下。四王之王：四王之所以能王天下。⑦济同欲：满足诸侯的共同愿望。⑧五伯：指齐桓、晋文、宋襄、秦穆、楚庄。⑨役王命：为王命服役、效劳。⑩布政，施政。优优，宽舒和缓貌。百禄，各种福禄。遒，聚。⑪不优：不和缓、宽容。⑫震：威盛也。⑬桡（náo）败：失败，挫败。⑭爱：怜惜，吝惜。⑮背城借一：借使背城一战。⑯赋舆：兵车。⑰复于寡君：即有辞以答复寡君之命。

禽郑自师逆公①。

秋七月，晋师及齐国佐盟于爰娄②，使齐人归我汶阳之田。公会晋师于上鄩③，赐三帅先路三命之服④，司马、司空、舆帅、候正、亚旅⑤，皆受一命之服。

八月，宋文公卒。始厚葬，用蜃炭⑥，益车马，始用殉。重器备⑦，椁有四阿⑧，棺有翰桧⑨。

君子谓华元、乐举⑩，"于是乎不臣。臣治烦去惑者也⑪，是以伏死而争⑫。今二子者，君生则纵其惑，死又益其侈，是弃君于恶也。何臣之为⑬？"

【注释】

①禽郑：鲁大夫。参加联军作战，从军中往迎鲁成公。②爰娄：齐地，在现山东省临淄镇西部。③上鄩：齐、卫交界地名，在今山东省阳谷县境。④三帅：却克、士燮、栾书。先路：路同辂，车也。诸侯赐予卿大夫的礼车。三命之服：卿大夫最高规格的礼服。古代对卿大夫有"三命"、"再命"、"一命"之别，命多则尊贵，车服也随之华丽。⑤司马等：均为官名。司马，军中主管军纪、邢罚之官。司空：军中主管开路、运输、营建之官。舆帅，在全军最后负责收容的官。候正，主管了望侦察的官。亚旅，位当上大夫。⑥蜃炭：蜃烧成的灰及木炭。蜃，大蚌蛤。⑦器备：器物。⑧椁：外棺。四阿：四面呈坡形，如房屋的建筑形式。⑨翰桧：棺木上的装饰。⑩华元、乐举：时为宋国执政大臣。⑪治烦去惑：治理烦乱，除去昏惑。⑫伏死：冒死。⑬何臣之为：哪里是臣子所为。言二人所为丧失臣道。

九月，卫穆公卒，晋三子自役吊焉①，哭于大门之外。卫人逆之，妇人哭于门内，送亦如之。遂常以葬②。

楚之讨陈夏氏也③，庄王欲纳夏姬，申公巫臣曰："不可。君召诸侯，以讨罪也。今纳夏姬，贪其色也。贪色为淫，淫为大罚。《周书》曰：'明德慎罚④。'文王所以造周也。明德，务崇之之谓也⑤。慎罚，务去之之谓也。若兴诸侯，以取大罚，非慎之也。君其图之！"王乃止。子反欲取之⑥，巫臣曰："是不祥人也！是夭子蛮⑦，杀御叔⑧，杀灵侯⑨，戮夏南⑩，出孔、仪⑪，丧陈国，何不祥如是？人生实难，其有不获死乎⑫？天下多美妇人，何必是？"子反乃止。王以予连尹襄老。襄老死于邲，不获其尸，其子黑要烝焉⑬。巫臣使道焉⑭，曰："归！吾聘女。"又使自郑召之，曰："尸可得也，必来逆之。"姬以告王，王问诸屈巫⑮。对曰："其信！知罃之父⑯，成公之嬖也，而中行伯之季弟也⑰，新佐中军，而善郑皇戌⑱，甚爱此子⑲。其必因郑而归王子与襄老之尸以求之⑳。郑人惧于邲之役而欲求媚于晋，其必许之。"王遣夏姬归。将行，谓送者曰："不得尸，吾不反矣。"巫臣聘诸郑，郑伯许之。及共王即位，将为阳桥之役㉑，使屈巫聘于齐，且告师期。巫臣尽室以行。申叔跪从其父将适郢㉒，遇之，曰："异哉！夫子有三军之惧㉓，而又有《桑中》之喜㉔，宜将窃妻以逃者也㉕。"及郑，使介反币㉖，而以夏姬行。将奔齐，齐师新败，曰："吾不处不胜之国。"遂奔晋，而因却至㉗，以臣于晋。晋人使为邢大夫㉘。子反请以重币锢之，王曰："止！其自为谋也，则过矣。其为吾先君谋也，则忠。忠，社稷之固也，所盖多矣㉙。且彼若能利国家，虽重币，晋将可乎？若无益于晋，晋将弃之，何劳锢焉。"

【注释】

①晋三子：郤克、士燮、栾书。自役：领兵回国途中。②哭于大门之外：在大门外西侧面向东哭祭。按礼节，邻国来吊丧，应进门升堂哭祭。因三人帅军归国，军旅匆匆，不能以常礼要求。③讨陈夏氏：事见宣公十一年传。④明德慎罚：明德，宣扬道德；慎罚，谨慎处罚。⑤崇：提高。⑥子反：楚公子侧。取：同娶。⑦夭子蛮：子蛮为夏姬最早许嫁之夫，夭死。⑧御叔：夏姬次夫，夏征舒之父。与夏姬成婚后，生子征舒，御叔亦早死。⑨灵侯：即陈灵公，因夏姬而被杀。⑩夏南：即夏征舒，夏姬之子。⑪出孔、仪：使孔宁、仪行父出逃在外。⑫不获死：不得善终。即是说，要娶夏姬不得好死。⑬黑要：襄老之子，亦与夏姬私通。⑭使道焉：使人示意于夏姬。道，通导。⑮屈巫：即巫臣。⑯知罃之父：指荀首。邲之役，知罃被楚俘获。⑰中行伯：即荀林父。⑱皇戌：郑臣。⑲此子：指知罃。⑳王子：即公子榖臣，为荀首所获。㉑阳桥：鲁地，现今山东泰安县西北部。㉒申叔跪：楚大夫，申叔时之子。㉓三军之惧：负有军事使命的警惧之心。㉔《桑中》：卫国地名，在今河南淇县境内。这里借用"桑中"一词，暗指巫臣与夏姬私约。㉕宜：殆，大概。㉖介：副使。反币：带回财礼。㉗因：通过。㉘邢：晋邑名，当在现今河南省温县东北之平皋故城。㉙盖：覆，护卫。

晋师归，范文子后人①。武子曰②："无为吾望尔也乎③？"对曰："师有功，国人喜以逆之，先入，必属耳目焉④，是代帅受名也，故不敢。"武子曰："吾知免矣。"

却伯见⑤，公曰："子之力也夫⑥！"对曰："君之训也，二三子之力也，臣何力之有焉！"范叔见⑦，劳之如却伯⑧，对曰："庚所命也⑨，克之制也⑩，燮何力之有焉！"

栾伯见⑪，公亦如之，对曰："燮之诏也，士用命也，书何力之有焉！"

【注释】

　　①范文子：即士燮。后人：最后入城。②武子：士会，为士燮之父。③无为吾望尔也乎：为同谓。不知我在盼望你吗？④必属耳目：必使众人耳目集中于我。属，聚。⑤却伯：却克。⑥力：功劳。⑦范叔：即范文子。⑧劳：慰劳。⑨庚：荀庚，荀林父之子，这时将上军，士燮为上军佐。⑩克：却克，为中军帅。⑪栾伯：即栾书。

　　宣公使求好于楚。庄王卒，宣公薨，不克作好。公即位，受盟于晋。会晋伐齐。卫人不行使于楚，而亦受盟于晋，从于伐齐。故楚令尹子重为阳桥之役以救齐。将起师，子重曰："君弱，群臣不如先大夫，师众而后可。《诗》曰：'济济多士，文王以宁。'夫文王犹用众，况吾侪乎？且先君庄王属之曰：'无德以及远方，莫如惠恤其民，而善用之。'"乃大户①，已责②，逮鳏③，救乏④，赦罪，悉师⑤。王卒尽行⑥，彭名御戎，蔡景公为左，许灵公为右。二君弱，皆强冠之⑦。

【注释】

　　①大户：大规模清理户口。②已责：免除人民对国家的陈年债务。已，止。责，同债。③逮鳏：施舍到年老鳏夫。④救乏：救济生活困乏者。⑤悉师：将楚军全数调起。⑥王卒尽行：楚王亲兵也全体随行。⑦强冠之：勉强行了加冠礼。

　　冬，楚师侵卫，遂侵我，师于蜀。使臧孙往①，辞曰："楚远而久，固将退矣。无功而受名，臣不敢。"楚侵及阳桥，孟孙请往②，赂之以执斫、执针、织纴③，皆百人。公衡为质④，以请盟，楚人许平。

　　十一月，公及楚公子婴齐、蔡侯、许男、秦右大夫说、宋华元、陈公孙宁、卫孙良夫、郑公子去疾及齐国之大夫盟于蜀。卿不书，匮盟也⑤。于是乎畏晋而窃与楚盟，故曰匮盟。蔡侯、许男不书，乘楚车也，谓之失位。

　　君子曰："位其不可不慎也乎！蔡、许之君，一失其位，不得列于诸侯，况其下乎？《诗》曰：'不解于位，民之攸塈⑥。'其是之谓矣。"

【注释】

　　①臧孙：即臧孙许、臧孙叔也。②孟孙：即孟献子仲孙蔑。③执斫：指木工。执针：缝工。织纴：织工。④公衡：或为宣公之子，成公之弟。⑤匮盟：匮，乏也。缺乏诚意之盟。⑥解，通懈。民之攸塈(jì)，即百姓得以休息。塈，休息。

　　楚师及宋，公衡逃归。臧宣叔曰："衡父不忍数年之不宴①，以弃鲁国，国将若之何？谁居②？后之人必有任是夫③！国弃矣。"

　　是行也，晋辟楚，畏其众也。君子曰："众之不可以已也。大夫为政④，犹以众克，况明君而善用其众乎？《大誓》所谓商兆民离⑤，周十人同者，众也。"

【注释】

①衡父：即公衡。不宴：宴，安也。不安宁。②居：语末助词，用在句末表示疑问。③任是：承担此祸。④大夫：楚主帅子重。⑤商兆民离：商朝亿万人离心离德。

晋侯使巩朔献齐捷于周①，王弗见，使单襄公辞焉，曰："蛮夷戎狄，不式王命②，淫湎毁常，王命伐之，则有献捷，王亲受而劳之，所以惩不敬，劝有功也。兄弟甥舅③，侵败王略，王命伐之，告事而已，不献其功，所以敬亲昵，禁淫慝也④。今叔父克遂⑤，有功于齐，而不使命卿镇抚王室⑥，所使来抚余一人，而巩伯实来，未有职司于王室，又奸先王之礼。余虽欲于巩伯⑦，其敢废旧典以忝叔父？夫齐，甥舅之国也，而大师之后也⑧，宁不亦淫从其欲以怒叔父⑨，抑岂不可谏诲⑩？"士庄伯不能对⑪。王使委于三吏⑫，礼之如侯伯克敌使大夫告庆之礼，降于卿礼一等。王以巩伯宴，而私贿之。使相告之曰⑬："非礼也，勿籍。"

【注释】

①巩朔：晋大夫，又称巩伯、士庄伯。献齐捷：进献齐国俘虏。②不式：不用，不执行。③兄弟甥舅：兄弟指同姓诸侯，异姓结亲之国称甥舅。④慝（tè）：邪恶。⑤叔父：指晋景公。周王称同姓诸侯为伯父、叔父。⑥命卿：天子任命的执政大臣。⑦欲：喜好。⑧大师：齐始祖吕尚。⑨不：语气词，无义。从：通纵。⑩抑：还是。⑪士庄伯：即巩朔。⑫三吏：三公。⑬相：赞礼者。

【译文】

二年春，齐侯侵犯我国北部边境，围攻龙地。齐顷公的宠幸的臣子卢蒲就魁攻击城门。龙地的人把他逮住关押起来。齐侯说："不要杀死，我跟你们盟誓，再不进入你们的边境。"龙地的人不听劝告，结果把他杀了，在城上展示他的尸体。齐侯亲自击鼓，兵士爬登城墙。三天，占取龙地。于是就向南进军，到达巢丘。

卫侯委派孙良夫、石稷、宁相、向禽将进攻齐国，和齐军碰面。石稷准备回去，孙良夫说："不可。用军队攻打别人，遇上敌人就回去，准备对国君说什么呢？如果了解到不能作战，就应当不出兵。现在既然已经和敌军相遇，不如决一胜负。"

夏天，有……

石稷说："军队战败了，您如果不略微等待，顶住敌军，全军可能都要覆灭了。您丧失了军队，用什么回报君命？"大家都不作声。石稷又说："您，是国家的卿。损失了您，就是一种耻辱的事了。您带着大家撤退，我在这里等候。"同时通告军中，说援军的战车已经大批来到。齐国的军队也因此而停滞不前，驻扎在鞠居。新筑大夫仲叔于奚救了孙良夫，孙良夫得免于难。

没多久，卫国人把城邑赏给仲叔于奚。仲叔于奚婉言谢绝，请求得到诸侯所用三面悬挂的乐器，并用繁缨装饰马匹以朝见，卫侯答应了。

孔子听说此事，说："可惜啊，还不如多给他些城邑。惟有器物和名号，不能给别人，这是国君所掌握的。名号用来代表威信，威信用来保持器物，器物用来体现礼制，礼制用来推行道义，道义用来创造利益，利益用来治理百姓，这是政权中的大节。倘若假借给别人，这就是把政权给了别人。政权如果丢了，国家也就跟着会丢，这是阻挡不了的。"

·孙桓子回到新筑，没有进国都，直接就到晋国请求出兵。臧宣叔也到晋国请求出兵。两人都投奔却克。晋侯同意派出七百辆战车。却克说："这是城濮之战的战车数。当时有先君的明智的考察和先大夫的聪敏的行事，因此得胜。克和先大夫相比，还不足以做他们的仆人。请发八百乘战车。"晋侯同意了。却克统帅中军，士燮辅佐上军，栾书率领下军，韩厥做司马，以救援鲁国和卫国。臧宣叔迎接晋侯，并且向导开路。季文子带领军队和他们会合。

到达卫国境内以后，韩厥要杀人，却克驾车迅速赶去，打算救下那个人。等赶到，人已经被杀死了。却克派人把尸体在全军中示众，还告诉他的御者说："我用这样的做法来分担谴责。"

晋军在莘地追上齐军。六月十六日，军队到达靡笄山下。齐侯派使者请求出战，说："您率领国君的军队来到我们国家，敝国的士兵人数很少，请在明天早晨相见。"却克回答说："晋和鲁、卫是同盟友好的国家，他们前来告诉我们说：'大国不分早晚都在敝邑的土地上发泄忿懑。'寡君不忍，派下臣们前来向大国请求，同时又不让我军长久留在您的国家。我们只能前进而不能后退，您的命令是一定会不照办的。"齐侯说："大夫答应，正是齐国的愿望；即便不答应，也要相见的。"齐国的高固进入晋军，拿起石头向晋军扔去，把晋军抓住，然后坐上他的战车，把桑树根子系在车上，回到齐营巡行说："谁要勇气可以到这来买我剩下的勇气。!"

十七日，两军在鞌地作好打仗准备。邴夏为齐侯驾车，逢丑父作为车右。晋国的解张为却克驾车，郑丘缓作车右。齐侯说："我暂且先消灭了这些人然后再吃早饭。"说完马不披甲，驰向晋军。却克马箭所伤，血流到鞋上，但是鼓声不断，说："我受伤了！"解张说："从一开始出战，箭就射穿了我的手和肘，我折断了箭接着驾车。左边的车轮子都染成黑红色，哪里敢说受伤？您就忍着点吧！"郑丘缓说："从一开始接战，如果遇到危险，我一定下车推车，您了解吗？不过您真的是受伤了！"解张说："军队的眼睛耳朵，在于我们的旗子和鼓声，前进后退都要听从它。这辆车子一个人坐着指挥，战事就可以成功。为什么要为了痛苦而败坏国君的大事呢？身披盔甲，手执武器，本来就是去死的，现在痛苦还没有达到死的程度，您还是尽力而为吧！"于是就左手一把握着马缰，右手拿着鼓槌击鼓。由于一只手控马，马奔跑不能停止，全军就跟着上去。把齐军队彻底打败。晋军追赶齐军，绕了华不注山三圈。

韩厥梦见他父亲子舆说："明天不要站在战车左右两侧。"所以韩厥就站在中间驾车而追赶齐侯。邴夏说："射那位驾车人，他是君子。"齐侯说："认为他是君子而射他，这和礼不相符合。"射车左，车左死在车下。射车右，车右死在车里。綦毋张把战车也丢了，跟上韩厥说："请答应我搭乘您的战车。"上车，打算站立在左边或右边，韩厥用肘推他，让他站在身后。韩厥弯下身子，稳住车右的尸体。逢丑父和齐侯借机互相交换位置。将要来到华泉，骖马被树木绊住而不能行走。前面几日，逢丑父睡在栈车里，有一条蛇爬到他身子下边，他用小臂去打蛇，小臂受伤，但没有说出此事，由于这样，他不能用臂推车前进，这样才被韩厥追上。韩厥拿着马缰走向马前，跪下叩头，捧着酒杯加上玉璧奉献给逢丑父，说："寡君派臣下们为鲁、卫两国请求，说：'不要让军队进入齐国的土地'下臣运气不好，正好在军队里服役，不能逃避军役。而且担心奔走逃避成为两国国君的耻辱。下臣勉强充当一名战士，谨向君王禀告我的无能，但由于人手尚缺，只好担任这个官职。"逢丑父命令齐侯下车到华泉去取水。郑周父驾御副车，宛茷作为车右，装上齐侯逃走而没有被俘。韩厥献上逢丑父，却克准备杀他，他喊叫说："到现在为止还没有代替他国君受难的人，有一个在这里，还要被杀死吗？"却克说："如果一个人不怕用死来使国君免于祸患，我杀了他，不吉利。那么我赦免了他，用来勉励服事国君的人。"因此就赦免了逢丑父。

齐侯免于被俘以后,寻求逢丑父,在敌军中三进三出。每次出来,齐军簇拥着保护他。进入狄人的军队中,狄人的士兵都抽出戈和盾以保护齐侯的安全。进入卫国的军队中,卫军也对他们不加伤害。因此就从徐斗进入齐国临淄。齐侯看到守军,说:"你们努力吧!齐军战败了!"齐侯所坐车的前卫驱赶一个女子躲开。这个女子说:"国君免于祸患了吗?"说:"免了。"她说:"锐司徒幸免于难了吗?"说:"免了。"她说:"如果国君和我父亲免于祸难了,还想要怎样?"而后就跑开了。齐侯认为她有礼。没多久经查询,才知道是辟司徒的妻子,就赐给她石帘作为封地。

晋军追逐齐军,从丘舆进入齐国,攻打马陉。

齐侯派遣宾媚人把纪甗、玉磬和土地赠予战胜诸国,说:"如果他们不同意讲和,就随他们便吧。"宾媚人赠送财礼,晋人不答应,说:"一定要让萧同叔子作为人质,并且使齐国境内的田陇走向全部东向。"宾媚人回答说:"萧同叔子,是寡君的母亲。如果从对等地位来说,那也就是晋君的母亲。您在诸侯中发布事关重要的命令,反而说一定要把人家的母亲作为人质以取信,您又打算怎么对待周天子的命令呢?而且这样做就是用不孝来号令诸侯。《诗》说:'孝子的孝心不应有竭尽,永远可以赐给你的同类。'如果用不孝号令诸侯,这也许不是道德的准则吧!先王对天下的土地定疆界、分地理,因地制宜,而作有利的安排。所以《诗》说:'我划定疆界、分别地理,南向东向开辟田亩。'如今您让诸侯定疆界、分地理,反而只说什么'田陇全部东向',只管自己兵车的方便,不管地势是否适宜,恐怕这不是先王的政令吧!违逆先王就是不合道义,凭什么做盟主?晋国确实是犯了错误的。四王统一天下,树立德行而满足诸侯的共同要求;五伯领袖诸侯,自己功劳而使诸侯受到安慰,使大家为天子的命令而服役。现在您要求会合诸侯,来满足没完没了的欲望,《诗》说:'政事的推行宽大舒徐,各种福禄都将积聚。'您的确不能宽大,放下各种福禄,这对诸侯不是有利无害吗?如果您不愿意答应,寡君命令我使臣,就有话可说了:'您带领国君的军队光临敝邑,敝邑用菲薄的财富,来犒劳您的随从。担心贵国国君的愤怒,军队战败。您惠临而求齐国的福佑,不灭亡我们的国家,让我们和贵国继续过去的友好关系,那么先君的破旧器物和土地我们是不敢吝啬不奉献出来的。您如果又不愿答应,我们就请求收集残徐,背靠自己的城墙再决一死战。敝邑有幸而战胜,也会服从贵国的;何况不幸而再战败,怎敢不唯命是听'?"鲁、卫两国劝谏说:"齐国不满我们了。他们死去和溃散的,都是宗族亲戚。您如果不肯答应,一定会更加痛恨我们。即使是您,还有什么可追求的?假使您得到他们的国宝我们也得到土地,而祸难又得以疏缓,这荣耀也就很多了。齐国和晋国都是由上天授予的,难道一定唯其晋国一国吗?"晋人允许了,回答说:"下臣们带领战车,来为鲁、卫两国恳求。如果有话可以向寡君复命,这就是君王的恩惠了。岂敢不唯命是听?"

禽郑从军中去接待鲁成公。

秋七月,晋军和齐国宾媚人在爰姜缔结盟约,让齐国人将汶阳的土田归还给我国。成公在上鄏会见晋军,将先路和三命的车服赏赐三位高级将领,司马、司空、舆帅、侯正、亚旅统统接受了一命的车服。

八月,宋文公去世,开始以丰厚礼仪进行埋葬:用蚌蛤和木炭,增加车马,并且开始用人殉,加多器物。椁有四面坡,棺有翰、桧等装饰。

君子以为华元、乐举在这里有失为臣的义务。臣下,是为国君治理烦乱消除迷惑的,因此冒死而争辩。现在这两个人，国君活着的时候就放纵他作恶，死了以后又有增加他的奢侈，这是把国君丢到邪恶里去，这算是什么臣下？"

九月，卫穆公去世，晋国的三位将领从领兵回国的路上前往哀悼，在门外大哭。卫国人迎接他们，女人在门里哭。送他们的时候也是这种情形。以后别国官员来吊唁就以此为常，直到下葬。

楚国在出兵陈国夏氏的时候，楚庄王打算收纳夏姬。申公巫臣说："不可。君王叫来诸侯，是为了讨伐有罪；现在收纳夏姬，就表现是贪恋她的美色了。贪恋美色叫做淫，淫就会招致重大处罚，《周书》说，"宣扬道德谨慎惩罚，"文王因此而创立周朝。宣扬道德，就是致力于提倡；谨慎惩罚，就是致力于不用。如果发动诸侯的军队反而导致重大处罚，就不是对它小心了。君王还是认真考虑一下吧！"楚庄王就不干了。子反又想要娶她，巫臣说："这个人不吉利。她使子蛮早死，御叔被杀，灵侯被弑，夏南受诛，孔宁、仪行父逃亡在外，陈国因为这个灭亡，为什么不吉利到这个样子！人生在世确很不容易，如果娶了夏姬，恐怕不得好死吧！天下多的是漂亮女人，为什么单单要他不可？"子反也就不干了。楚庄王把她送给连尹襄老。襄老在邲地战役中被杀，没有找到尸首。他的儿子黑要和夏姬通奸。巫臣派人向夏姬示意，说："回娘家去，我娶你。"又派人从郑国叫她来说："襄老的尸首可以得到，一定要亲自来接。"夏姬把话报告楚庄王。楚庄王询问巫臣。巫臣回答说："很可能靠得住的。知罃的父亲，是成公的宠幸臣子，又是中行伯的小兄弟，新近做了中军佐，和郑国的皇戌交情很厚，十分喜欢这个儿子。他一定是想利用郑国而归还王子和襄老的尸首而要求交换知罃。郑国人对邲地战役感到畏惧，同时要取得晋国的欢心，他们必然会答应。"楚庄王就打发夏姬回去。临行时，夏姬对送行的人说："不能得到尸首，我就不回来了。"巫臣在郑国聘她为妻，郑伯答应了。等到楚共王即位，打算发动阳桥战役，派巫臣到齐国聘问，并且把出兵的日期告诉齐国。巫臣把一切家财尽数全都带走。申叔跪跟着他的父亲将要到郢都去，碰上巫臣，说："怪哉！这个人有肩负军事使命的警惧之心，却又有桑中这类事情的快活的表情，大概将要带着妻子逃亡了吧！"来到郑国，巫臣派副使带回财礼，就带着夏姬走了。准备逃亡到齐国，齐国又刚刚战败，巫臣说："我不能住在不打胜仗的国家。"就逃亡到晋国，并且由于却至的关系在晋国做人臣。晋国人让他做邢地的大夫。子反请求用重礼送给晋国要求对他永远不被录用，楚共王说："别那样干！他为自己打算是错误的，他为我的先君打算则是尽忠尽责的。忠诚，国家靠着它来巩固统治，所能保护的东西就多了。而且他如果能有利于晋国，虽然送去重礼，晋国会答应吗？假使对晋国没有好处，晋国将会丢掉他，哪里用得着用厚礼求其永远不选任为官呢？"

晋国军队回国，范文子最后进入国都。武子说："你难道不以为我期盼你吗？"范文子回答说："出兵有了功劳，国内的人们兴高采烈地迎接他们。先进来，必然要受到注意，这是代替统帅接受荣誉，因此不敢。"武子说："你这样谦虚，我认为可以免于祸害了。"

却伯进见，晋景公说："您的功劳啊！"却伯回答说："这是君王指导有方，他们几位的功劳，下臣有什么功劳呢？"范文子进见，晋景公嘉奖他像对却伯一样。范文子回答说："这是庚的命令，克的节制，燮有什么功劳呢？"栾伯进见，晋景公也如同慰劳却伯他们一样慰劳他。栾伯回答说："这是燮的指示，士兵坚决服从命令，书有什么功劳呢？"

宣公派遣使者到楚国要求建立友好关系，由于楚庄王去世，宣公也去世，没有能够建立友好。成公即位，在晋国接受盟约，会合晋国进攻齐国。卫国人不派使者去楚国拜访，也在晋国接受盟约，跟从着进犯齐国。因此楚国的令尹子重发动阳桥战役以救援齐国。将要发兵，子重说："国君年龄小，臣下们又比不上先大夫，军队人数众多然后才可以取胜。《诗》说：'众多的人士，文王藉以安宁。'文王尚且使用许多的人，何况是我们这些人呢？而且先君庄王把国君托付给我们说：'如果没有德行到达边远的地方，最好是加恩体贴百姓而很好地使用他们'。"于是就大事清查户口，免去税收的积欠，施舍鳏夫，救济困乏，赦免罪人。发动全部军队，楚王的警卫军也全部出动。彭名驾御战车，蔡景公充当车左，许灵公作为车右。两位国君还没有成年，都将就着行了冠礼。

冬，楚军进犯卫国，就乘此机会在蜀地进攻我军。派臧孙去到楚军中求和。臧孙辞谢说："楚军远离本国而长期在外，本来就要撤退回国了。没有功劳而接受荣誉，下臣不敢。"楚军到达阳桥，孟孙请求前去送给楚军木工、缝工、织工各一百人，公衡作为人质，请求缔结盟约。楚国人同意和解。

十一月，成公和楚国公子婴齐、蔡侯、许男、秦国右大夫说、宋国华元、陈国公孙宁、卫国孙良夫、郑国公子去疾和齐国大夫在蜀地缔结盟约。《春秋》没有记载卿的名字，这是由于结盟诚意不够。在这种情况下担心晋国而偷偷地和楚国结盟，所以说"结盟缺乏诚意"。《春秋》没有记载蔡侯、许男，这是因为他们乘坐了楚王的战车，叫做错乱了身份。

君子说："身份是不可以不谨慎对待的啊！蔡、许两国国君，一失去，就不能列在诸侯之中，更不用说在他们之下的人！《诗》说：'在高位的人不懈怠，百姓就能得到休息。'说的就是这种情形了。"

楚军到达宋国，公衡逃回来。臧孙说："衡父不能忍受几年的动荡不安，丢掉鲁国，把国家怎么办？谁来承当灾难？他的后代一定会受到祸患的！国家被丢掉了！"

在这次行动中，晋军躲避楚军，由于担心他们人多。君子说："大众是必须要用的。大夫执政，尚且可以利用大众来打败敌人，何况是贤明的国君而且又善于使用大众呢？《大誓》所说商朝亿万人人心离散，周朝十个人同心同德，都是说的大众的作用啊。"

晋侯派遣巩朔到成周进献齐国俘虏。周天子不肯接见，派遣单襄公婉言推辞，说："蛮夷戎狄，不依据天子的命令，迷恋酒色，败坏天子的制度，天子命令讨伐他，就有了进献俘虏的礼节制度。天子亲自接受而加以慰劳，用这样来惩罚不敬，劝勉有功。如果是兄弟甥舅的国家侵犯败坏天子的法度，天子命令征讨他，不过报告战争的胜果罢了，不进献俘虏，用这样来尊敬亲近、去除邪恶。现在叔父能够成功，在齐国建立了功勋，而不派遣曾受天子任命的卿来镇抚王室，所派遣安抚我的使者，仅仅是巩伯，他在王室中没有当官任职，又违逆了先王的礼制。我虽然爱惜巩伯，怎敢废弃旧的典章制度以羞辱叔父？齐，和我们是甥舅之国，而且是姜太公的子孙，叔父攻打他，难道是他放纵了私欲以激怒了叔父，还是已经不可规劝使其改正了呢？"巩朔无法回答。周天子把接待的事情委任给三公，让他们用侯伯打败敌人派大夫告庆的礼数接待，比接待卿的礼节低一等。周天子和巩伯饮宴，暗地里送给他的财礼，让相礼者告诉他说："这是不合于礼制的，不要记载在史册上。"

成公三年

三年春，诸侯伐郑，次于伯牛①，讨邲之役也，遂东侵郑。郑公子偃帅师御之②，使东鄙覆诸鄤③，败诸丘舆④。皇戌如楚献捷。

夏，公如晋，拜汶阳之田。

许恃楚而不事郑，郑子良伐许。

【注释】

①伯牛：郑国西部地名。②公子偃：郑穆公子。③鄤（màn）：郑国东部边境地名。④丘舆：地名，当在郑国东部。

晋人归公子谷臣与连尹襄老之尸于楚，以求知罃。于是荀首佐中军矣，故楚人许之。王送知罃，曰："子其怨我乎？"对曰："二国治戎①，臣不才，不胜其任，以为俘馘②。执事不以衅鼓③，使归即戮，君之惠也。臣实不才，又谁敢怨？"王曰："然则德我乎④？"对曰："二国图其社稷，而求纾其民，各惩其忿，以相宥也⑤，两释累囚，以成其好。二国有好，臣不与及，其谁敢德？"王曰："子归，何以报我？"对曰："臣不任受怨，君亦不任受德，无怨无德，不知所报。"王曰："虽然，必告不谷。"对曰："以君之灵，累臣得归骨于晋，寡君之以为戮，死且不朽。若从君之惠而免之，以赐君之外臣首⑥；首其请于寡君而以戮于宗⑦，亦死且不朽。若不获命，而使嗣宗职，次及于事⑧，而帅偏师，以修封疆，虽遇执事，其弗敢违。其竭力致死，无有二心，以尽臣礼，所以报也。"王曰："晋未可与争。"重为之礼而归之。

【注释】

①治戎：治兵交战。②俘馘：此指俘虏。③衅鼓：以血涂鼓。不以衅鼓：不用我的血涂鼓，亦即不杀我也。④德：用作动词，感激。⑤各惩其忿：各自抑止其愤怒。⑥外臣：当时卿大夫对外国国君自称为外臣。首：即荀首，为知罃之父。⑦宗：宗庙。⑧次及于事：按次序担当官职。

秋，叔孙侨如围棘①，取汶阳之田。棘不服，故围之。

晋却克、卫孙良夫伐廧咎如②，讨赤狄之余焉。廧咎如溃，上失民也。

冬十一月，晋侯使荀庚来聘，且寻盟。卫侯使孙良夫来聘，且寻盟。公问诸臧宣叔曰："中行伯之于晋也③，其位在三④。孙子之于卫也，位为上卿，将谁先？"对曰："次国之上卿，当大国之中，中当其下，下当其上大夫。小国之上卿当大国之下卿，中当其上大夫，下当其下大夫。上下如是，古之制也。卫在晋，不得为次国。晋为盟主，其将先之。"丙午⑤，盟晋，丁未⑥，盟卫，礼也。

【注释】

①棘：地名，在现山东省肥城县南一带。②廧咎如：赤狄部落名。③中行伯：即荀庚，为晋之上军帅。④其位在三：当时晋以却克为中军帅，位第一；荀首为中军佐，位第二；荀庚为上军帅，位第三，荀庚当为下卿。⑤丙午：十一月二十八日。⑥丁未：二十九日。

十二月甲戌，晋作六军①。韩厥、赵括、巩朔、韩穿、荀骓、赵旃皆为卿，赏鞌之功也。

齐侯朝于晋，将授玉，却克趋进曰："此行也，君为妇人之笑辱也②，寡君未之敢

任。"

晋侯享齐侯。齐侯视韩厥，韩厥曰："君知厥也乎？"齐侯曰："服改矣。"韩厥登，举爵曰："臣之不敢爱死，为两君之在此堂也。"

荀罃之在楚也③，郑贾人有将置诸褚中以出④。既谋之，未行，而楚人归之。贾人如晋，荀罃善视之，如实出己。贾人曰："吾无其功，敢有其实乎？吾小人，不可以厚诬君子⑤。"遂适齐。

【注释】

①作：兴起，这里义为扩充。②妇人之笑：指却克为齐顷公母亲所笑一事。③荀罃：即知罃。④褚（chǔ）：盛衣物的口袋。⑤诬：欺骗。

【译文】

鲁成公三年春季，鲁、晋、宋、卫、曹五国共同侵犯郑国，军队驻扎在伯牛。这次进攻是为了惩罚郑国在鲁宣公十二年邲之战中对晋国的不忠。随后联军便东下侵犯郑国。郑国的公子偃带领军队抵抗，并派部队在东部鄤地设下伏兵，在丘舆一地打败了联军。郑大夫皇戌马上前往楚国进献战利品。

夏季，成公到晋国去，就晋国让齐国归还汶阳的田地一事回复感谢。

许国凭借楚国的支持而不事奉郑国，于是郑国的子良就发兵征伐许国。

晋国人把楚国的公子谷臣和连尹襄老的尸体交回到楚国，以此求得赎回知罃。这时知罃的父亲荀首已出任晋国中军的副帅，于是楚国人接受了这一要求。楚共王送知罃回国时说："你埋怨我吗？"知罃回答说："两国交战，我没有才能，没有能够胜任自己的职务，结果成了俘虏。君王没有将我杀掉，使我能够回国接受惩罚，这是您对我的恩惠。我的确是无能之辈，又敢埋怨谁呢？"共王又说："那么你感激我吗？"知罃回答说："两国交兵，都是为了谋求本国的利益，消除百姓的疾苦。现在两国都控制住自己的愤怒，互相求得谅解，双方把战俘放回去，以重修友好关系。两国友好，和我个人并没有什么关系，我为什么要感激谁呢？"共王说："你回到晋国，以后拿什么报答我呢？"知罃回答说："我既不怨恨您，也不感激您，我们之间不存在怨恨，也没有恩德，我不知道为什么要报答您？"共王说："即使这样，你也必须要把你的想法告诉我。"知罃回答说："托君王的洪福，使我这把骨头能够回到晋国，即使我们国君把我杀掉，我也认为死而无憾。如果承蒙您的恩惠，君王能免我一死，而把我交给父亲处置，即使我父亲征得君王同意在宗庙内将我杀死，我也认为死而无憾。如果君王不同意将我处死，并且又让我继承祖先传下来的官位，并按照规定的次序参于政事，率领一部分军队保卫边境，到那时，即使遇到您，我也不敢违背命令。我将尽我全部力量作战，即使战死，也不敢存有不忠诚的心，以此来尽到我作为臣子的责任。这就是我对您的报答。"共王感叹说："看来不能和晋国争衡啊。"于是便为知罃举行了隆重的仪式送他回国。

秋季，鲁国的叔孙侨如包围棘地，夺取了汶阳的田地。这是因为棘地人不肯归服，才围攻他们。

晋国的却克和卫国的孙良夫联合侵犯廧咎如，以进一步消灭赤狄的残余势力，结果廧咎如大败溃散。这是由于他们的首领丧失了百姓的拥护。

冬季十一月，晋景公派荀庚来鲁国聘问，同时也是为了重温鲁成公元年两国的赤棘订立的盟约。与此同时，卫国也派孙良夫来鲁国聘问，而且也是来重新修订鲁宣公七年两国订立的盟约。于是成公问臧宣叔："荀庚在晋国是下卿，而孙良夫在卫国是上卿，那么应该先让谁行礼呢？"臧宣叔回答说："次国的上卿相当于大国的中卿，下卿相当于它的下卿，下卿相当于它的上大夫，那么小国的上卿只能相当于大国的下卿，下卿相当于它的上大夫，下卿相当于它的下大夫。上下职位如此，是自古到现在就有的制度。如今卫国和晋国相比，连次国也不够资格，只能算是小国，而且晋国为诸侯盟主，应该先让晋国在前面行礼。"于是，二十八日，和晋国结盟。二十九日，再和卫国缔结盟约。这样做是合于礼法的。

十二月二十六日，晋国将军队增加数额达到六个军。韩厥、赵括、巩朔、韩穿、荀雅、赵旃都被提拔为卿，这是奖赏他们在案地之战中的功劳。

齐顷公到晋国聘问，刚要举行授玉仪式的时候，却克疾步上前对齐顷公说："君王这次来访，目的是对上次贵国女人嘲笑小臣一事表示道歉的吧，我们君王可担当不起。"

晋景公设宴热情招待齐顷公。席间齐顷公一直盯着韩厥看，韩厥说："君王您认识我吗？"齐顷公说："穿着打扮不一样了。"韩厥登上台阶举起酒杯说："当初我之所以冒死追赶君王，就是为了两国国君今天能在这里畅饮共席啊。"

知罃在楚国时，有个郑国的商人准备把他藏到装东西的大口袋里，帮助他逃出去。两人已经商议好了，但还在行动之前，楚人就打算把知罃送回晋国了。后来这个商人到晋国时，知罃对他盛情招待，就象他真的把自己救出来了一样。商人说："知罃回国，我并没有什么功劳，怎么能有脸接受他的款待呢。我是个小人，不能这样来欺骗一个君子。"因此就到齐国去了。

成公四年

四年春，宋华元来聘，通嗣君也[①]。

杞伯来朝，归叔姬故也[②]。

夏，公如晋，晋侯见公，不敬。季文子曰："晋侯必不免。《诗》曰：'敬之敬之！天惟显思，命不易哉！'夫晋侯之命在诸侯矣[③]，可不敬乎？"

【注释】

①通嗣君：为继位的国君通好。②归叔姬：休弃叔姬。叔姬当为鲁公女，杞伯夫人。③晋侯之命在诸侯：晋侯命运决定于诸侯的向背，如不敬，将导致诸侯离心，霸主也就作不成了。

秋，公至自晋，欲求成于楚而叛晋，季文子曰："不可。晋虽无道，未可叛也。国大臣睦，而迩于我[①]，诸侯听焉[②]，未可以贰[③]。《史佚之志》有之，曰：'非我族类，其心必异。'楚虽大，非吾族也，其肯字我乎[④]？"公乃止。

【注释】

①迩：近也。②听：服也。③未可以贰：不可以对晋存有二心。④字：爱。

冬，十一月，郑公孙申帅师疆许田，许人败诸展陂[①]。郑伯伐许，取鉏任、泠敦之田②。

【注释】

　　①展陂：许地名，在今河南省许昌市西北。②钽任、泠敦：许地名，在今河南省许昌境内。

　　晋栾书将中军，荀首佐之，士燮佐上军，以救许伐郑，取汜、祭①。

　　楚子反救郑，郑伯与许男讼焉。皇戌摄郑伯之辞，子反不能决也。曰："君若辱在寡君②，寡君与其二三臣共听两君之所欲，成其可知也③。不然，侧不足以知二国之成④。"

　　晋赵婴通于赵庄姬⑤。

【注释】

　　①汜：郑地名，在今河南省旧汜水县。祭：郑地名，在今郑州市北部。
　　③成其可知：正确的判断就可以作出。④侧：子反名。成：定也，定二国之事非。⑤赵婴：又称楼婴、赵婴齐，为赵衰之子，赵盾之异母弟。

【译文】

　　鲁成公四年的春天，宋国的华元前来朝见，为新即位的宋共公谋求和鲁国的日益邻友好关系。

　　杞伯前来鲁国朝见，通报他打算休弃叔姬一事。

　　夏季，成公拜访晋国。晋侯会见成公时，不够礼貌。于是季文子说："晋景公将来必然难免灾祸。《诗经》说：'小心又谨慎！上天明察，天命不易常保不变！'晋侯的命运决定于诸侯的向背，他对诸侯怎么能不彬彬有礼呢？"

　　秋季，成公从晋国回来，打算和楚国结好而背叛晋国。但季文子说："行不通。晋国虽然无道，但也不能背叛它们。因为它是大国，加之群臣和睦团结，又紧挨我国，诸侯全都听从它的指挥，不能够怀有二心。《史佚之志》有这样的话：'不是同一种族，一定不能同心同德。'楚国虽然地域辽阔，但不是我们的同族，它能够喜欢我们吗？"于是成公改变了原有计划。

　　冬季十一月，郑国的公孙申带兵前去划定所取得的许国土地，但在展陂被许国人打败了。因而郑襄公就兴师攻打许国，夺取了任、敦的田地。

　　晋国的栾书统帅中军，荀首为副帅，士燮为上军副帅，出兵前去救援许国讨伐郑国，攻下了郑国的汜、祭二地。

　　楚国的子反统帅军队救援郑国，郑悼公和许灵公在子反面前互相谴责，皇戌代表郑悼公发言。子反听了双方的申辩，也没有办法做出决断，所以他说："如果您二位能前去面见我们国君，他和几个大臣听取了你们各自的要求，才能做出明断。若不然，我是没有办法分清你们谁是谁非的。"

　　晋国赵盾的弟弟赵婴和赵盾儿子赵朔的妻子赵庄姬私下通奸。

成公五年

　　五年春，原、屏放诸齐①。婴曰："我在，故栾氏不作。我亡，吾二昆其忧哉②！

且人各有能有不能，舍我何害？"弗听。

婴梦天使谓己："祭余，余福女。"使问诸士贞伯③，贞伯曰："不识也④。"既而告其人曰⑤："神福仁而祸淫，淫而无罚，福也⑥。祭，其得亡乎⑦？"祭之，之明日而亡。

孟献子如宋⑧，报华元也。

【注释】

①原、屏：原即赵同，屏即赵括，二人为赵婴同母之兄。放诸齐：指将赵婴放逐到齐国。②二昆：二兄，指赵同、赵括。③士贞伯：即士贞子、士渥浊。④不识：不知也。⑤既而告其人：过一会又私下告诉赵婴派来之人。⑥淫而无罚，福也：淫乱而没有受到惩罚，就是得福。⑦其得亡乎：难道能无祸吗？亡通无。⑧孟献子：即仲孙蔑。

夏，晋荀首如齐逆女，故宣伯馈诸穀①。

梁山崩②，晋侯以传召伯宗③。伯宗辟重④，曰："辟传！"重人曰⑤"待我，不如捷之速也。"问其所，曰："绛人也。"问绛事焉，曰："梁山崩，将召伯宗谋之。"问将若之何？曰："山有朽壤而崩，可若何？国主山川。故山崩川竭，君为之不举⑥，降服⑦，乘缦，彻乐，出次⑧，祝币，史辞以礼焉。其如此而已，虽伯宗若之何？"伯宗请见之，不可。遂以告而从之。

【注释】

①宣伯：即叔孙侨如。馈（yùn）：给在野外行路之人馈送食物。②梁山：梁山有数处，此梁山当在今陕西韩城县，距黄河不远处。③传：传车。即驿站专用车。伯宗：晋大夫。④辟重：重指装裁重物之车，又称大车，行速很慢。辟重就是让重车把路让开。⑤重人：押送重车的人。⑥不举：即食不杀牲、菜肴不丰盛、不用音乐助食。⑦降服：不着华丽衣服。⑧出次：离开寝宫，出居他处。

许灵公愬郑伯于楚①。六月，郑悼公如楚，讼，不胜。楚人执皇戌及子国②。故郑伯归，使公子偃请成于晋。秋八月，郑伯及晋赵同盟于垂棘。

【注释】

①愬：同诉。误灵公向楚王控告郑伯伐许。②子国：郑穆公之子，即公子发。

宋公子围龟为质于楚而还①，华元享之。请鼓噪以出，鼓噪以复入，曰："习攻华氏。"宋公杀之。

冬，同盟于虫牢，郑服也。

诸侯谋复会，宋公使向为人辞以子灵之难②。

十一月己酉③，定王崩。

【注释】

①公子围龟：宋文公之子，字子灵。围龟为质于楚，可能是替代华元的，故回国后，怨恨华元而欲攻

之。②向为人：人名，宋臣，宋桓公后代。③己酉：十二日。

【译文】

鲁成公五年春季，赵同、赵括因为赵婴和赵庄姬私通而打算将他驱赶到齐国。赵婴对他们说："如果晋国有我在，栾氏等人就不敢胡作非为。如果把我赶走，你们两位兄长就将有祸患。再说一个人有优点，也有不足，如果宽恕了我，对你们有什么不好之处呢？"但赵同和赵括不听。

赵婴在夜里梦见上天派使者对自己说："你如果祭祀我，我将降福于你。"赵婴派人请士贞伯释译，贞伯说："我也不理解这是什么意思。"但停了一会儿又对那人说："神灵只能降福给有德之人，降祸于淫乱之人。淫乱而没有受到惩罚，就是有福气了，假设他祭祀神灵，或许能被放逐，并由此而免去一场灾祸。"赵婴祭祀了神灵，第二天就逃到了齐国。

鲁国的孟献子奔赴宋国，对去年华元的聘问进行回访。

夏季，晋国的荀首出使齐国为晋景公迎娶齐女，所以鲁国的叔孙侨如在穀地等候送给他们粮食。

晋国境内的梁山发生了山崩。晋景公用驿车召见伯宗立即回到国都。途中伯宗让一辆载重车给驿车让路："快给让路。"押送重车的人说："你与其等待我这辆车过去再走，倒不如走捷径更来得快。"伯宗问他是哪里人，他说："我是晋都绛城人。"又问他绛城的消息，他说："由于发生了山崩，所以国君才召见伯宗回去商量对策。"伯宗问车夫应该怎么办？他说："山因为土质腐朽而发生了崩塌，又能有什么挽救的措施呢？一个国家以山川为主体，一旦发生山崩河枯这类事情，国君就应由此而减膳撤乐，身着常服，乘坐朴素的车子，不奏音乐，离开寝宫外出居住，给神灵献上丰盛的祭品，并由祝史宣读祭文以祭祀山川之神灵。也只能这样做，就算是让伯宗去办此事，他又能怎么样呢？"于是伯宗邀请他去见君王，但他不肯去。伯宗把他的话告诉了晋景公，景公答应按车夫的话去实施。

许灵公到楚国控诉郑悼公。六月，郑悼公到楚国争辩是非曲直，结果败诉。因此楚国人便抓住了皇戌和子国。所以郑悼公回国之后，便派公子偃到晋国去求和。秋季八月，郑悼公和晋景公在重棘结盟。

宋国的公子围龟在楚国当人质，后来返回宋国时，华元设宴款待他。但他要求击鼓呼叫着出入华元家，并且说："我这是在演习攻打华氏一族。"宋共公便杀死了他。

冬季，成公和晋景公、齐顷公、宋共公、卫定公、郑悼公、曹宣公、邾子、杞伯在郑国的虫牢召开盟会，这次盟会是为郑国投降晋国而召开的。

各诸侯计划再召开一次盟会，但宋共公派向为人前来解释，因为国内发生了围龟事件，不能前来参加盟会了。

十一月十二日，周定王死。

成公六年

六年春，郑伯如晋拜成，子游相①，授玉于东楹之东。士贞伯曰："郑伯其死乎？自弃也已②！视流而行速③，不安其位，宜不能久④。"

二月，季文子以鞌之功立武宫⑤，非礼也。听于人以救其难，不可以立武。立武由己，非由人也。

取郣⑥，言易也。

【注释】

①子游：即公子偃。相：辅助郑伯行礼。②自弃：自己不尊重自己。③视流：目光流移、张望。行速：走路慌张。④宜不能久：大概不能活多久了。⑤武宫：宣扬武功的纪念建筑物。⑥郣（zhuān）：诸侯小国名，在现山东省郯城县东北部。

三月，晋伯宗、夏阳说①、卫孙良夫、宁相、郑人、伊雒之戎、陆浑、蛮氏侵宋②，以其辞会也。师于针③，卫人不保。说欲袭卫④，曰："虽不可人，多俘而归，有罪不及死。"伯宗曰："不可。卫唯信晋。故师在其郊而不设备。若袭之，是弃信也。虽多卫俘，而晋无信，何以求诸侯？"乃止。师还，卫人登陴⑤。

【注释】

①夏阳说：晋国大夫。②蛮氏：即昭公十六年戎蛮。在今河南省临汝县西南。③针：卫邑名，在今河南省濮阳县附近。④说：即夏阳说。⑤陴：城上掩体之矮墙。

晋人谋去故绛①。诸大夫皆曰："必居郇瑕氏之地②，沃饶而近盐③，国利君乐，不可失也。"韩献子将新中军，且为仆大夫④。公揖而入。献子从。公立于寝庭，谓献子曰："何如？"对曰："不可。郇瑕氏土薄水浅，其恶易觏。易觏则民愁，民愁则垫隘⑤，于是乎有沉溺重腿之疾⑥。不如新田⑦，土厚水深，居之不疾，有汾、浍以流其恶⑧，且民从教，十世之利也。夫山、泽、林、盐，国之宝也。国饶则民骄佚，近宝，公室乃贫，不可谓乐。"公说，从之。夏四月丁丑，晋迁于新田。

六月，郑悼公卒。

子叔声伯如晋⑨。命伐宋。

秋，孟献子、叔孙宣伯侵宋，晋命也。

楚子重伐郑，郑从晋故也。

冬，季文子如晋，贺迁也。

【注释】

①故绛：晋人称故都绛为故绛，此后迁都新田、也称新田为绛。在今山西省冀城县。②郇瑕氏之地：郇瑕为二地，古地名，在今山西省临猗县西南。③盐：即盐池，今称解池。④仆大夫：即太仆，掌管宫中之事。韩献子为新中军师并兼任此官。⑤垫隘：瘦弱。⑥沉溺重腿（zhuì）：沉溺为风温病，重腿即足肿。⑦新田：晋新迁之都。即今侯马市，距故绛五十里。⑧汾、浍：汾河、浍河，二水名，汾水流经新田西北，浍水流经新田，注入汾水。⑨子叔声伯：即公孙婴齐。

晋栾书救郑，与楚师遇于绕角①。楚师还，晋师遂侵蔡。楚公子申、公子成以申、息之师救蔡，御诸桑隧。赵同、赵括欲战，请于武子②，武子将许之。知庄子、范文子、韩献子谏曰："不可。吾来救郑，楚师去我，吾遂至于此，是迁戮也③。戮而不已，又怒楚师，战必不克。虽克，不令。成师以出，而败楚之二县，何荣之有焉？若不能败，为辱已甚，不如还也。"乃遂还。

【注释】

①绕角：蔡国地名。在今河南省鲁山县东南部。②武子：即栾书，为中军之帅。③迁戮：转移杀戮对象，指侵蔡。

于是，军帅之欲战者众。或谓栾武子曰："圣人与众同欲，是以济事。子盍从众？子为大政①，将酌于民者也。子之佐十一人②，其不欲战者，三人而已。欲战者可谓众矣。《商书》曰：'三人占，从二人。'众故也。"武子曰："善钧③，从众。夫善，众之主也。三卿为主，可谓众矣。从之，不亦可乎？"

【注释】

①大政：中军帅，即执政大臣。②佐：辅佐者。③善钧：同样是善。钧同均。

【译文】

六年春，郑伯去到晋国拜谢讲和，子游作为相礼，在东楹的东边举行授玉的仪式。士贞伯说："郑伯恐怕将不久于人世！自己不尊重自己。目光流动而走路不稳重，不能安详地处在自己的位子上，大概活不了多长时间。"

二月，季文子为了纪念鞌地战役的功劳建立了武宫，这是不合于礼的。依赖别人来救援自己的患难，不能建立武宫。建立武宫应该因为自己而不是依靠别人的援助。

占取邿地，《春秋》这样记载，是说事情完成得轻而易举。

三月，晋国伯宗、夏阳说、卫国孙良夫、宁相、郑人、伊雒戎人、陆浑、蛮氏进攻宋国，这是因为宋国拒绝会见的缘故。军队驻扎在针地。卫人没有防备。夏阳说要偷袭卫国，说："虽然不能进入，多抓一些俘虏回去，有罪也不至于死。"伯宗说："不可以。卫国因为信赖晋国，所以军队驻扎在他们郊外而不加防备。假设偷袭他们，这是背弃信用。虽然多抓了卫国俘虏，而晋国没有了信用，用什么去求得诸侯的爱戴？"于是就停下来没有按此计划实施。军队回国，卫国人登上了城墙。

晋国人准备离开故绛，大夫们都说："务必要住在郇瑕氏的地方，那里肥沃富饶而紧挨盐池，国家有利，国君欢乐，不能够放弃它。"韩献子正带领新中军，同时兼任仆大夫。晋侯朝罢向群臣作揖而后退入路门，韩献子尾随其后。晋侯站在正寝外边的院子里，对韩献子说："怎么样？"韩献子回答说："不可以。郇瑕氏土地贫瘠水浅，污秽容易积聚。污秽容易积聚，百姓就烦恼，百姓愁苦，身体就不够健康，在这种情况下就患得风湿脚肿的病症。不如新田，土厚水深，住在那里不生疾病，有汾水、浍水以洗刷污秽，而且百姓服从管理，这是子孙十代的利益。深山、大泽、森林、盐池，是国家的宝藏。国家富饶，百姓就骄傲放荡。靠近宝藏，公室就会亏损。不能说是欢乐。"晋侯十分高兴，听从了他的意见。夏四月十三日，晋国迁都到新田。

六月，郑悼公去世。

子叔声伯前往晋国，晋国命令鲁国去进攻宋国。

秋，孟献子、叔孙宣伯攻打宋国，这是由于晋国的命令。

楚国的子重攻打郑国，这是由于郑国投靠晋国的原因。

冬，季文子去到晋国，这是为了对迁都表示祝贺。

晋国栾武子救援郑国，和楚军在绕角狭路相逢。楚军撤军回国。晋军就进攻蔡国。楚国公子申、公子成带领申地、息地的军队救援蔡国，在桑隧迎击晋军。赵同、赵括想要出战，向栾武子请求，栾武子打算同意。知庄子、范文子、韩献子进谏说："不可以。我们来救援郑国，楚军离开我们，我们就到了这里，这是把杀戮转移到别人头上。杀戮而无休止，又激怒楚军。作战一定不能取胜。即使得胜，也不是好事。整顿军队出动，仅仅打败楚国两个县的部队，有什么光荣呢？如果不能打败他们，蒙受的耻辱就太过分了，不如回去。"因此晋军就回去了。

当时军官中主张作战的很多。有人对栾武子说："圣人的愿望和大众相同，因而成事，您为什么不顺从大众的意见？您是执政大臣，应当是斟酌人民的意见办事。您的辅佐者十一个人，不要作战的仅仅只有三个人而已。相要作战的人可以说是一大半。《商书》说：'三个人占卜，听从两个人的。'由于是多数的原因。"栾武子说："同样是吉祥和善才听从多数。吉祥善良是大众主张，现在有三位大臣主张，可以说是群众了。顺从他们，不也是可以的吗？"

成公七年

七年春，吴伐郯，郯成。

季文子曰："中国不振旅①，蛮夷入伐，而莫之或恤②，无吊者也夫③！《诗》曰：'不吊昊天，乱靡有定。'其此之谓乎！有上不吊④，其谁不受乱？吾亡无日矣！"君子曰："知惧如是，斯不亡矣。"

郑子良相成公以如晋，见，且拜师⑤。

【注释】

①中国不振旅：中原华夏诸国不整治军旅以威四夷。②莫之或恤：对被蛮夷侵伐之国，没有人加以存恤救援。③吊：甲骨文及金文叔、吊同是一字。叔同淑，善。无吊者，即无善君。④上：指霸主。⑤拜师：拜谢去年出兵救郑。

夏，曹宣公来朝。

秋，楚子重伐郑，师于氾①。诸侯救郑。郑共仲、侯羽军楚师，囚郧公钟仪，献诸晋。

八月，同盟于马陵②，寻虫牢之盟，且莒服故也。

晋人以钟仪归，囚诸军府③。

【注释】

①氾：地名，在今河南省襄城县。②马陵：卫地，位于河北省大名县东南。③军府：军用仓库。今用作囚禁战俘。

楚围宋之役，师还，子重请取于申、吕以为赏田①，王许之。申公巫臣曰："不可。此申、吕所以邑也，是以为赋，以御北方。若取之，是无申、吕也。晋、郑必至于汉。"王乃止。子重是以怨巫臣。子反欲取夏姬，巫臣止之，遂取以行。子反亦怨之。及共王即位，子重、子反杀巫臣之族子阎、子荡及清尹弗忌及襄老之子黑要②，而分其室③。子重取子阎之室，使沈尹与王子罢分子荡之室，子反取黑要与清尹之室。巫臣自晋遗二子书，曰："尔以谗慝贪婪事君，而多杀不辜，余必使尔罢于奔命以死④。"

【注释】

①申、吕：地名。为楚北部边陲之二县，故城在今河南省南阳市西。②清尹：楚官名。③分其室：分其家产，包括土地、房屋、姬妾奴仆以及所有财物。④罢：通疲。

巫臣请使于吴，晋侯许之。吴子寿梦说之。乃通吴于晋。以两之一卒适吴①，舍偏两之一焉②。与其射御，教吴乘车，教之战陈，教之叛楚。置其子狐庸焉③，使为行人于吴④。吴始伐楚、伐巢、伐徐。子重奔命。马陵之会，吴入州来⑤。子重自郑奔命⑥。子重、子反于是乎一岁七奔命。蛮夷属于楚者，吴尽取之，是以始大，通吴于上国⑦。

卫定公恶孙林父⑧。冬，孙林父出奔晋。卫侯如晋，晋反戚焉⑨。

【注释】

①两之一卒：合两偏为一卒的战车，即兵车三十辆。②舍偏两之一：留下卒中一偏，即兵车十五辆。③置其子：留下其子。④行人：外交人员。⑤州来：楚属国，位于今安徽省凤台县境。⑥奔命：奉命奔驰以御吴军。⑦上国：指中原诸国。⑧孙林父：孙良夫之子，又称孙文子。⑨戚：本孙氏采邑，孙林父奔晋，其戚邑随孙氏归晋。

【译文】

鲁成公七年春，吴国侵犯郯国，郯国和吴国讲和。

季文子说："中原诸国不整顿军队，蛮夷侵犯，而没有人对此担心。这是因为没有才德高尚之士的原因啊！《诗》说：'上天不善，动乱没有个安定。'说的就是这种情况吧！有了上面的人然而不善，还有谁不受到动乱？我们不用多久就会灭亡了。"君子说："像这样知道警惕，这就不会灭亡。"

郑国的子良作为郑成公的相礼者出使晋国，拜见晋侯，同时感激出兵援救郑国。

夏，曹宣公前来朝见。

秋，楚国的子重进攻郑国，军队驻扎在氾地。诸侯救援郑国。郑国的共仲、侯羽围困楚军，拘捕郧公钟仪，把他献给晋国。

八月，（成公和晋侯、齐侯、宋公、卫侯、曹伯、莒子、邾子、杞伯）共同在马陵结盟，这是由于重温虫牢的盟约，同时莒国归降的缘故

晋人押戒着钟仪回去，把他关押在军用仓库里。

楚国围攻宋国那一战役，楚军回国，子重请求封给申邑、吕邑的部分土地作为赏赐。楚王同意了。申公巫臣说："不可以。这些土地是申、吕两地所赖以成为城邑的，从这里征发兵赋，以抗击北方。如果私人拥有它，这就没有申邑和吕邑子了，晋国和郑国必然可以到达汉水。"楚王就不给子重。子重因此怀恨巫臣。子反想娶夏姬，巫臣反对他，自己反而娶了夏姬逃到晋国，子反由此也很怨恨巫臣。等到楚共王当上国君，子重、子反杀了巫臣的族人子阎、子荡和清尹弗忌以及襄老的儿子黑要，并且一起分掉他们的所有家产。子重取得了子阎的全部家当，让沈尹和王子罢瓜分子荡的家产，子反取得了黑要和清尹的所有家产。巫臣从晋国写信给子反、子重，说："你们用邪恶贪婪报答国君，杀了那么多无辜的人，我一定要让人们疲于奔命劳累而死。"

　　巫臣请求出使到吴国，晋侯同意了。吴子寿梦赞赏他。于是巫臣就促使吴国和晋国通好，带领了楚国的三十辆战车来到吴国当教练，留下十五辆。送给吴国射手和御者，教吴人使用战车，教他们使用战阵，教他们反抗楚国。又把自己的儿子狐庸留下，让他在吴国做外交官。吴国开始进攻楚国、攻打巢国、攻打徐国，子重奉命往返其间。在马陵会见的时候，吴国进入州来，子重从郑国奉命赶去。子重、子反在这种情况下一年七次奉命奔驰以抵抗吴军，蛮夷属于楚国的，吴国一概加以占取，所以开始强大，得以和中原诸国互通友好。

　　卫定公憎恨孙林父。冬，孙林父逃跑来到晋国。卫定公奔赴晋国，晋国把孙林父的封邑戚地归还给了卫国。

成公八年

　　八年春，晋侯使韩穿来言汶阳之田，归之于齐。季文子饯之，私焉[1]，曰："大国制义以为盟主[2]，是以诸侯怀德畏讨，无有贰心。谓汶阳之田，敝邑之旧也，而用师于齐[3]，使归诸敝邑。今有二命曰：'归诸齐。'信以行义，义以成命，小国所望而怀也。信不可知，义无所立，四方诸侯，其谁不解体？《诗》曰：'女也不爽，士贰其行。士也罔极，二三其德。七年之中，一与一夺，二三孰甚焉！士之二三，犹丧妃耦，而况霸主？霸主将德是以，而二三之，其何以长有诸侯乎？《诗》曰：'犹之未远，是用大简[4]。'行父惧晋之不远犹而失诸侯也[5]，是以敢私言之。"

【注释】

①私：私下交谈。②制义：处理事务适宜。③用师：鞌之战。④犹之未远二句：意为谋略无远见。犹同猷，谋。大简：极力规劝。简，谏。⑤行父：指季文子。

　　晋栾书侵蔡，遂侵楚，获申骊[1]。

　　楚师之还也，晋侵沈[2]，获沈子揖，初从知、范、韩也[3]。君子曰："从善如流，宜哉！《诗》曰：'恺悌君子，遐不作人[4]。'求善也夫！作人，斯有功绩矣。"

　　是行也，郑伯将会晋师，门于许东门，大获焉。

　　声伯如莒，逆也。

　　宋华元来聘，聘共姬也。

夏，宋公使公孙寿来纳币，礼也。

【注释】

①申骊：楚大夫。②沈：国名，在今安徽省阜阳市西北。③知、范、韩：指知庄子、范文子、韩献子。④恺悌君子二句：恺悌，平易近人。遐不作人：何不起用人材。

晋赵庄姬为赵婴之亡故，谮之于晋侯，曰："原、屏将为乱。"栾、却为征①。六月，晋讨赵同、赵括。武从姬氏畜于公宫。以其田与祁奚②。韩厥言于晋侯曰："成季之勋③，宣孟之忠④，而无后，为善者其惧矣。三代之令王，皆数百年保天之禄。夫岂无辟王⑤，赖前哲以免也。《周书》曰：'不敢侮鳏寡。'所以明德也⑥。"乃立武⑦，而反其田焉⑧。

秋，召桓公来赐公命。

【注释】

①栾、却为征：栾氏、却氏为庄姬之诬告作证。②祁奚：晋臣，又称祁大夫，字黄羊，晋大夫高梁伯之子。③成季：赵衰，辅佐晋文公有功劳。④宣孟：即赵盾，对晋忠诚。⑤辟王：邪僻的君王。⑥明德：昭明美德。⑦立武：立赵武为赵氏家族继承人。⑧反其田：将收回之赵氏田返还给他。

晋侯使申公巫臣如吴，假道于莒。与渠丘公立于池上①，曰："城已恶②。"莒子曰："辟陋在夷，其孰以我为虞③？"对曰："夫狄焉思启封疆以利社稷者，何国蔑有④？唯然，故多大国矣。唯或思或纵也。勇夫重闭⑤，况国乎？"

冬，杞叔姬卒。来归自杞，故书。

【注释】

①渠丘公：莒国君主，名朱。渠丘为莒国邑名，在今山东莒县北。②城已恶：已，太。城墙太破旧了。③以我为虞：把我国作为觊觎的对象。虞：望。④蔑：无。⑤重闭：内外门户重重关闭。

晋士燮来聘，言伐郯也，以其事吴故。公赂之，请缓师。文子不可①，曰："君命无贰，失信不立②。礼无加货，事无二成③。君后诸侯，是寡君不得事君也④。燮将复之。"季孙惧，使宣伯帅师会伐郯。

卫人来媵共姬，礼也。凡诸侯嫁女，同姓媵之，异姓则否。

【注释】

①文子：指士燮。②失信不立：完不成使命而失信于君，则无以自立。③二：即出师与缓师。④寡君不得事君：晋君不得事奉鲁君。此为外交辞令，包含与鲁绝交之意。

【译文】

鲁成公八年春季，晋景公派遣韩穿去到鲁国，要求鲁国把鲁成公二年取得的汶阳田地返还给齐国。季文子给韩穿饯行时，偷偷对他说："大国只有合理公道地处理各种事宜，才能当上诸侯盟主。各诸侯也会因此而怀念它的德行，担心它的征讨，不敢有三心二意。说起汶阳之田，本是我国领土，对齐国用兵之后，才逼迫齐国归还我国。而如今又有了第二道命令：'再归还齐国。'道义要靠信用实施，命令要靠道义执行，这是小国对大国的愿望，也因此而归附它们。现在不讲信用，不行道义，各处诸侯能不分崩离析吗？《诗经》说：'女人并无过失，是男人的所做所为不对；男人心中没有主意，他的行为不可猜测。'七年之内，给一次又要回去一次，还有比这更没有立场的吗？男人变化无常，尚且会使恋人背离，更何况是诸侯盟主呢？作为霸主必须仰赖德行，如果朝令夕改，怎么能长期得到诸侯的拥戴呢？《诗经》说：'您的谋略无远见，我就极力来劝谏。'我担心晋国在这个问题上不能深谋远虑，因此才敢偷偷对您说这些话。"

晋国的栾书带兵进犯蔡国，随后又侵入楚国，俘虏了楚国大夫申骊。

鲁成公六年，楚、晋两军在绕角不谋而遇，楚军撤退后，晋国又趁机攻进沈国，抓住了沈子揖初。这是栾书采纳荀首、士燮、韩厥三人谋划的结果。因此君子对此认为："采纳善言象流水一样爽快，这是很妥帖的啊！《诗经》说：'善良的君子，怎么不起用人才？'说的就是求取有德之人吧。善于起用人才，就能建立伟大的功绩。"

在晋军这次行动中，郑悼公聚集晋军，路经许国时，顺便攻击许国国都的东门，结果收获十分显著。

鲁国的声伯奔赴莒国，迎娶妻子。

宋国的华元前来鲁国聘问，为宋共公约定婚姻，聘定的是共姬。

夏季，宋共公又派公孙寿来到鲁国送呈彩礼，这是合于礼法的。

晋国的赵庄姬因为赵婴被迫出逃一事，在晋景公面前诽谤赵同和赵括说："赵同和赵括打算叛乱。"而栾氏和郤氏则从旁为她作证。因而到了六月，晋国诛杀了赵同、赵括及其族人。赵武则跟着庄姬在晋景公的宫内居住。晋景公把赵氏的田地赐给了祁奚。韩厥对晋景公说："赵衰功劳卓著，赵盾忠心耿耿，这样的人到头来却没有留下后代，这就会使善良的人感到忧虑。夏、商、周三代君王都能够享有富贵几百年，难道他们中间就不存在昏君吗？只不过是倚赖他们贤明的祖先才得以免除祸难罢了。《周书》说：'不要欺侮鳏夫寡妇。'就是为了宣扬德行。"因此晋景公就把赵武立为赵氏继承人，并把赵氏的田地全都返还给了他。

秋季，召桓公来鲁国传达周天子赐爵成公的绍令。

晋景公派申公巫臣出使吴国，向莒国借道。巫臣和渠丘公站在城池边上说："你们的城墙太破旧了。"渠丘公说："我国地处偏远，为夷蛮之邦，谁还会找打我们的算盘呢？"巫臣说："狡诈之人都是绞尽脑汁扩展疆土，以有利于自己的国家，哪个国家没有这样的人？正因为这样，才出现了很多地域辽阔大国。只是小国中有的警惕性较高，有的则疏乎戒备。一个勇敢的人在睡觉时尚且要关闭门窗，更何况是一个国家呢？"

冬季，杞叔姬死去。由于她是被杞国休弃回到鲁国的，出于同情，《春秋》才加以记载。

晋国的士燮来到鲁国聘问，说是要发兵攻击郯国，因为郯国背叛晋国而归顺吴国。成公送给士燮财物，请求让鲁国暂缓出兵，但士燮不赞成，他说："执行国君的命令不能随意变更，如失去对国君的信用就难以自立。我只能接受规定的礼物，不能另外有所增加，立即出兵或暂缓出兵，在其中只能有一种选择。假设君王在其他诸侯之后出兵，那么我们君王就难以再服事您了。我将实事求是向我们君王汇报。"季孙对此感到很恐惧，于是就只好让宣伯领兵会同晋军攻打郯国去了。

　　卫国人送来一个女子作为共姬的陪嫁，这是符合礼法的。凡是诸侯的女儿嫁给其他国家，只要是同姓国家就要送一女子作为陪嫁，异姓国家就不必这样做了。

襄　公

襄公元年

元年春己亥，围宋彭城。非宋地，追书也。于是为宋讨鱼石，故称宋，且不登叛人也①。谓之宋志②。

彭城降晋，晋人以宋五大夫在彭城者归③，置诸瓠丘④。

齐人不会彭城，晋人以为讨。二月，齐太子光为质于晋。

【注释】

①叛人：指鱼石等。不登叛人：不赞同鱼石等人据邑叛君也。②宋志：宋之意愿。③宋五大夫：指鱼石、向为人、鳞朱、向带、鱼府。④瓠丘：晋地，又称壶丘，在今山西垣曲县东南五十里。

夏五月，晋韩厥、荀偃帅诸侯之师伐郑，入其郛，败其徒兵于洧上。于是东诸侯之师次于鄟①，以待晋师。晋师自郑以鄟之师侵楚焦夷及陈②，晋侯、卫侯次于戚③，以为之援。

秋，楚子辛救郑④，侵宋吕、留⑤。郑子然侵宋⑥，取犬丘⑦。

九月，邾子来朝，礼也。

冬，卫子叔、晋知武子来聘⑧，礼也。凡诸侯即位，小国朝之，大国聘焉，以继好结信，谋事补阙⑨，礼之大者也。

【注释】

①鄟：郑地，位于河南睢县东南。②焦、夷：二邑本陈地，后为楚取。焦在今安徽省亳县，夷在亳县东南七十里。③戚：卫地名。④子辛：即公子壬夫。⑤吕、留：宋国二邑名。吕在今徐州市东南五十里，留在今江苏省沛县与徐州市之间。⑥子然：郑穆公子。⑦犬丘：宋地，在今河南永城县西北三十里。⑧子叔：公孙剽。知武子：荀罃。⑨补阙：阙，过失也。弥补过失。

【译文】

鲁襄公元年春季，正月二十五日，诸侯围攻了宋国的彭城。实际上彭城已经不是宋国的属地了，《春秋》依然记载为"宋彭城"，是一种追记的方法。此时诸侯是为了宋国才去攻打鱼石等人的，因此称为宋国，同时也表示反对这些叛逆者，从而表达了宋国的意愿。

彭城终于向晋国投降，晋国人把在彭城的鱼石等五个宋国大夫带回晋国，把他们安排在瓠丘。

齐国人没有出兵到彭城会师，晋国因此又去攻打齐国。二月，齐国的太子光到晋国做了人质。

　　夏季五月，晋国的韩厥、荀偃统帅诸侯的军队进攻郑国，进至郑都的外城，在洧水上游将郑国的步兵打得落花流水。此时东部诸侯的军队正驻守在鄫地等候和晋军会合。随后晋军从郑国带领鄫地的军队侵略进入楚国的焦地、夷地和陈国，晋悼公、卫献公则住在戚地，作为先头部队的后部增援。

　　秋季，楚国的子辛出兵救援郑国，侵入了宋国的吕地和留地。郑国的子然也领兵入侵宋国，攻克了犬丘这个地方。

　　九月，邾子来鲁国朝见，这是在礼法上允许的。

　　冬季，卫国的子叔、晋国的荀罃来鲁国进贡问候，这也合乎礼法。凡是诸侯即位，小国都应该前来朝见，大国则来聘问，其目的是继续发展睦邻友好关系，取得对方信任，研究两国大事，弥补从前的不足，这是礼仪中最重要的核心。

襄公二年

　　二年春，郑师侵宋，楚令也。

　　齐侯伐莱，莱人使正舆子赂夙沙卫以索马牛①，皆百匹，齐师乃还。君子是以知齐灵公之为“灵”也。

　　夏，齐姜薨。初，穆姜使择美槚②，以自为榇与颂琴③。季文子取以葬。

【注释】

　　①正舆子：莱国贤大夫。夙沙卫：齐灵公幸臣。索马牛：清选好的马和牛。索，选择。②美槚：上等槚木。槚（jiǎ），山楸，木材细密，古人常作棺椁。③颂琴：琴名，长七尺二寸，宽一尺八寸，有二十五根弦。

　　君子曰：“非礼也。礼无所逆，妇①，养姑者也②，亏姑以成妇，逆莫大焉。《诗》曰：‘其惟哲人，告之话言，顺德之行。’季孙于是为不哲矣。且姜氏，君之姒也③，《诗》曰：‘为酒为醴，烝畀祖妣，以洽百礼，降福孔偕’。”

　　齐侯使诸姜宗妇来送葬④。召莱子，莱子不会，故晏弱城东阳以逼之⑤。

【注释】

　　①妇：媳妇，即儿媳。②姑：婆母。③姒：祖母。④诸姜宗妇：诸姜，与齐同姓之女嫁与齐国大夫为妻者。宗妇，同姓大夫之妻。⑤东阳：齐国境上邑名，当在今山东省临朐县东。

　　郑成公疾，子驷请息肩于晋①。公曰：“楚君以郑故，亲集矢于其目②，非异人任③，寡人也。若背之，是弃力与言④，其谁昵我？免寡人，唯二三子！”

　　秋七月庚辰，郑伯睔卒。于是子罕当国⑤，子驷为政，子国为司马。晋师侵郑，诸大夫欲从晋。子驷曰：“官命未改。”

【注释】

①息肩：即放包袱。②集矢于其目：指成公十六年鄢陵之战，楚共王被射中目一事。③非异人任：并非保护其他人。任，保。④弃力与言：背弃其功劳与誓言。力，功。⑤当国：秉政。

会于戚，谋郑故也。孟献子曰①："请城虎牢以逼郑②。"知武子曰："善。鄫之会，吾子闻崔子之言，今不来矣。滕、薛、小邾之不至。皆齐故也。寡君之忧不唯郑。婴将复于寡君，而请于齐。得请而告，吾子之功也。若不得请，事将在齐。吾子之请，诸侯之福也，岂唯寡君赖之。"

【注释】

①孟献子：鲁卿仲孙蔑。②虎牢：即北制。穆叔聘于宋，通嗣君也。

冬，复会于戚，齐崔武子及滕、薛、小邾之大夫皆会，知武子之言故也。遂城虎牢，郑人乃成。

楚公子申为右司马，多受小国之赂，以逼子童、子辛，楚人杀之。故书曰："楚杀其大夫公子申。"

【译文】

二年春，郑国的军队偷偷袭击宋国，这是楚国的命令。

齐侯进攻莱国，莱国人打发正舆子把精挑细选的马和牛各一百匹送给夙沙卫，齐军就退兵。君子因此而知道了齐灵公所以认为"灵"的原因。

夏，齐姜去世。开始，穆姜挑选上好的楸木，为自己制作了内棺和颂琴，季文子拿来安葬齐姜。

君子说："这是礼法上不允许的。礼不能有所不顺。媳妇是侍奉婆婆的人。亏损婆婆以成全媳妇，没有比这再大的不顺了。《诗》说：'只有明智的人，才可以把好听之言告诉他，要他顺着道德而行动。'季孙在这件事情上就是愚笨了，而且穆姜还是国君的祖母啊。《诗》说：'酿造甜酒，献给祖妣，合乎礼仪，福临天下。'"

齐侯派遣许配给大夫的宗女和同姓大夫的妻子前来送葬，召见莱子。莱子不参加会见，所以晏弱在东阳筑城以强迫他。

郑成公患病，骊了请求顺服晋国以消除对楚国的负担。郑成公说："楚国的国君因为郑国的缘故，他的眼睛被箭射中受伤。受到这样的灾祸不是为了别人，正是为了寡人啊！如果我背叛他，这是丢弃了人家的功劳和自己的誓言，还有谁能来亲近我？使我免於受过，就看你们几位的了。"

秋七月庚辰，郑国的伯蚠去世。当时子罕主管国家大事，子驷处理政务，子国担任司马。晋军侵犯郑国。大夫们准备服从晋国。子驷说："国君的命令没有变化。"

仲孙蔑和晋国荀罂、宋国华元、卫国孙林父、曹人、邾人在戚地会面，这是为了商量征服郑国的原因。仲孙蔑说："请在虎牢筑城以逼迫郑国。'知武子说：'好。鄫地的盟会，您听到了齐国代表崔杼所说的话，现在他不来了。滕国、薛国、小邾国的没有到，都是因为齐国的缘故。寡君的担心不仅在于郑国。婴准备向寡君报告而向齐国请求会见。请求得到同意而告诉诸侯共同在虎牢筑城，这是大夫的贡献。如果请求得不到莒同意，战事就会在齐国爆发。大夫的请求，是诸侯的福气，岂独寡君依靠它？"

穆叔到国聘问，向他们通知新君即位。

冬，又一次在戚地见面，齐国的崔武子和滕国、薛国、小邾国的大夫都来参加会见，这是由于知武子这一番话的缘故。於是就在虎牢筑城。郑国人这才要求议和。

楚国的公子申做右司马，接受贿赂了小国很多财礼，以威逼子重、子辛。楚国人将他杀害，所以《春秋》记载说"楚杀其大夫公子申。"

襄公三年

三年春，楚子重伐吴，为简之师①，克鸠兹②，至于衡山③。使邓廖帅组甲三百、被练三千，以侵吴④。吴人要而击之⑤，获邓廖。其能免者，组甲八十，被练三百而已。

子重归，既饮至⑥，三日，吴人伐楚，取驾。驾⑦，良邑也。邓廖，亦楚之良也。君子谓："子重于是役也，所获不知所亡。"楚人以是咎子重。子重病之，遂遇心疾而卒。

【注释】

①简：选拔。为简之师：在出兵前，对士卒加以挑选和训练，组成一支精干部队。②鸠兹：吴邑，当在今安徽芜湖市东南二十五里。③衡山：吴地，即今当涂县东北六十里的横山。④被练：徒兵之服，此指徒兵。⑤要而击之：要通腰，拦腰攻击楚军。⑥饮至：古代礼仪，诸侯外出参加朝聘、会盟、伐，归来时在宗庙与随行者饮酒庆贺，称为饮臣。⑦驾：地名，在现安徽省无为县境。

公如晋，始朝也①。夏，盟于长樗②。孟献子相，公稽首③。知武子曰："天子在，而君辱稽首，寡君惧矣④。"孟献子曰："以敝邑介在东表⑤，密迩仇雠，寡君将君是望，敢不稽首？"

晋为郑服故，且欲修吴好，将合诸侯。使士匄告于齐曰："寡君使匄，以岁之不易，不虞之不戒，寡君愿与一二兄弟相见，以谋不协，请君临之，使匄乞盟。"齐侯欲勿许，而难为不协，乃盟于耏外。

【注释】

①始朝：襄公即位，首次朝见盟主。②长樗：疑是晋郊地名。③稽首：一种跪拜礼，叩头至地，为九拜中最重的礼仪。④寡君惧：寡君不敢承受这样大礼。⑤介在东表：疆域处于东方偏远的地方。

祁奚请老①，晋侯问嗣焉②。称解狐，其仇也，将立之而卒。又问焉，对曰："午也可③。"于是羊舌职死矣④，晋侯曰："孰可以代之？"对曰："赤也可⑤。"于是使祁午为中军尉，羊舌赤佐之。

君子谓祁奚"于是能举善矣。称其仇，不为谄。立其子，不为比⑥。举其偏⑦，不为党。《商书》曰：'无偏无党，王道荡荡。'其祁奚之谓矣！解狐得举，祁午得位，伯华得官，建一官而三物成^⑧，能举善也夫！唯善，故能举其类。《诗》云：'惟其有之，是以似之。'祁奚有焉。"

【注释】

①祁奚：又名祁黄羊，晋大夫，当时任中军尉。请老：因年老请求退休。②嗣：继位人。③午：即祁午，为祁奚之子。④羊舌职：为祁奚的副手，此时为晋中军佐。⑤赤：羊舌职之子，羊舌赤，字伯华。⑥比：偏私。⑦偏：副手。⑧三物：称，事也，即三事，指得举、得位、得官。

六月，公会单顷公及诸侯。己未^①，同盟于鸡泽^②。

晋侯使荀会逆吴子于淮上^③，吴子不至。

楚子辛为令尹，侵欲于小国。陈成公使袁侨如会求成，晋侯使和组父告于诸侯。秋，叔孙豹及诸侯之大夫及陈袁侨盟，陈请服也。

【注释】

①己未：二十三日。②鸡泽：地名，在今河北邯郸市东北。③淮上：淮水之北，为在今安徽省凤台县境，淮水北。

晋侯之弟扬干乱行于曲梁^①，魏绛戮其仆。晋侯怒，谓羊舌赤曰："合诸侯以为荣也，扬干为戮，何辱如之^②？必杀魏绛，无失也！"对曰："绛无贰志，事君不辟难，有罪不逃刑，其将来辞^③，何辱命焉^④！"言终，魏绛至，授仆人书，将伏剑^⑤。士鲂、张老止之。公读其书曰："日君乏使，使臣斯司马。臣闻'师众以顺为武，军事有死无犯为敬^⑥'。君合诸侯，臣敢不敬？君师不武，执事不敬，罪莫大焉。臣惧其死，以及扬干，无所逃罪。不能致训，至于用钺^⑦。臣之罪重，敢有不从，以怒君心，请归死于司寇^⑧。"公跣而出^⑨，曰："寡人之言，亲爱也。吾子之讨，军礼也。寡人有弟，弗能教训，使干大命^⑩。寡人之过也。子无重寡人之过，敢以为请。"

【注释】

①乱行于曲梁：乱行，扰乱队列。在曲梁扰乱军队行列。曲梁，在鸡泽附近。②何辱如之：什么侮辱能比上这个。③其将来辞：他将会来向君主说明。④何辱命：何劳君主下命令。⑤伏剑：抽剑自杀。⑥无犯：不违犯军纪。⑦钺：行刑所用的大斧。⑧司寇：主管司法官。⑨跣：赤足。⑩干大命：触犯军令。

晋侯以魏绛为能，以刑佐民矣。反役与之礼食，使佐新军。张老为中军司马，士富为候奄。

楚司马公子何忌侵陈，陈叛故也。

许灵公事楚，不会于鸡泽。冬，晋知武子帅师伐许。

【注释】

①佐：治也。②反役：盟会事后返国。③礼食：公食大夫之礼。

【译文】

鲁襄公三年春季，楚国的子重出兵进攻吴国，组建了一支经过严格选拔的军队。楚军攻占吴国的鸠兹，又逼至衡山，然后又委任邓廖带领三百身穿组甲的车兵和三千身穿被练的步兵攻打吴国。吴国人在半路截杀，一举擒获邓廖，只有八十车兵和三百步兵幸免被俘。

子重回国后，一连三天大宴宾客庆祝胜利。到了第三天，吴国人攻打楚国，攻克了驾地。驾地是楚国的一个好地方，邓廖也是楚国的一个杰出将领。所以君子们认为："子重在这次战役中得不偿失。"楚国人因此而归罪于子重，子重心中忧郁愤懑，得了精神病因病去世了。

襄公前去晋国，这是即位后第一次朝见。夏季，两国在长樗结盟，孟献子主持盟会。襄公向晋悼公朝拜叩头。荀罃说："现在有天子高高在上，而君王却屈尊行此大礼，我们国君会感到承受不了的。"孟献子说："我们国家远在东方，和齐、楚等仇国近在咫尺，我们国君要完全仰仗贵君，怎能不行此大礼？"

晋国由于郑国已经臣服听命，并且也打算和吴国建立友好关系，于是就准备召集诸侯会盟。派士匄到齐国通知说："我们国君命我前来，是因为近年来各国之间纠纷不断产生，因此对意外情况就没有多加防备。我们国君希望几位兄弟国家见面，以便共同研究对付敌国。希望君王能届时光临。特此派我前来请求结盟。"齐灵公本来不想同意，但转念一想，又不好公开闹不团结，于是就在耏水之外举行了盟会。

祁奚请求告老还乡，晋悼公问他谁能接替他的职位，祁奚荐举了解狐，解狐是他的仇人。晋悼公正准备委派解狐时，不料他却死了。于是晋悼公又问祁奚，还有谁可以担任此职，祁奚回答说："我的儿子完全可以胜任"。正好这样时候祁奚的副手羊舌职也去世了，悼公便又问祁奚："谁能代替他？"祁奚说："羊舌职的儿子可以担任职务。"于是悼公便任命祁午为中军尉，羊舌赤为他的副职。

君子们认为祁奚"在这个问题上的的确确是能够做到荐举贤能之人。举荐他的仇人不能算是拍马屁，荐举他的儿子不能算是营私，荐举他的副手不能算是结党。《商书》说：'即不结党又不营私，君王之道先昭日月光明磊落。'大概说的就是祁奚。解狐被举荐，祁午被重用，羊舌赤得到任命，任命一个官员却完成了三件事，这是能够举荐贤人的典范。只有贤能之人才能举荐贤人，因此《诗经》说：'正因为他有才能，所以被荐者才像他一样。'祁奚就是这样的人。"

六月，襄公联合单顷公和晋悼公、宋平公、卫献公、郑僖公、莒子、邾子、齐国的世子光，于二十三日在鸡泽举行盟会。

晋悼公派荀会到淮水上游恭候吴王寿梦，但是吴王没有来。

楚国的子辛出任令尹，他打算侵略弱小的国家以满足其扩张野心，因此陈成公便派袁侨到鸡泽盟会上议和。晋悼公派和组父把这件事告诉了诸侯。秋季，叔孙豹和各诸侯的大夫与陈国的袁侨结盟，这是陈国恳求臣服的缘故。

晋悼公的弟弟扬干的车子在离鸡泽不远的曲梁干扰了前往参加盟会军队的队列；于是魏绛就杀了扬干的车夫。晋悼公听说后非常恼火，他对羊舌赤："会合诸侯本来是一种光荣，但扬干却因此而受到了惩罚，这是多么大的奇耻大辱啊！坚决要杀掉魏绛，不要让他跑掉。"羊舌赤回答说："魏绛忠心不二，事奉君王从来不逃避任何危难，有了罪过也不会逃避惩罚。他一定能自动前来请罪，又何必劳君王下令呢？"果然，二话没说，魏绛来到，把一封信交给仆人后，就想要拔剑自杀。士鲂和张老等人上前劝阻了他。悼公打开阅读他的信，信中说："开始君王缺乏人手，让臣下担任司马之职务。我听说'军队服从纪律叫做武，参军后宁死不违军纪叫做敬'。君王会合诸侯，我怎敢不执行军法军纪呢？君王的部队目无法纪，军中官吏不执军法，那么再没有比这更大的罪责了。我正因为怕犯下这一大罪，才敢连累扬干，我没有其他选择。我对下属有失训教，以至于用大斧杀了扬干的车夫，我罪孽深重，怎么敢不伏罪来激怒君王？请把我交给司寇请求赐死。"悼公没等穿上鞋就急忙从屋子里出来，说："我的话是出于对兄弟的友爱。您处死了扬干的车夫，这是执行军法。我对弟弟没有能够教育好，使他违犯了军令，这是我的过错，您不要再以死来加重我的过错了。请您不要再死。"

晋悼公认为魏绛能够较好地运用刑罚管理百姓，所以，从鸡泽回国之后，就在太庙中设礼食款待他，并提拔他为新军副帅。另外又任命张老为中军司马，士富为候奄。

楚国的司马公子何忌率军侵略陈国，因为陈国背叛了楚国。

许灵公臣服恭对楚国，所以不来参加鸡泽的盟会。冬季，晋国的荀䓨便发兵进攻许国。

襄公四年

四年春，楚师为陈叛故，犹在繁阳①。韩献子患之，言于朝曰："文王帅殷之叛国以事纣，唯知时也②。今我易之③，难哉！"

三月，陈成公卒。楚人将伐陈，闻丧乃止。陈人不听命④。臧武仲闻之，曰："陈不服于楚，必亡。大国行礼焉而不服，在大犹有咎⑤，而况小乎？"

【注释】

①繁阳：楚地，在现河南新蔡县北一带。②知时：知道时机不成熟。③易：改变，变更之意。④不听命：不听从楚命，不肯服楚。⑤咎：灾祸。

夏，楚彭名侵陈，陈无礼故也。

穆叔如晋①，报知武子之聘也，晋侯享之。金奏《肆夏》之三②，不拜。工歌《文王》之三③，又不拜。歌《鹿鸣》之三，三拜。

韩献子使行人子员问之，曰："子以君命，辱于敝邑。先君之礼，藉之以乐④，以辱吾子。吾子舍其大⑤，而重拜其细，敢问何礼也？"对曰：三《夏》，天子所以享元侯也⑥。使臣弗敢与闻。《文王》，两君相见之乐也，臣不敢及。《鹿鸣》，君所以嘉寡君也，敢不拜嘉？《四牡》，君所以劳使臣也，敢不重拜？《皇皇者华》，君教使臣曰：'必咨于周。'臣闻之访问于善为咨，咨亲为询，咨礼为度⑦，咨事为诹⑧，咨难为谋。臣获五善⑨，敢不重拜？"

【注释】

①穆叔：即叔孙豹。②《肆夏》：乐章名，其辞今已亡。③工：乐人。《文王》之三：指《诗经·大雅》中《文王》、《大明》、《绵》三篇。④藉：荐也，进献之意。⑤舍其大：指放弃重大的《肆夏》之三与《文王》之三。⑥元侯：牧伯也，诸侯之长。⑦咨礼为度：询问礼之所宜为度。⑧诹（zōu）：咨询、询问。⑨

王善：指访善、咨亲、咨礼、咨事、咨难五种善德。

　　秋，定姒薨。不殡于庙①，无椑②，不虞③。
　　匠庆谓季文子曰④："子为正卿，而小君之丧不成，不终君也⑤。君长，谁受其咎？"
　　初，季孙为己树六槚于蒲圃东门之外。匠庆请木⑥，季孙曰："略。"匠庆用蒲圃之槚，季孙不御⑦。
　　君子曰："《志》所谓'多行无礼，必自及也'，其是之谓乎！"

【注释】
　　①殡于庙：停棺于祖庙待葬。②椑：贴近死者之内棺。③虞：祭礼。死者葬后，生者返殡宫祭祀而安死者之灵，称虞礼。④匠庆：鲁大匠，名庆。⑤不终君：意为使襄公未为生母送终。⑥请木：请求为定姒作棺材的木料。⑦御：止。

　　冬，公如晋听政①，晋侯享公。公请属鄪②，晋侯不许。孟献子曰："以寡君之密迩于仇雠，而愿固事君，无失官命。鄪无赋于司马③，为执事朝夕之命敝邑，敝邑褊小，阙而为罪，寡君是以愿借助焉！"晋侯许之。
　　楚人使顿间陈而侵伐之④，故陈人围顿。

【注释】
　　①听政：听从别人的要求。②属鄪：使鄪归属鲁国。其地在现山东省枣庄市东。③司马：晋司马主管诸侯的贡赋。④间陈：顿与陈相邻，楚命其伺陈有间隙则攻击。

　　无终子嘉父使孟乐如晋①，因魏庄子纳虎豹之皮②，以请和诸戎。晋侯曰："戎狄无亲而贪，不如伐之。"魏绛曰："诸侯新服，陈新来和，将观于我，我德则睦，否则携贰。劳师于戎，而楚伐陈，必弗能救，是弃陈也，诸华必叛③。戎，禽兽也④，获戎失华，无乃不可乎？《夏训》有之曰：'有穷后羿⑤。'"公曰："后羿何如？"对曰："昔有夏之方衰也，后羿自鉏迁于穷石⑥，因夏民以代夏政。恃其射也，不修民事而淫于原兽⑦。弃武罗、伯因、熊髡、尨圉而用寒浞伯明氏之寒浞。谗子弟也。伯明后寒弃之⑧，夷羿收之⑨，信而使之，以为己相。浞行媚于内而施赂于外⑩，愚弄其民而虞羿于田，树之诈慝，以取其国家，外内咸服。羿犹不悛，将归自田，家众杀而亨之，以食其子⑪。其子不忍食诸，死于穷门⑫。靡奔有鬲氏⑬。浞因羿室，生浇及豷⑭，恃其谗慝诈伪而不德于民。使浇用师，灭斟灌及斟寻氏⑮。处浇于过，处豷于戈⑯。靡自有鬲氏，收二国之烬⑰，以灭浞而立少康⑱。少康灭浇于过，后杼灭豷于戈⑲。有穷由是遂亡，失人故也。昔周辛甲之为大史也⑳，命百官，官箴王阙㉑。于《虞人之箴》曰：'芒芒禹迹，画为九州㉒。经启九道㉓，民有寝庙，兽有茂草，各有攸处，德用不扰㉔。在帝夷羿，冒于原兽㉕，忘其国恤㉖，而思其麀牡。武不可重㉗，用不恢于夏家。兽臣司原，敢告仆夫。'《虞箴》如是，可不惩乎？"于是晋侯好田，故魏绛及之。

【注释】

①无终：山戎国名。孟乐：无终国君之使者。②魏庄子：即魏绛。③诸华：指中原诸国。④戎，禽兽也：当时中原诸国，文化发达，而国家落后，或尚处于魔始状况，故视为禽兽。⑤有穷后羿：有穷，部落名。后，君，即当时酋长。羿（yì），人名，又称夷羿。⑥钼、穷石：钼，地名，位于河南滑县东十五里。穷石，即穷谷，在洛阳市南。⑦淫于原兽：沉溺于田猎。⑧伯明后寒：指寒后伯明，寒国之君。⑨夷羿：即后羿。夷，种族名。⑩行媚于内：在宫内献媚。即与羿的妻姜通奸。⑪以食其子：让羿的儿子吃。⑫穷门：穷国之门。⑬靡：后羿的贵臣。有鬲氏：部落名，其地当位于山东德州市东南。⑭浇、豷（yì）：二人名。⑮斟灌、斟寻氏：都是部落名。⑯过、戈：均为部落名。过在现山东掖县西北。戈在宋、郑之间。⑰烬：遗民。⑱少康：夏代君主名。⑲后杼：少康之子。⑳辛甲：本殷臣，事纣，屡谏不听，后奔周，为周公卿。㉑官箴王阙：官员须劝谏天子的过失。箴，劝谏，用作动词。㉒画：分。㉓经启九道：开辟无数大道。九，泛指很多。㉔德用不扰：人与兽互不干扰。此箴言意为田猎不能过滥。㉕冒：贪。㉖国恤：国忧。㉗武：指田猎。

　　公曰："然则莫如和戎乎？"对曰："和戎有五利焉：戎狄荐居①，贵货易土②，土可贾焉③，一也。边鄙不耸④，民狎其野⑤，穑人成功⑥，二也。戎狄事晋，四邻振动，诸侯威怀⑦，三也。以德绥戎，师徒不勤，甲兵不顿⑧，四也。鉴于后羿，而用德度，远至迩安，五也。君其图之！"

　　公说，使魏绛盟诸戎，修民事，田以时。

　　冬，十月，邾人、莒人伐鄫。臧纥救鄫，侵邾，败于狐骀。国人逆丧者皆髽⑨。鲁于是乎始髽。国人诵之曰⑩："臧之狐裘，败我于狐骀。我君小子，朱儒是使。朱儒！朱儒！使我败于邾。"

【注释】

①荐居：逐水草而居。荐，草。②易：轻视。③贾（gǔ）：买。④不耸：不害怕。⑤狎：亲近。⑥穑（sè）人：农人。⑦威怀：因国威而慑服。⑧绥：安抚。勤：劳。顿：坏。⑨髽（zhuā）：妇人丧服，即以麻束发，去簪。⑩诵：讽。

【译文】

　　鲁襄公四年春季，楚国因为陈国叛乱兵变而侵犯陈国，军队一直驻守在繁阳，这使韩厥深为担心。他在朝廷上说："文王所以率领背叛商朝的国家臣服纣王，是因为他知道时机还没有成熟。如今我们却把事情弄反，想要成就功业真是难啊。"

　　三月，陈成公崩溃。楚国正打算攻打陈国，听到这一消息后便停止出兵了，但陈国仍旧不肯臣服楚国。臧武仲得知这事后说："陈国不顺服楚国，一定灭亡。大国在陈国国丧期间不发动战争，这是讲究礼法的，即使这样还不顺服，如此，对大国来说尚且难免引火烧身，更何况是小小的陈国呢？"

　　夏季，楚国的彭名出兵进攻陈国，因为陈国不懂礼法。

　　叔孙豹前往晋国，对荀䓨在鲁襄公元年对鲁国的聘问进行回访。晋悼公设宴招待他，席间以钟鼓演奏了《肆夏》三章，但叔孙豹并没有起身拜谢。乐工又吟唱了《文王》三首，他还是

没有表示，直到再唱《鹿鸣》、《四牡》、《皇皇者华》三首时，他这才站起身子，接连拜谢三次。

韩厥命外交官子员问他："大夫奉君王之命拜访我国，我们根据先君的礼节用音乐款待大夫。大夫对前两次演唱不拜，却对第三次演唱连续拜谢，请问这是什么意思？"叔孙豹回答说："《肆夏》是天子用来款待诸侯领袖的，我不敢听；《文王》是两国国君相见时演奏的，我也不敢听。《鹿鸣》是君王用来歌颂赞扬我国国君的，我怎敢不拜谢？《四牡》是君王犒赏我的，我怎敢不再次拜谢？《皇皇者华》说明君王教导小臣一定要请教忠信之人，我听说向圣贤之人请教是咨，向亲戚访问是询，询问有关礼仪是度，询问有关政事是诹，询问有关祸难是谋。我一连得到这五种善事，还怎敢不起身三拜呢？"

秋季，襄公的母亲定姒离世。但没有在祖庙停放棺材，也没有使用内棺，没有举行虞祭。

匠庆对季文子说："您担任为国家正卿，国君生母的丧礼没有按夫人的档次办理，这就等于是不让国君为他母亲送终。将来国君长大后，谁来承担这一责任呢？"

开始，季文子为自己在蒲圃的东门之外种植了六颗槚树。匠庆请求使用这些树给姒做棺材木料，季文子说："还是不要使用这种上等木材吧！"但匠庆没肯听他的，还是砍伐了季文子种的槚树，季文子也没有加以阻止。

君子认为："《志》书中所说的自己多做违逆礼法之事，总有一天别人也会对自己无礼"。说的就是季文子吧！"

冬季，襄公前去晋国征求晋国对鲁国提出的要求。晋悼公设宴盛情款待襄公，襄公请求晋国把鄫国划归鲁国作为附庸，悼公不肯。孟献子说："我们君王距离敌国这么近，但始终坚持事奉君王，从没有违反晋国的命令。鄫国从来不向晋国交纳贡品赋税，而君王的左右官员却整天对我国提出各种要求。我国虽然地域狭小，无力承受这种负担，但如果不满足贵国的要求，就是过错。我们君王因此希望能得到鄫国作为补偿。"晋悼公最终答应了。

楚国人让顿国乘陈国的空子攻打它。为此陈国人在顷刻间包围了顿国。

无终国国王嘉父打发孟乐到晋国，通过魏绛的关系给晋悼公献上了一些虎豹皮，目的是恳请晋国和戎人各部落讲和。晋悼公说："戎狄不可亲近而且贪婪成性，不如进攻他们。"魏绛说："各诸侯刚刚臣服我国，陈国也最近才和我们求和，正在观察我们的态度，如果我们有德，就亲近我们，不然，就是背叛我们。兴师动众去大举讨伐戎狄，让楚国乘机攻打陈国，我们肯定不能救援他们，这实际上是抛弃陈国，中原诸国一定会背叛我们。戎狄犹如牲畜野兽，如果征服了戎狄却失去了中原，恐怕得不偿失吧！《夏训》有句话说：'有穷的后羿——'。"晋悼公打断他的话说："后羿又怎么样？"魏绛说："从前夏朝正日趋衰落日薄西山时，后羿自钼地迁移到穷石，利用夏朝的百姓的愤怒取代了夏朝的政权，后羿依仗自己善于射箭，不修政事致力于安抚百姓，却沉溺于打猎的游玩之中，丢弃了武罗、伯困、熊髡、龙圉等有才能的人，却起用了寒浞。这寒浞是伯明氏的一个奸邪子弟，寒国君王伯明抛弃了他，后羿却收留了他，相信并且重用了他，让他担任了自己的助手。寒浞在宫内对女人大献殷勤，在外面又遍施钱财，愚弄百姓，使后羿终日以打猎为业。后来寒浞又运用卑鄙的手段夺取了国家的政权，国内国外都归顺了他。此时后羿仍旧不思悔改一意孤行，结果从打猎的地方回来后，就被他的家臣给杀了，还把他煮熟，让他的儿子吃。他儿子不忍心吃，就被杀害在穷门。后羿的臣子靡在羿死后逃亡到了有鬲氏。寒浞霸占了后羿的妻妾，后来生了浇和豷。又仗着他的奸诈邪恶，对百姓不施德行，并派浇出兵消灭了斟灌和斟寻氏。然后又让浇镇守过地，让豷镇守戈地。靡在有鬲氏聚集了斟灌和斟寻两国的遗民，一举灭亡了寒浞，然后立了少康。少康后来在过地消灭了浇，后杼则在戈地消灭了豷，有穷从此就不再存在了。这就是失去贤才的结局。从前周朝的辛甲做太史的时候，曾下令百官每人都要对天子的过错进行劝谏。《虞人之箴》中说：'大禹统治的广阔幅圆，划分为九个州，开辟了无数道路。百姓生前有房屋死后有庙宇供奉，禽兽有茂盛的野草，也有可供存休息的地方，人兽和睦共处，互不干扰。后羿身为君主，贪恋猎杀野兽，不顾国家的忧患，整日所想都是飞禽走兽。田猎不可过分，否则将使国家分崩离析。虞臣是管理田猎之官，因此我才敢告诉君王。'《虞箴》中这么说，我们难道能不引以为戒提醒自身吗？"此时晋悼公正热衷于打猎，因此魏绛才讲了后羿的故事。

晋悼公说："那么还有没有比跟戎狄请求议和更好的办法呢？"魏绛回答说："与戎狄讲和共有五点好处：戎狄四处流动，逐水草而居，他们看重钱财而轻视土地，我们可以把他们的土地全都收买过来，这是第一点；边疆不必再加强警备防守，百姓可以无忧患耕种，管理边疆农田的官员也可以完成任务了，这是第二点；一旦戎狄臣服晋国，四周各国一定被惊扰，诸侯因为我们的威望而更加顺服，这是第三点；以德行安抚戎狄，能减免将士远征之苦，武器也不会被损怀，这是第四点；总结后羿的亡国教训，推行贤德治国，使远方的国家来朝拜我们，邻近的国家安心，这是第五点。君王还是仔细考虑一下吧！"

晋悼公欣喜万分，便派魏绛和戎狄各部落结盟，并且开始致力于百姓事务，即便打猎也要遵守农时了。

冬季十月，邾人、莒人攻打鄫国，臧纥来鲁国请求援救。于是鲁国便攻打邾国以帮助拯救鄫国，却在狐骀被打败。国内的人们迎接阵亡将士尸骨回国时，都以麻结发。鲁国从此开始流行以麻束发的习俗了。国内的人们都讽刺说："臧孙身穿狐皮袄，狐骀一战被打败，我们国君年纪太小，竟然派此侏儒人，侏儒人啊侏儒人，使我败给邾国人。"

昭 公

昭公元年

元年春，楚公子围聘于郑①，且娶于公孙段氏，伍举为介②，将入馆，郑人恶之。使行人子羽与之言，乃馆于外。既聘，将以众逆。子产患之，使子羽辞，曰："以敝邑褊小，不足以容从者，请墠听命③！"令尹命大宰伯州犁对曰："君辱贶寡大夫围，谓围将使丰氏抚有而室④。围布几筵，告于庄、共之庙而来。若野赐之，是委君贶于草莽也⑤！是寡大夫不得列于诸卿也！不宁唯是⑥，又使围蒙其先君，将不得为寡君老⑦，其蔑以复矣。唯大夫图之！"子羽曰："小国无罪，恃实其罪⑧。将恃大国之安靖己，而无乃包藏祸心以图之。小国失恃而惩诸侯，使莫不憾者⑨，距违君命⑩，而有所壅塞不行是惧！不然，敝邑，馆人之属也，其敢爱丰氏之祧⑪？"伍举知其有备也，请垂橐而入许之⑫。

【注释】

①公子围：即王子围，时为楚令尹。②介：副使。③墠（shàn）：祭祀所用的平地。④丰氏：即公孙段。抚有：有。抚、有为同义词连用。⑤委君贶于草莽：把国君的恩赐丢在草丛中。委，弃。贶：赐。⑥宁：语中助词，无义。⑦老：卿老，上卿。⑧恃实其罪：意为依赖大国而不防备，则是罪。⑨憾：怨恨。⑩距：同拒。⑪祧：祖庙。⑫橐：古时盛衣甲弓矢的口袋。

正月乙未①，入，逆而出，遂会于虢，寻宋之盟也。祁午谓赵文子曰："宋之盟，楚人得志于晋。今令尹之不信，诸侯之所闻也。子弗戒，惧又如宋。子木之信称于诸侯，犹诈晋而驾焉②，况不信之尤者乎？楚重得志于晋，晋之耻也。子相晋国以为盟主，于今七年矣！再合诸侯，三合大夫，服齐、狄，宁东夏，平秦乱，城淳于③，师徒不顿④，国家不罢，民无谤讟⑤，诸侯无怨，天无大灾，子之力也。有令名矣，而终之以耻⑥，午也是惧。吾子其不可以不戒！"文子曰："武受赐矣⑦！然宋之盟，子木有祸人之心，武有仁人之心，是楚所以驾于晋也。今武犹是心也，楚又行僭⑧，非所害也⑨。武将信以为本，循而行之⑩。譬如农夫，是穮是蓘⑪，虽有饥馑，必有丰年。且吾闻之：'能信不为人下。'吾未能也。《诗》曰：'不僭不贼，鲜不为则。'信也，能为人则者，不为人下矣。吾不能是难⑫，楚不为患。"楚令尹围请用牲，读旧书，加于牲上而已。晋人许之。

【注释】

①乙未：十五日。②驾：驾陵。诈晋而驾：宋之盟，楚子木穿着衬甲参加盟会，凌驾于晋。③淳于：城邑名，位于今山东安丘县。④顿：疲弊，损伤。⑤谤讟（dú）：诽谤。⑥终之以耻：以蒙受耻辱而终结。⑦武：赵文子之名。⑧僭：不守信。⑨非所害：晋不是楚所能伤害的。⑩循：依照。⑪是穮（biāo）是蓘（gǔn）：言辛勤耕作。穮：田间除草。蓘培土。⑫不能是难：难于不能。

　　三月甲辰①，盟。楚公子围设服离卫②。叔孙穆子曰："楚公子美矣，君哉！"郑子皮曰："二执戈者前矣！"蔡子家曰："蒲宫有前③，不亦可乎？楚伯州犁曰："此行也，辞而假之寡君④。"郑行人挥曰："假不反矣！"伯州犁曰："子姑忧子皙之欲背诞也⑤。"子羽曰："当璧犹在⑥，假而不反，子其无忧乎？"齐国子曰："吾代二子愍矣⑦！"陈公子招曰："不忧何成⑧，二子乐矣。"卫齐子曰："苟或知之，虽忧何害？"宋合左师曰："大国令，小国共。吾知共而已。"晋乐王鲋曰："《小旻》之卒章善矣，吾从之。"

【注释】

①甲辰：二十五日。②设服离卫：摆设国君的服饰仪仗，两卫士执戈侍立。离通俪，一对。③蒲宫有前：蒲宫，楚君离宫。有前，有执戈卫士立于前。④辞而假之：经请示而借来的。⑤子皙之欲背诞：指襄公三十年郑子皙杀伯有，背命放诞，将为国难。⑥当璧：指公子去疾，后为楚平王。⑦愍：同闵，忧。⑧不忧何成：不忧而乐何以成事。

　　退会，子羽谓子皮曰："叔孙绞而婉①，宋左师简而礼②，乐王鲋字而敬③，子与子家持之，皆保世之主也④。齐、卫、陈大夫其不免乎？国子代人忧，子招乐忧，齐子虽忧弗害。夫弗及而忧，与可忧而乐，与忧而弗害，皆取忧之道也，忧必及之。《大誓》曰：'民之所欲，天必从之。'三大夫兆忧⑤，忧能无至乎？言以知物⑥，其是之谓矣。"

　　季武子伐莒取郓，莒人告于会。楚告于晋曰："寻盟未退⑦，而鲁伐莒，渎齐盟⑧，请戮其使。"

【注释】

①绞而婉：恰当而婉转，含而不露。②简而礼：言简而合于礼。③字而敬：自爱而恭敬。④保世：保持世代禄位。⑤兆忧：开忧患之先兆。⑥言以知物：从言语来验证事情。⑦退：结束。⑧渎：轻慢，亵渎。

　　乐桓子相赵文子，欲求货于叔孙而为之请，使请带焉①。弗与。梁其踁曰②："货以藩身，子何爱焉？"叔孙曰："诸侯之会，卫社稷也。我以货免，鲁必受师。是祸之也，何卫之为？人之有墙，以蔽恶也。墙之隙坏，谁之咎也？卫而恶之，吾又甚焉。虽怨季孙，鲁国何罪？叔出季处④，有自来矣，吾又谁怨？然鲋也贿，弗与不已。"召使者，裂裳帛而与之，曰："带其褊矣。"赵孟闻之，曰："临患不忘国，忠也。思难不越官⑤，信也。图国忘死，贞也。谋主三者⑥，义也。有是四者，又可戮乎？"乃请诸楚曰："鲁虽有罪，其执事不辟难⑦，畏威而敬命矣。子若免之，以劝左右可也。若子之群吏处不辟污⑧，出不逃难，其何患之有？患之所生，污而不治，难而不守，所由来也。能是二者，又何患焉？不靖其能⑨，其谁从之？鲁叔孙豹可谓能矣，请免之以靖能者。子会而赦有罪，又赏其贤，诸侯其谁不欣焉望楚而归之，视远如迩？疆埸之邑，一彼一此，何常之有？王伯之令也⑩，引其封疆⑪，而树之官。举之表旗，而著之制令。过则有刑⑫，犹不可壹⑬。于是乎虞有三苗⑭，夏有观、扈，商有姺、邳，周有徐、奄。自无令王⑮，诸侯逐进，狎主齐盟⑯，其又可壹乎？恤大舍小，足以为盟主，又焉用之⑰？封疆之削⑱，何国蔑有？主齐盟者，谁能辩焉⑲？吴、濮有衅，楚之执事，岂其顾盟⑳？莒之疆事，楚勿与知㉑。诸侯无烦㉒，不亦可乎？莒、鲁争郓，为日久矣，苟无大害于其社稷，可无亢也㉓。去烦宥善，莫不竞劝㉔。子其图之？"固请诸楚，楚人许之，乃免叔孙。

【注释】

①请带：索要带子。不便直言索贿，以要带子为暗示。②梁其踁：叔孙的家臣。③卫而恶之：本为保卫社稷反而受到攻伐。④叔出季处：叔孙出使，季孙守国。⑤不越官：不忘记职守。⑥谋主三者：以忠、信、贞为谋事主导。⑦执事：指叔孙豹。⑧处不辟污：在国内不避污浊。意为处理国事不避困难。⑨靖其能：安靖贤能。⑩王、伯：三王五霸。⑪引：正。⑫过则有刑：越过边境则处罚之。⑬壹：一成不变。犹不可壹：如此还不能使边界一成不变。⑭三苗：以下均为历代反抗当时王朝的诸侯。⑮自无令王：自从没有英明的帝王。⑯狎主齐盟：交替主持结盟。狎，更，代。齐，通斋。⑰用之：治小事。焉用之：何必管这类边界争端小事。⑱削：削小。⑲辩：治。⑳顾盟：顾及盟约。㉑勿与知：不要参与过问。㉒无烦：不烦劳诸侯出兵伐鲁。㉓亢：庇护、捍卫。㉔竞劝：竞相勉励为善。

令尹享赵孟，赋《大明》之首章。赵孟赋《小宛》之二章。事毕，赵孟谓叔向曰："令尹自以为王矣，何如？"对曰："王弱，令尹强，其可哉！虽可，不终①。"赵孟曰："何故？"对曰："强以克弱而安之，强不义也。不义而强，其毙必速。《诗》曰：'赫赫宗周②，褒姒灭之。'强不义也。令尹为王，必求诸侯。晋少懦矣③，诸侯将往。若获诸侯，其虐滋甚④。民弗堪也，将何以终？夫以强取，不义而克⑤，必以为道⑥。道以淫虐⑦，弗可久已矣？"

【注释】

①不终：不得善终。②赫赫宗周：非常显赫的周王室。③少懦：稍衰弱。④滋甚：更厉害。⑤不义而克：行不义而成功。⑥必以为道：必以不义为常道。⑦道以淫虐：以荒淫暴虐为常道。

夏四月，赵孟、叔孙豹、曹大夫入于郑，郑伯兼享之①。子皮戒赵孟②，礼终，赵孟赋《瓠叶》。子皮遂戒穆叔，且告之。穆叔曰："赵孟欲一献③，子其从之！"子皮曰："敢乎？"穆叔曰："夫人之所欲也④，又何不敢。"及享，具五献之笾豆于幕下⑤。赵孟辞，私于子产曰："武请于冢宰矣⑥。"乃用一献。赵孟为客，礼终乃宴。穆叔赋《鹊巢》。赵孟曰："武不堪也⑦。"又赋《采蘩》，曰："小国为蘩⑧，大国省穑而用之⑨，其何实非命⑩。"子皮赋《野有死麕》之卒章。赵孟赋《常棣》，且曰："吾兄弟比以安⑪，尨也可使无吠⑫。"穆叔、子皮及曹大夫兴⑬，拜，举兕爵⑭曰："小国赖子，知免于戾矣⑮。"饮酒乐。赵孟出，曰："吾不复此矣。"

【注释】

①兼享：同时享燕。②戒：告。③一献：士饮酒之礼，即主人向宾客进酒一次，其他食品亦相应减少。④夫：指示代词，那。⑤具五献之笾豆于幕下：在东房准备了五献的食品用具。笾豆，盛食品的礼器。笾，以竹制成；豆，以木制成。⑥冢宰：指子皮，为郑上卿。⑦不堪：不敢当。⑧蘩：谷名白蒿，菊科植物。此言贡品菲薄。⑨省穑：减省爱惜，穑，通啬，爱惜。⑩何实非命：何敢不从命。⑪比：亲密。比以安：亲密相安。⑫尨（páng）：狗。⑬兴：站起来。古人席地而坐，兴即站起来，起立后拜谢。⑭兕爵：用犀牛角制成的酒杯。⑮戾：罪。

天王使刘定公劳赵孟于颍，馆于洛汭①。刘子曰："美哉禹微禹，吾其鱼乎②！吾与子弁冕端委③，以治民临诸侯，禹之力也。子盍亦远绩禹功④，而大庇民乎？"对曰："老夫罪戾是惧，焉能恤远？吾侪偷食⑤，朝不谋夕，何其长也？"刘子归以语王曰："谚所谓老将知而耄及之者⑥，其赵孟之谓乎！为晋正卿，以主诸侯，而侪于隶人⑦，朝不谋夕，弃神人矣⑧。神怒民叛，何以能久？赵孟不复年矣。神怒，不歆其祀⑨；民叛，不即其事⑩。祀事不从，又何以年？"

【注释】

①洛汭：洛水岸边，其地位于今河南巩县洛水曲流处。②吾其鱼乎：我们或许成了鱼吧。③弁冕端委：弁冕，古时卿大夫的礼帽。端委，礼服。④绩：同继。⑤吾侪偷食：如我之辈不过苟且偷安，混饭过日子。⑥老将知：老了将聪明。知同智。耄及之：糊涂接着来到。耄：八十岁日耄昏乱，糊涂。⑦侪：等。⑧弃神人：丢弃神灵、百姓。⑨歆：享。⑩不即其事：不从事职事。即，就。

叔孙归，曾夭御季孙以劳之①。旦及日中不出。曾夭谓曾阜②曰："旦及日中，吾知罪矣。鲁以相忍为国也③，忍其外不忍其内，焉用之？"阜曰："数月于外，一旦于是④，庸何伤⑤？贾而欲赢，而恶嚣乎⑥？"阜谓叔孙曰："可以出矣！"叔孙指楹曰："虽恶是，其可去乎？"乃出见之。

【注释】

①曾夭：季孙的家臣。②曾阜：叔孙的家臣。③相忍：相互忍让。④一旦于是：即一旦劳于是的省略。⑤庸何伤：有什么妨碍呢？⑥嚣：指市场上的喧嚣声。

郑徐吾犯之妹美①，公孙楚聘之矣，公孙黑又使强委禽焉②。犯惧，告子产。子产曰："是国无政③，非子之患也。唯所欲与。"犯请于二子，请使女择焉。皆许之。子皙盛饰入④，布币而出。子南戎服入⑤，左右射，超乘而出⑥。女自房观之，曰："子皙信美矣，抑子南夫也。夫夫妇妇⑦，所谓顺也。"适子南氏。子皙怒。既而橐甲以见

子南⑧，欲杀之而取其妻。子南知之，执戈逐之。及冲⑨，击之以戈。子晳伤而归，告大夫曰："我好见之，不知其有异志也，故伤。"

大夫皆谋之。子产曰："直钧⑩，幼贱有罪⑪。罪在楚也。"乃执子南而数之，曰："国之大节有五，女皆奸之⑫。畏君之威，听其政，尊其贵，事其长，养其亲，五者所以为国也。今君在国，女用兵焉，不畏威也。奸国之纪，不听政也。子晳，上大夫；女，嬖大夫⑬，而弗下之。不尊贵也。幼而不忌⑭，不事长也。兵其从兄⑮，不养亲也。君曰：'余不女忍杀⑯，宥女以远⑰。'勉速行乎，无重而罪！"

【注释】

①徐吾犯：郑大夫。②委禽：古代婚礼，又称为纳采，纳采用雁，故称为委禽。③无政：政事混乱不修。④子晳：即公孙黑。盛饰：装扮华丽。⑤子南：即公孙楚。⑥超乘：跃上车。⑦夫夫妇妇：丈夫要像丈夫，妻子要像妻子。⑧橐甲：即衷甲，内衬甲衣。⑨冲：大道四通之处。⑩直钧：双方理由均等。钧，同均。⑪幼贱有罪：年幼且地位低下的有罪。⑫奸：犯。⑬嬖大夫：即下大夫。⑭忌：敬。⑮兵其从兄：用武器伤害堂兄。从兄，同祖或同伯叔之子年长于己者均称为从兄。⑯不女忍杀：不忍杀女的倒装句。女同汝。我不忍心杀你。⑰宥女以远：赦免你的死罪逐于远方。

五月庚辰，郑放游楚于吴①，将行子南②，子产咨于太叔③。太叔曰："吉不能亢身④，焉能亢宗？彼，国政也，非私难也。子图郑国，利则行之，又何疑焉？周公杀管叔而蔡蔡叔⑤，夫岂不爱？王室故也。吉若获戾，子将行之，何有于诸游？"

秦后子有宠于桓⑥，如二君于景⑦。其母曰："弗去，惧选。"癸卯铖适晋，其车千乘。书曰："秦伯之弟铖出奔晋。"罪秦伯也。

后子享晋侯，造舟于河，十里舍车⑧，自雍及绛⑨。归取酬币，终事八反⑩。司马侯问焉，曰："子之车，尽于此而已乎？"对曰："此之谓多矣！若能少此，吾何以得见？"女叔齐以告公⑪，且曰："秦公子必归。臣闻君子能知其过，必有令图⑫。令图，天所赞也。"

【注释】

①游楚：即子南。②行子南：使子南行。③太叔：即游吉，为游氏宗主。④亢：保护。⑤蔡蔡叔：放逐蔡叔。前一"蔡"字用作动词，即放逐。⑥后子：秦桓公子，景公母弟，名铖。⑦如二君于景：在景公时，如同有两个国君。⑧十里舍车：每隔十里，停车若干辆。⑨雍：秦都城，今陕西凤翔县。⑩终事八反：享礼结束，取币往返八次。后子享晋侯，用最隆重的九献之礼。九献则须用酬币九次。第一次酬币，后子先载于车，其余八次酬币，则须一次一次取于车，或后子欲藉酬币而多献贿于晋侯。⑪女叔齐：即司马侯。⑫令：善。令图：善谋。

后子见赵孟。赵孟曰："吾子其曷归①？"对曰："铖惧选于寡君，是以在此，将待嗣君。"赵孟曰："秦君何如？"对曰："无道。"赵孟曰："亡乎②？"对曰："何为？一世无道，国未艾也③。国于天地，有与立焉④。不数世淫⑤，弗能毙也。"赵孟曰："天乎？"对曰："有焉。"赵孟曰："其几何？"对曰："铖闻之，国无道而年谷和熟，天赞之也。鲜不五稔⑥。"赵孟视荫曰:"朝夕不相及,谁能待五?"后子出,而告人曰:"赵孟将死矣。主民,玩岁而愒日⑦,其与几何⑧?"

郑为游楚乱故,六月丁巳⑨,郑伯及其大夫盟于公孙段氏,罕虎、公孙侨、公孙段、印段、游吉、驷带私盟于闺门之外⑩,实薰隧⑪。公孙黑强与于盟,使大史书其名,且曰七子。子产弗讨。

【注释】

①曷归:何时归国。②亡乎:秦国会灭亡吗?③艾:绝。④与立:帮助扶持。⑤数世淫:连续几代荒淫。⑥鲜不五稔:至少还可以历年。⑦玩岁而愒日:习厌岁月,旷废时日。愒(kài):旷废。⑧其与几何。即其几何欤的变句。⑨丁巳:九日。⑩闺门:郑城门。⑪实薰隧:盟地就在薰隧。薰隧,闺门外道路名。

晋中行穆子败无终及群狄于大原,崇卒也①。将战,魏舒曰:"彼徒我车,所遇又阨②,以什共车必克③。困诸阨,又克。请皆卒,自我始。"乃毁车以为行④,五乘为三伍⑤。荀吴之嬖人不肯即卒,斩以徇。为五陈以相离⑥,两于前,伍于后,专为右角,参为左角,偏为前拒,以诱之。翟人笑之⑦。未陈而薄之⑧,大败之。

莒展舆立,而夺群公子秩⑨。公子召去疾于齐。秋,齐公子鉏纳去疾,展舆奔吴。

叔弓帅师疆郓田,因莒乱也。于是莒务娄、瞀胡及公子灭明以大厖与常仪靡奔齐⑩。

【注释】

①崇卒:重用步兵。②阨:地势狭隘险要。③以什共车:每车配备十人。④行:步卒行列。⑤五乘为三伍:五辆战车的人员编为三个伍。伍,五人为伍,为战斗最小组织。⑥为五陈以相离:列成五种阵势以相互联系。离,通丽,附丽。⑦翟:同狄。⑧未陈而薄之:乘敌未列阵式而迫近攻击。⑨秩:俸禄,指禄米或土地。⑩务娄、瞀胡、公子灭明皆为展舆同党。大厖、常仪靡为莒之二邑,其地位于今山东莒县西北。

君子曰:"莒展之不立,弃人也夫!人可弃乎?《诗》曰:'无竞维人①。'善矣。"

晋侯有疾,郑伯使公孙侨如晋聘,且问疾②。叔向问焉,曰:"寡君之疾病,卜人曰:'实沈、台骀为祟。'史莫之知,敢问此何神也?"子产曰:"昔高辛氏有二子③,伯曰阏伯,季曰实沈,居于旷林④,不相能也⑤。日寻干戈⑥,以相征讨。后帝不臧⑦,迁阏伯于商丘,主辰⑧。商人是因⑨,故辰为商星。迁实沈于大夏⑩,主参⑪。唐人是因,以服事夏、商。其季世曰唐叔虞。当武王邑姜方震大叔⑫,梦帝谓己:'余命而子曰虞,将与之唐⑬,属诸参⑭,而蕃育其子孙。'及生,有文在其手曰'虞',遂以命之。及成王灭唐而封太叔焉⑮,故参为晋星。由是观之,则实沈,参神也。昔金天氏有裔子曰昧⑯,为玄冥师⑰,生允格、台骀。台骀能业其官⑱,宣汾、洮⑲,障大泽⑳,以处大原㉑。帝用嘉之㉒,封诸汾川㉓。沈、姒、蓐、黄㉔,实守其祀。今晋主汾而灭之矣。由是观之,则台骀,汾神也。抑此二者㉕,不及君身㉖。山川之神,则水旱疠疫

之灾，于是乎禜之㉗。日月星辰之神，则雪霜风雨之不时，于是乎禜之。若君身，则亦出入饮食哀乐之事也㉘。山川星辰之神，又何为焉？侨闻之，君子有四时：朝以听政，昼以访问，夕以修令，夜以安身。于是乎节宣其气㉙，勿使有所壅闭湫底㉚，以露其体㉛。兹心不爽，而昏乱百度㉜。今无乃壹之，则生疾矣。侨又闻之，内官不及同姓㉝，其生不殖。美先尽矣㉞，则相生疾，君子是以恶之。故《志》曰：'买妾不知其姓，则卜之。'违此二者㉟，古之所慎也。男女辨姓，礼之大司也。今君内实有四姬焉㊱，其无乃是也乎？若由是二者，弗可为也已。四姬有省犹可，无则必生疾矣。"叔向曰："善哉！肸未之闻也。此皆然矣。"

【注释】

①无竞维人：意为要强大只有拥有人才。②问疾：探视疾病。③高辛氏：帝喾。④旷林：旷野之林。大森林。⑤不相能：互不相容，不能和睦相处。⑥寻：用。⑦后帝不臧：后帝，帝尧。不臧，不善，即不以为善。⑧主辰：以辰来定时节。辰，大火星，即心宿，亦名商星。⑨商人是因：商朝人沿袭下来。⑩大夏：即今太原市。⑪主参：以参星定时节。参，参宿即水星，有星七颗，即猎户星座。⑫邑姜：武王后，齐太公姜尚之女。震：怀孕。⑬与之唐：给他唐国。⑭属诸参：属于参星。⑮封太叔：太叔即叔虞，成王同母弟。叔虞封为唐侯，其子燮父改为晋侯。⑯金天氏：少昊，黄帝之子，名契。裔子：后代子孙。⑰玄冥师：水官之长。玄冥，水官。⑱业其官：以其官为世业。⑲宣：疏通。⑳障：筑堤防治理。㉑大原：高平地带。㉒帝：颛顼。㉓汾川：汾水流域。㉔沈、姒、蓐、黄：四国名，均为台骀的后代。㉕二者：指实沈、台骀。㉖不及君身：与晋君的疾病无关。㉗禜（yíng）：一种祈福除灾的祭名，即聚草木而束之，设为祭处，以祭名求神鬼，去祸祈福。㉘出入：逸劳。㉙节宣其气：有节制地散发、畅通血液气脉。即调节气脉，使之畅通。㉚壅闭湫底：四字义近，即阻塞凝滞。㉛露：同赢，弱。㉜百度：百事的节度。㉝内官：国君的姬妾。㉞美先尽矣：美丽早就全部占有。㉟二者：指昼夜淫乱，作息无度及娶同姓之美女。㊱内实：宫内姬妾。四姬：姬姓者四人。

　　叔向出，行人挥送之。叔向问郑故焉，且问子皙。对曰："其与几何？无礼而好陵人，怙富而卑其上，弗能久矣。"

　　晋侯闻子产之言，曰："博物君子也①。"重贿之。

　　晋侯求医于秦。秦伯使医和视之，曰："疾不可为也。是谓：'近女室②，疾如蛊③。非鬼非食④，惑以丧志⑤。良臣将死，天命不祐。'"公曰："女不可近乎？"对曰："节之。先王之乐，所以节百事也，故有五节⑥，迟速本末以相及⑦，中声以降，五降之后⑧，不容弹矣。于是有烦手淫声⑨，慆堙心耳⑩，乃忘平和，君子弗听也。物亦如之，至于烦⑪，乃舍也已，无以生疾。君子之近琴瑟，以仪节也，非以慆心也。天有六气⑫，降生五味，发为五色，徵为五声，淫生六疾⑬。六气曰阴、阳、风、雨、晦、明也。分为四时，序为五节⑭。过则为灾，阴淫寒疾，阳淫热疾，风淫末疾⑮，雨淫腹疾，晦淫惑疾⑯，明淫心疾。女，阳物而晦时⑰，淫则生内热惑蛊之疾。今君不节不时⑱，能无及此乎？"

【注释】

①博物：学识渊博。②近女室：亲近女色。③蛊：蛊惑。④非鬼非食：非由于鬼神，也非由于饮食。

⑤惑以丧志：迷惑女色而丧失心志。⑥五节：五声的节奏。⑦迟速本末以相及，中声以降：宫商角徵羽五声，有迟有速，有本有末，调和而得中和之声，然后降于无声。⑧五降：弹奏五次得协和之音而平息。⑨烦手淫声：繁复的手法和靡靡之音。怠惰，过度。⑩慆堙心耳：使心中不定，耳朵淤塞。慆（tāo），淫。堙，塞。⑪烦：过度。⑫六气：指阴阳，风雨，晦明六种气象。⑬六疾：即下文的寒、热、末、腹、惑、心诸疾。⑭五节：五声之节。⑮末疾：四肢之疾。⑯晦淫惑疾：准备里淫乱过度则得思维混乱之疾。⑰阳物：女阴常随男阳，故云阳物。晦时：男女同寝常在夜间，故云晦时。⑱不节不时：不节制性欲，近女色不分昼夜。

　　出，告赵孟。赵孟曰："谁当良臣？"对曰："主是谓矣①！主相晋国，于今八年，晋国无乱，诸侯无阙，可谓良矣。和闻之，国之大臣，荣其宠禄，任其大节②，有灾祸兴而无改焉③，必受其咎。今君至于淫以生疾，将不能图恤社稷，祸孰大焉！主不能御④，吾是以云也。"赵孟曰："何谓蛊？"对曰："淫溺惑乱之所生也。于文，皿虫为蛊，谷之飞亦为蛊⑤；在《周易》，女惑男，风落山，谓之《蛊》☷。皆同物也。"赵孟曰："良医也。"厚其礼而归之。

【注释】

　　①主：指赵武。②大节：大事。③无改：赵孟为正卿。不能使君改正好色之过。④御：禁止。⑤谷之飞：谷物中生出的飞虫。

　　楚公子围使公子黑肱、伯州犁城犨、栎、郏①，郑人惧。子产曰："不害，令尹将行大事②，而先除二子也。祸不及郑，何患焉？"

　　冬，楚公子围将聘于郑，伍举为介。未出竟③，闻王有疾而还。伍举遂聘。十一月己酉④，公子围至，入问王疾，缢而弑之。遂杀其二子幕及平夏⑤。右尹子干出奔晋。宫厩尹子皙出奔郑，杀太宰伯州犁于郑。葬王于郏，谓之郏敖。使赴于郑，伍举问应为后之辞焉。对曰："寡大夫围。"伍举更之曰："共王之子围为长。"

【注释】

　　①犨、郏：本为郑邑，后归楚。②行大事：指弑君之事。③竟：同境。④己酉：初四日。⑤幕、平夏：楚王二子名。

　　子干奔晋，从车五乘。叔向使与秦公子同食，皆百人之饩①。赵文子曰："秦么子富。"叔向曰："厎禄以德②，德钧以年③，年同以尊。公子以国，不闻以富。且夫以千乘去其国，强御已甚。《诗》曰：'不侮鳏寡，不畏强御。'秦、楚匹也。"使后子与子干齿④，辞曰："铖惧选，楚公子不获，是以皆来，亦唯命。且臣与羁齿⑤，无乃不可乎？史佚有言曰：'非羁何忌？'"

　　楚灵王即位，薳罢为令尹，薳启强为太宰。郑游吉如楚，葬郏敖，且聘立君。归，谓子产曰："具行器矣。楚王汰侈而自说其事⑥，必合诸侯。吾往无日矣。"子产曰："不数年，未能也。"

十二月，晋既烝⑦。赵孟适南阳，将会孟子余⑧。甲辰朔，烝于温。庚戌，卒。郑伯如晋吊，及雍乃复。

【注释】

①饩（xì）：口粮，食物。②厎（zhǐ）：致。这里是取得之意。③钧：通均。年：年龄。④齿：并列。⑤羁：客居，寄居。这里指子干。与羁齿：与羁旅之客并列。⑥汰侈：骄傲奢侈。说：同悦。⑦烝：冬祭。⑧会：求福除灾的祭祀。孟子余：赵衰，赵武的曾祖父。

【译文】

鲁昭公元年春季，楚国的王子围到郑国访问，同时要娶公孙段的女儿为妻，伍举做为副手陪同前往郑国。当他们进入郑都准备投宿宾馆时，郑国人表现出了对他们的厌恶，并让外交官员子羽向他们说明心意，然后将其安置在城外住下。聘问的礼仪举行完毕，楚国提出要率领兵众到郑都迎亲。对这一要求，子产忧惧楚国会乘机侵郑，便派子羽拒绝了他们："因为我们国都狭小，容纳不下贵国众多的随从人员，请在城外设坛举行婚庆典礼吧！"令尹王子围派太宰伯州犁答复说："承蒙贵君恩赐我国大夫子围，对他说将把公孙段的女儿嫁给他为妻。王子围为此特地摆设了酒席，在庄王、共王庙中祭告了祖先以后来到郑国。如果在野外设坛行礼，就等于把贵国国君的恩赐全然抛弃在草丛之中了，同时这样做也是没有把王子围作为卿来对待。不仅如此，如此这般，又导致了王子围欺骗了我们的先君，从而使他没有资格继续担任楚国上卿，并且他再也无颜回到楚国复命。请大夫考虑一下这样是否合适。"子羽说："小国并没有什么罪。要说它有罪责，那就是一心依赖大国而毫无戒备。小国原本就预备依靠大国来安定自己的国家，怎奈大国却包藏祸心，企图借机图谋我们。我们担心如果郑国失去了靠山，那么诸侯将以此为戒鉴，全都怨恨大国，从而违背大国的命令。如此一来，大国的命令将难以施行。如果不是担心这个，那么我们国家就等于是贵国的了，难道还舍不得让你们在丰氏的祖庙内举行婚礼吗？"伍举因此推断郑国已经有了准备，于是便请求倒背着弓袋入城，表示没有携带任何武器。子产这才应允了他们。

正月十五日，王子围进入郑都，亲自迎娶妻子后便出了城。继而在郑国的虢地和鲁国的叔孙豹、晋国的赵武、齐国的国弱、宋国的向戌、陈国的公子招、蔡国的公子归生、郑国的罕虎、许国人、曹国人举行了会晤，以重温宋国之盟。祁午对赵武说："在宋国盟会上，晋国在楚国之后歃血。如今楚国的令尹不讲信用，这也是诸侯都清楚的。如果您不有所戒备，我担心又会象在宋国盟会上那样让他们占便宜。楚国从前的令尹子木很讲忠信，为诸侯所称道，即使这样他还曾内穿皮甲蒙骗了晋国，企图凌驾于晋国之上，更何况不讲信用出了名的人呢？如果楚国再一次领先于晋国，那将是晋国的耻辱。您执掌晋国大权，使晋国作为盟主已经七年了。在这段时间，晋国曾两次会盟诸侯，三次会盟大夫，征服齐国和狄人，使华夏的东部趋于安定，平定了秦国发动的叛乱，修筑了杞国的淳于城，但是却没有使军队过分疲困，国家没有因此而贫困，百姓没有怨言，诸侯也心情愉快，上天也没有降下灾祸，这都是您的功劳。您有这样好的威望，最后却又得到耻辱，对此我很担心，您不能不防备。"赵武说："我感谢您的忠告。但在宋国的盟会上，子木有害人之心，我有仁爱之心，所以楚国能压晋国之前占了便利。现在我仍然与以往相同，楚国又不守信用，这一次不会再造成什么损害了。我将以信义为本，沿着这条道走下去。就像农民，只要努力除草培土，即使有一时的饥饿，最后必然有丰收的年成。再说我听说，只要坚守忠义，就不会处居别人之下，恐怕我还没有完全做到这一点。《诗经》说：'既不失信也不害人，便能成为做人的楷模。'这就是守信的作用。能够成为众人效仿的楷模，就不会在别人下面。我忧惧的是不能做到这一点，并不认为楚国能造成什么危难。"楚国令尹王子围请求杀了祭祀用的牲畜，然后宣读一下过去的盟约，把它放到牺牲上面。晋国人应允这样做。

三月二十五日，举行结盟仪式。王子围运用了君王的服饰和器物，前后各有两名卫兵保护。看到这种情况，叔孙穆子说："楚国的王子围确实很威仪，简直象君王！"郑国的子皮说："另外还有两个执戈的人站在前面。"蔡国的子家说："他在楚国就住在君王的离宫蒲宫中，因此前后各有两个执戈的卫兵也是应该的吧？"楚国的伯州犁回答："这些仪仗是这次出来时向我们君王借来的。"郑国外交官子羽说："恐怕借了就不会再还回去了吧！"伯州犁反唇相讥："您还是去操心你们的子晳会不会要背弃君王做乱吧。"子羽说："贵国君王还安康，如果王子围借了不还，您难道不担忧吗？"齐国的国弱说："我为王子围和伯州犁的命运忧虑。"陈国的公子招说："假使没有忧患怎能取得成功呢？这两个人不忧而乐，必定失败。"卫国的齐子说："如果事先知道有了防备，即使有忧患又有什么损害呢？"宋国的向戌说："大国发号施令，小国俯首听命，我们只管恭敬听命就行了。"晋国的乐王鲋说：《小旻》的最后一章说得很好，我愿意像诗中说的那样去做，不要公开去讥讽别人。"

盟会散会后，子羽对子皮说："叔孙穆子说话恰当而婉转，宋国向戌说话简洁而有礼仪，乐王鲋说话自爱而恭敬，您和子家说话不偏颇，都能保持几代爵禄。而齐、卫、陈三国的大夫恐怕就难逃灾祸！国弱为他人忧虑，子招以忧患为快事，齐子虽然有忧患之感却没有当作危害来重视。只要不应忧而忧，应忧而不忧，以及虽忧而不以为害，都是招致忧患的途径，必然会忧患加身。《大誓》说：'百姓所希望的，上天必然应允。'这三位大夫已有了忧患的征兆，忧患还能不来吗？通过言语来预测事物的结局，大概就是这个说法。"

季武子发兵进攻莒国，夺取了郓地。于是莒子便到盟会上控诉。楚国人对晋国人说："我们重温宋国盟约的会议还没有结束，鲁国就公然攻打莒国，这是对盟誓的亵渎，请允许把鲁国的使者处斩。"

当时乐王鲋是作为赵武的副手参加会议的。他准备向叔孙索贿以向赵武求情，便派人向叔孙要他的带子，但叔孙没有给。叔孙的家臣梁其跎说："钱财本来就是用以保护自身的，您为什么如此爱惜钱财呢？"叔孙说："诸侯举行会盟，目的就是保护各自的国家，如果我通过贿赂幸免于难，那么鲁国势必难免受到攻打，这样做事实上是给国家带来祸害，而不是在保护它。人们建造了墙壁，就是为了阻挡盗贼。如果墙壁因出现裂缝而毁坏，是谁的过错呢？我本来就是为保护国家而来，最后却为它招致灾祸，我的罪过又超过了墙壁的裂缝。虽然季孙攻打莒国应当受到责罚，但鲁国有什么罪呢？我出使在外，季孙留守在内，向来如此，我又去怨谁呢？不过乐王鲋贪财，如果不给他，他不会罢休。"于是就把那使者召来，把自己的裙子撕下一条给他，并且说："带子恐怕太小了，把这个拿回去吧？"赵武听说此事后感叹地说："面临着死亡的威胁，却念念不忘国家，这是忠心耿耿；宁可选择灾难而不忠于职守，这是至诚至信；为了国家利益而甘愿一死，这是坚贞不屈。遇事能做到这三点，就说明这个人讲究道德伦理。具备这四点，又怎么可以处死他呢？"于是就向楚国请求说："鲁国虽然有罪，但它的大臣却不怕惩罚，他惧怕楚国的威严，服从楚国的命令。如果能免其一死，就可以鼓励贵国的群臣。如果贵国的群臣能够做到在国内不逃避危难，在国外不害怕灾祸，那么贵国还有什么可恐惧的呢？

忧患的产生常常是在于臣下遇到困难不去解决，遇到灾难远远逃避。如果能处理了这两个问题，又有什么可害怕的呢？如果不能安抚贤能的人，还有谁肯效仿他呢？鲁国的叔孙豹可以说是一个贤能之人，请求能赦免他，以安抚他人。如果贵国宽免了鲁国的罪过，又奖励了它的贤能之人，诸侯中有谁不心悦诚服地甘愿服从楚国呢？楚国虽然地处遥远，但这样以来谁不亲近它呢？如今这个时代，边境上的城邑，一时归属这个诸侯，一时又归属那个国家，变幻不定，没有固定的主人。三王五伯曾命令划定边界，并设置了官员，立了界碑，制定了边界章程，谁要越境就要受到处罚。尽管如此，却不能使各国国界一成不变。因此在三王时代有三苗的祸乱，夏朝时代有观、扈之乱，商朝时代有姺、邳之乱，周朝有徐、奄之乱。自从没有了圣贤的天子之后，诸侯互相攻伐，扩张领土，轮流做诸侯的盟主，又怎么能够使各国的疆界划定不变呢？关心大的祸乱赦免小的过失，这才是盟主的气量，又何必什么小事都要过问呢？疆界遭到侵犯，哪个国家没有遇到过这样的事？作为盟主，又怎么能够一一过问得了？再说假如邻近贵国的吴国和百濮有机可乘，难道您还顾及盟约而不发兵攻伐吗？莒国疆土一事，楚国无需过问，诸侯也不必兴师动众，这样不是很好吗？莒国和鲁国争夺郓地由来久矣，如果对莒国没有根本的危害，可以不去保护他。免除诸侯的烦劳，赦免贤能的人士，大家便都会争相努力尽忠。请贵国认真斟酌一下。"并坚决请求楚国人应允这么做，结果楚国人答应了，宽免了叔孙。

令尹王子围设宴招待赵武。席间王子围吟诵了《大明》的第一章，赵孟则吟诵了《小宛》的第二章以劝告他。宴会后，赵武对叔向说："楚国的令尹已自以为君王了。他能怎么样？"叔向说："君王弱小，令尹强盛，他大概能成功。但即使成为君王，最终也不会有好结果。"赵武说："这是为什么？"叔向回答说："凭借强大来欺凌弱小，而又自以为心安理得，那么这种强大是不仁义的。不仁义又很强大，他的哀亡必将很快到来。《诗经》说：'西周强大无比，却亡于褒姒之手。'这就是虽然强大然而却多行不义的结果。令尹做了君王之后，必然要争取诸侯的拥护。晋国作为盟主已经有点衰弱了，诸侯将会先后归顺它。如果楚国能得到诸侯的拥护，他的暴虐一定会更加厉害，百姓不堪忍受。这样以来，令尹怎么能够有好结果呢？假如凭借强大的势力而夺取君位，依靠不义的行为达到自己的目的，那么他绝对认为这是正常的方法。把荒淫暴虐视为平常，他又怎能长久存在下去呢？"

夏季四月，赵武、叔孙豹和曹国的大夫共同到了郑国，郑简公同时招待他们。子皮前往赵武住处通知他举行宴会的时间，通知的仪式结束后，赵武背诵了《瓠叶》一诗。子皮又去通知叔孙豹，并把赵武背诗的情形告诉了他。叔孙豹说："赵武希望酒宴只敬酒一次，您还是听他的。"子皮说："敢这么做吗？"叔孙豹说："这是他提出来的，又有什么不敢的？"等到宴会举行时，郑国在东房准备敬酒五次。赵武看到这种情况，便谢绝了这一盛情，并私下对子产说："我已经对子皮说了，不要这么丰盛。"郑国只好又改为只敬酒一次。赵武作为主宾，举行完享礼的仪式后，主宾才入席开始吃饭。席间叔孙豹吟诵了《鹊巢》一诗，赵武说："这可不敢当。"叔孙豹又吟诵了《采蘩》一诗，并说："小国就像蘩草，如果大国不嫌弃，爱护并使用它，它怎敢不对大国言听计从呢？"子皮吟诵了《野有死麕》一诗的最后一章。赵武背诵了《常棣》一诗，并且说："只要我们兄弟之间亲密无间，就可以不惊起任何一条狗。"听到这话，叔孙豹、子皮及曹国的大夫都离席下拜，举起杯子说："我们小国依靠您，就完全能免于灾祸了。"这次宴会上，大家都喝得很快乐。赵武在酒后说："我再也不会遇到这种欢乐的酒宴了。"

周天子派刘定公到颍地慰劳赵武，两人住在靠雒汭馆舍。看到黄河和洛水，刘定公感慨地说："禹王的丰功伟业真是伟大！他的圣明的德行将流芳百世。假如没有禹王，我们恐怕都要变成鱼了吧！现在我和您都穿着朝服戴着礼帽，治理百姓，与诸侯往来，这都是禹王的功绩啊。您为何不继承禹王的功业而努力保护百姓呢？"赵武回答说："我只担心犯下罪过，哪里还能考虑那么长远？像我们这些人只是苟且度日，过了早晨不考虑夜晚。怎能想那么远呢？"刘定公回去后告诉圣上说："俗话说越老越聪明，但糊涂也随之而来，这大概说的就是赵武吧！他身为晋国的正卿，主持诸侯各国大事，却把自己等同于平常人，早晨不考虑晚上，这是在丢弃神灵和百姓啊。如果神灵大怒，百姓反叛，他还怎么能长久？赵武活不过今年了。神灵一旦发怒，就不会用他的祭祀，百姓一旦反叛，就会消极怠工。不能祭祀，不做事情，他又怎么能够活到明年呢？"

　　叔孙豹回到鲁国，曾夭为季孙驾车前去慰问他。他们早晨来到，一直等到晌午还不见叔孙豹出来接见。曾夭对叔孙的家臣曾卓说："从早晨等到中午还没有离去，表明我们已经知罪了。鲁国一向是以忍让统治国家的，如果只能在外边忍让，却不能在国内忍让，又怎么能行呢？曾卓说："我们在国外奔波了几个月，你们在这里等一早晨又算得了什么？就象商贾想要赚钱，还能厌烦市场上的喧嚣嘈杂吗？"曾卓对叔孙豹说："你应该出去了。"叔孙豹指着房屋的大柱子说："我虽然讨厌它，但却不能把它拆掉啊！"于是便出门接见了季孙。

　　郑国徐吾犯的妹妹非常漂亮，本来已被子南聘定为妻，但子皙又派人硬是送去了聘礼。徐吾犯很恐惧，把此事告诉了子产。子产说："这是由于国家政事混乱，才导致两个大夫争一个女子，你不必忧虑，只看她愿意嫁谁。"徐吾犯便请求子南和子皙，让她妹妹挑选。子南和子皙都同意这么做，于是子皙便身着华丽的服饰来到徐家，把礼品放下就走了。子南则戎装来到庭院里，左右开弓射了两箭，便一跃登上车走了。然而妹妹从房内往外观看说："子皙确实很漂亮，然而子南是个真正的男子汉。丈夫要像个丈夫，妻子要像个妻子，这才是所说的顺理成章。"便嫁给了子南。子皙非常气愤，不久便内穿皮甲去见子南，企图杀了子南以后强占他的妻子。子南知道他的用心，便拿起戈来追赶，一直到大街上，用戈猛打。子皙受伤回来对大夫们说："我非常友好地去拜访他，没料到他竟然以小人之心度君子之腹，因而我才受了伤。"

　　大夫们便在一起商量怎样对待此事。子产说："双方都各有道理。不过比较起来，年轻并且地位低的人有罪，罪过在子南。"便把子南抓了起来，并一一列举他的罪状："国家有五条重要原则，你都违犯了。惧怕君王的威严，服从君王的命令，尊重地位高贵的人，事奉长辈，供养亲属，这五条是用来治理国家的法纪。现在君王正在都城，你使用了武器，这是不惧怕君王的威严；触犯了国家的法纪，就是不服从君王的命令；子皙是上大夫，你是下大夫，却不肯忍让，这是不尊重位高权重的人；你年轻却不顾及年长，这是不事奉长者；用武器打你堂兄，这是不肯奉养亲属。君王说：'我不忍心处死你，决定免你一死，流放到远方。'你快快动身吧，不要再因为拖延而加重自己的罪责。"

　　五月二日，郑国把子南放逐到吴国。让子南动身之前，子产又去征询太叔的看法。太叔说："我现在自身难保，又怎能保护整个宗族呢？再说这件事归于国家政纪问题，并不是个人的灾难。您为郑国考虑，有利就去办，还犹豫什么呢？以前周公杀了管叔，放逐了蔡叔，并不是不爱护他们，而是为了加强王室的需要。即使我犯了罪，您也要依法惩办，何必顾虑游氏一家呢？"

　　秦国的公子缄受到了秦桓公的宠信，秦君登基后，公子缄简直就像第二个君王一样。他的母亲说："如果你不离开秦国，我担心会驱逐你。"于是在五月二十五日，前往晋国，带去的车辆有无数乘。《春秋》记载为"秦伯之弟缄出奔晋"，意思是罪过在于秦景公。

　　公子铖设宴招待晋平公，在黄河里排放了许多船只，组成一座浮桥。而且每隔十里，就停放若干乘车辆，一直从秦的雍城连到晋都绛城。派人回去求取秦献的贡物，直到宴会结束一共往返八次，司马侯问后子："您的车辆全都在这里了吗？"公子铖说："这已经算是多的了。假如少于这些，我怎么敢来到晋国拜见帝王呢？"司马侯把这话告诉了晋平公，并说："秦公子将来一定能回国。据我所知，作为君子能认识到自己的过错，就一定会有好的谋略。好计划便能得到上天的帮助。"

　　公子铖见到赵武，赵武说："您什么时候回去呢？"公子铖回答说："我害怕我们君王会流放我，因而才逃亡在此，准备等待新君继位后再回去。"赵武问："秦景公现在怎么样？"公子铖说："暴虐无道。"赵武又问："国家会衰亡吗？"公子铖说："怎么会灭亡呢？一代国君无道，国家不会灭亡。国家存在于天地之中，必然有辅助君王的臣子出现，如果不是连续几代君王荒淫无度，是不能亡国的。"赵武问："君王会短命而亡吗？"后子说："的确会的。"赵武问："还能有几年？"公子铖说："据我所知，国家无道而粮食丰收，这全是上天在暗中帮助。他少则再活五年。"赵武望着太阳的影子感叹地说："早晨起来恐怕连晚上都等不到，谁还能再等五年呢？"公子铖出来后对别人说："赵武危在旦夕。主持国家大政，却感叹日月的流逝，又为自己的寿命焦灼不安，他还能坚持多久呢？"

　　郑国因为子南事件，在六月九日，郑简公和其大夫们在公孙段家里结盟。罕虎、子产、公孙段、印段、游吉、驷带等人在闺门之外又私下结盟，地点就是薰隧。子皙也强行要加入结盟，让太史记下他的名字，把自己和其他六卿并列起来，称为"七子"，子产也没有征讨他。

　　晋国的荀吴在大原打败了无终山戎和狄人各部落，这是他重视步兵的原因。准备应战时，魏舒说："他们是步兵我们是车兵，交锋的地点又是狭隘险要地区。如果用十个步兵对付一辆战车，大获全胜。如果把他们困在险要地带，又能战胜他们。请把我们的车兵全部改装为步兵，从我开始。"于是舍弃掉战车改成步兵的队伍，五乘战车上的十五个人编为三个小组。荀吴的宠臣不肯编入步兵队伍，荀吴便把他杀了示众从示警戒。将部队编成五种阵势互相呼应，两阵在前，五阵在后，专阵为右翼，参阵为左翼，偏阵为前锋，以引诱敌人。狄人看到以后，还嘲笑他们。但狄人没有来得及摆开阵势，晋兵就发动了进攻，结果把狄人被打得大败。

　　莒国的展舆继位以后，削夺了公子们的俸禄。于是公子们便到齐国去找公子去疾回来。秋天，齐国的公子鉏把公子去疾送回莒国，展舆逃往吴国。

　　鲁国的叔弓领兵划定郓地的边界，这是利用莒国发生内乱的机会。与此同时，莒国的务娄、瞀胡和公子灭明带着大庞和常仪两座城邑投靠了齐国。

　　君子认为："莒国的展舆不能被立为君王，是由于抛弃了贤人吧！贤人能失去吗？《诗经》说：'强盛与否关键在于能否得到民心。'说得十分正确了。"

　　晋平公有了病，郑简公便派子产前去晋国聘问，顺便问候晋平公的病情。叔向问子产："我们君王的病情很重，占卜的人说：'是实沈、台骀在暗中作祟。'太史也不知道他们是谁。请问这是什么神啊？"子产说："从前高辛氏有两个儿子，大的叫阏伯，小的叫实沈。他们住在树林中，互不相容，每天都互相争斗。尧帝认为他们不好，便把阏伯迁到商丘，以大火星来确定时节，商朝沿用这种方式，因此大火星就成了商星。把实沈迁到大夏，用参星来确定时节，唐国人沿用这种方式，以事奉夏、商两朝。唐国的末代君王叫唐叔虞。当周武王的妻子邑姜怀着太叔的时候，曾梦见上天对自己说：'我为你的儿子起名为虞，准备把唐国送给他，属于参星，他的子孙将繁衍不绝。'太叔生下来后，人们发现他的掌中有一个极象虞字的图案，于是便为他取名'虞'。等到成王消灭了唐国，便把太叔封在唐国，因而参星便成为晋国的星宿。由此看来，实沈是参星之神。从前黄帝的儿子金天氏有一个儿子叫昧，是水官之长。他生了允格和台骀两个儿子。台骀能继承他父亲的官位，沟通了汾水和洮水，又为大泽修筑了堤防，然后让百姓住在高平地区。颛顼帝因此而嘉奖他，把汾水流域封给了他。沈、姒、蓐、黄四国就是他的后代，一直祭祀他。现今晋国占领了汾水流域，灭掉了这些国家。由此看来，台骀是汾水之神。然而，这二位神灵都与贵国君王的疾病无关。山川之神兴水旱和瘟疫之灾，可以通过祭祀来消除，日月星辰之神兴风霜雨雪之灾，也可以通过祭祀来排除。至于君王的病患，乃是因为逸劳、饮食、哀乐之事所造成的，和山川、星辰之神没有关系。据我所知，君子有四个时间，清晨用于处理政事，白天用于四处出访，晚上用来研究政令，夜里用于休养自身。这样才能有节制地散发血气体气，从而使血气不至于阻塞凝滞，保证身体健康。假如心情不愉快，处理事情就会昏乱不堪。现在君王很可能是作息无度，因此导致生病。据我所知，不能以同姓女子为姬妾，如不遵守其子孙便不能昌盛。如果娶同姓女子为妾，这个女子必然是极为美丽，美丽早就被一个人全部占有。就会因此而患疾，君子最忌讳这一点。因此《志》书中说：'假使买妾不知道她的姓氏，就要通过占卜来搞清楚。'违背了昼夜伦常和娶同姓女子这两条，是古代的人都害怕的。男女通婚首先要辩明姓氏，这是礼仪中最重要的。现在贵国君王的姬妾中有四人是姬姓，恐怕是因为这个原因吧！如果是因为这两点，恐怕他的病就无法医治了。"假如赶快把这四个姬姓女子辞掉还来得及，否则就一定要生病。"叔向说："太好了！我还没有听说过这些。这都是千真万确的啊。"

叔向从子产的住处出来，郑国的外交官员子羽送别他。叔向问起郑国的国情，同时问起子晳。子羽应答说："他还能坚持多久啊！没有礼貌然而又喜欢凌驾于他人之上，仗着富有而看不起他的上司，他长久不了。"

晋平公听到了子产的话，说："他真是个学识渊博的君子啊。"于是便送给子产很多财物。

晋平公向秦国求医治病，秦景公派一个叫和的大夫为他看病。医生说："这种病已经无法医治了。这是由于过分亲近女色所致。这种病就象蛊惑，不是鬼神做祟，也不是饮食不当，是因为沉溺于女色而丧失心志所致。良臣将要死去，连上天也保佑不了。"平公说："女色不能接近吗？"医生说："非不近，而是应该有所节制。先王的音乐，就是为了节制各种事情而制定的，因此有五声节奏。快慢始终互相调和，然后变成中和之声，再慢慢降下来。五声降下来以后就不能再弹奏。这时再弹就变得复杂了，弹出来的都是靡靡之音，容易使人心荡神怡，从而忘记平正中和的声音，靡靡之音君子都不听。做其他事情也同样是这个道理，一旦过分，就尽快中止，才不会因此得病。君子接近女子和琴瑟，是出于礼仪制度的所需，并不是为了淫乐。天有六种气候，降到地上形成五种味道，又表现为五种色彩，显现为五种声音，上述种种一旦过分就会滋生六种病情。六种气候是阴、阳、风、雨、晦、明，又分为朝、夕、昼、夜四段时间，又按顺序形成为五声节奏，但如果过分了就要生病；阴过度要生虚寒，阳过度要生热病，风过度要生风寒病，雨过度要生肠胃病，晦过度要生迷乱病，明过度要生心病。男女之事归于阳性，而又在夜里进行，不节制就会使体内产生热量，从而产生蛊惑之病。现在君王对女色不节制，又不分时间，能不生病吗？"

医生出来后把平公的病情告知了赵武。赵武说："您说的忠臣是指谁呢？"医生说："说的就是您啊。您辅佐晋国，到现在已经八年，晋国没有发生动乱，诸侯也没有什么过失，您可以说是良臣了。我听说，作为国家大臣，肩负着国家的重任，享有国家的爵禄。如果国家发生了动乱，却不能及时挽救，那么他必将遭到灾祸。现在天子因沉湎女色而生病，不能治理国家，还有比这更大的灾祸吗？您没有及时地使国君改正，所以我才这么说。"赵武说："什么叫做蛊？"医生回答说："这种病是对某一事物沉迷惑乱所导致的。从文字上说，蛊由'虫'和'皿'二字构成。稻谷中的飞虫也叫蛊。《周易》中，女人迷惑男人，或大风吹落山木都叫蛊。这都是同样的东西。"赵武说："您真不愧是位良医。"便馈赠给他许多东西，送他返回了。

楚国的王子围派公子黑肱和伯州犁在犨、栎、郏三地筑城，郑国人害怕了。但子产说："不要恐惧。这是令尹将要造反，而先用这种方法铲除这两个人。祸患不会降临郑国，怕什么？"

冬季，楚国的王子围预备到郑国去访问，伍举作为副手陪同前往。还没有走出国境，便听说楚王郏敖患病，于是王子围便马上回去了，由伍举到郑国去访问。十一月四日，王子围回到郢都，进去探视楚王的病况，趁机把楚王勒死了，随后又处决楚王的两个儿子幕和平夏。右尹子干逃亡到了晋国，宫厩尹公子黑肱逃离到了郑国。王子围在郏地杀了太宰伯州犁。把楚王安葬到郏地，因而称为郏敖。然后又派使者发讣告给郑国。使者出发之前，伍举问他如果郑国问起新君之事时怎样答复，使者说："是我们的大夫王子围。"伍举纠正说："你必须说明共王的儿子围年长。"

子干逃亡到晋国，随他而逃的有五辆车。叔向让他和秦公子享有同样的食禄，都赠送一百人的粮食。赵武说："秦公子富有，不应该享有这么多的钱粮。"叔向说："确定一个人的俸禄要根据他的德行，如果德行相同就根据年岁大小来确定，年龄也相同就依据地位高低来定。对逃亡来到晋国的公子要根据他的国家大小确定应享受的俸禄，没有听说过要根据他是否富有来确定。再说秦公子带着上千辆车离开他的国家，可见他势力确实很强大。《诗经》说：'不欺侮鳏寡之人，不害怕强横之人。'秦国和楚国是相匹敌的国家。"便让后子和子干享受同等对待。但后子推辞说："我因为害怕受到流放，楚国公子是由于不被信任，所以我们都逃亡来到这里，一切听从您的安置。再说我和楚公子这样的羁旅之客享有同等待遇，恐怕不行吧？有佚说过：'如果不是羁旅之人，为何要敬重他？'"

楚灵王即位，任用薳罢为令尹，薳启强为太宰。郑国的游吉到楚国为郏敖送葬，并随行问候楚国的新君。游吉回国之后对子产说："趁早准备行装吧。楚王奢侈没有节制，又自以为是，他必然要集合诸侯举行盟约大会，不久将要到楚国去结盟。"子产说："他不经过几年的奋斗是做不到的。"

十二月，晋国举行了冬祭后，赵武前往南阳，预备去祭祀他的祖先赵衰。一日，在温地家庙中举行了冬祭。七日，赵武去世。郑简公前往晋国凭吊，走到雍地就回去了。

昭公二年

二年春，晋侯使韩宣子来聘，且告为政而来见，礼也。观书于太史氏，见《易》《象》与《鲁春秋》，曰："周礼尽在鲁矣。吾乃今知周公之德，与周之所以王也。"公享之。季武子赋《绵》之卒章。韩子赋《角弓》①。季武子拜曰："敢拜子之弥缝敝邑②，寡君有望矣。"武子赋《节》之卒章。既享，宴于季氏，有嘉树焉，宣子誉之。武子曰："宿敢不封殖此树，以无忘《角弓》。"遂赋《甘棠》③。宣子曰："起不堪也，无以及召公。"

【注释】

①《角弓》：《诗经·小雅》篇名。义取兄弟之国宜相亲附。②弥缝：补救行事之缺陷。③《甘棠》：《诗经·召南》篇名。诗意为赞颂吾公之德。武子赋此诗想将宣子比召公。

　　宣子遂如齐纳币。见子雅。子雅召子旗①，使见宣子。宣子曰："非保家之主也，不臣①。"见子尾。子尾见强③。宣子谓之如子旗。大夫多笑之。唯晏子信之，曰："夫子，君子也④。君子有信，其有以知之矣。"

　　自齐聘于卫。卫侯享之，北宫文子赋《淇澳》。宣子赋《木瓜》。

　　夏四月，韩须如齐逆女。齐陈无宇送女，致少姜⑤。少姜有宠于晋侯，晋侯谓之少齐。谓陈无宇非卿，执诸中都⑥。少姜为之请曰："送从逆班⑦，畏大国也，犹有所易，是以乱作。"

　　叔弓聘于晋，报宣子也。晋侯使郊劳。辞曰："寡君使弓来继旧好，固曰：'女无敢为宾！'彻命于执事⑧，敝邑弘矣⑨。敢辱郊使？请辞。"致馆。辞曰："寡君命下臣来继旧好，好合使成⑩，臣之禄也⑪。敢辱大馆？"叔向曰："子叔子知礼哉！吾闻之曰：'忠信，礼之器也⑫。卑让，礼之宗也⑬。'辞不忘国，忠信也。先国后己⑭，卑让也。《诗》曰：'敬慎威仪，以近有德。'夫子近德矣。"

【注释】

①子旗、子雅之子。②不臣：其言谈举止傲慢不恭。③强：子尾之子。④夫子：指韩起。⑤致：送至夫家。致少姜：护送少姜去晋国成婚。⑥中都：邑名。⑦送从逆班：送亲的人与迎亲的人地位相等。⑧彻命：上达使命。⑨弘：弘大，光大。⑩成：完成使命。⑪禄：福。⑫器：容器。⑬宗：主。⑭先国后己：先称国称君，后称臣之福禄。

　　秋，郑公孙黑将作乱，欲去游氏而代其全，伤疾作而不果①。驷氏与诸大夫欲杀之②。子产在鄙③闻之，惧弗及，乘遽而至④。使吏数之⑤，曰："伯有之乱，以大国之事，而未尔讨也⑥。尔有乱心，无厌，国不女堪⑦。专伐伯有，而罪一也。昆弟争室，而罪二也。薰隧之盟，女矫君位⑧，而罪三也。有死罪三，何以堪之？不速死，大刑将至。"再拜稽首，辞曰："死在朝夕，无助天为虐。"子产曰："人谁不死？凶人不终⑨，命也。作凶事，为凶人。不助天，其助凶人乎？"请以印为褚师⑩。子产曰："印也若才，君将任之。不才，将朝夕从女。女罪之不恤，而又何为请焉？不速死，司寇将至。"七月壬寅⑪，缢。尸诸周氏之衢，加木焉⑫。

【注释】

①不果：不成。②驷氏：公孙黑之族。③鄙：边境之邑。④遽：传车。可经驿站换车马，日夜快速奔跑。⑤数之：责数其罪名。⑥未尔讨：未讨伐你的罪过。⑦国不女堪：国家不容忍你。⑧矫：假托。⑨凶人不终：恶人不得善终。⑩印：公孙黑之子。褚师：市官。⑪壬寅：初一日。⑫加木：书其罪名于木板，放在尸体上。

晋少姜卒。公如晋，及河，晋侯使士文伯来辞，曰："非伉俪也。请君无辱！"公还。季孙宿遂致服焉①。

叔向言陈无宇于晋侯曰："彼何罪？君使公族逆之，齐使上大夫送之，犹曰不共②，君求以贪③。国则不共，而执其使。君刑已颇④，何以为盟主？且少姜有辞。"冬十月，陈无宇归。

十一月，郑印段如晋吊。

【注释】

①致服：送少姜丧葬之服。②共：同恭。③以：通已，太。君王的要求太过分。④颇：偏。

【译文】

二年春天，晋侯派韩宣子前来访问，同时报告他掌握国政，因而前来进见，这是合乎礼的。韩宣子在太史那里赏阅册书，看到《易》、《象》和《鲁春秋》，说："周礼都在鲁国了，我现在才知道周公的德泽和周能成就王业的缘故了。"襄公设享礼款待他，季武子赋《绵》的最后一章。韩宣子赋《角弓》这一章。季武子行叩头礼，说："谨敢拜谢您弥补敝邑，寡君有了希望了。"季武子赋《节》的最后一节。享礼完备，在季武子家里饮宴。有一棵好树，韩宣子赞美它。季武子说："宿岂敢不种植这棵树，以不忘记《角弓》。"就赋了《甘棠》这首诗。韩宣子说："起不敢当，哪方面都赶上不召公。"

韩宣子就到齐国进献钱财。进见子雅。子雅召见子旗，让他拜会韩宣子。韩宣子说："这不是保家的大夫，不像个臣子。"进见子尾。子尾让强拜见韩宣子。韩宣子对他的论述像对子旗的一样。大夫讥笑他，只有晏子信任他，说："他老人家是君子。君子说话真实，他的了解是有所根据的。"

韩宣子从齐国到卫国聘问。卫侯设礼仪招待他。北宫文子赋《淇澳》，《木瓜》由韩宣子赋。

夏四月，韩须到齐国迎亲。齐国的陈无宇送少姜，把她送到晋国。少姜备受晋侯的宠爱，晋国称她为少齐。并且认为陈无宇不是卿，把他囚禁在中都。少姜为他求情，说："送亲的人和迎亲的人地位相等。由于害怕大国，还有了一些改变，因此才发生了动乱。"

叔弓到晋国聘问，这是为了回报韩宣子前来娉问的缘故。晋侯派人在郊外犒劳，他辞谢说："寡君派弓前来修好，坚持说'你不能作为宾客'，只要把命令送达给执事，敝邑就大有光彩了，岂敢打扰劳郊使者？请允许谢绝。"请他住宾馆，他辞谢说："寡君命令下臣前来继续过去的友好，友好结合，使命成就，这就是下臣的福禄了。怎敢住进宏大的宾馆！"叔向说："子叔子懂得礼啊！我听说，'忠义，是礼的容器；卑让，是礼的主旨。'言辞不忘记国家，这是忠信；先国家后自己，这是谦让。《诗》说：'不要滥用威严，以亲近有德的人。'他老人家已经接近德行了。"

秋，郑国公孙黑准备作乱，想要除掉子太叔族而代替子太叔的卿位，因为疮伤发作而没能成为事实。驷氏和众大夫想要杀了公孙黑。子产在边境，听说了，害怕赶不上，坐驿站的车来到国都。派官吏列举公孙黑的罪状说："伯有那次祸乱，因为有澶渊盟会的大事，没来得及征治你。你的乱心没有满足，国家忍受不了你这种罪行。擅自攻打伯有，这是你的第一条罪；弟兄们争夺妻室，这是你的第二条罪；在薰隧大夫结盟，你假传国君命令列入七子之位，这是你的第三条罪；你有三条死罪，凭什么忍受得了？不赶快死去，将动重刑。"公孙黑拜了两拜跪下磕头，辩解说："我的疮伤发作，生死已在旦夕之间，上天已经在残害我了，你不要再帮助上天残害我了。"子产说："哪个人不死？凶恶的人不得善终，这是天命。你做凶恶的事，当凶恶的人，我不帮助上天，难道帮助你这凶恶的人吗？"公孙黑请求任用其儿子印做褚师。子产说："印如果有才能，国家将会任用他；如果不才，将要早晚跟你一块去。你对自己的罪不担忧，又在这里请求什么呢？不赶快死，司寇将会到来。"七月初一，公孙黑上吊死了。把尸体陈列在周氏街道上示众，在尸体上还放了块列有公孙黑罪状的木板。

晋国少姜死了。鲁昭公到晋国去吊丧，走到黄河，晋平公派士文伯来辞谢说："她是妾，不是配偶，请您不要辱临吊丧。"昭公返回鲁国，季孙宿接着向少姜送去衣衾。

叔向对晋平公谈论陈无宇说："陈无宇有什么罪？国君派公族大夫迎接，齐国派上大夫送亲，还说不恭敬，国君的要求太不知满足了。齐国已经派上大夫送亲，而我国只派公族大夫迎亲，那么是我国不恭敬，却把齐国的使臣囚禁起来，国君的刑罚太不公正，凭什么做盟主？况且少姜还为陈无宇说了话。"

冬，十月，陈无宇被放回齐国。

十一月，郑国印段到晋国去吊丧。

昭公三年

三年春，王正月，郑游吉如晋，送少姜之葬。梁丙与张趯见之①。梁丙曰："甚矣哉！子之为此来也。"子太叔曰："将得已乎②？昔文、襄之霸也③，其务不烦诸侯。令诸侯三岁而聘，五岁而朝，有事而会，不协而盟。君薨，大夫吊，卿共葬事。夫人，士吊，大夫送葬。足以昭礼命事谋阙而已④，无加命矣。今嬖宠之丧⑤，不敢择位，而数于守适⑥，唯惧获戾，岂敢惮烦？少齐有宠而死，齐必继室。今兹吾又将来贺，不唯此行也。"张趯曰："善哉！吾得闻此数也⑦。然自今，子其无事矣。譬如火焉⑧，火中⑨，寒暑乃退。此其极也，能无退乎？晋将失诸侯，诸侯求烦不获⑩。"二大夫退。子大叔告人曰："张趯有知，其犹在君子之后乎⑪！"

丁未，滕子原卒。同盟，故书名。

【注释】
①梁丙、张趯（tì）：二人为晋大夫。②得已：意为不得不如此。已，止。③文、襄：晋文公、襄公。④昭礼命事谋阙：宣扬礼仪，发布命令，商义补救缺失。⑤嬖宠：即少姜。⑥数于守适：礼数超过正妻。守适，国君原配，守内宫为长。适，同嫡。⑦数：礼数。⑧火：大火，星名。⑨火中，寒暑乃退：大火星夏末黄昏时在天空中，暑气渐消，冬末天明时在天空中，寒气渐退。⑩不获：不得。⑪之后：之列。

齐侯使晏婴请继室于晋，曰："寡君使婴曰：'寡人愿事君，朝夕不倦，将奉质币①，以无失时，则国家多难，是以不获②。不腆先君之适，以备内官。焜燿寡人之望③，则又无禄，早世殒命，寡人失望。君若不忘先君之好，惠顾齐国，辱收寡人④，徼福于大公⑤、丁公、照临敝邑，镇抚其社稷，则犹有先君之适及遗姑姊妹若而人⑥。

君若不弃敝邑，而辱使董振择之^⑦，以备嫔嫱，寡人之望也。'"

韩宣子使叔向对曰："寡君之愿也。寡君不能独任其社稷之事，未有伉俪。在缞绖之中，是以未敢请。君有辱命，惠莫大焉。若惠顾敝邑，抚有晋国，赐之内主^⑧，岂唯寡君，举群臣实受其赐。其自唐叔以下，实宠嘉之。"

【注释】

①质币：财礼。②不获：不能自来。③焜（kūn）：明。焜耀：明照之意。④辱收寡人：承蒙抚恤寡人。⑤徼：求。⑥先君之适：谓原配所生。遗姑姊妹：非原配所生。若而人：若干人。⑦董振：同义词连用，即慎重。⑧内主：内宫之主，即正夫人。

既成昏^①，晏子受礼。叔向从之宴，相与语。叔向曰："齐其何如？"晏子曰："此季世也^②，吾弗知。齐其为陈氏矣！公弃其民，而归于陈氏。齐旧四量^③，豆、区、釜、钟。四升为豆，各自其四，以登于釜^④。釜十则钟。陈氏三量，皆登一焉，钟乃大矣。以家量贷^⑤，而以公量收之。山木如市，弗加于山^⑥。鲁盐蜃蛤，弗加于海。民参其力，二入于公，而衣食其一。公聚朽蠹，而三老冻馁^⑦。国之诸市，屦贱踊贵^⑧。民人痛疾，而或燠休之^⑨，其爱之如父母，而归之如流水，欲无获民，将焉辟之？箕伯、真柄、虞遂、伯戏^⑩，其相胡公、大姬^⑪，已在齐矣。"

【注释】

①成昏：定婚。②季世：末代，衰世。③四量：四种计量器。④登：升。即以五升为豆，五豆为区，五区为釜。登一，升一。⑤以家量贷：有私家的量器借出。⑥弗加于山：价格不高于山上。⑦三老：年老致仕者。一说三老指上寿、中寿、下寿，皆八十以上的老人。或以为三老指工老、商老、农老。⑧屦贱踊贵：麻鞋便宜，假足很贵。屦，麻鞋。踊，假足。一说为扶持之杖。此言受刑者很多。⑨燠休：厚赐。⑩箕伯等：四人皆舜的后代，陈氏的先祖。⑪胡公，大姬：胡公，周始封陈氏之祖，大姬，胡公之妃。

叔向曰："然。虽吾公室，今亦季世也。戎马不驾，卿无军行^①。公乘无人^②，卒列无长。庶民罢敝^③，而宫室滋侈。道殣相望^④，而女富溢尤^⑤。民闻公命，如逃寇仇。栾、郤、胥、原、狐、续、庆、伯^⑥，降在皂隶。政在家门^⑦，民无所依。君日不悛^⑧，以乐慆忧。公室之卑，其何日之有？谗鼎之铭曰^⑨：'昧旦丕显^⑩，后世犹怠。'况日不悛，其能久乎？"晏子曰："子叔若何？"叔向曰："晋之公族尽矣。肸闻之，公室将卑，其宗旗枝叶先落，则公从之。肸之宗十一族，唯羊舌氏在而已^⑪。肸又无子。公室无度，幸而得死，岂其获祀？"

初，景公欲更晏子之宅，曰："子之宅近市，湫隘嚣尘^⑫，不可以居，请更诸爽垲者^⑬。"辞曰："君之先臣容焉，臣不足以嗣之，于臣侈矣。且小人近市，朝夕得所求，小人之利也。敢烦里旅^⑭？"公笑曰："子近市，识贵贱乎？"对曰："既利之，敢不识乎？"公曰："何贵何贱？"于是景公繁于刑^⑮，有鬻踊者。故对曰："踊贵屦贱。"既已告于君，故与叔向语而称之。景公为是省于刑。

【注释】

①无军行：不帅兵。②公乘：公室的战车。③罢：通疲。④道殣：路上饿死者。殣：饿死于道路而草草掩埋之塚。⑤女富溢尤：嬖宠之家的财富多得容纳不下。⑥栾、郤、胥等：此为晋国八大家族，即栾枝、郤缺、胥臣、先轸、狐偃、续简伯、庆郑、伯宗。⑦政在家门：由赵、韩等执政之卿把执国政。⑧君日不悛：君一天也不肯改过。⑨谗鼎：鼎名。⑩昧旦丕显：凌晨即起，可大为显赫。昧旦，欲亮未亮之时。⑪羊舌：食邑名。叔向以叔为族，以羊舌为氏。⑫湫隘嚣尘：低湿狭小，喧闹又多尘埃。⑬爽垲：明亮高爽。垲（kǎi），高而干燥。⑭里旅：官名，掌卿大夫之家宅。⑮繁于刑：滥施刑罚。

君子曰："仁人之言，其利博哉。晏子一言而齐侯省刑。《诗》曰：'君子如祉①，乱庶遄已②。'其是之谓乎！"

及晏子如晋，公更其宅，反，则成矣。既拜，乃毁之，而为里室，皆如其旧。则使宅人反之。且谚曰"'非宅是卜，唯邻是卜。'二三子先卜邻矣③，违卜不祥。君子不犯非礼④，小人不犯不祥，古之制也。吾敢违诸乎？"卒复其旧宅。公弗许。因陈桓子以请，乃许之。

【注释】

①祉：福。②遄：疾速。③二三子：指邻人。④不犯：不击触犯。

夏四月，郑伯如晋，公孙段相，甚敬而卑，礼无违者。晋侯嘉焉，授之以策，曰："子丰有劳于晋国①，余闻而弗忘。赐女州田，以胙乃旧勋②。"伯石再拜稽首③，受策以出。

君子曰："礼，其人之急也乎④！伯石之汰也，一为礼于晋，犹荷其禄⑤，况以礼终始乎？《诗》曰：'人而无礼，胡不遄死。'其是之谓乎！"

初，州县，栾豹之邑也。及栾氏亡，范宣子、赵文子、韩宣子皆欲之。文子曰："温，吾县也。"二宣子曰："自郤称以别，三传矣⑥。晋之别县不唯州，谁获治之？"文子病之，乃舍。二子曰："吾不可以正议而自与也⑦。"皆舍之。及文子为政，赵获曰⑧："可以取州矣。"文子曰："退！二子之言⑨，义也。违义，祸也。余不能治余县，又焉用州？其以徼祸也。君子曰：'弗知实难⑩。'知而弗从⑪，祸莫大焉。有言州必死。"

【注释】

①子丰：公孙段之父。②胙：酬报。③伯石：公孙段。④急：急需。⑤荷其禄：接受它的福禄。⑥郤称以别：郤称为晋大夫。别，划分为二。即将此地划分为州与温两县。三传：州地开始属郤称为采邑，后传于赵氏，又传于栾豹。故云三传。⑦正议：公正的主张。以公正之议论责人而自得其邑。⑧赵获：赵文子之子。⑨二子：指二宣子。⑩弗知实难：难在不知祸由何起。⑪知而弗从：知祸端而不避。

丰氏故主韩氏①，伯石之获州也，韩宣子为之请之，为其复取之之故。

五月，叔弓如滕，葬滕成公，子服椒为介。及郊，遇懿伯之忌②，敬子不入③。惠

伯曰④：“公事有公利，无私忌，椒请先入。”乃先受馆，敬子从之。

晋韩起如齐逆女。公孙虿为少姜之有宠也⑤，以其子更公女而嫁公子。人谓宣子：“子尾欺晋，晋胡受之？”宣子曰：“我欲得齐而远其宠⑥，宠将来乎？”

秋七月，郑罕虎如晋，贺夫人，且告曰：“楚人日征敝邑⑦，以不朝立王之故。敝邑之往，则畏执事其谓寡君，‘而固有外心’。其不往，则宋之盟云。进退罪也。寡君使虎布之。”宣子使叔向对曰：“君若辱有寡君⑧，在楚何害？修宋盟也。君苟思盟，寡君乃知免于戾矣。君若不有寡君，虽朝夕辱于敝邑，寡君猜焉⑨。君实有心，何辱命焉？君其往也！苟有寡君，在楚犹在晋也。”

【注释】

①丰氏：即公孙段的氏族。主：住于其家。故：旧。②懿伯之忌：懿伯，子服椒之父。忌，忌日。即逝世之日。③敬子：即叔弓。④惠伯：即子服椒。⑤公孙虿：子尾。⑥宠：宠幸之人，指子尾。⑦征：责问。⑧辱有寡君：承蒙有真心于寡君。⑨猜：疑。

张趯使谓太叔曰：“自子之归也，小人粪除先人之敝庐①，曰：‘子其将来！’今子皮实来，小人失望。”大叔曰：“吉贱，不获来，畏大国，尊夫人也。且孟曰②：‘而将无事。’吉庶几焉。”

小邾穆公来朝。季武子欲卑之③，穆叔曰：“不可。”曹、滕、二邾，实不忘我好。敬以逆之，犹惧其贰。又卑一睦焉，逆群好也④。其如旧而加敬焉！《志》曰：‘能敬无灾。’又曰：‘敬逆来者，天所福也。’”季孙从之。

八月，大雩，旱也。

【注释】

①粪除：扫除。粪，除土。②孟：指张趯。③卑之：以低于诸壁、宠臣。④逆群好：将背离与鲁结好诸国。

齐侯田于莒①，卢蒲嫳见，泣且请曰：“余发如此种种②，余奚能为？”公曰：“诺。吾告二子。”归而告之。子尾欲复之，子雅不可，曰：“彼其发短而心甚长，其或寝处我矣。”九月，子雅放卢蒲嫳于北燕。

燕简公多嬖宠，欲去诸大夫而立其宠人。冬，燕大夫比以杀公之外嬖③。公惧，奔齐。书曰：“北燕伯款出奔齐。”罪之也。

十月，郑伯如楚，子产相。楚子享之，赋《吉日》。既享，子产乃具田备④，王以田江南之梦⑤。

齐公孙灶卒⑥。司马灶见晏子⑦，曰：“又丧子雅矣。”晏子曰：“惜也！子旗不免，殆哉⑧！姜族弱矣，而妫将始昌⑨。二惠竞爽犹可，又弱一个焉，姜其危哉！”

【注释】

①田：田猎。字又作畋。②种种：短的样子，自言衰老发短，无力再作乱。③比：相互亲附，勾结。

旧读去声。④田备：田猎用具。⑤以：与，和。后省宾语。梦：云梦泽。⑥公孙灶：即子雅。⑦司马灶：齐国大夫。⑧殆哉：以其傲慢不臣，故很危险了。⑨妫：陈氏。

【译文】

鲁昭公三年春季，周历正月，郑国的游吉来到晋国为少姜送葬。梁丙和张趯求见他。梁丙说："您亲自前来送葬，有点太没道理了！"游吉说："我们也是不得已才这么做的。从前晋文公、晋襄公称霸诸侯的时候，他们都尽量不给诸侯带来更多的烦恼，只是让各国每三年才派大夫聘问一次，每五年才让诸侯朝见一次，平时有事才召集会见，诸侯间好生冲突才举行盟会。君王辞世，派大夫吊唁，卿参加葬礼，夫人去世，派士吊唁，大夫参加葬礼。只要能够昭明礼节、颁布法令、商量补救缺失就可以了，并没有额外的命令。而现在是君王宠姬的葬礼，我们不敢按惯例仅派一个相应身份的人来送葬，而是采用了超过夫人规格的礼节，怕的是得罪贵国，怎么能够嫌麻烦呢？少姜得到庞爱却又死去，齐国必定还要来送一位女子。到那时，我还来一趟，不单单是这一次啊。"张趯说："好啊，从您的一席话中我明白了朝会吊丧的礼数！但从今以后您恐怕不必再来了。例如大火星，每当它运行到天空正中的时候，寒气或暑气将会逐渐衰落，因为这是它运行的极点，能不消退吗？今后晋国将会失去诸侯的拥戴，诸侯就是想要再干扰，恐怕还得不到呢？"两个大夫回去后，游吉对别人说："张趯智慧懂礼，可以进入君子的行列。"

正月二十四日，滕国君王原辞世。因为滕国是鲁国的同盟国家，所以《春秋》中才写出了他的名号。

齐景公派晏婴前往晋国，请求再嫁一位女子给晋国，以代替少姜。晏婴说："我们君王派我前来说：'我心甘情愿事奉君王，早晚都不敢倦怠，并按时奉献财宝。只因国家多灾多难，所以不能亲自来。本来我们先君这位嫡女能够得以伺候君王，实现了我的夙愿，但没料到她没有福气，短命而死，让我失去了期望。君王如果还念及先君以前的好外，看得起我们齐国，不嫌弃我的无能，托太公和丁公的洪福，使我们继续受到恩惠，使国家得以安邦定国的话，我们先君还有嫡女以及其他姑姐妹等人。君王如果不嫌弃我们，就请派一使者前来认真选择，以代替少姜作为姬妾。这是我的愿望。'"

韩起派叔向答复说："这当然是我们君王的愿望。我们君王不能独自承担国家重任，是因为没有正式的夫人。由于目前正处于丧事期间，所以我们还不敢向贵国求婚。既然承蒙君王有这个意愿，那么再没有比这更大的恩惠了。如果贵国看得起我国，给我们以安抚，再赐给一位内主的话，那就不单单是我们君王的荣幸，连我们群臣也受到恩惠，即使晋国自唐叔以来的历代祖先也都会表示赞同。"

定婚之后，晏婴接受了享礼的招待，叔向陪同他饮宴，两人边饮边谈。叔向说："齐国目前的境况怎么样？"晏婴说："已经到了末代衰世了，我不能保证齐国会不会落到陈氏手中。君王丢弃他的百姓，自愿把他们拱手送给陈氏。齐国从前有四种量器，就是豆、区、釜、钟。四升为一豆，四豆为一区，四区为一釜。而陈氏的量器只有三种，都比齐国国家统一的量器加大四分之一，钟的容量就更大了。他们用自家的大量器借粮给平民，而用公家的小量器收回。山里的木材运到市场上，价钱不比山里高。鱼、盐、蜃、蛤的价格也不比海边的贵。百姓劳动创造的钱财，有两份交给了国君，只留下一份维持生活。君王积聚的东西腐朽生虫了，但贫困的老人却饥寒交迫。国家的市场上，鞋子很便宜，而假足却因为被砍断脚的人日渐增多而十分昂贵。百姓痛苦或有病，陈氏就倍加安抚。百姓爱戴他们有如爱戴自己的父母，因此归服他们也就像流水一般，即使不想让百姓拥护陈氏也没有办法。现在箕伯、直柄、虞遂、伯戏等这些陈氏的先人以及当初封在陈国的胡公和夫人太姬的灵魂已来到齐国要帮助陈氏取得齐国政权了。"

叔向说："确实如此。即使是我们晋国公室，现在也已到了衰世了。战马不再驾车出征，卿不再率军攻伐，公室的车乘无人驾御，步兵军队中没有长官，百姓贫困不堪，而公室却更加奢侈，路上饿死的人到处可见，而受宠的人家里依然财富多得容纳不下。百姓听到君王的号命，就象遇到强盗一样避之唯恐不及。栾、郤、胥、原、狐、续、庆、伯这八个家族的后代已沦为卑贱的小官，政权落到大夫私人手里，百姓生活无依无靠。君王没有哪一天能改过自新，只知道沉迷于欢乐之中，从而掩饰一天天增加的担忧。公室的衰败还能坚持几天呢？《谗鼎之铭》说：'即使天不亮就起来，建立了显赫的业绩，恐怕后代子孙还会懒惰倦怠。'更何况君王没有一天悔改，这样他能维持长久吗？"晏婴说："那么您打算怎么办呢？"叔向说："晋国的公族已经消失了。据我所知，只要公室日渐势微，那么它的宗族就像树上的枝叶一样首先凋落，然后公室也随之而凋落。我们这一宗共有十一族，现在只有羊舌氏一族尚且繁衍生息。我又没有好儿子，公室又没有法度，能得以善终就算非常幸运了，难道还希望得到祭祀吗？"

当初，齐景公准备为晏婴换房，对晏婴说："你的房屋靠近市场潮湿矮小，而且嘈杂喧嚣，尘埃满天，无法居住，请您搬到宽敞明亮的房子中去吧。"晏婴谢绝说："君王的先臣我的父辈就曾住在这里，因为我没有能够继承父业，所以即使住在这里，我就感到很不应该了。再说我靠近市场居住，早晚能买到想要的东西，这对我是很方便的，何必再麻烦主管房宅的官员为我一个人另建住房呢？"景公笑道："您靠近市场，知道各种物品的价格吗？"晏婴说："既然很方便，怎能不知道物品的贵贱呢？"景公问："何物贵、何物便宜？"此时景公滥施刑罚，很多人被砍掉了脚，因此就有专门卖假足的人。晏婴回答说："假足贵，鞋子贱。"晏婴本来已把这种情况告诉了景公，因此和叔向说话时就又谈到了这个。景公为此而降低了刑罚。

君子对此评论说："一个仁爱的人，他的话能给众多的人带来利益。晏婴的一句话，就使齐侯减轻了刑罚。《诗经》说：'君子愉悦之时，就是祸乱停止之日。'大概说的就是这种境况吧！"

趁晏婴去了晋国，齐景公为他修建住房，等他回来后，新宅已经建成。晏婴向景公谢恩之后，就把新宅拆毁了。为被毁坏房屋的邻居重修了住房，一切都恢复到原来的模样，然后让邻居们都搬回去居住。他说："俗话说：'住宅不需要占卜，只有邻居才需要测风水。'这些邻居都是我占卜后选择的好邻居，违背了占卜的结果是不吉祥的。君子不去做不合礼法的事情，小人不去做不吉利的事情，这是自古以来就存在的制度。我敢违背它吗？"最终还是恢复了他原来房子的模样。开始景公不应允，于是晏婴便托陈桓子代为请求，这样景公才答应了。

夏季四月，郑简公前往晋国，由公孙段陪同。公孙段非常恭敬而且谦卑，礼法上也没有任何违背之处。晋平公对他极为欣赏，便授给他一份策书，说："汝父子丰对晋国有功，我听说之后从来就没有忘记过。因而现在把州县的田地赐给他，作为对你们家过去功勋的报酬。"公孙段两次叩头后便接了策书出去。

君子对此评论说："礼法对人来说是非常重要的。公孙段为人一向骄傲，只有这一次在晋国注意了礼仪，就获得了晋君的赏赐，那么自始至终都讲究礼法的那些人又会怎么样呢？《诗经》说：'如果人没有礼法，就不如早死？'大概说的就是这种情况吧！"

当初，州县是栾豹的封邑，等到栾氏衰亡以后，士匄、赵武、韩起都想得到这块地方。赵武说："温地是我的封邑，州县则属于温地。"士匄和韩起说："自从郤称把州县和温县划分以来，已经三次更换主人了。晋国把一个县一分为二的情况有很多，不仅仅是州县如此。但谁又能按照划分以前的样子去治理呢？"赵武感到难为情，就放弃了这块土地。士匄和韩起说："我们也不能由于有道理就为自己争取。"就都不要这块土地了。等到赵武执政，赵获说："现在我们可以攻夺州县了。"赵武说："你滚出去！那两个人的话是合乎道义的，假如违背了道义，就会招致灾祸。我连自己的封地都治理不好，还要州县做什么？岂不是自取祸害？君子说：'忧虑的是不知道祸患何时到来。'如果知道这样做会招致祸患又不及早纠正，那么就没有比这更大的祸患了。今后谁要再提起州县一事，就将他处死！"

丰氏族人到晋国时一般都住到韩氏家里，公孙段能获得州县，也是韩起为他请求的。韩起认为，如果有朝一日丰氏把州县还给晋国，那么他就可以得到。

五月，叔弓到滕国，参加滕成公的丧礼，子服椒作为副使。来到滕都郊外那一天，正是子服椒的父亲懿伯的忌日，于是叔弓就决定暂时先不进滕都。子服椒说："为国家办事只能考虑国家的利益，不要由于私人的忌讳而受到影响，请允许我先进滕都去。"于是便首先住进了宾馆，叔弓这才随后进了滕都。

晋国的韩起到齐国为晋平公迎接夫人。子尾因为少姜曾受到平公的宠爱，便用自己的女儿取代齐景公的女儿嫁给平公，然后又把齐景公的女儿嫁给了别人。有人对韩起说："子尾欺诈了晋国，晋国为什么还接受呢？"韩起说："我们本来就是要得到齐国的拥护，假如拒绝了子尾，就是疏远齐国的宠臣。这样的话，他还会拥护晋国吗？"

秋季七月，郑国的子皮到晋国，向晋平公新娶的夫人表示祝贺，同时告诉说："楚国人每天都来询问我们为什么不去朝见他们的新国君。如果我们去朝见，又害怕您会认为我们君王有了二心；假如不去，就又违背了两国在宋国结下的盟约。真是去也不是，不去也不对，所以我们君王特地派我前来向您汇报这一情况。"韩起便派叔向答复说："如果贵国国君心向我们君主，那么去朝见楚国又有什么害处？只不过是为了实践宋国的盟约而已。贵君假如能时时想到盟约，那么我们君王就知道可以免于罪过了。如果贵国国君心中不向我们君王，即使每天都来我国朝拜，我们君王也不相信。如果你们确实心向我国，又何必来告诉我们呢？尽管让贵国国君前去朝见好了！只要心中怀有我们君王，朝见楚国就象朝见晋国一样。"

张趯派人对游吉说："自从上次你回国之后，我每天都在打扫先人留下的破房子，心里想：'您不久之后就要来了。'但却没有想到现在来的是子皮，实在让我失望。"游吉对他说："我地位低下，不适合前去，因为惧怕大国，所以才派上卿前去，以表示对夫人的尊重。再说您当初也说过：'您将闲着没事。'我盼望能这样。"

小邾穆公来鲁国朝见，季武子不想用诸侯的礼仪接待他。穆叔说："不能这么做。曹、滕和大小邾国从来没有忘记和我们友好相处，即使崇敬地迎接他，还怕他生有二心呢。如果使这个友好国家的地位降低了，怎么再接待其他友好国家呢？还是象从前那样，而且还要表现得更加恭敬。《志》书中说：'能做到恭敬就能免除灾难。'又说：'恭敬地迎接来宾，就等于是天降大福。'"于是季武子便听从了穆叔的建议。

八月，鲁国举行了大雩祭，这是由于天旱而求雨。

齐景公在莒国打猎时，卢蒲嫳见到他，哭诉说："您看我的头发都已经掉光了，还有力作乱吗？"景公说："好。我回去告诉子雅和子尾。"回来告知了两人后，子尾同意让他回来，但子雅认为行不通。子雅说："他的头发虽然很短了，但他的心计很长，或许他还在想着要睡我的皮呢?"九月,子雅又把卢蒲嫳放逐到更为偏远的北燕。

　　燕简公有很多宠信的人,他想除掉各位大夫,而代之以宠信的人。冬季,燕国的大夫们联合起来杀死了简公的所有宠臣,简公吓得逃离到了齐国。《春秋》记载为"北燕伯款出奔齐",意思是罪过在于简公。

　　十月,郑简公前往楚国,子产也一同去。楚灵王设宴款待他们,席间吟诵了《吉日》。宴会结束后,子产便准备了打猎的器具。于是楚灵王便和郑简公到江南的梦地去打猎。

　　齐国的子雅辞世。司马灶见到晏婴时说:"又失去了子雅。"晏婴说:"可惜呀!连子旗也不能幸免灾祸,危险啊!姜族将要衰落下去了,而陈氏将要兴盛起来。如果子雅、子尾都活着还可以,现在又失去了一个,姜氏正面临着灭亡的危险啊!"

昭公四年

　　四年春,王正月,许男如楚,楚子止之,遂止郑伯,复田江南,许男与焉。

　　使椒举如晋求诸侯,二君待之。椒举致命曰:"寡君使举曰:日君有惠①,赐盟于宋,曰,晋、楚之从,交相见也,以岁之不易,寡人愿结欢于二三君。使举请间②。君若苟无四方之虞,则愿假宠以请于诸侯③,"晋侯欲勿许。司马侯曰:"不可。楚王方侈,天或者欲逞其心,以厚其毒而降之罚④,未可知也。其使能终,亦未可知也。晋、楚唯天所相⑤,不可与争。君其许之,而修德以待其归。若归于德,吾犹将事之,况诸侯乎?若适淫虐,楚将弃之,吾又谁与争?"公曰:"晋有三不殆⑥,其何敌之有?国险而多马,齐、楚多难。有是三者,何乡而不济⑦?"对曰:"恃险与马,而虞邻国之难⑧,是三殆也。四岳、三涂、阳城、大室、荆山、中南⑨,九州之险也,是不一姓。冀之北土,马之所生,无兴国焉。恃险与马,不可以为固也,从古以然。是以先王务修德音以亨神人⑩,不闻其务险与马也。邻国之难,不可虞也。或多难以固其国,启其疆土;或无难以丧其国,失其守宇⑪。若何虞难?齐有仲孙之难而获桓公⑫,至今赖之。晋有里、平之难而获文公⑬,是以为盟主。卫、邢无难,敌亦丧之⑭。故人之难,不可虞也。恃此三者,而不修政德,亡于不暇⑮,又何能济?君其许之!纣作淫虐,文王惠和⑯,殷是以陨,周是以兴,夫岂争诸侯?"乃许楚使。使叔向对曰:"寡君有社稷之事,是以不获春秋时见。诸侯,君实有之,何辱命焉?"椒举遂请昏⑰,晋侯许之。

【注释】

　　①日:昔日。②请间:请于闲暇时听从寡人的请求。间,暇。③假宠:假借威宠。即借光。④厚其毒:加深其危害。⑤相:助。⑥三不殆:言晋有三方面可恃而不危殆。⑦乡:同向。⑧虞:乐。⑨四丘:指东岳泰山,西岳华山,南岳衡山,北岳恒山。三涂:即三涂山,俗名崖口,在今河南嵩县西南伊水之北。阳城:俗名城山岭,在今河南登封县东南。大室:即今河南登封县的嵩山。荆山:在今湖北南漳县西八十里。中南:即陕西西安市南的终南山,又名秦山,秦岭。⑩亨:即享。⑪守宇:所守之疆土。⑫仲孙之难:事见庄公八年、九年传。获:成就。⑬里、平之难:事见僖公九年传。里,里克;平,平郑。⑭敌亦丧之:敌人灭亡了它。闵公二年狄灭卫,僖公二十五年卫灭邢。⑮亡于不暇:即不暇于亡。意为挽救危

亡还来不及。⑯惠和：慈惠和善。⑰请昏：求婚。

　　楚子问于子产曰："晋其许我诸侯乎？"对曰："许君。晋侯少安①，不在诸侯。其大夫多求。莫厌其君。在宋之盟，又曰如一，若不许君，将焉用之？"王曰："诸侯其来乎？"对曰："必来。从宋之盟，承君之欢，不畏大国，何故不来？不来者，其鲁、卫、曹、邾乎？曹畏宋，邾畏鲁，鲁、卫逼于齐而亲于晋，唯是不来②。其余，君之所及也，谁敢不至？"王曰："然则吾所求者，无不可乎？"对曰："求逞于人③，不可。与人同欲，尽济。"

　　大雨雹。季武子问于申丰曰："雹可御乎"？对曰："圣人在上，无雹，虽有，不为灾。古者，日在北陆而藏冰④；西陆，朝觌而出之⑤。其藏冰也，深山穷谷，固阴沍寒⑥，于是乎取之。其出之也，朝之禄位⑦，宾食丧祭，于是乎用之。其藏之也，黑牡、秬黍，以享司寒⑧。其出之也，桃弧、棘矢⑨，以除其灾。其出入也时，食肉之禄⑩，冰皆与焉。大夫命妇，丧浴用冰。祭寒而藏之⑪，献羔而启之，公始用之。火出而毕赋⑫。自命夫、命妇，至于老疾，无不受冰。山人取之⑬，县人传之，舆人纳之，隶人藏之，夫冰以风壮⑭，而以风出⑮。其藏之也周，其用之也遍，则冬无愆阳⑯，夏无伏阴⑰，春无凄风，秋无苦雨，雷出不震⑱，无灾霜雹⑲，疠疾不降，民不夭札⑳。今藏川池之水，弃而不用。风不越而杀㉑，雷不发而震。雹之为灾，谁能御之？《七月》之卒章，藏冰之道也。㉒。"

【注释】

　　①少安：安于小事，无大志。少，小。②唯是：因此。③求逞于人：在别人那里求得快意。④北陆：指虚宿和危宿。地球公转至此为小寒与大寒，这时为夏历十二月，当极冷之时。⑤西陆：指昂宿和毕宿。昂、毕诸星早晨出现，则取出藏冰，其时应是清明、谷雨，当夏历四月。朝觌：早晨出现。⑥固阴沍寒：凝滞阴寒之气。固沍（hù）同义，凝固。⑦朝之禄位：指卿大夫士等官员。⑧司寒：为冬神玄冥。冬在北陆，故用黑色。⑨桃弧棘矢：用桃木弓，荆棘箭挂在冰室门口以消除灾祸。⑩食肉之禄：禄位足以食肉者。指吃肉的官吏。⑪祭寒：即祭祀司寒之神。⑫火出而毕赋：大火星出现分配完毕。大火星于黄昏时出现，则为夏历三月，此时食肉者皆可得冰。⑬山人：即山虞，小官，执掌山林之政令。⑭冰以风壮：冰因寒风而坚。⑮而以风出：由于春风而取出。⑯愆阳：衍，过也，过阳即过暖冬暖。⑰伏阴：阴寒。⑱不震：雷鸣不击伤。⑲无灾霜雹：霜雹不成灾。⑳夭札：短命为夭，流行病死亡曰札。得瘟病而夭死。㉑风不越而杀：风不散而草木凋零。㉒藏冰之道：藏冰的道理。

　　夏，诸侯如楚，鲁、卫、曹、邾不会。曹、邾辞以难，公辞以时祭①，卫侯辞以疾。郑伯先待于申。六月丙午②，楚子合诸侯于申。椒举言于楚子曰："臣闻诸侯无归，礼以为归③。今君始得诸侯，共慎礼矣。霸之济否，在此会也。夏启有钧台之享④，商汤有景亳之命⑤，周武有孟津之誓，成有岐阳之蒐，康有酆宫之朝，穆有涂山之会，齐桓有召陵之师⑥，晋文有践土之盟⑦。君其何用？宋向戌，郑公孙侨在，诸侯之良也，君其选焉⑧。"王曰："吾用齐桓。"王使问礼于左师与子产。左师曰："小国习之，大国用之，敢不荐闻⑨？"献公合诸侯之礼六。子产曰："小国共职，敢不荐

守⑩?”献伯、子、男会公之礼六。君子谓合左师善守先代⑪，子产善相小国。

王使椒举侍于后，以规过⑫。卒事，不规。王问其故，对曰："礼，吾所未见者有六焉⑬，又何以规?"

【注释】

①时祭：按时祭祀祖先。②丙午：十六日。③礼以为归：归服于有礼者。④钧台：位于今河南禹县。⑤景亳：位于今河南商丘北。⑥召陵之师：见僖公四年。⑦践土之盟：见僖公二十八年。⑧选：择哪种方式会诸侯。⑨荐闻：献其所闻。⑩荐守：献其所奉守的礼仪。⑪善守先代：善于奉守前代的礼仪。⑫规过：纠正礼仪之失。⑬六：指左师、子产所献六礼。

宋太子佐后至，王田于武城，久而弗见。椒举请辞焉。王使往，曰："属有宗祧之事于武城①，寡君将堕币焉②，敢谢后见。"

徐子，吴出也，以为贰焉，故执诸申。

楚子示诸侯侈③，椒举曰："夫六王二公之事④，皆所以示诸侯礼也。诸侯所用用命也。夏桀为仍之会⑤，有缗叛之⑥。商纣为黎之蒐，东夷叛之。周幽为大室之盟。戎狄叛之。皆所以示诸侯汰也，诸侯所由弃命也。今君以汰，无乃不济乎?"王弗听。子产见左师曰："吾不患楚矣，汰而愎谏⑦，不过十年。"左师曰："然。不十年侈，其恶不远，远恶而后弃。善亦如之，德远而后兴。"

【注释】

①属：适逢。②堕币：即输币，以财礼祭献于宗庙。③示诸侯侈：对诸侯表现骄侈。④六王二公：六王指启、汤、武、成、庚、穆。二公即齐桓、晋文。⑤仍：古国名，太昊风姓后代，位于今山东金乡县东北。⑥有缗：即缗国，帝舜后代，姚姓。位于今山东金乡县东北。⑦愎谏：固执己见，拒谏。

秋七月，楚子以诸侯伐吴。宋太子、郑伯先归。宋华费遂、郑大夫从。使屈申围朱方①，八月甲申，克之。执齐庆封而尽灭其族。将戮庆封。椒举曰："臣闻无瑕者可以戮人。庆封唯逆命，是以在此，其肯从于戮乎? 播于诸侯，焉用之?"王弗听，负之斧钺，以徇于诸侯，使言曰："无或如齐庆封，弑其君，弱其孤②，以盟其大夫。"庆封曰："无或如楚共王之庶子围，弑其君兄之子麇而代之③，以盟诸侯。"王使速杀之。

遂以诸侯灭赖。赖子面缚衔璧，士袒，舆榇从之④，造于中军。王问诸椒举。对曰："成王克许，许僖公如是，王亲释其缚，受其璧，焚其榇。"王从之。迁赖于鄢。

【注释】

①朱方：吴邑名，位于今江苏丹徒镇南，吴赐予齐庆封。②弱其孤：削弱国君的孤儿。孤，指齐景公。③麇：即郑敖，楚国君，公子围之兄康王之子。④舆榇：抬着棺材。

楚子欲迁许于赖，使斗韦龟与公子弃疾城之而还。

申无宇曰："楚祸之首①，将在此矣。召诸侯而来，伐国而克，城竟莫校②。王心不违③，民其居乎？民之不处，其谁堪之④？不堪王命，乃祸乱也。"

九月，取鄫，言易也。莒乱，著丘公立而不抚鄫，鄫叛而来，故曰取。凡克邑不用师徒曰取。

【注释】

①首：开端。②城竟莫校：在边境筑城无人抗争。③王心不违：王之意愿都得实现，无所违。④堪：禁受，承受。

郑子产作丘赋①。国人谤之，曰："其父死于路②，己为蚕尾③。以令于国，国将若之何？"子宽以告④。子产曰："何害？苟利社稷，死生以之。且吾闻为善者不改其度，故能有济也。民不可逞，度不可改。《诗》曰：'礼义不愆，何恤于人言。'吾不迁矣。"浑罕曰⑤："国氏其先亡乎⑥！君子作法于凉，其敝犹贪，作法于贪，敝将若之何？姬在列者⑦，蔡及曹、滕其先亡乎！逼而无礼⑧。郑先卫亡，逼而无法。政不率法⑨，而制于心；民各有心，何上之有？"

冬，吴伐楚，入棘、栎、麻⑩，以报朱方之役。楚沈尹射奔命于夏汭⑪，箴尹宜咎城钟离，遽启强城巢，然丹城州来⑫。东国水⑬，不可以城，彭生罢赖之师⑭。

【注释】

①丘赋：丘为乡间基层组织，原隶属采邑主。丘赋即按田亩征收军赋。鲁国于成公元年曾作丘甲，疑与此相同。②其父死于路：子产之父子国被尉氏所杀。③蚕（chāi）：蝎子尾巴。④子宽：郑大夫。⑤浑罕：即子宽。⑥国氏：即子产家族。郑国公族，其公孙一代常以父之字为氏。子产之父公子发字子国，为郑穆公之子。本人公孙侨，故以"国"为氏。其他如子游之子称游楚，子罕之子子展称罕氏等。⑦姬在列者：姬姓列国。⑧逼：近，即邻近大国。逼而无法：郑逼近晋、楚，又不守旧法。⑨率：循。⑩棘、栎、麻：均为楚地名。棘：今河南永城县以南。栎：今河南新蔡县北二十里。麻：今安徽砀山县东北二十五里。⑪沈尹射：沈，县名，县长曰尹。射，人名。下文箴尹宜咎同此。夏汭：地名，位于今安徽凤台县西南。⑫然丹：郑穆公孙，于襄公十九年奔楚。⑬东国：楚以东部地区为东国，钟离、巢、州来及赖皆属东部邑。⑭彭生：楚大夫。罢赖之师：撤除赖地筑城之军。

初，穆子去叔孙氏①，及庚宗②，遇妇人，使私为食而宿焉③。问其行，告之故，哭而送之。适齐，娶于国氏，生孟丙、仲壬。梦天压己，弗胜。顾而见人，黑而上偻④，深目而豭喙，号之曰"牛助余"，乃胜。旦而皆召其徒，无之⑤。且曰："志之⑥。"及宣伯奔齐⑦，馈之。宣伯曰："鲁以先子之故⑧，将存吾宗，必召女。召女，何如？"对曰："愿之久矣。"

鲁人召之，不告而归。既立，所宿庚宗之妇人，献以雉⑨。问其姓⑩。对曰："余子长矣，能奉雉而从我矣。"召而见之，则所梦也。未问其名，号之曰"牛"，曰："唯⑪。"皆召其徒，使视之，遂使为竖⑫。有宠，长使为政⑬。公孙明知叔孙于齐⑭，归，未逆国姜⑮，子明取之。故怒，其子长而后使逆之。

【注释】

①穆子：即叔孙豹。②庚宗：鲁地名，位于今山东泗水县东。③宿：与妇人私通。使私为食而宿焉：私下为己预备膳食而宿于其家。④上偻：上身佝偻，驼背。⑤无之：无所梦之人。⑥志之：命人记下梦中人形象。⑦宣伯：即叔孙侨如，穆子之兄。⑧先子：即宣伯先人。⑨献以雉：妇人向穆子献雉，隐含有子之意。⑩姓：子。⑪唯：应答之辞。⑫竖：小臣。⑬为政：主家政。⑭公孙明：齐大夫，字子明。与叔孙相知。⑮国姜：即孟丙、仲壬之母。

田于丘荐，遂遇疾焉。竖牛欲乱其室而有之，强与孟盟，不可。叔孙为孟钟①，曰："尔未际，飨大夫以落之②。"既具，使竖牛请日③。入，弗谒。出，命之日④。及宾至，闻钟声。牛曰："孟有北妇人之客⑤。"怒，将往。牛止之。宾出，使拘而杀诸外⑥。牛又强与仲盟⑦，不可。仲与公御莱书观于公⑧，公与之环，使牛入示之⑨。入，不示。出，命佩之⑩。牛谓叔孙："见仲而何？⑪"叔孙曰："何为？"曰："不见。既自见矣，公与之环而佩之矣。"遂逐之，奔齐。疾急⑫，命召仲，牛许而不召。杜泄见⑬，告之饥渴，授之戈。对曰："求之而至，又何去焉？"竖牛曰："夫子疾病，不欲见人。"使置馈于个而退⑭。牛弗进，则置虚⑮，命彻⑯。十二月癸丑，叔孙不食。乙卯，卒。牛立昭子而相之。

【注释】

①为孟钟：为孟丙铸一口钟。②落：古代凡器用，如钟、鼓之类，置于宗庙先以猪、羊或鸡之血祭之，称为衅。然后享宴，称为落，如今之落成典礼。衅不必享，落则享客。③请日：请穆子确定宴享日期。④命之日：即假传穆子确定的宴享日期。⑤北妇人之客：北妇人，即国姜。客、指其后妇公孙明。⑥杀诸外：拘杀孟丙于外。⑦仲：即仲壬。⑧莱书：人名，昭公御者。观于公：在公宫游观。⑨入示：入室以示穆子。⑩命佩之：诈以穆子之命使仲壬佩带。⑪见仲：使仲晋见昭公。⑫疾急：病危。⑬杜泄：叔孙氏家臣之长。⑭置馈于个：把食物放在厢房里。个，厢房。⑮置虚：将食物倒掉。⑯命彻：命令撤去食具。

公使杜泄葬叔孙。竖牛赂叔仲昭子与南遗，使恶杜泄于季孙而去之。杜泄将以路葬①，且尽卿礼。南遗谓季孙曰："叔孙未乘路，葬焉用之？且冢卿无路②，介卿以葬③，不亦左乎④？"季孙曰："然。"使杜泄舍路。不可，曰："夫子受命于朝，而聘于王，王思旧勋而赐之路，复命而致之君。君不敢逆王命而后赐之，使三官书之⑤。吾子为司徒，实书名⑥。夫子为司马，与工正书服⑦。孟孙为司空，以书勋。今死而弗以⑧，是弃君命也。书在公府而弗以，是废三官也。若命服，生弗敢服，死又不以，将焉用之？"乃使以葬。

季孙谋去中军，竖牛曰："夫子固欲去之。"

【注释】

①路：路车，此指天子所赐的大路车。以路葬：用周王赐叔孙之车陪葬。②冢卿：正卿。冢，大。③介卿：次卿。介，次。④左：不顺。⑤三官：即下文的司徒、司马、司空。⑥书名：定位号。⑦服：车服。此指与路车相称的名种饰器。⑧以：用。

【译文】

　　鲁昭公四年春天，周历正月，许男到楚国朝见。楚灵王挽留他不让回去，随后又极力挽留郑简公，再一次到江南打猎，许男也跟去了。

　　楚灵王派伍举到晋国去，请求允许各诸侯到楚国会盟，同时让郑简公和许男就在楚国留守。伍举对晋国人说："我们君王派我来告诉你们：从前多亏贵国君王大力协助，使宋国结盟得以获得今天的成就。盟约中说：'晋国和楚国的属国要互相朝见。'由于今年灾难过多，我愿意和诸侯重建友好，特派伍举前去请求。如果君王信任我们，就希望能通过您向其他诸侯请求。"晋平公本来不打算同意，但司马侯说："这样做不妥当，因为楚灵王目前正是人气急升的时候，也许是上天要有意使他满足自己的愿望，从而加重他的罪行，然后再对他施加惩罚。也许能使他得以善终。晋国和楚国谁能在诸侯中称霸，只能靠上天的协助，不能依靠双方的争夺。君子不妨答应他们的要求，然后修明德行以看他的结局。如果他能施行德政，就是我们晋国也要对他小心事奉，更何况其他诸侯呢？如果他更加荒淫暴虐，楚国也会弃他而去，到那时又有谁能和我们争霸中原呢？"平公说："晋国拥有三个有利条件，可以保证平安无事，有谁能和我们抗衡呢？一是地势险要，二是马匹充足，三是齐、楚两国多灾多难。有了这三条，我们就能战无不胜。"司马侯回答说："恰恰相反，依靠地势险要和战马众多，又对邻国的灾难幸灾乐祸，这是三个危险的预兆，四岳、三涂、阳城、太室、荆山、中南，都是九州中的险要地带，它们并没被一姓长久所占有。冀州的北部盛产马匹，但并没有兴起强盛的国家。依靠地势险和马匹众多，并不能保证国家得以巩固和壮大，自古以来就是这个道理。所以先王致力于修明德行以获取神灵和百姓的欢心，并没有听说过他要凭借险要地带和多产马匹来使国家富强。也不要把邻国的灾祸当作自己的欢乐，因为多灾多难也许会使国家得到进一步的巩固和加强，并开疆拓土；没有灾难也许反而会使国家丧失，失去疆土，为什么要希望别国发生灾难呢？齐国虽然发生了仲孙之乱，结果使齐桓公得以称霸，至今他们还受益于桓公的余荫。晋国发生了里克、丕郑之乱，最终出现了晋文公，从面使晋国能称霸于诸侯。卫国和邢国倒是没有发生什么灾难，却被外敌灭亡了。因此对别人的灾难，不能兴灾乐祸。如果仅仅依靠这三点，而不修明政治和德行，那么就难免灭亡了，又怎么能够取得成功？君王还是要应允他们！纣王荒淫暴虐，文王宽厚仁慈，商朝因此而灭亡，周朝却因此而兴盛，难道仅仅是争夺诸侯就能做到的吗？"于是晋国答应了楚国派来的使者，派叔向回答说："我们君王因为要忙于处理国家大事，因此不能保证在春秋两季准时前往朝见。至于其他诸侯，本来就是属于贵国的，又何必要征求我们的意见呢？"于是伍举又顺便为楚灵王求婚，平公也答应了。

　　楚灵王问子产："晋国能答应让诸侯服从我吗？"子产回答说："会的。晋平公只求安逸，心并不在诸侯身上。而他们的大夫又大多贪图财富和享受，没有人能有力地辅佐君王。和况在宋国盟会上又宣布晋、楚两国地位平等，诸侯可以互相朝见。假如他们不答应您，又哪里用得着缔结宋国的盟约呢？"灵王说："诸侯是否会来朝见呢？"子产回答："一定会来。服从宋国结下的盟约，可以讨得君王的欢心，又不用害怕晋国，有什么原因不来呢？即使有不来的国家，大概也就是鲁、卫、曹、邾等国吧！因为曹国害怕宋国，邾国畏惧鲁国，鲁、卫二国受到齐国的逼迫而不得不亲近晋国，因此他们可能不来。其他的国家，是君王的威力所能制服得了的，谁敢不来呢？"灵王说："既然这样的话，我想要求什么都会如愿以偿了？"子产说："如果想强迫别人以满足自己的愿望是行不通的，但如果能做到和别人的愿望保持一致，就都能马到成功。"

鲁国下了大雨和冰雹。季武子问申丰说："如何才能够防止冰雹呢?"申丰说:"圣人在位时,就不会下冰雹,即使下了,也不会造成灾害。古代当太阳运行到虚宿和危宿的位置时,就要将冰块贮藏起来,行至昂宿和毕宿时,就把冰块取出来。收藏冰块时,要到寒气比较凝重的深山幽谷中去凿取,取出冰块时,朝廷上有禄位的人在迎宾、用餐、丧葬、祭祀时都要使用它。收藏时,要用黑色的公羊和同样颜色的黍子来祭祀司寒之神,取出时,要在门上挂上桃弓和棘箭以消除灾难,收藏和取出的时间都有严格规定。凡是禄位足以食肉的人都具有用冰的资格。大夫和他的夫人去世后,可以用贮藏的冰块擦洗身体。祭祀司寒之神时要把冰块藏起来,奉献羔羊祭祖时要打开冰库。君王首先使用,在大火星出现之前要把冰块分配完毕,大夫及其夫人,以及年老体弱的人都可以得到冰块。冰块由执掌山林的官去管凿取,由县官负责传递,由舆人负责运送,由隶人负责收藏。冰块由于寒风而进一步坚固,也因为春风而逐渐融化。其收藏严密,使用普遍。这样冬天就没有冬温,夏天就不再有夏寒,春天就没有凄风,秋天就没有苦雨。天上打雷也不会伤到人群,下了霜雹也不会成灾,瘟疫不会流行,百姓不会早年夭折。而现在却收藏着河里池中的冰块又不使用,结果不刮风就草木凋零,不打雷就会导致人畜伤亡,以至冰雹造成了灾害,又有谁能预防得了呢?《七月》的最后一章就清楚地说明了藏冰的方法。

夏季,诸侯前往楚国会盟,但鲁、卫、曹、邾四国却没有参加。曹国、邾国借口国家不稳定没去,昭公以祭祖为理由没去,卫襄公以有病为托辞没去。郑简公先在申地等候诸侯来会盟。六月十六日,楚灵王在申地聚集了诸侯。伍举对灵王说:"根据我的判断,诸侯不会归服别的什么,只有归服礼仪法规。现在君王刚刚开始得到诸侯们的拥护,一定要谨慎地使用礼法,霸业能否成功就在此一举了。从前夏启有钧台的宴享,商汤有景亳的命令,周武有孟津的盟誓,成王有歧阳的阅兵,康王有酆宫的朝见,穆王有涂山的会见,齐桓公有召陵的出师,晋文公有践土的会盟等方式,君王打算采取哪一种方式呢?宋国的向戌和郑国的子产都在,他们是诸侯大夫中的杰出人才,可以随您挑选。"灵王说:"我采用齐桓公的方法。"于是灵王便向向戌和子产询问有关的礼仪规矩。向戌说:小国学习礼法,大国使用礼法,我怎能不把知道的都贡献出来呢?"于是便献了公、侯会合诸侯的六种礼仪。子产说:"小国本应事奉大国忠于职守,哪有胆量不把应该做的贡献出来呢?"于是便献出了伯、子、男会见公、侯的六种礼仪。君子由此而认为向戌善于保存前代的礼仪,子产则擅长辅佐小国。

楚灵王让伍举站在自己身后,以便随时纠正他的做法,结果直到整个活动结束,伍举也没有做出任何纠正灵王的行动。灵王问伍举是什么原因,伍举说:"这六种礼仪法都是我从来没有见过的,我怎么知道是对是错呢?"

宋国的太子佐来得比较迟,当时楚灵王正在武城打猎,过了很长时间也没有接见他。伍举建议灵王拒绝接见太子佐,于是灵王就派伍举前去告诉他:"现在武城正在举行宗庙祭祀活动,我们国君打算把宋国进献的财礼献给宗庙,因此不能及时地接见您,深表歉意。"

徐子的母亲是吴国人,楚国人疑心他有二心,因此就把他抓了起来关押在申地。

楚灵王在诸侯面前表现出异常的放纵。伍举说:"前面所说的六王、二公举行重大活动和仪式都是用以向诸侯昭示礼法的,因此诸侯便都能服从命令。从前夏桀举行仍地的会见时,有缗背离了他;商纣举行黎地的阅兵时,东夷背离了他;周幽王举行大室盟会之际,戎狄背离了他,这都是由于他们在诸侯面前表现出了不可一世的态度,诸侯因此也就违背了他们的指示。

现在君王也已经表现出骄纵了，恐怕此次会盟难以成功！"灵王没有听从劝告。子产见到向戌说："我并不担心楚国会造成祸害。骄傲放纵又不听规劝，坚持不了十年"向戌说："对。他们骄纵不了十年，其邪恶就不会远播各地。一旦邪恶远播，他们就会被抛弃。善也是这个道理，一旦德行得到远播，就会兴盛起来。"

秋季七月，楚灵王率领诸侯军队出兵吴国，宋国的太子、郑简公先起程回国，宋国的华费遂、郑国的大夫则跟随灵王前去征伐。灵王派屈申领兵围困了吴国的朱方。八月某日，将朱方攻克，活捉了齐国的庆封，并诛灭他的九族。正要准备杀死庆封时，伍举说："我听说，只有毫无缺点的人才能有资格处罚别人。庆封就因为违抗了君王的命令才逃亡到这里，难道他希望接受楚国的惩罚吗？如果这件丑事在诸侯中散播开来，怎么好呢？"灵王不听，就让庆封背着一把斧钺，在诸侯居住处游行示众，并命令他高喊："大家不要象齐国的庆封那样杀死他的国君，削弱幼主的权力，并和大夫暗地里订立盟约！"但庆封在游行时却大声吆喝道："大家不要象楚共王的庶子王子围那样杀死他的国君，就是他哥哥的儿子郏敖，从而取而代之，然后又和诸侯订立盟约！"灵王即刻派人把庆封杀了。

随后楚灵王带领诸侯消灭了赖国。赖国国君两手反绑，口中衔着玉璧，并让光着上身的士兵抬着棺材跟着他来到楚国中军。灵王问伍举如何处置赖国国君，伍举说："鲁僖公六年楚成王攻下许国，许僖公就是这样来到楚军之中。成王亲自为他松绑，接受了他的玉璧，放火烧了他抬来的棺材。"灵王接受了伍举的建议，然后把赖国迁到鄢地。

楚灵王准备把许国迁到赖地，便派斗韦龟和公子弃疾前去修筑了赖城。

申无宇说："楚国的祸乱会首先在这里发生。因为他们要召集诸侯，诸侯就前来，要攻打赖国，就能攻克，要筑城，也没有人提出异议，灵王想怎么干都能如其所愿，这样一来百姓哪里会有一天能安稳下来呢？百姓不能安居乐业，又怎能忍受得了？忍受不了君王的命令，就会发动祸乱。"

九月，鲁国攻占了鄫国。《春秋》记为"取鄫"，说明夺取鄫国易如反掌。由于莒国发生了动乱，著丘公即位以后不注意安抚鄫国，鄫国便背叛了他们而投靠了鲁国，因此称为"取"。凡是攻下一座城邑，未使用武力就叫"取"。

郑国的子产制定了丘赋的制度，正因为如此而遭到国人的诽谤。他们说："他的父亲死在路边，他毒害百姓有如蝎子尾巴，让这样的人治理国家，国家将怎么办呢？"子宽将这话转告了子产，子产说："这没什么？假如对国家有利，我不吝啬个人的生死存亡。再说我曾听说，推行善政的人决不能轻易改变他的制度，只有这样才能取得成功。百姓不能让他们太放纵，制度不能轻易就改变。《诗经》说：'只要礼法制度上没有错误，何必担心别人议论长短呢？'我不会改变这种做法。"子宽说："国氏可能要首先灭亡吧！君子制定的政策过于苛刻，其结果必然流于贪婪。政策过于贪婪，其后果无法想象。姬姓诸国中，蔡国和曹国、滕国将会首先灭亡，因为它们受到大国的逼迫而且不讲礼仪。郑国将在卫国之前灭亡，因为它也受到大国的逼迫而且也没有法律规范。制定国策不遵守先王的法度，而根据自己的意志决定，百姓就会各有各的想法，他们就不会再将上面的执政人放在眼里。"

冬季，吴国攻打楚国，攻入棘、栎、麻等地，以报复楚国对朱方的攻打。楚国的沈尹射逃到夏汭等待命令，箴尹宜咎修筑钟离城，薳启彊修筑巢城，然丹建造州来城。由于楚国以东地区发生了水灾，所以无法筑城。楚大夫彭生就下令赖地的军队停止筑城的工作。

当初，叔孙豹为逃避叔孙氏之乱，从叔孙家逃往齐国。逃到庚宗时，遇到一个女人，便让她偷偷给自己弄点吃的东西，并且和她私通起来。那女人问他要到哪里去，叔孙豹告诉她事情缘由，女人听到后哭着送他上路。叔孙豹到齐国后，娶了国氏的女子为妻，而后生了孟丙和仲壬。有一次做梦，天塌下来正好压住了自己，眼看就要支撑不住了，他回头一看，见到一个人面容黝黑，肩膀向前弯曲，眼睛深陷，长着一副猪一样的嘴巴。他向这个人喊道："牛，快来帮帮我！"这样才顶住了天而没有被压死。第二天早晨他便召唤所有手下的人，也没有找到梦中那个人。于是他对手下人说："你们都给我牢牢记住这个人的相貌！"等到叔孙侨如也逃亡到齐国，叔孙豹送给他食物吃。侨如说："鲁国由于我们的祖先有功，准备让我们家族的人做卿，一定要请你回去。如果请你，你怎么办？"叔孙豹说："这正是我长久以来的希望。"

果然没过多久鲁国人便请叔孙豹回去，他没有告诉侨如就走了。当他被做卿之后，那个在庚宗一度和他私通的女人前来向他献上野鸡。叔孙豹问起她的儿子，女人回答说："我儿子已经长大了，可以拿着野鸡跟我一起来了。"便把她儿子叫来，叔孙豹一看，原来就是他梦中看见过的那个人。他没有问他的名字就大声喊道："牛"，那孩子张口答应："是"。叔孙豹便召集手下的人让他们和牛见面，随后便让他做了小臣。牛从此受到宠信，等他长大以后，叔孙豹又把家政交给他掌管。叔孙豹在齐国的时候和齐大夫公孙明关系很好，回到鲁国以后，还没有顾得上去接回国姜，公孙明就占有了她。叔孙豹因此对国姜非常恼怒，直到她的两个儿子长大之后，才把他们接回鲁国。

后来叔孙豹在丘莸打猎时，得了病。这时竖牛打算破坏叔孙豹的家室后将其占有，于是便强行要和孟丙盟誓，孟丙不答应。叔孙豹曾经为孟丙铸了一口钟，并对他说："你还没有和卿大夫们应酬交往过，我准备选定一个时间宴请他们，同时为钟举行落成典礼，并确定你为继承人。"孟丙准备好享礼之后，让竖牛去请求父亲确定宴享日期。竖牛进去后，并没有回报这件事，出来后却诈称父亲已择定了宴享的日子。等到宴请的宾客都已来到，叔孙豹猛然听到有钟声响起，感到很诧异。竖牛借此激他说："孟丙正在招待那女人的客人公孙明吧。"叔孙豹怒不可遏，打算出去看个究竟，但被牛劝住了。等到宾客走后，叔孙豹便让人把孟丙抓住并在门外把他杀死。牛又强行要和仲壬订立盟约，仲壬也不答应。有一次仲壬和昭公的御者莱书公宫游玩时，昭公赐给他一个玉环，仲壬便让牛拿给叔孙豹看。牛进去后，并没有让叔孙豹看，出来后，佯称叔孙豹让仲壬佩带。但他又在叔孙豹跟前说："让仲壬进见君王以确定他的继承人的地位，怎么样？"叔孙豹说："为什么要这样？"牛说："不让他去进见，其实他自己已经进见了，君王送给他一只玉环，他都佩带上了。"叔孙豹便非常气愤地把仲壬赶走了，仲壬逃亡到了齐国。当叔孙豹病危时，便让牛迅速召仲壬回来，牛答应了但又不派人去。杜泄见到叔孙豹时，叔孙豹告诉他，自己受到牛的虐待，饥渴交加，并给杜泄一把戈，让他去杀了牛。杜泄回答说："当初您到处找这个人，如今找到了，又为什么要除掉他呢？"牛对前来看望的人都说："他病情很重，不愿意见任何人。"让来看望的人把带来的东西都放到东厢房，然后让他们退出去。他并没有将这些食物送给叔孙豹，而是倒掉后让来人把盛放食物的用具带走。十二月二十六日，叔孙豹一天没有吃到食物。二十八日，便去世了。牛便立了昭子为继承人，自己暗中辅佐他。

昭公派杜泄安葬叔孙豹，牛私下里贿赂叔仲带和李氏家臣南遗，让他们在季孙面前散布杜泄的谣言以除掉他。杜泄准备用周王所赐之车为叔孙豹送葬，同时使用卿的礼法，南遗对季孙说："叔孙豹生前从没有乘坐过周王所赐之车，为什么要用它安葬？再说正卿都不用周王所赐之车，而次卿却用，这样做不够名正言顺。"季孙说："对。"便让杜泄不要使用周王所赐之车。

但杜泄不肯这么做，他说："叔孙豹曾奉命去朝见天子，天子顾及他的祖先从前的功勋而赐给他这辆车，他回来后献给君王。但君王不敢违背天子的命令就又把这辆车赐给了他，并让司徒、司马、司空三位官员非常严肃地记下此事。当时您作为司徒，一度记下了爵位和姓名，叔孙豹作为司马，让工正记下了车服的事项，孟孙作为司空则记下了功勋。现在他死了却不让用周王所赐之车安葬，这等于是放弃君王的命令。有关此事的记载都存在公府中，如果不让使用，这相当于废除了三官。如果天子和国君赏赐的车服，生前不敢使用，死后又不允许用，要它还有什么用呢？"季孙这才同意用周王所赐之车送葬。

季孙打算取消中军的建制，竖牛讨好说："本来叔孙豹也打算要取消它。"

昭公五年

五年春，王正月，舍中军，卑公室也。毁中军于施氏①，成诸臧氏②。初作中军，三分公室而各有其一。季氏尽征之③，叔孙氏臣其子弟④，孟氏取其半焉⑤。及其舍之也，四分公室，季氏择二，二子各一。皆尽征之，而贡于公。

以书使杜泄告于殡，曰："子固欲毁中宫，即毁之矣，故告。"杜泄曰："夫子唯不欲毁也，故盟诸僖闳⑥，诅诸五父之衢。"受其书而投之，帅士而哭之。

叔仲子谓季孙曰："带受命于子叔孙曰，葬鲜者自西门⑦。"季孙命杜泄。杜泄曰："卿丧自朝⑧，鲁礼也。吾子为国政，未改礼，而又迁之⑨。群臣惧死，不敢自也。"既葬而行。

【注释】

①毁中军于施氏：在施氏家里谋划撤去中军之事。施氏，公子施父之族。②成诸臧氏：在臧氏家里达成协议。臧氏，公子子臧之族。③尽征：鲁国军队，无论士卒车乘，皆出于国都近郊。三家的私兵，则出自其采邑。无论采邑或近郊之民，出卒乘者季氏免其田赋；不出卒乘者，加倍征其田赋。尽征即或征卒乘，或征田赋。④臣其子弟：即将青壮的士卒作为奴隶兵，老弱者作为自由民。子弟，指青。⑤取其半：一半为自由民，出军粮、田赋。一半仍为奴隶，为奴隶兵、农业奴隶。⑥僖闳：僖公宗庙门口。⑦鲜：不得寿终。⑧自朝：自朝门出，朝门为正门，即鲁南门。⑨迁：变易也，言季孙未修改鲁礼而以己意加以改变。

仲至自齐①，季孙欲立之。南遗曰："叔孙氏厚则季氏薄。彼实家乱，子勿与知，不亦可乎？"南遗使国人助竖牛以攻诸大库之庭。司宫射之②，中目而死。竖牛取东鄙三十邑，以与南遗。

昭子即位，朝其家众，曰："竖牛祸叔孙氏，使乱大从③，杀适立庶，又披其邑④，将以赦罪，罪莫大焉。必速杀之。"竖牛惧，奔齐。孟仲之子杀诸塞关之外⑤，投其首于宁风之棘上⑥。仲尼曰："叔孙昭子之不劳⑦，不可能也。周任有言曰：'为政者不赏私劳，不罚私怨。'《诗》云：'有觉德行，四国顺之。'"

初，穆子之生也，庄叔以《周易》筮之，遇《明夷》☷☰之《谦》☷☰，以示卜楚丘。曰："是将行，而归为子祀⑧。以谗人入，其名曰牛，卒以馁死⑨。《明夷》，日也。日之数十⑩，故有十时⑪，亦当十位。自王已下，其二为公，其三为卿。日上其中⑫，食日为二⑬，旦日为三⑭。《明夷》之《谦》，明而未融⑮，其当旦乎。故曰为子祀，日之《谦》，当鸟，故曰明夷于飞。明而未融，故曰垂其翼⑯。象日之动⑰，故曰君子于行⑱。当三在旦⑲，故曰三日不食。《离》，火也。《艮》，山也。《离》为火，火焚山，山败。于人为言⑳，败言为谗。故曰有攸往。主人有言，言必谗也。纯《离》为牛㉑，世乱谗胜，胜将适《离》㉒，故曰其名曰牛。《谦》不足，飞不翔㉓，垂不峻，翼不广㉔，故曰其为子后乎。吾子，亚卿也，抑少不终㉕。"

【注释】

①仲：即仲壬。②司宫：季孙家的阉臣。③大从：重大的条理，常规。④披：分。披其邑：分叔孙三十邑与南遗。⑤塞关：齐、鲁边界关口，关外即齐地。⑥宁风：齐地名。⑦不劳：不酬劳对己有功之人。⑧归为子祀：回国为您祭祀。⑨卒以馁死：馁：饿。最终因饥饿而死。⑩日之数十：古代传说尧时天有十日。一说从甲至癸十天干。⑪十时：古人分一昼夜为十时，即鸡鸣昧旦、旦（日出）大昕、日中、日昃、夕、昏（日旰、日入）宵、夜中等名。⑫日上其中：日由地中升起，此为上。⑬食日：昧旦。⑭旦日：日出。⑮融：大明。明而未融：融为大明，明夷为明入地中，黑暗之时。⑯垂其翼：黎明时，天未大亮，鸟之翅膀还垂着。⑰象日之动：日处地中，随其动而趋向光明。⑱君子于行：君子处乱世，亦应避难而行。⑲当三在旦：位在第三（卿位）相当旦时，尚未到食时。⑳于人为言：艮为言，为口。㉑纯：偶。㉒适：归于。㉓不翔：不能远飞。㉔不广：不能广远。㉕少不终：虽老寿，仍不得善终。少，小。

楚子以屈申为贰于吴，乃杀之。以屈生为莫敖，使与令尹子荡如晋逆女。过郑，郑伯劳子荡于泛，劳屈生于菟氏①。晋侯送女于邢丘。子产相郑伯，会晋侯于邢丘。

公如晋，自郊劳至于赠贿，无失礼。晋侯谓女叔齐曰："鲁侯不亦善于礼乎？"对曰："鲁侯焉知礼？"公曰："何为？自郊劳至于赠贿②，礼无违者，何故不知？"对曰："是仪也，不可谓礼。礼所以守其国，行其政令，无失其民者也。今政令在家③，不能取也。有子家羁④，弗能用也。奸大国之盟，陵虐小国。利人之难⑤，不知其私。公室四分，民食于他⑥。思莫在公，不图其终。为国君，难将及身，不恤其所。礼之本末，将于此乎在⑦，而屑屑焉习仪以亟⑧。言善于礼，不亦远乎？"君子谓："叔侯于是乎知礼。"

【注释】

①菟氏：郑地名，位于今河南尉氏县西北四十里。②郊劳为迎宾礼仪，赠贿为送宾礼仪，昭公于此皆合宜。③在家：在私家。谓鲁国政权已掌握在卿大夫手中。④子家羁：人名，即懿伯。⑤利人之难：利用莒国动乱之机而取鄆。⑥他：指季氏等三家。⑦于此乎在：在于此乎的倒装句。⑧屑屑焉：烦细忙碌不安的样子。亟：急。

晋韩宣子如楚送女，叔向为介。郑子皮、子大叔劳诸索氏①。大叔谓叔向曰："楚王汰侈已甚，子其戒之。"叔向曰："太侈已甚，身之灾也，焉能及人？若奉吾币帛，慎吾威仪，守之以信，行之以礼，敬始而思终，终无不复。从而不失仪，敬而不失威，道之以训辞②，奉之以旧法③，考之以先王，度之以二国，虽汰侈，若我何？"

【注释】

①索氏：地名，位于今河南荥阳县西。②训辞：前代圣人的言语。③旧法：故事、旧礼。

及楚，楚子朝其大夫，曰："晋，吾仇敌也。苟得志焉，无恤其他。今其来者，上卿、上大夫也。若吾以韩起为阍①，以羊舌肸为司宫②，足以辱晋，吾亦得志矣，可乎？"大夫莫对。薳启强曰："可。苟有其备，何故不可？耻匹夫不可以无备，况耻国乎？是以圣王务行礼，不求耻人。朝聘有珪，享覜有璋③，小有述职④，大有巡功⑤，设机而不倚，爵盈而不饮，宴有好货，飧有陪鼎⑥，入有郊劳，出有赠贿，礼之至也。国家之败，失之道也，则祸乱兴。城濮之役，晋无楚备，以败于邲。邲之役，楚无晋备，以败于鄢。自鄢以来，晋不失备，而加之以礼，重之以睦，是以楚弗能报而求亲焉。既获姻亲，又欲耻之，以召寇仇，备之若何？谁其重此⑦？若有其人，耻之可也。若其未有，君亦图之。晋之事君，臣曰可矣。求诸侯而麇至⑧。求昏而荐女，君亲送之，上卿及上大夫致之。犹欲耻之，君其亦有备矣。不然，奈何？韩起之下，赵成、中行吴、魏舒、范鞅、知盈；羊舌肸之下，祁午、张趯、籍谈、女齐、梁丙、张骼、辅跞、苗贲皇⑨，皆诸侯之选也⑩。韩襄为公族大夫，韩须受命而使矣。箕襄、邢带、叔禽、叔椒、子羽，皆大家也。韩赋七邑，皆成县也⑪。羊舌四族⑫，皆强家也。晋人若丧韩起、杨肸⑬，五卿八大夫辅韩须、杨石⑭，因其十家九县，长毂九百⑮，其余四十县，遗守四千⑯，奋其武怒，以报其大耻，伯华谋之，中行伯、魏舒帅之，其蔑不济矣。君将以亲易怨，实无礼以速寇，而未有其备，使群臣往遗之禽⑰，以逞君心，何不可之有？"王曰："不谷之过也，大夫无辱。"厚为韩子礼。王欲敖叔向以其所不知⑱，而不能，亦厚其礼。

【注释】

①阍：刖足使为守门人。②司宫：加宫刑使为奄臣。③享覜（tiāo）：宴享进见。覜，见。④述职：诸侯朝见天子，陈述职事，称述职。⑤巡功：即巡狩。⑥陪鼎：另外增加的菜肴。飧为熟食。⑦重此：任此，即承当此责任。⑧麇：通群。⑨祁午等：以下八人为羊舌肸之下的贤大夫。⑩选：所选拔的良臣。⑪韩氏有七邑之赋，这七邑皆为县。成：盛、大。⑫羊舌四族：指叔向及其兄弟伯华、叔鱼、叔虎。⑬杨肸：叔向采邑在杨，故又称杨肸。⑭韩须、杨石：韩须为韩起之子、杨石为叔向之子。⑮长毂：战车。⑯遗守：留守之兵车。⑰往遗之禽：送去做晋国的俘虏。⑱敖：同傲。

韩起反，郑伯劳诸圉①。辞不敢见，礼也。

郑罕虎如齐，娶于子尾氏。晏子骤见之②。陈桓子问其故，对曰："能用善人，民之主也。"

夏，莒牟夷以牟娄及防兹来奔③。非卿而书，尊地也。

莒人诉于晋。晋侯欲止公④。范献子曰："不可。人朝而执之，诱也。讨不以师，而诱以成之，惰也。为盟主而犯此二者，无乃不可乎？请归之，间而以师讨焉。乃归公，秋七月，公至自晋。

莒人来讨，不设备，戊辰，叔弓败诸蚡泉⑤，莒未陈也。

冬十月，楚子以诸侯及东夷伐吴，以报棘、栎、麻之役。遂射以繁扬之师⑥，会于夏汭。越大夫常寿过帅师会楚子于琐⑦。闻吴师出，遂启强帅师从之，遽不设备，吴人败诸鹊岸⑧。楚子以驲至于罗汭⑨。

【注释】

①圉：地名，位于今河南杞县南。②骤：屡。③牟娄、防、兹：皆为莒地。牟娄在今山东诸城县西，防在今山东安丘县西南，兹在今山东诸城县北。④止公：扣留鲁昭公。⑤蚡泉：地名，在莒、鲁交界处。⑥繁扬：地名，位于今河南新蔡县境。⑦琐：楚地，位于今安徽霍丘县东。⑧鹊岸：地名，位于今安徽无为县南到铅陵市北沿长江北岸地区。⑨罗汭：即汨罗江，位于今湖南汨罗县。

吴子使其弟蹶由犒师，楚人执之，将以衅鼓①。王使问焉，曰："女卜来吉乎？"对曰："吉。寡君闻君将治兵于敝邑，卜之以守龟②，曰，余亟使人犒师，请行以观王怒之疾徐，而为之备，尚克知之③。龟兆告吉，曰，克可知也。君若欢焉④，好逆使臣，滋敝邑休怠⑤，而忘其死，亡无日矣。今君奋焉⑥，震电冯怒⑦，虐执使臣，将以衅鼓，则吴知所备矣。敝邑虽羸，若早修完，其可以息师⑧。难易有备，可谓吉矣。且吴社稷是卜，岂为一人。使臣获衅军鼓，而敝邑知备，以御不虞，其为吉孰大焉。国之守龟，其何事不卜？一臧一否⑨，其谁能常之？城濮之兆，其报在邲⑩。今此行也，其庸有报志⑪？"乃弗杀。

【注释】

①衅鼓：杀之以其血涂祭新鼓。②守龟：职掌龟卜者。③尚克知之：差多能知道。④欢：同欢。⑤滋敝邑休怠：滋，增益也。增益敝国懈怠之心。⑥奋焉：勃然。⑦震电冯怒：雷霆盛怒。⑧息师：阻止、对抗楚军。⑨臧否：吉凶。⑩城濮之兆，其报在邲：城濮晋楚之战，楚卜吉，而实败，则此吉兆应验在邲之胜。报，报应。⑪其庸：反诘副词连用，岂。

楚师济于罗汭①，沈尹赤会楚子，次于莱山②。遂射帅繁扬之师先入南怀，楚师从之，及汝清。吴不可入。楚子遂观兵于坻箕之山③。

是行也，吴早设备，楚无功而还，以蹶由归。楚子惧吴，使沈尹射待命于巢，遂启强待命于雩娄，礼也④。

秦后子复归于秦⑤，景公卒故也。

【注释】

①济：渡水。②莱山：今河南光山南一百五十里的天台山。③观兵：阅兵。④礼也：设备以防吴，是合理的。⑤秦后子：即针。昭公元年奔晋。

【译文】

鲁昭公五年春季，周历正月，鲁国正式撤去了中军，这是为了进一步降低公室的地位。这一决定最早在施氏家里讨论，后来在臧氏家里最终形成。当初设立中军的之时，把公室的军队一分为三，季孙、叔孙、孟孙三家分别掌握一军。对于分得的军队，季孙氏全部征收田赋；叔孙氏则把年轻力壮者作为奴隶兵看待，把年老体弱者作为自由民对待；孟孙氏则一半为自由民，另一半为奴隶兵。等到这次撤去中军，则把原先隶属于公室的军队一分为四，季孙氏分了其中两部分，叔孙、孟孙各取一部分，全都把这些士兵作为自由民对待，采取征兵或征税的方法，然后向公室交纳相应数量的贡赋。

季孙用策书的形式让杜泄把这件事情告诉死去的叔孙豹："您本来就计划撤去中军建制，现在把它撤去了，特此向您报告。"杜泄说："叔孙豹正由于不愿意撤去中军，所以才在僖闳盟誓，又在五父之衢诅咒。"所以他接了策书后扔到地上，率领众人大声嚎哭起来。

叔仲子对季孙说："我听叔孙说：'给未得善终的人送葬要从西门通过。'"因此季孙便让杜泄从西门出城。杜泄："卿的丧礼要从朝廷的正门出去，这是鲁国一向遵循的礼法。您主持国政，没有经过正式修改礼法却随便地加以变更，群臣都担心因此而招致杀身之祸，不敢服从您的决定。"安葬了叔孙豹以后，杜泄便动身去了楚国。

仲壬从齐国回来，季孙准备策立他为叔孙氏的继承人。但南遗说："叔孙氏一旦强大起来，季孙氏就会被减弱势力。他们内部发生了变乱，您就佯装不知道这回事，不也可以吗？"南遗又让人协助竖牛在大库的庭院中攻打仲壬，季孙氏的家臣司宫一箭将仲壬的眼睛射中，仲壬死去。竖牛然后把东部边境的三十座城邑送给了南遗。

昭子正式成为叔孙氏的继承人之后，把家族的人全都召集起来后说："竖牛为叔孙氏酿造了祸端，从而使一些重要问题的正常秩序被彻底打乱了，杀了嫡子，立了庶子，又把封邑分封给外人，企图以此逃避自己的罪责。他罪大恶极，必须尽快把他杀死？"竖牛听说惊恐异常，便逃亡到了齐国。后来孟丙和仲壬的儿子，在塞关之外把他杀了，然后把他的头丢弃在宁风的草丛中。孔子对此评论说："昭子不但不报答竖牛，反而将其杀害，这是难能可贵的。周任曾说过：'执掌政权的人决对不能赏赐私功，也不能惩罚私怨。'《诗经》也说：'拥有正直的德行和情操，四方国家的人都会服从他'"。

当初，叔孙豹出生时，他的父亲庄叔曾用《周易》加以占筮，结果遇到明夷卦变成谦卦，把这一卜卦的结果拿给卜人楚丘看，楚丘解释说："这说明这个孩子将来要逃亡到国外，但最后又能回来为您祭祀，回来时带着一个奸恶的人，这个人名叫牛。这个孩子日后会因饥饿而死亡。明夷就是太阳，太阳的数目是十，一天被分为十个时间，所以这个孩子将来也必然能得到相当于十等的爵位。从王以下，第二是公，第三是卿。太阳从地下上升时相当于王，露出地面时相当于公，当它离开地面时则相当于卿。明夷卦变为谦卦，表明天虽然亮了但太阳还没有升高，大概相当于刚刚离开地面时的情况，因此说他可以承袭您的卿位，'为您祭祀'。太阳变为谦卦时，相当于鸟，所以说'明夷飞翔'。天虽然亮了但太阳还没有升高，所以说'垂着翅膀'。又象征着太阳的运行，因此说'君子将要出奔'。当太阳刚刚离开地面时相当于第三位，因此说他'三天不吃东西。'离为火，艮为山。离是火，火烧山，山就会崩溃。艮对人来说就是语言，说别人的坏话就是谗言，所以说'有人离去，主人要说话'。这话必定是坏话。与离相配的是牛，社会动荡不安，谣言能够得逞，一旦得逞就会归于离，因此说'这个人叫牛。'谦就是不能满足，所以虽然能飞却又不能远飞，下垂就是飞不高，虽然有翅膀，但飞不太远。因此说'他或许能成为您的继承人'。您是次卿，但您的继承人却很难有好的结局。"

楚灵王认为屈申私下里勾结吴国，便把他杀了。然后任命屈生为莫敖，并命令他和令尹子荡到晋国迎亲。他们路过郑国时，郑简公在泛地慰劳子荡，在菀氏慰劳屈生。晋平公把女儿送到邢丘，子产陪同郑简公在邢丘接见了晋平公。

昭公前往晋国，从开始时的郊劳之礼直到结束时的赠礼，整个过程中一直都没有失礼的行为。晋平公对女叔齐说："鲁侯看起来也很精通礼法吗？"女叔齐说："鲁侯哪里懂得礼法呢？"平公说："这是什么原因呢？从郊劳直到赠礼，没有任何一处违背礼仪，他为什么不懂礼法呢？"女叔齐说："这只不过是仪式，不能算是礼法。礼法是用以保护国家推行政令，拥有百姓支持的工具。现在鲁国的政权旁落在大夫之手，国君无力收回；有子家羁这样的贤能之人却不能重用；违背和大国之间的盟约，同时又凌压小国；利用别国的动乱乘机侵略，却不知自己也身处困境；公室的军队一分为四，百姓凭仗三家大夫养活，臣民心中已经没有了君王的位置，君王自己也根本不再考虑后果。作为国君，祸难将要到来，却丝毫也不忧虑。礼法的根本和枝节都在几个方面，而他却只忙于学习一些无关紧要的仪式。说他精通礼法，不是与现实相距太远了吗？"君子认为女叔齐在这个问题上是很懂得礼法的。

晋国的韩起保护晋女前往楚国，叔向为副手。郑国的子皮、游吉在索氏迎接他们。游吉对叔向说："楚王过于骄纵奢侈，您要格外当心！"叔向说："骄纵奢侈过分了，只能是他个人的灾难，哪能拖累别人呢？只要我们进献贡礼，言行举止谨慎小心，严守信用，讲究礼仪，自始至终恭敬并且考虑周到，以后就都能够这么做。顺从而注意分寸，恭敬而有所节制，以先人的遗训为行动的标准，以传统的法度为行动的准则，参照先王的做法，衡量两个大国的力量，就算楚王奢侈过度，又能把我们怎么样？"

他们到达楚国后，楚灵王召大夫们上朝。他说："晋国是我们的敌人。假如我们能够在他们身上达到目的，其他就更没有什么可顾虑的了。如今他们派来的人是上卿和上大夫，如果我们砍掉韩起的双脚让他做看门人，再对叔向实施宫刑让他充当宦官，那么我们就能够羞辱晋国，从而满足我们的愿望。这样做可以吗？"大夫们都缄默无语，遂启强说："我看可以。如果我们有足够的防备，有什么不可以吗？羞辱一个普通人尚且要有所防备，更何况侮辱一个国家呢？因此圣明的君王总要致力于推行礼法，而不追求羞辱他人。朝见聘问时手执玉珪，宴享时进贡玉璋，小国朝见大国叫述职，大国访问小国叫巡守。摆了桌子而不靠，斟满了酒杯却不喝，饮宴时要赠送礼品，吃饭时要添加菜肴，进入一个国家要举行郊劳之礼，离开一个国家又有赠礼的仪式，可以说这都是礼法的最佳表现形式。一个国家会失败的原因，就是因为失去了这些礼法，所以才导致祸乱的发生。城濮之战，晋国战胜了楚国之后没有提防，结果致使了邲之战的失败。楚国在邲地战役中取胜后也放松了警戒，结果造成鄢陵一虞的失败。自从鄢陵之战后，晋国一直对楚国严加防备，同时又以礼相待，重视两国的团结，因此楚国始终没有报仇雪耻的机会，而只能请求两国结亲通婚。既然已经结成了亲戚之国，却又要找机会羞辱对方，这就等于自树敌人，即使做好了防备又能有什么用，谁又能完成这一重任呢？假如有人能胜此重任，那么可以羞辱他们，如果没有这样的人，就希望君王能认真思考。至于晋国事奉君王，我认为已经够可以的了：您想召集诸侯，他们便一刻不停地忙活起来；您想求婚让他们进献美女，他们的国君亲自送行，而且还由上卿和上大夫陪同前来。做到这些，居然还要侮辱他们，那么君王恐怕真要有充分的准备了，否则，后果无法想象。晋国自韩起以下，卿还有赵成、荀吴、魏舒、范鞅、知盈，自叔向以下，大夫还有祁午、张趯、籍谈、女齐、梁丙、张骼、辅跞、苗贲皇，这些人全都是诸侯中的名臣良将。韩襄担任公族大夫，韩须奉命出使国外；箕襄、邢带、叔禽、叔椒、子羽也都是比较大的家族。韩氏征收赋税的七个城邑，都是晋国的大县。叔向四兄弟也是势力强盛的家族。晋国人一旦失去了韩起和叔向，五卿、八个大夫必然会帮助韩须、杨石，依靠他们十个家族九个县的力量，统率九百辆战车，另外其他四十县的四千辆战车镇守国内，他们必然一心御敌，拼死战斗，以雪洗奇耻大辱。有伯华策划，有荀吴和魏舒指挥，他们根本不会失败。这样一来，君王就是以亲善换来怨恨，以不守礼仪招来敌人，而又没在充分的准备，把群臣拱手送出去当俘房，以满足君王的心愿，有什么不可以的呢？"灵王说："这是我的错误，您不要再说了。"于是就送给韩起很多礼物。灵王本来还打算对叔向提出一些他不知道的问题为难他，但并未能难住叔向，最终只好也赏给他很多礼物。

韩起回国途中，郑简公又在圉地慰劳他。韩起以不敢让国君亲自慰劳为由推托了，这是合乎礼法的。

郑国的子皮前往齐国迎娶子尾氏的女儿为妻，晏婴几次和他会面。陈桓子问这是为什么，晏婴说："因为他能任用好人，是百姓的真正的主人。"

夏季，莒国的牟夷带着牟娄和防地、兹地逃亡来到鲁国。牟夷并不是莒国的卿，但《春秋》却记载他的名字，这是由于对他带来的三处土地的重视。

莒国人到晋国指控鲁国收留了牟夷，晋平公本来准备要扣押昭公不让回国，但范鞅说："不能这么做。人家前来朝见，我们却把他逮了起来，这等于是引诱人家进入圈套。不用武力讨伐他，却采取设置骗局的方法来达到目的，这是一种低贱的行为。作为盟主却犯下这两条错误，可能不行吧！请让鲁君先回去，之后再发兵去攻打。"于是便放昭公回国了，秋季七月，昭公从晋国返回到国内。

莒国人发兵前来征讨，但他们并没有提防鲁国。十四日，叔弓领兵在蚡泉打败了他们，当时莒军还没有正式摆开阵势。

冬季十月，楚灵王率领诸侯和东夷的军队出兵吴国，以报棘、栎、麻战役之仇。薳射率领繁阳的军队和灵王在夏汭会合，越国大夫常寿过率领军队在琐地和灵王会合。听说吴国军队出动了，薳启强便领兵追击，由于忙乱之中没有注意设防，结果在鹊岸被吴军打得落花流水，灵王乘驿车赶到罗汭。

吴王夷末派他的弟弟蹶由前来慰劳楚军，楚国人把他抓了起来，打算杀了祭鼓。灵王派人问他："你竟敢来到这里，来之前占卜的是吉卦吗？"蹶由回答说："是吉卦。我们君王听说您打算攻打我国，就用国家的守龟占卜，并且说：'我准备迅速派人去犒劳楚军，以便乘机观察楚王的愤怒究竟到了什么程度，以便使我们做出相应的准备，希望能预知此行是吉是凶。'结果龟甲上显现的卦象是吉利，并且告诉我们：'可以预料有取胜的把握。'君王如果高兴地迎接使臣，麻痹我国从而使我们放松警戒，忘记死亡的威胁，那么我们就会很快灭亡。如今君王却龙颜大怒，又把使臣抓住，还打算杀掉祭鼓，这样一来，吴国就知道作好战斗准备了。我国虽然疲弱，但如果能尽早地加固城郭，整治武器，或许能够抵制楚军。无论是患难还是平安，只要事先有充分的准备，可以说都是吉利的。再说吴国占卜的是国家的吉凶，并不是一个人的吉凶。假如我若被杀祭鼓，那么我国就会加强防备，来防备突来的袭击，这不是最大的顺心如意吗？国家的守龟有什么事不能占卜的？是吉是凶，谁能有把握会永远固定在一件事上呢？当年城濮之战时楚国占卜的吉兆却应验在邲之战中。我这次前来，难道会因为我的被杀而使吴国获胜吗？"因此灵王便决定不杀蹶由。

楚军在罗汭渡过河去，沈尹赤和灵王聚合，驻扎在莱山。薳射率领繁阳的军队首先进入南怀，楚军随后也跟上了，行至汝清。因吴国已做好准备，所以没有办法进入。于是灵王便在坻

箕之山检阅了军队。

这次军事行动，因为吴国已经做好了准备，因此楚军无功而返，只是把蹶由带了回来。灵王对吴国异常挂念，便派沈尹射在巢地待命，派逿启强在雩娄待命，这样防患于未然，是符合礼仪规矩的。

秦国的后子回到秦国，这是由于秦景公去世了。

昭公六年

六年春，王正月，杞文公卒，吊如同盟，礼也。

大夫如秦，葬景公，礼也。

三月，郑人铸刑书①。叔向使诒子产书②，曰：始吾有虞于子，今则已矣。昔先王议事以制③，不为刑辟④，惧民之有争心也。犹不可禁御，是故闲之以义⑤，纠之以政，行之以礼，守之以信，奉之以仁，制为禄位以劝其从⑥，严断刑罚以威其淫⑦。慎其未也⑧，故诲之以忠，耸之以行⑨，教之以务⑩，使之以和⑪，临之以敬，莅之以强，断之以刚。犹求圣哲之上⑫，明察之官，忠信之长，慈惠之师，民于是乎可任使也，而不生祸乱。民知有辟，则不忌于上，并有争心，以征于书⑬，而徼幸以成之，弗可为矣。

夏有乱政而作《禹刑》，商有乱政而作《汤刑》⑭，周有乱政而作《九刑》，三辟之兴，皆叔世也⑮。今吾子相郑国，作封洫⑯，立谤政⑰，制参辟⑱，铸刑书，将以靖民，不亦难乎？《诗》曰⑲：'仪式刑文王之德，日靖四方。'又曰：'仪刑文王，万邦作孚'。如是，何辟之有？民知争端矣⑳，将弃礼而征于书，锥刀之末㉑，将尽争之。乱狱滋丰，贿赂并行㉒，终子之世，郑其败乎！肸闻之，国将亡，必多制，其此之谓乎！"

【注释】

①铸刑书：将刑法铸于鼎上。②诒：送给。③议事以制：衡量事之轻重，据以断刑。议，度，量。制，断。④刑辟：刑律。不为刑辟：不预先制定法律条文。⑤闲之以义：用道义来防制。闲，防范、限制。⑥劝其从：勉励顺从者。⑦以威其淫：威胁那些放纵者。⑧未：未能奏效。⑨耸：奖励。⑩务：业务，专业。⑪使之以和：用和悦的态度使用他们。⑫上、官、长、师：四者为各级官长。上指执政的卿相：官指主事的官员；长指乡长；师为掌教化的老师。⑬征于书：引刑律条文为证。⑭乱政：违犯政令。⑮叔世：晚期衰世。⑯作封洫：事见襄公三十年传。⑰立谤政：指作丘赋，郑人谤之。见昭公四年传。⑱参辟：或指刑律的三种，或三项内容。参同三，辟，法也。⑲《诗》曰：以下二句出自《周颂·我将》篇。仪、式、刑三字同义连用，义为效法。⑳争端：指刑书，即征于书。㉑锥刀之末：锥刀为刻字的工具，锥刀之末喻刑书的每字每句。㉒并：遍。

复书曰："若吾子之言……侨不才，不能及子孙①，吾以救世也。既不承命，敢忘大惠？"

士文伯曰："火见②，郑其火乎③。火未出而作火以铸刑器，藏争辟焉④。火如象之，不火何为？"

　　夏，季孙宿如晋，拜莒田也。晋侯享之，有加笾。武子退，使行人告曰："小国之事大国也，苟免于讨，不敢求贶。得贶不过三献⑤。今豆有加，下臣弗堪，无乃戾也。"韩宣子曰："寡君以为欢也。"对曰："寡君犹未敢，况下臣，君之隶也，敢闻加贶？"固请彻加而后卒事。晋人以为知礼，重其好货。

　　宋寺人柳有宠，大子佐恶之。华合比曰："我杀之。"柳闻之，乃坎、用牲、埋书，而告公曰："合比将纳亡人之族⑥，即盟于北郭矣。"公使视之，有焉，遂逐华合比。合比奔卫。于是华亥欲代右师⑦，乃与寺人柳比⑧，从为之征⑨，曰"闻之久矣。"公使代之，见于左师⑩，左师曰："女夫也⑪，必亡！女丧而宗室，于人何有？人亦于女何有！《诗》曰：'宗子维城，毋俾城坏，毋独斯畏⑫。'女其畏哉！"

【注释】

　　①及子孙：虑及子孙。②火见：大火星出现。③火：火灾。郑其火：郑国将发生火灾。④藏争辟：隐藏着刑律的争端。⑤贶：赐也。三献：献酒三次，为大夫应受之礼，季孙为卿，但次这卿相当大国之大夫，故言"不过三献"。⑥亡人：指出奔于陈的华臣。⑦华亥：华合比之弟。⑧比：勾结。⑨征：证。⑩左师：晋向戌。⑪女夫：轻视之词，亦作"而夫"。⑫见《大雅·板》。意为宗子好比卫护守族的城墙。不要损坏城墙。

　　六月丙戌①，郑灾。

　　楚公子弃疾如晋，报韩子也。过郑，郑罕虎、公孙侨、游吉从郑伯以劳诸柤②。辞不敢见。固请见之，见。如见王，以其乘马八匹私面，见子皮如上卿③，以马六匹。见子产，以马四匹。见子大叔，以马二匹。楚刍牧采樵④，不入田，不樵树⑤，不采蓺⑥，不抽屋，不强匄⑦，誓曰："有犯命者，君子废，小人降。"舍不为暴，主不恩宾⑧。往来如是。郑三卿皆知其将为王也⑨。

　　韩宣子之适楚也，楚人弗逆⑩。公子弃疾及晋竟，晋侯将亦弗逆。叔向曰："楚辟我衷，若何效辟。《诗》曰：'尔之教矣，民胥效矣。'从我而已，焉用效人之辟？《书》曰：'圣作则⑪。'无宁以善人为则，而则人之辟乎？匹夫为善，民犹则之，况国君乎？"晋侯说，乃逆之。

【注释】

　　①丙戌：七日。②柤：郑地，邻近郑都。③如上卿：如见楚上卿。④刍牧：割草放牧。⑤樵树：伐树为柴。⑥蓺：今作艺，即蔬菜瓜果。不采艺：不采摘种植之蔬菜水果。⑦强匄：强行乞讨。匄同丐。⑧恩(hùn)：忧，烦劳。恩宾，即不以宾为患。⑨三卿：指罕虎、公孙侨、游吉。⑩弗逆：不郊迎。⑪圣作则：句出逸书。作则，作出准则。

　　秋九月，大雩，旱也。

　　徐仪楚聘于楚①，楚子执之，逃归。惧其叛也，使遘泄伐徐。吴人救之。令尹子荡帅师伐吴，师于豫章②，而次于乾谿③。吴人败其师于房钟④，获宫厩尹弃疾⑤。子

荡归罪于遽泄而杀之。

冬，叔弓如楚聘，且吊败也。

十一月，齐侯如晋，请伐北燕也。士匄相士鞅，逆诸河，礼也。晋侯许之。十二月，齐侯遂伐北燕，将纳简公。晏子曰："不入。燕有君矣，民不贰。吾君贿，左右谄谀，作大事不以信⑥，未尝可也。"

【注释】

①仪楚：徐国君主，此聘于楚国时或为太子。②师：出师。③乾谿：位于今安徽亳县东南七十里。④房钟：位于今安徽蒙城县西南。⑤宫厩尹：楚国官名。弃疾：斗韦龟的父亲。⑥作：起，兴。

【译文】

六年春周历正月，杞文公去世。像对同盟的国家一样吊唁，这是合乎礼仪的。

大夫去到秦国，参加景公的葬礼，这是合乎礼法的。

三月，郑国把刑法浇铸在鼎上。叔向派人送给子产一封信，说：

起初我对您抱有希望，现在没有了。从前先王衡量事情的轻重来判定罪刑，不制定刑法，这是害怕百姓有争夺之心的原因。还是不能禁止，因此用道义来防范，用政令来约束，用礼仪来奉行，用信用来维持，用仁爱来奉养；制定禄位，以勉励服从的人；严厉地判罪，以威胁放纵的人。还唯恐不能收效，所以用忠诚训诫他们，根据行为奖励他们，用专业知识技艺教导他们，用和悦使用他们，用严肃面对他们，用威严触及他们，用坚决的态度决定他们的罪行；还要访求智慧聪颖的卿相、明白事理的官吏、忠诚守信的乡长、慈祥和蔼的老师，百姓在这种情况下才可以使用而不发生祸乱。百姓了解有法律，就对上面不恭敬。大家都有抢夺的野心，徵引刑法作为依据，而且侥幸得到成功，就不能治理了。

夏朝有触犯政令的人，就制定禹刑；商朝有违犯政令的人，就制定汤刑；周朝有触犯政令的人，就制定九刑；三种法律的产生，都在很久以后了。现在您辅佐郑国，划定田界水沟，推行令人诅咒的政事，制订三种法律，把刑法铸在鼎上，计划用这样的办法安定百姓，不也是很难吗？《诗》说："仿效文王的德行，每天抚定四方。"又说："效法文王，万邦信赖。"像这样，有什么必要制定法律？百姓知道了争夺的依据，将会丢弃礼仪而徵引刑书，每次每句，都要争个明白。触犯法律的案件更加繁多，贿赂到处使用。在您活着的时候，郑国估计是要衰败吧？肸听说"国家将要灭亡，必然多订法律"，指的就是这个吧！

子产覆信说：

按照您所说——侨没有才能，不能顾及到子孙，我是用来拯救当代的。既然不能接受您的命令，又岂敢忘了您的赐予！

士文伯说："大火星出现，郑国将要有火灾吧！大火星还没有出来，而使用火来浇铸刑器，包藏着引起争夺的法律。大火星假如象徵这个，不引起火灾还干什么？"

夏，季孙宿去到晋国，目的是为了拜谢不讨伐占取莒国土田的缘故。晋侯设享礼款待他，有外加的菜肴。季孙宿退出，派人报告说："小国事奉大国，如果免于被讨伐，不敢多求封赏。得到赏赐也不超过三献。现在菜肴有所添加，下臣不敢当。这样恐怕是罪过吧！"韩宣子说："寡君同它来讨取您的欢心。"季孙宿回答说："寡君尚且不敢当，更何况下臣是君王的奴隶，岂敢听到有外加的封赏？"坚决请求撤去添加菜肴，然后结束享宴。晋国人认为他懂得礼法，在宴礼中重重地送给他财礼。

宋国的寺人柳受到宠信，太子佐厌恶他。华合比说："我去将他杀了。"寺人柳听到了，就挖坑、杀牲口、把盟书放在牲口上埋起来，然后对宋公报告说："合比准备接纳逃亡在外的人，已经在北边外城结盟了。"宋公命令人去看，有这回事，就驱赶了华合比。华合比逃亡到卫国。当时华亥想要将华合比的右师这一官职取而代之，就和寺人柳勾结，跟着为他作证，说："这件事我也听到很长时间了。"宋公让他代替了华合比。华亥会见左师，左师说："你这个人一定要逃亡。你毁坏你的宗族，对别人会如何？别人也会对你怎么样？《诗》说：'族长就是城墙，不要使城墙毁坏，不要使自己孤立而有所恐惧。'你大约会害怕的吧！"

六月初七日，郑国发生火灾。

楚国的公子弃疾去到晋国，这是为了报答韩宣子的致送晋女。经过郑国，郑国的子皮、子产、子太叔跟从郑伯在相地犒劳他。公子弃疾辞谢不敢见面。郑伯坚决要求，这才肯见面。进见郑伯好像进见楚王，用驾车的马八匹作为私人进见的贡献。进见子皮好像进见楚国的上卿，用马六匹；进见子产用马四匹；进见子太叔用马两匹。不允许割草放牧采摘砍柴，不进农田，不砍树木，不摘菜蔬，不拆毁房屋，不强行讨取。发誓说："有违反命令的，君子撤职，小人降等！"寄住的时期不肆凶暴，主人不用过多地顾虑客人。前去和回来都像这样，郑国的三个卿都了解他将要做楚王了。

韩宣子去到楚国的时候，楚人不派人出来迎接。公子弃疾到达晋国国境，晋侯也准备不派人迎接。叔向说："楚国不正派，我们正派。为什么去学不正派？《诗》说：'你的指示，百姓都要仿效。'根据我们自己就可以了，哪里用得着学别人的不正派。《书》说：'圣人做出准则'。宁可把善人做准则，还是去效仿别人的不正派呢？一个普通人做好事，百姓还以他为标准，何况国君？"晋侯大悦，就派人迎接公子弃疾。

秋九月，举行大的雩祭，这是因为发生了旱灾。

徐仪楚到楚国聘问，楚王捉拿他，他逃走回国。楚王担心他背叛，派遣泄攻打徐国。吴国人救援徐国。令尹子荡统领大军攻打吴国，在豫章发兵而住在乾谿。吴国人在房钟击败了令尹子荡的军队，捉拿了宫厩尹弃疾。子荡把罪过都推在荡泄身上而杀了他。

冬，叔弓去到楚国，聘问，同时借此慰问战争失败。

十一月，齐侯去到晋国，请求答应攻打北燕。士匄辅佐士鞅在黄河边上等候迎接，这是合于礼的。晋侯答应了。十二月，齐侯就攻打北燕，打算把简公送回去。晏子说："简公送不回去的。燕国有了国君了，百姓没有二心。我们的国君贪财，左右的人阿谀奉承，办大事不依靠信用，所以还不可以呢！"

昭公七年

七年春，王正月，暨齐平，齐求之也。癸巳①，齐侯次于虢②。燕人行成，曰："敝邑知罪，敢不听命？先君之敝器，请以谢罪。"公孙皙曰③："受服而退，俟衅而动，可也。"二月戊午④，盟于濡上⑤。燕人归燕姬，赂以瑶瓮、玉椟、斝耳⑥，不克而还。

楚子之为令尹也，为王旌以田。芋尹无宇断之，曰："一国两君，其谁堪之？"及即位，为章台之宫，纳亡人以实之。无宇之阍入焉。无宇执之，有司弗与，曰："执人于王宫⑦，其罪大矣。"执而谒诸王。王将饮酒，无宇辞曰："天子经略⑧，诸侯正封⑨，古之制也。封略之内，何非君土。食土之毛，谁非君臣。故《诗》曰：'普天之下，莫非王土。率土之滨，莫非王臣。'天有十日⑩，人有十等，下所以事上，上所以共神也。故王臣公，公臣大夫，大夫臣士，士臣皂，皂臣舆，舆臣隶，隶臣僚，僚臣仆，仆臣台，马有圉，牛有牧⑪，以待百事。今有司曰：'女胡执人于王宫？'将焉执之？周文王之法曰，有亡，荒阅⑫，所以得天下也。吾先君文王⑬，作《仆区》之法⑭，曰盗所隐器⑮，与盗同罪。所以封汝也⑯。若从有司，是无所执逃臣也。逃而舍之，是无陪台也⑰，王事无乃阙乎？昔武王数纣之罪，以告诸侯曰，纣为天下逋逃主，萃渊薮⑱，故夫致死焉⑲。君王始求诸侯而则纣，无乃不可乎？若以二文之法取之⑳，盗有所在矣。"王曰："取而臣以往，盗有宠㉑，未可得也。"遂赦之。

【注释】

①癸巳：十八日。②虢：燕国边境城地，在现今河北任丘县西北。③公孙晳：齐国大夫。④戊午：十四日。⑤濡上：濡，水名。濡上当在现任丘县西北。⑥瑶瓮：玉制酒器。玉棂：用玉石装饰的柜子。斝(jiǎ)耳：两旁带耳的酒杯。⑦执：指执无宇。⑧经略：经营疆界。经，计度，筹划，经营。略，界。⑨正封：治理封土。⑩天有十日：古人以天干记日，同甲至癸循环一次为十，称十日。⑪圉、牧：圉为养马人，牧为养牛人。不在十等之列。⑫有亡、荒阅：奴隶中有逃亡者，大搜捕。荒，大。阅，搜索。⑬文王：指楚文王。⑭《仆区》之法：关于窝藏的法令。仆，隐。区(ōu)，匿。⑮盗所隐器：隐匿盗贼的所得赃物。⑯封汝：扩张封疆至汝水。⑰陪台：逃亡复抓获的奴隶，在十等之下。⑱萃渊薮：萃，集也。聚集的渊薮。渊为鱼处藏所，薮为兽所聚处。⑲夫致死焉：人们拼命攻打纣王。夫，人。⑳二文：周文王及楚文王。取之：逮捕盗贼。㉑盗有宠：楚王自指。

楚子成章华之台，愿与诸侯落之①。大宰薳启强曰："臣能得鲁侯。"薳启强来召公，辞曰："昔先君成公②，命我先大夫婴齐曰③：'吾不忘先君之好，将使衡父照临楚国④，镇抚其社稷，以辑宁尔民。婴齐受命于蜀⑤，奉承以来，弗敢失陨⑥，而致诸宗祧曰，我先君共王，引领北望，日月以冀。传序相授⑦，于今四王矣。嘉惠未至，唯襄公之辱临我丧。孤与其二三臣，悼心失图⑧，社稷之不皇，况能怀思君德！今君若步玉趾，辱见寡君，宠灵楚国，以信蜀之役，致君之嘉惠，是寡君既受贶矣，何蜀之敢望？其先君鬼神，实嘉赖之，岂唯寡君？君若不来，使臣请问行期⑨，寡君将承质币而见于蜀，以请先君之贶。"

公将往，梦襄公祖。梓慎曰⑩："君不果行⑪。襄公之适楚也，梦周公祖而行。今襄公实祖，君其不行。"子服惠伯曰："行。先君未尝适楚，故周公祖以道之。襄公适楚矣，而祖以道君，不行，何之？"

【注释】

①与诸侯落之：与诸侯同庆章华台之落成。②成公：鲁成公。③婴齐：楚令尹子重，为薳启强之先祖。④衡父：鲁成公之子公衡也。⑤受命于蜀：指楚与鲁在蜀地结盟，自谦受鲁君之命。⑥失陨：失落，丢弃。⑦传序相授：世代相传。⑧悼心失图：心中摇摆，拿不定主意。⑨请问行期：请问会盟的日期。⑩梓慎：鲁大夫、善卜筮。⑪不果行：不能成行。

三月，公如楚，郑伯劳于师之梁①。孟僖子为介，不能相仪②。及楚，不能答郊劳。

夏四月甲辰朔，日有食之。晋侯问于士文伯曰："谁将当日食③？"对曰："鲁、卫恶之④，卫大鲁小。"公曰："何故？"对曰："去卫地，如鲁地⑤。于是有灾，鲁实受之。其大咎，其卫君乎，鲁将上卿。"公曰："《诗》所谓'彼日而食，于何不臧者，何也？"对曰："不善政之谓也。国无政，不用善，则自取谪于日月之灾。故政不可不慎也。务三而已，一曰择人，二曰因民，三曰从时。"

晋人来治杞田，季孙将以成与之⑥。谢息为孟孙守，不可。曰："人有言曰，虽有挈瓶之知⑦，守不假器，礼也。夫子从君⑧，而守臣丧邑⑨，虽吾子亦有猜焉。"季孙曰："君之在楚，于晋罪也。又不听晋，鲁罪重矣。晋师必至，吾无以待之，不如与之，间晋而取诸杞。吾与子桃⑩，成反，谁敢有之，是得二成也。鲁无忧而孟孙益邑，子何病焉。"辞以无山，与之莱、柞⑪，乃迁于桃。晋人为杞取成。

【注释】

①师之梁：郑都西门。②不能相仪：不能辅助昭公行礼仪。③当日食：承当日蚀的灾祸。古人迷信，以日蚀为上天的谴责。④恶之：受其凶恶。⑤去卫地如鲁地：日蚀开始时先在卫地分野，后在鲁地分野结束。古以天空星宿分为十二次，配属于各国，用来占卜吉凶，名曰分野。⑥成：本为杞田，后为孟氏邑。⑦挈瓶之知：喻小智小惠。挈瓶，即垂瓶者，汲水者。⑧夫子从君：夫子，指孟僖子。从君，从公如楚。⑨守臣：谢息自指。⑩桃：地名，在今山东汶上县东北三十五里之桃乡。⑪莱、柞：二山名，位于山东莱芜县境。

楚子享公于新台①，使长鬣者相②，好以大屈。既而悔之。薳启强闻之，见公。公语之，拜贺。公曰："何贺？"对曰："齐与晋、越欲此久矣。寡君无适与也，而传诸君，君其备御三邻③。慎守宝矣，敢不贺乎？"公惧，乃反之。

郑子产聘于晋。晋侯有疾。韩宣子逆客。私焉，曰："寡君寝疾，于今三月矣，并走群望④，有加而无瘳，今梦黄熊入于寝门，其何厉鬼也？"对曰："以君之明，子为大政，其何厉之有？昔尧殛鲧于羽山，其神化为黄熊，以入于羽渊⑤，实为夏郊，三代祀之。晋为盟主，其或者未之祀也乎？"韩子祀夏郊⑥。晋侯有间，赐子产莒之二方鼎。

【注释】

①新台：指章华台。②长鬣：指高大强壮。鬣，即长胡须。③三邻：指齐、晋、越三邻国。④并走群望：晋所望祀山川，皆前往祈祷。望即望祭。⑤羽渊：羽山之水汇集处。⑥祀夏郊：在郊祭时以夏鲧配享。

子产为丰施归州田于韩宣子①，曰："日君以夫公孙段为能任其事，而赐之州田，今无禄早世②，不获久享君德。其子弗敢有，不敢以闻于君，私致诸子。"宣子辞。子

产曰："古人有言曰，其父析薪③，其子弗克负荷。施将惧不能任其先人之禄，其况能任大国之赐？纵吾子为政而可，后之人若属有疆场之言，敝邑获戾，而丰氏受其大讨。吾子取州，是免敝邑于戾，而建置丰氏也④。敢以为请。"宣子受之，以告晋侯。晋侯以与宣子，宣子为初言，病有之，以易原县于乐大心⑤。

　　郑人相惊以伯有⑥，曰："伯有至矣"，则皆走，不知所往。铸刑书之岁二月，或梦伯有介而行⑦，曰："壬子⑧，余将杀带也⑨。明年壬寅⑩，余又将杀段也。"及壬子，驷带卒。国人益惧，齐、燕平之月壬寅⑪，公孙段卒。国人愈惧。其明月⑫，子产立公孙泄及良止以抚之⑬，乃止。子大叔问其故，子产曰："鬼有所归，乃不为厉，吾为之归也。"大叔曰："公孙泄何为？"子产曰："说也，为身无义而图说，从政有所反之，以取媚也。不媚，不信。不信，民不从也。"

【注释】

　　①丰施：郑公孙段长子。②禄：福也。早世：早死。公孙段死于本年正月。③析薪：劈柴。此喻勤劳创业。④建置：扶持。⑤乐大心：宋大夫。⑥伯有：郑前任执政，作乱被杀。伯有至矣：伯有之鬼魂来了。⑦介：披甲。介而行：披甲而行。⑧壬子：昭公六年三月二日。⑨带：驷带，助子晳杀伯有。⑩壬寅：昭公七年正月二十七日。⑪齐、燕平之月：即昭公七年正月。⑫其明月：即公孙段死第二月。⑬公孙泄、良止：公孙泄为子孔之子。良止为伯有之子。

　　及子产适晋，赵景子问焉①，曰："伯有犹能为鬼乎？"子产曰："能。人生始化曰魄，既生魄，阳曰魂。用物精多②，则魂魄强。是以有精爽，至于神明。匹夫匹妇强死，其魂魄犹能冯依于人③，以为淫厉。况良霄④，我先君穆公子胄，子良之孙⑤，子耳之子⑥，敝邑之卿，从政三世矣。郑虽无腆，抑谚曰蕞尔国⑦，而三世执其政柄，其用物也弘矣，其取精也多矣。其族又大，所冯厚矣。而强死，能为鬼，不亦宜乎？"

　　子皮之族饮酒无度，故马师氏与子皮氏有恶。齐师还自燕之月，罕朔杀罕魋。罕朔奔晋。韩宣子问其位于子产。子产曰："君子羁臣⑧，苟得容以逃死，何位之敢择？卿违，从大夫之位，罪人以其罪降，古之制也。朔于敝邑，亚大夫也，其官，马师也。获戾而逃，唯执政所置之。得免其死，为惠大矣。又敢求位？"宣子为子产之敏也，使从嬖大夫。

【注释】

　　①赵景子：赵武之子晋中军佐赵成。②用物精多：用以滋养形体、精神之物精美丰富，则身体强壮精神健旺。③冯依于人：凭借依附在他人身上。④良霄：即伯有。⑤子良：公子去疾。⑥子耳：公孙辄。⑦蕞尔：小小的。⑧羁臣：羁旅之臣。

　　秋八月，卫襄公卒。晋大夫言于范献子曰："卫事晋为睦，晋不礼焉，庇其贼人而取其地①，故诸侯贰。《诗》曰：'鹡鸰在原，兄弟急难。'又曰：'死丧之威，兄弟孔怀'。兄弟之不睦，于是乎不吊，况远人，谁敢归之？今又不礼于卫之嗣，卫必叛我，是绝诸侯也。"献子以告韩宣子。宣子说，使献子如卫吊，且反戚田②。

卫齐恶告丧于周，且请命。王使成简公如卫吊。且追命襄公曰："叔父陟恪③，在我先王之左右，以佐事上帝。余敢高圉、亚圉④？"

【注释】

①庇其贼人而取其地：指庇护孙林父而取戚地。②反戚田：归还戚田给卫国。③陟恪：升天。⑤高圉、亚圉：均为周朝先代、殷时贤诸侯。

九月，公至自楚。孟僖子病不能相礼①，乃讲学之，苟能礼者从之②。及其将死也，召其大也，曰："礼，人之干也。无礼，无以立。吾闻将有达者曰孔丘③，圣人之后也，而灭于宋。其祖弗父何，以有宋而授厉公④。及正考父佐戴、武、宣⑤，三命兹益共⑥。故其鼎铭云：'一命而偻，再命而伛，三命而俯。循墙而走，亦莫余敢侮。饘于是⑦，鬻于是⑧，以糊余口。'其共也如是。臧孙纥有言曰：'圣人有明德者，若不当世，其后必有达人。'今其将在孔丘乎？我若获没，必属说与何忌于夫子，使事之，而学礼焉，以定其位。"故孟懿子与南宫敬叔师事仲尼⑨。仲尼曰："能补过者，君子也。《诗》曰：'君子是则是效'，孟僖子可则效已矣。"

单献公弃亲用羁。冬十月辛酉，襄、顷之族杀献公而立成公⑩。

【注释】

①病不能相礼：病，担忧、苦恼。担忧不精通礼仪而不能助君行礼。②能礼者：精通礼仪者。③达：得志。④有宋：据有宋国，即做国君。⑤戴、武、宣：三人皆宋君。⑥三命兹益共：三命，即上卿。兹益，同义词连用，更加。共，同恭。⑦饘：稠粥。⑧鬻：稀粥。⑨孟懿子、南宫敬叔：孟僖子二子。孟懿子即何忌，南宫敬叔即说。⑩成公：献公之弟。

十一月，季武子卒。晋侯谓伯瑕曰："吾所问日食，从之，可常乎①？"对曰："不可。六物不同②，民心不壹③，事序不类④，官职不则⑤，同始异终，胡可常也？《诗》曰：'或燕燕居息，或憔悴事国。'其异终也如是。"公曰："何谓六物？"对曰："岁、时、日、月、星、辰是谓也。"公曰："多语寡人辰，而莫同。何谓辰？"对曰："日月之会是谓辰，故以配日。"

【注释】

①伯瑕：即士文伯。常：常以此占卜。②六物不同：六物指岁、时、日、月、星、辰，皆指时间。六物不同即时间不同。③民心不壹：民所受政权不同而思想各异。④事序不类：事变发生顺序不同。⑤官职不则：治官居职各有其法，无统一规则。

卫襄公夫人姜氏无子，嬖人婤姶生孟絷①。孔成子梦康叔谓己②："立元，余使羁之孙圉与史苟相之。"史朝亦梦康叔谓己："余将命而子苟与孔烝鉏之曾孙圉相元。"史朝见成子，告之梦，梦协。晋韩宣子为政聘于诸侯之岁，婤姶生子，名之曰元。孟絷之足不良能行，孔成子以《周易》筮之，曰："元尚享卫国，主其社稷。"遇《屯》

≡③。又曰："余尚立絷，尚克嘉之。"遇《屯》≡之《比》≡④。以示史朝，史朝曰："元亨，又何疑焉？"成子曰："非长之谓乎？"对曰："康叔名之，可谓长矣。孟非人也，将不列于宗，不可谓长。且其繇曰：'利建侯。'嗣吉，何建？建非嗣也。二卦皆云，子其建之。康叔命之，二卦告之，筮袭于梦，武王所用也，弗从何为？弱足者居⑤，侯主社稷，临祭祀，奉民人，事鬼神，从会朝，又焉得居？各以所利⑥，不亦可乎？"故孔成子立灵公。十二月癸亥，葬卫襄公。

【注释】

①嬖人：受宠爱的人，指姬妾。②孔成子：卫国卿，即下文的孔烝鉏。康叔：卫国始祖。③《屯》：卦名，《周易》六十四卦之第三，≡为其卦象，下震上坎。④《比》：卦名，《周易》六十四卦之第八。≡为其卦象，下坤上坎。⑤弱足者居：足跛不能行，宜居于家中。⑥各以所利：孟絷师足。

【译文】

鲁昭公七年春季，周历正月，北燕同齐国讲和，这完全是出于齐国的要求。十八日，齐景公前去北燕边境上的虢地，北燕派来人求和说："我们国家已经认知自己的罪过了，怎么还能敢不听从贵国的命令呢？请同意我们献上先君留下来的一些陈旧器物以此谢罪。"公孙皙对景公说："我们现在暂时接受他们的归顺而退兵，等待时机再发兵，这样做是可以的。"二月十四日，双方结盟于濡水上。北燕人把燕姬嫁给齐景公，并且送给玉饔、玉柜、玉斝等许多玉器，结果没有能够实现送燕公回国的目的就撤退了。

楚灵王当令尹的时候，曾经制作了一面国君才使用的旗子。他前去打猎时，芋尹无宇一剑将旗子的飘带斩断，并且说："一个国家居然同时有两个君王，哪个能受得了？"等到灵王即位后，又建造了章华之宫，以便专门接收逃亡的人居住。无宇的守门人也逃到了宫里，无宇要进去把他捉回来，但管理章华之宫的官员不允许，并说："在王宫里到处随便抓人，罪大恶极。"于是把无宇逮捕起来然后交给灵王。当时灵王正打算举行宴会，无宇申辩说："天子治理天下，诸侯管理封地，这是自古以来的制度。封地之内，哪里不是君王的地盘？吃五谷杂粮的人，谁人不是君王的臣子？因此《诗经》说：'普天之下没有一寸地方不是君王的土地；过境之内没有任何人不是君王的臣子。'天上有十个太阳，人也分为十等。地位卑微的人要服事地位高贵的人。地位高贵的人要事奉神灵。所以天子以公侯为臣，公侯以大夫为臣，大夫以士为臣，士以皂为臣，皂以舆为臣，舆以隶为臣，隶以僚为臣，僚以仆为臣，仆以台为臣。马有马官，牛有牛官，各自担当其职责。如今官员却说：'你为什么要在王宫里随便抓人呢？'他逃到了王宫里面，我不去到王宫抓，又能到哪里去抓人呢？周文王的法律规定：'因为有人逃亡，所以要四处搜索。'他因而得到了天下。我们先君楚文王曾经制定了惩罚藏匿犯罪的法律，规定：'隐藏盗贼的赃物，与盗贼同罪。'所以他的封地一直扩张到了汝水之滨。如果按照那一官员的话去做，那么就没地方去抓获逃走的罪犯了。他想要逃跑就应让他逃跑，这就等于取消了陪台这一等人了。这样的话，君王的政策不是出现缺失了吗？过去武王向诸侯列举纣王的罪状时说：'纣成了天下逃犯的窝主，因侯的拥护，却又效仿纣王的做法，恐怕行不通吧？如果以周文王和楚文王的法律来衡量，君王不也是盗贼了。"于是灵王便对无宇赦免了其罪行。

楚灵王又动工兴建了章华之台，希望能和诸侯第一次在这里议事。太宰蒍启强说："我能够让鲁侯前来。"于是他就到鲁国去将昭公召请来，对昭公说："从前贵国先君成公曾命令我们的先大夫婴齐说：'我绝对不会忘记先君建立的友好关系，打算派衡父前往楚国，以帮助他们安定国家，抚恤百姓。'婴齐在蜀地和贵国结盟后，我国就从那以后再没有背弃过，并且把盟约祭告了祖庙。过去我们先王共王常常引颈北望，每日每月都在盼望鲁国能派人前来，世世代代都能这样。到如今已经是第四代了，但仍然没得到贵国的恩赐，只有襄公曾因先君康王的丧事到过楚国一趟。那个时候君王郏敖和群臣痛苦万分，六神无主，根本顾不上国家，哪里还能顾得上好好地招待襄公呢？现在如果君王能屈尊大驾而来，朝见寡君，赐给楚国洪福，以现实的行动来继续蜀地结下的盟誓，体现君王的恩惠，那么，寡君就十分感激了，哪里还敢希望能象蜀地结盟时那样请贵国留下人质呢？这样一来就算是我国先君的神灵也会赞成这种做法，又哪里仅仅是我们君王？君王要是不来，那么我想请问您打算何时出兵抵抗我国的攻打呢？我们君王将会带着进献的礼物和您在蜀地会见，以感谢贵国先君成公的恩赐。"

　　昭公正打算前往楚国朝见，当天夜里梦见襄公为他出访祭祀。梓慎说："君王是不能去楚国的。从前襄公去楚国时，曾梦见周公为他祭祀路神才去了楚国。如今只是襄公为您祭祀，君王还是不去为好。"子服惠伯说："要去！先君没有到楚国去过，因此周公祭祀路神为他引路，襄公去已经过楚国了，因此就祭祀路神为君王引路。不到楚国去，要去哪里呢？"

　　三月，昭公前往楚国。途中经过郑国时，郑简公在郑都的师之梁城门为昭公接风洗尘，那个时候孟僖子是昭公的副手，但他不得懂礼仪，到楚国后，也不能对楚国的郊劳礼仪进行答谢。

　　夏季四月一日，鲁国发生了一次日食。晋平公问士文伯："谁将遭受这次日食的灾祸呢？"士说："鲁国、卫国将遭受这次灾祸，不过卫国更为严重，鲁国较轻。"平公说："这是为什么？"士文伯说："日食首先是从卫国那里开始，太阳刚运行到鲁国就结束了。因此真要有灾害产生，鲁国也会受到波及。大的灾祸要降到卫国国君身上，鲁国的灾祸将要降到上卿身上。"平公说："《诗经》所说的'那个太阳发生了日食，是何等地不吉利啊'。是什么意思？"士文伯说："说的是关于不推崇善政。国家不推崇善政，不任用善人，就会导致日食月食造成的灾祸，所以为政不能不加倍小心。只要努力做到三点就行了：一是选拔人才，二是实实在在为百姓着想，三是顺应时令。"

　　晋国命人来鲁国划定杞国的田界，季孙准备把成地送给他们。谢息作为孟孙任命的成宰坚决反对这么做，他说："人们说：'就算只有小智小慧，只要守住器物不借他人，也是符合礼法的。'我的主人孟孙目前正随君王前往楚国，而我却把他的城邑丢掉了，即使是您也会疑心我不忠的。"季孙说："君王去楚国对晋国来说就是罪过，如果再不听从晋国的话，鲁国的罪过就更严重了，晋军一定会前来攻打，我们没有办法抵抗，莫如把成地送给他们，等以后有机会了再从杞国收回来。我暂且把桃地给你作为补偿，等将来收回成地时，不给你还能交给谁呢？这样你就等于得到了两个成地，这样一来，鲁国便消除了忧患，而孟孙又增加了城邑，但还忧虑什么？"谢息以桃地无山为理由仍不答应，于是季孙又给他增加了莱山和柞山，谢息这才从成地迁到了桃地。因而晋国人为杞国收回了成地。

　　楚灵王在章华台大摆宴席招待昭公，让一个高大健壮的人作为相礼。宴会上灵王赠与昭公一把大屈弓，但没多久他就后悔了。薳启强得知这件事以后前去进见昭公。昭公和他说起这件事，薳启强便下拜向昭公表示祝贺。昭公说："为什么要祝贺呢？"薳启强答道："齐国与晋国、越国早就想得到这把弓，我们君王不给他们，可是偏偏给了您。您趁早准备好抵抗三个邻国的侵略吧，小心地把这件无价之宝保护好。这还不值得祝贺吗？"昭公一听害怕了，急忙把弓交

还给灵王。

郑国的子产来到晋国聘问，正遇上晋平公患病，韩起迎接子产时，暗地对他说："我们君王卧病在床已经长达三个月了，在此期间凡是应祭祀的神灵都祭祀过了，但病情仍旧只见加重不见减轻。今天他又做梦见到有一只黄熊来到门口，这是什么恶鬼呢？"子产说："依贵国君王的英明，再加上有您执政，能有什么恶鬼？以前尧在羽山杀死了鲧，鲧的灵魂变成了一只大黄熊，进入了羽渊，从此鲧就成为夏朝郊祭的对象，夏、商、周三代都为他祭祀。晋国作为盟主，或者是没有祭祀他才导致君王生病吧。"因此韩起连忙祭祀鲧，后来果然晋平公的病情稍有好转。于是晋平公把莒国的两件方鼎赐给了子产。

子产由于公孙段已经去世而替丰施把州田还给了韩起，并说："过去君王认为公孙段能继承父亲的事业而把州田赐给了他。现在他不幸早逝，不能再继续享有君王的恩德。他的儿子没敢将这块田地独自占有，也不敢面奏君王，只能让我私下把地还给您。"韩起坚决推辞不要，子产说："古人有句话说：'父亲砍好了柴，儿子却不能扛。'丰施深怕不能继承他先人的禄位，如何还谈得上接受大国的恩赐呢？在您执政期间他倒可以免于其罪过，但后来的人如果遇到领土纠纷的问题时，那样的话，我们国家可就要获罪了，丰氏也将会受到严厉地惩罚。您把州地收回，是使我国免于罪过，同时也是对丰氏的扶持。所以我特意向您提出这一请求。"这样韩起才接受了州地，并且告诉了晋平公，平公便把州地赐给了韩起。韩起回忆起原先和赵武争夺州地的话，感到心中惭愧，便用州地和乐大心将原县交换了。

郑国人经常以伯有的鬼魂来互相恐吓："伯有来了！"于是大家便四处逃跑，也不知道要躲到什么地方去。把刑法铸到鼎上的那一年，也就是去年的二月，有人梦见伯有身穿皮甲走来，并且说："到三月二日，我要把驷带杀死。到明年正月二十七日，还要杀死公孙段。"果然，到了去年三月二日，驷带被杀死了，国都的人越发恐惧起来。齐国和北燕讲和那个月，也就是今年的正月二十七日，公孙段也死了，人们更加忐忑不安。直到公孙段死后第二个月，子产立了子孔的儿子公孙泄和伯有的儿子良止为大夫，这样才使得伯有的鬼魂得到了安抚，他才结束了作怪。游吉问这是什么原因，子产说："鬼魂只有有了归宿，他才不会变成恶鬼兴妖作怪，如今我为他找到了安身之处。"游吉又问："为何还要立公孙泄为大夫呢？"子产说："这是为了获得国人的欢心。伯有、子孔两人都从不施行道义而只有有一人兴妖作怪，企图让立良止为大夫，本来公孙泄和良止都不应被立为大夫，但为了对伯有有所安抚，如果仅仅立了良止一人，就背离了礼法。与此同时把子孔的儿子公孙泄也立为大夫，是为了取得国人的欢心。要是得不到国人的支持，就得不到他们的信任，得不到信任，他们就不会服从。"

等到子产到了晋国，赵成还对这件事进行询问。他说："伯有还会兴妖作怪吗？"子产说："会的。人在刚死去的时候叫魄，变成魄之后，阳气就叫魂。生前衣食精美丰富住所富丽堂皇，魂魄就强大有力，所以他就精神抖擞以至接近神灵。就算普通的人意外死亡，他的魂魄尚且要依附到人的身上兴妖作怪，况且伯有是我们先君穆公的后代，子良的孙子，子耳的儿子，我国的卿，而且参与国家政事已有三代了呢？郑国虽然只是一个弱小国家，但俗话说：'再小也是一个国家。'伯有三代掌握政权，在这其间使用了很多东西，摄取的精华也很多，再加上他的家族又非常庞大，依赖的势力雄厚，又是被强行杀死的。这样以来，他兴妖作怪不也是理所当然的吗！"

子皮的族人一向是喝起酒来就丝毫没有节制，马师罕朔很厌恶他们，所以两家关系一直不合好。齐军从北燕回去的那个月也就是今年的二月，罕朔将罕魋杀了，然后逃亡到了晋国。韩起就怎样安排罕朔征求子产的意见。子产说："他作为君王的一个逃亡之臣，能幸免一死就是求之不得了，哪里还希望能得到什么官位？如果是卿离开本国，那么降位一等，还可以享受大夫的待遇。要是他是罪人，就要根据所犯罪行的轻重判决应降的等级，这是自古以来的制度。罕朔在我们国家的爵位是亚大夫，官职是马师。他犯罪以后逃到贵国，听凭您的处置，能免他一死，就是最大的恩惠了，哪里还敢要求什么官位？"韩起认为子产的回答十分恰当，便只把罕朔降了一级，为嬖大夫。

秋季八月，卫襄公死。晋国的大夫对士鞅说："卫国事奉晋国一向赤胆忠心，但晋国却对卫国不够礼貌，保护他们的罪人孙林父，又把卫国的土地夺取了，因此使诸侯对晋国存有二心。《诗经》说：'鹡鸰鸟在原野上飞翔，遇到危急互相救助。'又说：'死亡是何等恐惧，兄弟之间要互相关怀。'兄弟相互之间不和睦，彼此就不能亲近，更何况是没有血缘关系的人呢，谁还敢对晋国顺从呢？如今不派人去卫国吊唁，就是对卫国新君的轻视，卫国必定会背叛我们，这样也势必会将诸侯和我们的来往断绝。"士鞅把这话转告了韩起，韩起非常高兴，便派士鞅前去卫国吊唁，并且还把戚地还给了卫国。

卫国的齐恶到周王室报告丧事，同时恳请对卫襄公赐命。周天子派成简公前去卫国吊唁，并且追命卫襄公说："但愿叔父升天之后，能陪伴在先王左右，以辅佐事奉上帝。我一定不会忘记先祖高圉和亚圉。"

九月，昭公从楚国归来，孟僖子对自己不懂外交礼仪十分惭愧，于是便开始努力学习，只要有人懂得礼仪，他就向那个人虚心请教，直到他快要死去时，还把手下的大夫召集起来说："礼法是一个人安身立命的根本，不懂礼法就没有办法立身。我听说有一个将要显达的人名叫孔丘，他是圣人的后代。他的家族在宋国被灭亡，他的祖父弗父何是宋缗公的儿子，本来应为被立为国君，可是他让给了宋厉公。弗父何的曾孙正考父辅佐戴公、武公和宣公，身为上卿。他的地位越显贵，言行就越发恭敬，因此他庙中的鼎铭写道：'当大夫时走路低着头，当正卿时走路躬着身，而当上卿时走路深深弯下腰。顺着墙根快步走，也没有人敢欺侮我。我在鼎里煮干饭煮稀粥，勉勉强强能够糊口。'他是这样的恭敬。臧孙纥有句话说：'圣人只要有光明的德行，就是不当国君，他的后代也必然显贵通达。'如今这句话将要应在孔丘身上吧！假如我能得以善终，就必须要把何忌和南宫敬叔托付给他，让他们跟着学习礼法，从而决定他们在国家政治生活中的地位。"所以后来孟懿子和南宫敬叔就投到孔子门下当了学生。孔子说："能自觉对自己的过失进行弥补，还能算是个君子。《诗经》说：'君子非常值得人们效法和学习。'孟僖子可以作为人们学习和效法的榜样吧。"

单献公对自己的亲族不加重用，却格外重用来自国外的客卿。冬季十月二十日，襄公、顷公的族人杀了献公，然后立了他的弟弟成公。

十一月，季武子死去。晋平公对士文伯说："我以前问起的有关日食的情况，如今都得到应验了。对什么事情都能做出这样准确的推断吗？"士文伯说："不能。六种事物各不相同，百姓愿望也不统一，事情的顺序不完全一样，官员的贤能与否也各有不同，开始可能一样，但结局却大相径庭，怎样能都做出推断呢？《诗经》说：'有人舒舒服服在家休息，有人却终日奔波忙碌为国操心。'结局的不同是这样的明显。"平公问："六物是什么？"士文伯说："六物就是岁、时、日、月、星、辰。"平公说："有很多人和我谈起辰，但说法各不相同，究竟什么是辰呢？"士文伯说："日月相会就是辰，所以它被用来纪日。"

卫襄公的夫人姜氏没有儿子，可是襄公的宠姬婤姶却生了儿子孟絷。孔成子做梦见到康叔对自己说:"要立元为国君,我将会让羁的孙子圉和史苟辅佐他。"史朝也梦见康叔对自己说:"我将令你的儿子史苟和孔丞钼的曾孙圉辅佐元。"史朝见到成子后,把梦中的情况如实告诉了他,最终发现两人的梦竟是如此的相同。晋国的韩起开始当政遍访各国的那一年,也就是鲁昭公二年,接着婤姶又生了一个儿子,起名为元。孟絷的脚有病,对走路有影响。孔成子用《易经》为他占筮,筮辞是:"元可望得到国家,执掌国政。"得到屯卦,卦辞说:"我希望立絷,期望能得到帮助。"得到屯卦又变成比卦。把结果拿出来交给史朝看,史朝解释说:"元将享有国家,还怀疑什么呢?"成子说:"'元'字不是指年长的人吧?"史朝说:"康叔起的名字,可以说元就是年长的人了。孟絷不是这样的人,他不能名列在宗主之中,不可能说他年长。再说繇辞表明:'利建侯。'要是孟絷继位吉利,是嗣位,不是建侯,既然说是建侯,理所当然就不应该是嗣位。两个卦象都这么说,您还是立他为好!既然康叔下达了命令,两个卦象也告诉了我们,占筮和梦境完全吻合,这也是以前武王所经历过的,为什么还不听从呢?脚有毛病只适合守在家里。而君王要掌管国家,亲临祭祀,奉养百姓,事奉鬼神,参加会盟朝见,怎么能够闲得住呢?所以让他们两人分别发挥自己的特长,不是很好的的解决办法吗?"因此,孔成子立了元为国君,即灵公。十二月二十三日,安葬了卫襄公。

昭公八年

八年春,石言于晋魏榆[1],晋侯问于师旷曰:"石何故言?"对曰:"石不能言,或冯焉[2]。不然,民听滥也[3]。抑臣又闻之曰:'作事不时[4],怨讟动于民[5],则有非言之物而言。'今宫室崇侈,民力凋尽,怨讟并作,莫保其性。石言,不亦宜乎。"于是晋侯方筑虒祁之宫[6]。叔向曰:"子野之言[7],君子哉!君子之言,信而有征[8],故怨远于其身。小人之言,僭而无征[9],故怨咎及之。《诗》曰:'哀哉不能言,匪舌是出,唯躬是瘁。哿矣能言,巧言如流,俾躬处休。'其是之谓乎。是宫也成,诸侯必叛,君必有咎,夫子知之矣。"

陈哀公元妃郑姬,生悼大子偃师[10],二妃生公子留,下妃生公子胜[11]。二妃嬖,留有宠,属诸司徒招与公子过[12]。哀公有废疾[13]。三月甲申[14],公子招、公子过杀悼大子偃师,而立公子留。

【注释】

①魏榆:晋地,位于山西榆次县西北。②或冯:有所凭借。冯:凭依。③滥:失实。④作事不时:兴土木不在农闲之时。⑤怨讟:怨恨抱怨。⑥虒(sī)祁之宫:宫名,在现山西侯马市附近。⑦子野:师旷字。⑧信而有征:诚实而有证据。⑨僭而无征:虚假而无信验。⑩悼:偃师的谥号。⑪下妃:三妃。⑫司徒招、公子过:二人皆哀公弟。⑬废疾:久治不愈之症。⑭甲申:十六日。

夏四月辛亥[1],哀公缢[2]。干征师赴于楚[3],且告有立君,公子胜愬之于楚,楚人执而杀之。公子留奔郑。

书曰:"陈侯之弟招杀陈世子偃师",罪在招也:"楚人执陈行人干征师杀之。"罪不在行人也。

叔弓如晋，贺虒祁也。游吉相郑伯以如晋，亦贺虒祁也。史赵见子大叔④。曰："甚哉，其相蒙也⑤! 可吊也，而又贺之？"子大叔曰："若何吊也？ 其非唯我贺，将天下实贺。"

【注释】

①辛亥：十三日。②缢：因忧悉过度而自缢身死。③干征师：陈国行人。④子大叔：即游吉。⑤相蒙：相欺骗。蒙，欺骗。

秋，大蒐于红，自根牟至于商、卫①，革车千乘。

七月甲戌②，齐子尾卒，子旗欲治其室。丁丑③，杀梁婴④。八月庚戌⑤，逐子成、子工、子车⑥，皆来奔，而立子良氏之宰。其臣曰："孺子长矣，而相吾室⑦，欲兼我也。"授甲，将攻之。陈桓子善于子尾，亦授甲，将助之。或告子旗，子旗不信。则数人告。将往，又数人告于道，遂如陈氏。桓子将出矣，闻之而还，游服而逆之，请命。对曰："闻强氏授甲将攻之⑧，子闻诸？"曰："弗闻。""子盍亦授甲？ 无宇请从⑨。"子旗曰："子胡然？ 彼孺子也，吾诲之犹惧其不济，吾又宠秩之⑩。其若先人何？ 子盍谓之？《周书》曰：'惠不惠，茂不茂⑪'。康叔所以服弘大也。"桓子稽颡曰："顷、灵福子⑫，吾犹有望。"遂和之如初。

【注释】

①根牟：鲁东境，在现山东莒县西南五十里。商、卫：指宋国和卫国边境。②甲戌：初八日。③丁丑：十一日。④梁婴：子尾家臣总管。⑤庚戌：十四日。⑥子成等：三人均为齐大夫，属子尾一派。⑦相吾室：帮我家管理事情。⑧强氏：子良。⑨无宇：陈桓子之名。⑩宠秩之：宠信并为他立宰。⑪惠不惠，茂不茂：施惠于不感激施惠之人，劝勉于不听劝勉之人。⑫顷、灵福子：顷、灵，齐二国君子。福子，保佑您。

陈公子招归罪于公子过而杀之。九月，楚公子弃疾师师奉孙吴围陈①，宋戴恶会之。冬十一月壬午，灭陈。舆嬖袁克杀马毁玉以葬②。楚人将杀之，请置之，既又请私。私于锃，加绖于颡而逃③。

使穿封戌为陈公④，曰："城麇之役不诌。"侍饮酒于王。王曰："城麇之役，女知寡人之及此，女其辟寡人乎？"对曰："若知君之及此，臣必致死礼以息楚⑤。"

晋侯问于史赵曰："陈其遂亡乎？"对曰："未也。"公曰："何故？"对曰："陈，颛顼之族也。岁在鹑火⑥。是以卒灭，陈将如之。今在析木之津⑦，犹将复由。且陈氏得政于齐，而后陈卒亡。自幕至于瞽瞍⑧，无违命。舜重之以明德，置德于遂，遂世守之。及胡公不淫⑨，故周赐之姓，使祀虞帝。臣闻盛德必百世祀，虞之世数未也⑩，继守将在齐，其兆既存矣⑪。"

【注释】

①孙吴：陈惠公名。悼太子偃师的儿子。②舆嬖：掌管车乘的宠幸大夫。③绖（dié）：麻带。服丧

用。④穿封戌：楚国大夫。陈公：陈县之长。这时楚国已灭陈为县。⑤息：平定。⑥鹑火：星次名。岁：岁星，即木星。岁在鹑火，上古纪年法之一。⑦析木：星次名。津：天汉，即银河。⑧幕：舜的祖先。瞽瞍：舜的父亲。⑨胡公不淫：即胡公满，字不淫。陈国始祖。⑩世数未也：虞舜世代之数未满一百。⑪其兆既存：陈氏在齐兴旺之征兆已然有了。

【译文】

八年春，在晋国的魏榆忽然间有石头说话。晋侯向师旷探听说："石头为什么说话？"师旷回答说："石头不会说话，有东西凭藉着它。要不然，就是百姓听错了。下臣又听说：'做事情不合时令，怨恨诽谤在百姓中时有发生，就有不能说话的东西也能会说话。'如今宫室高大奢侈，百姓的财力耗尽，怨恨诽谤一齐涌出去，没有人能确保自己的生活，石头说话，不也是非常合适的吗？"当时晋侯正在建造虒祁之宫，叔向说："子野的话真是君子啊！君子的话，诚实并且有根据，所以怨恨远离他的身体。小人的话，虚伪并且没有依据，所以怨恨灾祸来到他身上。《诗》说，'不会说话是何等的伤心，话从他舌头上出来，只能劳累他自己。会说话多么美好，漂亮话就好像象流水，使他自己安居休息'，其指的就是这个吧！这座宫殿落成，诸侯肯定背叛，国君肯定有灾殃，他老人家已经明白这一点了。"

陈哀公的第一夫人郑姬生了悼太子偃师，后来第二夫人生了公子留，第三夫人生了公子滕。第二夫人受到宠幸，公子留得宠，哀公将他托付给司徒招和公子过。哀公患有长期不愈的严重疾病，三月十六日，公子招、公子过将悼太子偃师杀了而立公子留做了太子。

夏四月十三日，哀公上吊自缢身亡。于徵师到楚国报丧，在这同时报告又立了国君。公子滕向楚国起诉。楚国人抓住干徵师而杀了他。公子留逃亡到郑国。

《春秋》载录说"陈侯之弟招杀死陈世子偃师"，这是由于公子招的罪过；"楚人执陈行人干徵师杀之"，这是因为罪过不在于行人。

叔弓去到晋国，祝贺虒祁之宫的建成。游吉辅佐郑伯而去到晋国，同时也是祝贺虒祁之宫的落成。史赵看见游吉以后，说："大家互相蒙骗也太过分了！可以吊唁的事，却相反又来祝贺它！"游吉说："如何吊唁啊？不仅我国祝贺，天下都将会前来祝贺。"

秋，在红地举行一次盛大检阅，从根牟直到和宋国、卫国边境线上，革车总共有一千辆。

七月初八日，齐国的子尾死。子旗想要治理子尾的家政。十一日，将梁婴杀了。八月十四日，驱逐了子成、子工、子车，这三个人都纷纷逃亡前来，子旗为子良氏立了家臣头子。子良的家臣说："孩子如今已经长大了，子旗却要协助管我们的家事，这分明是准备兼并我们。"把武器发下去，准备攻打子旗。陈桓子和子尾亲近，也把武器发下去，打算帮助子良的家臣。有人报告给子旗，子旗不相信，又有几个人前来报告。子旗准备去子良家里，后来又有几个人在路上向他报告，于是就去到陈氏那里。桓子准备出动了，听到子旗来，就转回去，穿上便服迎接子旗。子旗请问桓子的意图。桓子答道："听说子良家里把武器发下去准备攻打您，您听到了吗？"子旗说："没有听说。""您为什么不也把武器发下去，无宇请求跟从您。"子旗说："您为何要这样做？他是个孩子。我对他进行教导，还恐怕他不能成功，我又宠信他为他立了家臣头子，如果同他互相攻打，那么如何对待先人？您何不对他去说一说。《周书》说，'施惠于不感激施惠的人，劝勉不受劝勉的人'，这就是康叔之所以能够作事宽大的原因。"陈桓子连忙叩着头说："顷公、灵公保佑您，我还希望您赐惠于我呢！"就让两加和好像开始那样吧！

陈国的公子招把罪责归于公子过而将其杀死。九月，楚国的公子弃疾领兵奉事太孙吴围困陈国。宋国的戴恶统领大军会合。冬十一月某日，灭亡了陈国。輿嬖将马杀了毁了玉为陈侯殉葬。楚国人想要杀他，他请求赦免，没多久又恳请让他小便。他在帐幕里小便，把麻带子捆在头上逃走了。

楚王派穿封戌做陈公，对他说："在城麋那次事件中他不谄媚。"穿封戌事奉楚王饮酒，楚王说："城麋那次事件，你要明白寡人能到走这一步，你大约会让我的吧！"穿封戌答道："如果知道您能走到这一步，下臣一定会冒死来安定楚国。"

晋侯向史赵询问说："陈国大约就此灭亡了吧！"史赵说："没有。"晋侯说："这是何故？"史赵回答说："陈国，是颛顼的后代。岁星在于鹑火，颛顼氏由此而终于走向灭亡。陈国也将会和过去一样。现在岁星在筮宿、斗宿间的银河中，陈国还将会复兴。而且陈氏要在齐国夺取政权以后才最终走向灭亡。这一族从幕一直到瞽瞍都没有背离天命，舜又增添了盛乎，德行一直落到遂的身上。遂的后代保持了它。到了胡公不淫，因此周朝给他赐姓，让他祭祀虞帝。下臣听说，盛德一定享有一百代的祭祀。如今虞的世代数字不满一百，将会在齐国坚持下去，它的预兆已经在那里了。"

昭公九年

九年春，叔弓、宋华亥、郑游吉、卫赵黡会楚子于陈。

二月庚申，楚公子弃疾迁许于夷，实城父①，取州来淮北之田以益之②。伍举授许男田。然丹迁城父人于陈，以夷濮西田益之。迁方城外人于许。

周甘人与晋阎嘉争阎田③，晋梁丙、张趯率阴戎伐颖。王使詹桓伯辞于晋，曰："我自夏以后稷④，魏、骀、芮、岐、毕，吾西土也。及武王克商，蒲姑⑤、商奄⑥，吾东土也。巴、濮、楚、邓，吾南土也。肃慎、燕、亳，吾北土也。吾何迩封之有⑦？文、武、成、康之建母弟⑧，以蕃屏周，亦其废队是为⑨，岂如弁髦而因以敝之。先王居梼杌于四裔，以御螭魅，故允姓之奸，居于瓜州⑩。伯父惠公归自秦，而诱以来，使逼我诸姬，入我郊甸，则戎焉取之。戎有中国，谁之咎也？后稷封殖天下，今戎制之，不亦难乎？伯父图之。我在伯父，犹衣服之有冠冕，木水之有本原，民人之有谋主也。伯父若裂冠毁冕，拔本塞原，专弃谋主，虽戎狄其何有余一人⑪？"叔向谓宣子曰："文之伯也，岂能改物？翼戴天子而加之以共。自文以来，世有衰德而暴灭宗周，以宣示其侈，诸侯之贰，不亦宜乎？且王辞直，子其图之。"宣子说。王有姻丧⑫，使赵成如周吊，且致阎田与襚，反颖俘⑬。王亦使宾滑执甘大夫襄以说于晋⑭，晋人礼而归之。

【注释】

①实城父：实为城父。城父本陈地，即夷，僖公二十三年楚伐陈而取之。②益之：增加许之田也。③甘人：指甘大夫襄。甘居今洛阳市西南。阎嘉：晋阎县大夫。④自夏以后稷：在夏代因后稷之功。⑤蒲姑：在今山东博兴县东南十五里。⑥商奄：在今山东曲阜城东。⑦迩封：近封。⑧建母弟：封母弟以建国封土。⑨废队是为：为防止废坏坠落。⑩瓜州：在甘肃敦煌。⑪何有余一人：言心中怎能有我这天子。⑫姻丧：外亲之丧。⑬反颖俘：遣返攻颖时的俘虏。⑭宾滑：周大夫。

夏四月，陈灾。郑裨灶曰："五年，陈将复封。封五十二年而遂亡。"子产问其故。对曰："陈，水属也①，火，水妃也②，而楚所相也③。今火出而火陈④，逐楚而建陈也。妃以五成，故曰五年。岁五及鹑火⑤，而后陈卒亡，楚克有之，天之道也，故曰五十二年。"

晋荀盈如齐逆女，还，六月，卒于戏阳⑥。殡于绛，未葬。晋侯饮酒，乐。膳宰屠蒯趋入，请佐公使尊。许之。而遂酌以饮工，曰："女为君耳，将司聪也。辰在子卯⑦，谓之疾日⑧。君彻宴乐，学人舍业⑨，为疾故也。君之卿佐，是谓股肱。股肱或亏⑩，何痛如之？女弗闻而乐，是不聪也。"又饮外嬖嬖叔曰⑪："女为君目，将司明也。服以旌礼，礼以行事，事有其物，物有其容。今君之容，非其物也⑬，而女不见，是不明也。"亦自饮也，曰："味以行气⑭，气以实志，志以定言，言以出令。臣实司味，二御失官⑮，而君弗命，臣之罪也。"公说，彻酒。

【注释】

①水属：隶属于水。②水妃：水的配偶。即水火相辅相成。③楚所相：楚国所主治。楚祖先祝融，为高辛氏火正，主治火事。④火出而火陈：大火星出现而陈有火灾。⑤岁五及鹑火：岁星五年到达鹑火。⑥戏阳：其地位河南内黄县北。⑦辰在子卯：日子在甲子、乙卯。甲子为商纣灭亡之日，乙卯为夏桀灭亡之日。⑧疾日：忌日。⑨学人舍业：学习音乐的人停止习乐。⑩卿为君之股肱，卿死如君丧失股肱。⑪外嬖：在外部之宠臣。⑫司明：外臣为君之眼目，使君明察也。⑬非其物：不是应有的类别。⑭味以行气：口味是用来使血气畅通。⑮二御失官：二御，指乐工及嬖叔。失官，失职。

初，公欲废知氏而立其外嬖①，为是悛而止②。秋八月，使荀跞佐下军以说焉③。孟僖子如齐殷聘，礼也④。

冬，筑郎囿，书，时也。季平子欲其速成也，叔孙昭子曰："《诗》曰：'经始勿亟⑤，庶民子来。'焉用速成，其以亟民也⑥？无囿犹可，无民，其可乎？"

【注释】

①知氏：即荀盈。②悛：改也。③荀跞：荀盈之子。说：解说。④殷聘：以丰厚礼品聘问。⑤经：营造。亟：急。⑥亟（jí）：劳苦。

【译文】

鲁昭公九年春季，鲁国的叔弓、宋国的华亥、郑国的游吉、卫国的赵黡在陈地一同会见了楚灵王。

二月某日，楚国的公子弃疾将许国迁移到夷地，也就是城父。并用州来、淮北的田地对许国给予补偿，伍举把田地授给了许男。然丹把城父的人迁移陈地，然后又把濮水以西的夷地补偿给了城父。把方城山之外的人统统迁到了许国。

周王室的甘地人与晋国的阎嘉为阎地的田地相互争夺起来。晋国的梁丙、张趯便统领阴戎进攻属于周王室的颍地。周天子派詹桓伯前往责备晋国："在夏代，由于我们祖先后稷有功，魏、骀、芮、岐、毕五国就被封为周王室的西部领土；武王将商朝打败之后，蒲姑、商奄又成了我们的东部领土；巴、濮楚、邓四国都是我们的南部领土；肃慎、燕、亳则是我们的北部领土。所以我们周王室并没有特别近的封地。文王、武王、成王、康王分封同母弟为诸侯，为的是在四周拱卫王室，以防王室的衰落和败坏。对待他们怎么能够像帽子和剪掉的头发一样任意就扔掉呢？先王派梼杌等四凶居住在四方偏远的地区，就是要让他们抵御各种妖魔鬼怪，因此让阴戎的祖先允姓中的奸邪之人住在瓜州。伯父晋惠公从秦国回来后就引诱他们来到中原，对我姬姓诸国进行恐吓，并侵入王室的近郊，从此戎人就占领了这些地方。戎人占据中原，究竟是谁的责任呢？后稷缔造了周朝的天下，现在却任由戎人四处横行霸道，不令我们感到头痛吗？希望伯父能够认真考虑一下。我们王室对伯父来说，就如同是衣服上的帽子，树木的根部，流水的源头，百姓的主人。如果伯父要撕毁帽子，拔掉树根，堵塞水源，专横地丢弃主人，就算是戎狄也不会再把我这个天子放在眼里。"叔向对韩起说："就是在晋文公在诸侯中称霸的时候，他也不曾更改过传统的礼制，而是辅佐和拥戴天子更加恭敬有礼。从文公至今，每一代的德行都有所衰减，损害和蔑视王室，以显示他们的骄纵。这样以来，诸侯产生二心不也是非常自然的吗？而且天子的话也是非常有道理的，您还是应该考虑一下。"韩起表示赞同。这时周天子的亲戚有了丧事，于是韩起便派赵成到王室吊唁，同时献上阎地的田地和寿衣，把在进攻颍地时抓获的俘虏全部放回去了。天子也派宾滑把甘地的大夫襄逮了起来，以讨取晋国的高兴，晋国人极为有礼貌地把襄送回了王室。

夏季四月，陈地爆发了火灾。郑国的裨灶说："再过五年陈国还会再次受封，受封五十二年以后才被灭亡。"子产问他这是什么缘故。裨灶答道："陈国属于水，火与水相配。楚国祖先是祝融，正好主管火事。现在大火星出现了，所以陈国发生了火灾，这表明是要驱逐楚国人，重新建立陈国。阴阳五行都是用五相互搭配，所以说是再过五年。岁星到达鹑火五次，陈国就会最后灭亡。楚国将其吞并，这是上天的安排，所以说是五十二年"。

晋国的荀盈前去齐国迎娶齐女为妻，返回时，六月，在戏阳而死，棺材停放在绛地，没有安葬。这时晋平公举行酒宴，并奏起了音乐为其助兴。专门负责屠宰事务的屠蒯急步走进宴会，请求为平公斟酒，平公同意了。随后他又给乐工斟了一杯酒说："您作为君王的耳朵，自然您的任务就是让君王更加灵敏。甲子日和乙卯日是忌日，在这两天里，君王不可饮宴奏乐，连学习音乐的人也要暂时停下来，这都是为了避开禁忌。大臣就是君王的股肱，如果股肱受到损害，应该是让人非常痛心的事情。如今荀盈死了，你不告诉君王却一如往常地奏乐。可是您这个耳朵是不灵敏的。"又给君王的宠臣嬖叔斟了一杯酒说："您作为君王的眼目，任务是让他眼睛明亮。服饰用来体现礼仪，礼仪用以行事，事情的性质各不相同，其外貌形态也五花八门。如今君王遇到大臣去世，却没有悲痛的表情，相反却饮酒作乐，这样太不协调了。而您却视而不见，您这个眼睛是不明亮的。"说完自己也喝了一杯，说："味道能够使血气流通，血气可以强化意志，意志可以通过语言表露出来，语言可以发出命令。我负责调剂君王的口味，这两个负责耳朵和眼睛的人没有能够尽职尽责，而君王却没有下令惩罚他们，这是我的罪过。"听到这些，晋平公非常高兴，立刻下令撤除酒宴。

起初，晋平公打算废掉荀盈，代之以自己的宠臣，因为屠蒯的一番话而改变了主意。秋季八月，任命荀盈的儿子荀跞为下军副帅，以对他有所安抚。

孟僖子到齐国进行了一次比较隆重的聘问，这是符合礼法的。

冬季，鲁国修建了郎囿。《春秋》所以将这件事记载下来，是说明这一活动是不违背农时。季平子打算加快这一工程的进度，叔孙昭子说："《诗经》说：'开始修建并不急于竣工，但百

姓却像儿子一样纷纷赶来帮忙。'何必为了加快进度而使百姓过分地疲劳呢？一个国家可以缺少园林，但是能够没有百姓吗？"

昭公十八年

十八年春，王二月乙卯①，周毛得杀毛伯过而代之。苌弘曰："毛得必亡，是昆吾稔之日也②，侈故之以。而毛得以济侈于王都③，不亡何待！"

三月，曹平公卒。

夏五月，火始昏见。丙子④，风。梓慎曰："是谓融风⑤，火之始也。七日，其火作乎！"戊寅⑥，风甚，壬午，大甚。宋、卫、陈、郑皆火。梓慎登大庭氏⑦之库以望之，曰："宋、卫、陈、郑也"。数日，皆来告火。

【注释】

①乙卯：十五日。②昆吾稔之日：昆吾恶贯满盈的日子。昆吾，祝融之后，陆终次子，封于帝丘，与夏桀同日亡。③济侈：以侈成事。④丙子：初七日。⑤融风：东北风。一说为立春木风，火之母，火始生。⑥戊寅：初九日。⑦大庭氏：古国名，在鲁国都城内，鲁在其故址建库。

裨灶曰："不用吾言，郑又将火。"郑人请用之。子产不可。子太叔曰："宝，以保民也。若有火，国几亡。可以救亡，子何爱焉？"子产曰："天道远，人道迩，非所及也，何以知之？灶焉知天道？是亦多言矣，岂不或信？"遂不与，亦不复火。

郑之未灾也，里析告子产曰①："将有大祥②，民震动，国几亡。吾身泯焉，弗良及也③。国迁其可乎？"子产曰："虽可，吾不足以定迁矣。"及火，里析死矣，未葬，子产使舆三十人，迁其柩。

【注释】

①里析：郑大夫。②祥：变异之气。③弗良及：意为先于火灾而死。良，能。

火作，子产辞晋公子、公孙于东门。使司寇出新客，禁旧客勿出于宫。使子宽、子上巡群屏摄①，至于大宫。使公孙登徙大龟。使祝史徙主祏于周庙②，告于先君。使府人、库人各儆其事。商成公儆司宫③，出旧宫人，置诸火所不及。司马、司寇列居火道，行火所焮④。城下之人，伍列登城。明日，使野司寇各保其征。郊人助祝史除于国北，禳火于玄冥、回禄⑤，祈于四鄘⑥。书焚室而宽其征，与之材。三日哭，国不市。使行人告于诸侯。宋、卫皆如是。陈不救火，许不吊灾，君子是以知陈、许之先亡也。

六月，郳人藉稻⑦。邾人袭郳，郳人将闭门。邾人羊罗摄其首焉⑧，遂入之，尽俘以归。郳子曰："余无归矣。"从帑于邾⑨，邾庄公反郳夫人，而舍其女。

【注释】

①屏摄：祭祀的处所。②主祏（shí）：安放神主的石函。③商成公：郑大夫。司宫：巷伯、寺人之官。④行火所焮：巡行救火。焮（xīn），火所燃烧的地方。⑤玄冥、回禄：玄冥，水神；回禄，火神。⑥四鄘：四面城墙。⑦鄘人藉稻：鄘鄘姓国，在今山东临沂县北。鄘人，鄘国君。藉稻，巡行踏勘藉田，以劝农耕种。⑧摄其首：斩守门人的首级而持之。⑨从帑：跟随妻子儿女。

秋，葬曹平公。往者见周原伯鲁焉①，与之语，不说学，归以语闵子马②。闵子马曰："周其乱乎？夫必多有是说，而后及其大人。大人患失而惑③，又曰，可以无学，无学不害。不害而不学，则苟而可。于是乎下陵上替④，能无乱乎？夫学，殖也，不学将落，原氏其亡乎？"

七月，郑子产为火故，大为社，祓禳于四方⑤，振除火灾，礼也。乃简兵大蒐，将为蒐除⑥。子太叔之庙在道南，其寝在道北，其庭小⑦。过期三日，使除徒陈于道南庙北，曰："子产过女而命速除，乃毁于而乡⑧。"子产朝，过而怒之，除者南毁。子产及冲⑨，使从者止之曰："毁于北方⑩。"

【注释】

①原伯鲁：周大夫。②闵子马：又名闵马父，鲁臣。③患失而惑：担心失去官位因而不明事理。④下陵上替：下面欺凌上面，上面废弛怠惰。⑤祓禳于四方：祭祀四方之神以祈求消灾除患。⑥将为蒐除：将要为检阅清除场地。⑦其庭小：指子太叔庙、寝之庭狭小，故必须拆毁其庙或寝。⑧乡：同向。除徒所向，为子太叔之庙。⑨冲：十字路口，交通要道。⑩北方：北方为子太叔之寝。

火之作也，子产授兵登陴。子大叔曰："晋无乃讨乎？"子产曰："吾闻之，小国忘守则危，况有灾乎？国之不可小，有备故也。"既，晋之边吏让郑曰："郑国有灾，晋君、大夫不敢宁居，卜筮走望①，不爱牲玉。郑之有灾，寡君之忧也。今执事捆然授兵登陴②，将以谁罪？边人恐惧，不敢不告。"子产对曰："若吾子之言，敝邑之灾，君之忧也。敝邑失政，天降之灾。又惧谗慝之间谋之，以启贪人，荐为敝邑不利，以重君之忧。幸而不亡，犹可说也。不幸而亡，君虽忧之，亦无及也。郑有他竟③，望走在晋④。既事晋矣，其敢有二心？"

【注释】

①走望：四出祭祀名山大川。②捆然：凶猛貌。③郑有他竟：郑若有他国之忧。竟，通境。④望走在晋：希望投奔晋国。

楚左尹王子胜言于楚子曰："许于郑，仇敌也，而居楚地，以不礼于郑。晋、郑方睦，郑若伐许，而晋助之，楚丧地矣。君盍迁许？许不专于楚，郑方有令政①。许曰：'余旧国也。'郑曰：'余俘邑也②。'叶在楚国③，方城外之蔽也。土不可易④，国不可小，许不可俘，仇不可启。君其图之！"楚子说。冬，楚子使王子胜迁许于析，实白羽。

【注释】

①令政：善政。②余俘邑：许迁后，郑得其地，故称为俘邑。③叶：楚国邑名。此时为许国的都城。④易：轻视。

【译文】

鲁昭公十八年的春天，周历二月十五日，周大夫毛得杀了毛伯过，代替了他的位置。苌弘说："毛得肯定要落个逃亡他国的结果。由于十五日这一天正是夏代暴君昆吾恶贯满盈而死的日子，他是因为过于骄纵才招致死亡的。毛得居然敢在天子的都城为非作歹，他怎么能不落个逃亡的下场呢？"

三月，曹平公死。

夏季五月，大火星在黄昏的时候开始出现。七日，刮起了大风。梓慎说："这就是融风，是火灾发生的预兆，再过七天就要发生大火了。"九日，风逐渐刮得凛冽起来，十四日，风刮得更大。这一天，宋、卫、陈、郑四国全部都发生了火灾。梓慎登上大庭氏的库房向远处眺望，并说："起火的地方是宋、卫、陈、郑四国。"果然过了几天这四个国家都先后来鲁国报告火灾的消息。

神灶说："对我的话不予接受，郑国还会发生火灾。"于是郑国人请求按他的话去做，但子产还是不答应。游吉说："宝物本来是用来保护百姓的。要是再发生了火灾，国家就要接近于灭亡。如今有人提出挽救灭亡的办法，您为什么还舍不得那些宝物呢？"子产说："自然界的规律永远都不能够预测，人世间的道理则近在眼前，两者没有关联，怎么能够知道还要发生火灾呢？神灶哪里知道有自然规律的存在，他的话说多了，难道就没有偶而说中的时候？"最后还是不赞同，结果郑国也没有再爆发火灾。

郑国没有发生火灾的时候，里析曾经告诉子产说："郑国即将发生大的灾难，全国的百姓都要为之而惊动，国家也几乎要灭亡。不过到那个时候我已经死了，等不到了。我建议迁都可以吗？"子产说："就算可以迁都，但我一个人也决定不了。"等到火灾发生，里析已经死了，但还没有安葬，于是子产便派了三十个人把他的灵柩移到安全地带。

发生火灾以后，子产在东门拒绝晋国的公子和公孙进入都城，又派司寇把新近前来聘问的客人全部送出国都，禁止旅居郑国的外国大夫走出住所，并让子宽、子上巡视祭祀场所以及郑国的宗庙，以确保这些场所安全。让公孙登把大龟搬走，让祝史把宗庙中安放神位的石匣搬挪到周王庙中，以便向先君报告发生的事件。让管理府库的官员各自认真坚守岗位，不得擅离职守。让商成宫告诫司宫官员，将先公的宫女们都安置到大火不能烧到的地方。司马、司寇紧随火道，奋力扑救。城下的人纷纷排成队依次入城。次日，又派野司寇分别把他们所征召的徒役管理好，使其不要逃散，郊人帮助祝史在都城北部挖土，堆成祭坛，祈求水神火神消除火灾，然后又在各个城门进行祈祷。登记了被烧毁的房屋，减免房主的赋税，并发放木材让他们把房屋重新建起来。让郑国人大哭三天，市场也都停止营业。还让外交官员分别向各诸侯通报这一情况。宋国、卫国救助火灾的情况和郑国相同，只有陈国没有主动采取救火措施。此外许国得知四国发生火灾后也没有派人前去慰问。君子们因此而得知陈国、许国必将先行灭亡。

六月，郧国国君巡视田中稻谷的耕种情况，邾国人趁机偷袭郧国。郧国人正打算关闭城门时，邾国人羊罗砍下了关门人的脑袋，于是邾军大举动兵攻进郧都，结果把郧都里所有的人都俘虏回去了。郧君说："我已经没有国家可以回了。"于是就跟着他的被邾人俘虏的妻子儿女到了邾国。邾庄公将其妻子还给了他，却把他的女儿留下。

秋季，安葬了曹平公。前去参加葬礼的鲁国使者见到了周大夫原伯鲁，和他进行谈话时，发现他是一个不好学习的人。回去之后，告诉了闵子马。闵子马说："周王室恐怕要大乱了！只有社会上不好学习的风气普遍流行时，才会影响到当权的人。当权的人由于担心失去官位，所以就不明事理，又会说：'可以不学习，不学习并没有什么害处'。由于认为不学习没有什么害处，因此就更加不学习，对待政事得过且过，地位卑微的企图欺凌上司，地位高的人则荒废公务，按照这样下去，能不发生动乱吗？学习就如同种植，不学习就会渐渐走向凋落衰败，由此看来原氏恐怕要灭亡了吧？"

七月，郑国的子产由于发生的这场大火灾，而大兴土木修建土地神庙，祭祀四方神灵以便求得消除灾患，救治火灾所造成的损失，这一行动是符合礼法的。然后又精选军队准备举行盛大的阅兵演习，并开始着手对这些场地进行修整。游吉的家庙正好在道路的南面，住房在道路的北边，住房的庭院很小，都必须统统拆除。但限定的期限已经超过了三天，还没有拆除。游吉让做场地清除的徒卒分别站在路南庙北，对他们说："如果子产从这里经过，而让你们尽快进行清除的话，你们就立即拆庙。"子产上朝路过这里，看到还没有拆毁，非常恼火，于是徒卒便急忙向南拆庙。子产离开这里走到十字大街时，又让随从去通知："不要将庙毁掉，拆毁北面的住房。"

火灾发生的时候，子产发放武器下去，让国境上的士兵登上城墙做好警戒。游吉说："你这么做，晋国会不会前来攻打我们呢？"子产说："据我所知，小国平时要是忘记了防守就非常危险，更何况现在是发生火灾的时候呢？一个国家要想不被人瞧不起，就必须经常戒备不松懈。"不久，晋国的边防官员向郑国提出了抗议："郑国爆发了灾患，晋国的君王和大夫不敢贪图丝毫安逸，四处祭祀名山大川，不吝惜牺牲畜，为贵国祈祷。郑国的灾祸，就是我们君王的忧患。如今您突然给边境的百姓发放了大量武器，让他们登上城墙严阵以待，这是要问谁的罪呢？我国边境上的百姓非常恐惧，特此向您报告。"子产回答说："正像您说的那样，我们国家的灾患也就是贵君的忧患。因为我国政策失误，所以上天降下了灾祸，我们又担心奸邪之人乘人之危，也怕那些贪婪之辈趁火打劫，更加重我国的损失，给贵国君王带来更大的忧患。要是我国侥幸没有灭亡，还有机会进行辩解。如果不幸灭亡了，即使贵国君王再担心，也没有什么意义了。和郑国相邻的还有其他国家的国境，可是一旦受到攻击，我们可望投奔的就只剩下晋国。我们既然已经侍奉晋国了，如何还敢有二心呢？"

楚国的左尹王子胜对楚平王说："许国与郑国是仇敌，因此它住在楚地对郑国非常不礼貌。晋国和郑国目前正处于友好时期，郑国如果对许国进行攻打，再得到晋国帮助，楚国就会丧失许国这块土地。君王为什么不考虑把许国迁走呢？只要许国从此不再专一侍奉楚国，郑国有了善政，许国就会说：'郑国原本就是我们许国的旧地。'郑国则会说：'许国是我们曾经俘虏的城邑。'对于楚国来说，叶地是方城山之外的屏障，大国不可以轻视，小国同样也不可以轻视，不可以把许国作为俘虏看待，更不可以四处树敌，希望君王能认真考虑。"平王很高兴。到了冬天，便派王子胜把许国迁到析地，实际上也就是过去的白羽。

昭公十九年

十九年春，楚工尹赤迁阴于下阴①，令尹子瑕城郏②。叔孙昭子曰："楚不在诸侯矣！其仅自完也，以持其世而已。"

楚子之在蔡也，郹阳封人之女奔之③，生太子建。及即位，使伍奢为之师④。费无极为少师，无宠焉，欲谮诸王，曰："建可室矣⑤。"王为之聘于秦，无极与逆，劝王取之。正月，楚夫人嬴氏至自秦⑥。

【注释】

①阴：阴地戎人。下阴：位于今湖北光化县西。②郏：本为郑邑，后属楚。③郹（jué）阳：蔡邑名，位于今河南新蔡县。奔：私奔。娶女不依礼曰奔。④伍奢：伍举之子，伍员之父。⑤可室：可以娶妻成家了。⑥至自秦：从秦来。

郹夫人，宋向戌之女也，故向宁请师。二月，宋公伐邾，围虫①。三月，取之。乃尽归郹俘。

夏，许悼公疟。五月戊辰②，饮太子止之药，卒。太子奔晋。书曰："弑其君。"君子曰："尽心力以事君，舍药物可也。"

邾人、郳人、徐人会宋公。乙亥③，同盟于虫。

【注释】

①虫：邾邑名。位于今山东济宁县境。②戊辰：初五日。③乙亥：五月十二日。

楚子为舟师以伐濮①。费无极言于楚子曰："晋之伯也。迩于诸夏，而楚辟陋，故弗能与争。若大城城父②，而置太子焉，以通北方，王收南方，是得天下也。"王说，从之。故大子建居于城父。

令尹子瑕聘于秦，拜夫人也。

【注释】

①濮：百濮。在今河南宝丰县东。②城父：楚城父，位于今河南害丰县东四十里。

秋，齐高发帅师伐莒。莒子奔纪鄣①。使孙书伐之②。初，莒有妇人，莒子杀其夫，已为釐妇③。及老，托于纪鄣④，纺焉以度而去之⑤。及师至，则投诸外。或献诸子占。子占使师夜缒而登。登者六十人，缒绝。师鼓噪，城上之人亦噪。莒共公惧，启西门而出。七月丙子⑥，齐师入纪⑦。

是岁也，郑驷偃卒。子游娶于晋大夫⑧，生丝，弱⑨。其父兄立子瑕⑩。子产憎其为人也，且以为不顺⑪，弗许，亦弗止。驷氏耸⑫。他日，丝以告其舅。冬，晋人使以币如郑，问驷乞之立故。驷氏惧，驷乞欲逃。子产弗遣。请龟以卜，亦弗予。大夫谋对。子产不待而对客曰："郑国不天⑬，寡君之二三臣，札瘥夭昏⑭。今又丧我先大夫偃，其子幼弱，其一二父兄，惧队宗主⑮，私族于谋而立长亲。寡君与其二三老曰⑯：'抑天实剥乱是⑰，吾何知焉？'谚曰：'无过乱门'。民有乱兵，犹惮过之，而况敢知天之所乱。今大夫将问其故，抑寡君实不敢知，其谁实知之。平兵之会，君寻旧盟曰：

'无或失职'。若寡君之二三臣，其即世者，晋大夫而专制其位，是晋之县鄙也，何国之为？"辞客币而报其使⑱。晋人舍之。

【注释】

①纪鄣：莒邑，在今江苏赣榆县北。②孙书：陈无宇之子，又名子占。③嫠妇：寡妇。④托：寄居。⑤纺焉以度而去之：纺线搓成绳子，量了城墙高度就收藏起来。⑥丙子：十四日。⑦纪：即纪鄣。⑧子游：即驷偃。⑨弱：幼小。⑩子瑕：即驷乞，子游之弟。⑪不顺：不立子而立弟，不合常法。⑫耸：恐惧。⑬不天：不获天福。⑭札瘥夭昏：因疫疠而死曰札，病死曰瘥，短命而死曰夭，无名而死曰昏。⑮队：同坠，绝也。⑯二三老：郑国卿大夫。⑰剥乱：同义词连用。⑱辞币：退回礼品，表示拒绝其指责。

楚人城州来，沈尹戌曰："楚人必败。昔吴灭州来，子旗请伐之，王曰：'吾未抚吾民。'今亦如之，而城州来以挑吴，能无败乎？"侍者曰："王施舍不倦，息民五年，可谓抚之矣。"戌曰："吾闻抚民者，节用于内，而树德于外，民乐其性①，而无寇仇。今宫室无量，民人日骇劳罢死转②，忘寝与食，非抚之也。"

郑大水，龙斗于时门之外洧渊③，国人请为禜焉④，子产弗许，曰："我斗，龙不我觌也；龙斗，我独何觌焉？禳之，则彼其室也。吾无求于龙，龙亦无求于我。"乃止也。

令尹子瑕言蹶由于楚子曰⑤："彼何罪？谚所谓'室于怒⑥，市于色'者⑦，楚之谓矣。舍前之忿可也。"乃归蹶由。

【注释】

①性：即生。②罢：通疲。转：指死而弃尸野外。③洧渊：洧水发源于阳城山，流经新郑县南成渊。④禜（yíng）：驱除灾害的祭祀。⑤蹶由：吴王的弟弟。昭公五年楚灵王拘捕他来楚国。⑥室于怒，市于色：即"怒于室，色于市"的倒装。⑦色：指表现出怒色。

【译文】

鲁昭公十九年春季，楚国的工尹赤迁移阴地的人到了下阴，令尹子瑕在郏地建造了城池。叔孙若说："楚国已经无心称霸诸侯，只是满足于维护自己的利益，维持它们当代的政权罢了。"

楚平王在蔡国的时候，郏阳封人的女儿私奔到他那里，后来把太子建生下。等到楚平王即位之后，便让伍奢做太子建的老师，费无极为少师。但太子建厌恶费无极，于是费无极便想诬陷他，对平王说："太子建应该娶妻立室了。"平王从秦国为太子建聘定了妻子，费无极于是前往迎娶，他劝平王自己把秦女娶下了。正月，楚平王的夫人嬴氏从秦国来到楚国。

郮君的夫人是宋国向戌的女儿，所以向戌的儿子向宁请求宋元公发兵攻打邾国。二月，宋元公统兵攻打邾国，围攻邾邑。三月，攻克虫地，又把郮国被俘的人全都送了回去。

夏季，许悼公得了疟疾。五月五日，喝了太子止送的药之后就死了，太子吓得马上逃往晋国。《春秋》记载为"弑其君"。君子认为："只要尽心竭力侍奉君王就足够了，不一定要奉献药物。"

邾国人、郳国人、徐国人拜见了宋元公。五月十二日，三方在虫地结成联盟。

楚平王准备调动水军进攻濮地。费无极对楚平王说："晋国是诸侯盟主，又和中原各国接近；而楚国却地处偏远，因此不能与之争雄。倘若在城父修建高大的城墙，把太子建安置到那里镇守，然后让他负责与北方诸侯联合，君王负责收取南方，这样您便能得到整个天下了。"平王十分高兴，采纳了他的建议，因此太子建被安置到城父。

令尹子瑕到秦国聘问，拜谢秦国把嬴氏嫁给平王为妻。

秋季，齐国的高发统率军队攻打莒国，莒子逃亡到纪鄣，齐国又派孙书追击。当初，莒国有一个女人，莒共公杀了他的丈夫，因此这个女人就成了寡妇，年老时寄居在纪鄣。她纺线搓成绳子，丈量了纪鄣城墙的高度后就把绳子藏了起来。这次齐军攻到城下，她就把绳子从城头上扔到城外。有人献了绳子给孙书，孙书便让军队在夜间攀着绳子登城，登上六十个人后，绳子断了。这时军队击鼓呐喊，登上城的人也大声喊叫。莒共公畏惧了，便打开西城门逃了出去。七月十四日，齐军攻克纪鄣。

这一年，郑国的子游死了。子游娶了晋大夫的女儿为妻，生了儿子丝，还没有长大成人，于是他的父兄们便拥立了他的叔父子瑕为继承人。子产不喜欢了瑕的为人，而且也认为不立子而立弟的做法违背了常规，于是他对此不答应，也不制止。因此驷氏的族人都很忧虑。几天后，丝把这件事说与了他的舅舅即晋国的大夫。冬季，晋国人带着财礼到郑国去，质问为什么要立子瑕。驷氏的族人非常害怕，子瑕打算逃跑，子产拦住他不让走。子瑕请求用龟甲占卜，子产也不给。大夫们在商量怎样向晋国做出合理的解释。子产没等他们商量好就回答晋国客人说："郑国不能得到上天的保佑，因此我们君王的几个大臣都相继死去，现在已失去了我们的大夫子游。他的儿子还很年轻，因此他的几个父辈兄弟担心一时把宗主断绝，就和族人们商量立了年长的亲子。我们君王和几个老臣说：'这是上天要破坏继承的规矩，我哪里知道这件事呢？'常言说：'不要经过犯上作乱人家的门口。'百姓中有打架斗殴的现象发生，人们还避之唯恐不及，更何况也许是上天要祸乱的家庭呢？如今您问为什么要立子瑕，我们的君王都不知道，还有谁能够知道呢？平丘那次盟会上，贵君重申过去的盟约说：'千万不要把自己的职责放弃了！'如果我们君王的几个臣子中，只要是有人去世，晋国大夫都要来专横地干涉他们的继承人问题，这就相当于把我们郑国当成了贵国边境上的一个县，我们还能算得上是一个独立的国家吗？"于是拒绝了客人的礼物，并对他们作了报答，晋国人这才不再过问了。

楚国人在州来筑城，沈尹戌说："楚国人一定不会成功。从前吴国人灭了州来，子旗请求讨伐他们。楚王说：'我还没有安抚我的百姓。'其实现在还和过去一样，百姓仍然没有得到安抚，却开始在州来筑城，向吴国挑战，他们还能不败亡吗？"侍从说："君王从来没有停止过对百姓们的施舍，让百姓休养生息了五年，可以说百姓已经得到安抚了。"沈尹戌说："所谓安抚百姓，就是对内要尽量节约开支，对外要树立德行不动刀兵，从而使百姓有一个安定的生活环境，内外没有忧患。而现在修建宫室无休无止，百姓每天惊恐不安，过度劳累以至弃尸沟壑，流离失所倍受饥寒。照这样看来，并没有使他们得到抚慰。"

郑国发生了大水灾，在都城南门之外的洧渊中有两条龙在争斗，人们请求祭祀以消灾。子产却坚决不同意，他说："我们人与人争斗，龙看不见，为什么龙与龙争斗偏偏我们就看得见呢？那里本来就是它们居住的地方，怎么能通过祭祀而祈求赶走他们呢？我们对龙没有什么要求，龙对我们也同样无所要求。"便劝阻人们不要祭祀。

楚国令尹子瑕对楚平王说起吴王弟弟蹶由的问题："他有什么罪过呢？俗话说：'在家里吵架，就到大街上迁怒于路人。'说的就是楚国这种情况。如今我们应该放弃以前和其他国家结下的怨恨了。"于是楚国便释放蹶由回国了。

昭公二十年

二十年春，王二月己丑①，日南至②。梓慎望氛曰："今兹宋有乱，国几亡，三年而后弭③。蔡有大丧。"叔孙昭子曰："然则戴、桓也④！汏侈无礼已甚，乱所在也。"

费无极言于楚子曰："建与伍奢将以方城之外叛。自以为犹宋、郑也，齐、晋又交辅之，将以害楚。其事集矣。"王信之，问伍奢，伍奢对曰："君一过多矣，何信于谗？"王执伍奢。使城父司马奋扬杀大子，未至，而使遣之。三月，大子建奔宋。王召奋扬。奋扬使城父人执已以至。王曰："言出于余口，入于尔耳，谁告建也？"对曰："臣告之。君王命臣曰：'事建如事余。'臣不佞，不能苟贰。奉初以还⑤，不忍后命⑥，故遣之。既而悔之，亦无及已。"王曰："而敢来，何也？"对曰："使而失命，召而不来，是再奸也⑦。逃无所入。"王曰："归！"从政如他日。

无极曰："奢之子材，若在吴，必忧楚国，盍以免其父召之。彼仁必来。不然，将为患。"王使召之，曰："来，吾免而父。"棠君尚谓其弟员曰⑧："尔适吴，我将归死。吾知不逮，我能死，尔能报。闻免父之命，不可以莫之奔也。亲戚为戮⑨，不可以莫之报也。奔死免父，孝也。度功而行，仁也。择任而往，知也。知死不辟，勇也。父不可弃⑩，名不可废，尔其勉之，相从为愈⑪。"伍尚归。奢闻员不来，曰："楚君、大夫其旰食乎⑫！"楚人皆杀之。

员如吴，言伐楚之利于州于⑬。公子光曰："是宗为戮而欲反其仇，不可从也。"员曰："彼将有他志⑭。余姑为之求士，而鄙以待之⑮。"乃见鱄设诸焉⑯，而耕于鄙。

【注释】

①己丑：初一日。②南至：冬至。③弭：安定。④戴、桓：指戴族，华氏；桓族，向氏。⑤奉初以还：奉初命以周旋。⑥后命：即杀太子。⑦再奸：再次违犯王命。⑧棠：地名。当在今河南遂平县西北。⑨亲戚：有多种含义，此指父母。⑩父不可弃：兄弟皆逃为弃父，是不孝。⑪相从为愈：比之相从俱死为好。⑫旰食：即晚食。言楚国从此多难，君臣连吃饭也要晚了。⑬州于：吴子僚。⑭彼：指公子光。⑮鄙以待之：退处于野以待之。⑯鱄设诸：一作专诸。人名。

宋元公无信多私，而恶华、向。华定、华亥与向宁谋曰："亡愈于死，先诸？"华亥伪有疾，以诱群公子。公子问之，则执之。夏六月丙申①，杀公子寅、公子御戎、公子朱、公子固、公孙援、公孙丁，拘向胜、向行于其廪②。公如华氏请焉，弗许，遂劫之。癸卯③，取大子栾与母弟辰、公子地以为质。公亦取华亥之子无戚、向宁之子罗、华定之子启、与华氏盟，以为质。

卫公孟絷狎齐豹，夺之司寇与鄄④，有役则反之，无则取之。公孟恶北宫喜、褚师圃，欲去之。公子朝通于襄夫人宣姜⑤，惧而欲以作乱。故齐豹、北宫喜、褚师圃、公子朝作乱。

初，齐豹见宗鲁于公孟，为骖乘焉。将作乱，而谓之曰："公孟之不善，子所知也。勿与乘，吾将杀之。"对曰："吾由子事公孟，子假吾名焉，故不吾远也。虽其不善，吾亦知之。抑以利故，不能去，是吾过也。今闻难而逃，是僭子也⑥。子行事乎，吾将死之，以周事子⑦，而归死于公孟，其可也。"

丙辰⑧，卫侯在平寿⑨，公孟有事于盖获之门外⑩，齐子氏帷于门外而伏甲焉。使祝蛙置戈于车薪以当门，使一乘从公孟以出。使华齐御公孟，宗鲁骖乘。及闳中⑪，齐氏用戈击公孟，宗鲁以背蔽之，断肱，以中公孟之肩，皆杀之。

公闻乱，乘，驱自阅门入⑫，庆比御公，公南楚骖乘，使华寅乘贰车⑬。及公宫，鸿骈魋驷乘于公，公载宝以出。褚师子申遇公于马路之衢，遂从。过齐氏，使华寅肉袒执盖，以当其阙⑭。齐氏射公，中南楚之背。公遂出。寅闭郭门，逾而从公。公如死鸟⑮，析朱钮宵从窦出⑯，徒行从公。

【注释】

①丙申：初九日。②廪：米仓。③癸卯：十六日。④鄅：齐豹之邑，位于今山东郓城县西北。⑤宣姜：灵公嫡母。⑥僭：失信。⑦周：终。⑧丙辰：六月二十九日。⑨平寿：卫下邑。⑩盖获：卫郭门。⑪闳：曲门。⑫阅门：卫都偏侧城门。⑬贰车：副车。⑭当其阙：遮挡空缺处。⑮死鸟：地名。⑯窦：城墙的排水口。

齐侯使公孙青聘于卫。既出，闻卫乱，使请所聘。公曰："犹在竟内，则卫君也。"乃将事焉①。遂从诸死鸟，请将事。辞曰："亡人不佞，失守社稷，越在草莽。吾子无所辱君命。"宾曰："寡君命下臣于朝，曰：阿下执事②。臣不敢贰。"主人曰："君若惠顾先君之好，照临敝邑，镇抚其社稷，则有宗祧在。"乃止。

卫侯固请见之，不获命，以其良马见，为未致使故也③。卫侯以为乘马。宾将㧑④，主人辞曰："亡人之忧，不可以及吾子。草莽之中，不足以辱从者⑤。敢辞。"宾曰："寡君之下臣，君之牧圉也。若不获扞外役⑥，是不有寡君也。臣惧不免于戾⑦，请以除死。"亲执铎⑧，终夕与于燎。

齐氏之宰渠子召北宫子。北宫氏之宰不与闻谋，杀渠子，遂伐齐氏，灭之。

丁巳晦⑨，公入。与北宫喜盟于彭水之上⑩。秋七月戊午朔，遂盟国人。八月辛亥⑪，公子朝、褚师圃、子玉霄、子高鲂出奔晋。闰月戊辰⑫，杀宣姜。卫侯赐北宫喜谥曰贞子，赐析朱钮谥曰成子，而以齐氏之墓予之。

卫侯告宁于齐，且言子石⑬。齐侯将饮酒，遍赐大夫曰："二三子之教也。"苑何忌辞⑭，曰："与于青之赏，必及于其罚。在《康诰》曰，'父子兄弟，罪不相及。'况在群臣？臣敢贪君赐以干先王？"

琴张闻宗鲁死，将往吊之。仲尼曰："齐豹之盗，而孟絷之贼，女何吊焉？君子不食奸，不受乱，不为利疚于回⑮，不以回待人，不盖不义，不犯非礼。"

【注释】

①将事：将行聘礼。②阿下执事：屈附执事。执事指卫侯。③未致使：即未行聘礼。④㧑（zōu）：巡夜打更。⑤从者：指公孙青。⑥扞外役：在外执行巡夜之役。⑦戾：即罪。⑧铎：大铃。⑨丁巳晦：六月

三十日。⑩彭水：水名。⑪辛亥：二十五日。⑫戊辰：十二日。⑬子石：公孙青。⑭苑何忌：齐大夫。⑮不为利疚于回：不因为利益而为邪恶所病。疚，病。回，邪恶。

　　宋华、向之乱，公子城、公孙忌、乐舍、司马强、向宜、向郑、楚建、郳甲出奔郑。其徒与华氏战于鬼阎①，败子城。子城适晋。

　　华亥与其妻必盟而食所质公子者而后食。公与夫人每日必适华氏，食公子而后归。华亥患之，欲归公子。向宁曰："唯不信，故质其子。若又归之，死无日矣。"

　　公请于华费遂②，将攻华氏。对曰："臣不敢爱死，无乃求去忧而滋长乎？臣是以惧，敢不听命？"公曰："子死亡有命，余不忍其詢③。"

　　冬十月，公杀华、向之质而攻之。戊辰④，华、向奔陈，华登奔吴。向宁欲杀大子。华亥曰："干君而出，又杀其子，其谁纳我，且归之有庸⑤。"使少司寇轻以归⑥，曰："子之齿长矣，不能事人，以三公子为质⑦。必免。"公子既人，华轻将自门行。公遽见之，执其手曰："余知而无罪也，入，复而所⑧。"

【注释】

　　①鬼阎：宋地名，位于今河南西华县东北。②华费遂：宋大司马，华氏之族。③詢：同诟，羞耻。④戊辰：十三日。⑤有庸：有功。⑥轻：华亥庶兄。⑦质：信，送回人质，自明不叛君之信。⑧所：所居官。复而所：恢复你所居之官。

　　齐侯疥，遂痁①。期而不瘳②，诸侯之宾问疾者多在。梁丘据与裔款言于公曰③："吾事鬼神丰，于先君有加矣。今君疾病，为诸侯忧，是祝史之罪也。诸侯不知，其谓我不敬。君盍诛于祝固、史嚚以辞宾？"公说，告晏子。晏子曰："日宋之盟④，屈建问范会之德于赵武⑤。赵武曰：'夫子之家事治，言于晋国，竭情无私。其祝史祭祀，陈信不愧⑥，其家事无猜，其祝史不祈⑦。'建以语康王⑧。康王曰："神人无怨，宜夫子之光辅五君，以为诸侯主也。'"公曰："据与款谓寡人能事鬼神，故欲诛于祝史。子称是语，何故？"对曰："若有德之君，外内不废，上下无怨，动无违事，其祝史荐信⑨，无愧心矣。是以鬼神用飨，国受其福，祝史与焉。其所以蕃祉老寿者⑩，为信君使也，其言忠信于鬼神。其适遇淫君，外内颇邪，上下怨疾，动作辟违⑪，从欲厌私⑫。高台深池，撞钟舞女⑬，斩刈民力，输掠其聚⑭，以成其违⑮，不恤后人。暴虐淫从，肆行非度⑯。无所还忌⑰，不思谤讟，不惮鬼神，神怒民痛，无悛于心⑱。其祝史荐信，是言罪也。其盖失数美⑲，是矫诬也⑳。进退无辞，则虚以求媚。是以鬼神不飨其国以祸之，祝史与焉。所以夭昏孤疾者㉑，为暴君使也，其言僭嫚于鬼神㉒。"公曰："然则若之何？"对曰："不可为也。山林之木，衡鹿守之㉓。泽之萑蒲㉔，舟鲛守之㉕。薮之薪蒸㉖，虞侯守之㉗。海之盐蜃㉘，祈望守之㉙。县鄙之人，入从其政。逼介之关㉚，暴征其私。承嗣大夫，强易其贿。布常无艺，征敛无度，宫室日更，淫乐不违。内宠之妾，肆夺于市，外宠之臣，僭令于鄙。私欲养求，不给则应㉛。居人苦病㉜，夫妇皆诅。祝有益也，诅亦有损。聊、摄以东㉝，姑、尤以西㉞，其为人也多矣！虽其善祝，岂能胜亿兆人之诅？君若欲诛于祝史，修德而后可。"公说，使有司宽政，

毁关，去禁，薄敛，已责㉟。

【注释】

①疧（diàn）：疟疾。②期：一年。期而不瘳：一年也未病愈。③梁丘据、裔款：皆齐景公所宠幸的大夫。④日：往日。⑤范会：士会。⑥陈信不愧：陈述真实情况不愧心。⑦不祈：祝、史无祈求鬼神之事。⑧康王：楚康王。⑨荐信：陈述实情。荐，进言。⑩蕃祉老寿：蕃，繁衍；祉，福；老寿，健康长寿。⑪辟违：邪僻逆理。⑫从欲厌私：放纵情欲，满足私心。⑬撞钟：奏乐。⑭输掠其聚：掠取百姓财物。⑮成其违：铸成其过。⑯非度：不过法度。⑰还忌：顾忌。⑱悛：改。⑲盖失数美：掩盖过失，列举美善。⑳矫诬：虚诈欺骗。㉑夭昏孤疾：与蕃祉老寿相对，短命无福之意。㉒僭嫚：欺诈轻侮。㉓衡鹿：管理山林的官吏。㉔萑蒲：芦苇。㉕舟鲛：管理水译的官吏。㉖薪烝：柴木。㉗虞候：管理柴木的官吏。㉘蜃：大蛤。㉙祈望：管理水产的官吏。㉚逼介之关：迫近国都的关卡。㉛不给则应：不满足就治罪。应，应之以罪。㉜苦病：痛苦困顿。㉝聊、摄：齐西境。聊，位于今山东聊城县西北。摄，即聂，也在聊城境内。㉞姑、尤：齐东界。姑，即大姑河，源出山东招远县会仙山，南流经莱阳县西南。尤，即小姑河，源出掖县北马鞍山，南流入大姑。㉟已责：责同债，豁免积欠租税。

十二月，齐侯田于沛①，招虞人以弓②，不进③。公使执之。辞曰：“昔我先君之田也，旌以招大夫，弓以招士，皮冠以招虞人。臣不见皮冠，故不敢进。”乃舍之。仲尼曰：“守道不如守官④，君子韪之⑤。”

齐侯至自田，晏子侍于遄台⑥。子犹驰而造焉⑦。公曰：“唯据与我和夫。”晏子对曰：“据亦同也，焉得为和？”公曰：“和与同异乎？”对曰：“异。和如羹焉，水火醯醢盐梅以烹鱼肉⑧，燀之以薪⑨。宰夫和之⑩，齐之以味，济其不及，以泄其过。君子食之，以平其心。君臣亦然。君所谓可而有否焉。臣献其否以成其可。君所谓否而有可焉，臣献其可以去其否。是以政平而不干，民无争心。故《诗》曰，‘亦有和羹，既戒既平。鬷嘏无言⑪。时靡有争’。先王之济五味，和五声也⑫，以平其心，成其政也。声亦如味⑬，一气，二体，三类，四物，五声，六律，七音，八风，九哥，以相成也。清浊，小大，短长，疾徐，哀乐，刚柔，迟速，高下，出入，周疏，以相济也。君子听之，以平其心。心平，德和。故《诗》曰：‘德音不瑕⑭，’今据不然。君所谓可，据亦曰可。君所谓否，据亦曰否。若以水济水，谁能食之？若琴瑟之专一⑮，谁能听之？同之不可也如是。”

【注释】

①沛：地名，位于今山东博兴县南。②虞人：掌山泽之官。③进：进见。④守道不如守官：守道义不如守官位。⑤韪（wěi）：是，对。⑥遄台：位于今山东临淄县东，今名歇马亭。⑦子犹：梁丘据。⑧醯（xī）：醋。⑨燀（chǎn）：烧火。⑩宰夫：厨师。⑪鬷嘏（zōnggǔ）：鬷同奏，即进。嘏今作假。⑫五声：宫商角徵羽。⑬一气：声音需由气发动。二体：乐舞二种，即文舞，武舞。一说为阳刚、阴柔。三类：指《风》、《雅》、《颂》。四物：杂用四方之物以成器。五声：宫、商、角、徵、羽。六律：指黄钟、大簇、姑洗、蕤宾、夷则、无射。七音：五声再加上变宫、变徵，共七种音阶。八风：八方之风。九歌：歌九功之德。九功，即六府三事，详见文公七年。⑭德音不瑕：见《幽风·狼跋》。瑕，玉面上的痕斑，比喻小毛病。⑮专一：专奏一个声调。

饮酒乐，公曰："古而无死，其乐若何？"晏子对曰："古而无死，则古之乐也，君何得焉？昔爽鸠氏始居此地，季萴因之，有逢伯陵因之，蒲姑氏因之，而后大公因之。古若无死，爽鸠氏之乐，非君所愿也。"

郑子产有疾，谓子大叔曰："我死，子必为政。唯有德者能以宽服民，其次莫如猛。夫火烈，民望而畏之，故鲜死焉。水懦弱，民狎而玩之，则多死焉。故宽难。"疾数月而卒。大叔为政，不忍猛而宽。郑国多盗，取人于萑苻之泽①。大叔悔之，曰："吾早从夫子，不及此。"兴徒兵以攻萑苻之盗，尽杀之，盗少止。

【注释】

①萑苻（huánfú）：即萑蒲，芦苇一类的水草。

仲尼曰："善哉！政宽则民慢，慢则纠之以猛。猛则民残①，残则施之以宽。宽以济猛②，猛以济宽，政是以和。《诗》曰：'民亦劳止，汔可小康。惠此中国③，以绥四方。'施之宽也。'毋从诡随，以谨无良。式遏寇虐，惨不畏明。'纠之以猛也。'柔远能迩④，以定我王。'平之以和也。又曰：'不竞不绒，不刚不柔。布政优优，百禄是遒。'和之至也。"

及子产卒，仲尼闻之，出涕曰："古之遗爱也。"

【注释】

①残：伤害。②济：调剂。③惠：厚爱。中国：此指西周王畿。④柔：安抚。能：亲善。

【译文】

二十年春周历二月初一日，冬至。鲁国梓慎望气，说："今年宋国有祸乱，差不多要把国家灭亡了，三年以后才得以平息。蔡国有大的丧事。"叔孙昭子说："这就是戴、桓两族了。他们奢侈无度，骄纵无礼到了极点，祸乱一定将在他们那里发生。"

费无极对楚王说："太子建和伍奢准备领着方城山外的人背叛，自以为如同宋国、郑国一样，齐国、晋国又一起辅助他们，将会对楚国有所危害，这事情快成功了。"楚王相信了这些话，质问伍奢。伍奢回答说："君王有了一次过错已经非常严重了，为什么还听信他人诬陷？"楚王于是把伍奢捉拿了，派城父司马奋扬去杀太子。奋扬没有到达，先派人通知太子逃走。三月，太子建往宋国逃亡。楚王召回奋扬，奋扬让城父大夫逮捕自己回到郢都。楚王说："话从我的嘴里说出去，只有你一人听到了，谁告诉建的？"奋扬回答说："下臣告诉他的。君王命令我说：'事奉建要象服侍我一样。'下臣不才，不能苟且反覆。奉了原先的命令去对待太子，就不忍心执行后来的命令。就是在这以后我后悔，也来不及了。"楚王说："你敢回来，为什么？"奋扬回答说："被派遣而没有将使命很好地完成，把我召回国又不回来，这是再次违犯王命，逃走也没有地方可去。"楚王说："你现在回城父去吧，还象过去一样做官。"

无极说："伍奢的儿子有才能，倘若到了吴国，一定要使楚国担忧，何不用赦免他们父亲的办法召回他们。他们仁爱，一定回来。不如此，将要成为我们楚国潜在的祸患。"楚王派人召回他们，说："只要你们回来，我就赦免你们的父亲。"棠邑大夫伍尚对他的兄弟伍员说：

"你去到吴国，我准备回去死。我的才智不如你，我可以死，你能够报仇。听到赦免父亲的命令，不能不奔走回去；亲人被杀戮，不能不报仇。奔走回去使自己的父亲得到赦免，这是孝；估计功效而后行动，这是所谓的仁；选择任务而前去，这是智；明知回去就要死而不躲避，这是勇。父亲不能丢掉，但同时也不能够把名誉废弃了，你还是努力吧！各人不要勉强为好。"伍尚于是回去。伍奢听说伍员不来，说："楚国的国君、大夫恐怕以后不能得到片刻的安宁了。"楚国人把他们父子都杀了。

伍员去到吴国，向公子光说明进攻楚国的利益。公子光说："他的家族被杀戮，而要报私仇，不能听他的。"伍员说："他将要有别的念头，我姑且为他寻求勇士，在郊外等着他。"于是就举荐鱄设诸，自己在城郊外种地。

宋元公没有信用、私心很重，而不喜欢华氏、向氏。华定、华亥和向宁商量说："逃亡比死强，先下手吗？"华亥假装有病，以引诱公子们。凡是公子去探病，就让人把他们抓起来。夏六月初九，杀死公子宣、公子御戎、公子朱、公子固、公孙援、公孙丁，把向胜、向行拘禁在谷仓里。宋元公到华氏那里去请求，华氏不同意，反而乘机劫持元公。十六日，抓住了太子栾和他的同母兄弟辰、公子地作为人质。元公也取得了华亥的儿子无戚、向宁的儿子罗、华定的儿子启和华氏结盟，把他们充当人质。

卫国的公孟系轻慢齐豹，剥夺取走了他的司寇官职和鄄地。有任务就让他回去，没任务就占取过来。公孟讨厌北宫喜、褚师圃，想要消灭他们俩人。公子朝和襄夫人宣姜私通，心中害怕，想乘机发动祸乱。所以齐豹、北宫喜、褚师圃、公子朝发动了叛乱。

原先，齐豹把宗鲁推荐给公孟，做了公孟骖乘。齐豹将要发动祸乱，对宗鲁说："公孟这个人不好，是您所知道的，不要和他共乘一辆车，我将要把他除掉。"宗鲁回答说："我由于您事奉公孟，您替我吹嘘，所以公孟才亲近我。虽然他不好，我也知道，但是由于对自己有利，不能及时离开，这是我的过错。如今听到有祸难而独自逃走，这是使您的话没有信用了。您办您的事吧，我准备为此而死，以事奉您到底；回去在公孟那里死去，也许是能够做到的。"

六月二十九日，卫侯正在平寿，公孟在盖获门外边祭祀，齐子氏在门外安置帷帐，在里边预先埋伏下许多甲士。派祝蛙把戈藏在车上的柴禾里挡着城门，派一辆战车跟着公孟出来；派华齐驾御公孟的坐车，宗鲁做骖乘。到达曲门中之后，齐氏用戈袭击公孟，宗鲁用背部掩护他，击断了胳臂，戈击中公孟的肩膀。齐氏把他们全部杀死。

卫侯得知发生叛乱，坐上车子，驱车从阅门进入国都。庆比驾车，公南楚充当骖乘。派华寅乘坐副车。到达灵公宫室，鸿骈魋又坐上卫侯的车子。卫侯把宝物装载满了出来。褚师子申在马路的十字路口遇到卫侯，就随同一起上车出城。经过齐氏那里，让华寅光着上身，拿着车盖遮蔽空档。齐氏用箭射卫侯，把南楚的背射中了，卫侯就逃出国都。华寅关闭内城城门，跳出外城城墙追从卫侯。卫侯去到死鸟。析朱钼趁着黑从城墙的排水洞里逃出，徒步跟随卫侯。

齐景公派公孙青到卫国聘问，已经走出国境，听说卫国发生叛乱，派人请示聘问的地方。景公说："卫侯还在卫国境内，那么就是卫国国君，你到卫侯那里行聘问礼。"于是跟随灵公到死鸟。请求举行聘问礼，灵公辞谢说："我这个逃亡的人没有才能，失守社稷，远在杂草丛中，没地方辱没您执行君命。"客人说："我们国君在朝堂上命令下臣：'你要把自己比同卫国的臣下。'臣不敢违背君命。"主人说："贵国国君如果加惠顾念先君的友好关系，派您照察我们卫国，镇定抚揖卫国的社稷，那么有宗庙在那里。"这才停止行聘问礼。

卫灵公坚持请求接见公孙青，公孙青推辞不掉，便带了他的一匹骏马作为礼物谒见灵公，这是因为没有送达聘问使命的缘故。灵公因为喜欢他敬重自己，便把他送的马作为自己驾车的马。客人要为灵公巡夜打更，主人辞谢说："我们逃亡者的忧虑，不可以把它连累到您；杂草丛中，不足以辱没跟随您的人；冒昧地辞谢。"客人说："我们国君的下臣，就是贵国君的放牛牧马的，如果得不到在外面巡夜打更捍卫的差事，这是不亲善我们国君了。臣害怕不免于罪过，请求以此免除一死。"就亲自拿着大铃，终夜在那里点着火参加警戒。

齐豹的家臣渠子呼唤北宫喜。北宫喜的家臣不向北宫喜报告，也不同他商量，杀了渠子。随即攻打齐豹，消灭了齐兵。

六月三十日，卫灵公进入国都，和北宫喜在彭水岸上结盟。秋，七月初一日，接着和国都的人结盟。八月二十五日，公子朝、褚师圃、子玉霄、子高鲂逃往晋国。闰八月十二日，杀了宣姜。灵公赐北宫喜谥号叫贞子，赐析木钼谥号叫成子皆未死而赐谥，而且把齐豹家的墓地给了他们。

卫灵公向齐国报告国内已恢复安宁，并且说公孙青在卫国如何有礼。齐景公正准备饮酒心中高兴，普遍赐给众大夫酒说："公孙青这样知礼，都是众大夫教诲的结果啊！"大夫苑何忌辞谢说："参加了对公孙青的赏赐，一旦公孙青有了罪，也必定遭致到对公孙青的惩罚。在《康诰》上说：'父子兄弟有了罪，各不相干。'何况在朝的众臣下呢。臣岂敢贪图国君的赏赐，而违背先王！"

孔子弟子琴张听说宗鲁死了，准备前往吊丧。孔子说："齐豹之所以被称为盗，公孟絷之所以被杀害皆因宗鲁。你为什么要去吊丧呢？君子不吃邪恶人的俸禄，不接受叛乱人的许诺，不为了利被邪恶困病，不用邪恶对待别人，不掩盖道义，不触犯不合礼。"

宋国华氏、向氏那次叛乱，公子城、公孙忌、乐舍、司马强、向直、向郑、楚建、邧甲等八大夫因避乱逃往郑国。他们的徒众和华氏在鬼阎交战，华氏打败了公子城。公子城于是不去郑国而到晋国去。

华亥和他的妻子，一定洗手而让作为人质的公子们先吃，然后自己才吃。宋元公和他的夫人每天必定去到华亥家，等公子们吃完饭然后回去。华亥对此很发愁，想要送回公子们。向宁说："只因国君不讲信用，所以把他的儿子作人质。如果又送回去，那我们离死就不远了。"

宋元公向华费遂请求，准备攻打华氏。华费遂回答说："臣不敢吝惜死，只恐怕要求去掉忧虑，忧虑反而更加滋长啊！臣因此害怕，岂敢不听从命令！"宋元公说："儿子死亡自有天命，我不忍心他们受耻辱。"

冬，十月，宋元公杀了华氏、向氏的人质而攻打他们。十三日，华氏、向氏逃往陈国。华登逃往吴国。向宁想要杀了太子。华亥说："冒犯国君而出逃，又杀他的太子，还有谁会接纳我们？再说释放回去还可以有点功劳。"让少司寇华轻带太子等回去，说："你的年纪大了，不能再侍奉别人。把三位公子作为凭信，一定可以免罪。"公子们已经进入宫室，华轻准备从宫门离开，宋元公急忙接见他，拉着他的手说："我知道你没罪啊！进入朝廷恢复你的官位。"

齐景公起初害两天一发作的小疟疾，竟转成一天一发作的大疟疾，一年没有痊愈。诸侯来探病的客人很多在齐国。梁生据和裔款向景公说道："我们侍奉鬼神很丰盛，比先君有增加，现在国君害了这么重的病，造成诸侯的忧虑，这是太祝、太史的罪呀！诸侯不知道，可能还以为我们对鬼神不恭敬。国君何不对太祝固、太史嚚进行杀戮，以辞谢来探病的宾客呢？"齐景公高兴，告诉晏婴。晏婴说："往日，在宋国的那次盟会上，楚国屈建向晋国赵武问范会的德行。赵武说：'夫子的家事治理得很好，对晋国竭尽真情，毫无偏私。那太祝、太史祭祀时，如实陈述，没有愧心。他的家事没有互相猜疑，那太祝、太史对鬼神无所祈求。'屈建把这话告诉楚康王，康王说：'神和人都没怨恨，怪不得夫子能够光荣地辅佐五位国君，使晋国成为诸侯的盟主啊！'"景公说："梁丘据和裔款认为寡人能够侍奉鬼神不应得此怪病，所以想要对不称职的太祝固、太史嚚进行杀戮。您说这些话是什么意思？"晏婴回答说："如果是有美德的国君，里里外外没有废事，上上下下没有怨言，一举一动不违背事理，那太祝、太史向鬼神进献祭品言语真实，就没愧心了。因此鬼神享用祭品，国家受到鬼神的赐福，太祝、太史一起受到这种赐福。他们之所以健旺多福，年老长寿，因为他们是国君言语真实的使者，他们的话对鬼神忠诚实在。假使恰巧遇上邪恶的国君，里外偏颇歪斜，上下怨恨妒忌，动作邪僻背理，放纵贪欲，满足私心，筑高台，建深池，奏音乐，舞美女，砍割民力，堕毁掠夺百姓积聚的财物，以实现他的邪恶，不为后人担忧，凶恶残暴，邪恶放纵，肆意妄行，违背法度，无所顾忌。不思虑怨言，不惧怕鬼神，鬼神恼怒，百姓痛恨，从内心不知悔改。如果太祝、太史向鬼神进献祭品时言语真实，这是述说国君的罪过；如果掩盖过失列举美善，这是欺诈诬妄。进退都没有话好说，只好拿一些空话来讨好鬼神，因此鬼神不享用祭品，他的国家而受到鬼神的降祸，太祝、太史一起遭受灾害。他们之所以短命早死，孤独疾苦，因为他们是暴君的使者，他们的话对鬼神虚假轻慢。"景公说："这样的话，那么应该怎么办呢？"晏婴回答说："这不是杀太祝、太史可以治好病的。山林的树木由衡鹿掌管，洼地的芦苇、香蒲由舟鲛掌管，湖泽里的木柴由虞侯掌管，海里的盐和大蛤由祈望掌管。远方边境的人进入国都服役，迫近间隔国都的关卡，凶恶残暴地夺取他们的私物；世袭的大夫，强迫交换他们的财物。公布寻常政令没个准则，横征暴敛没个限度。宫室天天更新，沉溺于乐舞不肯离去。内宫宠爱的姬妾，肆意在市场上掠夺，外面宠爱的臣子，在边境上假传国君命令。他们私欲增长，要求下面供应，供应不上就用刑罚对付。老百姓困苦疲惫，男的女的都在诅咒。向鬼神祝祷是有好处的，可是诅咒也有损害。聊地、摄地以东，姑水、龙水以西，那里的人多着呢，即使太祝、太史善于祝祷，难道胜过亿万人的诅咒吗？国君如果想要对太祝、太史进行杀戮以求治好自己的病，修治德政然后才可以。"齐景公高兴，于是命令有关官吏放度政策，毁坏关卡，去掉禁令，减轻赋税征收，豁免所欠债务。

十二月，齐侯在地沛地打猎，用弓招呼虞人，虞人没有应召。齐侯派人逮了他。他辩解说："我们先君打猎的时候，用红旗招唤大夫，用弓招换士，用皮冠召唤虞人。下臣没有见到皮帽子，所以不敢前进。"于是就将他释放了。孔子说："守着道义不如守着官位。"君子认为孔子说得正确。

齐侯打猎归来，晏子在遄台随伺，梁丘据驱车来到。齐侯说："只有梁丘据跟我和协啊！"晏子回答说："据也只不过一样而已，哪里配得上说和协？"齐侯说："和协跟相同不一样吗？"晏子回答说："不一样。和协就如同做羹汤，用水、火、醋、酱、盐、梅，来烹调鱼和肉，用柴禾烧煮，厨工把调料加进去，使味道适中，味道太淡就增加调料，味道太浓就用水冲淡。君子食用羹汤，内心平静。君臣之间也是这样。国君所认为行而有不行的，臣下指出它的不行的部分，而使行的更加完备；国君所认为不行而其中有行的，臣下指出它的行的部分而去掉它的不行，因此政事平和而不会背弃礼仪，百姓没有争夺名利之心。因此《诗》说：'有着调和的羹汤，已经告诫厨工把味道调得匀净。神灵来享也没有什么可以责备，上下也都没有争竞。'先王调匀五味、谐和五声，是用来将他的内心平静下来，完成政事的。声音也象味道那般，是由一气、二体、三类、四物、五声、六律、七音、八风、九歌互相构成的；是由清浊、大小、短长、缓急、哀乐、刚柔、快慢、高低、出入、疏密彼此相互调剂的。君子听了，内心平静。内心平静，德行就和协。所以《诗》教导人们说'德音没有缺失'。现在梁丘据不是如此。国君认为行的，梁丘据也认为行；国君认为不行的，梁丘据也认为不行。如同用清水去调剂清水，谁能吃它呢？好比琴瑟老弹一个声音，没有人会愿意听它的？不应该相同的道理就象这样。"

　　喝酒很高兴。齐侯说："自古以来如果没有死，它的欢乐会到达什么样的程度啊！"晏子回答说："自古以来假若没有死，现今的欢乐就是古代人的欢乐了。君王能得到什么呢？从前爽鸠氏开始居住在这里，季蒯将它沿袭下来，有逢伯陵沿袭下来，蒲姑氏沿袭下来，以后太公沿袭下来。自古以来如果没有死，那是爽鸠氏的欢乐，可不是君王所希望的那样啊。"

　　郑国的子产有病，对子太叔说："我死以后，您必然执政郑国。只有有德行的人可以用宽大来使百姓服从，再下来就不如严厉。火猛烈，百姓看着就害怕，所以很少有人死于火；水懦弱，百姓轻慢而玩弄它，死的人就很多，所以宽大很困难。"病了几个月逝世。

　　太叔执政，不忍心严厉而施行宽大。郑国盗贼很多，聚集在芦苇塘里。太叔这才后悔莫及，说；"我早点依从他老人家，就不至于达到这一步。"发动步兵攻打芦苇塘里的盗贼。把他们全部杀了，盗贼稍稍收敛。

　　孔子说："好啊！政策宽大百姓就怠慢，怠慢就用严厉来纠正。严厉百姓就倍受伤害，伤害就实施宽大。用宽大调剂严厉，用严厉调剂宽大，政事因此和协。《诗》有这么一句话说，'百姓已经很辛劳，差不多可以稍稍安康；赐恩给中原各国，用以安定四方'，这是实施宽大的措施。'不要放纵随声附和的人，以束缚不良之人；应当用刑律制止侵夺残暴，他们从来不怕法度'这是用严厉的方法来纠正。'安抚边远，柔服近地，来安定我王'，这是用和协来使国家安宁。又说，'不急不缓，不刚不柔，施政从容不迫，百种福禄临头'，这是和协的顶尖所在。"

　　等到子产死去，孔子听到消息了，流着眼泪说："他的仁爱，是古人的遗风啊。"

定　公

定公元年

元年春，王正月辛巳，晋魏舒合诸侯之大夫于狄泉①，将以城成周。魏子莅政，卫彪傒曰："将建天子②，而易位以令③，非义也。大事奸义，必有大咎。晋不失诸侯，魏子其不免乎！"是行也，魏献子属役于韩简子及原寿过，而田于大陆，焚焉④，还，卒于宁。范献子去其柏椁，以其未复命而田也。

孟懿子会城成周，庚寅，栽⑤。宋仲几不受功⑥，曰："滕、薛、郳，吾役也。"薛宰曰："宋为无道，绝我小国于周，以我适楚，故我常从宋。晋文公为践土之盟，曰：'凡我同盟，各复旧职。'若从践土，若从宋，亦唯命。"仲几曰："践土固然⑦。"薛宰曰："薛之皇祖奚仲居薛，以为夏车正⑧。奚仲迁于邳，仲虺居薛，以为汤左相。若复旧职，将承王官，何故以役诸侯？"仲几曰："三代各异物，薛焉得有旧？为宋役，亦其职也。"士弥牟曰："晋之从政者新，子姑受功，归，吾视诸故府。"仲几曰："纵子忘之，山川鬼神其忘诸乎？"士伯怒，谓韩简子曰："薛征于人⑨，宋征于鬼⑩，宋罪大矣。且己无辞，而抑我以神，诬我也。'启宠纳侮'，其此之谓矣。必以仲几为戮⑪。"乃执仲几以归。三月，归诸京师。

【注释】

①狄泉：周朝地名，在周都城内。②建天子：为天子建城池。③易位：上年传说"魏子南面"，臣而居君位，所以说"易位"。④焚：焚烧薮泽之草木，以驱围野兽助猎，称为火田。⑤栽：指设立筑土墙的夹板。⑥不受功：不接受摊派的工程。⑦固然：本来如此。⑧车正：掌车服的官。⑨征于人：取证于典籍故事。⑩征于鬼：取证于山川鬼神。⑪戮：羞辱。

城三旬而毕，乃归诸侯之戍。齐高张后，不从诸侯。晋女叔宽曰："周苌弘、齐高张皆将不免。苌叔违天，高子违人。天之所坏，不可支也。众之所为，不可奸也。"

夏，叔孙成子逆公之丧于乾侯①。季孙曰："子家子亟言于我，未尝不中吾志也。吾欲与之从政，子必止之②，且听命焉。"子家子不见叔孙，易几而哭③。叔孙请见子家子，子家子辞。曰："羁未得见，而从君以出。君不命而薨，羁不敢见。"叔孙使告之曰："公衍、公为实使群臣不得事君。若公子宋主社稷④，则群臣之愿也。凡从君出而可以入者，将唯子是听。子家氏未有后，季孙愿与子从政，此皆季孙之愿也，使不敢以告⑤。"对曰："若立君，则有卿士、大夫与守龟在⑥，羁弗敢知。若从君者，则貌而出者，入可也。寇而出者⑦，行可也。若羁也，则君知其出也，而未知其入也。羁将逃也。"

【注释】

①叔孙成子：叔孙婼之子。②止：留。③几：作期解。④公子宋：即昭公弟定公。⑤不敢：叔孙成子名。⑥守龟：天子、诸侯占卜用的龟，用以决断大事。⑦寇：寇仇，指与季氏结仇的。

　　丧及坏隤，公子宋先入，从公者皆自坏隤反①。
　　六月癸亥②，公之丧至自乾侯。戊辰③，公即位。季孙使役如阚公氏④，将沟焉⑤。荣驾鹅曰⑥："生不能事，死又离之⑦，以自旌也⑧。纵子忍之，后必或耻之。"乃止。季孙问于荣驾鹅曰："吾欲为君谥，使子孙知之。"对曰："生弗能事，死又恶之，以自信也⑨。将焉用之？"乃止。
　　秋七月癸巳，葬昭公于墓道南。孔子之为司寇也，沟而合诸墓⑩。
　　昭公出故，季平子祷于炀公⑪。九月，立炀宫⑫。
　　周巩简公弃其子弟，而好用远人。

【注释】

①坏隤：地名，位于今山东曲阜县境内。②癸亥：二十一日。③戊辰：二十六日。④阚公氏：阚为鲁群公墓地名，又因为公墓所在，故称阚公氏。⑤沟：挖沟。名词动用。⑥荣驾鹅：即鲁大夫荣成伯。⑦离之：指将昭公墓和祖茔隔离。⑧自旌：自彰其恶。旌：表明。⑨自信：自我申明。信，同申。⑩沟而合诸墓：即在昭公墓以外，挖沟，扩大墓域，表示昭公墓与鲁先君之墓属同一兆域。⑪炀公：鲁先君考公酉之弟，名熙。考公卒，炀公继承兄位。季氏欲废公衍而立昭公之弟，效炀公嗣位故事，故祈祷于炀公。⑫立炀宫：建炀公庙。这是季氏另建炀宫以表示兄终弟及，鲁有先例，并非自己私意。

【译文】

　　元年春周历正月初七日，晋国的魏舒在狄泉与诸侯的大夫会合，打算增筑成周的城墙。魏舒主持其事。卫国的彪傒说："准备为天子筑城，而超越自己的地位来布命施令，这是不合道义的，重大的事情违背道义，肯定会发生大灾祸。晋国要不失去诸侯，魏子可能不会免于灾祸吧！"这一趟，魏舒把事情交给韩简子和原寿遇，自己跑到大陆泽去打猎，放火驱围野兽，返回之后，死在宁地。范献子撤除了盛装魏舒尸体的柏木外棺，这是由于魏舒还没有复命就去打猎。
　　孟懿子参与了增筑成周的工程，十六日，开始夯土。宋国的仲几没有打算接受摊派工程任务，说："滕国、薛国、郳国，是为我们服役的。"薛国的宰臣说："宋国无道，让我们小国和周朝从此断绝往来，带着我国事奉楚国，所以我国经常服从宋国。晋文公在制定践土的盟书，说：'凡是我的同盟，每一个都恢复原来的职位。'或者服从践土的盟约，或者服从宋国，都唯唯诺诺。"仲几说："践土的盟约原本就是让你们为宋国服役的。"薛国的宰臣说："薛国的始祖奚仲住在薛地，做了夏朝的车正。奚仲迁居到邳地，仲虺在薛地居住，做了商汤的左相。如果恢复原来的职位，马上会接受天子的官位，为什么要为诸侯服役呢？"仲几说："三代的情事各不相同，薛国哪里还能按原来的章程办事？为宋国服役，也是你们的责任。"士弥牟说："晋国的执政者是新人，您姑且接受摊派工程任务，我去查一下史策记录。"仲几说："不管您忘了，山川的鬼神难道会忘记吗？"士弥牟大发雷霆，对韩简子说："薛国用人作证明，宋国用鬼神作证明。宋国的罪过大了。而且他自己没有什么话可以说了，而用鬼神来对我们压制，这是欺骗我们。'给予宠信反而招来侮辱'，就是说的这种情况了。一定要惩戒仲几了。"于是就抓了仲几返回国内。三个月，把他送到都城。

筑城的工程三十天完工，就让诸侯的戍卒回国。齐国的高张迟到了，没有赶上诸侯。晋国的女叔宽说："周朝的苌弘、齐国的高张都马上要祸难临身了。苌弘违背天意，高子违背人愿。上天要毁坏谁，谁也不能对他进行保护；大众要怎么做，谁也不能与他作对。"

夏，叔孙成子到乾侯迎接昭公的灵柩。季孙说："子家子屡次和我谈话，未尝不符合我的心意。我想要让他参与政事，您必须要留下他，而且听取他的意见。"子家子不肯会见叔孙，就改变了原定的哭丧时间。叔孙请求与子家子见面。子家子辞谢说："羁没有见到您，就跟随国君出国了。国君没有留下命令就逝世，羁不肯见到您。"叔孙派人告诉他说："公衍、公为的确让臣下们不能事奉国君，如果公子宋主持这个国家，那是臣下们的愿望。凡是跟随国君出国的谁可以回国，都将由您的命令所决定。子家氏并没有继承人，季孙愿意让您参与政事。这都是季孙的希望，派不敢前来奉告。"子家子说："如果立国君，那么有卿士、大夫和守龟在那里，羁不肯参与其中。如果踊随国君的人，这样的话表面上跟随出国的，可以回去；和季孙氏结了仇而出国的，可以走开。至于羁，那么是国君知道我出国而不清楚明白我回去的，羁打算逃走。"

灵柩抵达坏阳，公子宋先进入国内，跟随昭公的人都从坏阳往回走了。

六月二十一日，昭公的灵柩从乾侯运回来了。二十六日，定公登位做了新君。季孙派遣劳役去到阚公氏那里，打算在那里挖沟。荣驾鹅说："国君活着不能事奉，死了又把他的坟墓和祖坟相互隔离，用这个来表明自己的过失吗？即使您忍心这样做，后来必然有人以此为羞耻。"于是就停下来。季孙问荣驾鹅说："我要为国君制定谥号，让后世的子子孙孙都知道。"荣驾鹅说："活着不可以事奉，死了又与先君之坟相隔离，用这个来自我表白吗？哪里用得着这个？"于是就停止了。

秋七月二十二日，在墓道南边将昭公安葬。孔子做司寇的时候，在昭公坟墓外挖沟使它和先君的坟墓同在一个区域内。

由于昭公出国的原因，季平子向炀公祈祷。九月，建立炀宫。

周朝的巩简公丢开他的子弟而喜欢对疏远的人加以任用。

定公二年

二年夏四月辛酉，巩氏之群子弟贼简公①。

桐叛楚②，吴子使舒鸠氏诱楚人，曰："以师临我，我伐桐，为我使之无忌。"秋，楚囊瓦伐吴，师于豫章。吴人见舟于豫章③，而潜师于巢。冬十月，吴军楚师于豫章，败之。遂围巢，克之，获楚公子繁。

邾庄公与夷射姑饮酒，私出。阍乞肉焉④，夺之杖以敲之。

【注释】

①贼：杀害。②桐：小国名，楚的属国。③见（xiàn）：使出现。④阍：守门人。

【译文】

鲁定公二年夏四月二十四日，巩家的子弟们将巩简公杀死了。

桐国人背叛楚国，吴王阖庐派舒鸠氏对楚国人进行诱骗人，说："以军队逼近我国，我国就去攻打桐地，这样做是为了使桐地人对我们并未有猜忌。"秋天，楚国的囊瓦攻打吴国，在豫章驻扎。吴国人让水师出现在豫章，而在巢地潜伏军队。冬十月，吴军在豫章攻击楚军，打败了他们。因而包围巢地，攻克了它，将楚公子繁俘获了。

郳庄公和夷射姑喝酒，夷射姑出去小便，守门人向他讨肉，他夺过守门人的手杖来敲打他。

定公三年

三年春二月辛卯①，邾子在门台②，临廷③。阍以瓶水沃廷④。邾子望见之，怒。阍曰："夷射姑旋焉。"命执之。弗得，滋怒，自投于床，废于炉炭，烂⑤，遂卒。先葬以车五乘。殉五人。庄公卞急而好洁⑥，故及是。

【注释】

①辛卯：二十九日。②门台：即门楼。③临廷：面对着庭院。④沃：洒，浇水、泼水。⑤烂：因烧伤而感染。⑥卞急：性情急躁。

秋九月。鲜虞人败晋师于平中，获晋观虎，恃其勇也。

冬，盟于郯①，修邾好也。

【注释】

①郯：即拔，位于今山东郯城县西南。

蔡昭侯为两佩与两裘以如楚①，献一佩一裘于昭王。昭王服之，以享蔡侯。蔡侯亦服其一。子常欲之，弗与，三年止之。唐成公如楚②，有两肃爽马③，子常欲之，弗与，亦三年止之。唐人或相与谋，请代先从者，许之。饮先从者酒，醉之，窃马而献之子常，子常归唐侯。自拘于司败，曰："君以弄马之故，隐君身，弃国家。群臣请相夫人以偿马④，必如之。"唐侯曰："寡人之过也，二三子无辱⑤！"皆赏之。蔡人闻之，固请，而献佩于子常。子常朝，见蔡侯之徒，命有司曰："蔡君之久也，官不共也⑥。明日礼不毕⑦，将死。"蔡侯归，及汉，执玉而沉，曰："余所有济汉而南者，有若大川！"蔡侯如晋，以其子元与其大夫之子为质焉，而请伐楚。

【注释】

①佩：佩玉。②唐成公：唐国君主。唐为楚附庸小国。③肃爽：骏马名。肃爽本为一种羽毛洁白如练，头高颈长的雁，因得马与之相似，故名。④夫人：那个人，指养马人。⑤无辱：不应受刑辱。⑥官不

共：官吏不供给礼品。⑦礼不毕：毕，完备。礼品不完备。

【译文】

鲁定公三年春季，二月二十九日，邾庄公在城门楼上站着，往庭院里看时，看到守门人正在院子里洒水，邾庄公很生气，但守门人说："夷射姑在这里撒尿了。"庄公便下令把夷射姑抓起来，没有抓住。庄公更加生气，从床上跳了下来，不小心掉在炉子上燃烧的火炭上，烧烂了皮肉，后来因为感染不治而去世了。在庄公下葬之前，先以五辆车和五个人殉葬。庄公因为性情急燥和喜欢干净，因此才导致这种后果。

秋季九月，鲜虞人在平中将晋军打败，俘获了晋国的观虎。观虎的被俘完全是他恃勇轻视敌人而造成的。

冬季，仲孙何忌和邾子在郯地结盟，以便重新建立和邾国的友好关系。

蔡昭公制作了两块佩玉和两件皮衣送到楚国。献给楚昭王一块佩玉、一件皮衣。昭王设宴款待蔡昭公，昭公也穿一件皮衣，带一块佩玉。子常想向他要，但昭公没有给，于是子常把他扣押了三年。唐成公前往楚国，去的时候带了两匹名为肃爽的骏马，子常也要骏马，成公没有给他，于是便把他也扣押了三年。唐人经过商议，请求派人到楚国替代随成公先去的侍从，楚国人答应了。于是他们就来到楚国，和先来的侍从一起喝酒，把他们灌醉后，偷出骏马将马献给了子常，子常这才释放唐成公回国。偷马的人把自己捆起来，到唐国的司法官员那里请罪说："君王因为对马匹进行玩弄，而使自己身陷图圄，抛弃了国家。群臣请求协助那个养马人来赔偿骏马，一定要找来两匹同样的好马。"唐成公说："这是我的过错。你们几个不要再羞辱我了！"便各自赏赐了他们。蔡国人听说此事后，也坚持要求蔡昭公，把玉佩献给了子常。子常上朝时，见到蔡昭公的侍从，便让官员告诉他们："蔡君所以长时间地被扣留在楚国，就是因为你们不能够进献礼品。假使明天再不准备好，就把你们处死。"蔡昭公回国途中，到达汉水，把一块玉沉到水中发誓说："我绝不再南渡汉水朝见楚国，愿意对着河神发誓！"蔡昭公立即到晋国，用儿子和他的大夫的儿子作为人质，请求晋国对楚国进攻为其报仇。

定公四年

四年春三月，刘文公合诸侯于召陵，谋伐楚也。晋荀寅求货于蔡侯，弗得。言于范献子曰："国家方危，诸侯方贰，将以袭敌，不亦难乎。水潦方降，疾疟方起，中山不服①，弃盟取怨，无损于楚，而失中山，不如辞蔡侯。吾自方城以来②，楚未可以得志，只取勤焉③。"乃辞蔡侯。

晋人假羽旄于郑，郑人与之。明日，或旆以会④。晋于是乎失诸侯。

【注释】

①中山：即鲜虞，战国时为中山国。②方城：晋楚方城之战发生在襄公十六年。③只取勤：仅劳师费财。勤：即劳。④或旆以会：旆指旗帜末梢燕尾状的重旒。

将会，卫子行敬子言于灵公曰①："会同难②，啧有烦言③，莫之治也。其使祝佗从。"公曰："善。"乃使子鱼。子鱼辞，曰："臣展四体④，以率旧职⑤，犹惧不给而烦刑书⑥，若又共二⑦，徽大罪也。且夫祝，社稷之常隶也。社稷不动⑧，祝不出竟，官之制也。君以军行，祓社衅鼓⑨，祝奉以从。于是乎出竟。若嘉好之事，君行师从，卿行旅从，臣无事焉。”公曰：“行也。”

【注释】

①子行敬子：卫大夫。②会同难：朝会难于协同。③啧有烦言：啧，争论、争辩。将要争论不休。④展四体；四体，四肢。从事工作，即动手跑腿。⑤率旧职：承袭先人的职责。⑥不给：不能尽职。烦刑书：触犯刑律。⑦共二：供奉第二种职务。⑧社稷：土地神和谷神。⑨祓社衅鼓：对社稷之神进行祭祷，并杀牲以血涂鼓。

及皋鼬①，将长蔡于卫②。卫侯使祝佗私于苌弘曰：“闻诸道路，不知信否？若闻蔡将蔡先卫，将长蔡将先卫。信乎？”苌弘曰：“信。蔡叔，康叔之兄也③，先卫，不亦可乎？”子鱼曰：“以先王观之，则尚德也，昔武王克商，成王定之，选建明德，以藩屏周。故周公相王室，以尹天下，于周为睦④。分鲁公以大路、大旂，夏后氏之璜，封父之繁弱⑤，殷民六族，条氏、徐氏、萧氏、索氏、长勺氏、尾勺氏，使帅其宗氏，辑其分族⑥，将其类丑⑦，以法则周公，用即命于周。是使之职事于鲁，以昭周公之明德。分之土田陪敦⑧，祝、宗、卜、史，备物典策，官司、彝器。因商奄之民⑨，命以《伯禽》，而封于少皞之虚⑩。分康叔以大路、少帛⑪、绮茷⑫、旃旌、大吕，殷民七族，陶氏、施氏、繁氏、锜氏、樊氏、饥氏、终葵氏，封畛土略，自武父以南，及圃田之北境，取于有阎之土⑬，以共王职。取于相土之东都⑭，以会王之东蒐。聃季授土⑮，陶叔授民，命以《康诰》⑯，而封于殷虚⑰，皆启以商政，疆以周索⑱。分唐叔以大路、密须之鼓⑲，阙巩⑳沽洗㉑，怀姓九宗㉒，职官五正。命以《唐诰》㉓，而封于夏虚㉔，启以夏政，疆以戎索。三者皆叔也㉕。而有令德，故昭之以分物。不然，文、武、成、康之伯犹多，而不获是分也，唯不尚年也㉖。管蔡启商㉗，慭间王室㉘。王于是乎杀管叔而蔡蔡叔，以车七乘，徒七十人。其子蔡仲，改行帅德㉙，周公举之，以为己卿士。见诸王而命之以蔡㉚，其命书云：“王曰：‘胡㉛，无若尔考之违王命也㉜。’”若之何其使蔡先卫也？武王之母弟八人，周公为大宰，康叔为司寇，聃季为司空，五叔无官㉝，岂尚年哉！曹，文之昭也㉞；晋，武之穆也㉟。曹为伯甸㊱，非尚年也㊲。今将尚之，是反先王也。晋文公为践土之盟，卫成公不在，夷叔，其母弟也，犹先蔡。其载书云：‘王若曰：晋重、鲁申、卫武、蔡甲午、郑捷、齐潘、宋王臣、莒期。’藏在周府，可覆视也。吾子欲复文、武之略㊳，而不正其德，将之如何？”苌弘说，告刘子，与范献子谋之，乃长卫侯于盟。

【注释】

①皋鼬：地名，位于今河南临颖县南。②长蔡于卫：使蔡先于卫歃血。③蔡叔、康叔、蔡叔为蔡国始封君，康叔为卫国始封君。④睦：亲厚。⑤封父之繁弱：封父，国名，其地位于今河南封丘县。繁弱，古时良弓名。⑥分族：其余小宗之族。⑦类丑：附属此六族的奴隶。⑧陪敦：附庸。⑨商奄：国名，位于今曲阜县境。⑩少皞之虚：即曲阜，虚同墟。⑪少帛：即小白，旗名。⑫绮茷、旃旌：均为旗名。绮

(qiàn)，大赤色。⑬有阎：卫所受朝宿邑，在京畿附近。⑭相土之东都：即今河南商丘县，一说为今河南濮阳县。相土，殷商之祖。⑮聘季：周公弟，司空。⑯《康诰》：周书。⑰殷虚：朝歌，位于今河南淇县。⑱疆以周索：按照周朝的制度划疆理土。⑲密须：国名，位于今甘肃灵台县西。⑳阙巩：指代铠甲。㉑沽洗：亦作姑洗，钟名。㉒怀姓：即隗国，指晋西北诸族。㉓《唐诰》：诰命篇名。㉔夏虚：位于今山西太原市一带。㉕三者皆叔：三者指周公、康叔、唐叔。或为武王之弟，或为成王之弟。㉖不尚年龄：不崇尚年龄。㉗启商：引诱商人。㉘惎（jì）：教唆。惎问：罪犯。㉙改行帅德：改变行为遵循善德。帅同率，循。㉚命之以蔡：任命做蔡侯。㉛胡：蔡仲名。㉜考：已故之父称考。㉝五叔：指管叔、蔡叔、成叔、曹叔、霍叔。㉞曹，文之昭：曹国是文王的后代。曹叔为文王之子，周公异母弟。㉟晋，武之穆：晋国是武王的后代。晋始封君唐叔为周武王之子。㊱伯甸：以伯爵居甸服。㊲非尚年：曹叔长于唐叔虞，而封地远，故云不崇尚年龄。㊳略：道，规章。

反自召陵，郑子大叔未至而卒。晋赵简子为之临，甚哀，曰："黄父之会①，夫子语我九言，曰：'无始乱，无怙富，无恃宠，无违同，无敖礼②，无骄能，无复怒，无谋非德，无犯非义。'"

沈人不会于召陵，晋人使蔡伐之。夏，蔡灭沈。

秋，楚为沈故，围蔡。伍员为吴行人以谋楚。

楚之杀郤宛也，伯氏之族出。伯州犁之孙嚭，为吴大宰以谋楚。楚自昭王即位，无岁不有吴师。蔡侯因之，以其子乾与其大夫之子为质于吴。

冬，蔡侯、吴子、唐侯伐楚。舍舟于淮汭，自豫章与楚夹汉。左司马戌谓子常曰："子沿汉而与之上下③。我悉方城外以毁其舟，还塞大隧、直辕、冥阨④，子济汉而伐之，我自后击之，必大败之。"即谋而行。武城黑谓子常曰⑤："吴用木也，我用革也，不可久也。不如速战。"史皇谓子常⑥："楚人恶子而好司马⑦，若司马毁吴舟于淮，塞城口而入⑧，是独克吴也。子必速战，不然不免。"乃济汉而陈，自小别至于大别⑨。三战，子常知不可，欲奔。史皇曰："安求其事，难而逃之，将何所入？子必死之，初罪必尽说⑩。"

十一月庚午⑪，二师陈于柏举⑫。阖庐之弟夫概王，晨请于阖庐曰："楚瓦不仁⑬，其臣莫有死志，先伐之，其卒必奔。而后大师继之，必克。"弗许。夫概王曰："所谓'臣义而行，不待命'者，其此之谓也。今日我死，楚可入也。"以其属五千，先击子常之卒。子常之卒奔，楚师乱，吴师大败之。子常奔郑。史皇以其乘广死⑭。

【注释】

①黄父之会：在昭公二十五年。②敖礼：傲视有礼之人。敖同傲。③与之上下：与吴军周旋，不要让吴军渡过汉水。④大隧、直辕、冥阨：汉东三隘道，即今豫鄂交界三关。东为九里关，即大隧；中为武胜关，即直辕；西为平靖关，即冥阨。⑤武城黑：楚武城大夫。武城，位于今河南信阳市东北。⑥史皇：楚大夫。⑦司马：沈尹戌。⑧城口：三隘道的总称。⑨小别、大别：二山名。⑩尽说：全部解除。说，通脱。⑪庚午：十八日。⑫二师：吴、楚之军队。柏举：地名，在今湖北麻城东北。⑬瓦：子常名。⑭乘广：楚王或主帅所统率的兵车。

吴从楚师，及清发①，将击之。夫概王曰："困兽犹斗，况人乎？若知不免而致死，必败我。若使先济者知免，后者慕之，蔑有斗心矣，半济而后可击也。"从之。又败之。楚人为食，吴人及之，奔，食而从之②。败诸雍澨③，五战及郢。

己卯，楚子取其妹季芈畀我以出④，涉雎⑤。针尹固与王同舟，王使执燧象以奔吴师⑥。

庚辰⑦，吴入郢，以班处宫⑧。子山处令尹之宫⑨。夫概王欲攻之，惧而去之，夫概王入之。

【注释】

①清发：水名，为涢水支流，位于今湖北安陆县境。②食而从之：吃了楚军做的饭又追赶。③雍澨：地名，位于今湖北京山县境。④季芈畀我：楚昭王的妹妹。畀我为名，芈为姓，季为排行第四。⑤雎：水名，即今沮水，今枝江县东北。⑥燧象：燃火燧系象尾，使象群奔吴师。⑦庚辰：二十八日。⑧班处宫：按爵位尊卑等次分居楚王君臣的宫室。⑨子山：吴王之子。

左司马戌及息而还①，败吴师于雍澨，伤。初，司马臣阖庐，故耻为禽焉。谓其臣曰："谁能免吾首②？"吴句卑曰："臣贱，可乎？"司马曰："我实失子③、可哉。"三战皆伤，曰："吾不可用也已。"句卑布裳，刭而裹之，藏其身而以其首免。

楚子涉雎，济江，入于云中④。王寝，盗攻之，以戈击王。王孙由于以背受之，中肩。王奔郧⑤，钟建负季芈以从⑥，由于徐苏而从。郧公辛之弟怀将弑王⑦，曰："平王杀吾父，我杀其子，不亦可乎！"辛曰："君讨臣，谁敢仇之？君命，天也，若死天命，将谁仇？《诗》曰：'柔亦不茹，刚亦不吐。不侮矜寡，不畏强御。'唯仁者能之。违强陵弱⑧，非勇也。乘人之约，非仁也。灭宗废祀⑨，非孝也。动无令名，非知也。必犯是，余将杀女。"斗辛与其弟巢以王奔随。吴人从之，谓随人曰："周之子孙在汉川者，楚实尽之。天诱其衷，致罚于楚，而君又窜之，周室何罪？君若顾报周室，施及寡人，以奖天衷⑩，君之惠也。汉阳之田，君实有之。"楚子在公宫之北，吴人在其南，子期似王⑪，逃王，而己为王⑫，曰："以我与之，王必免。"随人卜与之，不吉。乃辞吴曰："以随之辟小而密迩于楚，楚实存之，世有盟誓，至于今未改。若难而弃之，何以事君？执事之患，不唯一人。若鸠楚竟⑬，敢不听命。"吴人乃退。鑢金初官于子期氏⑭，实与随人要言⑮。王使见，辞曰："不敢以约为利。"王割子期之心⑯，以与随人盟。

【注释】

①息：楚地，在今河南息县西南。②免吾首：谓不使吴人得我尸首。③失子：即不叫你贤能。④云中：即云梦泽。云梦泽跨长江南北，此指南云梦。⑤郧：今湖北京山县、安陆县一带。⑥钟建：楚大夫。⑦郧公辛：蔓成然之子斗辛。⑧违强：避强。⑨灭宗废祀：弑王，会犯下宗族被灭绝，祖先之祀被废止的大罪。⑩以奖天衷：以助成上天的意志。⑪子期：楚昭王之兄公子结。面貌与昭王相似。⑫为王：着楚王衣饰。将自己扮成楚王。⑬鸠楚竟：鸠，安也。竟通境。⑭鑢金：子期家臣。⑮要言：约言。⑯割子期之心：割破子期胸部取血。

初，伍员与申包胥友。其亡也，谓申包胥曰："我必复楚国①。"申包胥曰："勉之! 子能复之，我必能兴之。"及昭王在随，申包胥如秦乞师，曰："吴为封豕、长蛇②，以荐食上国，虐始于楚。寡君失守社稷，越在草莽③，使下臣告急，曰：'夷德无厌，若邻于君，疆场之患也。逮吴之未定，君其取分焉④。若楚之遂亡，君之土也。若以君灵抚之，世以事君。'"秦伯使辞焉，曰："寡人闻命矣，子姑就馆，将图而告。"对曰："寡君越在草莽，未获所伏，下臣何敢即安？"立，依于庭墙而哭，日夜不绝声，勺饮不入口七日。秦哀公为之赋《无衣》⑤，九顿首而坐。秦师乃出。

【注释】

①复：同覆，倾覆，颠覆。②封：大。③越：离散，等于说流浪。④取分：与吴共分楚之土地。⑤《无衣》：《诗经·秦风》篇名。

【译文】

鲁定公四年春季三月，刘文公在召陵召集诸侯，商议攻打楚国。晋国的荀寅向蔡昭公索取财物，没能够得到，便对范献子说："现在国家正处在危急时刻，诸侯对我们也都有了二心，在这种情况下攻打和我们势均力敌的楚国，难道还有成功的希望吗？现在阴雨连绵，疟疾流行，鲜虞人又不顺从，破坏盟约招致怨恨，对楚国不会造成重大损害，却会失去鲜虞的帮助，不如拒绝蔡侯的请求。自从鲁襄公十六年方城一战，我们一直没在楚国身上实现过愿望，现在这么做劳民费财却得不到好处。"于是晋国便拒绝了蔡昭公的请求。

晋国人向郑国人借用羽毛用来装饰旌旗，郑国人把羽毛给了他们。第二天，晋国就打着这面旗子去参加盟会。从此晋国失去了诸侯的拥护。

盟会开始之前，卫国的子行敬子对卫灵公说："这次会盟难以取得共同意见。这一定是因为互有分歧，谁也说服不了谁。希望您能派遣祝佗和我一同前往。"灵公说："好吧。"便让祝佗去参加盟会，但祝佗推辞说："我竭尽全力来办理份内的事情，尚且担心做不好而产生罪过。如果派我参加盟会，恐怕会招致大罪了。再说祝史是国家缺少不了的官员，社稷的神灵不出国境，祝史就不能走出国境，这是传统的官制。假如君王率军出发，祭祀社神，杀牲以血涂鼓，祝史才能够奉社神之命而行，这种情况下才能走出国境。至于朝会之事，君王有两千五百人随从，卿有五百人随从。还用得着我去参加盟会吗？"灵公说："你还是去吧。"

当他们走到皋鼬时，听说会盟时准备让蔡国在卫国之前歃血为盟。于是卫灵公派祝佗私下问苌弘："我们在来的路上听说这个消息，不知道是真是假？"苌弘说："是真的。蔡国始祖蔡叔是卫国始祖康叔的哥哥，因为这个关系把蔡国安排在卫国前面，难道不可以吗？"祝佗说："从先王的用人标准来看，是崇尚德行的。从前武王战胜了商纣之后，成王安定了天下之后，便选拔分封有德行的贤人，用来作为护卫周朝的屏障。因此周公得以辅佐王室，治理天下，诸侯和周朝也得以和睦相处。赐给周公的儿子伯禽鲁公的东西有金车、龙旗、夏后氏的璜玉、封父的繁弱弓，以及殷朝的六个家族条氏、徐氏、萧氏、索氏、长勺氏、尾勺氏，并命令这六族率领大宗，集合小宗，带着所属的奴隶，放弃殷商的法令，都来听从周公的法制，归顺周朝，遵从周朝的命令。这是为了让他们到鲁国尽心做事，以宣扬周公的德行。还分封给鲁国土田和附庸国，以及太祝、宗人、太卜、太史，还有各种器物、典籍简册、百官、祭器，把奄奄之地的百姓作为基础，颁布了诰命《伯禽》，把他封在少皞的故城。赐给康叔的东西，有金车、白旗、红旗、杂色旗、大吕钟，还有殷朝的七个家族陶氏、施氏、繁氏、锜氏、樊氏、饥氏、终葵氏。分封的土地从武父以南直到圃田的最北边，并把所有阎的土地也一起送给他，并且让他在王室供职，还把相土的车都送给他以让他协助天子在东方的巡视。周公的弟弟聃季也被封送了土地，陶叔送给他百姓，颁行了《康诰》，把他封在殷朝的故城。鲁公和康叔开始施政都是沿袭殷朝的政治制度，但治理土地边疆却都是采取周朝的制度。赐给唐叔的东西，有金车、密须国的鼓、阙巩国的甲、沽洗钟，还有怀姓的九个宗族、五正的职官，并且颁布了《唐诰》，把他分封在夏朝的故城。唐叔开始沿用夏朝的政治制度，治理疆土却是按照戎人的制度。这三个人都是武王的弟弟，都有高尚的德行，所以分赐他们很多东西，用来宣扬其德行。如果不是出于这一原因，文王、武王、成王、康王的儿子中年长的还有很多，为什么得不到赏赐和分封呢？就是因为历代天子崇尚德行而不看重年龄。管叔、蔡叔煽动商朝遗民发动叛乱，企图谋反朝廷，天子因为这件事而杀了管叔放逐了蔡叔，只把七辆车子，七十个随从给了蔡叔。蔡叔的儿子蔡仲改恶从善，周公提拔他为自己的卿士，并让他晋见周天子，天子任命他为蔡侯。任命书上说：'天子说：胡，你不要象你父亲那样违抗天子的命令！为什么安排蔡国在前面呢？武王的同母弟弟有八个，周公做了太宰，康叔做了司寇，聃季做了司空，其他五叔管叔、蔡叔、成叔、霍叔、毛叔都没有官职，难道这就是崇尚年龄吗？曹国的先祖是文王的儿子，晋国的先祖是武王的儿子，而曹国身为伯爵却只是做了甸服这么小的官职，这也并没有看重年龄。现在如果改变传统做法，崇尚年龄，就是违反了先王的制度。当年晋文公召集践土盟会时，卫成公没有参加，代表他参加的是他的同母弟弟夷叔，夷叔尚且能够排在蔡国之前，何况卫成公呢？当时盟书上说：'晋国的重耳、鲁国的申、卫国的叔武、蔡国的甲午、郑国的捷、齐国的潘、宋国的王臣、莒国的期。'这一盟书保存在周王室的典籍府库中可以随时查阅。阁下如果想恢复发扬文王、武王的法度，不修正自己的德行，怎么可以呢？"听了这番话之后，苌弘很高兴，又告诉了刘子，然后和范献子商量之后，便决定让卫灵公先行歃血盟誓。

　　从召陵盟会上回来，郑国的游吉还没有回到郑国的时候就去世了。晋国的赵鞅前往吊唁，非常悲痛地说："黄父那次会盟时，您曾经对我说过九句话：'不可发动战乱，不可倚仗富有，不可倚仗宠信，不可违背众人意愿，不可傲视礼法，不可自负有才能，不可多次发怒，不可策划不合乎道德之事，不可做不义之事。'"

　　因为沈国没有派人参加召陵的会盟，所以晋国人便驱使蔡国去攻打沈国。夏季，蔡国灭亡了沈国。

　　秋季，楚国假借沈国被灭而发兵围攻蔡国。伍子胥作为吴国的外交官负责谋划对付楚国的计策。

　　楚国杀死郤宛的时候，郤宛的党羽伯氏的族人都逃出了楚国。伯州犁的孙子伯嚭担任吴国的太宰也蓄谋对付楚国。自从楚昭王即位之后，楚国每年都遭到吴军进攻。蔡昭公利用这个机会，把儿子乾和他的大夫们的儿子送到吴国做人质，用这个来谋求吴国攻打楚国。

　　冬季，蔡昭公、吴王、唐侯联合出兵攻打楚国。吴军把战船停在淮河口，与楚军在豫章隔汉水相对峙。楚国左司马戌对令尹子常说："您和他们在汉水的上下游周旋，我率领方城以外的全部军队去毁掉他们的战船，用来堵塞大隧、直辕、冥阨三处险要通道。然后您渡过汉水向楚军发动攻击，我领兵从后面袭击，一定能把他们打败。"二人商议好以后便决定分头行动。武城黑对子常说："吴国木制战车上没有其他东西遮盖，而我们则在战车上蒙上了一层皮革，现在又遇到下雨，因此要速战速决。"史皇对子常说："楚国人一开始就讨厌您而喜欢司马戌。

如果他在淮水上把吴国的战船毁掉，并且封锁了那三处要道而回，这就等于是他一个人战胜了吴国军队。所以您必须速战速决，不然的话，难免招来灾祸。"于是子常便渡过汉水摆开阵势，战阵从小别山一直摆到大别山。一连交战三次，子常自知无法打败吴军，于是就打算逃走。但史皇劝他说："和平时期，您想着执掌大权，现在发生了战争，您却要溜之大吉，您难道还能逃出去吗？您一定要拼死一战，这样才可以把当初的一切罪过赎回。"

十一月十八日，吴、楚两军在柏举摆开阵势。阖庐的弟弟夫概王早晨请示阖庐："楚国的子常不讲仁爱，他的臣子没有人会为他拚死作战的。如果先攻打他，他的士兵一定会溃散。然后我们派大军追击溃逃的兵士，就一定能战胜他们。"但吴王不同意这么做。夫概王说："人们所说的'只要所做所为合于道义，做臣子的就不必等待命令'，大概说的就是这种情况。现在我决心拚死一战，我们完全可以一直攻入楚国的郢都。"于是夫概王就率领他的部属五千人首先进攻子常的士兵。子常的士兵立刻四散奔逃，楚军开始大乱，吴军一鼓作气击败楚军。子常逃亡到了郑国，史皇在子常的战车上战死。

吴军追击楚军，来到清发，准备对楚军再次发动进攻。夫概王说："一个被围困的野兽尚且要垂死挣扎，更何况是人呢？假如让他们感到无论如何都难免一死，就必然会同我们拼命战斗，而打败我们。假如让先渡过河去的人得以逃生，后面的人必然争先恐后渡河逃命，这样他们就没有斗志了。等他们一半人渡过河时就是发动攻击的最好时机。"吴王听从了这一建议，果然又一次大败楚军。楚国人渡过河以后正挖灶作饭，根本没有料到吴军赶到，楚军便顾不上吃饭急忙奔逃。吴军吃了楚军做的饭之后又继续在后面追赶，并且在雍澨将他们打败。这样，经过五次激烈地战斗，吴军终于一直攻到楚国郢都。

十一月二十七日，楚昭王带着他的妹妹季芈畀我逃出郢都，渡过睢水。针尹固和昭王同乘一条船。昭王让针尹固把点燃的火把系在大象的尾巴上，然后让大象冲向吴军，以阻击吴军的激烈进攻。

二十八日，吴军开进郢都，他们按照职位高低分别住在相应的宫室里。子山住进令尹的宫室，夫概王准备攻打子山并赶走他，子山害怕了，连忙让了出来，夫概王便住了进去。

楚国的司戌走到息地，听说楚军战败，便连忙返回来了，在雍澨把吴军打败，不过他自己也身负重伤。当初，司马戌曾经在吴国做过阖庐的臣子，因此他深以被吴军俘虏为耻辱，便对部下说："在我战死之后，你们谁能保证我的脑袋不落入吴军之手呢？"吴句卑走上前说："我地位低下，能不能胜任呢？"司马说："可惜我以前竟然没有重用你，你当然能够胜任。"三次战斗，司马都负了伤。他说："我将要不久于人世了。"不久就死了。句卑把自己的衣服铺在地上，把司马的脑袋割下来包好，并且将他的尸体隐藏起来，然后便带着司马的脑袋逃走了。

楚昭王率领军队渡过睢水，过了长江，进入云梦泽。有一天，昭王正在睡觉，遇到一伙盗贼前来攻击。盗贼用戈刺杀昭王，王孙由于连忙用背抵挡上去，结果被砍在肩上。昭王不得已继续逃亡，到了郧地。钟建背着季芈跟在后面，由于苏醒之后也赶了上去。郧公辛的弟弟准备乘机杀掉昭王，他说："当初平王杀死了我的父亲，现在我杀死平王的儿子，难道不可以吗？"郧公辛说："君王讨伐臣子，臣子怎么敢怀恨在心呢？君王的命令就是上天的命令。如果死于上天的命令，你能仇恨谁？《诗经》说：'不侮辱软弱，不躲避刚强，不欺侮鳏寡，不畏惧强暴。'只有仁慈的人才能达到这一要求。逃避强暴欺凌弱者，不能算是勇敢；乘人之危加害他人，不能算是仁慈；谋害君王招致灭族之祸，不能算是孝道；一举一动不能落得美名，不能算是聪明。你如果一定要杀害昭王，我就杀死你。"于是郧公辛便和他的弟弟巢一同护送昭王逃到了随地。吴国人追了上去，吴王对随国人说："周朝子孙住在汉水一带的，都被楚国杀害灭族。现在上天帮助周王室，要惩罚楚国，而贵国君王却把楚君隐藏了起来，周王室哪里得罪了你们？贵国国君如果要报答周朝，就应当能帮助我以执行上天的意志，如果这样，就是贵国国君的恩惠了。汉水以北土地，都可由贵国掌管。"当时楚昭王在随君宫室的北边，吴军在南边。昭王的哥哥子期容貌长得酷似昭王，他让昭王逃跑，然后自己穿上昭王的衣服，说："如果把我交给吴军的话，君王就一定能免于被擒获。"随国人对此加以占卜，结果是这样做并不吉利。于是随国人对吴军说："我们随国地处偏僻又很弱小，与楚国是近邻，只能依靠楚国存在。而且我们两国世代都订有盟约，到现在一直没有改变。如果楚国遇到灾难，我们就抛弃他们，又怎么能够事奉贵君？贵君的忧患并不只是楚王一人。如果你们征服并安定了整个楚国，那么我们就顺从你的安排。"于是吴国人便撤退了。炉金以前曾经做过子期的家臣，实际上这次是他与随国人商议不要把楚昭王交给吴国人。事后昭王打算接见他，但他婉言谢绝了，说："我不敢趁君王处于困境时而谋求个人私利。"昭王把子期胸部的皮肤割破，并且取出血和随国人结了盟。

　　当初，伍子胥和申包胥关系很和睦。他逃亡的时候对申包胥说："我一定要颠覆楚国。"申包胥说："那你就尽力去做吧！你能颠覆它，我就一定要使它复兴。"等到昭王逃到随国，申包胥便到秦国去请求援兵。他说："吴国就象大野猪和毒蛇，多次侵伐中原诸国，最先危害楚国。现在我国国君失去了家，流落在乡间荒野，诚心诚意特派下臣前来告急说：'夷狄之人的贪欲没有满足的时候，如果他们占有了楚国，与贵国成了邻邦，将来一定会成为贵国边境上的一大祸患。君王何不趁吴国人还没有在楚国牢牢站稳脚跟，就发兵入楚，与吴国人瓜分楚国呢？如果楚国就这样灭亡，那么楚国就将划入君王的版图。如果仰赖君王的洪福，而能拯救楚国使其不致遭受灭亡的话，楚国将世世代代事奉君王。'"秦哀公派人拒绝了申包胥的要求，对他说："我知道了您的意思。您暂且住在宾馆里，等我们商议好之后再告诉您。"申包胥回答说："我国国君流亡在乡间荒野，况且没有安身之处，我怎么独自敢贪图安逸呢？"于是就站在院墙底下大哭起来，哭声日夜不停，七天滴水未进。秦哀公非常感动。为他吟诵了《无衣》这首诗。申包胥听到这消息后，接连九次叩头才坐下，随后秦军便出动了。

哀 公

哀公元年

元年春，楚子围蔡，报柏举也。里而栽^①，广丈，高倍。夫屯昼夜九日^②，如子西之素^③。蔡人男女以辨，使疆于江、汝之间而还^④。蔡于是乎请迁于吴。

吴王夫差败越于夫椒^⑤，报槜李也。遂入越。越子以甲楯五千，保于会稽^⑥。使大夫种因吴大宰嚭以行成^⑦，吴子将许之。伍员曰："不可。臣闻之：'树德莫如滋，去疾莫如尽。'昔有过浇杀斟灌以伐斟鄩，灭夏后相^⑧。后缗方娠^⑨，逃出自窦^⑩，归于有仍，生少康焉^⑪，为仍牧正^⑫。惎浇^⑬，能戒之。浇使椒求之^⑭，逃奔有虞^⑮，为之庖正^⑯，以除其害。虞思于是妻之以二姚^⑰而邑诸纶^⑱。有田一成^⑲，有众一旅^⑳，能布其德，而兆其谋^㉑，以收夏众，抚其官职。使女艾谍浇^㉒，使季杼诱豷^㉓，遂灭过、戈^㉔，复禹之绩。祀夏配天，不失旧物^㉕。今吴不如过，而越大于少康，或将丰之，不亦难乎？句践能亲而务施，施不失人，亲不弃劳，与我同壤而世为仇雠，于是乎克而弗取，将又存之，违天而长寇仇，后虽悔之，不可食已^㉖。姬之衰也^㉗，日可俟也^㉘。介在蛮夷，而长寇仇，以是求伯^㉙，必不行矣。"弗听。退而告人曰："越十年生聚^㉚，而十年教训^㉛，二十年之外，吴其为沼乎^㉜！"三月，越及吴平。吴入越，不书，吴不告庆^㉝，越不告败也。

【注释】

①里而栽：离蔡都城一里构筑堡垒。②夫屯昼夜九日：役夫屯驻九昼夜。③素：预定计划。④江、汝之间：长江之北，汝水之南。⑤夫椒：越地，位于今浙江绍兴县北。⑥保于会稽：守住会稽。会稽，即会稽山，位于今浙江绍兴县东南。⑦种：文种，字禽，楚国南郢人。⑧夏后相：夏代国君，夏启之孙，名相。后相失国，依于二斟，复为浇所灭。⑨后缗：后相妻，有仍氏女。⑩窦：城墙洞。⑪少康：后缗遗腹子，夏代中兴帝王。⑫牧正：牧官之长。⑬惎：心怀仇恨。⑭椒：浇臣。⑮有虞：部落名，虞舜之后。⑯庖正：掌饮食之官。⑰虞思：有虞酋长名，姚姓，以二女妻少康。⑱纶：地名，今河南虞城县东南。⑲成：方十里为成。⑳旅：五百人为旅。㉑兆其谋：开始实施复国计划。兆，始。㉒使女艾谍浇：让女艾打入浇处做间谍。女艾，少康臣。㉓季杼：少康之子。豷：浇弟。㉔过、戈：过，浇之国名；戈，豷之国名。㉕旧物：原来的天下。㉖不可食：吃不消。㉗姬：吴姓，此指吴国。㉘日可俟：计日可待。㉙伯：霸主。㉚生聚：生息积聚。㉛教训：教育训练。㉜吴其为沼：吴将为越灭，宫室毁坏为池沼。㉝告庆：通告战事获胜。

夏四月，齐侯、卫侯救邯郸，围五鹿^①。

吴之入楚也，使召陈怀公。怀公朝国人而问焉，曰："欲与楚者右，欲与吴者左。陈人从田②，无田从党③。"逢滑当公而进④，曰："臣闻国之兴也以福，其亡也以祸。今吴未有福，楚未有祸。楚未可弃，吴未可从。而晋，盟主也，若以晋辞吴，若何？"公曰："国胜君亡，非祸而何？"对曰："国之有是多矣，何必不复。小国犹复，况大国乎？臣闻国之兴也，视民如伤，是其福也。其亡也，以民为土芥，是其祸也。楚虽无德，亦不艾杀其民⑤。吴日敝于兵⑥，暴骨如莽⑦，而未见德焉。天其或者正训楚也！祸之适吴，其何日之有⑧？"陈侯从之。及夫差克越，乃修先君之怨⑨。秋八月，吴侵陈，修旧怨也。

【注释】

①五鹿：晋邑名。今河北大名县东。②从田：根据田地的方位而分立左右，即田在东者居左，为吴；田在西者居右，为楚。③从党：附亲族而立。④当公：不左不右正对着陈怀公。⑤艾：同刈。艾杀即斩杀。⑥日敝于兵：每日都疲敝于战事。⑦莽：原野之草。⑧何日之有：言日子不多。⑨先君之怨：指定公四年吴入楚时，陈怀公不应阖庐之召所结之怨。

齐侯、卫侯会于乾侯，救范氏也，师及齐师、卫孔圉、鲜虞人伐晋，取棘蒲①。

吴师在陈，楚大夫皆惧，曰："阖庐惟能用其民，以败我于柏举。今闻其嗣又甚焉。将若之何？"子西曰："二三子恤不相睦，无患吴矣。昔阖庐食不二味，居不重席，室不崇坛②，器不彤镂③，宫室不观④，舟车不饰，衣服财用，择不取费⑤。在国，天有灾疠，亲巡孤寡，而共其乏困。在军，熟食者分⑥，而后敢食。其所尝者，卒乘与焉⑦。勤恤其民而与之劳逸，是以民不罢劳，死知不旷⑧。吾先大夫子常易之，所以败我也。今闻夫差次有台榭陂池焉⑨，宿有妃嫱嫔御焉⑩。一日之行，所欲必成，玩好必从。珍异是聚，观乐是务，视民如仇，而用之日新⑪。夫先自败也已，安能败我？"

冬十一月，晋赵鞅伐朝歌。

【注释】

①棘蒲：晋地，今河北赵县境内。②室不崇坛：房屋不建在高坛上。③器不彤镂：器物不加雕饰。④不观：不筑楼台亭阁。⑤择不取费：选其实用，不尚华美。⑥熟食者分：煮熟的饭菜使军士都能分到。⑦其所尝者，卒乘与焉：其所吃的甘珍异味，士兵也都能得到。⑧不旷：不会白死。旷，空。⑨次：住处。⑩妃嫱嫔御：皆宫中女官，妃嫱为贵者，嫔御为贱者。⑪用之日新：役使百姓天天变化，没有止境。

【译文】

鲁哀公元年春季，楚昭王派军队攻打蔡国国都，以报复柏举那一战。楚军在距蔡国国都一里处建筑了堡垒，宽一丈，高两丈，并在那里驻扎了九天九夜，这和从前令尹子西的预定计划一样。最后蔡国人男女各自分成两排出城投降。楚昭王命令他们迁到长江和汝水之间，然后便回去了。但蔡国人随后便向吴国人请求搬迁到吴国去。

吴王夫差在夫椒打败了越军，报了樵李之战的仇，随后便攻进了越国。越王勾践率领披甲执盾的五千名士兵退守会稽山，并派大夫文种疏通吴国太宰伯嚭向吴国求和。吴王夫差准备答应越国的要求,伍子胥说:"不能同意求和。据臣听说:'树立德行最好是不断培育,铲除病毒最好是干净彻底。'从前有过国的君王浇杀了斟灌,攻打斟郡,消灭了夏后相。当时后相的妻子后缗正怀有身孕,她从城墙的排水道里逃了出来,回到娘家有仍氏,之后生了少康。少康成人之后,担任了有仍氏的牧正,他对浇充满了仇恨,但又能处处提防他。浇派椒去寻找他,他只好逃亡到了有虞国,并做了一名庖正,从而避免了这场祸难。有虞的酋长虞思把两个女儿嫁给他为妻,并把他封在纶邑,有土地方圆十里,还有五百人的部众。从此少康能广泛地施行德政,开始实施恢复夏朝的计划。聚集了夏朝的大批遗民,安抚他的各级官员;又派臣子女艾混入浇的内部去做间谍,派儿子季杼去诱骗浇的弟弟豷。不久就灭了浇的过国和豷的戈国,终于复兴了禹王的大业,恢复了对夏朝祖先和天帝的祭祀,使夏朝的规章制度得以流传下来。现在的吴国还没有过国强大,而越国的力量却超过了少康,或许上天还要让越国进一步强大起来,这样发展下去,如果吴国和越国讲和,将来越国更难以对付。越王勾践乐意接近百姓而乐于施舍,乐于施舍就不会失去民心,亲近百姓就不会埋没有功之人。越国和我们土地相连,但世代都是仇人。在这种情况下战胜了他们却又不去占领,并准备让他们继续生存下去,这无疑是违反天命而使仇敌更加强大,日后即使后悔了,也来不及了。作为姬姓的吴国,衰败指日可待。我们处在越国和楚国夹缝之中,又使仇敌得以壮大,却还希望以此来谋求成为诸侯的盟主,这是绝对行不通的。"吴王不听。伍子胥退出来之后告诉别人说:"从今以后越国用十年时间繁衍人口聚集财富,用十年时间教育百姓训练军队。二十年之后,吴国的宫室恐怕就要变成废墟了啊。"三月,越国和吴国讲和。对这次吴国侵入越国一事,《春秋》没有加以记载,是由于吴国没有前来报告胜利,越国也没有报告失败。

夏季四月,齐景公、卫灵公率领军队前去救援邯郸,包围了五鹿。

当初吴国侵入楚国的时候,曾经派人去邀请陈怀公。陈怀公便在朝廷上征询国人的意见说:"愿意亲近楚国的请站在右边,愿意亲近吴国的请站在左边。陈国人中有田地的按照田地所在的方向决定左右,没有田地的人则和他们的党族站在一起。"逢滑正面对着怀公走上前去说:"臣听说,国家的兴旺是因为福,而其灭亡则是因为祸。如今吴国没有福,楚国也没有祸,因此对楚国不能随便丢弃,对吴国也不能盲目跟从。晋国是诸侯盟主,如果以晋国为借口而拒绝吴国,可不可以呢?"怀公说:"吴国胜利楚君逃亡,对楚国来说不是灾难是什么?"逢滑回答说:"国家遇到这种境况的时候多的是,为什么就能肯定他们不能再次复兴?一个弱小国家尚且能得以复兴,更何况是一个大国呢?据臣所知,国家兴盛的时候,就会更加关心百姓好像对待伤员一样,这反而成为国家的福气;反之当国家灭亡的时候,就会将百姓生命视如草芥粪土,这样就会成为国家的祸害。楚国虽然缺少品行,但它并没有滥杀百姓。吴国每日在战争中衰落下去,将士的尸骨暴露荒野如草芥数不胜数,却从未听说过他们有什么德行。或许是上天正在给楚国一个血的教训,吴国大难临头,也不会很久了。"陈怀公听了他的话。等到夫差战胜越国,便打算报复陈国。秋季八月,吴军入侵陈国,就是对陈国不响应阖庐号召的报复。

齐景公、卫灵公在乾侯会见,商量如何救援范氏。随后鲁军便会同齐军、卫国的孔圉、鲜虞人攻打晋国,攻取了棘蒲。

吴军驻扎在陈国,这使楚国的官员贵族们都很担忧。他们说:"吴国阖庐就是由于善于使用他的百姓,所以才在柏举把我们打败。现在听说他的继承人比他还要厉害,这该怎么办?"子西说:"你们几个应该尽力团结一致,不必担心吴国。从前阖庐吃饭时只上一道菜,坐位下面铺一层席子,建房不起高坛,器物不雕饰花纹,宫室内不建亭台楼阁,车船不加装饰,衣物和用品仅求实用不尚奢靡。在国内只要发生了天灾和疾病，他必定亲自去探访安抚孤儿鳏寡并救助他们。在军队中，食物做好之后他必定先分给士兵们，自己才敢吃，每当他吃甘美食物的时候，也必定分给战士们一份。时常关心百姓，和他们同劳动同享受同甘苦共患难，因此百姓丝毫也不感到疲乏，认为累死战死也应该。我们的先大夫子常的所作所为却恰恰与此相反，所以才使我国导致失败。但现在我听说夫差每到一处必然修建楼台池沼，睡觉也必定有嫔妃宫女陪伴。即使外出一天，也要把想要的东西都要回去，把喜欢的东西都随身带去。一心聚敛珍奇宝物，终日沉溺于声色犬马，看待百姓如仇敌，而用他们却没完没了。这是首先自己把自己打败，又怎么能打败我们呢？"

冬季十一月，晋国的赵鞅率兵攻打朝歌，讨伐范氏和中行氏。

哀公二年

二年春，伐邾，将伐绞①。邾人爱其土，故略以漷、沂之田而受盟②。

初，卫侯游于郊，子南仆③。公曰："余无子，将立女。"不对。他日，又谓之，对曰："郢不足以辱社稷，君其改图。君夫人在堂，三揖在下④。君命只辱。"

夏，卫灵公卒。夫人曰："命公子郢为太子，君命也。"对曰："郢异于他子。且君没于吾手⑤，若有之，郢必闻之。且亡人之子辄在⑥。"乃立辄。

六月乙酉⑦，晋赵鞅纳卫太子于戚。宵迷⑧，阳虎曰："右河而南⑨，必至焉。"使太子绖⑩，八人衰绖，伪自卫逆者。告于门，哭而入，遂居之。

秋八月，齐人输范氏粟，郑子姚、子般送之⑪。士吉射逆之，赵鞅御之，遇于戚。阳虎曰："吾车少，以兵车之斾⑫，与罕、驷兵车先陈。罕、驷自后随而从之，彼见吾貌，必有惧心。于是乎会之，必大败之。"从之。卜战，龟焦。乐丁曰⑬："《诗》曰：'爰始爰谋，爰契我龟。'谋协以故，兆询可也。"简子誓曰："范氏、中行氏，反易天明⑭，斩艾百姓，欲擅晋国而灭其君。寡君恃郑而保焉。今郑为不道，弃君助臣，二三子顺天明，从君命，经德义，除诟耻，在此行也。克敌者，上大夫受县，下大夫受郡，士田十万，庶人工商遂⑮，人臣隶圉免⑯。志父无罪⑰，君实图之。若其有罪，绞缢以戮，桐棺三寸，不设属辟⑱，素车朴马⑲，无入于兆⑳，下卿之罚也。"

【注释】

①绞：邾邑，位于今山东滕县北。②漷、沂：二水句，皆流经邾境。③子南：卫灵公之子，名郢。④三揖：指卿、大夫、士。⑤君没于吾手：意为侍候国君至死。⑥亡人：指太子蒯聩。⑦乙酉：十七日。⑧宵迷：日暮天黑以后迷路。⑨右河而南：右行渡河往南。⑩绖（wèn）：古代丧服之一，脱帽，以布包发。⑪子姚、子般：即罕达、驷弘。⑫斾：大将的旗。⑬乐丁：晋大夫。⑭反易天明：违背天命。明，通命。⑮遂：做官，古代庶人工商世承其业，不得仕进。⑯人臣隶圉免：做人奴隶的使之成为自由民。⑰志父：即赵鞅。⑱属辟：外棺。⑲素车朴马：装运棺材的车马不加装饰。⑳兆：兆域，即同族人的墓地。

甲戌①，将战，邮无恤御简子②，卫太子为右。登铁上③，望见郑师众，太子惧，自投于车下。子良授太子绥而乘之④，曰："妇人也。"简子巡列，曰："毕万，匹夫也。七战皆获，有马百乘，死于牖下⑤。群子勉之，死不在寇。”繁羽御赵罗，宋勇为右⑥，罗无勇，麇之⑦。吏诘之，御对曰：“疟作而伏⑧。”卫太子祷曰：“曾孙蒯聩敢昭告皇祖文王，烈祖康叔，文祖襄公：郑胜乱从⑨，晋午在难⑩，不能治乱，使鞅讨之。蒯聩不敢自佚⑪，备持矛焉。敢告无绝筋，无折骨，无面伤，以集大事，无作三祖羞⑫。大命不敢请⑬，佩玉不敢爱。”

郑人击简子中肩，毙于车中⑭，获其蜂旗⑮。太子救之以戈，郑师北，获温大夫赵罗⑯。大子复伐之，郑师大败，获齐粟千车。赵孟喜曰：“可矣。”傅傁曰⑰：“虽克郑，犹有知在，忧未艾也。”

【注释】

①甲戌：八月七日。②邮无恤：即王良。③铁：丘名。位于今河南濮阳县西北。④子良：即邮无恤。绥：绳索。⑤死于牖下：意为得以善终。牖，窗户。⑥繁羽、赵罗、宋勇：三人都是晋大夫。⑦麇之：绑在车上。麇，束缚。⑧疟：疟疾。⑨郑胜乱从：郑胜扰乱常道。郑胜，郑声公名。⑩午：晋定公名。⑪佚：同“逸”，安逸。⑫三祖：即皇祖、烈祖、文祖。⑬大命：死生之命。⑭毙：仆倒。⑮蜂旗：旗名。⑯赵罗：与上文赵罗不是一个人。⑰傅傁：赵简子的下属。

初，周人与范氏田，公孙尨税焉①，赵氏得而献之，吏请杀之。赵孟曰：“为其主也，何罪？”止而与之田。及铁之战，以徒五百人宵攻郑师，取蜂旗于子姚之幕下，献，曰：“请报主德。”追郑师，姚、般、公孙林殿而射，前列多死。赵孟曰：“国无小。”既战，简子曰：“吾伏弢呕血，鼓音不衰，今日我上也。”大子曰：“吾救主于车，退敌于下，我，右之上也。”邮良曰：“我两靷将绝②，吾能止之，我，御之上也。”驾而乘材③两靷皆绝。

吴泄庸如蔡纳聘，而稍纳师④。师毕入，众知之。蔡侯告大夫，杀公子驷以说，哭而迁墓。冬，蔡迁于州来。

【注释】

①公孙尨（máng）：范氏家臣。②靷（yān）：字当做靳引车前行的皮索。绝：断。③乘：意即载。材：木料。④稍纳师：逐渐把吴军接进蔡国都城。

【译文】

二年春，鲁国攻打邾国，准备先攻绞地。邾国珍惜它的土地，所以用漷、沂两地的田地作为贿赂，接受盟约。

起初，卫灵公在郊外游耍，公子郢为他驾车。卫灵公说：“我没有嫡子，打算立你做继承人。”公子郢没有回答。过些时候又对他那么说，公子郢回答说：“郢不足以有辱国家，您还是改变想法为好。君夫人在堂上，卿、大夫、士在下边，您没有和他们商议，我片面听从了只能是有辱您的命令。”

夏，卫灵公死。夫人说：“传令公子郢做太子，这是国君的命令。”公子郢回答说：“郢和别的儿子不一样，而且我侍奉国君到死，如果有这话，郢一定会听到。况且还有逃亡者的儿子辄在那里。"于是就立了辄。

六月十七日，晋国的赵鞅把卫国的太子送回戚地。夜晚迷了路，阳虎说："右边到黄河再渡河往南，一定就到了。"让太子脱帽，八个人穿着丧服，装成是从卫国前来迎接的样子，告诉戚邑守门人，大哭着进城，就在那里住了下来。

秋八月，齐国人给范氏运送粮食，郑国的子姚、子般负责押送。士吉射迎接他们，赵鞅抵制他们，在戚地碰见。阳虎说："我们的车子少，把大将的旗帜插在车上和子姚、子般的战车先行对阵，子姚、子罕从后面跟上来，他们看到我的面貌，必然有畏惧之心，到那时候再会合战斗，一定可以把他们打得大败。"赵鞅听信了。卜算战争的吉凶，龟甲烤焦。乐丁说："《诗》说：'先行谋划，于是占卜。'占卜与谋划一致，相信过去的卜兆就行了。'赵鞅发誓说：'范氏、中行氏背弃天命，斩杀百姓，想要在晋国独掌大权而灭亡国君。我们国君依靠着郑国保护自己。现在郑国无道，抛弃国君帮助臣下，我们几个人顺应天命，服从国君的命令，推行德义，消除耻辱，就在这一回了。打败敌人的，上大夫得到县，下大夫得到郡，士得到十万亩土田，庶人工商做官，奴隶获得自由。志父如果战胜敌人而免于罪过，就请国君三思。如果战败有罪，就用绞刑把我诛杀，死后用三寸厚的桐木棺，不要再有衬版和外棺，用没有装饰的车马运送棺材，不要埋进本族的墓地中，这是按照下卿的地位所作的处罚。"

八月初七日，将要打战，邮无恤为赵鞅驾御战车，卫国的太子做车右。登上铁丘，遥望郑军人数众多，太子害怕，自己跳到车下。邮无恤把车上做拉手的皮带递给太子而让他上车，说："你像个女人。"赵鞅巡视队伍，说："毕万是个平凡人，七次战斗都俘获敌人，后来拥有了四百匹马，在家里善终。各位努力吧！未必就死在敌人手里。"繁羽为赵罗驾御战车，宋勇做车右。赵罗害怕，别人用绳子把他捆在车上。军吏盘问原因，驾车者回答说："疟疾发作趴下了。"卫国的太子祷告说："远孙蒯聩谨敢报告皇祖文王，烈祖康叔，文祖襄公：郑胜扰乱常道，晋定公处在危难之中，不能平定祸乱，派赵鞅前来讨伐。蒯聩不敢放纵安逸，居于持矛作战的行列里，谨敢祈求保佑不要断筋，不要折骨，不要破脸，以成就大事，不给三位祖先带来耻辱。死生的命运不敢请求，对佩玉不敢爱惜。"

郑国人敲击赵鞅打中肩膀，赵鞅倒在车里，郑国人获得了他的蜂旗。太子用戈救援赵鞅。郑军败逃，俘虏了温大夫赵罗。太子再次进攻，郑军大败，俘获了一千车齐国的粮食。赵鞅愉快地说："行了。"傅叟说："虽然打败了郑国，还有知氏在那里，忧患还没有解除呢！"

开始，周朝人给范氏土田，公孙尨为范氏收税，赵氏捉住了他献给赵鞅。军吏请求把他杀了。赵鞅说："他是为了主人，有什么罪？"阻止了军吏并且给了公孙尨田地。待到铁地这一战，公孙尨带领部下五百人夜里攻打郑军，在子姚的帐幕下取得了蜂旗，奉上，说："请以此报答主人的恩德。"前锋部队大部分战死。赵鞅说："对小国也不能轻视。"战斗结束，赵鞅说："我伏在弓袋上吐血，但鼓声不断，今天我的功劳最大。"太子说："我在车上救了您，在下边追赶敌人，我是车右中功劳最大的。"邮无恤说："我骖马的两根肚带快要断了，我还能驾驶它，我是御者中功劳最大的。"他又驾车从小木材上经过，两根肚带就全断了。

吴国的泄庸去到蔡国赠送聘礼，逐渐把军队混入蔡国。军队全部进入，大家才知道这回事。蔡侯告诉大夫，杀了公子驷以此向吴国解释。号哭着把先帝的坟墓迁走。冬，蔡国迁到州来。